개혁주의 종말론에 기초한

요한계시록 강해

개혁주의 종말론에 기초한
요한계시록 강해

2013년 8월 25일 초 판 1쇄 발행
2015년 8월 29일　　　 2쇄 발행
2025년 1월　5일 개정판 2쇄 발행

지은이 | 이상웅
펴낸이 | 박영호
교정·교열 | 주종화
펴낸곳 | 도서출판 솔로몬

주소 | 서울시 동작구 사당로 143
전화 | 599-1482
팩스 | 592-2104
직영서점 | 596-5225

등록일 | 1990년 7월 31일
등록번호 | 제 16-24호
E-mail | solcp1990@gmail.com

ISBN 978-89-8255-576-3　03230

2019 © 이상웅
Korean Copyright © 2019
by Solomon Publishing Co., Seoul, Korea

저작권법에 의하여 한국 내에서 보호를 받는 저작물이므로
무단전재와 복제를 금합니다.

개혁주의 종말론에 기초한

요한계시록 강해

이상웅 지음

*An Exposition on the Book
of Revelation
Based on the Reformed Eschatology*

솔로몬

요한계시록에 대한 저의 관심은 믿음의 가정에서 자라나던 어린 시절에 시작되었습니다. 이 강해서를 곧 팔순을 맞으시는 부친 이송우 은퇴장로님(1940년생)과 모친 김무연 은퇴권사님(1941년생) 두 분에게 헌정합니다. 년년세세 하나님의 은혜와 평강을 누리시는 여생이 되시기를 바랍니다.

책을 펴내면서

가장 어두웠던 시대에 빛이 되었던 소망의 확신을 다시 말합니다.
상징과 이미지, 묵시의 모호성을 개혁주의 시각으로 쉽게 안내합니다.
오염, 유혹, 혼돈, 미혹하는 시대에 영적인 분별력을 갖게 합니다.

개혁주의 종말론에 기초한 『요한계시록 강해』를 독자들에게 소개할 수 있어서 매우 기쁩니다. 목회자로서의 "집념"과 신학자로서의 "진념"을 쏟는 이상웅 교수가 아니었다면 이 책의 출간은 어려웠을 것입니다.

이 책을 읽어가는 여러분들은 어둡고 소망이 없어 보이던 1세기 당시의 그리스도인에게 살아있는 소망을 주셨던 '어린 양 예수'의 끝없는 사랑을 맛보게 될 것입니다. 동시에 혼돈과 오염, 미혹과 세속의 바다와도 같은 이 시대를 살아가는 그리스도인들에게 흔들림 없는 종말론적인 삶과 영적인 분별력을 갖게 할 것입니다.

이 시대는 이미지와 영상의 시대임이 분명합니다. 그래서 말이나 글보다는 눈으로 직접 확인하고 싶어 합니다. 복잡한 것보다는 단순한 것을 따르기가 더 쉽고, 모호한 것보다는 또렷한 것을 더 선호합니다. 이에 반해 요한계시록에는 어렵게 보이는 상징물들과 요한을 통해 글로 전달받아 표현되는 모호한 이미지와 어려운 설명이 많이 등장합니다. 그래서 진정한 복과 소망, 새 하늘과 새 땅에 대한 약속이 보석처럼 담긴 요한계시록이 일반 독자인 그리스도인들에게는 접근하기 어렵게 느껴지고 있는 것이 사실입니다.

그러나 저자인 이상웅 교수는 개혁주의 신학자답게 성경의 범위를 충실히 따르고, 그동안 개혁주의 신학계에서 심층 깊게 연구되었던 학자들의 연구 결과를 반영하여 해설사의 입장에서 쉽게 설명해 주면서 요한계시록에 누구나 접근할 수 있도록 선한 연결다리(good bridge)를 우리 앞에 열어 두었습니다.

  신학생 시절부터 이상웅 교수는 학문적 열정이 탁월하였고, 그 "집념"과 "진념"의 자세는 남달랐습니다. 이제 신학자로서 탄탄한 신학적 기반과 깊이 있는 연구의 토대 위에서, 동시에 15년 간 일선의 목회 현장을 지켰던 목회자로서 일반 청중을 대상으로 요한계시록을 소개하고 있습니다.

  그래서 이 책은 학문적인 시각만 담고 있는 책이 아니라, 저자의 설교를 일반 독자들이 쉽게 들을 수 있는 형식으로 전개하고 있다는 것이 큰 장점일 것입니다. 풍성한 예화뿐만 아니라 기독교 역사에 등장했던 신앙인들의 순교적 삶들도 담고 있어서 독자들에게는 자신의 삶을 진지하게 바라보게 할 것으로 기대합니다.

  시작과 끝이 있는 기독교의 역사관을 생각한다면, 우리는 "끝(종말)의 시대"를 향해가고 있습니다. 그리스도인들은 이 세상에 영원히 사는 존재가 아니라, 재림하실 예수님을 기다리면서 "마라나-타"의 소망을 가지고 살아가는 존재입니다. 매일 매일 마주하는 "오늘"을, 다시 오실 주님을 기다리며 그리스도인으로서 하루를 살아내는 "오늘"로 바꾸어 살아가는 계기가 되시기를 바라면서 이 책을 여러분들에게 내 놓습니다.

        아멘 주 예수여 오시옵소서(계 22:20)

2019년 1월
박영호

추천의 글

성경 66권 가운데 가장 난해한 책으로 알려진 계시록의 강해서를 저술하여 출간하게 된 배후에는 하나님의 섭리가 있음을 믿는다. 저자는 청소년 시기에 이미 요한계시록에 심취했을 정도로 계시록에 대한 관심을 가지고 있었다고 한다. 불신 친구를 전도하는 과정에서 계시록을 읽은 친구가 성경을 황당무계한 책으로 치부한 일이 도화선이 되어 저자는 박윤선 목사님의 주석을 구입하여 읽기까지 하였다는 것이다. 그것이 불과 중학교 2학년 때의 일이었다. 이처럼 일찍이 계시록에 관심을 가졌던 저자는 그의 짧지 않은 목회기간 동안 그가 섬겼던 세 교회(동문, 박사, 산격제일)의 회중들에게 예외 없이 연속적인 강해설교를 행하였다고 한다. 설교가 거듭될수록 연구는 심화되어갔다.

저자가 2012년 가을학기부터 총신에서 강의를 시작하였을 때, 그에게 배당된 과목은「종말론」이었다. 목양사역 중 세 번씩이나 반복적으로 계시록을 강론한 그 경험은 바로 종말론 강의를 위한 준비였던 셈이다.『요한계시록 강해』의 초판은 강의를 시작한 다음 해에 빛을 보게 되었고, 이제 그 책의 내용을 수정 보완하여 새로운 얼굴의 개정판이 나오게 된 것이다.

이제 본서의 몇 가지 특징들을 잠시 소개하려 한다.

첫째, 본서는 그 근본이 목회적 동기에서 집필된 성경 강론집이다. 논지나 밝히는 건조(乾燥)한 성격의 신학논문집이 아니다. 강론의 도처에서 저자는 끊임없이 목양자의 심령으로 성도들의 영적 삶의 질적 향상을 독려하며 배려한다는 점은 본서의 중요한 특징이다.

둘째, 본 강론집은 그 제목(『개혁주의 종말론에 기초한 요한계시록 강해』)이 보여주듯이 신학적 성격을 지닌다. '설교(강론)란 신학강의처럼 되어서는 안 될 것이지만, 신학적이어야 한다.'는 것은 성경적 설교학의 중요한 명제이다. 본서에는 성경자체가 제시하는 신학적 관점이 시종(始終), 충실하게 반영되어 있다.

셋째, 본서의 저자는 앞서 지적한 그 '신학적 관점'의 핵심내용이 '성경적 세계관'과는 불가분적 연동관계에 있음을 강조한다. "모든 것의 기원을 다루는 창세기, 구원의 길을 가르쳐주는 로마서, 그리고 모든 것의 종말과 내세의 삶에 대해서 가르쳐주는 요한계시록 등 세 권의 책을 목회자가 잘 가르쳐 주는 것이 교인들의 신앙관과 세계관을 바르게 형성하는 데 귀한 봉사가 된다."고 서문에서 저자는 밝혔다. 본서를 살펴보면 성경적 세계관의 기초를 놓는 일에 필수적 내용인 '창조-타락-구속-완성' 그리고 '이미already-아직 아니not yet' 사이의 구속사적 긴장의 문제가 책 전체의 배후에 깔려 있음을 발견하게 된다. 원래상태 *status integritatis*, 부패상태*status corruptionis*, 은혜의 상태*status gratiae*, 영광의 상태*status gloriae*에 관한 개혁 신학적 관점은 성경이 제시하는 불가폐적인 진리인데, 본서는 이 전제를 성경적 진리로 수납하고 있다.

넷째, 본서에는 성경본문의 해석이 교의*dogma*의 진술보다 앞서야 한다는 개혁 신학적 통찰에 충실하려는 노력이 엿보인다. '해석학적 접근이 신학적 접근에 항상 앞서야 한다.'는 것은 본 추천인의 신념이기도 한데, 이는 전통*traditio*이 성경의 본문해석에 결정적으로 작용하여, 자주 본의를 곡해해 온 극단적 전통주의자들(예컨대 로마교 같은)의 오류를 극복하는 길이다. 개신교 안에서도 이런 유(類)의 오류는 자주 발생한다. 이 오류에 빠지지 않을 수 있는 유일한 대책은 올바른 성경해석의 원리가 본문 해석에 앞서 선(先) 이해될 때 가능해진다. 성경에 있어 전체와 부분 사이의 해석학적 순환이 올바로 이루어져야 이 오류로부터 벗어날 수 있다. 본서의 저자가 이 점을 놓치지 않으려 노력한 점은 주목할 일이다.

다섯째, 저자는 '비블리시즘'*biblicism*의 신학적 독단을 피하려는 노력을 잃지 않았다. 본서는 그간 목회현장에서 강론한 내용을 집대성한 것이어서 순수 저술과는 구별되는 점이 없지 않지만, 한 편의 설교를 준비할 때 마치 수필이나 단상을 쓸 때처럼, 단지 내면의 생각이나 체험이나 자기사상을 문자화한 것이 아니라, 마치 누가가 그의 복음서 서문(눅 1:1-3)에서 밝힌 것처럼, 본서의 저자 역시 여러 선배들의 자료를 살폈다고 밝힌 바 있다(저자 서문). 그 자료들에는 성경신학자, 목회자들의 저술로부터 교의신학자들의 작품까지 망라되어 있다. 이는 성경 본문과 저자 사이의 해석학적 연관이 단선적이 아님을 의미한다. 즉 동일 본문에 대한 다른 시대, 다른 인물들의 해석들을 참조하여 저자 자신의 본문 이해에 도움을 받았다는 의미일 것이다. 이로써 저자는 자의적 해석의 신학적 독단에 빠지는 일을 방지할 수 있었다.

여섯째, 본서는 오류의 교정과 이단사상에 대한 변증적 성격을 지닌다. 사실 요한계시록의 해석과 관련하여 셀 수 없는 이단들과 불건전한 사상들이 등장했었고, 지금도 여전히 우리 주위에 포진해 있다. 이러한 상황에서 바른 해석을 제공하는 일과 그 일에 대해 "과연 그것이 그러한지"(행 17:11)를 살피는 일은 화급한 일이다.

그 내용이 이단사설에 대한 변증적 성격을 지녔기에 본서는 특별히 교회 지도자들과 내일의 교회를 이끌어 갈 신학생들에게 필요한 책이다. 뿐만 아니라 세속화된 세상 가운데서 성경의 진리를 따라 이미 임한 그리스도의 왕국을 경험하면서도 아직 완성될 하나님의 나라의 도래를 기다리며 치열하게 살아가는 모든 그리스도인들에게 필요한 책이다.

이 외에도 여러 유익한 점들이 더 있을 것이지만 지면의 제약상 이상의 몇 가지 점들로 논의를 제한하였다. 마지막으로 굳이 한 가지만 더 첨언한다면 '천년기'*millennium*와 관련하여 저자는 무천년설의 입장을 취하였다. 물론 이 점과 관련하여서는 독자들 사이에 견해의 차이가 존재할 수도 있을 것이지만, 박형룡 교수님의 신중한 가르침에서 배우는 바와 같이 역사적인 개혁신학 안에 존재해 온 몇몇 해석상의 차이들을 우리는 상호 존중한다(『來世論』 277). 무익한 논쟁보다 인생의 무지를 고백하며 더욱 겸손히 주님의 뜻을 구하는 일이 더 중요할 것이기 때문이다.

이에 본 추천인은 위와 같은 여러 특징을 지닌 이 강론집이 성경을 읽을 때에 함께 읽혀져 읽는 자들 모두가 올바른 종말이해에 이르게 되기를 바라며, 또한 이 노작(勞作)을 통해 '이미'와 '아직 아니' 사이에 게재된 구원사적 긴장이 종말을 사는 우리 모두의 현실 가운데 균형 잡힌 삶으로 체현되기를 간절히 기원한다.

최홍석(총신대학교 신학대학원 명예교수)

본서는 저자가 총신 신대원 교수하시기 이전에 실제 두 개의 교회 강단에서 연속 설교한 내용이다. 저자는 총신의 조직신학 교수이면서 열정적인 칼뱅주의자이고 조나단 에드워즈의 전공자이다. 그의 설교는 실제적인 예화나 사례로 쉽게 설교를 시작하면서도 성경본문을 세밀하게 해석하고 때로는 원문과도 비교하면서 교인들의 실제적인 상황에 맞게 적용하고 권면하는 훌륭한 강해설교이다.

김서택 목사(대구 동부교회 담임목사)

총신대학교 신학대학원에서 조직신학을 교수하는 분의 저술을 잡으면서는, 당연히 딱딱한 조직신학적 설명을 기대했었습니다. 뿐만 아니라 종말론이라는 가장 어렵고 막연한 신학이론을 만날 것이라는 예상을 가지고, 마치 힘겨운 달리기를 시작하는 것 같이 아주 큰 호흡을 하면서 책을 대했었습니다. 그런데 웬걸 그런 기대와 예상은 산산이 부서지고 말았습니다. 『개혁주의 종말론에 기초한 요한계시록 강해』에서 저자는 진리를 사모하는 성도들을 향해 마치 강단 앞에 앉아 있는 것 같은 느낌으로 아주 자상하고 친절하게 그리고 그 깊고 넓고 풍성한 진리에 대한 설명으로 요한계시록을 풀어주고 있습니다.

이 책의 특징들을 몇 가지 들자면, (1) 우선은 요한계시록 1장부터

22장까지 전체를 세심하고도 균형 잡히게, 총67장의 적절한 분량을 따라 설명하고 있습니다. 각 장들의 설명은 결코 이론적이지만 않고 마치 직접 듣는 것 같은 생생함과 내용의 풍성함으로…요즘 사용하는 표현인 "읽는 설교"와 같은 편안함이 가득합니다.

(2) 또한 각 장들에서 혹 어려울 수도 있는 계시록의 내용을 잘 이해할 수 있도록, 필요한 예문과 예화를 포함하고 있습니다. 그리고 예문들의 인용처를 상세하게 소개함으로 이 책을 접하는 분들이 확장적으로 더 풍부한 독서와 자료를 만날 수 있도록 도와주는 친절함이 가득합니다.

(3) 더하여 꼭 말씀드리고 싶은 이 책의 특징은, 제목에서 밝히는 바와 같이 "개혁주의 종말론"이라는 신학적 선명함에 견고히 서서 계시록을 해설해주고 있다는 사실입니다. 계시록의 내용들을 해설하면서 혹이나 길을 잃거나 부분에 머물기 쉬운 점들이 있는데, 이 책은 아주 명확한 개혁신학적 종말론의 이해가 가득합니다.

따라서 독자들 중에 "요한계시록"과 "개혁주의 종말론" 그에 더하여 "깊이와 넓이가 있는 설교"를 소망하는 분들이 계시다면, 이 책은 그분들에게 정말로 귀중한 교본(敎本)이요 은혜 넘치는 모범(模範)이 되리라 확신합니다.

주께서 무지한 제게 주셨던 은혜처럼, 이 책을 배움 삼아 교회를 섬기고자 하는 당신의 사랑하는 종들에게와 사역하는 교회들 위에 하늘로부터 허락되는 영원의 은혜를 더하시길 소망합니다. 할렐루야!!

문정식 목사(서울 열린교회 담임목사)

요한계시록은 사도 요한이 처음 계시로 받을 때부터 고난 가운데 있는 신자들을 위로하고 그 어떤 유혹과 시련과 박해 속에서도 계속 믿음으로 나아가도록 돕기 위해 주신 주님의 계시이다. 실제로 이 말씀은 지난 교회 역사 속에 박해와 유혹이 거셀 때마다 흔들리는 성도들의 신앙을 붙들고 그들에게 위로와 힘을 주는 말씀이었다.

하지만 안타깝게도 성령께서 사람들을 세우고 일으키기 위해 사용하시는 이 복된 말씀이 왜곡되고 오용되어 교회를 혼란케 하고 많은 사람들을 미혹하는 사탄의 도구가 되기도 했다. 그리고 그것은 200년도 안 되는 역사를 가진 한국교회 안에서도 있어 왔고, 지금도 일어나고 있는 현실이다. 그 어느 때보다 성경본문에 대한 좋은 연구 자료들이 많이 나오고 있는 지금까지도 교회 안에서 요한계시록을 수수께끼나 퍼즐 맞추기를 하듯 종말에 대한 호기심 충족용으로 그릇되게 언급되거나 해석되는 경우가 많은 것은 참으로 가슴 아픈 일이다.

지금 우리 한국교회는 사람들의 영혼을 일깨워 바르게 인도할 말씀 증거와 함께 갈하고 사모하는 자들의 영혼들을 채워줄 말씀이 증거가 절실하다. 사람들의 비위를 맞추고 인기몰이를 하는 달변의 말이 아니라 살아있는 하나님의 말씀을 그대로 전해주어 성령하나님에 의해 소생되고 충만하게 되는 말씀 증거가 있어야 한다.

여기 이상웅 교수의 『개혁주의 종말론에 기초한 요한계시록 강해』는 성도들이 읽기 어려운 학문적인 연구서도 아니고, 그렇다고 밋밋한 성경풀이도 아닌, 계시록 본문의 기록 목적을 잘 드러낸 강해집이다. 계시록 본문에 대한 충실한 이해와 목회적인 마음을 담아 집필된 이 책은 유혹과 은근한 박해가 보편화된 오늘날의 영적 현실 가운데 있는 한국교회와 성도들에게 적실한, 꼭 필요한 책이다. 많은 목회자들과 성도들이 이 책을 성경 옆에 두고 읽기를 바라며 권한다. 이로써 척박한 현실 속에 살아가는 자기 백성들에게 위로와 힘을 주고 끝까지 그들의 믿음을 지키시려 주님께서 주신 이 계시의 복됨을 한국교회의 모든 성도들이 풍성히 누리게 되길 소망한다.

박순용 목사 (하늘영광교회 담임목사)

저자는 요한계시록을 풀기 어려운 수수께끼 같은 닫힌 책으로 여기지 않고 오히려 성도들의 유익을 위한 하나님의 계시의 말씀으로 바라

본다. 무엇보다도 저자는 해석하고 이해하기 어려운 많은 상징들과 상징적 표현들을 성경 자체가 보여주는 또 다른 구절들로 해설하는 개혁주의 성경해석학의 원리를 따라 충실하게 해설한다. 게다가 해석하기 어려운 구절들을 만났을 때 저자는 자신의 추측에 근거하기보다는 개혁주의 신학자들의 저술을 기초로 신뢰할 만한 해석을 제시할 뿐만 아니라 우리의 일상적 삶 속에 나타난 현상들과 사건들을 실례로 제시하여 누구나 이해하기 쉽게 풀어 해설한다. 저자는 궁극적으로 요한계시록이 기록된 목적을 따라 개혁파 종말론의 관점에서 하나님의 은혜로운 주권적 통치 가운데 성도의 위로와 소망이 오로지 하나님께 있음을 명확하게 밝힌다. 하나님께서 역사의 주인공이시며, 장차 심판주로 오시어 성도들을 구원하시되, 사탄의 권세와 그 권세 아래 있는 악인들을 심판하신다고 힘주어 선포한다. 특히 설교학적 관점에서 저자는 '말씀의 봉사'라는 설교의 사명을 충실하게 성취한다. 설교자 자신의 재능이나 재치가 번뜩이는 화려한 말재주가 아니라 오로지 성경 말씀 자체가 드러나도록, 즉 하늘과 땅, 온 우주의 왕이신 하나님의 복음을 섬기기 위하여 설교자의 온갖 지식과 경험이 총동원된다. 이제 저자의 신앙고백이 담긴 본서를 통하여 그 동안 읽기를 주저하고 회피하였던 요한계시록이 한층 더 가까이 우리에게 다가왔다. '하나님 앞에서' *Coram Deo* 오늘 하루도 마지막인 것처럼 살아가는 모든 성도들 앞에 소망과 위로의 책이 열려 있다. '집어 들고 읽으라' *Tolle lege*.

박태현 (총신대학교 신학대학원 설교학 교수)

이상웅 교수의 요한계시록 강해서가 개정본으로 출판되어 기쁘다. 이 책은 이미 두 번의 출판을 통해 독자들의 사랑을 받았으므로 책의 유용성은 충분히 검증되었다. 저자는 내게 교수라는 호칭보다는 대구라는 척박한 도시에서 함께 지역교회를 목회하던 목사로서 동지애를 가지고 있다. 아는 것과 살아본 것은 다르지 않은가? 강해서를 읽어 내려가면서 대구라는 도시에서 함께 고민하며 교회를 봉직하던 옛 시절이 회상되어졌다. 저자가 서문에서 밝힌 대로 요한계시록은 주님께서 우리에게 주신 빼어난 성경이다. 이 성경이 올바르게 강론되어질 때 오는 유익은 말로 할 수 없다. 그러나 요한계시록은 오늘 이 시대의 설교자들이 쉽게 강론하기에 결코 만만하지 않다. 이에 총신대학교 신학대학원에서 조직신학을 강의해온 저자가 15년간 교회의 강단에서 강론해온 요한계시록 강해서가 출간된 것은 설교자의 한 사람으로써 고맙고 감사한 일이다. 요한계시록은 오늘날 불건전한 이단과 사이비집단들, 그리고 신사도운동과 신비주의가 횡행하는 현실에서 더욱 연구되고 올바르게 강론되어야 할 성경가운데 하나이다. 저자는 종말론과 관련된 다양한 이설들을 소환하여 개혁주의신학의 관점에서 진압하고 강론함으로써 이 역할을 충실하게 감당하였다. 저자는 요한계시록을 매우 평이하게 회중의 눈높이에서 풀어가고 있다. 요한계시록을 이렇게 편안하게 읽도록 준비하기 위해서 강론자는 많은 시간을 투자하였을 것이다. 지루하지 않게 다양한 예화를 들면서 본문의 교훈으로부터 회중이 이탈하지 않도록 부드럽게 적용으로 이끌고 있다. 이 책을 읽는 내내 곳곳의 행간에서 교수로서의 치밀함과 목사로서의 자상함이 녹아 있음을 발견할 수 있었다. 아무쪼록 요한계시록을 강론하고자 하는 모든 설교자들의 손에 이 책이 들려지기를 소망한다.

임종구 목사(대구 푸른초장교회 담임목사)

독자 감상문

시원과 근원을 알리는 창세기 못지않게, 결말과 완성을 예고하는 요한계시록 또한 해석하기가 힘든 책입니다. 특히 한국교회의 신자들에게 계시록이 어려운 이유는, 성경 전체를 관통하는 신학적 사유를 가지지 못한 것, 계시록과 연결되는 구약선지서 본문을 충실히 배워오지 못한 것, 묵시문학의 어려움, 세대주의의 영향력으로 인한 오해, 계시록의 자의적 해석으로 교언영색하는 이단들로 인한 거리낌 등이 아닐까 생각합니다. 이상웅 교수님의 본 강해서는, 이런 현실에 놓인 한국 교회 성도들에게 요한계시록을 가장 적절히 안내해주는 책 가운데 하나라고 생각합니다. 이 책은 철저하게 개혁 신학의 관점을 가지고 있습니다. 저자의 설교에는 곳곳에 점진적 평행법적 해석이 작동하고 있고 무천년주의의 입장이 견지되고 있음을 알 수 있습니다. 그러나 기저에 이런 신학이 깔려있으면서도, 읽기가 매우 수월하며 한 장씩 넘기면 넘길수록 어려운 본문들의 의미가 더 명징해진다는 것을 느낍니다. 무엇보다 조직신학자로서의 엄밀함과 양떼를 사랑한 한 목회자로서의 다사로움을 통과하여, 우리의 마음을 그리스도의 심판과 영광의 총화 가운데로 새록새록 인도하는 책입니다. 신학대학원 시절에는 요한계시록에 대한 기본 이해를 다질 수 있어 유용했는데, 시간이 흘러 목회 현장에서 다시 펼쳐보니 한 장씩 천천히 묵상하며 읽을 수 있는 묵상집으로도, 목회자로서 계시록을 어떻게 설교하며 가르쳐야 하는지에 대한 모델로서도, 가치가 매우 큰 책이라는 것을 통감합니다.

김성민 목사(총신대학교 신학대학원 108회 졸업)

창조로 시작된 인류 역사의 끝인 '요한계시록'은 창조를 인정하기 싫은 불구대천의 자연인이였던 우리에게 역시나 모른 척 덮어두고 무시하고픈 "반드시 속히 될 일들"로써, 역사(시간)도 만드신 영원한 자존자이신 삼위 하나님의 스스로 드러내 보여주심(계시)의 끝판이다. 하지만 역사('나'라는 한 인간을 포함한)의 시작과 끝을 '아는(듣고 지키는)' 것 이전에, 그 시작과 끝을 맺는 유일한 한 '인격(분)'을 알 수 있는 것 자체가 은혜이고 복되다는 것에 안도하며 그저 감사할 뿐이다.

복잡한 구조의 여러 설이 있는 요한계시록을 15년에 걸쳐 교회에서 강해설교를 한 저자의 노고에 우선 놀라움을 감출 수 없고, 많고 많은 설교거리 중에서도 '왜 하필 요한계시록인가'하는 호기심을 가지지 않을 수 없다. 물론 저자가 서문에서도 밝혔으나 본 책을 다 읽고 난 후, 필자 나름 그 이유를 재구성하여보면, TV 드라마나 한 편의 영화도 그 끝을 알고 나면, 중간에 일어나는 무수한 갈등과 긴장도 안심하고 즐길 수 있듯이, 끝(종말론적 관점)에서 현재를 사는 우리를 볼 필요가 있고, 말세를 사는 우리에겐 이러한 Ending을 아는 것이 더욱더 필요하기 때문일 것이라 생각한다. 저자는 계시록에 등장하는 많은 숫자와 그림언어들에 대한 개혁주의적 바른 이해의 길을 무리 없이 사뭇 담담히 기술하고 있고, 세간의 잘못된 해석에 대한 경계와 끝으로 가는 과정에 긴가민가 하는 필자를 포함한 독자들에게 쇼킹한 비밀을 알려주는 것이 아닌, 평상시처럼 내일이 종말이라 해도 오늘도 최선을 다 할 수 있는 이유와 여유를 주는 것 같다. 비유하자면, 글을 모르는 문맹 앞에서 소위 글을 안다 하는 자들의 갖가지 해석에, 진위를 확인할 길 없이 그저 불안하게 귀 기울일 수밖에 없는 '계시록문맹인'들에게 찬찬히 깨우치는 길잡이라 생각한다. 이러한 담담함은 어거스틴과 칼빈을 비롯한 개혁주의 신학자들이 교회사에서 견지해온 무천년설의 관점에서 저자 역시 말세와 종말을 보기 때문이 아닐까 생각한다.

그럼에도 나 자신에게 던지는 오지랖 같은 걱정거리는 '만약 내가 이 서신이 쓰여질 당시 성도였다면 변절하지 않을 수 있었을까'하는 점이

다. 요한 시절의 바벨론이었던 로마제국부터 일제 때 우리의 신앙의 선배들이 받았던 그 핍박과 박해를 '나'라면 견딜 수 있을까! 사는 것이 결코 쉽지 않다는 것을 알기에, 내일이라는 살얼음판 위를 내딛는 것처럼 불안한 나의 심약함을 보며, 그래도 이때 태어나게 해주신 것에 감사할 뿐이며, 감당할 시험만을 허락하시며, 역사의 궁극적 승리자이신 삼위 하나님을 아버지라 부를 수 있다는 것에서 위안을 삼아본다.

한편, 창조의 영광도 잠시뿐 곧 있을 타락과 그 처참한 대가를 하나님이 친히 갚아야 함에도 말세까지 기회(시간)을 주시며, 최후의 신자 한 명이 태어날 때까지, 마치 온 우주에 나 하나뿐인 것처럼 우리(교회)를 사랑하시는 이유는 무엇인지, 고작 한 평의 땅에 묻힐 만한 작은 한 인간인 필자는 이해할 수가 없다. '새 예루살렘'이라 불리는 하나님의 궁극적 소망은 창조 전에 마음 먹으셨던 '교회(구속받은 하나님의 백성 총수)'이고, 거듭난 백성들이 살 곳은 '이 세상'이 아닌 '새 하늘과 새 땅'이라 불리는 곳으로, 루터파처럼 이 땅의 것은 모조리 삭제format시켜 버리는 것이 아니라, 부활하신 그리스도처럼 '새로운' 만물이 될 것임을 분명히 말하고 있다. 또한, 이 땅에서 2014년 지금 나의 머리 속에 기억되고 공유하는 것들(일반은총)까지 신천신지에서 고스란히 남게 된다는 것에 고무되는 이유는, 그간 필자의 고민거리이기도 했던 이 땅에서의 우리의 추억 혹은 인간됨이 저 땅에 가면 모두 '초기화reset'되면 무슨 보람이 있을까 하는 것이었는데, 이에 대해 저자는 분명히 연속성을 말하고 있고, 권성수 목사의 상급론을 통해 참된 상급(주님 더욱 닮아감이 주는 평안-필자 사견)을 바라며 이 땅에서 인내하며 살도록 하는 사는 맛을 주는 것 같다.

본 책의 강점 중의 하나는 구약에서 종말에 대한 예언을 다룬 부분, 주로 에스겔, 다니엘, 스바냐와 같은 해석하기 까다로운 부분을 계시록과 잘 이어줌으로써 바른 해석의 틀을 제공해주고 있다는 점이라 생각한다. 책을 덮으며 계시록에 대한 대략적인 감은 잡겠으나, 전체 구조

속에서 각 장이 무엇에 대해서 말하고 있는가 하는 도표가 필자 개인적으로 그려지지는 않는 점은, 계시록뿐만 아니라 성경을 부지런히 심사숙고하며 읽지 않는 필자의 게으름의 탓으로 돌릴 수밖에 없는 것 같다. 마지막으로 필자 자신에게 던지는 질문은 '주님 계신 저 곳에 지금이라도 정녕 가고 싶은가' 하는 것이며, 영원을 사는 것처럼 오늘 하루도 하루살이와 같은 '나'라는 사람은 최선을 다하고 있는가 하는 것이다.

유승삼 목사 (총신대학교신학대학원 108회 졸업생)

저자 서문

본서는 저자가 개혁주의 종말론에 기초하여 요한계시록을 강해했던 내용을 다듬어 내놓는 것입니다. 필자는 15년 반에 걸친 전임사역과 담임목회를 하면서 성경 66권을 연속 강해 lectio continua 하는 일을 무엇과도 대체해서는 안 되는 설교자의 본무(本務)라고 확신하고 강해 설교에 전심전력했었습니다. 저의 설교자로서의 사역기간은 특별히 창세기, 로마서, 요한계시록 세 권에 대한 바른 이해와 성실한 강해가 목회자나 성도들에게 얼마나 절실하게 필요한지를 절감한 시간들이기도 합니다. 모든 것의 기원을 다루는 창세기, 구원의 길을 가르쳐주는 로마서, 그리고 모든 것의 종말과 내세의 삶에 대해서 가르쳐주는 요한계시록 등 세 권의 책을 목회자가 잘 가르쳐주는 것이 교인들의 신앙관과 세계관을 바르게 형성하는 데 귀한 봉사가 된다는 점을 현장에서 체험해 보았습니다. 그래서 저뿐만 아니라 후배 사역자들이나 신학생들에게 이 세 권의 책을 특별히 잘 공부하라고 권면하기도 해왔습니다. 물론 이 세 권의 책을 제대로 이해할 만큼 공부한다는 것은 결코 쉬운 일이 아닐 것입니다. 수많은 자료들과 해석의 유형들 속에서 무엇이 정말 성경적인 것인가를 바르게 파악할 수 있어야 하기 때문입니다.

필자는 개인적으로 중학교 2학년 때(1981년)부터 요한계시록에 심취했습니다. 같은 반 친구를 교회에 인도하고 작은 성경책을 선물로 주었는데, 공교롭게도 그 친구가 관심있게 읽은 것이 요한계시록이었습니다. 친구는 저를 만나서 성경책에 용 이야기, 짐승들 이야기와 같은 황당무계한 이야기들이 기록되어 있느냐고 따지면서 다시는 교회를 오지 않았습니다. 이에 저는 적지 않은 충격을 받고서 요한계시록을 공부하기 시작했습니다. 비록 어린 나이였지만 그 절박함 때문에 박윤선 목사님이 쓰신 『계시록 주석』(영음사)을 사서 열심히 읽고 친구들과 나누기도 했습니다. 그후에 요한계시록이나 종말론에 대하여 나름대로 이런 저런 연구를 할 수 있게 되었습니다. 감사한 것은 박윤선, 박형룡 두 신학자들과 화란개혁주의 계열의 저술들을 20대 초반에 읽게 되므로 다미선교회의 휴거 열풍 등에 휩쓸리지 않을 수 있었다고 하는 사실입니다.

사실 요한계시록은 성경 66권 가운데 가장 난해한 책으로 알려져 있습니다. 수도 없이 많은 연구서들이 출간되어 있고, 다양한 해석법들이 개진되어 왔습니다. 그래서 목사님들이 다양하게 설교할 뿐 아니라, 어떤 목회자는 설교하기를 꺼리는 책 중의 하나가 되어 버렸습니다. 칼뱅 목사님도 요한계시록 주석을 남기지 않았습니다. 그러나 감사하게도 저는 어린 시절부터 요한계시록을 연구할 수밖에 없는 계기가 있었고, 다양한 해석학파를 접할 수 있게 되었습니다. 학생 시절에는 이런 해석, 저런 해석에 휩쓸려 다녀 보기도 했습니다. 불건전한 종말론의 영향으로 공포에 질려 공부를 하고자하는 의욕을 상실하기도 했습니다. 그래서 저에게는 요한계시록을 교인들에게 바르게 가르쳐야 하겠다는 소명감이 일찍부터 생겨났습니다. 그러다가 요한계시록을 교회에서 처음으로 강해하게 된 것은 부목사로 사역했던 대구 동문교회 새벽 강단을 통해서였습니다. 담임목사님이 설교를 맡기시는 시간에만 연속 강해했기에 띄엄띄엄 강해를 할 수밖에 없었지만, 그래도 처음으로 요한계시록 연속강해를 끝까지 진행할 수가 있었습니다. 그러다가 2001년부터 대구 근교에 위치한 농촌마을에 소재한 박사교회의 담임목사로 부임하게 되자마자 주일오후 시간에 요한계시록 연속 강해를 진행했습니다. 이때에 설교원고를 처음으로 만들 수가 있었습니다. 그리고 2007년 2월에 대구 산격제일교회에 부임한 이후에 세 번째로 요한계시록 강해를 업그레이드하면서 완주하게 되었습니다. 이렇게 세 번에 걸쳐서 요한계시록을 완주하는 동안 무려 15년 반의 사역 기간이 지나가고 말았습니다. 그리고 매번 설교할 때마다 새롭게 요한계시록을 공부하고 원고를 업데이트하였기 때문에 기본적인 관점은 변하지 않았다고 해도 세부적으로는 엄청나게 많은 변화가 있었습니다.

이와 같이 긴 세월에 걸쳐서 만들어지고 다듬어진 설교 원고를 2013년에 처음 출간을 하고, 2015년에는 간단한 수정을 거쳐 2쇄를 간행한 적이 있습니다. 그리고 이번에 원고 전체를 다시 읽으면서 수정을 해서 새로운 출판사를 통해 출간을 하게 됩니다. 첫 출판 후 5년의 세월이 지나왔지만, 이번에 새로운 판을 내면서 내용적으로는 큰 수정이 없다는 점을 밝힙니다. 교수 사역의 분주함 때문에 시간을 충분히 내지 못해서 이기도 하지만, 내용적으로 크게 수정하고 싶은 마음이 들지 않기 때문입니다.

이제 다시금 강해서를 출간하면서 먼저 독자들에게 알리고 싶은 것은 본서에 실린 설교들은 제가 준비했던 설교원고이지 현장에서 전해졌던 강해와 100퍼센트 동일한 것이 아니라는 점입니다. 저는 설교문을 성실하게 준비하려고 늘 노력을 했습니다만, 실제 설교를 전달하는 과정에서는 적지 않은 변화가 일어나는 것을 경험하곤 했습니다. 그리고 또한 저자는 설교는 창작 예술이라고 생각하지 않았습니다. 마치 주부가 좋은 식재료들을 가지고 와서 정성껏 요리하여 가족들을 먹이듯이, 설교자도 다양한 좋은 자료들을 읽고 연구하여 한 편 한 편의 설교를 준비하여 회중들에게 먹이는 것이 마땅한 일이라고 생각합니다. 게으르게 남의 설교를 표절하는 것은 잘못이지만, 설교자가 본문을 잘 이해하고, 성도들에게 유익을 끼치기 위해서는 이런 저런 좋은 책들과 자료들을 활용하는 것이 필요한 일이고, 마땅한 일이라고 생각합니다.

강해서는 논문이 아니기 때문에 일일이 주를 달지 않았지만, 가끔씩 미주를 단 곳들도 있습니다. 그러나 요한계시록을 강해하는데 있어서 수많은 자료들의 도움을 입었음을 고백하며 감사를 드리는 바입니다. 우선 2-3장에 나오는 소아시아 일곱 교회의 역사적 배경에 대한 설명은 바클레이의 『계시록(상)』과 김주찬, 『소아시아 7대교회』(서울: 옥합

1998)에 많이 힘입었음을 먼저 밝힙니다. 그리고 본 강해를 준비하면서 많이 참고했던 주석들과 강해서들 몇 권을 밝혀서 감사의 인사를 전합니다. 개혁주의 무천년설의 관점에서 요한계시록을 다룬 자료들에서 많은 유익을 얻었음도 분명히 밝힙니다.

H. B. Beckwith, *The Apocalyse of John*. Grand Rapids: 1967(1919).
G. K. Beale. *Revelation*. NIGTC; Grand Rapids: Eerdmans, 1999.
L. Morris. *The Revelation of St. John*. TNTC. Grand Rapids: Eerdmans, 1980.
Grant Osborne. *Revelation*, BENTC. Grand Rapdis: Baker, 2002.
H. B. Swete. *The Apocalypse of St. John*. New York: Macmillan, 1922.
G. E. 래드.『요한계시록』. 이남종 역. 서울: 크리스챤서적, 1993.
R. H. 마운스.『요한계시록』. 홍성철 역. 서울: 생명의말씀사, 1987.
베른 포이쓰레스.『요한계시록 맥잡기』. 유상섭 역. 서울: 크리스챤출판사, 2002.
윌리엄 헨드릭슨.『요한계시록』. 서울: 아가페, 1975.
필립 E. 휴즈.『요한계시록』. 오광만 역. 서울: 여수룬, 1994.
윌리엄 바클레이.『계시록(상), (하)』. 서울: 기독교문사, 1993.
권성수.『요한계시록』. 서울: 선교햇불, 1999.
김서택.『요한계시록 강해설교 1, 2, 3』. 서울: 성서유니온, 1997-1998.
박윤선.『성경주석 계시록』. 서울: 영음사, 2005.
이필찬.『내가 속히 오리라』. 서울: 이레서원, 2006.
정근두.『요한계시록 1-6』. 서울: 하나출판사, 1996-1997.

그리고 본서의 제목에서도 분명히 밝혔지만 본 강해서는 개혁주의 종말론의 관점에서 쓰여지고 선달되어진 것임을 강조하고 싶습니다.

따라서 본서의 저변에는 개혁주의 종말론을 다룬 여러 교과서들(J. 칼뱅, H. 바빙크, L. 벌코프, A. 후크마, W. 헨드릭슨, C. 베네마, 박형룡박사)에서 배우고 익힌 내용들이 자리하고 있음을 확인하실 수 있을 것입니다. 사려 깊은 독자들이라면 본서 가운데 주요한 사항들은 필자의 생각이 아니라 이상에서 밝힌 선배들의 노고에 힘입고 있음을 쉽게 알아차릴 수 있을 것이라고 생각합니다.

필자가 많은 주저와 망설임 끝에 본 강해서를 처음 출간하였던 까닭은 필자가 2012년부터 담당하고 있는 종말론 수업을 듣는 신대원/신학원 원우들에게 요한계시록에 대한 개혁주의적 해설을 맛보게 해 주기 위해서입니다. 성경학교가 아니기 때문에 신대원/신학원 3년을 다녀도 본인이 선택하지 않는 한 요한계시록에 대해서 공부할 수 있는 기회가 없다는 것과 다만 필수과목인 종말론을 통해서 이런 텍스트들에 대한 이해를 도모할 수밖에 없다는 점을 알기에 종말론을 가르치고 있는 조직신학교수로서 감히 이런 강해서를 출간하려고 엄두를 내게 되었습니다. 그렇다고 본서가 전문적인 주해서Exegetical Commentary의 권위를 가지는 것처럼 감히 주장하지 않습니다. 다만 필자가 개혁신학을 전공하고 세 차례에 걸쳐서 이 어려운 성경책을 공부하고 설교하려는 한 노력의 결실을 후학들이 보고 다소 도움이 될 수 있기를 바라는 마음으로 출간하는 것입니다. 보다 더 전문적인 주해 훈련은 해당 전문 분야에서 잘 받을 수 있기 때문에 다소 두려운 마음으로 이 책을 후배들 앞에 내어 놓습니다. 개인적으로는 헨드릭슨, 그레고리 빌, 이필찬(곧 새로운 주석이 출간된다고 함) 등의 주석들을 추천하고 싶습니다.

이제 감사의 글로 저자 서문을 마무리하고자 합니다. 설교자의 설교는 맡겨진 양무리가 없다고 한다면 이 세상에 존재하기 조차 어려웠을 것입니다. 저의 연속 강해를 들어주었던 대구 동문교회(1997-2001), 경산 박사교회(2001-2007), 대구 산격제일교회(2007-2012) 세 회중에게 깊은 감사를 드립니다. 제가 그 수많은 성도들을 위하여 말씀으로 섬겨야 하는 중책을 지지 않았다면 본 강해서를 비롯하여 저의 다른 설교 원고들은 세상에 태어나지도 않았을 것입니다. 불완전하고 연약한 설교자가 연속강해에 올인해서 사는 동안 기도와 성도의 교제를 통해서 자신의 목회자를 굳게 세워주려고 했던 여러 귀한 성도들에게 특별한 감사를 드리지 않을 수가 없습니다. 때로 연속강해를 하다 보니 강한 설교가 될 때도 있었고 듣기 싫어하는 설교들도 많았기에 이런 저런 비판의 질책을 들어야 할 때도 있었지만, 설교자의 부족한 면보다는 전해지는 메시지에 집중해서 스펀지처럼 흡수하고 은혜를 받고 나아가서는 삶이 변화했던 그 특별한 성도들은 제가 그나마 헛되이 사역한 것이 아니라고 하는 산 증거가 되어줄 것입니다. 그리고 본서에 대해 추천사를 써 주신 존경하는 은사 최홍석 교수님, 지난 20년 넘는 세월 동안 연속 강해 설교의 본을 보여주신 김서택 목사님, 개혁주의 목회와 저술에 정진하시는 동료 문정식 목사님, 변함없이 청교도 개혁주의의 길에 서서 정진하시며 기회 있을 때 마다 하늘영광교회 강단에 서서 말씀으로 교제할 기회를 주시는 선배 목회자 박순용 목사님, 바빙크의 『개혁교의학』 1-4권(부흥과개혁사, 2011) 완역을 통해 개혁주의 신학도들에게 큰 유익을 끼쳐준 동료 교수이자 설교학 교수이신 박태현 교수님, 대구라는 한 공간에서 만났고 동일하게 목회자와 학자의 길을 함께 걸어온 임종구 목사님 등에게 감사를 드리며, 아울러 본인의 제자로서 독서 감상문을 써 준 유승삼 목사님과 김성민 목사님께 감사를 드립니다. 특히 김성민 목사님은 2년 동안 본인 연구실의 조교(2013-2014)로 수고를 많이 했고, 본서의 초판을 수정할 때(2013, 2015) 수정 작업을 해 준 고마운 제자이기도 합니다. 출판 사업이 전반적으로 어려운 이때에 본서의 중요성과 가치를 인정하고 출판을 맡아준 솔로몬 출판사 박영호 장로님과 출판사 관계자들, 그리고 본서의 편집인 등에게 감사의 인사를 드리는 바입니다. 아울러 사랑하는 가족들의 기도와 이해 그리고 지원이 없었다고 한다면 목회자로서의 사역을 제대로 감당할 수 없었을 것이기에 양가 부모님들과 아내 김영신과 아들 이진희의 숨은 기여를 잊을 수가 없습니다. 모든 영광은 하나님께서 받으시기를 바랍니다. Soli Deo Gloria!

2018년 10월 8일(월)
어느덧 일곱 번째 가을을 맞이하게 되는 양지 캠퍼스 연구실에서

이상웅 自序

차 례

Contents

저자 서문 20

01 예수 그리스도의 계시라 (계 1:1-3) ... 31
02 때가 가까움이라 (계 1:3; 벧후 3:1-9) ... 39
03 삼위 하나님의 문안인사 (계 1:4-5) ... 49
04 예수님 찬양 (계 1:5-6) ... 60
05 구름을 타고 오시리라 (계 1:7) ... 71
06 전능하신 하나님의 보증 (계 1:8) ... 79
07 예수의 환난에 동참하는 자 (계 1:9-11) ... 88
08 영광을 입으신 주님의 모습 (계 1:12-16) ... 99
09 사망과 음부의 열쇠를 가지신 주님 (계 1:17-20) ... 108
10 첫 사랑을 잃어버린 교회- 에베소 교회 (계 2:1-7) ... 120

11 실상은 부요한 교회- 서머나 교회 (계 2:8-11) ... 130
12 니골라당의 행위를 용납한 교회- 버가모 교회 (계 2:12-17) ... 141
13 이세벨의 교훈을 용납한 교회- 두아디라 교회 (계 2:18-29) ... 154
14 유명무실한 교회-사데 교회 (계 3:1-6) ... 165
15 열린 문이 있는 교회- 빌라델비아 교회 (계 3:7-13) ... 175
16 차지도 뜨겁지도 않는 교회- 라오디게아 교회 (계 3:14-22) ... 184
17 보좌 위에 앉아 계신 하나님 (계 4:1-5) ... 196
18 보좌 앞에서의 찬양 (계 4:6-11) ... 208
19 어린 양의 등장 (계 5:1-7) ... 218
20 어린 양 찬양 (계 5:8-14) ... 229

21	첫 세 인이 떼어지다 (계 6:1-6)	241
22	세 가지의 죽음 (계 6:8-17)	253
23	14만 4천명 (계 7:1-8)	264
24	아무도 능히 셀 수 없는 큰 무리 (계 7:9-17)	275
25	금향로에 담기는 기도 (계 8:1-5)	286
26	첫 네 나팔 재앙 (계 8:6-13)	297
27	다섯 번째 나팔 재앙 (계 9:1-11)	308
28	여섯 번째 나팔 재앙 (계 9:12-21)	319
29	두 가지 맛이 나는 작은 책 (계 10:1-11)	329
30	두 증인의 활동과 권세 (계 11:1-6)	340
31	두 증인의 죽음과 부활 (계 11:7-14)	351
32	일곱 번째 나팔 소리 (계 11:15-19)	362
33	여자와 용 (계 12:1-6)	374
34	하늘에서 쫓겨나는 큰 용 (계 12:7-12)	386
35	여인과 남은 자를 박해하는 큰 용 (계 12:13-17)	397
36	바다에서 나온 한 짐승 (계 31:1-10)	407
37	땅에서 올라온 짐승 (계 13:11-18)	418
38	시온 산에 선 자들 (계 14:1-5)	429
39	세 천사가 전해주는 메시지 (계 14:6-13)	439
40	주 안에서 죽는 자의 복 (계 14:13)	449
41	마지막 추수 (계 14:14-20)	461
42	모세의 노래, 어린 양의 노래 (계 15:1-4)	469
43	일곱 대접 심판의 준비 (계 15:5-8)	480
44	일곱 대접 심판의 시작 (계 16:1-11)	490
45	아마겟돈 전쟁 (계 16:12-16)	501

46	일곱 번째 대접 재앙 (계 16:17-21)	511
47	붉은 짐승을 타고 있는 음녀 (계 17:1-6)	522
48	음녀의 최후 (계 17:7-18)	533
49	큰 성 바벨론의 멸망 (계 18:1-8)	546
50	바벨론을 위한 애가 (계 18:9-19)	557
51	우리를 위하여 심판하시는 하나님 (계 18:20-24)	568
52	어린 양의 혼인 잔치 (계 19:1-10)	581
53	최후의 전쟁 (계 19:11-21)	593
54	천년왕국 (계 20:1-6)	606
55	곡과 마곡의 전쟁 (계 20:7-10)	617
56	백보좌 심판 (계 20:11-15)	630
57	새 하늘과 새 땅 (계 21:1-4)	641
58	보좌에 앉으신 이의 선언 (계 21:5-8)	652
59	새 예루살렘 - 어린 양의 신부 (계 21:9-21)	664
60	새 예루살렘의 영광 (계 21:22-27)	678
61	수정 같이 맑은 생명수의 강 (계 22:1-2)	689
62	세세토록 왕 노릇하리로다 (계 22:3-5)	700
63	이 두루마리의 예언의 말씀 (계 22:6-9)	710
64	예언의 말씀을 인봉하지 말라 (계 22:10-15)	720
65	최고의 초대와 경고 (계 22:16-19)	731
66	마라나-타 (Marana-tha, 계 22:20)	743
67	카리스(Charis) - 성경의 마지막 말 (계 22:21)	756

주 769

*An Exposition on the Book
of Revelation
Based on the Reformed Eschatology*

01

예수 그리스도의 계시라

예수 그리스도의 계시라 이는 하나님이 그에게 주사 반드시 속히 일어날 일들을 그 종들에게 보이시려고 그의 천사를 그 종 요한에게 보내어 알게 하신 것이라. 요한은 하나님의 말씀과 예수 그리스도의 증거 곧 자기가 본 것을 다 증언하였느니라. 이 예언의 말씀을 읽는 자와 듣는 자와 그 가운데에 기록한 것을 지키는 자는 복이 있나니 때가 가까움이라(계 1:1-3).

기독교 신앙을 특징짓는 것 중의 하나는 바로 종말론적인 신앙이라고 하는 것입니다. 종말론적인 신앙이란 부활 승천하신 주님이 언제든지 예고도 없이 재림하실 수 있기 때문에 항상 깨어 믿음을 준비하고 있어야 한다는 것을 의미합니다. 이것을 다르게 표현하자면, 우리가 삶을 살아가면서 매일 매일 이렇게 신앙을 확인하고 준비해야 할 것입니다. "나는 오늘 죽어도 예수님을 만날 신앙의 준비가 되어 있는가?" 교회를 출입하지만 많은 성도님들이 사실상 임종의 순간에 조차도 주님 만날 준비가 전혀 되어 있지 않는 경우들을 보게 됩니다. 참으로 어처구니 없고, 불행한 일이라고 할 것입니다. 다미선교회 이장림씨가 주장했던 1992년 10월 28일 휴거설이 불발탄으로 끝나고, 지난 수 백년 동안 전 세계인들이 그리도 궁금하게 여기고 가슴 졸이게 했던 노스트라나무스의 1999년 내새난 예언도 아무 일 없이 지나가 버리고, 21세기 초반을 살아가고 있는 우리들은 오히려 종말론적인 신앙을 거의 상실한 채로 살아가고 있는 것이 아닌가 하는 생각이 듭니다. 저마다 종말이 멀지 않았다고 떠들어 대고 술렁일 때는 어쩌면 위험한 시기가 아닐 것입니다. 오히려 잘못된 종말론의 열풍이 가라앉고 사람들이 저마다의 일상적인 삶속에 깊이 빠져서 하루 하루를 그냥 그냥 살아가게 되는 때가 더욱 위험한 시기인 것입니다. 어쩌면 오늘날 우리들의 삶이 고달픈 면도 있기는 하지만, 역사 이래로 가장 풍요한 시대, 무엇이든지 원하는 대로 해 볼 수 있고, 누려 볼 수 있는 시대가 되다 보니까 이 세상에서의 삶이 너무 너무 좋아져 버렸는지 모릅니다. 환난과 박해의 시기, 먹고 살기도 힘들던 시기에는 '낮에나 밤에나 눈물 머금고 내 주님 오시기만 고대합니다'라고 하는 노래나 '죄 많은 이 세상은 내 집 아니네'와 같은 노래들을 열창하다가 이제는 재미있는 세상이 되고 나 버리니까, '이 세상은 주님이 지으신 아름다운 세상'을 열창하고 있는지도 모릅니다. 아무튼 예수님의 재림에 대한 관심이 사라져 가고, 세상 재미에 빠지기 쉬운 이런 때 일수록 성도는 더욱 경청하여 종말론적인 신앙을 새롭게 해야 합니다. 우리가 요한계시록을 공부하는 이유가 여기에 있는 것입니다.

요한계시록은 예수님의 제자들 가운데서 가장 나이가 젊었던 사도 요한이 만년에 기록한 예언서입니다. 초대 교회사에 의하면 사도 요한은 노년에 바울이 세웠던 에베소 교회에서 사역을 하면서 거의 백 세가 될 때까지 살았다고 합니다. 만년에 그의 제자들의 도움을 받으면서 요한복음서, 요한일이삼서 등을 기록했습니다. 그러다가 그는 주후 95, 96년 로마 황제 도미티아누스 때 일어났던 박해로 인해서 밧모Patmos라고 하는 섬에 유배 가게 되었습니다. 로마 황제는 자신이 신이라고 주장하면서, 제국민들로 하여금 황제 숭배 의식에 참여하여 "카이사르가 나의 주님이자 하나님이다"라고 고백하게 했습니다. 요한은 이러한 황제 숭배의 요구에 응하지 않았기 때문에 밧모섬으로 귀양을 가게 된 것입니다. 그러나 그는 그곳 동굴에서 혼자 예배 드리다가 주님을 만나게 되었고, 요한계시록에 기록된 내용들을 계시 받게 되었습니다.

오늘 우리가 함께 읽은 1장 1-3절은 요한계시록의 서언에 해당하는 부분입니다. 세 구절들을 읽어보시면 요한이 받은 계시의 기원과 목적, 계시의 성격, 그리고 계시가 가져다 주는 축복에 대해서 말씀하고 있습니다. 차례대로 살펴보도록 하십시다.

계시의 기원 – 예수 그리스도의 계시라(1절)

먼저 1절 초두를 보시면, "예수 그리스도의 계시라"는 말로 시작하고 있습니다. NIV에는 The revelation of Jesus Christ라고 했고, 헬라어 성경에는 아포칼립시스 투 예수 크리스투 *Apokalypsis tou Iesou Christou*라고 했습니다. 이것은 사도 요한이 자기가 기록한 책의 제목, 타이틀로 뽑은것입니다. 당시에는 종이가 없고, 인쇄기가 없었기 때문에, 둘둘 말리는 양피지에다가 손수 먹으로 기록할 수밖에 없었습니다. 그와 같이 글을 써 내려 가면서 요한은 먼저 자신이 쓴 글의 내용을 나타내는 제목을 예수 그리스도의 계시라고 붙인 것입니다. 우선 계시라고 하는 단어에 주목을 해 봅시다. 계시라고 하는 말은 가리워져 있고, 감추어져 있는 것을 드러내 보여 준다는 뜻을 가지고 있습니다. 연극 무대를 한 번 생각해 보십시오. 한 번도 본 적이 없는 연극을 보기 위해서 관람석에 앉아있는 관람객들은 빨리 시간이 되어 커튼이 올라가고 연극이 공연되기를 고대하게 됩니다. 그래서 시간이 되면 커튼이 올라가고 배우들이 나와서 연극을 시작하게 됩니다. 그러면 관객들은 흥미진진하게 연극의 내용을 즐기게 되는 것입니다. 이처럼 계시라고 하는 것은 감추어졌던 하나님의 구원 계획과 그 구원의 완성에 대한 진리들을 드러내어 준다는 의미를 가지고 있습니다. 이전에는 인간들이 알 수 없었고, 알려지지도 않았던 영적 진리들이 예수 그리스도의 계시로 말미암아 우리 신자들에게 알려지는 것입니다. 그 계시가 예수 그리스도의 계시라고 하는 것은 계시하시는 분이 예수 그리스도라는 의미도 있고, 예수 그리스도가 하나님의 계시의 주된 내용이라는 뜻도 담고 있습니다.[1] 후자의 의미에서 계시는 예수 그리스도의 초림과 재림을 주요 두 축으로 하고 있습니다.

1절 하반절을 보시면 계시의 근원과 주어지는 순서에 대해서 언급하고 있습니다. "이는 하나님이 그에게 주사 반드시 속히 일어날 일들을 그 종들에게 보이시려고 그의 천사를 그 종 요한에게 보내어 알게 하신 것이라." 우선 계시의 근원은 하나님 아버지이시라는 것을 알 수 있습니다. 계시는 항상 하나님이라는 샘 근원에서 나오는 샘물과 같습니다. 하나님 아버지께서 모든 계시의 궁극적인 근원이요 원천이십니다. 하나님은 그 계시를 예수 그리스도에게 주셨고, 예수님은 천사들을 통해서 요한에게 알리셨습니다. 계시록을 읽어 보면 천사들의 활동하는 모습들을 많이 마주치게 됩니다. 천사들은 하나님을 섬기며 그의 일을 수종들며, 구원의 후사들인 우리 신자들을 섬기라고 보내심을 받은 수종자들입니다. 그리고 요한에 의하면 하나님이 주신 그 계시는 궁극적으로 누구에게 전달되는 것을 목표로 하느냐 하면 하나님의 종들, 즉 계시록을 읽고 듣는 사역자들과 모든 성도들입니다. 계시가 주어지는 순서를 다시 한 번 보시겠습니까? 하나님 - 예수 그리스도 - 천사 - 요한 - 하나님의 종들, 즉 백성들 순서로 주어집니다.

그리고 예수 그리스도가 주신 계시는 "반드시 속히 될 일들"the things which must shortly come to pass- AV에 관한 것입니다. "반드시 속히 될 일"이란 계시록에 담긴 내용들 모두가 요한의 시대에 다 이루어진다는 뜻은 아닙니다. 사실 요한계시록의 내용들은 요한의 시대에 이루어질 것도 있지만 역사의 과정을 통하여서 이루어질 것도 있으며 예수님의 재림 직전과 재림 때에 이루어질 내용도 들어 있습니다. 마운스라는 사람은 이렇게 말했습니다. "저자는 그 자신의 상황에서 기록했고, 그의 예언들은 역사적으로 성취될 것이며, 그는 미래의 종말을 기대했으며, 또 역사의 배후에 작용하는 원리 등을 드러내었다."[2]

그리고 반드시 속히 될 일들을 알게 하신 것이라고 하는데, 알게 하신 것이라는 표현은 개역성경에서는 지시하신 것이라는 구절로 번역되었던 것인데, 헬라어에서는 "에세마넨"esemanen이라는 동사를 썼습니다. 요한계시록에 담긴 내용들이 상징과 기호들로 가득하기 때문에 문자적으로 읽을 것이 아니라 상징적으로 읽어야 한다는 해석학적 열쇠가 담긴 동사입니다. 요한계시록은 상징들로 가득하기 때문에, 문자적으로 읽다가는 낭패를 당하기 십상입니다. 문자적인 성취를 찾으려고 너무 애쓰지 않는 것이 좋습니다. 상징들이 가리키는 의미가 무엇인지를 잘 찾는 것이 중요합니다. 이 점만 유념하신다면 의외로 계시록이 쉽게 이해될 수도 있습니다.[3]

계시의 성격(2절)

두 번째 생각할 것은 계시의 성격에 대한 것입니다. 2절 말씀을 다시 한 번 읽어보겠습니다. "요한은 하나님의 말씀과 예수 그리스도의 증거 곧 자기가 본 것을 다 증언하였느니라." 사도 요한은 자기가 밧모섬에서 받은 계시를 세 가지 다른 말로 표현해 주고 있습니다. 하나님의 말씀, 예수 그리스도의 증거, 그리고 자기의 본 것 등입니다. 첫째, 요한은 이제 앞으로 기록할 내용이 인간의 상상이나 생각이나 꿈 등과 같은 것이 아니고, 하나님의 입에서 나온 하나님의 말씀이라고 분명히 밝히고 있습니다. 인간의 말은 그저 의사소통의 수단이어서 말한 것을 이루기도 하지만, 인간의 한계상 하지 못하는 일들도 있습니다. 그러나 하나님의 말씀이라고 하는 것은 "있으라" 하면 존재하게 되는 능력의 말씀이고 창조의 말씀입니다. 시편 33편 9절에 보면 "그가 말씀하시매 이루어졌으며 명령하시매 견고히 섰도다"고 했고, 이사야 55장 11절에 보시면, "내 입에서 나가는 말도 이와 같이 헛되이 내게로 되돌아오시 아니하고 나의 기뻐하는 뜻을 이루어 내가 보낸 일에 형통함이니라"고 말씀하고 있습니다. 하나님의 말씀은 이와 같이 능력이 있기 때문에, 계시록을 통해서 주신 모든 말씀들도 반드시 이루어지고야 만다는 것을 기억해야 합니다.

둘째, 요한은 계시를 예수 그리스도의 증거라고 부릅니다. 증거에 해당하는 헬라어는 "말투리아"*martyria*입니다. 이것은 예수 그리스도께서 피로 인치시면서 입증하신 진리라는 의미를 가지고 있습니다. 계시록에 기록된 말씀 한 마디 한 마디에 자기의 생애를 걸고 그 한 마디 한 마디의 말씀을 이루시기 위해서 생명을 바치신 예수 그리스도의 증거라는 것입니다. 따라서 우리는 이 요한계시록을 어렵다고 감추거나, 아무렇게나 해석하려고 해서는 안 됩니다. 하나님의 말씀이자, 예수 그리스도의 피 묻은 증거이기에 우리는 경외하는 심정으로 바로 해석해야 하는 것입니다.

셋째, 요한은 이 계시를 자기가 본 것이라고 표현합니다. 요한이 환상 중에 계시를 보았고, 그 본 것, 그 본 것만을 남김없이 다 증거했기 때문입니다. 요한은 자신이 본 것만을 기록했고, 본 것을 감추지 않고 다 증언했습니다.

성도들을 위한 축복(3절)

이제 마지막으로 살펴볼 것은 3절 말씀입니다. 사도 요한은 자기가 증거하는 "이 예언의 말씀을 읽는 자와 듣는 자와 그 가운데에 기록한 것을 지키는 자는 복이 있나니 때가 가까움이라"고 축원을 하고 있습니다. 초대 교회 당시에는 글을 정확하게 잘 읽을 수 있는 자들이 없었습니다. 그리고 오늘날 처럼 인쇄된 책의 형태로 성경이 존재했던 것도 아닙니다. 손으로 직접 필사한 두루마리를 가지고 한 사람이 회중 앞에서 읽어야 했습니다. 그래서 사도 요한은 이 예언의 말씀을 읽는 자들이 아니라 읽는 자라고 단수를 사용해서 복이 있다고 하는 것입니다. 그리고 듣는 자들과 지키는 자들은 복수형으로 사용하고 있습니다. 그러나 오늘날 같이 성경책이나 성경 어플들을 쉽게 구입할 수 있고, 글을 대체로 읽을 수 있는 능력을 갖춘 경우에는 읽는 자들이 복이 있다고 해도 아무런 문제가 없을 줄 압니다. 사도는 요한계시록을 읽는 자가 복이 있다고 했습니다. 그러니 우리는 이 책을 덮어두면 안 되고 부지런히 읽어야 합니다. 혹은 글을 읽을 형편이 안 되는 분들은 듣기만 해도 복이 있습니다. 또는 이렇게 자유로이 설교하고, 설교하는 것을 들을 수 있는 것 자체가 복입니다. 그러나 더 나아가서 들은 말씀을 지키는 자들이 복이 있다고 했습니다. 우리가 하나님의 말씀을 읽거나 듣는 것은 지식을 축적하는 데에 궁극적 목표가 있는 것이 아니고, 그 말씀을 영의 양식으로 누리고 인생의 길의 빛과 발의 등으로 삼고 실천하기 위해서입니다. 마태복음 7장 23-27절에 기록된 비유를 통해 예수님은 말씀을 듣고 행하지 않는 인생은 모래 위에 집을 짓는 자요, 말씀을 듣고 그대로 실천하는 자는 반석 위에 집을 지은 자라고 말씀하시었습니다.

요한계시록 강해 첫 시간에 우리는 계시록의 서언이 되는 첫 석절의 말씀을 읽고 상고해 보았습니다. 계시록은 숫자 맞추기나 퍼즐 맞추기와 같이 우리의 지적인 흥미를 유발하기 위해서나 시간을 보내기 위한 오락거리로 주어진 것이 아닙니다. 또는 너무도 기괴하고 복잡해서 거들떠 보기도 싫은 혐오 책자도 아닙니다. 오히려 이 말씀들은 박해와 환난 중에서 고통하며 주의 말씀을 신실하게 지키고 있던 초대 교회 성도들을 위로하기 위해서 주어진 책자이라는 점을 기억해야 합니다. 일제시대처럼 마귀와 불신 세력들이 온 세상을 지배하며 제 마음대로 주무르고 있는 것처럼 보이지만, 주님은 계시를 통해서 역사의 커튼 너머에서 일어나고 있는 더 중요한 현실을 보여 주신 것입니다. 실상은 주님이 이 세상을 다스리고 계시며, 역사를 주관하고 계시며, 마침내는 그의 승리를 공개적으로 성취하실 것이며, 신자의 원한을 갚아 주실 것이라는 것, 그 날이 가깝기 때문에 조금만 더 기다리라는 격려의 말씀입니다. 파이팅!Fighting! 이것이 요한계시록을 우리에게 주신 목적인 것입니다. 우리는 이러한 사실을 요한계시록의 주제 구절인 17장 14절을 통해서 분명하게 확인할 수 있습니다. "그들이 어린 양과 더불어 싸우려니와 어린 양은 만주의 주시요 만왕의 왕이시므로 그들을 이기실 터이요 또 그와 함께 있는 자들 곧 부르심을 받고 택하심을 받은 진실한 자들도 이기리로다." 칼뱅 선생은 힘들고 어려운 제네바 사역을 감당할 때에 하나님께서 반드시 이기신다God must win고 하는 확신을 가지고 사역했습니다. 그리고 "만일 하나님이 우리를 위하시면 누가 우리를 대적하리요"라고 하는 로마서 8장 31절 하반절 말씀을 부여잡고 온갖 난관을 극복했습니다. 우리나라 초대 교회 역사를 읽어보면 환난과 박해 시기에 진실한 성도들은 요한계시록을 애독하고 심지어는 외우기까지 하면서 많은 신령한 유익들을 얻곤 했습니다. 반면에 공산주의 사회에서는 요한계시록이나 다니엘과 같은 말씀을 특히나 설교하지 못하게 박해를 한다고 합니다. 세상의 실세가 누구인지를 분명하게 밝히고 있고, 세상은 심판받는다고 하는 말씀이 기록되어 있기 때문입니다. 우리는 3절의 말씀처럼 이 책을 읽고, 듣고, 지키는 자가 복이 있는 줄 아시고, 부지런히 읽기도 하시고, 설교를 듣기도 하시고, 깨달아지시는대로 실천하시는 복된 성도들이 되시기를 바랍니다.

02

때가 가까움이라

이 예언의 말씀을 읽는 자와 듣는 자와 그 가운데에 기록한 것을 지키는 자는 복이 있나니 때가 가까움이라(계 1:3).

사랑하는 자들아 내가 이제 이 둘째 편지를 너희에게 쓰노니 이 두 편지로 너희의 진실한 마음을 일깨워 생각나게 하여 곧 거룩한 선지자들이 예언한 말씀과 주 되신 구주께서 너희의 사도들로 말미암아 명하신 것을 기억하게 하려 하노라 먼저 이것을 알지니 말세에 조롱하는 자들이 와서 자기의 정욕을 따라 행하며 조롱하여 이르되 주께서 강림하신다는 약속이 어디 있느냐 조상들이 잔 후로부터 만물이 처음 창조될 때와 같이 그냥 있다 하니 이는 하늘이 옛적부터 있는 것과 땅이 물에서 나와 물로 성립된 것도 하나님의 말씀으로 된 것을 그들이 일부러 잊으려 함이로다 이로 말미암아 그때에 세상은 물이 넘침으로 멸망하였으되 이제 하늘과 땅은 그 동일한 말씀으로 불사르기 위하여 보호하신 바 되어 경건하지 아니한 사람들의 심판과 멸망의 날까지 보존하여 두신 것이니라 사랑하는 자들아 주께는 하루가 천년 같고 천년이 하루 같다는 이 한 가지를 잊지 말라 주의 약속은 어떤 이들이 더디다고 생각하는 것 같이 더딘 것이 아니라 오직 주께서는 너희를 대하여 오래 참으사 아무도 멸망하지 아니하고 다 회개하기에 이르기를 원하시느니라(벧후 3:1-9).

요한계시록은 복잡한 내용들, 다양한 상징들, 많은 분량 등으로 인하여 이해하기가 쉽지 않습니다. 그래서 성경책 가운데 보다 더 간결하게 종말에 대해서 말하고 있는 구절들을 참고할 필요가 있습니다. 마태복음 24장에 기록된 주님의 종말 강화, 데살로니가후서 2장에 기록되어 있는 바울의 소묵시록, 그리고 베드로후서 3장에 기록된 베드로의 종말론 등을 함께 참조하시면 좋겠습니다. 우리는 첫 강해에서 1장 3절을 통해서 "때가 가까움이라"는 말씀을 보았는데, 참 이해하기가 쉽지 않은 구절입니다. 바울이나 사도들도 대개는 자신들의 생애 내에 주님이 재림하실 것이라는 소망을 품고 살았습니다. 하지만 주님은 속히 오시지 않았고, 무려 1900년의 역사가 흘러가 버렸습니다. 사정이 이러하니 주님의 재림이 없다고 그가 사기 친 것이다라고 하면서 낙심하고 환멸을 느끼는 무리들이나 현재 교회 시대에 성령을 체험하고 공동체 생활하는 것이 곧 천국 생활이다라고 하면서 종말을 내재화시키고 역사화시켜 버리는 무리들이 생겨나게 되었습니다. 아니면 먼 미래의 일로 치부하고 현재의 삶의 재미에 푹 빠져서 탐닉하는 세속적인 무리들이 있습니다.

우리는 베드로후서 3장 말씀을 통해서 우리의 시간과 하나님의 시간이 다르다는 점을 생각해 보도록 하겠습니다. 오늘 1, 2절에 보면 베드로는 두 편의 편지를 자기가 사랑하는 자들, 성도들에게 써 보내는 이유는 진실한 마음을 일깨워 생각하게 하게하고 선지자들의 예언한 말씀과 주와 구주께서 사도들로 말미암아 명하신 것을 기억하게 하려 함이라고 밝히고 있습니다. 진실한 마음을 일깨운다고 할 때에 진실한 마음이 어떤 마음을 말하는 것일까요? 플라톤과 같은 철학자는 육체적인 감각에 의해 때 묻지 않은 순수한 이성pure reason, uncontaminated by the seductive influence of the senses이라고 말했지만, 여기서는 거짓 교사들의 견해에 의해 때 묻지 않은 마음, 그들의 악한 육신적 정욕을 따르지 않는 마음을 의미합니다.

말세에 조롱하는 자들이 일어나서(3-4절)

3절에 보면 "먼저 이것을 알지니 말세에 조롱하는 자들이 와서 자기의 정욕을 따라 행하며 조롱하여"라고 말씀하고 있습니다. 말세라는 것은 세상이 말하는 종말을 의미하는 것이 아니라, 예수님의 초림 때부터 재림하실 때까지의 기간을 가리킵니다. 다들 아시듯이 예수님의 초림은 인류의 역사에 있어서 획기적인 사건이었습니다. 예수님의 초림과 함께 인간 역사의 마지막 장이 개봉되었습니다. 하지만 아직 완성된 것은 아닙니다. 갈라디아서 4장 4절에 보면 예수님은 때가 차매 여인의 몸에서 나셨고, 히브리서 1장 2절에 보면 이 모든 날 마지막 날에 아들로 우리에게 말씀하셨다고 합니다. 그리스도의 초림에서 재림에 이르기까지의 시기를 구약에서 예언한 말세로 봅니다. 이와 같은 말세의 시기는 결코 환난과 박해의 시기만을 가리키지 않습니다. 교회가 힘써 은혜의 복음을 전하는 시기이기도 합니다. 즉, 하나님께서 만국에 기회를 주고 계시는 마지막 시기입니다. 그런데 말세에 나타나는 대표적인 특징 가운데 하나는 거짓 예언자들, 거짓 선생들의 출현이라는 것이 오늘 베드로의 경고이고 또한 예수 그리스도의 경고였습니다(마 24:3-5, 11, 23-26; 딤후 3:1이하). 앞선 2장에 기록되어 있듯이 거짓 선생들의 특징은 무엇보다도 자기의 정욕을 따라 행하면서, 지어낸 말을 가지고서 믿음이 연약한 자들이나 우매무지한 인생들을 미혹하게 한다는 것입니다. 그들이 지어내는 말들의 내용은 서로 다를 수가 있습니다. 예컨대 종말이 왔다고 주장하면서 심지어는 그 긴박감을 조장하기 위하여서 재림의 날짜를 예언하는 자들이 있는가 하면, 오늘 본문 4절에 소개되는 자들처럼 아예 예수 그리스도의 재림에 대해서 부인하는 자들도 있습니다. 어찌되었거나 그들의 목표는 신자들의 진실한 마음을 미혹하여 주와 구주되신 그리스도를 멀리하게 만들고자 하는 것이고, 그들은 사탄의 역군들일 뿐입니다. 베드로가 본서에서 경고하고 있는 거짓 선생들의 경우에는 예수 그리스도의 재림과 심판을 부인하는 자들이었습니다.

그런데 거짓 선생들이 예수 그리스도의 재림과 심판을 부인하는 근거가 무엇이었습니까? 4절에 의하면 그들은 다음과 같이 주장하였습니다. "이르되 주께서 강림하신다는 약속이 어디 있느냐? 조상들이 잔 후로부터 만물이 처음 창조될 때와 같이 그냥 있다 하니." 세상이 오랫동안 큰 변동 사항 없이, 파국 없이 잘 왔는데 무슨 새삼스러이 종말이 있겠느냐는 것입니다. 예수님의 재림 같은 일도 없다는 것입니다. 지금이야 과학자들조차도 심각하게 지구 종말에 대해 경고하고 있는 시대입니다만, 그 당시에는 대부분의 교양인들이 종말을 믿지 않았습니다. 존재하는 물질은 영원하다고 하는 아리스토텔레스의 질료영원설을 믿었습니다. 또한 에피쿠로스학파Epicureans는 하나님이 세상에서 활동하신다는 것을 부인했습니다. 또한 그들은 물질은 분자의 차원에서 불멸하며, 우주는 무한하다고 믿었습니다. 스토아학파Stoics는 불은 영원하며, 우주는 정기적으로 태고의 불로 환원될 것이고, 영원한 시대의 순환이라고 믿었습니다. 동양의 힌두교와 불교의 윤회사관(영겁회귀사상)에 따르면 우주는 돌고 도는 것이기 때문에 종말을 말할 수가 없습니다. 그러나 이 모든 사상들의 문제점은 만물이 자연법칙에 따라 움직이고 있고, 예측 가능성이란 하나님의 신실성에서 비롯된다는 점을 잊는 것입니다. 자연 법칙이라는 것도 사실은 하나님이 심어놓으신 법입니다. 그래서 다윗은 시편 119편 91절에서 고백하기를 "천지가 주의 규례들대로 오늘까지 있음은 만물이 주의 종이 된 까닭이니이다"라고 고백하고 있습니다.

물 심판을 기억하라 (5-7절)

베드로는 현존하는 자연만물의 존재를 들어서 심판을 부인하고 주님의 재림을 믿지 않고 조롱하려고 하는 자들에 대해서 하나님의 말씀의 능력을 소개합니다. 5절입니다. "이는 하늘이 옛적부터 있는 것과 땅이 물에서 나와 물로 성립된 것도 하나님의 말씀으로 된 것을 그들이 일부러 잊으려 함이로다." 그리고 노아시대에 일어난 물 심판을 예로 듭니다. 6절입니다. "이로 말미암아 그때에 세상은 물이 넘침으로 멸망하였으되." 말씀의 능력으로 세상을 지으시고 유지하시는 하나님이 한 때 악하고 불경건한 세상을 뒤집어엎으시는 심판을 행하셨다는 것을 지적합니다.

그리고 7절에 보면 장차 다가올 심판은 불 심판이 될 것이라고 경고하고 있습니다. "이제 하늘과 땅은 그 동일한 말씀으로 불사르기 위하여 보호하신바 되어 경건하지 아니한 사람들의 심판과 멸망의 날까지 보존하여 두신 것이니라." 세상을 불로 심판하실 것이라고 하는 것은 이미 세례 요한의 메시지 가운데서 예고했던 바입니다. "이미 도끼가 나무뿌리에 놓였으니 좋은 열매를 맺지 아니하는 나무마다 찍혀 불에 던져지리라. 나는 너희로 회개하게 하기 위하여 물로 세례를 베풀거니와 내 뒤에 오시는 이는 나보다 능력이 많으시니 나는 그의 신을 들기도 감당하지 못하겠노라 그는 성령과 불로 너희에게 세례를 베푸실 것이요. 손에 키를 들고 자기의 타작마당을 정하게 하사 알곡은 모아 곳간에 들이고 쭉정이는 꺼지지 않는 불에 태우시리라." 오늘날 같이 지구를 여러 수십 번 콩가루로 만들고도 남을 고성능의 무기들을 보유하고 있는 세계열강들을 보노라면 불로 심판한다는 것이 가능하겠다는 생각이 드시지 않습니까? 더욱이 자원의 무분별한 개발과 사용으로 인해 지구 온난화가 가속화되고 있어서 불 심판의 가능성을 자연적으로 예감할 수도 있을 것 같습니다.

그러나 중요한 것이 무엇입니까? 하나님이 천지의 창조자이시고 천지를 붙들고 계시는 분이시라고 하는 것입니다. 그리고 하나님만이 이 세상을 심판하실 권한을 가지고 계신다고 하는 사실입니다. 이 세상은 영원히 존재하는 것이 아니고 때가 되면 하나님이 불로 심판하실 것입니다. 우리는 요한계시록 후반부에 가서 자세하게 살펴보게 될 것입니다.

하나님은 오래 참고 계시면서 구원의 기회를 주고 계십니다(8-9절)

이제 마지막으로 재림의 지연 문제에 대해서 살펴보겠습니다. 앞에서도 말씀드렸듯이 초대 교회 신자들은 예수님이 자신들의 생애 중에 다시금 재림하실 것이라고 굳게 믿었습니다. 마태복음 16장 28절에 기록되어 있는 "진실로 너희에게 이르노니 여기 서 있는 사람 중에 죽기 전에 인자가 그 왕권을 가지고 오는 것을 볼 자들도 있느니라"고 하신 주님의 말씀이나 "너희 주인이 언제 올지 모르니 깨어있으라," 혹은 "때가 가까움이라" 등과 같은 말씀은 그러한 소망과 확신의 근거가 되었습니다. 그러니 제자들이나 초대 교인들은 재림에 대한 긴박감을 가지고 살아갈 수밖에 없었습니다. 데살로니가전서 4장 같은 곳을 보면 바울 역시도 자신이 살아있는 중에 주님의 재림을 맞게 될 수도 있다는 긴박감을 가지고 살았습니다. 하지만 사도들과 첫 세대의 신자들이 거의 죽어가던 60년대쯤 되어졌을 때에도 종말이 오지 아니하자, 재림의 지연은 심각한 문제가 되었을 수 있습니다. 신자들 중에도 주님 도대체 언제 오십니까라는 부르짖음이 터질 수밖에 없었습니다. 그러나 이것은 하늘의 세계를 볼 수 없는 땅 위에 살고 있는 신자들만의 문제가 아니었습니다. 요한계시록 6장 9-10절을 보시면, "다섯째 인을 떼실 때에 내가 보니 하나님의 말씀과 그들이 가진 증거로 말미암아 죽임을 당한 영혼들이 제단 아래에 있어 큰 소리로 불러 이르되 거룩하고 참되신 대주재여 땅에 거하는 자들을 심판하여 우리 피를 갚아 주지 아니하시기를 어느 때까지 하시려 하나이까 하니"라고 말씀하고 있는 것을 볼 수 있기 때문입니다. 먼저 죽은 신자들도 주님의 제단 아래서 언제나 우리 원수를 갚아주시려고 하십니까 하고 부르짖고 있다는 것입니다. 이로 보아 천국에 간다고 문제가 다 해결되는 것은 아니고 주님이 오셔야 문제가 해결된다는 것을 우리는 알 수가 있습니다.

이와 같이 베드로가 편지를 쓰던 초대교회에는 거짓 선생들의 조롱과 기롱, 그리고 내부적인 헷갈림이 있었습니다. 왜 하나님이 약속을 실현시키는 데 늦장을 부리시는 것일까 하고 말입니다. 도대체 하나님의 계획이 무엇인가 조바심을 낼 수밖에 없었습니다. 8, 9절에 보면 베드로가 주는 해답이 있습니다. 베드로는 우선 "사랑하는 자들아"라고 하면서 자신의 독자들의 주의를 환기시킵니다. 이 표현은 베드로후서 3장에서 네 번이나 사용되었습니다(1, 8, 14, 17). 사실 베드로후서는 사도 베드로가 남긴 마지막 서신입니다. 베드로는 자신의 순교가 임박함을 의식하면서 이 편지를 쓰고 있습니다. 그러한 그가 애쓰고 힘써 복음으로 낳고 양육한 회중들에게 가지는 감정은 그 얼마나 뜨거웠겠습니까? 베드로는 "사랑하는 자들이라고" 부른 다음에 인간의 시간과 하나님의 시간이 다르다는 사실을 8절에서 지적하고 있습니다. "사랑하는 자들아 주께는 하루가 천년 같고 천년이 하루 같다는 이 한 가지를 잊지 말라." 시편 90편 4절에 보시면 모세도 이런 고백을 한 적이 있습니다. "주의 목전에는 천년이 지나간 어제 같으며 밤의 한 순간 같을 뿐임이니이다." 하나님은 시간과 공간의 제한 속에 사시는 3차원적 인간과 같은 존재가 아니십니다. 하루에도 마음이 열두 번도 더 변하는 인간, 조금만 시간이 지나면 잊어버리고 마음의 열정도 식어버리는 그러한 초스피드의 현대인도 아니십니다. 하나님은 영원하신 분이십니다. 시간의 시작과 끝을 자신의 안에 품고 계신 분이십니다. 하나님은 시간도 창조하신 분입니다. 우리는 몇 분 몇 시간 아니 몇 년 아니면 몇 십 년을 길다고 운운하지만 하나님은 천년을 하루 같이 여기시는 분이십니다.

그렇다면 베드로가 사용한 구절의 정확한 의미가 무엇일까요? 하루가 천년 같다고 하면 어떤 느낌이 드십니까? 더디다, 지루하다는 느낌일 것입니다. 그리고 천년이 하루 같다고 하면 어떻습니까? 이것은 빠르다, 신속하다 등의 의미를 전달하고 있습니다. 9절에 보면 하나님께서 무엇 때문에 하루를 천년 같이 더디게 여기시며 이제나 저제나 하시는 것인지 설명해 줍니다. "주의 약속은 어떤 이들이 더디다고 생각하는 것 같이 더딘 것이 아니라 오직 주께서는 너희를 대하여 오래 참으사 아무도 멸망하지 아니하고 다 회개하기에 이르기를 원하시느니라." 하나님이 잊어버리셨거나, 약속을 실천할 의지가 없어졌거나, 능력이 없는 것이 아니고, 하나님은 오래 참고 계신다는 것입니다. 또한 하나님은 아무도 멸망하지 아니하고 다 회개하기에 이르기를 원하신다고 하십니다. 요한계시록 6장 11절을 보면 언제나 우리들을 위해서 땅에 심판을 행하시려고 합니까라고 부르짖는 천상의 성도들에게 하나님은 "각각 그들에게 흰 두루마기를 주시며 이르시되 아직 잠시 동안 쉬되 그들의 동무 종들과 형제들도 자기처럼 죽임을 당하여 그 수가 차기까지 하라"고 대답하시는 것을 보게 됩니다.

하나님은 현재도 변덕스럽고 조급한 인생들과는 달리 길이 참으시면서 인생들에게 기회를 주고 계신다는 점을 바로 알아야 합니다. 이것은 하나님의 진심입니다. 에스겔 18장 23절, 31-32절에 보시면, "주 여호와의 말씀이니라 내가 어찌 악인이 죽는 것을 조금인들 기뻐하랴 그가 돌이켜 그 길에서 떠나 사는 것을 어찌 기뻐하지 아니하겠느냐… 너희는 너희가 범한 모든 죄악을 버리고 마음과 영을 새롭게 할지어다 이스라엘 족속아 너희가 어찌하여 죽고자 하느냐? 주 여호와의 말씀이니라 죽을 자가 죽는 것도 내가 기뻐하지 아니하노니 너희는 스스로 돌이키고 살지니라"고 말씀하셨고, 디모데전서 2장 4절에도 "하나님은 모든 사람이 구원을 받으며 진리를 아는 데에 이르기를 원하시느니라"고 말씀하고 있습니다. 하나님은 천국 문을 열어 놓으시고 집 나간 자신의 자녀들이 한 사람이라도 더 돌아오기를 고대하고 계신 분이십니다. 한 사람이 돌아오면 누가복음 15장 말씀처럼 천국에 환호성이 터지고 축하의 파티를 하십니다. 아우구스티누스의 표현처럼 마치 한 사람 밖에 없다는 듯이 한 영혼을 존귀하게 사랑하시는 분이 우리 하나님이십니다. 여러분 한 번 생각해 보십시다. 이와 같은 하나님의 인내가 은혜의 복음을 전하는 시기가 수 년 전, 수십 년 전에 닫혀 버렸다면, 우리 중에 적지 않은 분들은 천국에 들어갈 수 없었을 것입니다. 필립 얀시라는 작가는 이렇게 말해 줍니다.

> 하나님의 방법은 종종 나를 당황하게 만든다. 그분은 느린 속도로 움직이고, 반역하는 자와 방탕한 자들도 좋아하시며, 당신의 능력을 의도적으로 제한하고, 낮은 목소리와 침묵으로 말씀하신다. 하지만 그러한 상황들 속에서 하나님의 오래 참으심과 자비하심, 그리고 내쫓기보다는 달래려 하시는 마음의 흔적들을 발견할 수 있다… 하나님은 이 세상 위에 유죄 선고의 게시판을 걸어 놓으셨으며, 심판을 약속하셨다. 악과 고난으로 가득찬 이 세상이 아직도 존재하고 있다는 것은 하나님의 잔인성이 아니라 자비의 일례인 것이다.

물론 하나님이 노아의 방주의 문을 닫아버리시고 세상을 심판하신 것처럼, 그의 인내심이 끝날 때가 올 것입니다. 하지만 그때까지 이 세상은 하나님의 오래 참으심과 자비하심의 덕으로 많은 이들이 복음을 듣고 회개하여 구원함에 이르게 될 것입니다. 하나님은 마지막 한 명의 백성들에게까지 기회를 주십니다. 그것은 주님의 복음을 전하는 것입니다. 우리가 만나는 가족들과 이웃들, 즉 잃어버려진 하나님의 피조물들에게 대한 긍휼을 품어야 합니다. 주님이 참고 계시는 현재는 자신의 정욕대로 자기 마음대로 살 기회가 아닙니다. 그런 자들에 대해서 바울은 로마서 2장 4-5절에서 다음과 같이 경고하고 있습니다. "혹 네가 하나님의 인자하심이 너를 인도하여 회개하게 하심을 알지 못하여 그의 인자하심과 용납하심과 길이 참으심이 풍성함을 멸시하느냐? 다만 네 고집과 회개치 아니한 마음을 따라 진노의 날 곧 하나님의 의로우신 심판이 나타나는 그 날에 임할 진노를 네게 쌓는도다." 오히려 우리는 누가 가서 나를 위해 저 죽어가는 무리들에게 나의 생명의 복음을 전할꼬 하시는 주님의 음성에 귀를 기울여야 합니다. 주님의 마음을 우리의 가슴에 품고 영혼 구원을 위해서 진력해야 합니다.

03

삼위 하나님의 문안인사

> 요한은 아시아에 있는 일곱 교회에 편지하노니 이제도 계시고 전에도 계셨고 장차 오실 이와 그의 보좌 앞에 있는 일곱 영과 또 충성된 증인으로 죽은 자들 가운데에서 먼저 나시고 땅의 임금들의 머리가 되신 예수 그리스도로 말미암아 은혜와 평강이 너희에게 있기를 원하노라 우리를 사랑하사 그의 피로 우리 죄에서 우리를 해방하시고(계 1:4-5).

　요즘 우리가 사는 세상은 얼마나 급변하고 있는지 정신을 차릴 수가 없습니다. 개인의사소통체계personal communication system의 변화를 한 번 생각해 보십시오. 나이 드신 분 가운데는 전화기라는 것을 집에 처음 들여 놓았던 감격스러운 기억도 있을 줄 압니다. 그리고 휴대폰은 어떻습니까? 처음 나왔을 때에는 무슨 무전기같이 큰데다 비싸서 사업하는 사람이나 들고 다니는 것인 줄 알았는데, 어느새 너도 나도 다 휴대폰을 사용하게 되었습니다. 나이 드신 어른들도 문자를 주고받기도 합니다. 그리고 이제는 스마트폰의 시대가 되어서 손바닥 안에서 인터넷을 비롯하여 다양한 프로그램들을 편리하게 활용하고 있습니다. 이렇게 고도로 발달된 간편하고 편리한 수단들이 있다 보니 이 시대 사람들이 잊어가고 있는 것이 하나 있는데, 그것은 바로 편지라고 하는 수단입니다. 물론 이 시대 젊은이들도 편지를 주고받기는 합니다. 소위 컴퓨터를 통해서 이메일이라는 것을 참 많이 사용하고 있습니다. 이메

일이라고 하는 것이 간편하게 비용 없이 먼 곳에 있는 사람들에게 순식간에 보낼 수 있어서 얼마나 좋은 수단인지 모릅니다. 그러나 사도 요한이 요한계시록을 기록하고 있던 1900여 년 전의 시대에는 손으로 편지를 써서 인편을 통해 전달해야 하기 때문에 여간 불편한 것이 아니었습니다.

요한계시록 1장 1-4절에 의하면 요한계시록의 문학적 장르를 계시, 예언, 편지 등 세 가지로 밝히고 있습니다. 편지라고 하면 통상 발신인, 수신인, 그리고 용건 등으로 구성이 됩니다. 고대인들의 편지를 보면 누가 누구에게 문안한다는 말을 먼저 하고 나서 용건으로 들어갑니다. 우리가 읽은 본문에도 보면 발신인, 수신인, 그리고 문안인사 등이 기록되어 있는 것을 볼 수 있습니다. 차례대로 한 가지씩 살펴보도록 하겠습니다.

발신인

누가 편지를 쓰는지 발신인에 대해서 요한은 단순히 요한이라고만 밝히고 있습니다. 사실 신약성경에 보면 요한이라는 이름이 여럿 나오고 있고, 당시에는 흔한 이름이었습니다. 오늘날 영미권에서도 존, 혹은 잔이라는 이름이 흔하듯이 말입니다. 그런데도 요한은 보조 설명 없이 그냥 요한이라고 밝히고 있습니다. 물론 9절에 보면 밧모섬에 유배되어 있는 요한이라는 것을 알 수 있습니다. 이런 점을 고려할 때에 소아시아에 살고 있던 그리스도인들이 발신인에 대해서 구체적으로 설명하지 않더라도 아, 바로 그 요한이라고 인식할 수 있는 사람이었다는 것을 알 수 있습니다. 그는 바로 예수님의 사랑을 받은 제자 요한 이외에 다른 인물일 수가 없습니다. 그뿐 아니라 형제 야고보도 예수님의 제자였습니다.

요한이 요한계시록을 쓴 시기를 대략 주후 95, 96년 경이라고 봅니다. 그때 요한의 나이는 90이 넘은 나이라고 합니다. 다른 사도들은 이미 30여 년 전에 다 순교하였지만, 요한은 백발이 성성할 때까지 홀로 살아남아서 복음을 증거했고, 요한복음을 기록했습니다. 초대교회 역사가인 유세비우스Eusebius의 증언에 의하면 사도 요한은 노년이 되어서 거동이 불편해지자 청년들의 등에 업혀서 예배에 참여했다고 하는데, 기력이 없는 중에도 "소자들아! 서로 사랑하라"고 권면하곤 하였다고 합니다. 우리가 같은 시기에 기록한 요한일서, 이서, 삼서를 읽어보더라도 요한이 얼마나 사랑에 대해서 언급하고 있는지를 확인할 수 있으며, 그를 통해서 흘러나오는 사랑이 느껴지는 듯합니다. 사실 그도 젊은 시절에는 혈기왕성하고 성질이 급해서 보아너게(우레의 아들)이라는 별명을 주님께 얻기도 했습니다. 그러한 요한이 60여 년이 지나고 나서는 오로지 주님처럼 사랑, 아가페agape를 부르짖고 실천하는 자가 되어 있습니다.

바로 그 요한이 요한계시록을 기록한 발신자인 것입니다.

수신인

두 번째로 편지를 받는 사람들, 즉 수신인이 누구라고 밝히고 있는지를 살펴보십시다. 4절에 보시면 "요한은 아시아에 있는 일곱 교회에 편지하노니"라고 했지요. 그렇습니다. 수신인은 아시아에 있는 일곱 교회입니다. 아시아는 지금의 6대주의 이름 중 하나인 아시아를 말하는 것이 아니고, 당시 로마제국의 행정 구역 중의 하나인 소아시아Asia Minor 속주를 말합니다. 현재의 터키 서부 지역을 말합니다. 그리고 요한이 쓴 편지를 받은 일곱 교회의 이름은 11절에 밝히고 있는 대로 에베소, 서머나, 버가모, 두아디라, 사데, 빌라델비아, 라오디게아 등입니다. 사실 소아시아 지역에는 이 교회들 외에도 다른 교회들이 많이 있었습니다. 골로새, 히에라볼리, 드로아 교회 등 신약성경에 나오는 여러 교회들이 있습니다. 그런데도 불구하고 왜 일곱 교회만 선별해서 편지를 보낸 것일까 하는 점에 대해서 설왕설래가 많이 있었습니다.

첫째, 요한이 언급한 일곱 교회는 로마 제국의 소아시아주에 닦아 놓은 고속도로^{via} 변에 위치하고 있었고, 이 교회들은 각기 주변 지역에 대하여 대표성을 띠고 있었다는 해석이 있습니다. 즉, 에베소에 편지를 보내게 되면 에베소 교회만 읽는 것이 아니고, 주변의 다른 교회들, 예컨대 골로새 교회나 히에라볼리 교회에도 돌려 가면서 읽었다는 것입니다.

둘째, 일곱이라는 숫자를 상징적으로 이해하는 해석이 있습니다. 요한계시록에는 7이라는 숫자가 무려 54번이나 나옵니다. 일곱 인, 일곱 나팔, 일곱 대접, 일곱 사자, 일곱 영 등이 나옵니다. 오늘날도 서양 사람들은 럭키 세븐$^{Lucky\ Seven}$이라고 해서 7이라는 숫자를 무척 좋아하는 경향이 있습니다. 이것이 성경에서 근원한 생각인지 모르겠습니다만, 요한계시록에서 7이 의미하는 바는 완전, 충만의 의미입니다. 따라서 일곱 교회라고 하는 것은 모든 교회를 상징한다고 볼 수 있습니다. 아닌 게 아니라 2장과 3장에 기록된 일곱 교회에 보낸 편지들은 각기 "귀 있는 자는 성령이 교회에게 하시는 말씀을 들을지어다"가 아니라 "귀 있는 자는 성령이 교회들에게 하시는 말씀을 들을지어다"로 끝을 맺고 있습니다(2:7, 11, 17, 29; 3:6, 13, 22). 에베소 교회에 보낸 편지이지만, 성령이 하시는 말씀을 에베소 교회만 들을 것이 아니라 다른 교회들도 들으라는 것입니다. 각 교회의 상황에 맞게 쓰여진 편지이지만, 모든 교회들이 귀담아 들어야 할 내용이라는 의미입니다. 사실 일곱 교회에 보내어진 편지는 역사상 존재하는 교회들의 모든 유형을 대표하고 있습니다. 따라서 오늘날 우리들도 일곱 교회중 어떤 유형에 속하였나 확인해 보는 것도 유익하리라고 생각을 합니다.

문안인사

세 번째로 요한이 쓰고 있는 문안인사에 대해서 살펴보도록 하겠습니다. 인사라는 것 참 중요합니다. 옛 사람들은 한문식으로 문안인사를 했습니다. 요즘 한자에 약한 젊은 세대들은 무슨 뜻인지는 모르지만 한두 번은 들었을 법한 전형적인 인사말이 무엇인가 하면, "기체후일향만강(氣體候一向萬康)"하옵시며라는 인사말이 있습니다. 인터넷에 있는 해설을 소개해 보면, 기체후(氣體候)는 기력(氣力)과 체후(體候)를 일컫는 말로, 어른에게 올리는 편지에서 문안할 때에 쓰는 높임말입니다. 일향(一向)은 '줄곧, 내내' 등의 뜻이고, 만강(萬康)은 만안(萬安)과 같은 말로, '아주 편안하다'는 뜻입니다. '기력과 건강은 내내 좋으시겠지요', '그동안 안녕하셨습니까' 정도의 뜻이 됩니다. 그런데 요한 당시의 고대인들은 각기 자기가 믿는 신의 이름으로 문안인사를 적곤 했습니다. 요한은 4절 하반절과 5절에서 삼위 하나님의 이름으로 문안인사를 하고 있는 것을 봅니다. 그런데 특이한 것은 요한은 그저 간단하게 성부, 성자, 성령이라고 표기하지 않고, 각 위에 대해서 각기 길게 풀어서 묘사하고 있다는 점입니다.

먼저 요한은 성부 하나님에 대해서는 "이제도 계시고 전에도 계셨고 장차 오실 이"라고 소개하고 있습니다. 이 구절은 출애굽기 3장 14절에서 여호와 하나님의 이름이 무엇이냐고 묻는 모세에게 "나는 스스로 있는 자이니라"고 대답하셨던 말씀을 길게 풀어 놓은 것입니다. 하나님이 영원 자존자이시라고 하면 보통 사람들은 잘 알아듣지를 못하고 실감을 못 느낍니다. 부모를 통해서 출생함으로 존재의 시작을 가진 우리들, 그리고 시간과 공간에 매여서 살아가는 우리 인생들이 영원자존자를 이해한다는 것은 하루살이가 인간을 이해하기 어려운 것처럼 어려운 일일 것입니다. 그러나 요한은 "이제도 계시고 전에도 계셨고 장차 오실 이"라고 풀어서 소개함으로써 우리들에게 영원자존하신 성부 하나님을 좀 더 잘 알도록 돕고 있습니다. 이 표현은 인간 역사의 장 속에서 사역하시는 하나님의 영원성을 보여주고 있습니다.

하나님은 이제도 계신 분입니다. 요한 당시 로마 황제 도미티아누스가 무소불위(無所不爲)의 권세를 가진 듯이 믿는 자들을 박해하고 있었습니다. 그러나 하나님은 분명히 고난 받는 자기 백성들 가운데 살아서 역사하고 계신다는 점을 선포하는 말씀입니다. 하나님의 때에 심판하기 위하여서 저울질을 하고 계신다는 것입니다. 고난 받는 신자들 혼자 버려두지 않으시고 함께 하고 계신다는 위로의 말씀입니다. 그래서 고난을 넉넉히 이기도록 도와주시겠다는 격려의 말씀입니다.

또한 하나님은 예전에도 계셨던 분입니다. 이전에도 느부갓네살이 하늘 높은 줄을 모르고 날뛰고, 애굽의 바로가 날 뛸 때에도 자기 백성들과 함께 하시고, 때가 되매 역사를 심판하시고 바로 잡으신 분이시라는 것입니다. 우리는 독재 문화에서 민주화로의 변천 과정을 몸소 겪었습니다. 수많은 고통과 시련을 겪었고, 언제 민주화된 시대가 오긴 오려나 싶었지만, 때가 되매 이렇게 자유분방한 세상이 되고 만 것을 봅니다. 또한 구소련과 그 영향에 있던 동유럽의 여러 나라들의 공산체제가 붕괴된 것을 보시기 바랍니다. 동독과 서독이 통일되는 데에도 촛불기도집회 같은 것이 많이 역할을 했습니다. 우리는 이처럼 역사를 뒤돌아보면서 역사 속에 함께 하시는 하나님의 손길, 하나님의 솜씨를 읽어내는 믿음의 안목이 필요합니다.

하나님은 또한 장차 오실 이이십니다. 이는 현재 세상이 사탄과 악의 세력, 어두움의 세력이 쥐락펴락하고 있는 듯이 보이고 마치 하나님은 존재하지 않으시는 듯이 보이지만, 때가 되면 하나님께서 심판주로 오셔서 사탄과 악의 세력을 완전히 섬멸하실 것이며, 자기의 사랑하는 백성들의 눈에서 눈물을 닦아 주시며 신원하여 주실 것이라는 것입니다. 참으로 이와 같은 하나님을 생각하면 고난 중에 위로가 되지 않습니까? 마치 다른 친구들은 열심히 놀면서 엉뚱한 짓을 하고 있을 때에, 땀

흘리면서 공부하는 학생들이 대학 입시만 치루고 보자는 것과 같습니다. 세상 사람들은 이 세상과 세상 안에 있는 모든 것들이 자기 것인 줄 압니다. 그들은 약한 사람들을 짓밟고 착취하면서 제 멋대로 제 고집대로 살아가고 있습니다. 하지만 때가 옵니다. "장차 오실 이"라고 소개되신 하나님이 오시면 역사에 대한 심판을 하실 것입니다. 옛 땅과 옛 하늘도 사라지고 새 하늘과 새 땅을 주실 것입니다.

요한은 이처럼 "이제도 계시고 전에도 계셨고 장차 오실 이"이신 성부 하나님의 이름으로 문안을 했습니다. 마운스의 말을 빌려와 정리를 해봅니다.

> 유한한 존재가 세상의 용어가 아닌 다른 것으로는 영원을 이해할 수 없기 때문에, 요한은 독자들에게 하나님은 시작도 없고, 끝도 없는 영원히 존재하시는 분이시라는 사실을 알려 주는 방법으로 그 거룩한 이름을 풀어놓는다. 그러한 것을 상기하는 것은 교회가 핍박 밑에 놓여있는 때에 특히 적절한 것이다. 불확실한 미래는 영존의 능력으로 역사의 과정을 주권적으로 통치하시는 분을 요구한다.[4]

둘째 요한은 "그의 보좌 앞에 있는 일곱 영"의 이름으로 문안했습니다. 그의 보좌는 성부 하나님의 보좌를 가리킵니다. 하나님의 보좌 앞에 있는 일곱 영은 일곱 영이 있다는 의미가 아니라 성령 하나님을 가리킵니다. 일곱 영이라고 표현한 것은 충만하신 성령이요, 일곱 교회 즉, 모든 교회를 충만하게 하실 수 있는 분이시고, 성령의 역할과 기능도 다양하며, 나누어 주실 은사와 능력도 충만하시다는 의미를 내포하고 있습니다. 신자의 삶과 교회의 상태가 허약하고 무기력하게 느껴지고 제 역할 못하고 있다고 느껴진다면, 문제는 성령께 있지 않습니다. 성령은 충만한 영이십니다. 무소불위의 영이십니다. 성령은 어떠한 난제도 거뜬이 해결하실 수 있는 능력을 가지신 전능하시고 충만하신 영이십니다. 문제는 신자와 교회에 있습니다. 우리는 기억해야 합니다. 한 번 성령을 받았으니 우리의 소유처럼 여기면서 언제든지 꺼내 쓸 수 있는 것으로 여기면 안 됩니다. 성령님은 하나님의 보좌 앞에 지금도 계신 자유로운 영이십니다. 우리는 겸손하게 날마다 위로부터 부어주시는 성령의 도우심을 사모해야 합니다. 우리 안에 여전히 잔존하고 있는 옛 사람을 이기고, 죄악 세상의 가치관을 이기며, 사탄의 세력을 대적하기 위해서라면 우리의 무릎을 좀 더 깊이 꿇고 성령을 사모할 수밖에 없습니다. 우리가 우리의 자녀들이나 손자 손녀들을 위해서 무엇을 기도하십니까? 공부 잘하게 해달라고, 건강하게 해달라고 기도하시는 것도 좋습니다. 그러나 그들을 위해서 기도해야 할 것이 있습니다. 그들이 성령으로 충만하게 해 달라고 기도하시고 간구하시기를 바랍니다. 왜냐하면 성령님 만이 이사야 11장 2절에 소개한대로 지혜, 총명, 모략, 재능, 지식, 여호와를 경외하게 하는 영이시기 때문입니다.

셋째로 요한은 예수 그리스도의 이름으로도 문안하는데, 예수님에 대해서는 이렇게 소개하고 있습니다. "충성된 증인으로 죽은 자들 가운데에서 먼저 나시고 땅의 임금들의 머리가 되신 예수 그리스도"(5절)라고 말입니다. 우리가 다음 강해에서 좀 더 구체적으로 살펴보겠습니다만, 간단하게 예수님에 대한 소개를 살펴보도록 하겠습니다. 우선 예수님을 충성된 증인이라고 소개하고 있습니다. 예수님은 라오디게아 교회에 보낸 편지 속에서도 "아멘이시오 충성되고 참된 증인이시오"(3:14)라고 소개하셨습니다. 예수님은 빌라도 앞에서도 "내가 진리에 대하여 증거하기 위하여 왔다"고 말씀하신 적도 있습니다(요 18:37). 예수 그리스도는 하나님의 진리에 대해서 증거하고, 하나님이 영원 전부터 가지셨던 구속 계획에 대해서 인간들에게 알려 주시기 위해서 이 땅에 오신 분이십니다. 주님은 자신을 충성되고 참된 증인이라고 소개하시었습니다. 신약 원어로 증인에 해당하는 단어가 말투스*martus*인데, 나중에는 순교자라는 의미도 같이 가지게 되었습니다. 복음의 증인으로서 순교하는 경우가 많이 생겨나게 되었기 때문입니다. 자신이 증거하는 말이 참되다는 것을 입증하기 위하여 목숨까지도 버리는 사람을 충성된 증인이라고 합니다. 예수님은 그 모든 순교자들 앞서 자신의 증언하는 바를 인치시고 성취하시기 위해서 십자가에 못 박혀 죽기까지 하신 충성된 증인이신 것입니다. 그러하기에 그 말씀을 우리는 확실히 믿을 수가 있는 것입니다.

요한은 또 예수님에 대해서 "죽은 자들 가운데에서 먼저 나시고"라고 소개했습니다. 예수님은 죽은 자들 가운데서 부활하심으로 사망 권세를 이기고 잠자는 자들의 첫 열매가 되셨습니다(고전 15:20, 골 1:18). 죽기까지 충성하는 것이 증인의 역할이라면, 예수 그리스도는 죽은 자 가운데서 부활하심으로써 산 자나 죽은 자의 주로써 온 세상의 주권적 통치자이심을 드러내셨습니다.

요한은 예수님을 "땅의 임금들의 머리"라고 소개하고 있습니다. 그는 왕들 중의 왕이십니다. 땅의 임금들은 참 왕이신 예수 그리스도를 모사하는 유한한 모형일 뿐입니다. 그런데 위임받은 권세를 가지고서 느부갓네살이나 도미티아누스처럼 광분하며 택하신 백성을 괴롭게 할 때에, 왕중 왕이신 그리스도가 심판하신다는 것입니다. 결국 반역자는 황제 숭배에 협조하지 않는 그리스도인들이 아니라 도미티아누스라고 하는 것입니다. 따라서 심판 받을 자는 바로 그였습니다. 로마 역사를 보면 도미티아누스 황제는 45세에 노예들의 손에 의해서 처참하게 암살당하고 마는 것을 볼 수가 있습니다. 이처럼 죽음을 무릅쓰고 진리를 증언하신 예수 그리스도는 부활하시어 승리하시고 땅의 임금들의 머리가 되시었습니다. 이와 같은 그리스도를 따르는 이들은 고난을 넘어서 승리의 영광, 왕권에 동참하게 될 것입니다. 다시 한 번 요한계시록의 주제 구절인 17장 14절을 음미해봅니다. "그들이 어린 양과 더불어 싸우려니와 어린 양은 만주의 주시요 만왕의 왕이시므로 그들을 이기실 터이요 또 그와 함께 있는 자들 곧 부르심을 받고 택하심을 받은 진실한 자들도 이기리로다."

은혜와 평강이 있기를 원하노라

사도 요한은 이와 같이 성삼위 하나님의 이름으로 인사하기를 "은혜와 평강이 너희에게 있기를 원하노라"고 했습니다. 은혜와 평강grace and peace 이 인사말은 바울 서신에서 많이 볼 수가 있습니다. 은혜는 근원이요 시작이라면, 평강, 평화, 평안, 샬롬은 은혜의 결과입니다. 하나님의 은혜를 받은 자만이 진정으로 평화를 누리게 됩니다. 하나님과 평화한 자만이 환난 속에서도 영혼의 평강을 누릴 수 있는 것입니다. "평안을 너희에게 끼치노니 곧 나의 평안을 너희에게 주노라. 내가 너희에게 주는 것은 세상이 주는 것과 같지 아니하니라. 너희는 마음에 근심하지도 말고 두려워하지도 말라"(요 14:27). "이것을 너희에게 이르는 것은 너희로 내 안에서 평안을 누리게 하려 함이라. 세상에서는 너희가 환난을 당하나 담대하라. 내가 세상을 이기었노라"(요 16:33).

당시 로마 제국은 팍스 로마나pax Romana(로마의 평화)를 구가하고 있었지만, 그것은 철권통치에 바탕한 위장된 거짓 평화였을 뿐입니다. 진정한 평화는 하나님과 평화한 자에게 주어지는 선물인 것입니다. 옥스퍼드 대학을 졸업하고 미국 선교사로 다녀오기까지 했지만 존 웨슬리 John Wesley(1703-1791) 목사의 마음에는 평화가 없었습니다. 폭풍치는 선상 위에서 자신은 공포에 질려 어찌할 바를 모르는데 일단의 모라비안 교도들은 어린 양 예수 그리스도를 찬양하고 있는 것을 보았습니다. 그들은 어린 양 되신 예수 그리스도가 우리의 구주요 온 세상의 주님이신데 무엇이 두렵냐고 고백했습니다. 웨슬리도 런던으로 돌아와서 이 모라비안 교도들의 집회에 참석해서 큰 은혜를 받고 오직 예수 그리스도만 믿고 의지할 때에 그 영혼에 평화가 임했고 지칠 줄 모르고 복음 사역을 감당할 수가 있었던 것입니다.

사랑하는 성도 여러분! 사도 요한이 성삼위 하나님의 이름으로 당시 소아시아에 있던 일곱 교회와 만대의 교회에 문안인사를 했듯이, 저도 여러분들에게 "이제도 계시고 전에도 계셨고 장차 오실 이와 그의 보좌 앞에 있는 일곱 영과 또 충성된 증인으로 죽은 자들 가운데서 먼저 나시고 땅의 임금들의 머리가 되신 예수 그리스도로 말미암아 은혜와 평강"이 성도 여러분들과 가정, 직장, 사업장에 함께 하기를 축원합니다.

04

예수님 찬양

또 충성된 증인으로 죽은 자들 가운데에서 먼저 나시고 땅의 임금들의 머리가 되신 예수 그리스도로 말미암아 은혜와 평강이 너희에게 있기를 원하노라 우리를 사랑하사 그의 피로 우리 죄에서 우리를 해방하시고 그의 아버지 하나님을 위하여 우리를 나라와 제사장으로 삼으신 그에게 영광과 능력이 세세토록 있기를 원하노라 아멘(계 1:5-6).

유토피아를 쓴 토머스 모어 Sir Thomas More(1478~1535) 경이 있습니다. 영국의 왕 헨리 8세가 즉위한 후에 청원재판소 판사, 재무 차관, 하원의장 등을 역임하고 1529년에 대법관에 임명되었습니다. 1532년 헨리 8세가 캐서린과 이혼하고 앤 볼린과의 결혼을 주장하게 되자 양심의 가책을 느끼고 대법관직을 사임하였습니다. 1534년 왕위계승법에 대한 선서를 거부하여 헨리 8세에 의해 1년 동안 런던탑에 투옥되었다가 사형되었습니다. 그는 사형 재판을 받을 때에 재판장에게 이런 말을 했습니다. "재판장이여! 내가 당신을 지금 친구라 부르는 것을 용서하시오. 친구여, 나와 당신은 바울과 스데반처럼 만나기를 바랍니다. 분명 바울이 스데반을 죽였습니다만 하늘나라에서는 바울과 스데반이 만나서 얼마나 친한 사이로 고맙게 생각하며 그렇게 주님 앞에서 영광을 누리겠습니까? 마찬가지로 오늘 당신이 나를 사형에 처하지만 언젠가는 당신이 예수님을 바로 믿고 하늘나라에 가서 우리 서로 바울과 스데

반처럼 만나기를 바랍니다." 이 말을 듣고 재판장이 감동을 받고서 "나는 당신을 사형에 처하는데 당신은 이렇게 말할 수 있습니까?" 그러자 토머스 모어 경은 이렇게 대답했습니다. "주님께서 나에게 먼저 긍휼을 베푸셨기 때문입니다. 내가 주를 사랑하는 것이 아니라, 주님이 나에게 먼저 긍휼을 베풀었기 때문에 나는 누구도 비판하지 않습니다. 누구도 심판하지 않습니다. 그 긍휼을 다소라도 내가 실천하려고 하는 것뿐입니다."

사랑하는 성도 여러분! 토머스 모어의 고백을 들어보니 무슨 생각이 드십니까? 예수님을 진짜 만난 사람이구나, 예수님을 진짜 사랑하는구나, 그러니 죽는 마당에도 주님을 자랑하지 그런 생각이 드시지 않습니까? 그렇습니다. 예수님은 우리의 생사간의 주님이시요, 위로자이십니다. 미국의 뉴스 전문 방송이지요. CNN을 보면 래리 킹이라고 하는 라이브 토크 쇼 인도자가 있습니다. 이 사람이 유대인이자, 비기독교인입니다. 수많은 유명 인사들과 만나서 토크 쇼를 한 유명인입니다. 그런데 그에게 누가 물었습니다. "당신이 가장 인터뷰하고 대화를 하고 싶은 사람이 누구이냐?" 그때에 래리 킹은 바로 Jesus, 예수님이라고 대답했습니다. 비록 그가 예수님을 믿지 아니하고, 예수님의 동정녀 탄생도 도무지 납득할 수 없지만, 예수님이라는 존재를 무시할 수 없었던 것입니다.

그리스도인이라면 누구나 예수님을 알기를 원합니다. 예수님을 찬양하기를 원합니다. 합당한 영광을 돌려 드리기를 원합니다. 우리는 요한계시록 1장 5-6절 속에서 밧모섬에 유배된 노년의 요한이 부르는 예수님 찬양을 보게 됩니다. 메마르고 객관적인 정보 전달이 아니고, 예수님의 이름만 들어도 가슴이 울렁거리는 사모하는 마음으로 드리는 찬양인 것입니다. 헨델의 메시아와 같이 오케스트라와 합창단을 동원해서 찬양을 부른다고 해도 위대하신 예수 그리스도를 다 찬양드릴 수 없습니다. 우리는 교회에 모여서 찬양드릴 때에 천국 연습을 합니다. 천국에 가면 우리는 영원히 하나님을 찬양하게 될 것입니다. 중국 지하교회에서는 설교도 몇 시간씩 듣고 찬양도 몇 시간씩 부른다고 합니다. 어떤 찬송은 한곡이 99절이나 된다고 합니다. 그것을 다 부르고 나서 사회자가 은혜 받아서 한 번 더 하면 1시간을 또 더 부르게 된다고 합니다. 오늘 우리들의 찬양이 어떠한가 마음의 옷깃을 여미어 생각해 볼 필요가 있습니다.

찬양한다, 영광 돌린다는 것은 주님의 인격과 그가 하신 일로 인하여 칭송한다는 의미를 가지고 있습니다. 주님의 성품을 찬양하고, 주님이 하신 일을 낱낱이 기리며 칭송하는 것이 찬양입니다. 우리가 사람이나 사람이 한 일에 대해서 구체적으로 칭찬하듯이, 주님께 대해서도 이런 분이십니다. 이런 일을 하셨습니다라고 구체적으로 찬양을 해야 하는 것입니다, 우리는 요한의 예수님 찬양을 따라서 보겠습니다. 먼저 우리는 지난 시간에 예수님에 대해서 요한이 "충성된 증인"이라고 했고, "죽은 자 가운데 먼저 나신 자" 즉, 부활의 첫 열매라고 했고, "땅의 임금들의 머리"가 되신 분이시라고 말한 것에 대해서 살펴보았습니다. 예수님은 하나님의 진리를 증거하시되, 자신의 피로 인치시기까지 하셨습니다. 그러하기에 예수님의 말씀은 무조건 옳습니다. 믿을 수 있는 것입니다. 그리고 주님은 죽은 자 가운데서 먼저 나신 부활의 첫 열매가 되셔서 생명의 주이심을 증거하셨습니다. 믿는 우리들에게 생명을 주실 수 있는 분이심을 드러내셨습니다. 그리고 또한 요한은 예수님을 땅의 임금들의 머리가 되신 분이라고 소개했습니다. 예수님은 왕중의 왕이시오, 주들 중의 주님이십니다. 인류의 생사화복을 주장하시고 역사의 수레바퀴를 움직이시는 분이 바로 예수 그리스도이신 것입니다. 따라서 눈에 보이는 권세가들이 제 세상인 것처럼 악을 행하고 믿는 자들을 박해하더라도 그들을 두려워 할 것이 아니라 만왕의 왕, 만주의 주를 두려워해야 하는 것입니다. 그를 믿고 따라가는 자에게 승리를 주시는 분이십니다. 이상이 우리가 5절에서 보게 된 예수님에 대한 요한의 소개였습니다.

찬양은 예수님이 누구이신가에 대한 칭송이자, 예수님이 무엇을 하셨는지에 대한 칭송이기도 하다고 말씀드렸습니다. 그러면 충성된 증인이자, 부활의 첫 열매이시며, 왕 중 왕이신 예수님이 하신 일이 무엇입니까? 요한은 무엇을 찬송하고 있습니까?

우리를 사랑하사

먼저 5절 하반절을 보시겠습니다. "우리를 사랑하사 그의 피로 우리 죄에서 우리를 해방하시고"라고 말하고 있습니다. 요한은 예수님께서 우리를 사랑하고 계신다고 현재형으로 말합니다. 그렇습니다. 왜 우리가 주님을 사랑하고 찬송합니까? 주님이 우리를 사랑하시기 때문입니다. 아우구스티누스는 주님은 마치 세상에 단 한 사람의 사랑할 사람밖에 없는 것처럼 그렇게 우리를 섬세하게 사랑해 주시고, 세상의 믿는 모든 자를 똑같이 사랑해 주실 만큼 능력 있게 사랑하신다고 말했습니다. 요한은 누구보다도 예수 그리스도의 사랑을 체험적으로 잘 알고 있는 사람입니다. 사랑에 대해서 누구보다도 민감한 사람이었습니다. 요한복음 13장 1절에도 보시면, "유월절 전에 예수께서 자기가 세상을 떠나 아버지께로 돌아가실 때가 이른 줄 아시고 세상에 있는 자기 사람들을 사랑하시되 끝까지 사랑하시니라"고 말씀하고 있습니다. 끝까지 사랑하신다는 것은 죽기까지 사랑하신다는 의미입니다. 실제로 요한은 예수님이 십자가상에서 고난 받으시는 장면을 다 지켜보았기 때문에 자기 목숨을 내려놓기까지 사랑하신 주님의 사랑에 대한 증인이 될 수가 있었습니다.

주님은 우리를 사랑하십니다. 왜 날 사랑하나, 왜 날 사랑하나, 감격하지 않을 수가 없습니다. 그러면 왕 중 왕이신 주님이 우리를 사랑하시기에 도대체 무엇을 해 주셨는가 우리가 물을 수 있습니다. 건강을 주시고, 안 되는 사업을 성공하게 하시고, 좋은 가정을 주시고, 자식의 길을 형통하게 인도하시고 그런 식으로 말해야 우리의 본성에 맞지 않을까요? 그러나 주님이 그렇게 목숨 바쳐 가면서 우리를 사랑하시기에 우리를 위해 주시는 것이 무엇이며, 무엇을 하셨다고 말씀하시지요? 요한은 "우리를 사랑하사 그의 피로 우리 죄에서 우리를 해방하시고"라고 찬송하고 있음을 주목해야 합니다. 주님은 우리를 사랑하시기에 피를 흘려주셨습니다. 즉, 잔인한 대속의 죽음을 죽어주셨습니다. 그렇게 하신 이유가 무엇입니까? 바로 우리를 우리들의 죄에서 해방시켜 주시기 위해서인 것입니다. 찬송가 134장 2절에 보면 "그 사랑의 눈빛과 음성을 나는 잊을 수가 없겠네. 그 갈릴리 오신 이 그때에 이 죄인을 향하여 못자국 난 그 손과 옆구리 보이시면서 하신 말 '네 지은 죄 사했다' 하실 때 나의 죄짐이 풀렸네"라고 찬양하는 것과 같습니다.

요한은 요한계시록 속에서 죽임 당한 어린 양 예수님을 거듭 거듭 찬양해 나갈 것입니다. 5절 하반절에서도 요한은 "그의 피로 우리 죄에서 우리를 해방하시고"라고 찬양하고 있습니다. 주의해서 보실 것은 요한은 죄를 용서해 주셨다고 말하지 아니하고 우리 죄에서 우리를 해방하셨다고 말한다는 것입니다. "해방한다"는 것은 노예나 인질이 되어 있는 불쌍한 사람을 구원하여 자유케 하여 주는 것을 의미합니다. 우리와 죄의 관계를 요한은 노예주나 독재자와 노예의 관계로 설명해 주고 있습니다. 분명 죄는 인격적으로 짓는 것이지만, 다르게 보면 죄는 무서운 세력입니다. 우리를 옭아매고 노예 살이 시키는 철권 통치자인 것입니다. 심지어 우리가 죄인이라고 하는 사실 자체도 모르게 할 정도로 죄는 무서운 권세를 가지고 있습니다.

우리가 성경을 통해서 죄의 본질이 무엇인가 하는 것을 확인하게 되면 죄가 얼마나 무서운 세력인가를 알 수 있습니다. 죄는 하나님께 대한 반역이자, 하나님의 말씀에 순종하기를 거부하는 것입니다. 하나님이 지으신 세상에 살며 복을 누리면서도 하나님을 싫어하고 배척하는 주변 불신자들을 보십시오. 그들을 사로잡고 있는 것은 바로 죄인 것입니다. 아우구스티누스는 회심 이전에 자신이 얼마나 죄의 사슬에 얽매여 있는 노예와 같은지를 처절하게 경험해 본 사람 중 하나입니다. 『고백록』 제8권에 보면 이런 고백을 하고 있습니다.

> [빅토리누스의 경험과 같은 것을] 나는 사모했습니다. 그러나 나는 다른 사람들의 쇠사슬이 아니라 나 자신의 의지의 사슬에 묶여 있었습니다. 내 의지는 적에게 사로잡혔고, 그래서 적은 나를 위한 쇠사슬을 만들어 나를 묶었습니다. 왜곡된 의지로부터 욕망이 생겼고, 욕망이 채워지면서 습관이 생겼으며, 습관을 버리지 못함으로 필연이 되었습니다. 이와 같이 고리들이 서로 연결되어서(그렇기에 나는 그것을 쇠사슬이라 불렀다) 하나의 강한 구속에 내가 사로잡혀 있었습니다.[5]

주님은 바로 우리를 그러한 죄의 세력에서 건져내어 자유인이 되게 해 주신 것입니다. 아우구스티누스는 자신을 죄의 권세에서 자유롭게 해 주신 하나님의 은혜를 체험하고 나서 한 평생 은혜의 복음을 전했고, 은혜의 박사 *doctor gratiae*라는 칭호를 받았습니다. 바울은 골로새서 1장 12-13절에서 "그가 우리를 흑암의 권세에서 건져내사 그의 사랑의 아들의 나라로 옮기셨으니 그 아들 안에서 우리가 속량 곧 죄 사함을 얻었도다"라고 찬송하고 있습니다.

나라와 제사장으로 삼으사

예수님께서 우리들을 위해서 하신 다른 일이 무엇입니까? 6절 말씀을 다시 한 번 같이 읽어보십시다. "그의 아버지 하나님을 위하여 우리를 나라와 제사장으로 삼으신 그에게 영광과 능력이 세세토록 있기를 원하노라. 아멘." 우리를 사랑하사 피 흘려 죽기까지 하신 예수 그리스도는 우리를 죄에서 해방시켜 주실 뿐 아니라, 새로운 신분과 지위를 주시었습니다. 그것이 무엇입니까? 나라와 제사장으로 삼으신 것입니다. 그리고 그 목적은 그의 아버지 하나님을 위하여서라고 분명하게 밝히고 있습니다. 그러면 나라와 제사장을 삼아주셨다는 것이 무엇을 의미할까요?

하나님께서는 구약의 이스라엘 백성들을 애굽에서 해방시켜 주시고 나서도 시내 산에서 뭐라고 말씀하셨는가 하면 "세계가 다 내게 속하였나니 너희가 내 말을 잘 듣고 내 언약을 지키면 너희는 모든 민족 중에서 내 소유가 되겠고, 너희가 내게 대하여 제사장 나라가 되며 거룩한 백성이 되리라"(출 19:4-5). 그러나 이러한 하나님 아버지의 소망, 꿈은 결국 그의 아들 예수 그리스도를 통해서 신약 교회에서 이루어지게 됩니다. 베드로전서 2장 9-10절에 보시면 "그러나 너희는 택하신 족속이요 왕 같은 제사장들이요 거룩한 나라요 그의 소유가 된 백성이니 이는 너희를 어두운 데서 불러내어 그의 기이한 빛에 들어가게 하신 이의 아름다운 덕을 선포하게 하려 하심이라. 너희가 전에는 백성이 아니더니 이제는 하나님의 백성이요 전에는 긍휼을 얻지 못하였더니 이제는 긍휼을 얻은 자니라"고 말씀하고 있습니다. 그렇습니다. 예수 그리스도께서 피 흘려 죽으시고 부활 승천하심으로 이루고자 하셨던 것은 바로 하나님 아버지의 소원을 이루어 드리는 것입니다. 하나님의 나라와 하나님의 제사장된 백성을 세워드리는 일인 것입니다. 이것이 바로 "그 아버지를 위하여"라는 구절의 의미인 것입니다. 하나님 아버지를 위한 백성이자 하나님 아버지를 섬기는 제사장인 것입니다.

먼저 나라에 대해서 생각해 보십시다. 나라라고 하면 국민, 영토, 주권 세 가지 구성 요소가 기억나실 것입니다. 예수 그리스도께서 세우시는 나라의 국민은 그의 피로 구속함을 받은 신자들입니다. 그리고 영토의 견지에서 보자면 주님의 말씀과 성령의 인도함을 받는 모든 곳이 하나님의 나라입니다. 또한 하나님 나라의 주권이란 말씀의 권세와 성령의 감동으로 임하시는 하나님의 통치권입니다. 그 통치권이 심령에 임하면 심령 천국이 이루어집니다. 누가복음 17장 20-21절에 보면 "예수께서 대답하여 이르시되 하나님의 나라는 볼 수 있게 임하는 것이 아니요. 또 여기 있다 저기 있다고도 못하리니 하나님의 나라는 너희 안에 있느니라"고 하셨고, 로마서 14장 17절에서는 "하나님의 나라는 먹는 것과 마시는 것이 아니요 오직 성령 안에 있는 의와 평강과 희락이라"이라고 심령 가운데 임하는 현재적 천국을 말하고 있습니다. 하나님의 통치가 가정에 임하면 가정 천국, 홈토피아가 이루어지게 되는 것입니다. 교회도 하나님의 말씀의 지배를 받게 되면 천국의 맛보기 장소에서 천국을 만끽하는 장소가 되는 것입니다. 물론 이러한 하나님의 나라는 우리가 몸담고 있는 이 세상의 각 영역에서 선포해야 하고 이루어짐을 체험해야 합니다. 하지만 그 나라의 완성은 주님이 재림하시고 새 하늘과 새 땅이 이루어지면 성취되어질 것입니다. 그래서 늘 우리의 기도는 "당신의 나라가 임하옵소서"인 것입니다.

우리를 죄에서 해방하신 예수 그리스도께서는 우리를 나라뿐 아니라 제사장으로 삼아주시었습니다. 제사장이란 하나님을 가까이하여 섬기는 자를 가리킵니다. 구약에서는 성소에서 하나님께 제사 드리는 일을 수행했습니다. 특히 대제사장은 지성소에까지 들어가서 하나님의 음성을 들을 수 있었습니다. 영광스러운 직분입니다. 대제사장의 옷은 세상의 어떤 왕복도 흉내 낼 수 없을 만큼 아름답고 럭셔리했습니다. 제사장은 하나님과 백성 사이에 서 있는 중보자이기도 합니다. 백성들의 죄를 하나님 앞에 고하면서 사죄의 은혜를 구하고, 하나님께 받은 사죄의 말씀을 선포하는 역할을 수행했습니다. 그리고 민수기 6장에 보면 제사장은 백성들을 위하여 축복했습니다. 하나님의 이름으로 축복할 때에 하나님은 복을 주시겠다고 말씀하셨습니다.

그러나 이렇게 귀한 직분이지만 구약의 제사장은 한계가 분명했습니다. 실체가 아니라 그림자에 속했습니다. 참 성전이 아니라 그림자 성전에서, 참 피 흘리심이 아니라 짐승의 피 흘림을 통해서 자신의 직무를 수행했습니다. 그래서 대제사장이라 해도 1년에 한 번씩만 지성소에 들어갔는데, 그것도 휘장 밑으로 기어서 들어가야만 했습니다. 히브리서 기자는 이런 사실을 두고서 그때에는 아직 성소에 들어가는 길이 열리지 않았다고 말했고, 짐승의 피로 양심상의 죄를 해결해 주지 못했다고 말합니다("이 장막은 현재까지의 비유니 이에 따라 드리는 예물과 제사는 섬기는 자를 그 양심상 온전하게 할 수 없나니" - 히 9:9). 하지만 예수 그리스도의 피 흘려 죽으심 후에 제사장으로 부름 받은 우리들은 어떻습니까? 구약의 제사장 직분과 유사한 직분인데, 그들에 비하자면 무한한 영광을 가지고 있습니다. 그들은 그림자를 따라 살았다면 우리는 실체를 누리고 있기 때문입니다.

무엇보다도 예수 그리스도의 대속의 죽으심으로 말미암아 우리는 하나님의 시은좌 앞에 담대하게 나아갈 수 있게 되었습니다. 히브리서 10장 19절 이하에 보시면 "그러므로 형제들아 우리가 예수의 피를 힘입어 성소에 들어갈 담력을 얻었나니 그 길은 우리를 위하여 휘장 가운데로 열어 놓으신 새로운 산 길이요 휘장은 곧 그의 육체니라. 또 하나님의 집 다스리는 큰 제사장이 계시매 우리가 마음에 뿌림을 받아 악한 양심으로부터 벗어나고 몸은 맑은 물로 씻음을 받았으니 참 마음과 온전한 믿음으로 하나님께 나아가자"라고 말씀하셨고, 바울도 "이는 그로 말미암아 우리 둘이 한 성령 안에서 아버지께 나아감을 얻게 하려 하심이라"(엡 2:19)라고 했고, 히브리서 4장 16절에도 "그러므로 우리는 긍휼하심을 받고 때를 따라 돕는 은혜를 얻기 위하여 은혜의 보좌 앞에 담대히 나아갈 것이니라"고 말씀하고 있습니다.

우리가 제사장이 되었으므로 할 수 있고 해야 하는 직무가 무엇인지 생각해 보십시다. 제사장은 하나님께 제사를 드리고 예배를 드리는 자들입니다. 우리는 우리의 삶을 통해서 하나님께 제사를 드리는 자들이 되어야 하는데, 구약과 달리 피 없는 제사를 드려야 합니다. 로마서

12장 1절에 보시면 신약에서 제사 드리는 삶을 산다고 하는 것을 원리적으로 표현하기를 "그러므로 형제들아 내가 하나님의 모든 자비하심으로 너희를 권하노니 너희 몸을 하나님이 기뻐하시는 거룩한 산 제물로 드리라 이는 너희가 드릴 영적 예배니라"라고 했고, 히브리서 13장 15-16절에서는 구체적으로 말하기를 "그러므로 우리는 예수로 말미암아 항상 찬송의 제사를 하나님께 드리자 이는 그 이름을 증언하는 입술의 열매니라. 오직 선을 행함과 서로 나누어 주기를 잊지 말라 하나님은 이같은 제사를 기뻐하시느니라"라고 말씀하고 있습니다.

제사장은 또한 하나님 앞에 나아가 기도하면서 다른 사람들을 위해 축복하는 역할을 수행해야 합니다. 구약의 대제사장은 가슴에 12지파 이름이 새겨진 흉배를 달고, 12지파의 이름이 새겨진 견장을 양어깨에 달고 하나님 앞에서 섬겼는데, 온 백성을 가슴에 품고 하나님 앞에서 축복한다는 의미를 가지고 있습니다. 우리들도 이처럼 다른 사람을 복되게 하기 위한 축복의 통로로 부름 받고 있습니다. 제가 목회할 때에 교구 사역자들에게 교구 식구들 이름을 다 외우게 했습니다. 시험도 치고, 새벽마다 구역을 나누어 가면서 축복 기도해 주라고 요구했습니다. 또 때로는 상세하게 물어보기도 했습니다. 섬기는 양떼를 가슴에 품고 기도하고 축복할 때에 영적으로 잘 섬길 수 있기 때문입니다. 성도 여러분들도 마찬가지입니다. 여러분들도 예수 그리스도의 피로 구속 받은 성도들이라면 다 제사장들입니다. 종교개혁자들이 재발견한 신약적 진리 중 하나가 만인제사장 교리가 아닙니까? 제사장이면 앞서 말씀드린 대로 삶의 제사를 드리는 것도 해야 하지만, 다른 이들을 사랑하고, 축복하는 일도 해야 합니다. 복을 주고 안 주시고는 하나님이 하시는 일이요, 하나님의 고유한 권한이지만, 우리가 할 일은 하나님의 이름으로 축복하는 것입니다. 우리가 축복하지 아니하면 불신 가족들이나 거주하고 있는 지역은 복을 받지 못합니다. 우리가 축복의 통로이기 때문입니다. 잠언 11장 11절에 보시면 "성읍은 정직한 자의 축복으로 인하여 진흥하고 악한 자의 입으로 말미암아 무너지느니라"고 말씀하고 있습니다. 구역장이나 구역 권찰들 혹은 소그룹 리더들도 자신이 맡은 성도들을 가슴에 품고 축복해야 합니다. 부모는 자녀들을 가슴에 품고 축복하시고, 자녀들은 부모를 가슴에 품고 하나님 앞에서 축복해야 합니다. 그렇게 해야 제사장인 것입니다.

이제 말씀을 정리하겠습니다. 오늘 우리는 밧모섬에 유배 중인 백발이 성성한 요한의 예수님 찬양을 살펴보았습니다. 요한은 예수님이 우리를 사랑하셨다고 말합니다. 그리고 사랑하셔서 무엇을 하셨는가, 우리를 위하여 피흘리사 우리를 죄에서 해방시켜 주셨다고 찬양합니다. 그리고 우리를 하나님 아버지를 위하여 나라와 제사장으로 삼으셨다고 찬송합니다. 우리도 이런 복음적인 구절들을 읽고 들을 때에 가슴이 뭉클하고 심금이 울리기를 원합니다. 예수님을 찬송하고자 하는 마음이 샘솟듯 하기를 원합니다. 그리고 그가 우리를 사랑하셨기에 피 흘려 죽기까지 하셨으며, 모든 불행과 비참의 근본 원인인 죄에서 해방시켜 주셨다는 점을 항상 찬송해야 합니다. 주님의 보혈을 찬송하기를 잊지 말아야 합니다. 그리고 우리를 나라와 제사장으로, 왕같은 제사장으로 삼아주셨다는 점을 기억하십시다. 우리는 하나님의 나라에 속한 백성들이요, 천국 시민들입니다. 말씀과 성령의 통치를 받아야 합니다. 어느 곳에 가든지 하나님의 나라를 선포하고 살아야 합니다. 그리고 또한 제사장의 사명을 기억하시고 무엇을 하든지 하나님 앞에 제사드리는 자로서 살아가시기를 바랍니다. 무엇을 하든지 하나님의 영광을 염두에 두시기를 바랍니다. 제사장이 남을 위하여 축복하는 자임을 잊지 마십시다. 우리의 가족들, 이웃들을 가슴에 품고 기도하십시다. 축복해 주십시다. 믿지 않는 가족들을 주님께로 인도하는 일에 우리는 쓰임 받을 수 있기를 원합니다.

05

구름을 타고
오시리라

> 볼지어다 그가 구름을 타고 오시리라 각 사람의 눈이 그를 보겠고 그를 찌른 자들도 볼 것이요 땅에 있는 모든 족속이 그로 말미암아 애곡하리니 그러하리라 아멘(계 1:7).

　우리가 살고 있는 이 세상에서는 무엇이 진실인지 누가 옳은지 알기 힘들 때가 많습니다. 억울하다고 한다면 그 억울함을 누가 풀어줄 것입니까? 공의를 세우겠다면 누가 어떤 기준에 의해서 공의를 세울 것입니까? 사회의 각 집단들이 자기의 이익을 지키기 위해서 공의를 내세운다면 진정한 공의가 가능하겠습니까? 일부의 집단이 평가를 내리면 역사적 평가라고 할 수 있는 것입니까? 우리는 오늘날 사극들을 보면서 과거의 공적인 역사 조차도 얼마나 많은 베일에 가리워져 있는가를 확인하게 됩니다. 많은 경우에 역사는 승리자의 편에서 기록이 되기 때문에 가리워지는 것이 많고, 침소봉대되는 경우들도 생기는 것입니다. 인간들이 하는 일들에 대해서 환멸을 느끼게 되면 회의주의자가 되는 것입니다. 그러나 우리 신자들은 어떻습니까? 때로 살아가면서 억울한 일들을 만나지 않습니까? 혹은 직장이나 사회가 너무나 부조리하다는 생각이 들지 않습니까? 그러면 우리들도 그냥 답답해하고 안타까워하거나, 극단적으로 생명을 포기해도 되는 것일까요? 아니면 내 나름대로 의를 세워 나가야 하는 것일까요? 성경으로 돌아가십시다. 우리에게 있는 소망이 무엇이라고 말씀하고 있습니까? 만왕의 왕, 만주의 주되신 예수 그리스도의 재림이 임박하며, 주님이 재림하시면 공의를 나타내실 것이며 많은 이들이 통곡하는 일이 일어날 것임을 말하고 있습니다.

구름을 타고 오시리라

본문은 "볼지어다 그가 구름을 타고 오시리라"는 말씀으로 시작하고 있습니다. 여기서 그가 누구를 가리키는지 앞으로 가보면 5-6절에서 "또 충성된 증인으로 죽은 자들 가운데에서 먼저 나시고 땅의 임금들의 머리가 되신 예수 그리스도"를 가리키며, 또한 "우리를 사랑하사 그의 피로 우리 죄에서 우리를 해방하시고 어떤 사본에, 우리 죄를 씻으시고 그의 아버지 하나님을 위하여 우리를 나라와 제사장으로 삼으신" 분을 가리키고 있음을 알 수 있습니다. 예수 그리스도께서 구름을 타고 오시리라고 요한은 선언하고 있습니다. 요한은 현재형으로 이 문장을 쓰고 있어서 주님의 재림의 임박성을 표현하고 있습니다. 마치 자신이 살아 생전에라도 재림의 주를 만날 것처럼 그렇게 표현하고 있다는 말입니다.

그리고 요한은 주님이 구름을 타고 오실 것을 예언하고 있습니다. 예수님은 대제사장 가야바가 심문하면서 "내가 너로 살아 계신 하나님께 맹세하게 하노니 네가 하나님의 아들 그리스도인지 우리에게 말하라"고 요청하였을 때에 다음과 같이 대답해 주신 적이 있습니다. "예수께서 이르시되 네가 말하였느니라 그러나 내가 너희에게 이르노니 이 후에 인자가 권능의 우편에 앉아 있는 것과 하늘 구름을 타고 오는 것을 너희가 보리라"(마 26:63-64). 하나님의 아들 메시아인지 대답해 달라는 요구에 이렇게 대답하신 것입니다. 이 말을 듣고 대제사장들과 유대 지도자들은 다 신성모독이라고 분개했습니다. 왜냐하면 권능의 우편이란 하나님의 우편을 의미하고, 하늘 구름을 타고 오신다고 하는 것은 구약 다니엘 7장 13-14절에서 예언되어 있는 메시아 예언의 성취를 의미하기 때문입니다. "내가 또 밤 환상 중에 보니 인자 같은 이가 하늘 구름을 타고 와서 옛적부터 항상 계신 이에게 나아가 그 앞으로 인도되매 그에게 권세와 영광과 나라를 주고 모든 백성과 나라들과 다른 언어를 말하는 모든 자들이 그를 섬기게 하였으니 그의 권세는 소멸되지 아니하는 영원한 권세요 그의 나라는 멸망하지 아니할 것이니라." 이 본문에서 "옛적부터 항상 계신 이"는 성부 하나님을 가리키고, "인자 같은 이" 즉, 사람의 아들 같이 생기신 분이 하늘 구름을 타고 와서 성부 하나님 앞으로 인도되어져서 권세, 영광, 나라를 받으시고 모든 백성과 나라들과 다른 언어를 말하는 모든 자들이 그를 섬기게 하실 것이라는 것입니다. 여기 인자 같은 이라는 표현은 공생애시에 예수님이 자주 사용하셨던 인자라는 명칭의 근원이 됩니다. 예수님이 인자라고 자신을 가리키면서 자신은 다니엘이 예언하고 있는 바로 그 메시아적 존재, 하나님의 아들임을 선언하신 것입니다.

사도 요한을 통하여 주님은 다시 한 번 예수 그리스도의 정체가 무엇인지를 분명히 선언하고 계신 것입니다. 하늘 구름을 타고 오실 이는 다니엘서에서 예언된 그 하나님의 아들 밖에 없는 것입니다. 볼지어다 구름을 타고 오시리라는 것은 초림 때의 초라하고 비천한 모습과 대조적인 영광, 권위, 위엄을 가리키는 것을 기억해야 합니다. 인간들 중에 뉘라서 구름을 타고 다닐 수 있겠습니까? 모든 권세와 영광을 가지시고 만왕의 왕, 만주의 주가 되신 예수 그리스도만이 누리실 수 있는 영광인 것입니다. 주님이 초림하실 때에 마리아를 통해서 나약한 인간의 몸을 입으셨고, 말구유에 뉘이시며, 공생애 중에도 온갖 멸시 천대를 다 받으시고 십자가라는 극한 고통의 죽음을 당하시기까지 하신 것을 기억하신다면, 바로 동일한 그분이 구름을 타고 오신다고 하시는 것, 그래서 모든 권세의 주관자가 되신다고 하는 사실은 비교할 수 없는 영광을 가리키는 것입니다.

초림 때의 비천하고 초라한 모습과 재림 때에 나타내실 영광과 위엄의 차이에 대해서 히브리서 9장 28절에는 "이와 같이 그리스도도 많은 사람의 죄를 담당하시려고 단번에 드리신 바 되셨고 구원에 이르게 하기 위하여 죄와 상관 없이 자기를 바라는 자들에게 두 번째 나타나시리라"고 말씀해 줍니다. 예수님께서 초림 때는 우리들의 죄를 대속하기 위한 제물이 되어 주시기 위해서 그렇게 나약하고 초라한 인간의 몸을 자원하여 입으셨지만, 두 번째 나타나실 때 즉, 재림하실 때에는 주님을 믿고 소망하는 자들을 구원에 이르게 하기 위하여 즉, 구원의 완성을 선사하기 위하여 그렇게 영광 중에 강림하신다는 말입니다. 사도 바울은 빌립보서 3장 20-21절에서 이렇게 말해 줍니다. "그러나 우리의 시민권은 하늘에 있는지라 거기로부터 구원하는 자 곧 주 예수 그리스도를 기다리노니 그는 만물을 자기에게 복종하게 하실 수 있는 자의 역사로 우리의 낮은 몸을 자기 영광의 몸의 형체와 같이 변하게 하시리라." 거듭난 우리 영혼이 주님처럼 부활의 몸을 입게 되는 것이 구원의 완성인 것입니다. 이 일을 위해서 주님은 영광 중에 그의 천사들과 함께 재림하실 것입니다.

그로 말미암아 애곡하리라

그러나 예수 그리스도께서 하늘 구름을 타고 영광스럽게 재림하신다고 해서 모든 인생들에게 희소식, 굿 뉴스good news가 되지는 않을 것입니다. 저는 주님의 재림의 날을 생각할 때에 가끔씩 『춘향전』을 연상하곤 합니다. 서울 간 이도령을 기다리면서 포악한 변사또의 박해를 받고 있는 춘향이에게 어느날 암행어사 출두요 하면서 이도령이 등장했을 때의 모습을 특히 생각해 봅니다. 온갖 고초를 참고 견뎠던 춘향에게는 살아나는 날이요, 원한과 설움을 푸는 날이요, 신원설치(伸冤雪恥)하는 날입니다. 하지만 춘향이를 괴롭혔던 변사또 일당에게는 그동안 저질렀던 악에 대해서 심판을 받는 끔찍스러운 날이 되는 것입니다. 예수님의 영광스러운 재림의 의미도 바로 그와 같습니다. 믿고 기다리는 신자들에게는 구원의 완성의 날이자, 주님과 영원한 교제속으로 들어가는 날입니다. 하지만 믿지 않는 이들에게는 어떤 날이 될까요? 본문 7절을 다시 보시지요. "각 사람의 눈이 그를 보겠고"라고 했지요. 여기서 각 사람은 세상에 살고 있던 모든 사람들을 가리킵니다. 그리고 더 정확하게 말하자면 지구 상에 살았던 모든 산자나 죽은 자를 다 포함하는 말입니다. 만왕의 왕되신 주님이 이 땅 위에 강림하시는 날에 한 사람의 예외도 없이 영광의 주님 앞에 불려 나와서 그분을 눈으로 보게 될 것이라는 말입니다. 단 한 사람의 예외도 있을 수 없습니다. 나는 바빠서 못 갑니다 그런 것이 통하지 않습니다. 모든 인류가 주님의 임재 앞에 서서 예수 그리스도가 어떤 분이신지 그 실체를 보게 될 것입니다.

    요한은 특별히 "그를 찌른 자들도 볼 것이요"라고 말씀하고 있는데, 여기서 그를 찌른 자들이란 요한복음 19장 34-37절에 의하면 십자가에 매어 달리신 예수 그리스도의 옆구리를 찌른 군병들을 가리킵니다. 상관의 명령에 따른 것이기는 하지만, 그들이 창으로 찌른 분은 다름아니라 만왕의 왕, 만주의 주이신 예수 그리스도였다는 사실을 알게 될 날이 올 것이라고 하는 말씀입니다. 한 나라의 왕을 시해해도 구족을 멸한다고 할 정도로 역적, 최고의 죄인 취급 받는데, 하물며 만왕의 왕이신 예수 그리스도를 창으로 찔렀으니 그 죄가 얼마나 큰 것입니까! 그러나 여기서 그를 찌른 자들이란 단순히 로마 군병들 만을 가리키지 않습니다. 이 땅 위에 살면서 예수 그리스도를 믿지 아니하고, 배척하고, 말로써 조롱하고 멸시하던 모든 반기독교인들을 포함하고 있습니다. 하나님을 인정하지 아니하고 이념이나 사람들을 우상으로 삼고 한 세월 허비한 인생들을 가리킵니다.

    요한이 "땅에 있는 모든 족속이 그로 말미암아 애곡하리니 그러하리라 아멘"이라고 다시금 설명해 주는 것과 똑 같은 내용입니다. 그를 찌른 자들, 땅에 있는 모든 족속이 그로 말미암아 애곡하게 될 것이라는 것은 스가랴 12장 10절의 말씀과 흡사합니다. 즉, "내가 다윗의 집과 예루살렘 주민에게 은총과 간구하는 심령을 부어 주리니 그들이 그 찌른 바 그를 바라보고 그를 위하여 애통하기를 독자를 위하여 애통하듯 하며 그를 위하여 통곡하기를 장자를 위하여 통곡하듯 하리로다." 다윗의 집과 예루살렘 주민들이 찌른바 그를 바라보고 그를 위하여 애통하기를 독자를 위하여 애통하듯 할 것에 대한 예언입니다. 찌른 자들도 그를 보게 되고, 땅에 있는 모든 족속이 그로 말미암아 애곡하리라는 요한계시록의 말씀과 유사해 보이지만, 그 내용은 전혀 다릅니다. 스가랴를 통해서 예언하신 내용은 자신들이 찔렀던 메시아를 바라보면서 장자를 잃었을 때의 아픔을 느끼면서 통회자복하는 모습을 가리키고 있습니다. 이것은 오순절에 성령을 받고 집단적인 회개의 역사가 일어나게 될 것을 예언한 말씀입니다. 혹은 하나님 없이 살아왔던 인생들이 자신들이 대적했던 메시아를 바라보면서 회개하는 역사적 사건들을 가리킨다고 할 수 있습니다.

하지만 요한계시록 1장 7절에서 말하는 것은 예수님이 재림하실 때에 그를 믿지 않았던 사람들이 회개하고 믿게 된다는 것을 말하지 아니하고, 후회하고 양심의 가책으로 인하여 애통해 할 것에 대한 말씀입니다. 그날에 이 세상에 살았던 수많은 사람들이 예수 그리스도의 영광을 보게 될 것입니다. 그리고 놀라게 될 것입니다. 뿐 아니라 예수님을 믿던 성도들, 예수 믿는다고 모든 시련들을 참고 인내하며 살았던 그리스도인들이 영광스러운 부활체를 입은 것을 보고 놀라게 될 것입니다. 이 세상에서 그토록 누려왔던 어떤 영광도 비교할 수 없는 영광을 웃입게 되는 것을 보게 될 것입니다. 그러나 중요한 것은 무엇입니까? 이 모든 사실을 보고 그들이 애통은 하겠지만 진정한 회개는 할 수 없다는 것입니다. 가룟 유다처럼 양심의 가책을 느끼고 스스로 책임지겠다고 자살은 하겠지만 자신의 죄를 뉘우치고 은혜를 구하면서 하나님 앞에 돌아오지는 못할 것이라는 것입니다. 그들은 예수님을 믿을 기회가 있어도 믿지 않았고, 예수님을 대적하고 그의 교회를 박해하며 살아왔던 과거를 후회하고 애통해 할 것입니다. 하지만 그들의 애통과 눈물은 마치 축복을 경홀히 여기다가 동생 야곱에게 빼앗기고 대성통곡했던 에서의 통곡과 같을 것입니다.

그러하리라 아멘

사도 요한은 짧은 구절을 통해서 요한계시록의 핵심 메시지를 소개했습니다. 예수 그리스도를 믿는 이들에게 주어진 위대한 소망, 복스러운 소망 blessed hope이 무엇인지 소개했습니다. 구름을 타고 오시는 주님은 신적인 권세와 영광 그리고 능력을 가지신 분이십니다. 하늘의 천사장들이 나팔 불면서 수행할 것입니다. 영광스러운 재림의 날이 될 것입니다. 우리들도 영화롭게 변화되어지는 날이 될 것입니다. 이 세상에서 헛 고생한 것이 아니구나 하는 것을 깨닫게 되는 날입니다. 만천하에 드러나는 날입니다. 감격스러운 날이요, 축복의 날이 될 것입니다. 그러나 예수님을 배척하고 믿지 않았던 이들에게는 뒤늦은 후회로 애통해 하는 절망의 날이 될 것입니다. 요한은 이렇게 말한 후에 "그러하리라 아멘"이라는 말로 본 구절을 끝맺습니다. 헬라어로 "나이 아멘"*vai amen!*이라고 하는데, "나이"는 헬라어이고, "아멘"은 동일한 뜻이지만 히브리어에서 온 단어입니다. 요한은 이중적인 긍정으로 확신을 잘 표현했습니다. 반드시 그렇게 된다는 것입니다.

오늘 말씀을 통해서 우리는 무엇을 다시금 재확인하게 됩니까? 지금처럼 이 혼란스러운 현실, 무엇이 선이고 악인지 분간하기 어렵고, 무엇이 의이고 무엇이 불의인지 헷갈리는 이 시점에서 우리는 어떻게 살아야 할까요? 생과 사가 같습니까? 혹은 죽고 나면 모든 것이 정당화됩니까? 아무에게나 명복을 빕니다라고 말하는 것이 죽은 자에 대한 도리요 예의입니까? 죽은 후의 세계에는 선과 악과, 의와 불의의 기준도 없어지는 것입니까? 나는 정당한데 너무 현실이 불의하고 부조리하다고 생각하는 이들에게 주어지는 답이 무엇입니까? 갑갑하고 답답한 심령을 가진 신자들의 마음을 시원케 해 주시는 말씀은 바로 영광의 주님께서 재림하신다고 하는 것입니다. 주님이 재림하셔서 우리의 구원을 완성하실 것이요. 이 세상에 대해서 심판하실 것입니다. 우리의 모든 불만족과 부족함을 고상한 방식으로 채워주셔서 기쁨과 평강이 넘치게 해 주실 것입니다. 반면에 주님을 배척하고 말로 조롱하며 무력으로 주님 믿는 백성들을 박해하던 이들에게는 곡소리나는 날이 될 것입니다. 그렇게도 의를 부르짖고, 주제넘게 자신이 공의의 기준인 것처럼 설쳐대는 인생들에게 주님은 공의롭게 심판해 주실 것입니다. 주님만이 의와 선의 기준이십니다. 그리고 주님만이 심판하실 수 있는 공의로우시고 전능하신 분이신 것을 보여 주실 것입니다.

그러면 이러한 복스러운 소망을 가진 우리들의 삶은 어떠해야 하겠습니까? 예수님을 잘 믿고 예수님 기뻐하시는 삶을 살기 위해서 분투 노력하십시다. 이 땅 위에서 승부를 다 보려고 하지 마십시다. 악한 자의 흥왕이나 부함을 부러워하지 마십시다. 주의 일에 더욱 힘쓰는 자들이 되고, 선한 일을 열심히 하는 하나님의 보배로운 백성들이 되십시다. 요한일서 3장 1-3절을 기억하십시다.

보라 아버지께서 어떠한 사랑을 우리에게 베푸사 하나님의 자녀라 일컬음을 받게 하셨는가, 우리가 그러하도다 그러므로 세상이 우리를 알지 못함은 그를 알지 못함이라. 사랑하는 자들아 우리가 지금은 하나님의 자녀라 장래에 어떻게 될지는 아직 나타나지 아니하였으나 그가 나타나시면 우리가 그와 같을 줄을 아는 것은 그의 참모습 그대로 볼 것이기 때문이니, 주를 향하여 이 소망을 가진 자마다 그의 깨끗하심과 같이 자기를 깨끗하게 하느니라.

06

전능하신 하나님의 보증

주 하나님이 이르시되 나는 알파와 오메가라 이제도 있고 전에도 있었고 장차 올 자요 전능한 자라 하시더라(계 1:8).

우리는 몇 번에 걸쳐서 요한계시록의 서론 부분을 살펴보고 있습니다. 어떤 분들은 왜 이리도 서론부를 길게 다루고 있는가 그런 생각이 드실지 모르겠습니다. 그러나 요한계시록 1장을 분명하게 잘 이해해야만 나머지 부분들을 잘 이해할 수 있기 때문에 시간을 들여서 한 구절 한 구절 살펴보고 있습니다. 오늘 본문 말씀은 하나님의 자기 소개문 입니다. 본문의 일부-즉, "이제도 계시고, 전에도 계셨고, 장차 오실 이"-는 이미 4절에서 요한의 입으로 고백되었던 것이고, 일부의 내용은 이곳에서 처음으로 소개되는 것입니다. 그러나 어찌되었든 본문은 주 하나님께서 직접 말씀하신 자기 소개의 내용을 담고 있습니다. 우리는 먼저 하나님께서 왜 이 부분에서 자신을 그와 같은 내용으로 소개하고 있는지에 대해서 생각해 볼 필요가 있습니다.

지금까지 사도 요한은 자신이 받은 바 계시의 내용을 기록하기 전에 먼저 서론적인 이야기들을 해 왔습니다. 요한은 이 책에 기록된 것은 주 예수 그리스도의 계시이며, 반드시 속히 될 일을 하나님이 그 천사들을 보내어 알게 하신 것을 기록한 것이라고 하였습니다. 계시라고 하는 것은 하나님의 구원 계획과 그 계획의 종말론적인 완성에 대한 비밀을 드러낸 것이라고 말씀드렸습니다. 이전에는 알지 못하던 것을 알려 주심으로 알게 되는 것이 계시이고 비밀입니다. 따라서 비밀의 계시와 비밀의 공유를 허용하신다는 것 자체가 하나님의 은혜입니다.

그런데 그와 같은 하나님의 구원 계획은 예수 그리스도를 중심으로 하고 있습니다. 예수 그리스도가 이 땅에 인간의 몸을 입고 오셔서 인간의 처지가 되어 보며, 인간의 입장에서 하나님께 순종하며, 인간을 대신하여 죽기까지 하심으로 우리의 죄를 대속하셨으며, 사망 권세를 이기시고 부활하시어 승천하심으로 하나님 보좌 우편에 앉으셨습니다. 그리고 그가 재림하심으로 이 세상을 심판하시고, 자신을 믿는 자를 구원하실 것이라는 것이 복음의 주된 내용입니다. 이와 같은 구원 계획을 집행하시고 성취하시며 적용해 나가시는 과정을 보면 대 우주적인 저항 세력이 존재하고 있음을 알게 됩니다. 또한 완성되는 데에 적지 않은 시간이 소요되는 것도 보게 됩니다. 하나님이 인간을 구원하시는 일이 왜 이와 같이 하나님을 거스르는 세력과 장구한 세월을 요하는 것이며, 이러한 내용을 우리에게 알게 하시는 것일까요? 이는 하나님이 베푸시는 구원이 얼마나 값비싼 것이며 따라서 얼마나 귀중한 것인가를 우리로 하여금 알게 하시며, 모든 존재하는 자들과 반대자들 앞에서 하나님의 구원의 공정성과 의로움과 신실하심을 보여 주시기 위해서 인 것입니다.

우리가 성경을 통하여서 분명히 알고 있는 것은 하나님이 약속하신 것은 반드시 성취하시고야 마신다고 하는 사실입니다. 아무리 좋은 계획, 아무리 멋있는 비전이 있다고 하더라도 그것을 이룰 길을 모르며, 이룰 재주와 능력이 없다면 백일몽에 불과할 것입니다. 하나님은 요한계시록을 통하여서 장엄한 구속의 드라마를 보여 주고 있습니다. 그와 같은 엄청난 약속들을 하시기 전에 오늘 8절에서는 먼저 그와 같은 약속을 능히 이루시고야 마는 분이시며, 믿어도 좋은 분이시라는 의미에서 자기를 소개하고 있는 것입니다.

하나님은 먼저 자신을 "나는 알파A와 오메가Ω라"고 하셨습니다

알파와 오메가라고 하는 것은 요한이 사용하던 그리스어 알파벳의 첫 글자와 마지막 글자를 가리킵니다. 영어 알파벳으로 하자면 에이(A)요 제트(Z)라고 할 수 있고 우리 한글로 하자면 "ㄱ 이요 ㅎ 이다"라고 표현할 수도 있겠습니다. 이것은 결국 시작과 끝을 의미합니다. 나는 시작과 끝이다라고 말씀하시는 것은 하나님이 시작이 있고, 끝이 있다 – 즉, 존재하지 않으신 때가 있었고, 존재하지 않게 될 시점이 있을 것이라는 것을 결코 의미하지 않습니다. 오히려 이것은 하나님이 세상에 존재하는 모든 것을 있게 하신 분이시며, 또한 모든 역사를 매듭 지으실 분이시라는 의미입니다. 세상에 존재하는 모든 것은 시작과 끝이 있는 유한한 것들이지만, 하나님은 그 모든 것에 시작을 허락하시며, 마지막을 가져 오시는 분이십니다. 만물의 창조자이시자, 만물의 심판자가 되신다는 의미를 가집니다.

세상의 권력자들은 자신의 권력이 영원할 줄로 착각하고, 청춘 남녀들은 자신들의 젊음이 영원한 것처럼 허비하며 삽니다. 하지만 사람들은 시공간에 얽매어 사는 티끌에 불과한 존재라는 사실, 오늘 피었다 지는 들풀과 같이 허무한 존재임을 깨닫게 되는 날이 임하는 것입니다. 하나님과 인간의 철저한 차이를 빨리 깨닫는 것이 좋습니다. 잠시 살다가는 사람들이 이 세상을 좌지우지하지 않습니다. 처음이자 마지막이신 하나님의 장중에 놓여있는 것이 이 세상이요, 우리 인생사인 것입니다.

이제도 있고, 전에도 있었고, 장차 올 자요

두 번째로 하나님은 자신을 가리켜서 "이제도 있고 전에도 있었고 장차 올 자요"라고 말씀하셨습니다. 4절에서도 동일한 말씀을 보게 됩니다. 이것은 하나님이 영원 자존자라고 하시는 말씀을 쉽게 풀이한 것입니다. 그런데 이러한 말씀은 단순히 하나님이 영원 자존자라고 하는 사실만을 의미하지 않습니다. 우리가 이 구절을 잘 이해하기 위해서는 출애굽기 3장 14절로 돌아갈 필요가 있습니다. 호렙산에서 하나님을 뵈옵고, 출애굽 지도자로 소명 받은 모세가 하나님의 이름을 묻자 하나님은 자신의 이름을 풀어서 말씀하셨습니다. 나는 스스로 있는자니라. 히브리어로는 에흐예 아세르 에흐예(*ehyeh 'ăšer 'ehyeh*)입니다. 이 말씀이 오늘 8절에 있는 "이제도 있고, 전에도 있었고, 장차 올 자요"라고 하는 말씀과 동일한 말씀입니다. 히브리인들에게 있어서 이름을 안다고 하는 것은 그 대상을 이해하고 파악한다는 것을 뜻하기 때문에, 사실 모세에게 주신 이름은 우리가 하나님을 파악하도록 주어진 것이 아닙니다.

따라서 출애굽기 3장 14절의 해석을 둘러싸고 많은 논쟁이 있어 왔습니다. 나는 스스로 존재하는 자이다 즉, 하나님의 자존성을 표현한 것이라는 기본적인 이해가 있습니다. 그러나 많은 학자들은 "나는 나이다"라거나 "나는 앞으로 너희가 보게 될 그런 하나님이다"는 의미를 가지고 있다고 해석을 합니다. 후자의 이해는 너희들의 작은 이해력으로 한꺼번에 한 순간에 다 알 것이라고 착각하지 말고, 함께 지내보자는 의미입니다. 우리 인간들의 역사 속에서 함께 동행하시는 하나님, 우리의 삶과 역사 속에서 살아 계시며 항상 그의 일을 하시는 하나님이라는 의미입니다. 과거, 현재, 미래를 초월하시는 영원자 이시지만 그는 또한 우리의 과거와 현재 속에 함께 하시며, 우리의 미래를 가져오실 분이십니다. 우리는 내일일도 모르지만, 하나님은 먼 미래를 알고 계십니다. 아니 하나님의 뜻대로 미래가 이루어질 것입니다. 그러하신 하나님께 우리의 소망을 두고 신뢰함으로 평안을 누리게 되는 것입니다.

전능한 자요

이제 세 번째 하나님의 자기 소개를 살펴 봅시다. 하나님께서는 "나는 전능한 자"라고 소개하고 있습니다. 전능하신 하나님almighty God이라는 호칭은 우리들에게 아주 익숙한 표현입니다. 우리가 늘 고백하는 사도신경의 첫 조항이기 때문입니다. 우리는 전능하사 천지를 만드신 하나님 아버지를 내가 믿는다고 고백하곤 합니다. 하나님이란 분과 전능성이라는 속성은 떼려야 뗄 수가 없는 관계에 있습니다. 하지만 신약성경에는 전능하신 하나님이라는 표현이 10번 나오는데, 고린도후서 6장 18절을 제외하면 나머지 9번은 전부다 요한계시록에만 나타납니다. 물론 성경에는 전능이라는 단어를 직접 사용하지 않더라도 하나님의 전능하심에 대해서 풀어서 말씀하시는 경우가 많이 있습니다. 예컨대 창세기 18장 14절에 보면 하나님은 아브라함과 사라에게 "여호와께 능하지 못한 일이 있겠느냐?"고 말씀하셨고, 욥기 42장 2절에서 욥은 "주께서는 못 하실 일이 없사오며 무슨 계획이든지 못 이루실 것이 없는 줄 아오니"라고 고백했습니다. 또한 가브리엘 천사는 마리아에게 수태고지를 하면서 "대저 하나님의 모든 말씀은 능하지 못하심이 없느니라"고 말씀하셨습니다.

오늘 하나님은 자신을 "전능한 자"라고 소개하고 계시는데, 전능하신 자라는 말이 무슨 뜻입니까? 앞서 인용한 말씀들처럼 하나님이 하시고자 하시는 일을 힘이 없어서 못하실 일이 없으신 능력을 갖추신 분이시라는 의미입니다. 사람은 무엇을 하고 싶은 선한 마음이 있어도 힘이 없어서 성취하지 못하는 경우가 많습니다. 하지만 하나님은 하시고자 하시는 일을 힘이 없어 못한다든지, 혹은 반대세력이 거세어서 성취하지 못하시는 경우가 있을 수 없는 분이십니다. 무슨 일이든지 하실 수 있는 하나님이십니다. 그러나 하나님의 전능성에 대해서 역사적으로 많은 오해가 있어 왔습니다. 중세의 스콜라 신학자들은 절대적 능력과 질서지워진 능력potentia Dei absoluta et potentia Dei ordinata으로 구분해서 하나님의 절대적 능력이란 무엇이든지 하실 수 있는 능력이라고 주장했습니다. 헤르만 바빙크가 소개하는 바에 따르면 유명론자들은 "하나님의 전능을 그가 원하시는 모든 것을 행할 수 있을 뿐만 아니라, 무엇이든지 원하실 수 있는 능력이라고 정의했습니다… 하나님의 절대적 능력 때문에 그는 죄를 지을 수도 있고, 잘못될 수도 있고, 고난받을 수도, 죽을 수도, 돌이나 동물로 변할 수도 있으며, 떡을 그리스도의 몸으로 변화시킬 수도 있으며, 모순을 일으킬 수도 있으며, 과거를 취소할 수도 있으며, 참을 거짓으로, 또 거짓을 참으로 만들 수도 있다고 가르쳤습니다."[6]

하지만 이와 같이 하나님의 전능을 정의내린다면 성경의 말씀과 충돌을 일으키게 됩니다. 성경에서는 형식적으로 보자면 하나님이 하실 수 없는 것도 있다고 말하고 있기 때문입니다. 하나님은 거짓말을 하실 수 없고, 후회하실 수 없으며, 변화할 수 없으며, 악에 의해서 유혹을 받으실 수 없습니다. 혹은 자신을 부인하실 수도 없습니다. 그러나 이러한 하나님의 성품은 오히려 하나님의 거룩하시고 의로우신 성품과 조화를 이루시는 것입니다. 우리는 하나님께서 자신의 다른 성품과 조화되게 모든 것을 하시는 분이시라는 사실을 분명하게 알아야 합니다. 전능성은 사랑과 거룩 그리고 공의, 지혜 등의 성품과 조화롭게 발휘되어집니다. 그런데 역사적으로 특히 2차 대전을 겪으면서 하나님이 정말 전능하신가 하는 점에 대해서 유대인들과 기독교 신자들이 질문을 제기하게 됩니다. 하나님이 정말 전능하시고 선하시다면 어떻게 히틀러 같은 악인이 일어나 600만 명의 유대인을 학살하는데도 가만히 계실 수 있는가 하는 것입니다. 혹은 어느 시대에나 신자들이 인생의 재난을 만나거나 불치의 병에 걸리거나 가족들과 힘들게 사별하게 되면 이런 질문을 제기하게 됩니다. C. S. 루이스는 『고통의 문제』라는 책에서 인간이 당하는 고통의 문제에 대해서 이렇게 제기를 합니다.

하나님이 선하다면 자신이 만든 피조물들에게 완벽한 행복을 주고 싶어 할 것이며, 하나님이 전능하다면 그 소원대로 할 수 있을 것이다. 그런데 지금 피조물들은 행복하지 않다. 그러므로 하나님은 선하지 않은 존재이

거나 능력이 없는 존재, 또는 선하지도 않고 능력도 없는 존재일 것이다.7

여러분은 어떻게 생각을 하십니까? 하나님은 선하십니까, 전능하십니까? 아니면 선하시긴 한데 전능하시지는 않습니까? 현대의 유대인 랍비 해롤드 쿠쉬너Harold Kushner라는 사람은 아들을 조로증Progeroid Syndrome으로 잃고서 쓴 책 『나쁜 일들이 선한 사람들에게 일어날 때에』When the Bad Things Happen to Good People에서 하나님은 선하시지만 전능하신 것은 아니다라고 말하였습니다. 하나님을 선한 마음씨는 가지고 계시지만, 원하는 대로 할 수 있는 능력은 갖추지 못한 인간처럼 만들어 버렸습니다. 그러나 이것은 성경적인 하나님을 변호한 것이 아닙니다. 혹은 어떤 이들이 하나님은 전능하시긴 한데 선하신 분은 아니라고, 마치 인간 독재자들처럼 설명하기도 했습니다. 이 또한 답이 될 수가 없습니다.

우리는 우리가 믿는 하나님이 전지전능하시다는 것을 분명히 믿습니다. 천지만물의 창조와 보존 그리고 우리의 구원 역사 가운데, 개인적으로는 저와 여러분 개개인의 구원의 역사 가운데 하나님의 전능하시고 위대하신 능력이 나타났다는 것을 고백할 수 있습니다. 바울은 에베소서 1장 19절에서 "그의 힘의 위력으로 역사하심을 따라 믿는 우리에게 베푸신 능력의 지극히 크심이 어떠한 것을 너희로 알게 하시기를 구하노라"고 말하고 있습니다. 저와 여러분이 예수 그리스도를 믿고 있는 것 자체가 기적인 것입니다. 그리고 교회가 이렇게 존재하고 있는 것 자체가 하나님의 능력의 증거입니다. 음부의 권세가 교회를 박멸하려고 그렇게 노력하는데도 하나님의 능력으로 교회는 보존되어 왔습니다. 우리나라에는 반기독교적인 정서가 강력하게 지배하고 있습니다. 그러나 믿습니다. 하나님의 전능하심이 이 한국교회를 지키시며 바른 길로 인도해 주실 수 있음을 말입니다.

그런데 어떻습니까? 하나님은 선하시고 전능하신데, 왜 이런 저런 고통이 있습니까? 왜 우리의 기도는 많은 경우에 거절당하고 있습니까? 적어도 하나님은 우리의 원하는 바 대로 전능성을 발휘하시지는 않는다는 점을 알 수 있습니다. 하나님은 의인의 고난을 용납하시고, 신자들도 질병에 걸리는 것을 허락하시고, 악당들이 한껏 설치도록 내버려 두시는 것 같습니다. 때로는 하나님께서 사람들에게 짓밟히고, 무시당하고, 십자가에 못박히는 것처럼 보이고, 항상 악의 세력에게 지시는 것처럼 보입니다. 하나님은 신자들에게도 강력하게 역사하지도 않는 것 같습니다. 그러나 이것은 우리 인간들이 속좁고 근시안적으로 보기 때문이고 성급하게 생각하기 때문이라는 것을 알아야 합니다.

하나님은 전능하시기에 원하시는 것은 무엇이든지 하실 수 있고, 원하시는 대로 하시는 분이십니다. 단지 하시지 않는다면 그것은 그의 성품상 원하시지 않기 때문이고 기뻐하시지 않기 때문입니다. 그리고 악을 허용하시고 세상이 헝클어진 실타래처럼 무질서하고 혼돈스럽게 두시는 것도 무능해서가 아니라 하나님의 영원한 지혜와 계획에 따른 것입니다. 하나님은 악을 만드신 분이 아니시지만 악을 잘 활용해서 선이 되도록 만들어 가시는 분이십니다. 하나님은 결국 자신이 계시하신 대로 구원의 계획을 완성하시고야 마신다는 점에서 그는 전능하신 분이십니다. 어떠한 악의 세력도 그의 계획을 그르칠 수 없고, 어떠한 죄도 그의 은혜 아래 있는 우리들을 끊을 수가 없습니다.

자식을 타이르고 자식에게 배신당하고 자식을 기다려 줌을 통하여서 마침내 승리하고 마는 부모를 생각해 보시기를 바랍니다. 성경에는 누가복음 15장에 나오는 두 탕자의 아버지가 있습니다. 원하는 대로 허용해주고 기회를 주는 아버지의 모습에서 무능함을 느끼고, 자식을 방치한다는 느낌을 받을 수도 있습니다. 그러나 비유 속의 아버지는 결국은 자식이 돌아올 것을 압니다. 집안에 있으면서 계속해서 철없이 구는 것보다는 비싼 대가를 지불하고서라도 자식의 마음이 변하고 인생이 바뀌기를 원합니다. 자식이 돌아왔을 때에는 조금도 나무라지 아니하고 받아들이고 새로운 기회를 주는 아버지의 모습 속에서 무능하고 힘이 없어 보이는 것 같지만, 진정한 의미에서 선을 만들어내는 능력을 가진 하나님의 모습을 보는 것입니다.

우리 인생들은 로보트 태권 브이나 슈퍼 맨 같은 하나님을 원합니다. 그리고 원하는 대로 마음 먹는 대로 척척 돈도 대주고 힘도 공급해 주는 그런 무한한 서포터 하나님을 기대합니다. 그러나 하나님은 오히려 철저하게 희생 당하심을 통하여서 마침내 승리하시고야 마는 길을 보여 주시는 분이십니다. 연약하고 무능해 보이는 십자가를 통해서 인류의 구원을 이루셨고 저와 여러분의 구원도 이루셨습니다. 그래서 오늘 우리들을 인도해 가실 때에도 우리가 원하는 만큼 시원시원하게 무엇을 주시는 분은 아닙니다. 내 원하는 대로 팍팍 밀어주시는 분도 아닙니다. 하지만 분명한 것은 하나님은 무한한 사랑으로 품으신 계획대로 우리를 잘 인도해 나가고 계신다고 하시는 사실입니다. 이것이 바로 하나님의 선하심과 전능하심을 함께 믿는 것입니다. 하나님이 반드시 이기실 것입니다 God must win!. 여기에 우리의 소망이 있습니다. 그리고 하나님은 우리들이 말씀을 통하여 인격적으로 변화되어 가기를 기대하십니다. 하나님은 우리를 언약의 파트너로 부르셨습니다. 듣고, 믿고, 깨닫고, 청종하며, 순종하는 삶을 원하십니다. 이 길을 걸어갈 때에 하나님은 그의 능력을 공급해 주실 것입니다. 그리고 아울러 요한계시록을 통하여 보게 되는대로 미래의 일들도 하나님의 선하심과 전능하심에 근거하여 하나님의 뜻대로 이루어져 나갈 것입니다. 인류의 구원이 완성되고 새 하늘과 새 땅이 이루실 분도 모든 악의 세력도 통제하시고 활용하시고 마침내는 심판하실 분도 바로 오늘 본문에서 말씀하시는 대로 "나는 알파와 오메가라 이제도 있고 전에도 있었고 장차 올 자요 전능한 자라"고 자기를 소개하시는 주 하나님 아버지이신 것입니다.

07

예수의 환난에 동참하는 자

나 요한은 너희 형제요 예수의 환난과 나라와 참음에 동참하는 자라 하나님의 말씀과 예수를 증언하였음으로 말미암아 밧모라 하는 섬에 있었더니 주의 날에 내가 성령에 감동되어 내 뒤에서 나는 나팔 소리 같은 큰 음성을 들으니 이르되 네가 보는 것을 두루마리에 써서 에베소, 서머나, 버가모, 두아디라, 사데, 빌라델비아, 라오디게아 등 일곱 교회에 보내라 하시기로(계1:9-11).

    한국 교회 신자들 가운데는 얼마 전까지만 해도 목회자들을 상당히 신성시 하거나 굉장히 존경하며 대접하는 이들이 많았습니다. 한국인들은 예로부터 종교 지도자들 뿐 아니라, 군왕과 스승들도 보통 사람과는 다르게 생각하고 대접해 왔습니다. 심지어는 제가 이전에 봉사했던 교회의 어떤 청년은 중고등학교 때 교회를 다니기 시작했는데, 목사님을 하나님의 사자, 하나님의 종이라고 하니까 주일날 설교하고 난 다음에는 하늘에 갔다가 오는 줄로 알았다고 우스개 소리를 했습니다. 아무튼 한국인들 심성이 그렇게 착하고 고운 것이기도 하겠지만, 지도자들이 지나치게 자신을 신성시하도록 만든 면도 분명히 있을 것입니다. 목사를 하나님의 종이라고 지칭하는 것은 좋은 일인데, 웃지 못할 일은 높여서 칭한다고 하는 것이 하나님의 종님이라고 칭하는 자들도 있다는 것입니다. 문법적으로 말하자면 좋은 종님이 아니고, 종놈이라고 해야 맞지 않습니까? 저는 그렇게 생각합니다. 물론 교인들이 자신들을 위해서 기도하고 하나님의 말씀으로 가르치는 지도자들을 귀하게 생각하고 위하는 것은 당연히 해야 할 일이라고 생각합니다. 그러나 목회자가 스스로 의식하기에 자신이 평신도와 급수가 다르다고 생각하면서 차별화 하려고 한다든지, 범사에 대접 받고 섬김 받아야 한다고 생각한다면 잘못된 길에 서 있다고 말씀드리고 싶습니다. 구약적으로 말하자면 레위인은 그 당시의 약자인 과부, 고아, 그리고 나그네와 더불어서 백성들이 돌봐주어야 할 자들이었습니다. 결국 교역자들을 잘 섬기면 복 받는다는 말 보다는 세상에 존재하는 모든 약자들, 힘없는 자들을 잘 섬기면 주님이 귀하게 여기시고 마치 자신이 대접받는 것처럼 좋아하신다고 말하는 것이 바람직할 것입니다.

이제 우리 한 번 같이 생각해 보십시다. 오늘날 목사가 되고 교단의 지도자가 되는 일이 그리도 대단하고, 멋진 일이라고 생각한다면 주님의 사도들이나 바울은 어떠했겠습니까? 그들 정도가 된다고 하면 아마도 최상의 대접을 받고 호의호식하다가 편안하게 돌아가시고 황금 무덤에 안장되었다고 해야 맞지 않겠습니까? 하지만 우리가 신약성경과 초대교회사를 통해서 알고 있는바 대로 주님의 제자들은 이 땅 위에서 별 영광을 누리지 못했습니다. 정상적으로 죽은 이도 사도 요한 한 사람 밖에는 없고, 나머지는 모두가 다 잔인하게 죽임을 당하고 순교하였습니다. 이제 읽은 본문속에서 사도 요한은 자신을 무엇이라고 소개하고 있는지를 살펴보도록 하겠습니다.

나 요한은 너희 형제요

오늘 본문을 보면 사도 요한은 자신을 사도라고, 주님이 특별히 사랑하던 제자라고도 소개하지 않습니다. 백발이 성성한 노사도는 소아시아 교회 성도들에게 그리고 오늘 우리들에게 소개하기를 "나 요한은 너희 형제요"라고 말합니다. 요한은 자신이 보낸 편지를 읽으며 듣게 될 모든 그리스도인들과 한 형제라고 소개하고 있습니다. 요한은 편지를 읽게 될 회중과 자신의 관계가 하나님 아버지의 같은 자녀임을 자랑스러워 합니다. 형제 자매간에 떨어져 있다면 더구나 강제적으로 이별의 고통을 겪고 있다면 우리는 형제다라고 하는 표현은 그 얼마나 사람의 심금을 울립니까? 요한과 초대교회 신자들은 한 형제였습니다. 그리고 여기 있는 저와 여러분도 하나님 아버지의 한 자녀이며, 따라서 한 형제 자매라는 사실을 인식하셔야 합니다. 그리고 1900여년 전에 밧모라고 하는 외딴 섬에 유배되어 있으면서 이 계시록을 기록해 남겨준 사도 요한과도 한 형제입니다.

그리스도 예수 안에 있는 자들은 나이 차이를 뛰어 넘어서 한 형제 자매임을 우리는 기억해야 합니다. 후에 우리가 천국에 가서 아담과 아브라함을 만나면 무엇이라고 호칭하겠습니까? 할아버지라고 할 것입니까? 아닙니다. 형제입니다. 히브리서 2장 11-12절에 의하면 예수 그리스도도 우리를 형제라 부르시기를 부끄러워 아니하시고, 내가 주의 이름을 내 형제들에게 선포하겠다고 말씀하고 있습니다. 예수님과 우리 신자들 개개인이 형제간이라고 한다면, 우리 신자들 간에는 어느 시대에 살았건 간에 형제라고 함이 당연하지 않겠습니까? 예수님은 땅 위에 계시면서 늘 아빠 아버지여라고 기도했으며, 심지어 제자들에게도 동일한 호칭으로 기도하라고 가르쳐주시었습니다. 한국에 어떤 지나친 교회에서는 심지어 예수님은 맏형님 예수라고 호칭한다고 하는데, 공식 예배에서 사용하기에는 어려운 표현이지만 성경적인 내용을 담고 있는 표현이라고 보아 마땅합니다. 좋은 역사적인 에피소드를 하나 소개드립니다.

1916년 11월에 오스트리아 헝가리 제국을 통치하던 합스부르크 왕가의 황제 프란츠 요셉 Franz Josef 1세의 장례식이 장엄하게 거행되었습니다. 왕족들은 비엔나 카푸친 수도원의 지하에 위치한 가족 묘실에 안치되는 것이 관례였습니다. 황제의 장례식 날이 되자 온 왕실은 다 흰색 예복을 입고 모였으며 그들의 모자에는 타조의 깃털이 가득 꽂혀 있었습니다. 군악대는 하이든이 작곡한 오스트리아 국가와 장엄한 장송곡들을 연주했습니다. 수행원들은 횃불을 밝힌 계단을 타고 굽이치듯 나아갔고 그들이 들고 있는 관은 황제를 상징하는 색깔인 황금색과 검정색 천으로 싸여있었습니다. 이윽고 관은 묘실의 거대한 철문 앞에 당도하였습니다. 문 안에는 비엔나의 추기경 겸 대주교가 측근의 교회 고관들과 함께 서 있었습니다. 장례 행렬을 책임맡은 관리는 궁전 의전관이었습니다. 그는 아주 오랜 옛날부터 전해져 내려온 의식을 따라 천천히 닫혀있는 문 앞으로 다가가 자기의 의장검으로 문을 세차게 몇 차례 두드렸습니다. "문을 여시오!" 그가 호령했습니다. "누가 들어오려 하오?" 안에서 추기경이 억양을 붙여 되물었습니다. "여기 모셔온 유해의 주인공은 황제 프란츠 요셉 1세 각하로서 그분은 하나님의 은혜를 따라 오스트리아의 황제, 헝가리의 왕이 되었고, 믿음의 사도요 수호자였으며, 보헤미아 모라비아의 군주요, 롬바르디, 베네치아, 스타르기아의 대공이었으며…" 이렇게 계속되는 그의 소갯말은 심지어 37개의 칭호들을 나열하고야 끝이 났습니다. 그러자 문 저편에서 추기경의 대답이 들려왔습니다. "우리는 그런 사람을 알지 못하오. 누가 들어오려 하오?". 그러자 긴박한 비상 상황임을 인식한 그 의전관은 이번에는 칭호의 수를 대폭 줄여서 이렇게만 대답했습니다. "여기 모셔온 유해의 주인공은 오스트리아의 황제요 헝가리의 왕인 프란츠 요셉 1세 각하입니다". 그러나 추기경의 대답은 아까와 똑같았습니다. "우리는 그런 사람을 알지 못하오. 누가 들어오려 하오?". "우리의 형제요, 우리와 똑같은 죄인인 프란츠 요셉의 시신이 들어가려 합니다." 그러자 비로소 그 육중한 철문은 천천히 옆으로 열렸으며 프란츠 요셉은 그 안에 안장될 수가 있었다고 합니다.[8]

예수의 환난에 동참하는 자

사도 요한은 너희 형제요라고 소개한 다음에 "예수의 환난과 나라와 참음에 동참하는 자라"고 소개하고 있습니다. 요한은 이 편지를 쓸 때에 밧모섬에 유배되어 있었습니다. 그가 유배를 가게 된 것은 도덕적인 죄나 정치범으로 유배를 간 것이 아니었습니다. 우리가 땅 위에 살다 보면 여러 가지 어려움을 당하게 됩니다. 하지만 어떤 어려움은 우리의 실수와 허물 때문에 혹은 죄 때문에 당하는 것들이 있습니다. 어떤 경우에는 신자들 가운데도 자신의 모난 성질 때문에 생고생을 하면서 예수님 때문에 의를 위해 고난받고 박해 당한다고 착각하는 사람들도 있습니다. 그러나 그것은 자신에게 원인이 있는 고통입니다. 또한 어떤 것들은 가족들이나 남이 저질러 놓은 일을 뒷감당하느라고 어려움을 겪게 되는 경우도 있고 때로는 전혀 이해할 수 없는 어려움들을 겪기도 합니다. 그러나 오늘 요한이 말하는 환난은 무엇 때문이었습니까? 9절 하에 따르면 그는 오로지 "하나님의 말씀과 예수를 증언하였음으로 말미암아 밧모라 하는 섬에" 있었습니다. 그는 하나님의 말씀과 예수에 대해서 증거하는 까닭에 미움을 받고 핍박을 받아서 유배되어 온 것이었습니다.

초대 교회로부터 전해오는 바에 따르면 사도 요한은 에베소 교회를 중심으로 해서 복음을 증거하고 교회를 돌보다가 도미티아누스 황제 때에 일어난 박해로 로마 관원들에게 붙잡혔다고 합니다. 처음에는 그를 끓는 가마 속에 집어 넣으라고 명령했는데, 요한은 펄펄 끓는 가마에서도 죽지 않고 기적적으로 살아 남았다고 합니다. 이에 요한은 에베소에서 63킬로미터 떨어져 있는 밧모^{Patmos} 섬으로 유배를 가게 되었다는 것입니다. 밧모섬은 길이 16킬로미터, 평균 너비 8킬로미터, 좁은 데는 불과 1킬로미터 밖에 되지 않는 크기의 초생달 모양을 한 돌 섬입니다. 지금은 성지 순례의 한 코스로 잘 개발이 되어 있었지만, 그 당시에는 섬에는 우물이 없기 때문에 빗물을 받아서 식수를 해결해야 할 정도로 물 사정이 좋지 못했으며, 섬 안에 나무가 없기 때문에 겨울에는 혹독한 추위에 떨어야만 했습니다. 게다가 그곳에는 채석장이 있었는데, 유배온 죄수들은 채석장에서 중노동을 해야만 했습니다. 이런 저런 사정으로 당시의 로마 군병들에게는 밧모야 말로 최악의 근무 조건을 가진 곳이었습니다. 우리가 정확하게 알 수는 없지만 사도 요한은 노년의 나이에도 불구하고 이와 같은 돌 섬에 갇힌 채 아주 힘겹게 노동을 할 수밖에 없었을지도 모릅니다.

  우리는 요한이 말하는 예수의 환난이라는 말을 잠시 생각해 볼 필요가 있습니다. 요한은 예수의 환난에 동참하고 있습니다. 요한이 겪고 있는 환난은 요한이 몸소 체험하는 그의 환난이기도 하지만, 예수 그리스도가 요한을 통해서 겪으시는 환난입니다. 다시 말해서 땅 위에 있는 하나님의 교회가 겪고 있는 온갖 환난과 핍박, 그리고 궁핍은 교회의 주인이신 그리스도가 함께 당하는 고난인 것입니다. 교회와 신자의 관계는 머리와 몸의 지체의 관계라고 비유하고 있습니다. 지체들이 고난을 당하고 어려움을 겪는다면, 그것은 곧장 머리로 전달될 수밖에 없습니다. 그리스도와 신자들은 유기적 연합의 관계에 있기 때문입니다. 바울은 "나는 이제 너희를 위하여 받는 괴로움을 기뻐하고 그리스도의 남은 고난을 그의 몸된 교회를 위하여 내 육체에 채우노라"(골 1:24)고 고백하기도 했습니다. 바울이 표현하고 있는 그리스도의 남은 고난이 도대체 무엇일까요? 그리스도가 십자가에서 고난 받으심이 신자의 구원을 위하여 충분한 효과가 없기 때문에 신자가 보충해야 하는 그런 고난이 필요하다는 말일까요? 그러나 분명히 기억하시기를 바랍니다. 바울은 속죄적인 의미에서의 고난을 언급한 것이 아닙니다. 우리는 바울의 소명사건이 일어났던 다메섹 사건으로 되돌아가 볼 필요가 있습니다. 사도행전 9장에 의하면 사울은 예수를 믿는 자들을 핍박하고 죽이기 위해서 다메섹으로 가는 중에 부활하신 예수 그리스도를 만났습니다. 그런데 예수님이 핍박자 사울에게 하신 말씀이 무엇이었습니까? "네가 왜 나의 교회를 핍박하느냐?"가 아니고 "네가 왜 나를 핍박하느냐?"고 물으셨습니다. 그리고 누구시냐고 묻는 사울의 질문에 "나는 네가 핍박하는 나사렛 예수니라"고 대답하시었습니다. 이말은 부활하신 예수 그리스도는 자신의 교회의 고난 밖에 머물러 계신 것이 아니고, 그들의 고난 한 가운데 계시며 함께 고난받고 핍박당하신다고 하는 중대한 사실을 말씀하고 있는 것입니다. 바울은 그런 의미에서 예수 그리스도의 복음을 전하다가 겪게 되는 고난을 예수 그리스도의 남은 고난이라고 표현하였던 것입니다.

사도 요한도 자신이 겪은 고난에 대해서 억울하다고 생각하거나 빨리 떼어내어야 할 암덩어리처럼 귀찮아 하지 않습니다. 오히려 그는 예수의 환난에 동참하는 자라고 표현하면서 자신의 고난받음을 자랑하고 있음을 보게 됩니다. 왜냐하면 그가 당하고 있는 고난은 예수와 그의 교회를 위해서 자신이 겪는 것이기도 하지만, 그와 같은 환난과 고난에 예수 그리스도가 함께 하시기 때문이었습니다. 그리고 요한은 예수의 환난과 나라와 참음에 동참한다고 했습니다. 그도 하나님의 나라에 들어가기 위해서는 하나님 나라에 동참자가 되기 위해서는 많은 환난을 겪으며 끝까지 인내하고 참아야만 한다는 사실을 잘 알고 있습니다. 요한이 밧모섬에 갇히기 무려 60-70여 년 전 예수님이 고난받으시던 주간에 야고보와 요한의 어머니는 예수님께 나아와서 장차 예수님이 세우실 나라에서 자기의 두 아들을 예수님의 좌편과 우편에 세워 달라고, 우리 식으로 하자면 좌정승, 우정승 삼아 달라고 부탁한 적이 있습니다. 그때에 예수님의 대답이 무엇이었습니까? 너희가 나의 마시려는 고난의 잔을 마실 수 있느냐? 나의 왕권에 이르는 길은 십자가 고난을 통한 길이기에 나의 잔을 마시고자 하는데, 나의 나라에 함께 참여할 자도 내가 간 길을 따라가야만 한다. 그 길을 기꺼이 가겠느냐고 물으십니다. 그때에 야고보와 요한은 기꺼이 그리하겠다고 대답했더랬는데, 야고보는 사도들 가운데서 최초의 순교자가 되었고, 요한은 노년에 이르기까지 주님의 나라를 위한 고난에 동참하고 있는 것입니다.

이렇게 사도 요한은 예수를 믿음으로 인하여 많은 고난을 당하고 있던 초대 교회 성도들과 별반 다를 바 없는 동일한 삶을 살았습니다. 동참하는 자 – 그는 지도자이기에 뒤에 빠져서 숨어 다니거나 편하게 호의호식하지 않았습니다. 그도 역시 예수의 환난과 나라와 참음에 동참하고 있습니다. 안락의자에 앉아서 인내의 덕을 가르치거나, 자신은 안전을 꾀하면서 영웅적 용맹을 가르치는 사람의 말에 사람들은 귀를 기울이지 않을 것입니다. 성도들 편에서 생각할 때에도 사도 요한이 자신들과 동일한 고난을 받고 있기에, 그가 보내주는 권면은 큰 힘이 되고 위로가 되는 것입니다.

주의 날에 내가 성령에 감동하여

예수의 환난에 동참자가 된 사도 요한은 작은 섬에 갇히어서 밤낮 들려오는 파도 소리만 들으면서 넋을 놓고 지낸 것이 아닙니다. 오늘 본문 10절에 의하면 "주의 날에 내가 성령에 감동되어 내 뒤에서 나는 나팔 소리 같은 큰 음성을 들으니." 주의 날이란 주님이 부활하신 날로써 오늘 우리가 지키고 있는 주일을 가리킵니다. 주일이라는 말도 풀어서 보면 "주의 날"Lord's Day이라는 뜻입니다. 사실 우리야 이렇게 자유롭게 예배 시간을 가질 수 있지만, 요한 시절에는 일주일에 하루씩 쉰다는 개념도 없었습니다. 일요일을 공휴일로 만든 것은 후에 콘스탄티누스 대제가 기독교를 공인하고 나서야 가능해진 것입니다. 그러니 사도 요한 당시에는 일주일에 하루를 정해놓고 예배하고 기도하는 날로 지킨다고 하는 것은 너무나 어려운 일이었습니다. 그럼에도 불구하고 요한은 주님의 날에 예배하기 위해서 구별했습니다.

저는 사진으로 밖에는 보지 못했지만, 밧모섬에 가면 요한이 계시를 받았다고 전해지는 동굴이 보존되어 있습니다. 사도 요한은 주일이 되면 홀로 아니면 다른 죄수들과 더불어서 돌로 된 굴 속에 모여서 예배를 드렸던 것입니다. 그는 바다 건너에 있는 에베소 교회 성도들이 같은 시간에 모여서 예배하는 곳에 몸으로는 갈 수 없었지만 마음으로 영으로 동참하고 싶었을 것입니다. 다른 날도 거룩하고 귀중한 날이지만 특별히 주님을 예배하기 위해서 공동체가 모이는 날에 사도 요한은 갑자기 성령의 감동을 받았습니다. 요한은 평소에도 예배하면서 많은 감동을 느꼈지만, 그날만은 이루 형언할 수 없이 큰 감동을 받았습니다. 요한은 쉴새 없이 들려오는 거친 파도소리 밖에는 못들어 왔는데, 그날에는 그 파도소리 보다 더 큰 나팔소리 같은 큰 음성을 듣게 되었습니다. 요한은 성령에 감동되어 부활하신 주님의 우렁찬 음성을 들었습니다. 이것은 환난 중에 있는 성도들을 버리지 아니하시고, 어디에 있든지 찾아 오시는 주님의 사랑의 방문이었습니다.

게다가 들려온 주님의 음성은 요한이 지도자로서 돌보며 염려하던 소아시아의 일곱 교회를 위한 메시지를 담고 있었습니다. "네가 보는 것을 두루마리에 써서 에베소, 서머나, 버가모, 두아디라, 사데, 빌라델비아, 라오디게아 등 일곱 교회에 보내라." 거센 환난의 풍파 속에서 힘겹게 살아가고 있는 교회들을 위해서 주님은 중요한 메시지들을 전하려 하셨습니다. 교회들을 위로하고 힘을 북돋우어 주며, 휘청거리며 시험에 든 교회를 책망하여 일깨우셔서 다시금 분발하도록 하시기 위해서 주님은 요한을 찾아오시어 계시를 주시려는 것이었습니다. 일곱 교회에 보내진 요한계시록은 결국 주님 오실 때까지 이 세상에 존재하게 될 모든 주님의 교회를 위로하고 세워주기 위해서 주신 주님의 말씀입니다.

이번 강해에서 우리는 예수님을 증거하다가 밧모섬에 유배당하여 있는 사도 요한이 소아시아 일곱 교회와 만대의 교회들에게 자신을 소개하는 말을 살펴보았습니다. 요한은 자신을 우리들과 동일한 형제라고 소개합니다. 사실 우리는 피가 섞이지 않았는데 형제인가라는 말은 일면은 맞지만 사실은 틀린 표현입니다. 우리가 육신의 피를 나누지는 아니하였지만, 예수 그리스도의 보배 피로 구원 받았기 때문에 우리는 육신의 피보다 더 진하고 귀한 피로 하나된 것입니다. 예수님도 우리를 형제 자매라고 부르기를 부끄러워 하시지 아니하신다고 했습니다. 하물며 우리가 옆에 있는 믿는 지체들을 가볍게 여기거나 업신여겨서는 안 될 것입니다. 그리고 교회 안에 하나님이 세우신 질서로서 목회자가 있고 당회가 있고 중직자도 있습니다. 인간적으로 존중하고 치리에 따라야합니다. 그러나 이것은 계급 질서가 아닙니다. 섬김의 질서인 것입니다. 피차가 형제와 자매라는 인식을 분명히 가지도록 하십시다. 요한은 또한 예수님의 환난과 나라에 동참하는 자요 하나님의 말씀과 예수를 증언하였음으로 말미암아 밧모섬에 유배되어 있다고 자신을 소개했습니다. 요한은 노경인데도 불구하고 주님을 증언하는 일에 힘쓰다가 유배형을 당하기까지 한 것입니다. 그는 예수님의 환난에 동참하고 있는 것입니다. 또한 그를 통하여 예수님께서 환난에 동참하고 있는 것이기도 합니다. 서로가 환난 중에 동참하고, 또한 주님의 나라에 동참하고 있습니다.

이렇게 고난 중에서라도 시간을 내어서 예배하는 요한의 모습을 기억하십시다. 우리가 형편이 아무리 어렵다고 한들 요한만큼 어렵겠습니까? 오늘날 많은 그리스도인들이 공예배에 참여하는 것을 가벼이 여깁니다. 어떤 분들은 교회 오는 것을 무슨 큰 인심쓰듯이 말합니다. 이는 불행하고 비참한 사고입니다. 밧모섬에 유배되었던 요한이나 쫓겨다니던 다윗의 경우는 주님의 전에 나가서 다른 성도들과 예배하면서 하나님을 만나고 은혜를 체험하는 일을 너무나 사모했습니다. 어느 곳에 있든지 하나님과 교제하는 일을 소홀히 하지를 않았습니다. 그렇게 할 때에 장소 불문하고 하나님은 참 예배자를 찾아오셔서 성령으로 기름 부어주셨습니다. 하늘의 위로와 기쁨을 주셨습니다. 리처드 범브란트Richard Wurmbrand(1909-2001)는 예수님을 믿기에 14년의 감옥 생활을 하면서도 삼위 하나님과의 신비스러운 만남을 가졌다고 고백합니다. 우리에게 참 자유가 주어져 있을 때에 모이기를 힘쓰고 신령과 진정으로 예배하기에 힘을 써야 할 것입니다. 그리고 우리가 참여하는 공예배와 기도회들이 성령의 감동하심이 있는 예배와 기도회가 될 수 있도록 사모하면서 나아가십시다.

08

영광을 입으신
주님의 모습

몸을 돌이켜 나에게 말한 음성을 알아 보려고 돌이킬 때에 일곱 금 촛대를 보았는데 촛대 사이에 인자 같은 이가 발에 끌리는 옷을 입고 가슴에 금띠를 띠고 그의 머리와 털의 희기가 흰 양털 같고 눈 같으며 그의 눈은 불꽃 같고 그의 발은 풀무불에 단련한 빛난 주석 같고 그의 음성은 많은 물 소리와 같으며 그의 오른손에 일곱 별이 있고 그의 입에서 좌우에 날선 검이 나오고 그 얼굴은 해가 힘있게 비치는 것 같더라(계 1:12-16).

찬송가 85장은 중세의 수도사 끌레르보의 버나드Bernard of Clairvaux(1090- 1153)가 작시한 잔잔하면서도 아름다운 찬송입니다. 1절에 이르기를 "구주를 생각만 해도 내 맘이 좋거든 주 얼굴 뵈올 때에야 얼마나 좋으랴"고 하였습니다. 그렇습니다. 사랑하는 연인들이나 가족들은 멀리 떨어져 있으면 가슴으로 그리워하며 하루 빨리 다시 만나고 싶어합니다. 신자들도 마찬가지로 비록 예수 그리스도를 보지 못하고 믿고 사랑하지만, 그러나 하루 빨리 주님을 친히 뵙고 싶은 마음이 간절한 것이 정상적인 것입니다. 이 땅 위에서 우리는 영으로 임하시는 주님을 만납니다. 그러나 재림의 날에 우리 눈이 부활체를 입으신 주님을 바라볼 때에 낯선 분처럼 여겨지지 않을 것입니다. 우리는 주님을 눈으로 본 적이 없지만, 육신을 입고 오신 예수를 스승으로 모시고 3년이나 따라 다니며 가르침을 받았던 요한은 오죽이나 주님을 다시 뵙고 싶었겠습니까? 그는 아마 스무 살도 되었을까 말까하는 젊은 나이에 주님의 제자가 되어서 예수님께 많은 사랑을 받기도 하였고, 그의 품에 기대어 누워 있기도 한 사람이기에 그 얼마나 더 주님에 대한 사랑이 간절했겠습니까? 12제자 가운데 예수님의 심장박동 소리를 들어본 유일한 사람이 바로 요한 아니겠습니까! 그는 각별하고 특별한 사랑을 받은 제자인 것입니다.

오늘 읽은 본문을 보면 백발이 성성한 사도 요한이 부활하시고 승천하시어 하늘 보좌 우편에 앉으신 승귀하신 주님과 다시금 재회하는 광경이 기록되어 있습니다. 요한은 승천하시는 주님을 마지막으로 뵙고 거의 65년이 지나 밧모섬에서 주님을 다시금 만나 뵈옵게 되었으니, 그 얼마나 감격스러웠겠습니까? 요한은 유배지이자 돌로 된 작은 섬 밧모에서 주일을 맞이하여 홀로 동굴에 들어가 주님께 예배하던 중에, 나팔 소리 같이 큰 주님의 음성을 들었습니다. 그 소리는 얼마나 큰지 밖에서 들려오는 파도 소리 보다 더 크게 들렸습니다. 요한은 그 음성의 주인공을 알아보기 위해서 뒤로 돌이켰습니다. 그의 눈에 들어온 것은 일곱 금 촛대 사이에 계시는 인자 같은 이였으며, 그 영광과 위엄이 얼마나 크고 강력한지 인간의 말로 표현할 수 없을 정도였습니다. 해는 밖의 하늘에 여전히 그 빛을 발하고 있는데, 요한이 목도하고 있는 분의 광채가 너무나 커서 동굴 안이 동굴 밖보다도 더 환하게 되었습니다.

일곱 금 촛대 사이에 계시는 인자 같은 이

오늘 우리는 요한이 다시 만난 주님에 대해서 묘사한 것을 살펴보고자 합니다. 우선 요한은 자신이 만난 주님을 인자 같은 이someone like a son of man라고 표현한 것을 주목해야 합니다. 예수님은 공생애 3년 간 사역하시면서 인자라는 표현을 너무나 빈번하게 사용하시었습니다. 예수님은 메시아나 그리스도라는 표현을 단 한 번도 자신의 입으로 발설하지 아니하시고 인자라고 칭하시었습니다. 인자(人子)란 사람의 아들이라는 뜻입니다. 이는 문자적으로 보자면 참된 인간이라는 뜻입니다만, 암시적으로는 다니엘 7장 13-14절에 예고된 메시아라는 의미를 가지고 있습니다. 인간의 몸을 입고 오신 주님은 타락한 이후에 연약해지고 초라해진 인간의 몸을 입고 오셨습니다. 이 말을 죄가 있으셨다라는 의미로 이해하시면 절대로 안됩니다. 몸을 입으신 주님은 배고파 하셨고, 그도 피곤해서 뱃전에 곯아 떨어지기도 하셨던 것을 우리는 압니다. 누가 보더라도 그는 남다르지 않은 인간의 모습을 하셨고, 인간의 몸을 입고 계셨습니다. 그래서 사람들은 그를 무시하고, 조롱하고, 침을 뱉으며, 채찍질할 수도 있었습니다. 바울은 예수님이 이 땅에 임하실 때에 타락하기 이전의 영광스러운 인간의 몸을 입고 오신 것이 아니고, 타락한 이후에 연약해지고 비천해진 육신의 몸을 입으셨다는 것을 "죄 있는 육신의 모양"으로 오셨다고 표현하였습니다(롬 8:3). 그는 참으로 진정한 인간의 조건을 입고 이 땅에 사시면서 고난을 당하시었습니다.

하지만 요한은 다시금 만난 주님, 부활하시고 영광 중에 계신 주님을 묘사하면서 인자라고 하지 아니하고 인자 같은 이라고 표현하였습니다. 이는 그가 다시 만난 주님이 분명히 인간의 모습과 형체를 갖추고 계시지만, 더 이상 자신처럼 초라하고 비천한 육신을 입고 있지 않으시다는 것입니다. 그렇습니다. 주님의 몸은 그가 무덤에서 부활하실 때에 영광의 몸, 썩지 아니할 몸으로 변화되시었던 것입니다. 부활체를 입으신 주님은 여전히 인자 같은 이이시지만, 결코 가까이 다가가서나 감히 얼굴을 들고 쳐다볼 수조차 없는 영광스러우며 위엄을 가지신 분이셨던 것입니다. 그리고 앞에서도 언급했지만 '인자 같은 이'란 다니엘에서 메시아에 대한 칭호이기도 합니다.

> 내가 또 밤 환상 중에 보니 인자 같은 이가 하늘 구름을 타고 와서 옛적부터 항상 계신 이에게 나아와 그 앞으로 인도되매, 그에게 권세와 영광과

나라를 주고 모든 백성과 나라들과 다른 언어를 말하는 모든 자들이 그를 섬기게 하였으니 그의 권세는 소멸되지 아니하는 영원한 권세라. 그의 나라는 멸망하지 아니할 것이니라(단 7:13-14).

부활하시고 승천하신 주님은 영광스러운 몸만 입으신 것이 아니고, 우주적인 왕으로서의 권세와 나라를 하나님께로부터 위탁받으신 것입니다.

그런데 바로 그와 같이 영광스러운 분이 어디 가운데 계신다고 말씀하는지 12절과 13절을 다시 보시기를 바랍니다. "일곱 금 촛대를 보았는데 촛대 사이에 인자 같은 이"가 서 계신다고 말씀해줍니다. 일곱 금 촛대가 무엇을 의미하는가 방황할 필요가 없습니다. 20절 끝에 보시면 일곱 금 촛대는 일곱 교회를 의미합니다. 그리고 일곱이라는 숫자는 요한계시록에서 충만함, 완전함을 상징하니, 결국은 초림과 재림 사이에 존재하는 모든 주님의 교회를 가리킵니다. 다시 정리하자면 부활하신 주님이 어디에 계신다고요? 예, 그의 교회 가운데 계십니다. 오늘도 주님은 우리의 예배 가운데 임재해 계십니다. 믿음의 눈을 가지고 보는 자는 주님을 봅니다. 그리고 주님이 주시는 은혜와 분복을 받을 수 있습니다. 그리고 교회는 주님이 피로 값주고 사신 교회이니 주님이 책임지십니다. 우리가 인간적으로 손대서 운영할 단체가 아닙니다. 주님의 말씀에 순종하는 것만이 주님의 교회가 교회답게 하는 비결입니다.

주님의 모습

사도 요한은 일곱 금 촛대 사이에 계시는 인자 같은 이를 보았다고 한 후에 자신이 본 주님에 대해서 상세하게 묘사를 하기 시작합니다. 그는 주님이 입으시고 계신 옷으로부터 시작해서 그의 머리와 머리털, 눈, 목소리, 발, 얼굴 등에 이르기까지 묘사하되, 그가 알고 있는 인간의 언어 한계 내에서 묘사하려고 애를 씁니다. 사실 이 땅 위에 비할 수 없는 주님의 영광을 무슨 말로 묘사할 수가 있겠습니까? 그저 요한은 인간의 말 중에서 그래도 가장 나은 것들을 찾아서 사용할 뿐입니다. 그래서 우리가 요한이 묘사하고 있는 표현대로만 주님을 그린다고 한다면 어쩌면 만화 속에나 나올 법한 괴물을 그리게 되는지도 모릅니다. 설령 우리가 지금 주님을 만나고 온다 해도 우리는 주님에 대해서 표현할 말을 찾지 못할 것입니다. 도대체 이 세상에 주님에 비할 무엇이 있어서 주님을 빗대어 소개하겠습니까? 우리는 요한이 주님에 대해서 묘사하고 있는 말들만으로는 결코 영광 중에 계신 주님을 온전히 알 수가 없다는 것을 유념하고서 그 의도하고자 하는 뜻을 찾아보아야 할 것입니다.

첫째, 요한은 주님이 발에 끌리는 옷을 입고, 가슴에는 금 띠를 띠었다고 하였습니다(13절). 우리들은 사람들이 입은 옷을 보고서 그 사람의 신분이나 재력을 짐작합니다. 주님이 입으신 옷은 발에 끌리는 세마포 옷이요, 그 가슴에는 금띠를 띠었다고 표현하였습니다. 이는 제사장과 왕이 입었던 옷과 같은 옷입니다. 이 땅 위에 계시는 동안 주님은 결코 이와 같이 비싼 옷이나 띠를 착용하신 적이 없습니다. 그는 오히려 평민의 옷을 입고 지내시었습니다. 그 마저도 십자가에 매달리시기 전에 다 빼앗기셨습니다. 그러나 부활하시고 하늘 영광 가운데 계신 주님은 이제 우주적인 왕과 하늘의 대제사장으로서의 영광과 권세를 누리고 계시다는 것입니다. 물질로 된 비싼 옷이 아니라 빛으로 옷을 입고 계시는 주님이십니다.

둘째, 그 머리와 (머리) 털의 희기가 흰 양털 같고 눈 같으며(14절상)라고 했습니다. 세상에서 가장 흰 것을 말할 때에 등장하는 것이 눈이고 흰 양털입니다. 그리고 눈과 같이 희고 양털 같이 희다는 것은 성경의 용례상 거룩과 순결을 의미합니다. 이사야 1장 18절에 보시면 범죄하여 징계를 받은 유대인들에게 회개하고 돌아오라고 권하시면서 "너희의 죄가 주홍 같을지라도 눈과 같이 희어질 것이요, 진홍같이 붉을지라도 양털같이 희게 되리라"고 말씀하신 것을 기억해 보신다면 이해를 하시게 될 것입니다. 주님은 이 땅 위에 계실 때에도 아무 흠도 없고 점도 없으신 거룩하신 하나님의 어린 양으로 사셨지만, 사람들에게 죄인 취급당하시고 최악질의 죄인으로 선고받고 처형 당하시었습니다. 당시대에 가장 정의로운 법을 자랑하던 로마의 총독이 그를 순악질의 죄인으로 선고하였던 것입니다. 그러나 이제 하늘에 계신 주님은 그 누구라도 감히 허물 하실 수 없는 자신의 무죄함과 거룩함과 순결함을 명백하게 입고 계시며 드러내고 계십니다.

셋째, 그의 눈은 불꽃 같다(14절하)라고 했습니다. 다니엘 10장 6절에는 "그 눈은 횃불 같았다"라는 표현이 있습니다. 눈이 이글이글 타오르는 불꽃 같고 횃불 같다는 것이 무엇을 느끼게 합니까? 정근두목사님의 해석을 소개해 봅니다.

> 전능하신 심판주께서는 인간 심령의 깊숙한 곳까지 살피시는 분이십니다. 불꽃 같은 두 눈으로 모든 감추인 것을 꿰뚫어 보십니다. 불꽃 같은 그분 앞에 만물은 벌거벗은 것처럼 드러납니다. 여러분의 숨은 생각을 아시며 여러분의 감추인 동기를 익히 아십니다. 불꽃 같은 그 눈은 인간의 모든 악한 생각과 행위를 꿰뚫어 보시고 거룩한 분노를 발하십니다.[9]

넷째, 그의 발은 풀무불에 단련한 빛난 주석 같다(15절상)라고 했습니다. 발이 주석이나 놋과 같다는 표현은 구약에도 등장합니다. 다니엘 10장 6절에 보면 "발은 빛난 놋과 같다"라고 했고, 에스겔 1장 7절에 보면 하나님을 모시고 있는 네 생물의 발바닥이 광낸 구리 같이 빛난다라고 말씀하고 있습니다. 요한이 만난 주님은 풀무불에 단련한 번쩍 번쩍 빛나는 주석 같은 발을 가지고 있다고 묘사하였습니다. 이는 주님의 공의로우시며 강력한 심판자로서의 권세를 상징합니다. 그가 이 땅 위에 계실 때에는 많은 고난을 받으시고 십자가에 못박혀 죽으셨는데, 창세기 3장 15절의 표현으로 하자면 뱀에게 발을 물리신 것입니다. 그러나 부활하신 주님은 이제 뱀으로 상징되는 사탄의 머리를 박살내시는 강력한 힘을 가지셨습니다. 그냥 그의 원수들을 발로 짓밟아서 콩가루처럼 부수어 뜨릴 수 있는 능력을 가지고 계신다는 것입니다. 주님의 심판을 피할 수 있는 개인이 없고 나라가 없을 것입니다.

다섯째, 부활하신 주님의 음성은 많은 물소리와 같다(15절하)고 했습니다. 요한이 유배되어 있었던 밧모섬에는 밤낮 쉬지 않고 큰 파도가 밀려와서 바위에 부딪치는 장엄한 물소리를 들을 수 있었습니다. 그런데 요한은 주님의 음성이 그러한 크고 거치른 파도 소리보다도 더 크다고 표현하고 있습니다. 에스겔도 환상 중에 하나님의 음성을 들었는데 "하나님의 음성이 많은 물 소리 같고"(43:2)라고 하였습니다. 주님은 미풍처럼 살랑거리는 세미한 음성으로 우리에게 말씀하시는 분이시지만, 그는 또한 온 천하가 쩌렁쩌렁 울리게 하는 큰 소리로 말씀하시어 세상의 모든 잡음들을 잠잠케 하시는 권세 있는 분이십니다. 우리는 이런 주님의 권세를 찬송가 70장 2절에서 "이방이 떠들고 나라들 모여서 진동하나, 우리 주 목소리 한 번만 발하면 천하에 모든 것 망하겠네"라고 노래합니다.

여섯째, 주님의 오른손에 일곱 별이 있다(16절상)라고 했습니다. 주님의 오른손이란 힘 있는 손을 가리키며, 일곱 별이란 소아시아 일곱 교회에서 사역하고 있는 목회자들을 가리킵니다(1:20, 2:1). 이 구절을 잘 이해하기 위해서는 20절을 보시면 좋을 것 같습니다. "네가 본 것은 내 오른손의 일곱 별의 비밀과 또 일곱 금촛대라. 일곱 별은 일곱 교회의 사자요 일곱 촛대는 일곱 교회니라." 예수님은 자신을 일곱 별- 즉, 모든 교회 지도자들을 붙잡고 계신 분이시며, 일곱 교회 가운데- 즉 모든 교회 가운데 왕래하시며 보살피시는 분으로 소개하신 것입니다. 2장 1절에 보면 주님을 일곱 별을 붙잡고 있다고 소개하시는데, 붙잡는다는 것은 손 안에 꽉 쥐고 있다는 표현이며, 오른손이란 힘있는 손을 의미합니다. 결국 일곱 교회의 지도자들을 주님이 능하신 장중에 움켜 쥐고 있다는 것입니다. 이것은 요한복음 10장 28절의 말씀과 같이 "내가 그들에게 영생을 주노니 영원히 멸망하지 아니할 것이요 또 그들을 내 손에서 빼앗을 자가 없느니라"와도 일맥상통합니다. 교회는 연약하고 볼품없는 인간 사역자들에게 내맡겨진 것이 아닙니다. 주님은 그 사역자들을 꽉 붙잡고 계십니다. 따라서 교회 지도자들이 주님께 붙들린 바 되며, 주님의 말씀에 붙들린 바 된 것을 인정하고 순종하는 자들이 복된 지도자들입니다.

일곱째, 주님의 입에서 좌우에 날선 검이 나온다(16절중)고 했습니다. 로마사를 읽어보면 포에니 전쟁의 영웅 스키피오 장군 때부터 좌우에 날선 검을 사용했다고 합니다. 칼의 양쪽에 날이 섰으니 어느 쪽으로 휘둘러도 살상을 하게 됩니다. 히브리서 4장 12-13절 상반절에 보면 "하나님의 말씀은 살아 있고 활력이 있어 좌우에 날선 어떤 검 보다도 예리하여 혼과 영과 및 관절과 골수를 찔러 쪼개기까지 하며 또 마음의 생각과 뜻을 판단하나니 지으신 것이 하나도 그 앞에 나타나지 않음이 없고"라는 말씀이 있습니다. 주님의 말씀에는 사물을 꿰뚫는 힘이 있음을 말하는 것입니다. 만일 우리가 하나님의 말씀에 귀를 기울이면, 자기 기만의 방패는 무너지고, 위선의 가면은 벗겨지며, 죄가 숨김없이 드러나게 됩니다. 그리고 나면 우리가 용서를 받게 되는 것입니다. 주님의 말씀은 무서운 돌파력이 있습니다. 그리고 그 말씀에 순종하지 않는 자에게는 무서운 파괴력으로 작용할 것입니다. 데살로니가후서 2장 8절에서는 "주 예수께서 그 입의 기운으로 그를 죽이시리라"고 말씀하셨습니다. 사탄의 사주를 받은 적그리스도를 입에서 나오는 기운으로 멸망시킬 수 있는 권세를 주님은 가지고 계십니다.

마지막 여덟 번째로 주님의 얼굴은 해가 힘있게 비취는 것 같더라(16절하)고 말씀하고 있습니다. 사사기 5장 31절 하반절에 보시면 유사한 표현을 사용하고 있습니다. "주를 사랑하는 자들은 해가 힘있게 돋음 같게 하시옵소서." 사도 요한은 베드로 야고보와 함께 변화 산에서 주님의 얼굴이 해같이 빛나는 것을 이미 목도한 바 있습니다(마 17:2). 요한은 승천하신 주님을 다시 뵈올 때에 당연히 해가 힘있게 비치는 것과 같은 영광스러운 얼굴을 뵈온 것입니다. 죄인들은 그 누구라도 빛나는 주님의 얼굴을 감히 쳐다보지도 못할 것입니다.

09

사망과 음부의
열쇠를 가지신 주님

내가 볼 때에 그의 발 앞에 엎드러져 죽은 자 같이 되매 그가 오른손을 내게 얹고 이르시되 두려워하지 말라 나는 처음이요 마지막이니 곧 살아 있는 자라 내가 전에 죽었었노라 볼지어다 이제 세세토록 살아 있어 사망과 음부의 열쇠를 가졌노니 그러므로 네가 본 것과 지금 있는 일과 장차 될 일을 기록하라 네가 본 것은 내 오른손의 일곱 별의 비밀과 또 일곱 금 촛대라 일곱 별은 일곱 교회의 사자요 일곱 촛대는 일곱 교회니라(계 1:17-20).

오래전 존경하는 목사님의 설교 중에 들은 예화입니다. 어떤 믿음 좋은 부인을 둔 의사가 있었습니다. 그 교회에서 부흥회를 했는데, 남편을 전도할 목적으로 강사 대접을 했습니다. 남편 의사께서 하나님이 어디 있느냐 한 번 보여 달라고 요구했습니다. 부흥회를 인도하러 간 목사님은 소위 영적 경험이 풍부한 사람이었습니다. 그래서 저녁 12시쯤 되거든 교회 본당에 혼자 가서 하나님 있으면 한 번 만나주십시오 하고 며칠 기도해 보라고 권했습니다. 의사는 그래도 진짜 하나님이 있다면 한 번 만나보고 싶었는가 봅니다. 그래서 목사님이 시키는 대로 늦게 교회당에 갔습니다. 아무도 없는 예배당에 앉아있으면 무서움이 느껴지기 마련입니다. 아무튼 한 며칠을 그렇게 했습니다. 그러다가 어느 날 이분이 뭔가를 느꼈습니다. 얼마나 놀랐는지 예배당 불을 다 켜놓고 집으로 도망치듯 달려와서는 부인보고 교회당 가서 불을 끄라고 했다고 합니다. 그리고는 함께 교회를 다니더라는 것입니다. 그 의사가 도대체 무엇을 보았을까, 어두운데 있다 보니 괜히 신경이 곤두서서 헛것을 보았겠지 그렇게 말할 수도 있을지 모르겠습니다. 독일의 철학자 루돌프 오토Rudolf Otto라는 사람은 『성스러운 것』이라는 책에서 누미노제Numinose라는 용어를 만들어 내었습니다. 이 말은 사람에게 피조물(被造物)이라는 느낌을 불러일으키는 '무서운 신비'로서, 이를 다시 분석하면 외경심(畏敬心)을 불러일으키는 전율적(戰慄的)인 무서움, 압도적인 권위, 세력 있는 것, '절대타자(絶對他者)'로서의 신비를 의미하는 용어입니다. 우리 인생사에는 인간적인 것을 넘어서는 이런 체험들이 존재하는 것입니다. 그러나 진정으로 하나님을 만나게 될 때에는 전율적인 무서움 정도로 끝나는 것이 아닙니다. 오늘 본문으로 돌아가 보십시다. 사도 요한은 밧모섬에서 유배 생활을 하는 중에 어느 주일에 성령에 깊이 감동되어서 부활하신 주님을 만나는 체험을 하게 됩니다. 요한이 환상 중에 보게 된 주님의 모습이 어떠하였는지에 대해서는 앞 강해에서 살펴보았습니다.

내가 볼 때에

사도 요한은 환상 중에 부활하시고 승귀하신 주님을 65년 만에 다시금 만나 뵙게 되었습니다. 누구보다도 사랑을 많이 받았던 제자였던 요한, 주님을 너무나 사모하며 살아왔고 주님을 위하여 만 가지 어려움을 다 참고 감내해 온 요한은 얼마나 반가운 일이었겠습니까마는, 환상 중에 주님을 만난 요한은 반가워서 주님께 달려가 안기기보다는 오늘 본문 17절에 보시면 "그의 발 앞에 엎드러져 죽은 자같이" 되었다고 했습니다. 왜 이와 같은 반응이 일어나게 된 것일까요? 요한이 주님을 다시 만났을 때의 나이가 90세가 넘었다고 하니 너무 놀라서 넘어진 것이라든지 기진맥진해서 그렇게 된 것이 아닐까 생각하는 사람이 있을지 모르겠습니다. 그러나 요한이 그렇게 사모하던 주님을 만나고서도 엎드려져 죽은 자같이 된 이유는 그가 만난 주님이 너무나 영광스러웠기 때문입니다. 주님은 더 이상 갈릴리 해변을 함께 거닐던 초림의 예수가 아니었습니다. 앞서 우리가 본대로 주님은 부활의 영광을 입고 계시며 온 우주 만물의 주요 교회의 머리로 계시는 분이었습니다. 다르게 말하자면 신성을 가지신 참 하나님으로서 나타나셨기에 요한은 그 영광을 감당하지 못하고 엎드려져 죽은 자 같이 되고 만 것입니다. 우리가 구약성경에 보면 하나님의 영광의 임재를 조금이라도 맛본 성도들이라면 두려움에 사로잡히고 심한 경우에는 요한처럼 반응을 보이는 것을 볼 수 있습니다. 하나님은 모세 같은 위대한 종에게도 네가 나를 보고는 살아남지 못한다고 경고하셨습니다.

그리고 다니엘 10장에 보면 오늘 본문의 상황과 흡사한 경험을 다니엘이 한 것에 대해서 보도하고 있습니다. 5-6절에 보면 다니엘은 세이레 동안 금식 기도를 하는 중에 환상을 보았습니다. "그 때에 내가 눈을 들어 바라본즉 한 사람이 세마포 옷을 입었고 허리에는 우바스 순금 띠를 띠었더라. 또 그의 몸은 황옥 같고 그의 얼굴은 번갯빛 같고 그의 눈은 횃불 같고 그의 팔과 발은 빛난 놋과 같고 그의 말소리는 무리의 소리와 같더라." 다니엘이 환상 중에 만나게 된 분이 누구일 것 같습니까? 이 분은 바로 인간의 몸을 입기 전 즉, 성육신하시기 전의 예수 그리스도, 영광을 입고 계신 성자 하나님이십니다. 그러면 이런 환상을 보게 되었을 때에 다니엘의 반응이 어떠하였을까요? 8, 9절에 보면 이렇게 기록하고 있습니다. "그러므로 나만 홀로 있어서 이 큰 환상을 볼 때에 내 몸에 힘이 빠졌고 나의 아름다운 빛이 변하여 썩은 듯 하였고 나의 힘이 다 없어졌으나 내가 그의 음성을 들었는데 그의 음성을 들을 때에 내가 얼굴을 땅에 대고 깊이 잠들었느니라." 한평생을 경건하게 살아온 80대의 다니엘도 주님의 영광 앞에서 온 몸의 힘이 빠져 나가고 얼굴을 땅에 대고 깊은 잠에 빠졌다고 했습니다. 사도 요한이나 다니엘이나 같은 것을 경험했습니다. 그렇게 반응을 보이려고 한 것이 아니라 주님의 임재가 그러한 영향을 미친 것입니다. 연약한 몸을 가진 우리 인간들로서는 신성을 담을 수 없을 뿐 아니라, 부활하신 주님의 영광도 친히 목도할 수가 없는 것입니다.

이러한 사실은 우리가 성령의 부어주심으로 일어난 참된 부흥의 역사를 기록한 글들 가운데도 얼마든지 확인할 수 있는 특징이었습니다. 18세기 미국의 신학자요 사상가요 그리고 대각성운동의 리더였던 조나단 에드워즈의 『부흥론』을 보면, 그가 목회하던 노샘프턴 교회에 성령이 강하게 역사하시자 공동체와 심령 가운데 임하신 주님의 영광의 무게에 눌러서 어떤 사람들은 주일 예배를 마쳤는데도 제자리에서 일어나지를 못하고 다음날이 되어서야 집에 돌아가는 일이 일어났다고 합니다. 그의 부인 새라 에드워즈 사모님도 "신적인 것의 무게 때문에 종종 맥이 풀리고 몸의 기력이 사라져 서 있거나 말할 힘도 모두 없어"져 버리는 체험을 하기도 했습니다. 그리고 에드워즈 목사님의 개인 체험도 예로 들어봅니다. 아마도 이런 이야기를 저 같은 사람이 한다고 한다면 과대망상증이라고 놀려댈지도 모르겠습니다.

1737년 어느 날 나는 건강을 위해 말을 타고 숲 속으로 갔습니다. 휴식 장소에 도착해서 평소처럼 말에서 내려 걸으면서 하나님에 대해서 묵상하고 기도했습니다. 그때 나는 하나님의 아들의 영광을 보았습니다. 즉, 그분의 하나님과 사람 사이의 중보자 되심과 그분의 놀랍고 위대하며 충만하고 순수하며 달콤한 은혜와 사랑 또한 그분의 온유하고 부드러운 겸손하심을 보았습니다. 이 은혜는 아주 조용하고 달콤하게 임했습니다. 뿐만 아니라 하늘보다 크게 임했습니다. 그리스도의 인격은 말로 표현할 수 없을 정도로 탁월하게 보였습니다. 그리스도의 탁월함은 모든 생각과 개념을 삼킬 만큼 충분히 컸습니다. 이 체험은 내가 판단하기에 약 한 시간가량 계속되었습니다. 그 시간 내내 나는 눈물을 홍수처럼 쏟으면서 큰 소리로 울었습니다. 나는 영혼의 열정이 텅 비어버리고 없어져 버리는 것을 느꼈습니다. 이렇게 밖에는 달리 표현할 길이 없습니다. 다만 땅 바닥에 엎드려 그리스도만으로 충만해지고 싶었습니다. 거룩하고 순수한 사랑을 그리스도를 사랑하고 그리스도를 믿으며 그리스도를 의지해 살고 그리스도를 섬기며 따르고 싶었습니다. 하나님과 천국의 순수함으로 완전히 성화되고 순수하게 되고 싶었습니다. 나는 다른 때에도 여러 번 이와 아주 비슷한 체험을 했는데 그때마다 같은 감동을 받았습니다.[10]

오른손을 내게 얹고

사도 요한이 부활하신 주님을 뵈옵고 그 연약한 육신의 한계로 감당하지 못하여 땅바닥에 쓰러져서 죽은 자 같이 되었을 때에 주님의 반응은 어떠하였는지를 살펴보도록 하십시다. 주님이 사도 요한에게 나타나신 것은 그를 죽이려고 하는 것이 아니었습니다. 주님은 쓰러져 기진맥진해 있는 요한에게 그의 오른손을 얹어주셨다고 했습니다. 주님의 오른손은 능력과 권세 있는 손을 가리킵니다. 주님의 오른손이 얼마나 권능이 있는지 요한복음 10장 28-29절에 보면 "내가 그들에게 영생을 주노니 영원히 멸망하지 아니할 것이요 또 그들을 내 손에서 빼앗을 자가 없느니라. 그들을 주신 내 아버지는 만물보다 크시매 아무도 아버지 손에서 빼앗을 수 없느니라"라고 말씀하고 있습니다. 예수 그리스도와 하나님의 손은 보호의 손이요, 구원의 손이요, 병을 고쳐주시는 신유의 손이요, 나아가서는 궁극적 구원의 손이기도 합니다.

주님의 손에 대해서 생각하게 된 여러분들에게 소개하고 싶은 이야기가 있습니다. 그것은 초대 교부 중 서머나 교회 감독이었던 익나티우스와 관련된 이야기입니다. 그는 자기 구원의 완성에 대하여 너무 괴로워하면서 어느 해변가를 거닐고 있을 때 한 노인을 만났습니다. 그 노인은 익나티우스의 괴로움을 꿰뚫어 보는 듯이 이와 비슷한 시 한수를 읊었습니다.

나는 두렵지 않네
나 비록 지옥 갈 죄 있을지라도
그의 인성의 손이 나를 붙드셔서
용서의 길을 걷게 하시며
그의 신성의 손이 나를 붙드셔서
의롭게 하사 천국가게 하시네
나는 두렵지 않네
그의 손이 나를 붙들고 계시네.

주님은 양손을 가지고 있는데, 익나티우스는 한 손은 신성의 손이요, 한 손은 인성의 손이라고 재미있는 해석을 전해줍니다. 그러면 인성의 손이 무엇입니까? 예수님이 육신을 입고 오셔서 우리 죄인을 위하여 대신 죽으셔서 죄를 속하심을 가르치고 있으며 부활하셔서 우리를 의롭다 하셔서 구원을 얻게 하셨다는 뜻입니다. 주님의 인성의 손은 우리같이 연약하고 허물 많은 인생들을 이해하시고 체휼하시는 부드러운 손입니다. 반면 주님의 신성의 손은 죽은 영혼도 살려 내시는 창조주의 능한 손입니다. 그가 신성을 가지셨기 때문에 우리를 구원하시고 우리를 죄와 사망, 그리고 사탄의 권세에서 건져 내실 수 있으며, 또한 영원히 내 손에서 너희를 빼앗아갈 자가 없다고 자신 있게 말씀하시는 것입니다. 결국 우리의 구원의 시작도 완성도 주님의 이 양손에 달려있습니다. 교회도 주님의 손에 붙들려 있지 우리 인간들의 손에 달려 있지를 않습니다. 주님은 바로 그 손으로 사도 요한에게 얹으셨습니다. 그리고 "두려워하지 말라"고 말씀해 주셨습니다. 두려워하지 말라는 말씀은 폭풍우치는 바다에서 요한과 제자들을 평온케 만들었던 음성이었습니다. 기진맥진한 요한에게 새 힘을 불어넣어주는 생명의 말씀, 능력의 말씀이었습니다.

앞서 소개드렸던 다니엘의 경우도 유사한 체험을 하게 되었습니다. 다니엘 10장 18-19절에 보시면 "또 사람의 모양 같은 것 하나가 나를 만지며 나를 강건하게 하여 이르되 큰 은총을 받은 사람이여 두려워하지 말라 평안 하라 강건하라 강건하라 그가 이같이 내게 말하매 내가 곧 힘이 나서 이르되 내 주께서 나를 강건하게 하셨사오니 말씀하옵소서"라고 말씀하고 있습니다. 환상 중에 주님을 만나고 기진맥진했던 다니엘을 주님께서는 손 내밀어 어루만지시면서 평안하라, 강건하라고 말씀해 주셨는데 그러자 즉각 다니엘은 강건해졌다고 했습니다. 다니엘이나 사도 요한의 경우 주님이 환상 중에 그들을 찾아오시고 그들을 만나주신 이유는 그들을 죽게 하거나 병들게 하시려는 의도가 없으셨습니다. 오히려 그들에게 특별히 말씀하시기 위해서 오신 것이었습니다. 그러나 인간의 연약한 몸은 장애요소였습니다. 그 몸으로는 주님을 만나서 버틸 재간이 없었습니다. 그래서 기진맥진하게 되었고 거의 죽은 자처럼 되는 체험을 하게 된 것입니다. 그러나 능력의 주님, 생명의 주님은 두 사람에게 새 힘을 불어넣어주시고 강건하게 해 주셨습니다. 주님의 말씀을 들을 수 있는 준비를 시켜 주셨습니다.

주님의 자기소개와 명령

그러면 사도 요한에게 주님이 찾아오셔서 주신 말씀의 내용을 살펴보도록 하십시다. 요한을 강건하게 하시고 나서 주신 첫 말씀들은 우선 자신을 소개하는 것이었습니다. 앞에서 본 것은 요한이 주님의 모습을 보고 적은 글이라면 17절 하반절과 18절에 기록되어 있는 내용은 주님께서 친히 요한에게 자신을 소개한 내용을 적은 것입니다. 주님이 요한에게 자신을 뭐라고 소개하였는지 다시 한 번 보실까요? "나는 처음이요 마지막이니 곧 살아 있는 자라. 내가 전에 죽었었노라. 볼지어다 이제 세세토록 살아 있어 사망과 음부의 열쇠를 가졌노니"라고 말씀합니다.

먼저 예수님은 자신을 "처음이요 마지막"이라고 소개하셨습니다. 이것은 처음과 끝이라고 번역하면 좀 더 분명한 번역이 될 것입니다. 처음과 끝이라고 하면 이전에 하나님께서 자신을 소개하실 때에 "나는 알파와 오메가"고 소개하셨던 구절이 기억나실 것입니다. 결국 처음과 끝이라는 말씀은 예수 그리스도께서 하나님 아버지와 동등한 신적인 지위를 가지고 계시다는 의미를 전달합니다. 이는 모든 피조물의 창조자뿐만 아니라 역사에 대한 주관자로 묘사하는 소개입니다(참고- 사 41:4, 44:6, 48:12). 리처드 보컴은 다음과 같이 이 구절에 대해서 설명해 줍니다.

> 만물의 창조자이신 하나님은 만물에 앞서 계시고 그가 모든 만물들을 종말론적 성취에 이르게 하실 것이다. 하나님은 모든 역사의 근원이며 목표점이다. 그는 창조에 있어서 첫 번째 말씀을 하셨으며, 새 창조에 있어서 마지막 말씀을 하실 것이다.[11]

두 번째로 예수님은 자신을 "곧 살아 있는 자라. 내가 전에 죽었었노라"고 소개하고 있습니다. 예수님은 자신을 살아 있는 자, 산 자이라고 소개하면서 "세세토록 살아있어"라고 말씀하셨습니다. 영원히 살아계시는 분이시라는 말씀은 곧 자신이 구약의 여호와라고 일컬어지는 하나님과 동등한 분이시라는 것을 의미합니다. 그리고 그는 단지 영원히 살아계실 뿐 아니라 이전에 한 번 죽은 적이 있다고 말씀하고 있습니다. 영원히 살아계신 하나님이 어떻게 죽으실 수 있단 말입니까? "불멸의 존재가 죽음에 복종하시는 일이 어떻게 가능한 것입니까? 그리고 무엇 때문입니까?" 우리는 그 답을 잘 알고 있습니다. 우리 인간들을 죄와 사망의 권세에서 구원해 내시고자 영원하신 주님께서 이 땅 위에 오셔서 인간의 몸을 입고 십자가에 못 박혀 죽기까지 하신 것을 말입니다. 사도행전 20장 28절에 보시면 바울은 교회를 일컬어서 "하나님이 자기 피로 사신 교회"라는 충격적인 표현을 사용하고 있습니다. 우리들을 구속하기 위해서 죽으신 예수님이 단순히 인간 예수에 그치는 것이 아니고, 성부와 동등하신 신성을 가지신 성자 하나님이셨다는 고백인 것입니다.

다시 본문으로 돌아가서 예수님께서 자신을 소개하신 마지막 부분을 살펴보도록 합시다. 예수님께서는 항상 살아계시는 분이실 뿐 아니라 "사망과 음부의 열쇠를 가졌노니"라고 소개하고 있습니다. 예수님은 자신을 열쇠를 가지신 분으로 소개하고 있습니다. 열쇠를 가지고 있다는 것은 전권을 가지고 계시다는 의미를 전달합니다. 어떤 분이 말하기를 "주인이라도 열쇠가 없으면 자기 집에 들어가지 못하지만 도둑이라도 열쇠를 가지고 있으면 남의 집에 들어갈 수 있다"고 했는데, 이치가 참으로 그러합니다. 열쇠를 가진 자가 집이나 창고의 문을 열고 닫을 수 있습니다. 성경에서는 열면 닫을 자가 없고, 닫으면 열 자가 없는 권세를 주님이 가지셨다고 말씀합니다. 그런데 주님이 무엇의 열쇠를 가지고 있다고요? 예, 사망과 음부의 열쇠라고 했습니다. 음부란 죽은 불신자가 가서 기다리는 중간기 거처를 의미합니다. 결국 우리 인간들이 가장 두려워하는 것이 죽음 아니겠습니까? 그러나 주님은 사망과 음부의 열쇠를 가지고 계신 분이십니다. 스스로 한 번 죽으시므로 죽음의 권세를 정복하셨고, 죽음의 권세하에 놓여있는 사람들을 죽음에서 사망으로 구원해 낼 수 있게 되셨습니다. 히브리서 2장 14-15절에 보시면 "자녀들은 혈과 육에 속하였으매 그도 또한 같은 모양으로 혈과 육을 함께 지니심은 죽음을 통하여 죽음의 세력을 잡은 자 곧 마귀를 멸하시며 또 죽기를 무서워하므로 한평생 매여 종노릇 하는 모든 자들을 놓아 주려 하심이니"라고 말씀하셨고, 마태복음 10장 28절에서는 "몸은 죽여도 영혼은 능히 죽이지 못하는 자들을 두려워하지 말고 오직 몸과 영혼을 능히 지옥에 멸하실 수 있는 이를 두려워하라"고 말씀하셨습니다.

이렇게 영원히 살아계시는 하나님, 사망과 음부의 열쇠를 가지시고 전권을 행사하시는 주님께서 요한을 찾아오셔서 새 힘을 주시고 말씀을 하시는 것입니다. 그러면 이렇게 위대하신 주님이 요한에게 주신 명령이 무엇인지를 살펴보도록 하십시다. 먼저 19절을 보시겠습니다. "그러므로 네가 본 것과 지금 있는 일과 장차 될 일을 기록하라"Write, therefore, what you have seen, what is now and what will take place later- NIV. 어떤 사람들은 요한이 본 것은 주님의 모습을 가리키고, 지금 있는 일은 일곱 교회에 대한 말씀이고, 장차 될 일은 6장 이후에 기록되어진 미래사라고 해석을 합니다. 그러나 이 세 가지는 결국 요한계시록에 기록되어 있는 모든 내용들을 가리킨다고 해석하는 것이 좋습니다. 주님께서 요한에게 알려주셔서 기록하게 하신 모든 내용들을 가리키는 것입니다.

그리고 마지막 20절을 보시면 "네가 본 것은 내 오른손의 일곱별의 비밀과 또 일곱 금 촛대라 일곱별은 일곱 교회의 사자요 일곱 촛대는 일곱 교회니라." 이 구절을 좀 더 정확하게 번역을 해 보면 "내 오른손에서 본 일곱별과 일곱 금촛대의 비밀은 이것이다: 일곱별은 일곱 교회의 사자요, 일곱 촛대는 일곱 교회이다"입니다. 영어성경 NIV의 번역도 이와 동일합니다. "The mystery of the seven stars that you saw in my right hand and of the seven golden lampstands is this: The seven stars are the angels of the seven churches, and the seven lampstands are the seven churches." 차이가 무엇인가 하면 개역개정으로 보면 주님께서 요한에게 알려주시고 기록하라고 하는 내용이 일곱별의 비밀만 의미하는 것 같지만, 사실은 일곱별과 일곱 금촛대의 비밀을 의미합니다. 부활하신 주님은 구속사의 비밀을 교회에 알려 주시기 위해서 요한에게 나타나셨는데, 그 비밀의 내용은 주님의 오른손에 있는 일곱별과 그리고 일곱 금촛대입니다. 그리고 일곱별은 일곱 교회의 사자를 의미하고, 일곱 금촛대는 일곱 교회를 의미합니다. 요한계시록의 숫자 상징론에 의하면 일곱 금촛대는 만대에 걸쳐 존재할 주님의 교회 전부를 가리키고, 일곱별은 주님이 교회를 위해서 세우실 수많은 목회자들과 교회 지도자들을 의미합니다.

다시 정리를 해 보겠습니다. 주님은 요한에게 나타나셔서 본 것과 보는 것과 그리고 장차 되어질 일들을 다 기록하라고 하시면서, 특별히 일곱 금촛대와 일곱 별의 비밀을 기록하라고 했습니다. 결국 주님이 요한을 통해서 우리들에게 주시는 메시지가 무엇입니까? 주님의 구속사의 드라마는 결국 교회를 중심으로 하고 있다고 하는 것 아닙니까? 당시 초대 교회는 로마 제국의 혹독한 박해 아래 존폐의 위기에 처해 있었습니다. 그리고 교인들과 지도자들은 죽음의 위협을 받고 있었습니다. 그러나 주님이 요한을 통해서 하시는 말씀이 무엇인고 하니, 죽었다가 다시 사신 주님이 교회 가운데 왕래하고 계시며, 주님의 능력의 장중에는 교회 지도자들을 붙들고 있다고 하는 사실입니다. 내 교회 내가 책임질 터이니 걱정하지 말라는 말씀인 것입니다. 사망과 음부의 열쇠를 가지신 주님의 말씀입니다. 과연 주님의 말씀대로 지난 2천 년의 역사를 통하여 얼마나 많은 독재자들이 교회를 없애고, 성경을 전소시키며, 그리스도인들을 말살하려고 시도했지만 단 한사람도 성공한 사람이 없었습니다. 오히려 보이지 않는 곳에서 더욱더 순수한 형태로 왕성하게 전파되고 보존되었을 뿐입니다. 이미 주님께서 약속하신 대로 되어진 일입니다.

다른 한편 우리는 교회를 촛대라고 비유하고, 교회 목회자나 지도자를 별로 비유한 말씀을 보면서 또한 교회나 지도자들의 본분이 무엇인지 재확인해야 합니다. 교회는 이 세상을 대하여 금촛대와 같아야 합니다. 빛을 발하는 역할을 말합니다. 너희는 세상의 소금이요 빛이라고 하신 주님의 말씀대로 이 어두운 세상을 밝히 비추이는 역할을 교회가 수행해야 합니다. 또한 지도자가 별이래요. 별은 무슨 인기 스타할 때 별이 아니고 어두운 밤에 역시 길잡이 역할하는 것 아니겠습니까? 이 세상의 지도자들이 부패하고 갈팡질팡하면서 백성들을 책임지지 못할 때 교회 지도자들은 빛이 되어야 합니다. 별처럼 진리의 빛을 비추어야 하는 것입니다. 이 사명과 본분을 망각한 교회나 지도자들은 이 세상에 존재할 가치가 없습니다. 있으나 마나 한 존재로 전락하게 될 것이고, 이 세상에 의해서 짓밟히게 되고 말 것입니다.

이번 시간에 나눈 말씀을 정리해 보도록 하겠습니다. 우리는 부활하시고 승귀하신 주님의 환상을 보고 쓰러져서 기진맥진하게 된 요한과 그 요한에게 오른손을 얹으시어 소생케 하시는 주님을 보았습니다. 우리들도 무슨 환상을 보자는 것이 아니고, 예배나 기도회를 통하여 영적으로 임재하시는 주님을 만나는 체험을 하시게 되기를 바랍니다. 두려워하지 말라, 염려하지 말라, 평안하라, 강건하라 하시는 주님의 음성을 들으시고, 영혼이 소생케 되고, 영안이 열리고, 새 힘을 얻는 시간들이 되시기를 바랍니다. 그와 같은 예배의 영광을 회복할 때에 우리들의 신앙생활이 신바람 나게 될 것입니다.

또한 우리는 죽으시고 다시 살아나시어 영원히 살아계시며 사망과 음부의 권세를 가지신 주님의 주된 관심이 일곱 금촛대 교회에 있음을 기억해야 합니다. 주님은 교회를 통하여 구속의 역사를 펼쳐 나가시는 것입니다. 그렇기 때문에 우리는 이 교회를 귀하게 여겨야 합니다. 또한 교회의 주된 사명이 빛을 발하는 금촛대가 되어야 함을 잊으면 안 될 것입니다. 그리고 주님의 손에 교회 지도자들을 붙들고 계신다는 점을 기억해야 합니다. 우리 신자들도 주님의 강한 손에 붙들려 있기에 구원의 확신을 가질 수 있게 되었음을 잊지 맙시다. 그러나 우리가 주님의 손에 붙들려 있음을 확인하기 위해서는 영적으로 깨어서 기도하고 하나님의 말씀에 순종하는 일이 필요합니다.

10

첫 사랑을 잃어버린 교회 – 에베소 교회

에베소 교회의 사자에게 편지하라 오른손에 있는 일곱 별을 붙잡고 일곱 금 촛대 사이를 거니시는 이가 이르시되 내가 네 행위와 수고와 네 인내를 알고 또 악한 자들을 용납하지 아니한 것과 자칭 사도라 하되 아닌 자들을 시험하여 그의 거짓된 것을 네가 드러낸 것과 또 네가 참고 내 이름을 위하여 견디고 게으르지 아니한 것을 아노라 그러나 너를 책망할 것이 있나니 너의 처음 사랑을 버렸느니라 그러므로 어디서 떨어졌는지를 생각하고 회개하여 처음 행위를 가지라 만일 그리하지 아니하고 회개하지 아니하면 내가 네게 가서 네 촛대를 그 자리에서 옮기리라 오직 네게 이것이 있으니 네가 니골라 당의 행위를 미워하는도다 나도 이것을 미워하노라 귀 있는 자는 성령이 교회들에게 하시는 말씀을 들을지어다 이기는 그에게는 내가 하나님의 낙원에 있는 생명나무의 열매를 주어 먹게 하리라(계 2:1-7).

세계의 어린이들이 즐겨 읽는 이야기 중에 하나는 영국 사람 찰스 디킨스가 쓴 『크리스마스 캐롤』(1843년)이라는 이야기입니다. 성탄절과 관련된 짧은 이야기입니다. 이야기의 주인공은 더러들 들어보셨겠습니다만 스크루지 영감이라고 하는 아주 인색하고 탐욕스러운 사람입니다. 이 영감님에게 있어서 크리스마스란 불한당 같은 인간들이 남의 주머니를 털어내기 위해 날조한 날에 불과합니다. 누가 크리스마스란 것을 공휴일로 만들어서 상점 일에 손해되게 하는지 못 마땅해 하는 사람입니다. 그리고 이 할아버지는 어려운 이웃이나 친척들에게 대해서 관심이 없습니다. 그런데 스크루지 영감을 죽은 친구 말리가 찾아왔습니다. 말리는 스크루지를 데리고 과거로 여행을 떠납니다. 많은 장면들을 보는 중에 스크루지는 자신의 어린 시절을 보게 됩니다. 아주 밝고 명랑하게 메리 크리스마스 인사를 하면서 즐거워하는 자신의 어린 시절을 보고서 오래간 만에 가슴벅찬 감동을 느끼게 됩니다. 그리고 친구 말리와의 여행을 통해서 스크루지의 마음은 변화되어 아주 인심좋은 할아버지가 된다는 내용의 이야기입니다.

사람들은 어린 시절의 순수함을 회복하고 싶은 마음을 가집니다. 혹은 무엇을 하든지 초심을 회복하고 싶어합니다. 이것은 우리의 신앙에 있어서도 마찬가지요, 교회도 마찬가지입니다. 나이가 들고 연조가 쌓이고 환경도 좋아지지만 문제는 신앙의 순수성이나 겸손했던 초심을 잃어버리기가 쉽다는 것입니다. 혹은 스크루지 영감님처럼 자신이 무엇을 잃어버렸는지 조차도 모르고 당면한 삶을 살기에 바쁜 이들도 많습니다. 오늘 우리는 소아시아의 일곱 교회 가운데 첫 교회인 에베소 교회에 보낸 예수 그리스도의 편지를 읽었습니다. 에베소는 사도 요한이 강제 노동을 하고 있던 밧모섬에서 제일 가까운 도시였습니다. "그러나 너를 책망할 것이 있나니 너의 처음 사랑을 버렸느니라." 에베소 교회는 처음 사랑을 잃어버린 것 때문에 주님께 책망을 받았습니다. 주님은 에베소 교회를 향해 처음 사랑을 회복할 것을 요청하시면서 그렇게 하지 아니하면 교회의 촛대를 옮겨 버리겠다고 엄히 경고하셨습니다.

먼저 에베소와 에베소에 세워진 교회에 대해서 간략하게 살펴보겠습니다. 에베소Ephesus는 당시 소아시아 속주의 중요한 도시였는데, 큰 항구를 끼고 있고 소아시아의 주요 고속도로들이 에베소를 통과하기에 무역이 활발한 도시였습니다(상업적 중요성). 그리고 정치적으로는 자치권을 인정받은 자유시였습니다. 종교적으로 에베소는 더욱더 유명했는데, 이는 사도행전 19장에서도 나오듯이 아데미(Artemis = 로마어로는 Diana) 여신 숭배의 중심지였습니다. 이 여신을 위해 건축한 아데미 신전은 15미터 높이의 127개의 돌 기둥으로 세워져 그 위용을 자랑했으며, 고대세계의 7대 불가사의 중의 하나로 손꼽혔습니다. 에베소는 아데미 여신 숭배와 관련하여서 명성을 얻었고, 많은 경제적 이익을 보기도 하였습니다. 또한 온갖 우상숭배가 난무하고 성적으로 부도덕한 도시여서 눈물의 철학자로 알려진 헤라클레이토스Herakleitos는 말하기를 "누구든지 에베소에 사는 사람은 어디서나 볼 수 있는 부도덕에 울지 않을 수 없다"고 하였습니다. 이와 같은 도시에 바울은 3년 동안이나 머물면서 복음을 전하였고 많은 결실을 얻었습니다. 바울의 사역에 있어서 에베소는 고린도와 더불어서 가장 중요한 사역의 장이었다고 해도 과언이 아닐 것입니다. 3년 동안 바울이 에베소에서 복음사역을 할 때에 많은 기적들이 일어났으며, 우상을 섬기던 자들이 마술책을 가지고 와서 자발적으로 불사르는 역사도 일어났습니다. 아시아주에 사는 온 사람들이 바울이 전하는 복음을 듣게 되었다고 사도행전 19장은 보도하고 있습니다. 바울 이후에는 그의 사랑하는 믿음의 아들 디모데가, 그리고 만년의 사도 요한이 예수님의 어머니 마리아와 함께 와서 사역을 하였다고 전해집니다.

에베소 교회에 나타나신 주님의 모습(1절)

에베소 교회에 보내는 편지 속에서 예수님은 자신을 소개하시기를 "오른손에 있는 일곱 별을 붙잡고 일곱 금촛대 사이를 거니시는 이"라 하셨습니다. 이 구절을 잘 이해하기 위해서는 바로 앞에 기록된 1장 20절을 보시면 좋을 것 같습니다. "네가 본 것은 내 오른손의 일곱 별의 비밀과 일곱 금촛대라. 일곱 별은 일곱 교회의 사자요 일곱 촛대는 일곱 교회니라". 예수님은 자신을 일곱 별-즉 모든 교회 지도자들을 붙잡고 계신 분이시며, 일곱 교회 가운데-즉 모든 교회 가운데 왕래하시며 보살피시는 분으로 소개하신 것입니다. 여기서 "붙잡는다"kratein는 것은 손 안에 꽉 쥐고 있다는 표현이며, 오른손이란 힘있는 손을 의미합니다. 결국 일곱 교회의 지도자들을 주님이 능하신 장중에 움켜 쥐고 있다는 것입니다. 이것은 요한복음 10장 28절의 말씀과 같이 "영원히 멸망하지 아니할 것이요, 또 그들을 내 손에서 빼앗을 자가 없느니라"와도 일맥상통합니다. 교회는 연약하고 볼품없는 인간 사역자들에게 내맡겨진 것이 아닙니다. 주님은 그 사역자들을 붙잡고 계십니다. 따라서 교회 지도자들이 주님께 붙들린 바 되며, 주님의 말씀에 붙들린 바 된 것을 인정하고 순종하는 자들이 복된 지도자들입니다. 또한 교우들은 목회자가 하나님의 손에 꽉 붙들린 종이 되게 해 달라고 열심히 기도해 주셔야 합니다.

또한 주님은 일곱 촛대 사이에-즉 일곱 교회 가운데 왕래하시는 분이시라고 하십니다. 주님은 지치지도 피곤하지도 아니하시고 자신의 이름으로 이름한 모든 회중들 가운데 계십니다. 그는 신자들을 불러 모으시며, 신앙이 자라가도록 도와 주십니다. 그리스도는 누구보다도 자신의 교회들의 상태를 잘 아시며, 때로는 책망하시기도 하시고, 때로는 위로하사 일으켜 세우기도 하십니다. 이와 같은 주님의 역사가 끊이지 않기에 하나님의 교회는 수많은 환난과 핍박에도 불구하고 사라지지 아니하고 오늘 이 시간까지도 전 세계에 존재하고 있는 것입니다. "내 아버지께서 이제까지 일하시니 나도 일한다"(요 5:17)고 하시던 주님이 오늘도 그의 교회 가운데 다니시며 일하고 계십니다. 성도들이 함께 모여서 이렇게 예배하는 시간은 특별히 그 주님을 만나는 시간입니다. 우리를 용서하시고, 치유하시고, 회복시키시며, 교훈하시며, 새 힘을 주시고, 영혼을 거듭나게 하시며, 교만한 심령을 꾸짖어 회개케 하시는 주님의 역사를 체험하는 시간이 예배 시간입니다.

에베소 교회에 대한 주님의 칭찬(2, 3, 6절)

자신을 소개하신 예수님은 이제 에베소 교인들을 향하여 먼저 칭찬의 말씀을 해주셨습니다. 예수님은 에베소 교회가 잘 한 점들을 낱낱이 언급하시어서 칭찬해 주시었습니다. 주님은 결코 칭찬에 인색하신 분이 아니심을 보게 됩니다. 2, 3, 6절을 다시 읽어보도록 하겠습니다. "내가 네 행위와 수고와 네 인내를 알고 또 악한 자들을 용납하지 아니한 것과 자칭 사도라 하되 아닌 자들을 시험하여 그의 거짓된 것을 네가 드러낸 것과, 또 네가 참고 내 이름을 위하여 견디고 게으르지 아니한 것을 아노라…오직 네게 이것이 있으니 네가 니골라 당의 행위를 미워하는도다. 나도 이것을 미워하노라."

주님이 보시기에 에베소 교회는 게으름이나 나태와는 거리가 먼 교회였습니다. 그들은 매우 활동적인 교회였으며, 교우들이나 선한 사업을 위해서 땀흘려 수고함이 있었으며, 환난과 핍박 중에도 굴하지 아니하고 잘 참고 견디는 인내가 있는 교회였습니다. 게다가 에베소 교회는 탁월한 교역자의 양육을 받은 교회답게 정통적인 신앙을 보수하고, 어떤 종류의 거짓 사도나 거짓 가르침도 분별하여 용납지 않고 물리치는 일에 탁월성을 나타내었습니다. 에베소 교회 장로님들을 밀레도에 모아 놓고 바울은 자신이 떠난 이후에 흉악한 이리떼가 교회 내에 들어올 것이라고 경고했던 것이 40여 년 전의 일이었습니다(행 20:29, 30). 바울의 경고는 노파심에서 나온 쓸데없는 우려가 아니었음이 입증이 되었습니다. 세속 문화와 종교들의 중심지였던 에베소답게 수많은 이단들과 거짓 선생들이 일어나서 에베소 교회를 넘어뜨리려 하였기 때문입니다.

그들 중에 한 분파가 6절에 언급된 니골라당이었습니다. 초대교회가 남긴 자료들을 보면 그들은 주장하기를 예수를 믿고 나면 신자의 영은 하나님의 은혜로 보호 받기 때문에 몸으로 어떤 죄를 짓더라도 관계 없으며, 구원받은 신자는 성경에 기록된 율법이나 계명을 지킬 필요가 없다고 주장하였습니다. 오늘날 한국에서 극성을 부리고 있는 이단 구원파의 원조인 셈입니다. 그들의 가르침을 따르는 자들은 에베소 지역에 융성하던 우상숭배에 즐겨 참여하며 음탕하고 무절제한 삶을 살았습니다. 이와 같은 가르침은 당시의 방종하고 부도덕한 에베소 시민들의 삶과 구별되지 않는 삶이었습니다. 결국 세상 속에서 타협하는 삶을 살 수 있도록 니골라당은 은혜의 신학을 이용한 것입니다. 하지만 에베소 교회 성도들은 이와같이 악한 자들을 용납하지 아니하고, 이와 같은 거짓된 가르침을 미워하였습니다. 동시대의 안디옥 교회의 감독이었던 익나티우스는 에베소 교회에 편지하면서 "어떤 자들이 악한 교리를 가지고 밖에서부터 너희에게 들어왔으나 너희가 듣지 않고 그 악한 씨를 너희에게 심지 못하게 했다"고 칭찬하였습니다. 주님은 이와 같은 에베소 교회의 활동적이며 정통적인 신앙에 대해서 아낌없이 칭찬하시었습니다.

에베소 교회에 대한 주님의 책망과 경고(4-5절)

에베소 교회에 대한 주님의 칭찬의 말씀을 읽노라면 너무나 완벽하여서 이상적인 교회의 모델을 보는 듯 합니다. 도대체 이와 같이 살아서 움직이며, 선한 사업에 적극적으로 몸을 바쳐 수고하며, 올바른 믿음을 전투적으로 수호하며, 주님의 이름을 위하여 인내하고 견디는 이들에 대해서 우리가 침이 마르도록 칭찬하고 부러워할지언정, 도대체 어떤 흠이 있다고 상상이나 할 수 있겠습니까? 우리 인간들이라고 한다면 에베소 교회에 대해서 칭찬만 하고 지나갔을지도 모릅니다. 하지만 불꽃같은 눈으로 우리의 내면과 실체를 감찰하시는 예수님의 눈에는 에베소 교회가 중대한 결점을 가진 교회로 파악되었습니다. 그것은 가벼이 넘길 수 있는 정도의 문제, 옥의 티 정도의 문제가 아니라, 교회의 생사가 걸린 문제였습니다. 주님은 만약에 지적하시는 바 그 문제를 해결하지 않는다고 하면 에베소 지역에서 촛대(즉, 주님의 교회)를 옮겨

버리시겠다고 경고하실 정도였습니다.

　주님이 에베소 교회에 대해서 책망하시는 바 중대한 문제점이 무엇이었습니까? 4절을 읽습니다. "그러나 너를 책망할 것이 있나니 너의 처음 사랑을 버렸느니라." 에베소 교회 성도들은 올바른 신앙의 진리를 잘 지켰지만, 그들의 처음 사랑을 잃어버렸다는 것입니다. 그러면 에베소 교인들이 잃어버린 처음 사랑이란 무엇을 말하는 것일까요? 하나님께 대한 순수하고 열정적인 사랑과 성도들에 대한 사랑입니다. 에베소 교회 성도들은 "네 청년 때의 인애와 네 신혼 때의 사랑을" 잃어버렸다는 예레미야 선지자의 책망처럼(렘 2:2) 하나님에 대한 처음 사랑을 잃어버렸습니다. 그리고 그들은 거짓 사도들, 거짓 가르침과의 싸움에는 성공했지만, 성도 상호간에 뜨거웠던 사랑은 상실하게 되었다는 것이 그들의 문제였습니다. 주님은 마지막 만찬 석상에서 요한을 포함한 제자들에게 말씀하시기를 "너희가 서로 사랑하면 이로써 모든 사람이 너희가 내 제자인 줄 알리라"고 말씀하시었습니다(요 13:35). 세상이 교회를 보고서 예수 그리스도의 교회구나라고 인정하게 되는 것은 그들이 상호간에 서로 뜨겁게 사랑하며 하나님을 사랑하는 것을 볼 때라는 것입니다. 따라서 보수적인 신앙을 가지는 한편 사랑을 잃어버렸다면 본질을 까먹어 버린 형식에 불과하며, 생명력이 없어진 시체에 불과하게 되는 것입니다. 그러하기 때문에 주님은 처음 사랑의 상실을 결코 가볍게 다루지 않습니다.

　하나님께 대한 예배와 부지런한 삶의 행위들은 있는데 그 중심에 하나님에 대한 사랑, 구속의 감격이 있습니까? 없다면 그것은 외식에 불과합니다. 겉치레에 불과합니다. 사람들은 속겠지만, 우리 자신과 하나님은 속일 수 없습니다. 사람들에 대한 것도 마찬가지 입니다. 우리가 진리를 보수한다고 하면서 사람들을 쉽사리 정죄하고 난도질하고 있지 않습니까? 사랑하고 용납해 주며 참아주고 기다려주는 마음이 메말라 버리고, 쉽사리 분노하고 적개심을 드러내고 살지 않습니까? 오늘 주님의 말씀에 의하면 그와 같은 사람은 상당히 위험한 상태에 있는 것입니다.

그런데 주님은 환자의 병만 정확하게 진단하고 마는 의사가 아니십니다. 정확한 진단과 더불어서 살 수 있는 훌륭한 처방전을 제시하시는 것이 우리 주님이십니다. 주님은 처음 사랑을 잃어버린 에베소 교인들에게 권면해 주십니다. "그러므로 어디서 떨어졌는지를 생각하고, 회개하여, 처음 행위를 가지라." 주님이 제시하신 처방은 3단계입니다. 생각하라-회개하라-처음 행위를 가지라. 우선 처음 사랑을 어디서 잃어버렸는가 하는 것을 기억해야 합니다. 하나님의 은혜에 감격하고 하나님 앞에 감사하며 겸손하게 살 수 있었던 이유가 무엇인지를 다시 확인해야 합니다. 우리가 처음 은혜 받은 자리로 되돌아 가야 합니다. 구약 백성들에게 하나님이 권면하신 것은 "너는 애굽 땅 종되었던 집에서 너를 인도하여 낸 너의 하나님 여호와를 기억하라"는 것이었습니다. 오늘날 우리들에게는 하나님이, 예수님이 우리를 어떻게 사랑하셨는가 하는 것을 기억하고 되새김질 하는 것입니다. 그러고 나서 우리는 교만하며 자족하는 삶, 우리의 메마른 가슴을 회개해야 합니다. 그렇게 할 때에 성령께서 다시 한 번 더 우리의 가슴을 뜨겁게 만드실 것입니다.

그 다음에 이어지는 준엄한 경고의 말씀은 성도들로 하여금 정신을 바짝 차리게 만드는 효과를 가지고 있습니다. "만일 그리하지 아니하고 회개하지 아니하면 내가 네게 가서 네 촛대를 그 자리에서 옮기리라." 소금이 짠 맛을 잃어버리면 소금이 아니며, 아무 짝에도 쓸모 없어서 밖에 버리워 짓밟힐 뿐입니다. 이와 같이 교회도 교회의 본질을 잃어버리게 될 때에 주님은 그 교회를 심판하시겠다고 경고하고 있습니다. 주님이 심판하러 임하심은 미래에만 있는 것이 아닙니다. 역사의 매 순간 순간 주님은 이 세상을 통치하시고 교회를 다스리고 계십니다. 오늘날의 유럽의 많은 교회들이 이와 같은 심판을 받았습니다. 에베소 교회도 마찬가지입니다. 지금의 에베소 지역에는 황폐한 옛 영화의 흔적만 남아 있을 뿐입니다.

이기는 자에 대한 주님의 약속(7절)

주님의 말씀에 부응하여 처음 사랑을 회복하기 위해서는 힘들고 고된 영적 싸움이 필요합니다. 잃어버린 처음 사랑을 찾기 위해서는 엄청난 몸부림이 필요합니다. 하지만 그와 같은 신앙적 몸부림은 헛되지 않을 것입니다. 왜냐하면 그와 같은 싸움에 승리한 자에 대해서 주님은 엄청난 약속을 하고 있기 때문입니다. 7절을 보겠습니다. "귀 있는 자는 성령이 교회들에게 하시는 말씀을 들을지어다. 이기는 그에게는 내가 하나님의 낙원에 있는 생명 나무의 열매를 주어 먹게 하리라."

아담의 범죄로 인하여 잃어버린 낙원에 들어가며, 생명 나무의 과실을 자유로이 먹게 해 주시겠다는 것입니다. 아담 안에서 막혀진 그 길이 예수 안에서 복구되었습니다. 잃어버린 낙원보다 더 영광스러운 낙원이 우리를 기다리고 있습니다. 강 좌우에 생명나무들이 무성하게 있을 것입니다. 첫 낙원에는 동산 중앙에 생명나무를 한 그루 두셨지만 이제는 강 좌우편에 무수한 생명나무들이 있을 것입니다. 열두 가지 실과를 달마다 맺을 것입니다. 그 잎사귀 조차도 만국을 소생케 하는 효험이 있을 것입니다. 이것은 결코 작은 약속이 아닙니다. 모든 인류가 역사를 통하여 간절히 염원하고 희구해 왔던 내용입니다. 주님은 주님의 말씀을 듣고 끝까지 인내하며 신앙의 싸움을 싸우는 자에게 그것들을 주시겠다고 말씀하십니다.

그러나 우리가 반드시 기억해야 하는 것은 새 생명과 영생의 생명은 이미 예수 그리스도를 믿는 자가 누리도록 허락되어 있다는 것입니다. 거듭나는 순간에 우리는 새로운 피조물이 되었습니다. 예수 그리스도가 이 땅에 오신 목적은 "양으로 생명을 얻게 하고 더 풍성히 얻게 하려는 것이라"(요 10:11하). 우리가 하나님을 온 맘으로 사랑하고, 옆에 있는 성도들을 진실로 사랑할 때에 그것은 이미 하늘 생명을 누리고 있는 것입니다. "영생은 곧 유일하신 참 하나님과 그의 보내신 자 예수 그리스도를 아는 것이니이다"(요 17:3).

  이번 시간에 우리는 에베소 교회에 보내신 주님의 편지를 읽고 살펴보았습니다. 에베소 교회는 진리와 정통 교리를 수호하는 일에 있어서는 타의 추종을 불허할 정도로 철저했습니다. 소위 똑바른 신앙을 추구했고, 외적으로 보면 문제없이 잘 돌아가는 전통있는 교회였습니다. 하지만 그들에게는 치명적인 결점이 있었습니다. 교리 수호에 힘쓰다가 하나님께 대한 순순한 사랑, 성도들간의 뜨거운 사랑을 잃어버렸다는 것입니다. 우리는 주님께서 처음 사랑을 회복하지 아니하면 교회로서의 존재 가치가 없으므로 촛대를 옮겨버리겠다고 경고하시면서 회개할 것을 요구하시는 것을 보았습니다. 오늘 이 말씀들이 우리에게 어떤 의미가 있을까요? 저나 여러분이나 혹은 교회적으로 우리는 어떻습니까? 주님의 은혜에 감격하여 살았던 초심, 처음 사랑이 여전히 우리에게 있습니까? 서로 간에 진심으로 염려하고 사랑하며 권면하고 위하여 기도해 주던 사랑이 여전히 있습니까? 가진 것 별로 없어도 주님이 베푸신 구원의 은혜에 감격하여 눈물 흘리던 첫 사랑이 있습니까? 과거에 있습니까? 아니면 현재에도 있습니까? 오늘 우리는 처음 사랑을 회복하여야 합니다. 다른 일에 아무리 바쁘고 온전해져도, 즉 교리적으로 똑바르고, 열심히 일하고, 잘 참아도, 처음 사랑을 회복하지 못하면 버림받는다고 했습니다. 우리가 사랑을 잃어버린다면 모든 것을 잃은 것과 다름이 없습니다. 혹시라도 처음 사랑을 잃어버리신 분들이 있다면 하나님 앞에 회개하고 어디에서 잃어버렸는지를 확인하고 되찾게 되기를 바랍니다.

11

실상은 부요한 교회 – 서머나 교회

서머나 교회의 사자에게 편지하라 처음이며 마지막이요 죽었다가 살아나신 이가 이르시되 내가 네 환난과 궁핍을 알거니와 실상은 네가 부요한 자니라 자칭 유대인이라 하는 자들의 비방도 알거니와 실상은 유대인이 아니요 사탄의 회당이라 너는 장차 받을 고난을 두려워하지 말라 볼지어다 마귀가 장차 너희 가운데에서 몇 사람을 옥에 던져 시험을 받게 하리니 너희가 십 일 동안 환난을 받으리라 네가 죽도록 충성하라 그리하면 내가 생명의 관을 네게 주리라 귀 있는 자는 성령이 교회들에게 하시는 말씀을 들을지어다 이기는 자는 둘째 사망의 해를 받지 아니하리라 (계 2:8-11).

    우리는 살아가면서 스스로 자신을 평가하면서 살고, 또한 타인의 눈에 비치는 자신의 모습에 신경을 쓰면서 삽니다. 게다가 신자들은 주님이 나를 어떻게 생각하실까에 대해서도 관심을 기울입니다. 교회에 대해서도 마찬가지일 것입니다. 신자들이 교회를 어떻게 생각하는가, 교회 밖에 있는 불신자들이 교회를 어떻게 보는가, 그리고 교회의 주인이신 예수 그리스도가 어떻게 평가하시는가 하는 것입니다. 이러한 세 가지 관점은 서로 관련성이 있겠지만, 그럼에도 불구하고 우리는 주님께서 교회와 우리 개인의 인생을 어떻게 평가하시는가 하는 것에 초미의 관심을 기울이지 않을 수가 없습니다. 주님께서는 때로는 우리의 평가나 타인들의 평가와는 전혀 다르게 우리와 우리 교회를 평가하실 지도 모르는 것입니다. 그래서 바울은 고린도전서 4장 3-5절에서 이렇게 고백합니다. "너희에게나 다른 사람에게나 판단 받는 것이 내게는 매우 작은 일이라 나도 나를 판단하지 아니하노니 내가 자책할 아무것도 깨닫지 못하나 이로 말미암아 의롭다 함을 얻지 못하노라. 다만 나를 심판하실 이는 주시니라. 그러므로 때가 이르기 전 곧 주께서 오시기까지 아무것도 판단하지 말라. 그가 어둠에 감추인 것들을 드러내고 마음의 뜻을 나타내시리니 그때에 각 사람에게 하나님으로부터 칭찬이 있으리라."

우리도 기억해야 합니다. 정말로 중요한 것은 나약한 인생들의 부정확한 평가가 무엇인가 하는 것보다는 불꽃같은 눈으로 안과 밖을 다 헤아리시는 주님의 평가가 무엇인가 하는 것입니다. 우리는 요한계시록 2, 3장에 기록된 일곱 교회에 주신 주님의 말씀의 거울 앞에 서 있습니다. 앞선 강해에서는 보수적이고 정통적인 신앙을 지키기 위해서 불철주야 수고했으나, 처음 사랑을 잃어버려서 책망을 들었던 에베소 교회라는 거울 앞에 우리를 비추어 보았습니다. 이번 강해에서는 서머나 교회에 주신 말씀 앞에 마음을 모두어서 경청해 보고자 합니다.

부요한 도시 속에 살지만 환난과 궁핍을 겪은 교회

우선 교회가 위치하고 있던 서머나Smyrna시에 대해서 살펴보겠습니다. 서머나는 '몰약'이란 뜻을 가지고 있는데, 현재 터키 서부 해안에 있는 인구 300만의 대도시인 이즈미르Izmir시의 옛 이름입니다. 서머나는 비가 자주 내리는 4개월 동안의 겨울을 제외하면 항상 날씨가 맑고 청명한 하늘과 아름다운 해안을 가졌으며, 경치가 아름다워서 로마인들이 다들 입을 모아 크게 칭찬을 했던 곳입니다. 아시아의 모든 도시 중에서 서머나는 가장 아름다운 도시였기에, 서머나는 아시아의 장신구, 아시아의 면류관, 아시아의 꽃이라고 불려졌습니다. 그래서 로마인들이 휴양지로 즐겨 찾던 곳이 바로 서머나이기도 했습니다.[12] 마치 현재의 괌이나 태국의 파타야 혹은 몰디브, 푸켓, 사이판 등의 유명한 휴양지들을 생각해 보시면, 서머나를 이해하는 데 많은 도움이 되시리란 생각이 듭니다. 서머나시는 관광 산업이 발달한 곳으로서 당시대의 많은 문화적 혜택을 누렸을 뿐만 아니라, 경제적으로도 부요한 곳이었습니다. 더욱이 서머나는 그리스의 시성이라 불리고 일리아드와 오디세이아를 저술한 호머 혹은 호메로스Homeros의 탄생지라고 하는 문화적 자부심을 가지고 있었습니다.

서머나시는 원래 로마제국에 속한 도시가 아니었지만, 로마의 지배 하에 있기 전부터 로마에 대한 충성심이 대단했습니다. 로마가 서머나 북서쪽에 있는 본도의 미드라다테스 4세 왕의 군사들과 싸우는 중에 추운 겨울철을 맞았고 전세가 로마 측에 불리하게 되었을 때에, 서머나의 시민들은 자발적으로 겨울옷을 수거하여 로마 군을 도왔습니다. 또한 서머나는 이미 주전 195년에 로마 여신과 로마 신을 위한 신전을 세웠으며, 주후 26년에는 소아시아의 다른 도시들을 제치고 디베료 황제 신전 건설의 특권을 따내기도 하였습니다. 그래서 고대 세계에서 서머나시가 로마 제국에 바친 충성심은 대단히 유명한 것이었습니다. 로마는 그 대가로 서머나시를 자유시로 허락하고 자치권을 부여해 주었습니다.

그러나 관광업이 발달한 도시가 대체로 그러하듯이 서머나시는 경제적으로는 부요를 누리었지만, 도덕적으로는 쾌락과 환락이 지배하며, 온갖 이방 종교가 융성한 도시였습니다. 시의 뒷산이라고 할 수 있는 파고스Pagos 언덕에는 수많은 신전들이 즐비하게 세워져 있었습니다. 그리고 서머나는 소아시아에서 다른 도시와 비교할 수 없을 정도로 황제 숭배에 열성을 다하는 황제 숭배의 중심지였습니다. 결국 이와 같은 서머나시의 특징들을 주의깊게 살펴 보시면, 그 도시에 살고 있던 그리스도인들로서는 신앙 생활 하기가 엄청나게 어려운 여건이었다는 것을 짐작할 수가 있을 것입니다. 9절 상반절에 보시면 서머나 교회에 나타나신 주님은 "내가 네 환난과 궁핍을 알거니와 실상은 네가 부요한 자니라"고 말씀하시는 것을 볼 수 있습니다. 서머나 시민들은 일반적으로 부요하게 살았고, 문화적으로 많은 혜택을 누리고 살았지만, 서머나 시에 살고 있던 그리스도인들의 형편은 그렇지가 못했습니다. 풍광이 좋은 휴양도시, 그 유명한 즐거움의 도시에서 그리스도인들은 많은 환난으로 고초를 겪으며, 지지리도 가난하게 살고 있었습니다. 궁핍(窮乏)이라는 말은 극단적인 극빈extreme and abject poverty을 의미합니다. 우리나라 사람들이 너무 가난할 때에 찢어지도록 가난하다는 말을 쓰곤 했는데, 궁핍이란 바로 그런 뜻입니다. 그들이 가난할 수밖에 없는 것은 그들의 출신 배경이 노예나 가난한 서민들이었기 때문일 수도 있지만, 그들이 그리스도 신앙을 지키며 황제숭배를 거부했기 때문에 다른 시민들에게 당할 수밖에 없었던 약탈과 재산 몰수 등으로 인해 궁핍하게 되었을 수도 있습니다. 비슷한 상황에 놓여 있던 초대 교인들에게 쓰여진 히브리서 10장 34절에도 "너희가 갇힌 자를 동정하고, 너희 소유를 빼앗기는 것도 기쁘게 당한 것은 더 낫고 영구한 소유가 있는 줄 앎이라"고 말하고 있듯이 말입니다.

당시의 서머나의 인구는 20만 명을 넘었다고 하는데, 전 세계에서 몰려오는 환락의 인파로 흥청거리는 화려한 도시에 살면서 절제와 고난을 가르치는 예수님의 복음은 환영을 받을 수가 없었습니다. 그리고 절제와 정결한 삶을 강조하는 그리스도인들이 늘어나게 되면 서머나시의 주요 산업인 유흥업이 타격을 받을 수밖에 없었고, 이것은 시의 경제를 위협하는 것이 되기 때문에 그들은 공적으로 박해의 대상이 될 수밖에 없었습니다. 정신과 의사인 하지현 교수가 쓴『도시 심리학』(해남, 2009)이라는 책에 보면 이렇게 말합니다.

> 집단의 결속력이 강할수록 집단 내 구성원들은 집단의 가치관에 적극적으로 동조하면서 주류로서 삶을 사는 부류, 침묵하는 소극적 저항세력, 그리고 적극적으로 저항하면서 자기 정체성을 사수하려는 극소수의 사람

들이라는 세 그룹으로 나뉜다. 비주류는 집단의 이질적 집단으로 박해와 질시의 대상이 되기 쉽다.

서머나 현대 도시에서의 그리스도인들이 당하는 어려움을 심리학적으로도 잘 표현해 주는 글이라는 생각이 듭니다. 오늘날도 도박장이 유명한 라스 베가스나 홍등가가 즐비한 도시에서 절제와 정결의 삶을 강조하는 자들이 있다고 하면 재수없는 인간, 사업에 도움이 안 되는 인간이라고 욕먹고 박해를 당할 수밖에 없을 것입니다.

그리고 서머나 교인들은 이방인들 뿐 아니라 유대인들에게도 환영을 받지 못하였음을 주님께서는 지적하고 있습니다(10절하). 바울의 전도여행 때에도 항상 일어난 일이지만, 유대인들은 복음을 배척하고 그리스도인들을 누구보다도 앞장서서 가장 극렬하게 핍박하였습니다(행 13:50, 14:2, 5, 19 등). 자칭 아브라함의 자손이요, 하나님의 선민이라고 자부하며, 하나님을 위한다는 열심을 가지고 있던 유대인들은 진짜 하나님의 백성들을 핍박하고 죽이는 일에 적극적으로 앞장섰던 것입니다. 그리고 유세비우스Eusebius의 초대 교회사에도 보면 서머나의 유대인들이 그리스도인들을 박해하는 일에 앞장 섰다고 합니다. 그들 역시도 이방인들처럼 돈을 버는 일에 혈안이 되어 있었기 때문에 그리스도인들을 좋아하지 않았습니다.

그러나 이와 같은 환난과 궁핍 가운데 있는 서머나 교회에 대해서 주님은 무엇이라고 평가하였습니까? 소아시아의 일곱 교회 가운데 주님께 칭찬만 들은 교회는 서머나 교회와 빌라델비아 교회 두 교회 밖에 없었습니다. 그래서 어느 교회나 소아시아 일곱 교회 중에서 서머나 교회와 빌라델비아 교회를 무척이나 좋아합니다. 오늘날 교회 이름으로 서머나 빌라델비아를 쓰는 경우는 있지만 버가모, 두아디라, 사데, 라오디게아 등을 쓰는 경우는 보지 못했습니다. 본문 9절에 보시면 주님은 서머나 교인들이 예수 그리스도를 믿는 신앙 때문에 겪었고 또한 겪고 있는 환난과 궁핍을 잘 안다고 하시면서, 실상은 너희들이 부요한자라but you are rich고 말씀해주시는 것을 볼 수 있습니다. 그리고 예수님은 유대인들이 신자들을 비방하는 것도 잘 알고 있다고 하시면서, 그들은 자칭 여호와의 총회에 속한 선민이라고 하지만, 실상은 사탄의 회당에 속한 사탄의 무리들이라고 말씀해 주시었습니다.

서머나 교회에 대한 주님의 요구(10절)

이와 같이 서머나 교회를 칭찬하신 주님은 이제까지 고생 많이 했으니까 앞으로는 형통함과 평안함만을 줄 터이니 안심하고 푹 쉬라고 말씀하시지 않으셨습니다. 도리어 예수님은 장차 교회가 겪게 될 시험과 고난에 대하여 예고를 하시었습니다. 10절 상반절에 보시면 "너는 장차 받을 고난을 두려워 하지 말라. 볼지어다! 마귀가 장차 너희 가운데에서 몇 사람을 옥에 던져 시험을 받게 하리니 너희가 십일 동안 환난을 받으리라."고 말씀하고 있습니다. 주님은 말씀하시기를 마귀가 서머나 교회를 시험해서 넘어뜨릴려고 또 한 차례 박해를 가하겠지만, 견디기에는 너무나 길고 긴 장구한 세월이 아니고, 불과 십일에 불과할 것이므로 두려워하지 말라고 하셨습니다. 십일이란 역시 상징적인 의미를 담고 있는데, 이는 짧은 기간이어서 충분히 견딜수 있는 기간을 의미합니다. 마귀는 할 수만 있으면 택하신 백성이라도 넘어뜨리려고 끊임없이 노력하고 있지만, 주님은 훤히 그의 속셈을 다 들여다보고 계신 분입니다. 역사와 우주를 주관하시는 분은 부활하신 예수 그리스도이시지, 마귀가 아니기 때문입니다.

사실 서머나 교회에 나타내신 주님의 자기소개가 무엇이었습니까? 8절에 보시면 예수님은 자신을 "처음이며 마지막이요, 죽었다가 살아나신 이"시라고 소개하고 있습니다. 첫째, 예수 그리스도는 역사의 중심이시며, 역사를 시작케 하심과 마무리하실 전권을 가지신 분이십니다. 인류의 역사가 제 아무리 길다 해도 그 모든 시간과 사건은 주님의 손 바닥 안에 놓여 있습니다. 다윗은 고백하기를 "내 시대가 주의 장중에 있나이다"고 하였습니다. 그가 하늘과 땅의 모든 권세를 가지셨기에 그는 마귀의 사역 범위나 기간도 어거하시고 통제하십니다. 둘째, 또한 예수 그리스도는 죽었다가 살아나신 분이십니다. 그는 십자가에서 잔인하게 처형을 당하시고, 삼일간의 음부의 고통을 맛보시고, 다시금 부활하신 분이십니다. 그리고 그는 인생의 최악의 경지가 어떤 것인가를 알고 계시며 죽음의 쓰라림을 경험하셨기에 고난 받고 죽음의 위협을 당하는 우리를 체휼하시고 도와 주실 수 있는 분이십니다. 우리가 신앙생활하면서 어떠한 어려움을 경험한다고 해도, 주님이 미리 맛보시거나 경험하지 않은 것은 하나도 없다는 것은 우리에게 큰 힘이 되고 위로가 됩니다. 종교개혁자 존 칼뱅은 임종하기 전에 여러 날을 극도의 육체의 고통을 겪었었는데 그때에 다음과 같이 아름다운 고백을 하였습니다. "오 주님, 나를 상하게 하십시오. 그러나 이것이 주님의 손에서부터 나온 것이라는 것을 아는 것만으로도 족합니다."

주님은 서머나 교인들이 지금까지도 잘 참고 견뎌왔지만 앞으로도 통과해야 할 시험의 때가 남았으며, 마셔야 할 고난의 잔이 남았다는 것을 예고하시고 난 다음에, "네가 죽도록 충성하라. 그리하면 내가 생명의 관을 네게 주리라"(10절하)고 말씀하시었습니다. 앞에서도 서머나 시가 로마 제국에 대해서 그 얼마나 충성심을 바쳤던가를 언급했습니다만, 주님은 자기 백성들에게 어떠한 대가를 지불하더라도 끝까지 충성할 것을 명령하시었습니다. 사실 주님이 이 편지를 주실 때에 서머나 교회에는 폴리캅Polycarp이라고 하는 젊은 사역자가 있었습니다. 사도 요한에 의해서 서머나 교회의 감독으로 세움을 입었던 그는 목회사역을 잘 수행하고 난 후에, 86세라는 고령의 나이에 순교하게 되었습니다. 그의 고매한 인품이나 외모에서 풍겨 나오는 고결함 때문에 로마의 관리들이나 총독 조차도 신앙을 버리라고 그에게 부탁했지만, 그는 끝까지 자신의 신앙을 버리지 않았습니다. 그리스도를 모독하라고 권하는 총독에게 폴리캅은 "나는 86년 동안 그분을 섬겨 왔는데 그동안 그분은 단 한 번도 나를 부당하게 대우하신 적이 없습니다. 그런데 내가 어찌 이제까지 섬겨온 나의 왕 그리스도를 모독할 수 있겠습니까?"라고 대답하였습니다. 총독은 그의 마음을 돌리는데 도움이 될까 해서 마음을 안 바꾸면 화형을 시키겠다고 위협을 가했습니다. 하지만 폴리캅은 "당신이 잠시 타오르다가 곧 꺼져버리는 불로 나를 위협하고 있습니다. 왜냐하면 당신은 장차 임할 심판과 악인을 위해 예비된 영원한 형벌을 알지 못하고 있기 때문입니다. 자 왜 지체하고 있습니까? 당신이 원하시는 대로 하십시오." 결국 폴리캅은 화형대에 세워졌고, 관리들은 나무에 불을 지폈습니다. 그러나 희한하게도 타오르는 불길은 그의 몸을 태우기는 커녕 그의 몸 둘레를 울타리처럼 둥그렇게 둘러싸는 것이었습니다. 그리고 고귀한 향냄새까지 났습니다. 그래서 로마 관리들은 폴리캅 감독을 결국 창으로 찔러서 죽이고 말았습니다.[13] 사도 요한을 통해서 주신 주님의 분부대로 죽기까지 충성을 다한 것입니다. 유세비우스가 교회사를 기록하던 당시까지도 유명했던 순교사화입니다.

이기는 자에게 주시는 주님의 약속 (10절하-11절)

주님의 요구대로 서머나 교인들과 지도자 폴리캅은 죽기까지 주님을 부인하지 아니하였습니다. 이와 같이 죽기까지 충성하는 자들을 주님은 공치사 하시고 마는 분이 아니십니다. 태평양 전쟁 때에 자기 몸을 비행기와 함께 산화했던 가미카제와 2001년 9월 11일 자살테러를 했던 자들은 자신들의 조국과 자신이 믿는 신념과 그리고 자신이 존경하는 지도자를 위해서 목숨을 바쳤습니다. 그러나 그들에게 주어지는 보상은 무엇이겠습니까? 가미카제 영웅들은 신사에 이름이 올려졌고, 9.11테러를 일으킨 이슬람 과격 분자들은 거짓된 낙원을 약속받았을 뿐입니다. 그들은 자신들이 속한 집단에서야 영웅이라고 칭찬받겠지만, 그들은 다른 한편에서는 많은 피해자들을 낳은 살인자들에 불과한 것입니다. 그러나 우리 주님은 죽기까지 충성하는 자들에게 어떤 상급을 주시겠다고 약속하고 있는지 살펴보도록 하십시다.

첫째, 주님은 이기는 자들에게, 즉 끝까지 충성하는 자들에게 생명의 관, 면류관을 주겠다고 약속하시었습니다. 당시에는 올림픽 경기나 도시에서 개최하는 운동 경기에서 우승한 자에게 월계관laurel을 씌워 주었고, 정치를 잘하고 이임하는 지방 총독에게도 그의 치적을 기려서 면류관을 씌워 주었으며, 무도회와 같은 행사에도 꽃으로 만든 화관을 쓰는 관습이 있었습니다. 이는 모두 영광과 큰 기쁨을 상징하는 것입니다. 주님은 잠시 잠깐 있다가 시드는 월계관이나, 이 세상에서의 영광과 명예를 표시하는 면류관을 주는 정도가 아니고, 생명- 영생의 면류관을 주겠다고 약속하시었습니다. 그와 같은 생명의 면류관은 신자들이 장차 주님 앞에 서게 될 때에 받게 될 무궁한 영광과 무한한 기쁨을 의미합니다.

이기는 자에게 주시는 두 번째 약속은 둘째 사망의 해를 받지 아니하리라는 것이었습니다(11절). 둘째 사망이라고 하는 것은 요한계시록 20장 6절, 14절, 21장 9절에 반복적으로 나오는데, 최종 심판을 당한 불신자들과 악인들이 처하게 될 궁극적인 상태를 가리키는 표현입니다. 신자나 불신자나 간에 사람들은 한 번 육신의 죽음을 죽는 것이 정하신 이치인데, 이것이 첫 번째 죽음을 의미합니다. 그리고 주님의 재림 때에 심판이 있은 후에 신자들은 부활체를 입고서 주님과 함께 새 하늘과 새 땅에 살 것이지만, 불신자들은 하나님의 얼굴 빛이 전혀 비치지 않는 지옥에서 하나님의 은혜와 긍휼을 조금도 느끼지 못하면서 영원히 살게 될 것인데 이것이 두 번째 사망인 것입니다. 서머나시와 같은 유흥 도시에서 죄의 낙을 누리고, 주님은 믿지 않았던 불신자들은 그 날에 영원한 멸망에 처해지게 될 것입니다. 하나님과의 교제가 전혀 없는 곳, 주님의 은혜와 긍휼과 자비의 빛이 한 줄기도 없는 상태에서 영원히 양심의 고통을 겪으면서 후회하면서 살게 될 것입니다. 그러나 주님은 이 땅 위에서 주님 때문에 고난당하고, 궁핍하게 살았던 신자들에게 영원한 생명, 즉 하나님의 생명에 동참하고, 하나님과 교제하는 삶에 풍성하게 동참시켜 주실 것입니다. 이 세상은 우리의 육신의 생명을 앗아갈 수는 있지만, 우리를 하나님과의 교제에서 끊어놓을 수는 없습니다.

중세의 한 교황은 토마스 아퀴나스에게 교회가 얼마나 경제적으로 부요하며 많은 권력을 가지고 있는가에 대해서 자랑했다고 했습니다. 하지만 토마스는 교황에게 대답하기를 교회가 많은 은과 금은 가졌지만 나사렛 예수의 이름의 권세는 잃어버렸다고 반박하였습니다. 오늘 부요한 도시, 흥청망청대는 죄의 도시에서 살면서 믿음 까닭에 고난받고 궁핍하게 살았던 서머나 교회에 나타나신 주님은 그들이야말로 참으로 부요한 자라고 칭찬하시었습니다. 오늘 우리들은 어떠합니까? 이전의 믿음의 백성들에 비해서 아쉬울 것 없이 살아가고 있지만, 영적으로는 가난한 처지에 있지 않습니까? 은과 금은 내게 없어도 나사렛 예수의 이름 권세를 의지하고 있습니까? 우리는 주일학교와 청년 사역이 참 힘들고 어려운 시대를 살아가고 있습니다. 오늘날 교회 교육은 세상 교육보다 하드웨어, 소프트웨어가 다 뒤집니다. 흥미도에 있어서도 세상을 못 따라갑니다. 그러나 세상이 줄 수 없는 것, 교회만이 줄 수 있는 것이 무엇입니까? 그것은 바로 영혼 사랑입니다. 한 심령이 온 천하보다 귀하다는 사실을 알게 해 주는 것입니다. 하나님의 생명으로 거듭나고, 성령으로 충만한 사람이 되도록 돕는 것입니다. 이런 실상을 가지고 있다면 우리는 부요한 자인 것입니다.

그리고 주님은 우리를 향해서 죽기까지 충성하라고 요구하고 있습니다. 우리가 이 땅 위에 살 동안은 아직 전력투구하며 신앙의 싸움을 싸워야 할 때입니다. 주님 앞에 설 때까지 은퇴한 그리스도인은 있을 수가 없습니다. 아직도 우리들은 끝까지 싸워야 할 선한 싸움이 남아있습니다. 주님은 우리가 죽을 각오로- 우리의 인생 전부와 가진 것 모든 것을 드려서 주님을 섬기고 충성한다면 생명의 면류관을 얻게 될 것이라고 약속하고 계십니다. 교회의 모든 사역을 귀하게 여기십시다. 영혼을 위하여 우리가 땀흘려 수고하고, 저들을 가슴에 품고 기도하고, 간곡한 사랑으로 섬기는 것이 주님께 충성하는 것입니다. 주님은 죽도록 충성하라고 했습니다. 중도에 포기하지 마시고 기분에 따라 흔들리지 마시고 끝까지 충성하십시다. 주님은 생명의 면류관을 약속하고 계십니다. 아무개여! 이 땅에서 내 교회를 위하여, 내 어린 생명들을 위하여 참으로 수고 많이 했으니 생명의 면류관을 받으라고 불러주시는 영광의 날이 올 것입니다. 그 영광에 동참하는 자들이 되십시다.

12

니골라당의 행위를 용납한 교회
–버가모 교회

버가모 교회의 사자에게 편지하라 좌우에 날선 검을 가지신 이가 이르시되 네가 어디에 사는지를 내가 아노니 거기는 사탄의 권좌가 있는 데라 네가 내 이름을 굳게 잡아서 내 충성된 증인 안디바가 너희 가운데 곧 사탄이 사는 곳에서 죽임을 당할 때에도 나를 믿는 믿음을 저버리지 아니하였도다 그러나 네게 두어 가지 책망할 것이 있나니 거기 네게 발람의 교훈을 지키는 자들이 있도다 발람이 발락을 가르쳐 이스라엘 자손 앞에 걸림돌을 놓아 우상의 제물을 먹게 하였고 또 행음하게 하였느니라 이와 같이 네게도 니골라 당의 교훈을 지키는 자들이 있도다 그러므로 회개하라 그리하지 아니하면 내가 네게 속히 가서 내 입의 검으로 그들과 싸우리라 귀 있는 자는 성령이 교회들에게 하시는 말씀을 들을지어다 이기는 그에게는 내가 감추었던 만나를 주고 또 흰 돌을 줄 터인데 그 돌 위에 새 이름을 기록한 것이 있나니 받는 자 밖에는 그 이름을 알 사람이 없느니라(계 2: 12–17).

저는 함께 동문수학했던 어떤 목사님으로부터 오래전에 들었던 충격적인 이야기를 아직까지도 잊어버릴 수가 없습니다. 그 목사님은 신학대학원에 다닐 때에 낙도 선교회의 회원으로서 방학 때면 한 주씩 오지나 낙도에 들어가서 전도사역을 하던 분이었습니다. 그 목사님은 어떤 낙도에서 사역하고 계시는 한 목사님에 대해서 이야기해 주었습니다. 친구 목사님이 이야기해준 그 목사님은 교회가 없는 한 낙도에 들어가서 온갖 환난과 박해를 당하면서 복음을 전하여서 마침내는 교회를 설립했다고 합니다. 그런데 그분이 많은 고초를 겪던 초기에 이런 일이 있었다고 합니다. 한 번은 마을의 청년들이 술을 마시고서는 이 목사님을 으슥한 곳으로 데려가서는 칼을 쳐들어서 목사님을 찔러 죽이려고 하였습니다. 그런데 목사님을 칼로 치려던 그 청년들이 갑자기 무엇엔가 깜짝 놀라서는 혼비백산하여 도주해 버렸다고 합니다. 그 의문은 다음 주 주일 예배시간에 풀리어졌습니다. 왜냐하면 그 청년들이 모두 주일예배에 참석하여 무릎을 꿇고 사연을 고했기 때문입니다. 청년들이 전해 준 말에 의하면 그들이 칼을 들어 목사님을 치려고 하는데, 갑자기 자기보다 키가 큰 어떤 무시무시하게 생긴 자가 큰 칼을 들고 자기들을 노려보고 있더라는 것입니다. 그들은 그 기세에 눌려 뒤도 돌아보지 않고 줄행랑을 쳤다는 것이었습니다.

저는 이와 같은 이야기가 거짓말이거나 허무맹랑한 만담거리라고 보지 않습니다. 분명 낙도나 오지와 같은 복음의 최전선에는 주님의 직접적인 간섭이나 기적의 역사가 많이 일어나고 있기 때문입니다. 그래서 유명한 선교사의 생애에 일어났던 이야기를 하나 더 들려드립니다. 남태평양에 있는 뉴헤브리디즈 제도New Hebrides Islands의 선교사였던 존 패튼John G. Paton(1824-1907)이라는 분이 경험한 이야기입니다. 호주에서 북쪽으로 1,600킬로미터 떨어진 곳인 뉴헤브리디즈 제도에 가서 복음을 전했던 선교사입니다. 후에야 뉴헤브리디즈의 성 요한Saint John of the New Hebrides라고 까지 불리우게 되지만, 오랫동안 미신에 빠져서 살던 원주민들을 대상으로 선교하는 것은 쉽지가 않았습니다. 그가 겪었던 큰 위기 상황에 대한 이야기를 하나 소개해 드립니다.

호전적인 원주민들이 어느날 밤 패튼 목사 일가족을 불살라 죽이려고 그의 선교본부 주위를 둘러쌌습니다. 패튼 목사와 아내는 그 공포로 휩싸인 밤에 하나님께 자기들을 구원해달라고 쉬지 않고 기도했습니다. 날이 밝자 그들은 습격자들이 돌아간 것을 보고 깜짝 놀랐습니다. 그들은 하나님이 자기들을 구해주신 것에 감사드렸습니다. 일년 뒤에 그 부족의 추장이 예수 그리스도를 영접하게 되었습니다. 패튼목사는 전에 있었던 일들을 기억하면서 추장에게 전에 선교본부를 불사르고 자기 식구들을 죽이려고 했을 때 어째서 그만두게 되었는지 물어보았습니다. 추장은 깜짝 놀라며 대답했습니다. "그때 당신과 함께 있던 사람들은 누구였습니까?" 선교사는 대답했습니다. "그곳에 내 아내와 나 밖에 아무도 없었습니다." 추장은 그때 빛나는 갑옷을 입고 손에 검을 든 거대한 사람들이 수백 명이나 본부 주위를 지키고 있는 것을 보았다고 말했습니다. 그들이 선교본부 주위를 에워싸고 있어서 원주민들은 도저히 공격할 엄두를 내지 못했다고 했습니다. 그제야 패튼 목사는 하나님이 자기들을 지키기 위해 천사들을 보내셨음을 깨달았습니다.

이러한 사실을 우리가 안다면 우리는 하나님께 보호받고 있는 존재이다, 악한 자가 손도 못대는 존재이다라고 담대하게 살아갈 수가 있습니다. 그러나 오늘 버가모 교회에 대해서 자신을 "좌우에 날선 검을 가지신 이"라고 소개하시는 예수님의 말씀은 어떻게 이해해야 할까요? 유사해 보이지 않습니까? 이것은 1장 16절에서 소개되는 예수님의 모습이기도 합니다. "그의 입에서 좌우에 날선 검이 나온다." 주님의 입에서 좌우의 날선 검이 나온다는 말이 과연 어떤 의미를 가지는 것일까요? 보호를 말할까요, 아니면 심판을 의미할까요? 그리고 주님은 왜 버가모 교회에 대해서 자신을 그렇게 소개하시는 것을까요? 이번 시간에는 소아시아에 보내신 일곱 편지 가운데 세 번째인 버가모 교회에 보내신 편지 글을 함께 살피면서 교훈을 얻고자 합니다.

주님의 칭찬 (13절)

좌우에 날선 검을 가지신 주님은 버가모 교회에 편지하시면서 "네가 어디에 사는 지를 내가 아노니 거기는 사탄의 권좌가 있는 데라"고 말쏨하시었습니다. 사탄의 권좌란 사탄의 보좌를 의미하는데, 버가모 지역에서 특별히 사탄의 권세와 통치권이 강하게 역사하고 있음을 지적한 것입니다. 예수님은 버가모 교회를 칭찬하기에 앞서서 그들이 살고 있는 환경이 얼마나 사탄적이고 악한지, 그래서 신앙 생활 한다는 것이 얼마나 어려운지를 잘 알고 있다고 말씀해주시었습니다. 사탄은 주님의 십자가로 말미암아 결정적인 타격을 입었지만, 아직은 곳곳에서 사력을 다해서 역사하고 있습니다. 그러나 오늘 본문을 참조해 보자면 사탄이 모든 곳에서 동일한 힘과 권세로 역사 하는 것은 아니라는 것입니다. 하나님의 복음이 왕성한 곳에서는 사탄의 힘이 제한될 수밖에 없습니다. 그러나 어떤 곳에서는 사탄이 여전히 보좌에 앉아서 다스리며 권세를 부릴 정도로 지배적인 곳도 있습니다. 일제말에 신사참배가 유난히도 강요되었던 곳이 평양이었습니다. 그래서 박형룡 박사 같은 이는 일본 동경에 피하여 몇 년을 살다가 만주에 가서 살기도 했습니다. 신사참배라는 우상숭배가 강요되더라도 심한 곳이 있고 약한 곳이 있었다는 말입니다.

그러면 도대체 버가모Pergamum, Pergamon라고 하는 곳은 어떤 곳이었기에 사탄의 보좌가 있는 곳이요 사탄이 거주하는 곳이라고 주님이 말씀하시는 것일까요? 버가모시는 현재는 터키어로 베르가마라고 불리우고 있습니다. 이름의 뜻은 성채 혹은 아성이라는 뜻을 가지고 있습니다. 당시에는 로마 제국의 소아시아주의 수도였습니다. 로마의 식민지가 되기 전에도 근 200여년 동안 버가모(= 페르가몬) 왕국의 수도로서 명성과 영화를 누렸습니다. 그 시절에 갖추어진 버가모 도서관은 이집트의 알렉산드리아 도서관을 제외한다면 가장 많은 장서인 20만 권을 갖추었습니다. 오늘날 같이 인쇄 기술이 발달한 때가 아니고, 일일이 손으로 필사하던 시절이라는 점을 감안하면 버가모가 갖춘 장서는 당시로서는 엄청나게 공들여서 이룩한 문화재인 것입니다. 이와 같이 버가모는 문화적인 도시였습니다.

버가모가 로마 제국에 자진해서 왕국을 바치고 나서는 우리나라 식으로 말하자면 소아시아 주의 도청 소재지가 되었습니다. 따라서 그곳은 로마에서 파견한 총독proconsul이 행정 업무를 수행하는 행정 도시였습니다. 게다가 버가모는 제우스신을 비롯하여 아데나, 디오니수스 등에게 바쳐진 신전이 있었으며, 의료의 신이라고 일컬어지는 아스클레피오스의 신전과 의료시설이 있었습니다. 이와 같이 버가모에는 수많은 이교 신전들과 사원들이 즐비하게 있었으며, 나아가서는 로마 행정의 중심지로서 로마 황제 숭배에 대해서 대단한 열정을 보였던 도시였습니다. 버가모시는 온갖 우상종교와 잡다한 사상들의 유통지요, 그리고 부도덕한 삶을 교양인의 삶이라고 떠벌리고 있었기에 사탄이 자신의 거주지를 삼으며, 보좌를 두고 통치할 수 있는 좋은 환경이 되었던 것입니다.

하지만 여러분들이 예상하실 수 있듯이 이와 같은 환경에서는 그리스도인들이 신앙을 지키고 살기에는 너무나 어렵고 힘들었습니다. 오로지 예수님만이 나의 주님이시라고 고백했던 그리스도인들은 이방 신전에 출입하는 것을 거부했을 뿐 아니라, 시민의 공적인 의무로 중시되었던 황제 숭배에 참여하는 것도 거부하였습니다. 그런데 로마인들이 왜 살아있는 황제를 신이라고 숭배하는 일을 그리도 중요하게 생각하였을까요? 어떤 의미에서는 황제에게 지극한 존경과 충성심을 바친다고 하는 면도 있지만, 무엇보다도 근본적으로 중요한 의도는 로마 제국이 크고 넓은 대제국을 잘 다스리기 위해서는 하나의 통일된 사상이나 종교가 필요했던 것입니다. 마치 일제 시대때 내선일체를 기치로 내걸고 우리나라 사람들에게도 동방요배나 신사참배를 요구했던 것과 비슷하다고 할 수 있습니다. 사실 황제숭배라고 해봐야 그리 까다롭고 복잡한 의식이 있었던 것도 아니었고, 경제적으로 손실이 따르는 것도 아니었습니다. 다만 신전에 가서 황제의 상앞에 차려진 분향단에 약간의 향을 뿌리고 나서는 "가이사는 나의 하나님이자 주님Deus et dominus이십니다"고만 말하면 그만이었습니다. 이리도 간단한 의식에 참여하는 것만으로 로마가 베풀어 주는 온갖 혜택을 다 누릴 수 있는데, 이 세상 사람들이 무엇 때문에 황제숭배에 반대하겠습니까! 인도나 일본을 보시면 잡다한 우상을 섬기는 자들은 살아가는 데에 상당히 편리합니다. 이것도 신, 저것도 신 다 인정해 주면 서로 다툴 일이 없어지기 때문입니다. 종교 때문에 불이익을 당할 일이 없어집니다.

그러나 그리스도인들은 어떠하였습니까? 오로지 예수 그리스도만이 만물의 주인이시요, 구원자시라는 점에서 예수님을 주님이라고 그들은 고백하였으며, 다른 무엇을 그것이 심지어 만인 위에 군림하고 있는 로마 황제라고 해도 주님으로 인정할 수가 없었습니다. 그래서 그들은 황제를 위해 건립된 신전에 가지도 아니할 뿐 아니라, 황제를 주님이라고 고백하는 것도 거부하였습니다. 이와 같은 그리스도인들의 분명하고도 고집스러운 태도와 처신은 로마 당국이나 다른 시민들로부터 제국에 반역하는 일로 해석되었고, 공공질서를 어지럽게 하는 자들로 간주되었습니다. 따라서 이들에게 돌아오는 보상은 잔인하고 혹독한 핍박이었습니다. 버가모는 로마 총독이 거주하고 있었고, 로마 총독은 황제에게서 부여받은 유스 글라디 *ius gladii* 라는 것을 가지고 있었습니다. 번역하면 칼의 권세라고 할 수 있는데, 재판을 통하여서 죄수에게 사형을 언도하고 사형을 집행할 수 있는 권세를 말합니다. 따라서 총독은 황제숭배에 반대하는 그리스도인들을 처형할 수 있는 권한을 가지고 있었으며, 그의 총독 관청이 위치하고 있는 버가모는 황제숭배에 반대하는 자들을 처형하는 일에 중심지가 되었습니다.

그러나 본문 13절에 보면 그와 같은 환난과 박해 중에서도 버가모 신자들이 예수님의 이름을 굳게 잡았으며, 예수님을 믿는 믿음을 저버리지 아니하였기 때문에 주님께 칭찬을 받고 있는 것을 보게 됩니다. 모든 신자들이 환난과 핍박 때에 굳세게 믿음을 지켰지만, 주님이 특별히 "내 충성된 [나의] 증인 안디바"라고 칭하신 한 사람이 돋보입니다. 안디바에 대해서 우리가 아는 것은 거의 없습니다만, 그는 황제를 주님이라고 신이라고 인정하기를 거부했다가 로마 관리들에게 잡혀서 놋쇠로 만든 황소상 안에 집어 넣어져서 불로 가열하여 죽임을 당했다고 시몬 마타프라테스는 전해주고 있습니다. 유세비우스의 교회사에도 보면 버가모 사람들 중에 순교한 이들의 이름들을 언급하고 있습니다(카르푸스, 파필루스, 아가토니케 등). 박해하는 자들이 그들로 하여금 그리스도를 훼방하는 말을 하게 하려고 갖은 고문과 악형을 가하였지만 굴복하지 아니하고 끝까지 순교하였다고 전해지는 이들입니다.[14]

주님의 책망과 경고(14-16절)

버가모 교회는 이와 같이 신앙 생활하기에 너무나 버거운 역경과 환난 가운데서도 주님을 배신하지 아니하고 주님의 이름을 굳게 붙들며 예수 그리스도에 대한 믿음을 굳세게 지켰다고 칭찬을 받았습니다. 주님은 사탄이 그렇게도 강력하게 설치고 있는 어려운 환경 속에서도 안디바와 같이 믿음을 지키다가 순교한 자들이 있는 버가모 교회를 기뻐하시며 칭찬하시었습니다. 특히 안디바에게는 "내 충성된 증인"이라는 호칭을 부여하시었습니다. 증인이라고 번역한 헬라어 단어는 말투스인데, 이 말은 증인의 의미로 시작했지만 나중에는 순교자의 의미도 가지게 되었습니다. 영어에 마터라고 하는 단어가 바로 이 단어입니다. 복음을 증거하다가 죽는 자들이 많아지다 보니 증인 곧 순교자의 등식이 성립하게 된 것입니다.

그런데 이와 같은 교회에도 치명적인 허물이 있었다는 것이 놀랍습니다. 14절에 보시면 예수님께서는 "그러나 네게 두어 가지 책망할 것이 있나니 거기 네게 발람의 교훈을 지키는 자들이 있도다. 발람이 발락을 가르쳐 이스라엘 자손 앞에 걸림돌을 놓아 우상의 제물을 먹게 하였고 또 행음하게 하였느니라."고 책망하시는 것을 볼 수 있습니다. 복음의 진리를 위해서는 목숨 걸고 싸웠던 버가모 교회가 어느새 내부적으로 중대한 이단의 영향력에 노출되고 전염되어 가고 있었던 것입니다. 15절에 보시면 예수님은 구약에서 거짓 선지자의 대표격인 발람의 교훈과 버가모 교회내에서 번지고 있는 니골라당의 교훈을 유사한 것으로 말씀하셨습니다. 니골라나 발람의 이름 뜻도 같다고 말씀드렸습니다. 백성을 이기는 자라는 뜻을 가지고 있습니다. 발람에 대해서는 민수기 22, 23, 24장에 자세히 기록되어 있는데, 그는 이스라엘 사람이 아니었지만 여호와 하나님의 감동을 받는 이방 출신의 선지자였습니다. 때는 이스라엘 백성들이 출애굽하여 이제 가나안 땅에 입성하려고 하던 무렵입니다. 이스라엘이 가나안으로 들어가려면 모압 땅을 지나게 되어 있었는데, 모압 왕 발락은 이를 용납할 수가 없었습니다. 발락 왕이 택한 책략은 직접적으로 이스라엘 백성들과 부딪쳐 싸우기 보다는 용하다고 소문난 발람 선지자를 불러와서 여호와의 이름으로 이스라엘 백성들을 저주하는 것이었습니다. 그러나 발람이 발락 왕에게 많은 재물을 약속받고 모압 땅에 오기는 했지만, 신탁을 받은 발람의 입에서는 저주의 말이 아니라 끊임없이 이스라엘을 축복하는 말만 쏟아져 나왔습니다. 이는 발람으로서도 어찌할 수 없는 일이었습니다. 만약에 발람이 이쯤에서 그냥 돌아갔다면 그는 그토록 엄한 벌을 받지 않았을 것입니다. 그는 정통적인 신학을 가지고 있었지만, 그의 마음은 주체할 수 없는 탐심에 지배를 받았습니다. 발람은 그냥 돌아가지 아니하고 발락 왕에게 한 계책을 알려 주었습니다. 그는 모압의 여자들을 시켜서 이스라엘의 남자들을 유혹하여 그들이 하는 우상숭배와 부도덕한 축제에 초청하게 하도록 제안하였습니다. 발락 왕은 발람의 계책을 따라서 이스라엘 백성들 앞에 올무를 놓아서 우상제물을 먹게 하고 모압 여자들과 행음하게 만들었습니다. 이로 인하여 이스라엘 백성들에 대한 하나님의 진노가 불같이 타올라서 염병 재앙을 보내사 2만 4천명이나 죽게 하셨습니다. 그리고 후에 여호수아 장군의 칼날에 발람 선지자도 죽임을 당하고 말았습니다(민 31:8).

주님은 버가모 교회에 거점을 확보하고 영향력을 미치고 있는 니골라당의 교훈도 이와 유사한 것으로 말씀하시면서, 만약에 그들이 회개하고 돌이키지 않는다면 좌우에 날이 선 검으로 그들과 싸우겠다고 경고하시었습니다. 니골라당의 교훈은 에베소 교회에 보낸 편지 속에서도 언급되어 있는 것을 우리가 읽었습니다만, 에베소 교회는 니골라당의 교훈을 용납하지 아니하였습니다. 주님께서도 미워하신다고 하신 니골라당의 교훈을 버가모 교회는 은연 중에 용납하고 활동할 수 있는 거점이 되어 주었습니다. 우리가 니골라당의 교훈을 정확하게 재구성할 수는 없지만, 그들은 주장하기를 예수 그리스도의 은혜로 구원받은 신자들은 하나님의 은혜로 보호를 받고 있기 때문에 아무렇게 살아도 좋고, 심지어 육체로 음행을 하고 우상의 전에 가서 분향하고 음식을 먹어도 아무런 해가 없다고 주장하였습니다. 내 마음 속에서만 신앙의 정절을 지키면 되었지 외적으로 어떻게 하느냐 하는 것은 별로 중요하지 않다고 그들은 생각하였습니다. 이들의 가르침은 그렇지 않아도 신앙 때문에 살기가 어렵고 힘들었던 연약한 신자들에게는 너무나도 훌륭한 복음의 메시지처럼 들리었습니다. 그리스도인들은 자유인이기 때문에 그가 몸으로 무슨 짓을 해도 죄될 것이 없다는 주장은 이미 바울 당시에도 제기되었던 거짓 복음이었습니다. 우리가 은혜를 더하기 위하여 죄 가운데 거하자(롬 6:1)와 같은 표어는 바울의 은혜의 복음을 철저하게 곡해하고 있던 자유방종파의 구호였습니다. 제가 아는 어떤 목사님도 은혜의 복음을 잘못 강조했습니다. "성화 웃기는 소리 하지 마라. 몸부림쳐봐도 죄밖에 짓는 것이 없는 인생들인데, 예수님 믿고 천국 가면 되었지 무엇을 바라느냐? 네 성질대로 살아라"고 강하게 말했습니다. 그런데 진짜 그렇게 설교했더니 교인들이 자기 성질대로 사는 방종파가 되게 만들었습니다. 이것도 하나의 유치한 니골라 당의 가르침이라고 할 수가 있을 것입니다.

주님은 그리스도인들에게 예수의 이름을 굳게 지키고, 주의 이름을 부인하지 않는 것과 같이 진리를 굳게 붙잡는 것도 원하시지만, 더불어서 복음에 합당한 삶, 세상과 구별되는 삶, 세상에서 빛과 소금이 되어서 그리스도의 충성된 증인이 되는 것도 간절히 바라십니다. 올바른 믿음에 기초하여 맺혀지는 선한 삶을 주님은 그 얼마나 강조하시었습니까? 사도 바울은 서신들 속에서 올바른 믿음과 더불어 거룩한 삶을 그 얼마나 균형있게 가르쳤습니까? 인간의 독자적인 노력으로 도덕적 열매를 맺고 하나님 앞에 인정받아 보겠다고 자처하는 율법주의와 행위 구원론에 빠지는 것도 무서운 오류이지만, 하나님의 은혜로 구속함을 얻고 성령의 감동 감화를 받아서 맺혀지는 신자의 열매가 은총의 열매이고 성령의 열매라는 것을 잊지 말아야 합니다. 우리는 이와 같이 복음 안에 있는 자유와 내 마음대로 살아도 된다는 무율법주의적 방종주의를 엄히 구분할 수 있어야 합니다. 예수 그리스도는 우리를 거룩한 하나님의 백성으로 만드시기 위해서 죽으셨지, 우리가 죄 가운데 거하면서 죄를 즐거워하라고 구원해 내신 것이 아닙니다.

주님은 버가모 교회 내에서 이와 같은 니골라당의 교훈을 따르는 타협주의자들에게 엄중하게 경고하시었습니다. 16절에 보시면 만약에 그들이 회개하지 아니하면 주님이 친히 방문하시되 그의 입에서 나오는 좌우에 날선 검으로 그들과 싸우겠다고 경고하시었습니다. 주님은 자신의 입에서 나오는 말씀을 좌우에 날선 검이라고 비유하였습니다. 주님의 말씀은 검과 같은 기능을 가지고 있기 때문입니다. 그 말씀은 교만한 심령에 상처를 주어서 겸손하게 만들며, 위장하여 감추고 있는 실체를 드러내며, 우리의 죄악과 죄된 습관을 잘라내며, 능숙하고 날카로운 솜씨로 거짓된 가르침, 유사진리를 물리치시기 때문입니다. 주님의 칼은 그의 신자들을 위하여서 보호하고 돕는 기능을 가지고 있지만, 버가모 교회에 발해진 경고에서처럼 그의 대적들을 물리치고 섬멸하시는 심판의 칼이기도 합니다. 니골라당의 교훈을 좇는 자들은 생사여탈권을 쥐고 있는 총독의 칼과 로마 관리의 칼을 두려워 하여서 세상과 타협하는 교훈을 따라갔습니다만, 주님은 그들보다도 더 큰 권세를 자신이 가지고 있다고 경고하고 있는 셈입니다.

이기는 자들에게 주시는 약속(17절)

주님은 버가모 교회에 대한 칭찬과 책망, 그리고 경고를 발하신 후에 다시 한 번 더 격려와 약속의 말씀을 주시었습니다. 17절을 보겠습니다. "귀 있는 자는 성령이 교회들에게 하시는 말씀을 들을지어다. 이기는 그에게는 내가 감추었던 만나를 주고, 또 흰 돌을 줄 터인데 그 돌 위에 새 이름을 기록한 것이 있나니 받는 자 밖에는 그 이름을 알 사람이 없느니라." 주님의 말씀처럼 우리는 마음의 귀를 기울여서 버가모 교회에 주신 약속의 말씀을 들어야만 합니다. 주님은 니골라당의 교훈을 따르지 아니하고 끝까지 주님의 이름을 붙잡고 주님을 믿는 믿음을 지키는 자들에게 감추었던 만나와 새 이름이 기록되어 있는 흰 돌을 상으로 주겠다고 약속하고 계십니다.

주님이 주시겠다고 약속하시는 만나라고 하는 것은 출애굽한 백성이 광야 생활을 하는 동안에 하늘로부터 받아 먹은 주 양식이었습니다. 만나는 하나님의 하늘 곳간에서 내린 하늘 양식을 가리키는 셈입니다. 예수님은 빈 들판에서 자신을 따르는 무리들에게 광야 백성들이 먹었던 만나는 하늘 양식이며, 생명의 양식을 상징하는 것으로서, 예수님 자신이 하늘로부터 내려 주시는 참 생명의 떡이라고 주장하시었습니다. 주님은 누구든지 자신을 믿는 자는 자신의 살을 먹는 것이요, 자신의 피를 마시는 것이라고 하는 끔찍스러운 주장을 하시었습니다. 아무튼 감추어진 만나를 주겠다는 것은 예수님과의 풍성한 교제를 통한 새 생명을 더욱더 누리게 해 주겠다는 말씀입니다. 오늘 현대를 살아가고 있는 우리들 역시도 단지 육신의 배가 고파서 문제가 아닙니다. 하늘로부터 내리는 생명의 양식이 핍절해서 배고픈 것이 아니겠습니까? 주님은 세상과 타협해서 이 세상이 주는 우상제물과 같은 것을 거부하는 자에게 하늘 양식으로 땅에 사는 동안 먹게 하며 영원히 목마르지도 배고프지도 아니하게 하겠다고 약속하시었습니다.

　주님이 약속하신 두 번째 상은 흰 돌인데 그 위에 받는 자 이외에는 알 사람이 없는 새 이름을 새겨줄 것이라는 것입니다. 고대 사회에서 흰 돌은 여러 가지 용도로 사용되었다고 합니다. 재판정에서는 재판 받고 있는 사람이 무죄면 흰 돌, 유죄면 검은 돌을 항아리에 던졌다고 합니다. 이때에 흰 돌이란 무죄 방면을 의미하였습니다. 또한 텟사라 tessara라고 하는 희고 네모난 돌은 공중 연회장에 자유로이 들어갈 수 있는 출입 티켓 구실을 하였습니다. 주님께서는 세상의 온갖 유혹을 물리치고 죄의 낙을 거부한 자들에게 하늘 잔치에 자유로이 출입하게 하시겠다고 약속하시는 것입니다. 그리고 그 돌 위에는 받는 자만이 알아볼 수 있는 새 이름이 새겨져 있다고 합니다. 새 이름이란 예수 그리스도의 이름입니다. 예수 그리스도의 이름을 은밀하게 알리시겠다고 하는 것은 주님과의 깊은 인격적이고 친밀한 교제를 의미합니다. 하나님의 백성들이 소원하는 것은 예수 그리스도를 아는 지식인데, 이것은 이론적인 정보를 축적한다는 것을 의미하지 않습니다. 직접 주님을 만나고 사귐을 통하여서 알아져 가는 인격적인 교제를 의미하는 것입니다.

　　주님 나와 동행을 하면서 나를 친구 삼으셨네
　　우리 서로 받은 그 기쁨은 알 사람이 없도다(찬송가 442장 후렴)

　오늘 나눈 말씀을 정리해 봅니다. 오늘 우리들은 우상숭배와 황제숭배의 중심지, 그래서 사탄의 권좌가 있는 곳이라고 할 정도로 영적으로 힘든 여건 속에서 신앙생활하고 있던 버가모 교회에 보낸 주님의 편지를 읽고 묵상했습니다. 그 어려운 조건에서도 주님의 이름을 붙들고, 믿음을 지킨 것을 칭찬하셨습니다. 안디바처럼 주님을 위해 순교하기까지 한 것을 칭찬해 주시었습니다. 그러나 버가모 교회는 니골라 당의 교훈을 지키는 자들을 포용하고 있다는 점에서 책망을 받았습니다. 니골라당의 교훈이란 구원과 삶은 별개다라고 하는 주장을 핵심으로 합니다. 이런 식의 가르침은 마음의 신앙만 지키고, 현실 생활에서는 음란하게 살고 우상숭배하면서 살아도 된다고 하는 형태로 표출되게 되었습니다. 그러나 이것은 세속화와 다르지 않습니다. 안 믿는 것보다 결코 나을 것이 없는 방종한 삶을 낳습니다. 주님은 총독이 가진 칼의 권세가 무서워서 이렇게 니골라 당의 교훈을 용납한다고 하면 좌우에 날선 검을 가지고 임하시어 교회를 심판하시겠다고 경고하시었습니다.

 우리가 살고 있는 이 한국 현실도 믿음 지키면서 직장 생활하기가 쉽지가 않습니다. 하다못해 돼지머리 놓고 고사 지내는 일도 있고, 흥청망청대는 술 파티도 있습니다. 그리고 전통 종교가 국가적으로 기승을 부리고 있습니다. 물질적으로 좀 더 윤택하게 살려고 하니 부정한 돈의 유혹도 많이 있습니다. 이런 때에 믿음대로 산다고 하는 것이 얼마나 힘이 들고, 때로는 바보스럽게 느껴지지 않습니까? 하지만 주님은 이런 환경 속에 있는 우리들을 아신다고 하셨습니다. 그리고 믿음을 잘 지키면 영적인 만나와 흰돌을 주시겠다고 약속하셨습니다. 유혹을 극복하고 믿음으로 사는 자들에게 허락해 주시는 신령한 양식, 기쁨, 평안이 있습니다. 윤복희씨가 수 년전에 『주님 저예요』라는 간증집을 내었습니다. 신문에 난 기사를 읽어보니까 유명한 뮤지컬 가수 아닙니까? 처음에 뮤지컬을 개봉하기 전에는 돼지머리 잡아놓고 고사를 지내더라는 것입니다. 대부분 순응하고 사는데, 윤복희씨는 안 된다, 우리 예배 드리고 하자 그래가지고는 목사님 모시고 예배드리고 뮤지컬을 해왔는데 성과가 좋았다는 것입니다. 우리가 살아가고 있는 직장현실이 아무리 어렵다고 하더라도 이와 같이 믿음의 결단이 있어야 합니다. 그래야만 영적인 만나를 주시고, 또한 천국에 자유로이 출입할 수 있는 흰 돌을 누릴 수가 있는 것입니다.

13

이세벨의 교훈을 용납한 교회-
두아디라 교회

두아디라 교회의 사자에게 편지하라 그 눈이 불꽃 같고 그 발이 빛난 주석과 같은 하나님의 아들이 이르시되 내가 네 사업과 사랑과 믿음과 섬김과 인내를 아노니 네 나중 행위가 처음 것보다 많도다 그러나 네게 책망할 일이 있노라 자칭 선지자라 하는 여자 이세벨을 네가 용납함이니 그가 내 종들을 가르쳐 꾀어 행음하게 하고 우상의 제물을 먹게 하는도다 또 내가 그에게 회개할 기회를 주었으되 자기의 음행을 회개하고자 하지 아니하는도다 볼지어다 내가 그를 침상에 던질 터이요 또 그와 더불어 간음하는 자들도 만일 그의 행위를 회개하지 아니하면 큰 환난 가운데에 던지고 또 내가 사망으로 그의 자녀를 죽이리니 모든 교회가 나는 사람의 뜻과 마음을 살피는 자인 줄 알지라 내가 너희 각 사람의 행위대로 갚아 주리라 두아디라에 남아 있어 이 교훈을 받지 아니하고 소위 사탄의 깊은 것을 알지 못하는 너희에게 말하노니 다른 짐으로 너희에게 지울 것은 없노라 다만 너희에게 있는 것을 내가 올 때까지 굳게 잡으라 이기는 자와 끝까지 내 일을 지키는 그에게 만국을 다스리는 권세를 주리니 그가 철장을 가지고 그들을 다스려 질그릇 깨뜨리는 것과 같이 하리라 나도 내 아버지께 받은 것이 그러하니라 내가 또 그에게 새벽 별을 주리라 귀 있는 자는 성령이 교회들에게 하시는 말씀을 들을지어다(계 2:18-29).

　사람들은 대개 병원, 경찰서, 법원 등에 가는 것을 싫어하는 경향을 가지고 있습니다. 건강진단이라도 받으려고 가는 길은 마음이 천근 만근 무거워집니다. 혹시나 알지도 못하는 사이에 내 속에 중병이 생긴 것은 아닐까 하고 기우까지 하게 됩니다. 게다가 만약에 의사가 어디가 조금 이상한 것 같으니 CT나 MRI를 한 번 촬영하자는 말이라도 하게 되면, 마음이 착잡해지고 힘이 쫙 빠져나가는 것을 느끼게 될 것입니다. 이와 같이 성도들에게는 하나님의 말씀을 읽고 듣는 일이 즐겁기만 한 일이 아니고, 마치 정밀 조사를 받거나 수술을 받는 것 이상의 영적인 고통을 느끼게 할 때가 있습니다. 그래서 어떤 분들은 성경 속에서 마음에 드는 것만 골라서 읽고, 마음에 위로를 주는 소리들만 가슴에 품으려고 합니다. 하지만 그와 같은 선택은 오래지 않아서 돌이킬 수 없는 나쁜 결과를 가져오고 말 것입니다. 성도들은 듣기 좋거나 싫거나 간에 하나님의 말씀 전부를 마음 문을 열고서 듣고자 하는 자세를 가지는 것이 좋습니다.

우리는 소아시아에 산재한 일곱 교회에 보내신 주님의 편지들을 살펴보면서 우리의 개인의 신앙 상태와 교회의 영적인 상태를 그 말씀들에 비추어 보고 있습니다. 이와 같은 말씀들을 우리가 주의 깊게 읽고 듣는다면, 우리의 숨겨진 실상들을 낱낱이 드러내시고 칭찬하시거나 책망하시고 해결책을 가르쳐 주시는 주님의 음성을 듣게 될 것입니다. 오늘 우리가 읽은 것은 두아디라 교회에 보내신 주님의 편지입니다. 두아디라는 같은 아시아 주에 속한 에베소, 서머나, 버가모 시에 비하자면 도시의 중요성이 떨어지는 미미한 성읍이었습니다. 두아디라는 2300여 년 전에 셀레우코스 니카노르 1세에 의해서 건설되었는데, 그의 딸 두아의 이름을 붙여서 두아디라라고 불렀습니다. 이는 두아의 성읍이라는 의미입니다. 두아디라하면 우리는 바울이 빌립보에 가서 복음을 전할 때에 성령이 마음 문을 열어주시어 신자가 된 자주 장사 루디아를 연상하게 될 것입니다만, 두아디라는 정치적으로나 종교적으로는 별 중요성을 누리지 못한 고을이었습니다. 다만 지리적으로 볼 때에 아시아의 수도인 버가모로 향하는 길목에 있어서 전략적 가치가 있었음에도 불구하고 요새를 세울만한 자연적인 이점이 없었습니다. 그래서 로마는 아주 강력한 수비대를 두아디라에 배치했었다고 합니다. 일종의 두아디라는 파수꾼의 성읍 역할을 했기 때문에 도시는 자주 적들에 의해서 파괴되기도 했습니다.

그리고 두아디라는 여러 도시들로 갈 수 있는 길목에 위치하고 있어서 여러 가지 상업이 활성화되었습니다. 땅이 비옥하여 목축업이 발달했으며, 또한 두아디라에서 산출되는 자주천은 호머의 일리아드에서 호평을 받을 정도로 수준 높은 것이었습니다. 자주색은 지중해 연안에서 잡히는 소라나 조개 등에서 채취하여 만드는 경우 소라의 아구에서 한 두 방울 정도 나오니 굉장히 희소가치를 가진 색이었습니다. 그러나 두아디라의 경우에는 육지에 있었기 때문에 매더Madder라고 하는 식물의 뿌리에서 채취하여 얻었다고 합니다. 아무튼 고대에는 자주색은 황제나 부호만이 누릴 수 있는 색깔이었습니다. 루디아는 바로 그렇게 만들어진 자주천을 빌립보에 수출하여 판매하는 국제적인 여류 사업가였던 것입니다. 이제 두아디라에 있던 교회에 보내시는 주님의 메시지를 함께 살펴 보겠습니다.

두아디라 교회에 나타나신 주님의 모습(18절)

우리가 일곱 교회에 보내어진 서신들을 주의해서 읽어 보면 각 교회에 소개되어지는 주님의 모습은 각 교회가 처한 상황과 밀접한 관련성을 가지고 있다는 것을 쉽게 알 수 있습니다. 그러면 두아디라 교회에 나타내시고자 하시는 주님의 모습은 어떠하였을까요? 18절에 보시면 "그 눈이 불꽃 같고, 그 발이 빛난 주석과 같은 하나님의 아들"이라고 주님은 자신을 소개하고 있습니다. 이러한 주님에 대한 소개는 이미 1장 14-15절에서 본적이 있습니다. 여러분 이러한 주님의 소개를 들으시면서 어떤 느낌이 드십니까? 활활 타오르는 불꽃같은 눈을 가지시고 빛난 주석과 같은 발을 가지신 예수님의 이미지를 우리가 보았다고 하면 느끼게 될 감정은 결코 부드럽거나 친밀하게 느껴지는 것은 아닐 것입니다. 오히려 우리는 두려움과 위엄을 느끼게 될 것이며 온 몸이 얼어 붙는 느낌을 가지게 될 것입니다. 눈이 불꽃 같다고 하는 것은 주님께서 모든 것을 훤히 들여다 보시는 능력을 가지신 분으로서 그분의 눈에 감추어진 것이나 그분의 눈을 어둡게 하여 못 보게 만들 장애물이 없다는 것을 의미합니다. 최근에 미국에서 개발한 공항 검색 투시경 때문에 말들이 많았습니다. 사람 옷 속까지 투시가 되기 때문입니다. 그리고 중국에서 수입된 어떤 선글라스는 끼고 있으면 사람 옷도 투시해서 알몸을 본다고 합니다. 하지만 그렇게 발달한 도구들 조차도 사람들의 영혼이나 마음을 투시할 수는 없습니다. 그러나 23절에 보면 주님은 "나는 사람의 뜻과 마음을 살피는 자"라고 말씀하십니다. 예수 그리스도는 우리의 행동 이면에 있는 마음의 태도와 동기, 감정 상태 등을 다 헤아리시는 분이십니다. 사람들 끼리는 서로 속일 수도 있고, 얼마든지 겉과 속을 다르게 꾸밀 수 있지만, 불꽃 같은 눈을 가지신 주님께 자신을 꾸며서 감출 수 있거나 속일 수 있는 자는 아무도 없습니다. 사람끼리 이미지전략이 통하는 것이지, 주님께는 통하지를 않습니다.

그리고 이와 같이 모든 것을 훤히 꿰뚫어 보시는 주님은 또한 빛난 주석과 같은 강력한 발을 가지셨다고 소개되고 있는데, 이는 그를 넘어뜨릴 수 있는 자가 아무도 없을 정도로 확고부동한 힘과 능력을 가지신 분이시요, 또한 그 어떠한 죄악의 세력이라도 부수어 가루를 만들 수 있는 심판자의 권세와 능력을 가지신 분이시라는 것을 의미합니다. 두아디라에는 자주색 염료를 산출할 뿐 아니라 구리업이 발달했기 때문에 예수님의 발이 주석같다고 하는 말씀이 어떤 의미를 가지는지를 잘 이해할 수가 있었습니다. 예수 그리스도께서는 인간의 몸을 입고 이 땅에 오셨을 때에는 뱀으로 상징되는 사탄에게 발꿈치를 물려 상함을 입고 돌이기서야 할 정도로 허약한 발을 가지셨으나, 이제 부활하신 주님은 우주적인 악의 세력도 아무 문제없이 꺾고 분쇄할 수 있는 능력의 발을 가지고 계시다는 것입니다. 창세기 3장 15절에 의하면 뱀은 여자의 후손의 발꿈치를 무는 정도의 해만 가할 수 있지만, 여자의 후손인 예수 그리스도는 사탄의 머리를 깨뜨리는 권세를 가지신 분이십니다.

칭찬과 책망 그리고 준엄한 경고(18-23절)

불꽃 같은 눈과 빛난 주석같은 발을 가지신 주님, 달리 표현하자면 전지 전능하신 하나님의 아들이 두아디라 교회를 방문하신다면 그것은 아마도 탐관오리들이 암행어사 출두야 하는 소리를 들을 때에 느끼게 될 아찔함과 두려움에 비할수 없을 정도로 벌벌 떨게 만들 것입니다. 그러나 주님이 두아디라 교회에 대해서 하신 첫 말씀은 청천 벽력같은 책망의 말씀이 아니고, 교회의 장점을 칭찬하시는 말씀을 먼저 하시었습니다. 어떤 사람들은 남의 장점이나 공을 약하게 만들고 단점이나 잘못한 것을 크게 부각시키려는 못된 성질을 가지고 있습니다만, 우리 주님은 신자들의 장점과 잘 한 것을 먼저 칭찬하시는 너그러우신 분이십니다.

19절에 보면 주님께서는 "내가 네 사업과 사랑과 믿음과 섬김과 인내를 아노니, 네 나중 행위가 처음 것보다 많도다"라고 두아디라 교회를 칭찬해 주시었습니다. 너의 사업이라고 하는 것 속에 사랑, 믿음, 섬김, 인내가 포함되어집니다. 주님의 말씀에 따르자면 두아디라 교회는 죽은 교회가 아니고 생기와 활기가 넘치는 교회였습니다. 외부인이 그 교회를 방문했다고 하면 그는 두아디라 교회가 수행하고 있는 많은 선한 사업과 사랑으로 가득찬 섬김과 그들이 보여주는 신실한 인내로 인하여 크게 감동을 받았을 것입니다. 두아디라 교회는 현상적으로 보자면 많은 성도들로 차고 넘치고 있고, 성도들은 헌신적으로 자기의 물질을 내어 놓으며, 남을 섬기는 일에 열심을 다하고 있는 교회였습니다. 게다가 주님은 처음 사랑, 처음 행위, 처음 열정을 버린 에베소 교회와는 대조적으로 두아디라 교회는 나중 행위가 처음 것보다 더 많은 교회라고 칭찬하시었습니다. 이 말은 갈수록 더 나아지는 교회라는 의미입니다.

그러나 이와 같이 생기가 넘치고 활동적인 교회 내부에는 치명적인 죄의 세력이 역사하고 있었으며 수많은 이들이 그와 같은 죄의 세력에 미혹되어 굴복하고 있었습니다. 20절 이하에 보시면 이 교회는 자칭 선지자라고 하는 이세벨을 용납하고 있었으며, 많은 신자들이 이세벨의 가르침과 행실을 따라가고 있었습니다. 이세벨 하면 아합 왕의 왕비가 아닙니까마는 두아디라의 이세벨이 누구인지에 대해서 우리가 아는 바가 거의 없습니다. 하지만 20절 하반절에 의하면 그녀가 신자들을 가르쳐 꾀어 행음하고 우상의 제물을 먹게 하였다는 것을 알 수가 있습니다. 교회 내에서 그녀의 직분이 무엇이었는지는 알 수 없지만, 그녀는 탁월한 가르침의 은사를 가지고 있어서 듣는 이들로 하여금 능히 미혹케 할 수 있는 카리스마를 가졌다는 것 만큼은 분명합니다. 적지 않은 지도자들과 성도들이 그녀의 가르침에 미혹되어서 그녀의 행실을 따라가고 있었습니다.

우리는 이세벨의 가르침이라고 하는 것이 앞에서 살펴본 니골라 당의 행위(2:6, 15)나 발람의 가르침(2:14)과 내용상 유사하다는 것을 알 수 있습니다. 세 이단이 이름은 다르다고 하더라도 실재 내용에 있어서는 모두가 다 교묘한 말로 성도들을 꼬득여서는 우상의 제물을 먹게 하며 당시 이방 사회에 만연하던 부도덕한 삶을 영위하도록 만들었습니다. 우리는 이세벨이라고 하는 여인이 자칭 선지자라고 권위를 내세우면서 두아디라 교인들을 어떻게 꼬득여서 범죄케 하였는가 하는 것을 알아보기 위해서는 두아디라의 상황을 다소 알 필요가 있을 것 같습니다. 두아디라는 정치적으로는 별 중요성이 없는 곳이었지만, 여러 가지 산업이 번창한 곳이라고 앞에서 말씀을 드리었습니다. 그런데 각각의 업종에 종사하는 자들은 협회나 조합과 비슷한 단체를 이루었고, 그 단체들은 두아디라에서 숭상되고 있던 트림나스 신전과 깊은 관계를 맺고 있었습니다. 각종 조합들은 트림나스 신전의 후원 조직으로 겟돈의 일부를 신전에 바쳐야 했고, 또 겟날이 되면 그들은 트림나스 신전에 모여 제사를 드렸습니다. 술을 마시고, 우상에게 바친 고기를 먹고, 신전에서 일하는 성창들과 음행을 하였습니다. 그래서 두아디라의 전통적인 동업 조합 모임은 항상 이교적인 희생 제사와 관련되어 이루어지곤 했습니다.[15] 그렇게 하는 이유는 같은 업에 종사하는 자들끼리 친목을 도모하고, 사업의 번영을 자기들 신에게 빈다는 데 있었습니다. 그들은 우상에게 바쳐진 고기를 함께 먹으면서 친교를 나누었으며, 대개는 성적으로 부도덕한 행위로 귀결되곤 하였습니다. 그러나 교회에 다니는 그리스도인들은 이와 같은 형태의 삶을 신앙 양심상 도저히 살 수 없으며 그와 같은 회합에 동참할 수가 없다는 것이었습니다. 그렇지만 문제는 두아디라 지역에서 상업을 해서 먹고 살고자 하면 그와 같은 회식에 동참하지 않을 수가 없었습니다. 바클레이가 지적한 것처럼 그와 같은 모임에 동참하지 않는다고 하는 것은 직업적으로 자살행위를 하는 것과 같았습니다.[16]

여러분 이러한 상황에 대해 어떻게 생각하십니까? 신자들이 이런 상황 속에서 택할 수 있는 길이 무엇일까요? 대부분의 그리스도인들은 갈등하고 고민에 빠지게 될 것입니다. 신자가 되었다고 해서 밥 안 먹고 살아도 되는 것이 아니고, 그렇다고 신앙대로 살자니 자신을 압박해 오는 세상의 세력이 너무나 크게 느껴질 것입니다. 그래서 연약한 자들은 신앙을 버리고 세상에 뛰어들어 버리든지, 아니면 세상에서 부적응자가 되어서 유야무야 살아가게 될 것입니다. 이런 난감한 상황에 처한 두아디라 성도들에게 이세벨이라고 하는 여선지자는 너무나 멋진 해결책을 제공하였습니다. 교회에서 신앙생활도 잘 하고 세상에 나가면 훌륭한 사회인으로서 성공적인 삶을 살 수 있는 길을 그녀는 제공해 주었습니다. 그녀는 예수 그리스도를 믿는 신앙을 버려 가면서 세상을 얻으라고 가르치지는 않았습니다. 하지만 그녀는 "교회에 오면 신앙적인 삶을 살고, 세상에 나가면 세상의 기준을 따라서 살아라"라고 가르쳤습니다. 그녀는 아마도 우리의 영혼은 하나님의 은혜로 구원받았기 때문에 우상 제물을 먹는다고 해도 영혼이 더럽혀지지 않는다, 우리가 세상을 구원하려고 하면 세상 속으로 깊이 들어가 봐야 한다 등의 논리로 성도들을 미혹하였던 것 같습니다. 믿음이 약한 자들이야 우상제물을 먹으면 해를 입는다고 생각하지 우리같이 믿음이 센 사람들은 아무런 해를 입지 않는다는 식으로 이세벨은 주장했던 것 같습니다. 심지어 그녀가 가르치는 그러한 이단 사상을 '깊은 것' 혹은 '심오한 것'the deep things이라고 불렀던 것 같습니다. 하나님의 은혜가 크고 완전하기 때문에 우리가 육신으로 어떻게 살든지 간에 아무런 문제가 없다고 생각하는 것은 두아디라 교회 만의 문제가 아니었습니다. 교회사를 보면 은혜의 교리를 색욕거리로 만든 많은 이들이 있습니다. 그들 가운데는 심지어 '죄의 거룩함'이라는 교리를 만든 자들도 있습니다. 크롬웰이 영국을 통치하고 있던 시절에 고함파the Ranters라고 하는 분파가 있었는데, 한 지도자는 런던의 한 교회 강단에서 꼬박 한 시간 동안 욕지거리를 해 댔으며, 다른 사람들은 공공연히 술에 취해 신성모독적인 발언을 해 댔다고 합니다.

이와 같이 이세벨의 가르침은 교회와 세상을 일관되게 살지 아니하고, 이중적인 기준을 가지고 살 수 있도록 문을 열어 주었습니다. 세상에서는 세상의 기준을 따라서 열심히 활동하다가 교회에 와서는 예배하거나 봉사하는 일 헌금하는 일에 열심을 내면 아무런 문제가 없다고 생각하게 되는 순간, 그들에게는 갈등할 필요가 없는 것입니다. 세상에서 어떻게 벌었든지 간에 교회와서 헌금 많이하면 되는 것 아니냐, 세상에서 어찌 살던지 간에 교회와서는 교회활동 열심히하면 안 되냐고 생각하게 되면 세상에서 편안하게 살 수가 있기 때문입니다.

그러나 예수님은 이와 같은 가르침을 따르는 자들에게 엄청난 책망과 경고의 말씀을 발하시었습니다. 21절 이하에 보시면 여러 번 회개의 기회를 주어도 돌이키지 않는 자들은 침상에 던지겠다고 즉 질병으로 치겠다고 하셨으며, 그래도 안 되면 큰 환난에 던지고, 결국 돌이키지 않을 경우에는 사망으로 그들을 죽이겠다고 경고하시었습니다(21-23하). 이것은 굉장한 협박 같이 들리지만 주님께서는 범죄한 자들에게 말씀을 통하여서 돌아오도록 오랫동안 참고 기다리신 끝에 이와 같은 단계적인 징계와 징벌을 시행하신다는 것을 잊지 말아야 합니다.

이기는 자에게 주시는 약속(24-29절)

그리고 24절에 보면 예수님은 두아디라 교회 가운데도 이와 같은 혼합주의적이고 세속주의적인 대세를 따라가지 아니하고 믿음의 순수성을 지키기 위해서 많은 대가를 지불하고 있는 남은 자들이 있음을 지적하시었습니다. "두아디라에 남아 있어 이 교훈을 받지 아니하고 소위 사탄의 깊은 것을 알지 못하는 너희에게 말하노니 다른 짐으로 너희에게 지울 것은 없노라." 그들은 하나님의 말씀대로 세상을 살아 가려고 하다보니 경제적으로 엄청난 손실을 당하고 세상 사람들에게 많은 어려움을 당하였습니다. 어떤 성도들은 정직하게 사업을 하다가 성공을 하는 것이 아니고 완전히 재산을 다 날려버리는 경우들도 있습니다. 그들은 믿음의 기준을 따라서 세상을 살아가는 일이 결코 성공이 길이 아님을 알게 됩니다. 그렇지만 주님은 불꽃같은 눈으로 성도의 삶과 마음을 감찰하고 계십니다. 주님은 세상과 타협해서 살 수 있는 이세벨의 가르침을 거부하고 외롭고 힘든 길을 가고 있는 남은 자들을 칭찬하시었습니다.

그리고 다른 짐을 지우지 아니할 터이니 주님이 오실 때까지 믿음의 순수성을 지키라고 권면하시었습니다(25절). 두아디라와 같이 세속화된 사회 속에서 힘겹게 살아가고 있는 신자들에게는 그들의 믿음을 팔아 먹지 아니하고 끝까지 지켜 나가는 일이 가장 중요한 일인 것입니다. 북한이나 중국의 지하 교회같이 환난과 박해 속에 있는 성도들에게는 그들의 믿음을 끝까지 지키는 것만 해도 목숨을 걸어야 하기에 다른 것을 요구하시지 않을 것입니다. 또한 오늘 같이 세속주의가 교회 안에까지 범람한 때에는 교회가 큰 사업을 하고 많은 일로 분주해지기 보다는 신앙의 순수성, 복음의 진리를 분명하게 선포하고 지키는 일에 더욱 더 매진해야 합니다. 당장에 눈에 큰 결실 안 보여도 순수한 복음을 전하려고 해야 합니다. 크게 무엇을 하려고 하기 보다는 순결한 신부가 되도록 자신을 지키는 일이 중요한 때가 있습니다.

그리고 이어지는 말씀 속에서 주님은 이기는 자와 주님의 일을 끝까지 지키는 자들에게 주실 두 가지의 상급을 약속하시었습니다. 끝까지 믿음을 지키는 자에게 주님은 만국을 다스리는 권세authority over the nations를 주시겠다고 하시었습니다. 그리스도인들이 세상에서는 믿음 까닭에 온갖 어려움을 겪지만, 새 하늘과 새 땅에서는 만국을 다스리시는 주님의 왕권에 동참하게 하시겠다고 약속하시었습니다. 주님은 이전에 자신을 따르기 위해서 모든 것을 포기한 제자들에게 "세상이 새롭게 되어 인자가 자기 영광의 보좌에 앉을 때에 나를 따르는 너희도 열 두 보좌에 앉아 이스라엘 열 두 지파를 심판하리라"(마 19:28)고 약속하신 적이 있습니다. 오늘 본문 27절에서 "그가 철장(鐵杖)을 가지고 그들을 다스려 질그릇 깨뜨리는 것과 같이 하리라"는 말씀은 그 다스리심의 권세와 권력을 리얼하게 표현한 것입니다. 철 지팡이로 질그릇을 두드리면 얼마나 잘 깨트려지겠습니까? 그처럼 막강한 권세를 가지고 세상을 다스릴 수 있게 해주시겠다는 것입니다. 이는 거의 무소불위의 권세를 말합니다.

예수님은 또한 새벽별을 이기는 자와 주의 일을 끝까지 지키는 자들에게 주겠다고 약속하시었습니다. 성경은 성경으로 해석하여야 합니다. 요한계시록 22장 16절 하반절에 보면 예수님은 자신을 "광명한 새벽 별the bright Morning Star"이라고 소개하고 있습니다. 결국 예수님이 새벽별을 주시겠다고 하시는 것은 예수님 자신을 우리에게 주시겠다는 말씀인 것입니다. 이것은 승리한 신자가 예수 그리스도와 더불어 영원히 누리게 될 복된 연합과 교제를 의미하는 것입니다. 세상에서는 비록 인정받지 못하고 많은 환난을 겪었다고 하더라도 그 날에 하나님의 아들 예수 그리스도를 만나게 되면 그는 우리들을 안다고 하시고 기다렸다고 하시며 이제 와서 나와 함께 영원히 기뻐하며 잔치하자고 하실 것입니다. 세상에서는 믿음의 양심을 따라서 사느라고 고생하고 경제적으로 어려움을 겪었던 하찮은 자들이 주님의 나라에서는 왕노릇하게 될 것입니다. 우리는 이와 같은 주님의 약속을 믿고 이 세상 속에서 자신에게 주신 믿음을 끝까지 지키며 나아가야 할 것입니다.

오늘 우리는 두아디라 교회에 주시는 말씀을 살펴보았습니다. 두아디라는 외적으로 결코 조용한 교회가 아니었습니다. 오히려 사업과 사랑, 믿음, 섬김, 인내 등이 넘치는 교회였습니다. 심지어는 나중이 처음보다 나아지는 교회라고 평가를 받았습니다. 하지만 문제는 그와 같은 활동적인 교회 속에 이세벨의 교훈을 용납하고 있다고 하는 것이었습니다. 이 교훈은 니골라 당의 교훈과 동일한 교훈을 퍼트리고 있었습니다. 이는 일종의 이원론적인 가치관을 퍼트리는 자들이었습니다. 교회에서는 신자답게, 세상에 나가면 세상의 원리와 대세를 따라 살도록 이원화시켜 주는 가르침이었습니다. 세상에 나가서 우상숭배하고, 음행을 하고, 그리고 죄를 짓다가 교회에 오면 경건한 신자로 살아가도록 허락해주는 편리한 가르침이었습니다. 그러나 주님은 우리 그리스도인들이 온 마음과 뜻과 정성을 다하여 하나님을 섬기기를 원하시며, 교회에서나 세상에서나 동일하게 말씀의 원리에 따라 살아가는 것을 원하십니다. 비록 그 길이 어렵고 손해나는 길이어도 우리는 그 길을 걸어가야 합니다. 그래야만 주님께서는 만국을 다스리는 권세를 주신다고 했고, 새벽별을 주신다고 했습니다. 요즘같이 세속화된 교회 시대에 우리는 두아디라 교회가 주는 교훈을 잘 기억해야 합니다.

14

유명무실한 교회
–사데 교회

사데 교회의 사자에게 편지하라 하나님의 일곱 영과 일곱 별을 가지신 이가 이르시되 내가 네 행위를 아노니 네가 살았다 하는 이름은 가졌으나 죽은 자로다 너는 일깨어 그 남은 바 죽게 된 것을 굳건하게 하라 내 하나님 앞에 네 행위의 온전한 것을 찾지 못하였노니 그러므로 네가 어떻게 받았으며 어떻게 들었는지 생각하고 지켜 회개하라 만일 일깨지 아니하면 내가 도둑 같이 이르리니 어느 때에 네게 이르는지 네가 알지 못하리라 그러나 사데에 그 옷을 더럽히지 아니한 자 몇 명이 네게 있어 흰 옷을 입고 나와 함께 다니리니 그들은 합당한 자인 연고라 이기는 자는 이와 같이 흰 옷을 입을 것이요 내가 그 이름을 생명책에서 결코 지우지 아니하고 그 이름을 내 아버지 앞과 그의 천사들 앞에서 시인하리라 귀 있는 자는 성령이 교회들에게 하시는 말씀을 들을지어다(계 3:1–6).

우리는 요한계시록 2–3장에 기록되어 있는 소아시아 일곱 교회에 주신 주님의 말씀을 차례대로 살펴보고 있습니다. 비록 1900여 년 전 터키 서부지역에 있던 일곱 교회이지만 이 교회들을 주의해서 읽고 연구해보면 만대의 교회의 모습들이 대략 담겨져 있습니다. 당시에도 많은 교회들이 있었지만 특별히 일곱 교회를 선발해서 영적 상태를 분석하고 말씀을 주신 것은 이 일곱 교회만으로 다른 교회들을 다 대표할 수 있었기 때문입니다. 우리는 매 편지가 끝나는 시점마다 후렴처럼 반복되는 바 "귀 있는 자는 성령이 교회들에게 하시는 말씀을 들을지어다"라고 말씀하신 것을 보더라도 이와 같은 사실을 알 수 있습니다. 일곱 서신이 각기 개교회에 주신 편지처럼 보여도 실상은 만대의 모든 교회가 귀기울여 들어야 하는 말씀이라는 의미입니다. 영적으로 들을 귀가 있는 자들에게는 이 일곱 서신에 담긴 모든 시대 모든 성도들에게 전달해 주는 메시지를 들을 수 있습니다.

이제 소아시아 일곱 교회 중 다섯 번째 교회인 사데 교회를 살펴볼 차례입니다. 사르디스Sardis라고 읽어야 하는 이 곳은 고대 루디아Lydia 왕국의 수도였습니다. 루디아 왕국이 세계사에서 가지는 중요한 의미는 금과 은으로 만든 화폐를 처음으로 주조해서 사용했다는 것입니다. 현재 보스산이라고 불리우는 트모루스 산에서 작은 팍토루스 강으로 흘러 내려오는 사금을 채취하여 녹여서 금화를 만들었다고 합니다. 이 왕국의 마지막 왕인 크로에수스Croesus(560-546 B.C.)는 금화로 갑부가 된 왕입니다. 세계 역사 속에 거부의 한 사람으로 기록되는 사람입니다. 이 사람이 왕으로 통치하고 있을 때에 그리스 아테네의 법률학자인 솔론이 방문을 했습니다. 고대 7대 현인 중의 하나라고 불리우는 솔론이 방문했으니 크로에수스 왕이 알현하고 물었습니다. "이 세상에서 가장 행복한 사람이 누구냐?" 그러자 현인 솔론은 "폐하! 당신이야말로 최고로 행복한 사람입니다"라고 대답한 것이 아니라, "인간의 행복은 죽을 때에야 자기의 인생을 돌아보고 자기가 인생을 행복하게 살았는지 살지 못했는지를 알 수 있는 것입니다"라고 대답했습니다.

크로에수스 왕은 신흥 세력인 페르시아 제국을 겁 없이 침범했다가 도리어 고레스의 군대에 의해서 사데 성이 에워 쌓이는 재난을 당했습니다. 사데는 암벽 위에 세워진 견고한 성이었기 때문에 외적의 침입에도 끄떡없이 버텨낼 수 있었습니다. 그러나 난공불락의 요새에도 약한 부분이 있기 마련인데, 사데도 남쪽이 가파란 절벽에 맞닿아 있었습니다. 천연적인 요새로 방어할 필요가 없다고 생각한 사데 군인들은 남쪽 방어를 허술하게 했습니다. 그런데 한 병사가 이곳에서 철모를 떨어뜨리게 되고 그것을 주우려고 바위 쪽으로 기어 내려오는 것을 본 페르시아 군대는 그 쪽으로 공격을 감행해서 마침내 사데 성을 정복하고 맙니다. 그후 사데는 페르시아 제국, 버가모 왕국 등에 속했다가 로마 제국에 복속되게 됩니다.

이처럼 금화가 풍부한 세계적인 무역 도시요, 요정이 많은 도시, 그래서 항상 연회와 축제, 미녀들과 오락이 있던 도시에 살면서 신앙 생활하고 있던 사데 교인들에게 주님은 "일곱 영과 일곱 별을 가지신 이"(1절)로 나타나셨습니다. 앞서도 보았지만, 일곱 영은 성령을 가리키며, 일곱 별은 일곱 교회의 사역자들을 가리킵니다. 성령으로 충만하시고 교회 지도자들에게 성령을 부어주시는 분으로서, 그리고 모든 교회를 손에 쥐고 보호하시며 통치하시는 교회의 머리되시고 주인되신 주님으로 자신을 소개하고 있습니다.

살았다고 하는 이름은 있었으나 실상은 영적으로 죽은 교회(1-2절)

사데 교회에 나타나신 주님은 "내가 네 행위를 안다"라고 하시었습니다. 주님이 이와 같이 말씀을 시작하실 때에는 칭찬의 말이나 책망의 말 중의 하나가 뒤따르는 법입니다. 그러나 사데 교회에 대해서는 주님은 엄청나게 책망하는 말씀을 이어서 하시었습니다. 사실 일곱 교회 가운데서 사데 교회나 라오디게아 교회는 엄청나게 꾸중을 들은 교회들입니다. 주님은 심지어 사데 교회가 살았다고 하는 인간적인 평판을 가졌을는지 몰라도 주님이 보시기에는 완전히 죽은 교회라고 하실 정도로 준엄하게 평가를 하시었습니다. 이것은 참으로 무시무시한 평가가 아닐 수 없습니다. 네 영이 죽었다는 말을 듣는 것보다도 두려운 일이 신자에게 무엇이 있겠습니까? 중고등학교 때에 어떤 신령하다는 권사님이 후배 여학생에게 네 영혼은 죽었다고 해서 소란이 일어난 적이 있습니다. 사람들끼리 함부로 쓸 수 있는 말이 아닐 것입니다.

그렇다면 사데 교회를 향하여서 죽은 교회라고 평가하시는 이유가 무엇이었을까요? 그들이 예배를 잘 드리지 않거나 헌금 생활을 안 해서 일까요? 아니면 별 활동이 없는 교회였기 때문일까요? 결코 그렇지가 않습니다. 주님은 사데 교회가 살았다는 이름을 가졌다고 하시었습니다. 이것은 인간적으로 보자면 매우 활동적이고 살아 움직이는 것처럼 보이며 세상 말로 잘 나가는 교회였다는 것을 의미합니다. 마치 오늘날 많은 한국교회들처럼 사람들이 모여서 북적대며 많은 종교적인 활동들을 수행하는 것과 같이 사데 교회는 외적으로 보자면 분명히 살아 움직이는 교회였습니다. 그들이 살고 있는 사데는 사금과 양모염직업이 발달해서 부유한 도시였기 때문에 교인들도 어쩌면 대리석으로 지은 좋은 교회당을 가지고 있었고, 많은 종교적인 행위들, 이벤트들이 있었으며, 경제적으로도 넉넉했을 것입니다.

그러나 주님은 그들이 실상은 죽었으며, 하나님 앞에서 그들의 행위가 온전하지 못하다고 책망하시었습니다. "내 하나님 앞에 네 행위의 온전한 것을 찾지 못하였노니"라고 2절에 기록이 되어 있습니다. 행위가 온전하지 못하다는 것은 쉽게 말하자면 속이 텅비었다는 의미입니다.

사데 교회의 상태가 속 빈 강정과 같고, 알맹이 없는 쭉정이와 같으며, 생명없는 인형이나 허수아비와 같다고 말씀하시는 것입니다. 이것이 도대체 무슨 말입니까? 그들 안에 복음에 대한 열정이 없으며, 그들 가운데 예배의 감격을 잃어 버린지 오래되었으며, 그들 마음속에 주님을 사랑하는 마음이 없다는 의미입니다. 우리가 이와 같은 열정이나 사모하는 마음없이 얼마든지 많은 예배를 드리고, 성경공부하고, 종교 활동할 수 있다는 것을 알지 않습니까? 외적으로 분주하게 활동하면 딴 사람들이야 믿음이 좋다 열심있다고 말할는지 모르지만, 우리 주님이 보시기에는 죽은 행위요, 내용없는 껍데기에 불과한 외식행위인 것입니다. 하나님은 그와 같은 껍질만의 예배를 받으시지 않으십니다. 제사의 의미도 알지 못하면서 양과 소를 잡아드리는 것을 일삼는 이스라엘 백성들에게 하나님은 책망을 많이 하셨지 않습니까? 예수님은 바리새인들이 아주 엄격하고 정확한 십일조 생활을 하려고 하는 것을 보시고서, 더 중요한 정의와 긍휼과 믿음은 버렸다고 호되게 야단치시지 않으셨습니까?(마 23:23- "화 있을진저! 외식하는 서기관들과 바리새인들이여! 너희가 박하와 회향과 근채의 십일조는 드리되 율법의 더 중한 바 정의와 긍휼과 믿음은 버렸도다. 그러나 이것도 행하고 저것도 버리지 말아야 할지니라.") 하나님께서 원하시는 것은 마음의 제사요, 긍휼과 자비가 있는 삶의 제사인 것입니다. 만약에 주님을 사랑하는 마음으로 드렸다면 과부의 두 렙돈도 기꺼이 열납하시는 하나님이시지만, 자기 의를 자랑하기 위해서 드리는 천만금이라도 하나님은 부정하다고 하실 것입니다.

일깨어서 잃어버린 열정과 사모하는 마음을 회복하라(2-3절)

사데 교회의 실상을 신랄하게 지적하신 주님은 그들에게도 아직은 회복의 기회가 있음을 분명히 하시면서 회복의 길을 알려주시었습니다. 사실 자녀들이 갈 바를 알지 못하고 방황하고 수렁에 빠져 허우적대고 있으면 부모라고 편하겠습니까? 그처럼 죽기 일보 직전까지 영적 생명이 쇠퇴해 가고 있는 교회와 신자들을 바라보시는 주님의 심정은 아마도 찢어지는 아픔을 느끼시고 계실 것입니다. 주님은 참으로 안타까운 심정으로 사데 교회를 향해서 소생케 되는 길을 가르쳐 주십니다.

2절 상반절에 보시면 먼저 주님은 "너는 일깨어 그 남은 바 죽게 된 것을 굳건하게 하라"고 권면하시었습니다. 사데 교회의 영적인 생명력은 지금 위험에 처해있습니다. 교회의 영적인 상태는 마치 응급실에 실려온 환자가 재빠르게 응급조치를 취해 주지 않으면 곧 숨이 넘어갈 상태에 있는 것과 비슷하였습니다. 주님은 지금이라도 그 남은 바 죽어가고 있는 것을 굳세게 하라고 요청하시었습니다. 주님의 말씀에 따르면 사데 교회는 원래부터 헛 껍데기 교회는 아니었습니다. 틀림없이 그들에게도 영적인 생명력이 가득하여 흘러 넘치던 때가 있었고, 온 몸과 마음으로 하나님을 기쁘게 섬기던 시절이 있었을 것입니다. 그런데 어느 때인가부터 그들은 영적인 생명력을 풍성하게 유지하는 일은 등한시하고, 동시대의 사데 사람들처럼 안일하고 달콤한 세상 쾌락에 정신을 팔게 되었다는 것입니다.

다음으로 주님은 "네가 어떻게 받았으며 어떻게 들었는지 생각하고 지켜 회개하라"고 권면하시었습니다. 처음에 은혜의 복음을 어떻게 들었으며, 어떻게 반응했었는지를 기억하라는 것입니다. 처음에 복음을 들을 때에는 분명히 그들에게도 하나님의 은혜에 대한 감격이 있었습니다. 그리고 이 세상의 죄악된 삶에 대한 혐오와 버림이 있었습니다. 나 같은 죄인 살리신 하나님의 은혜에 대한 가슴 깊은 감격도 있었습니다. 죄악된 이 세상의 낙보다도 주님 계시는 천국에서의 삶을 더 귀중하게 여기며 사모하는 간절한 마음도 있었을 것입니다. 그와 같은 처음 사랑, 초심을 뒤돌아 보고 생각하라는 것입니다. 부부가 결혼하여 세월이 지나면서 세상살이에 지치고 서로에게 실망하고 실족해서 미운 마음이 가득하다가도 처음 사랑을 뒤돌아 보고 생각해 보면 그 마음이 새로워집니다. 그처럼 신자들도 마찬가지일 것입니다. 어느새 세상적이 되고 돈 밖에 모르고 세상의 온갖 오락과 쾌락에 젖어 하루 하루를 살아가는 자신의 모습을 벗어 버리려면 멈추어 서서 과거를 뒤돌아 보는 시간을 가져야만 합니다.

3절 하반절에 보시면 주님이 이와 같이 절박하게 경고하시고 권면하는 데에도 불구하고 "만일 일깨지 아니하면 내가 도둑같이 이르리니 어느 시에 네게 이를는지 네가 알지 못하리라"고 엄중하게 경고하시었습니다. 주님은 마치 도적이 언제 방문한다는 예고 없이 갑작스러이 침입하는 것처럼, 사데 교회를 불시에 방문하시겠다고 경고하시었습니다. 도둑은 언제온다고 통보하고 오지를 않습니다. 언제 다녀갔는지는 물건을 잃어버리고 나서야 알게 됩니다. 도둑같이 임하시겠다는 말씀은 사데에서 신앙생활하고 있는 자들은 사데라고 하는 도시가 과거에 겪었던 뼈아픈 역사를 생각나게 하는 것이었습니다. 앞서 말씀드린 것처럼 원래 사데 성은 높은 언덕에 건설된 도시로서 견고한 요새를 갖춘 성이었습니다. 그러나 그와 같은 지형의 이점을 믿고 안일하게 살다가 사데는 고레스 왕과 안티오쿠스 왕 등에 의해서 두 번이나 함락되는 비극을 겪어야만 했습니다. 아무튼 이와 같은 주님의 방문은 죄의 낙에 깊이 빠져있는 신자들에게는 결코 환영할 만한 일이 아닐 것입니다. 이러한 주님의 방문은 죽음의 잠을 자고 있는 신자들에 대한 심판의 방문이 될 것이기 때문입니다. 그리고 주의해야 하는 것은 주님께서 예고하시는 불시 방문이 재림을 의미하지 않는다는 것입니다. 주님은 역사가 진행되는 동안에도 심판자로서 자주 그의 세상과 교회를 수시로 방문하시기 때문입니다.

옷을 더럽히지 않는 소수의 무리와 이기는 자에게 주실 상급(4-6절)

그러나 이와 같은 사데 교회 내에도 대세를 따라가지 아니하고 세속에 물들지 아니하며 깨어 경성하는 소수의 신자들이 남아 있었습니다. 그들은 대부분의 신자들이 세상 쾌락에 깊이 빠져서 안일하게 살면서 헛 껍데기 같은 위선의 종교 생활을 영위하고 있는데도 불구하고, 영적으로 살아있는 신실한 주의 백성들이었습니다. 주님은 "사데에 그 옷을 더럽히지 아니한 자 몇 명이"있다고 말씀하시었습니다. 어 퓨 굿 크리스천a few good Christian이 사데 교회에 있었던 것입니다. 그들이 더럽히지 않은 옷이란 예수 그리스도의 의에 근거하여 믿음으로 입게 된 칭의의 옷을 가리킵니다. 그들은 하나님의 은혜로 구원받은 사실을 굳게 붙잡고 있으며, 신앙의 순수성을 더럽히는 어떠한 사상이나 풍조에도 야합하지 않는 자들이었습니다. 그들은 다수를 따라가지 않는 고통을 당했지만, 신앙의 정절을 지키기 위해서라면 손해나 고독도 마다 하지 않았습니다. 시대 시대마다 대부분의 경우에는 신앙의 순수성을 지키는 이들은 회중의 다수라기보다는 소수일 경우가 참으로 많습니다. 노아, 아브라함, 다윗, 레갑 족속, 성 프랜시스 등 그들은 하나님의 복음 때문에 소수에 머무르는 고통을 즐겨 선택하였습니다.

　사람들은 이와 같은 사회나 공동체의 대세를 거스리는 것을 무척이나 두려워합니다. 시대 흐름, 사조, 패션, 트렌드에 발맞추어 사는 것이 속 편하고 이익이 있기 때문입니다. 대세를 벗어나는 소수의 사람들은 왕따 당할 수밖에 없습니다. 그들의 길은 좁은 길이고, 고독한 길입니다. 하지만 주님은 그와 같은 소수의 사데 교인들을 향해서 무엇이라고 말씀하십니까? 주님은 그들이 주님과 더불어서 흰 옷을 입고 다니리니 합당한 자인 연고라고 말씀하시었습니다(4절하). 이것이 무슨 말씀입니까? 신약에 보면 흰색은 거룩, 청결, 완전, 축제성 holiness, purity, perfection, festivity(사 61:10, 계 19:8) 등을 의미합니다.17 그들은 은혜로 입은 칭의의 옷을 더럽히지 아니하기 위해서 세상 속에서 힘든 싸움을 싸우는 이들이었습니다. 그러나 그와 같은 그들의 선한 노력은 헛되지 않을 것입니다. 왜냐하면 이제 주님께서 그들에게 영광의 옷을 입혀 주실 것이기 때문입니다. 그리고 페르시아의 궁정 풍습에 따르면 왕이 귀하게 여기고 가까이 하고자 하는 사람은 흰 옷을 입혀서 왕궁의 정원을 왕과 함께 거닐게 한다는 것입니다. 주님은 사데 교회에 남은 자들에게도 이 세상 사람들이 보기에는 고독하고 힘든 길을 선택하는 바보들 같지만, 저들이 알지 못하는 영적인 교제와 교통의 기쁨을 이 땅에서도 주시며, 장차 재림하시면 함께 하나님이 베푸시는 종말론적인 잔치에 참여하게 하실 것이라는 것입니다.

　이어지는 5절 말씀에서 주님은 사데 교회 전체를 향해서 다시 한 번 더 격려의 말씀을 해주셨습니다. 이번에는 엄중한 경고의 형태가 아니고, 신앙의 승리자에 대한 약속의 형태로 말씀하시어서 다시 한 번 그들을 분발시키며 교회를 새롭게 하기를 원하셨습니다. 주님은 말씀하십니다. "이기는 자는 이와 같이 흰 옷을 입을 것이요. 내가 그 이름을 생명책에서 반드시 흐리지 아니하고 그 이름을 내 아버지 앞과 그 천사들 앞에서 시인하리라."예수님은 믿음의 순수성과 복음의 진리를 굳게 지키기 위해서 몸부림치며 전진하는 살아있는 성도들에게 승리와 기쁨의 상징인 흰 옷을 줄 것이며, 그들의 이름을 생명책에서 흐리게 하지 않겠다고 약속하시었습니다. 이 세상에서는 사람들이 죽으면 주민등록부에서 그 이름을 지우고 말소해 버리지만, 하늘 나라에 기록된 주의 백성들의 이름은 영원히 흐려지지 않는다는 것입니다. 이 세상의 그 누구라 해도 하늘의 생명책에 기록된 주의 신실한 자녀들의 이름을 흐리게 하거나 빠트리게 할 자가 없다는 것입니다. 더욱이 주님은 그들에게 약속하시기를 하나님 아버지 앞과 영광의 천사들 앞에서 그들을 안다고 말씀하실 것이라는 것입니다(마 10:32; 눅 12:8, 9).

  오늘 주님은 겉 모습은 교회의 모습과 신앙적인 신자의 모습을 가졌지만 속은 텅빈 강정같은 사데 교회를 향하여서 일깨워서 죽게 된 바를 굳세게 하라는 말씀을 하시었습니다. 그리고 과거에 체험했던 처음 사랑, 처음 은혜를 기억하고 지키어 회개하라고 권면하시었습니다. 그러나 무엇보다도 중요한 것은 1절의 말씀 하나님의 일곱 영이신 성령을 사모하는 데 이르는 것입니다. 하나님의 성령은 일곱 교회를 채우시고 충만케 하실 수 있는 분이기에 일곱 영이라고 표현되었습니다. 그는 죽은자에게 새 생명을 주시며, 새로운 열정을 불러 일으키시며, 죽게 된 불씨를 다시금 활활 타오르게 만드시며, 죄악의 낚을 끊을 수 있는 거룩한 영이십니다. 우리의 무기력함과 유약함을 인식할수록 우리는 더욱더 하나님의 성령을 구해야 할 것입니다. 과거에 우리가 성령을 충만히 받은 경험이 있다고 할지라도, 지금 다시금 우리는 성령의 재충만을 구해야 합니다. 에베소서 5장 18절에 있는 "오직 성령의 충만함을 받으라"는 현재형입니다. 계속해서 충만하라는 말씀입니다. 우리는 한 번 충전하면 영구적으로 사용할 수 있는 배터리가 아닙니다. 계속해서 하나님의 은혜로 하나님의 말씀으로 채움 받아야 사는 제한된 존재들이기 때문입니다. 우리는 생명의 영이신 성령을 사모해야 합니다. "주여 나를 살려주시옵소서"라고 절규해야 합니다. 그리고 교회를 살려 주시고, 생기를 불어넣어 달라고 기도해야 합니다.

15

열린 문이 있는 교회
—빌라델비아 교회

빌라델비아 교회의 사자에게 편지하라 거룩하고 진실하사 다윗의 열쇠를 가지신 이 곧 열면 닫을 사람이 없고 닫으면 열 사람이 없는 그가 이르시되 볼지어다 내가 네 앞에 열린 문을 두었으되 능히 닫을 사람이 없으리라 내가 네 행위를 아노니 네가 작은 능력을 가지고서도 내 말을 지키며 내 이름을 배반하지 아니하였도다 보라 사탄의 회당 곧 자칭 유대인이라 하나 그렇지 아니하고 거짓말 하는 자들 중에서 몇을 네게 주어 그들로 와서 네 발 앞에 절하게 하고 내가 너를 사랑하는 줄을 알게 하리라 네가 나의 인내의 말씀을 지켰은즉 내가 또한 너를 지켜 시험의 때를 면하게 하리니 이는 장차 온 세상에 임하여 땅에 거하는 자들을 시험할 때 내가 속히 오리니 네가 가진 것을 굳게 잡아 아무도 네 면류관을 빼앗지 못하게 하라 이기는 자는 내 하나님 성전에 기둥이 되게 하리니 그가 결코 다시 나가지 아니하리라 내가 하나님의 이름과 하나님의 성 곧 하늘에서 내 하나님께로부터 내려오는 새 예루살렘의 이름과 나의 새 이름을 그이 위에 기록하리라 귀 있는 자는 성령이 교회들에게 하시는 말씀을 들을지어다(계 3:7-13).

미국의 동부에 가면 필라델피아Philadelphia라고 하는 아주 오래된 도시가 있는데, 그 도시는 미국 장로교의 유서깊은 도시이고, 독립선언서를 서명한 곳이기도 합니다. 국부라고 하는 벤저민 프랭클린의 활동무대이기도 합니다. 그런데 필라델피아라고 하는 도시의 이름은 오늘 우리가 읽은 본문에 등장하는 소아시아의 소읍 빌라델비아에서 따온 것입니다. 수 년 전에 남자들 간의 동성연애homosexuality를 내용으로 한 영화의 이름이 필라델피아라고 하는 제목으로 상연된 적이 있었는데, 빌라델비아라고 하는 지명의 뜻이 형제 사랑이기 때문입니다. 그러나 도시이름이 형제사랑이라고 하는 뜻을 가지게 된 데에는 도시 설립자인 앗탈루스 2세Attalus II (159-138 B.C.)의 감명 깊은 이야기가 전해오고 있습니다. 앗탈루스 2세는 버가모 왕국의 왕으로서 빌라델비아 도시를 세운 사람이지만, 원래 그의 왕좌는 형인 유메네스 2세Eumenes II (197-159 B.C.)를 이은 것이었습니다. 그는 형을 얼마나 사랑했는지, 심지어 로마 당국이 그에게 제안하기를 형을 배신하면 버가모 왕국의 왕이 되게 해주겠다고 제안했는데 거절했을 정도로 형을 사랑했습니다. 그래서 그에게 붙여진 별명은 필라델푸스(형을 사랑하는자)였습니다. 유메네스 2세가 죽고 난 다음에 버가모 왕국의 왕이 된 앗탈루스 2세는 형에 대한 자신의 우애와 사랑을 기념하기 위하여서 형제 사랑이라는 이름을 가진 필라델피아Philadelphia시를 만들었습니다. 현재는 알라세히르라고 불리우는 터키의 도시입니다.

이렇게 아름다운 형제애를 기념하는 도시에 걸맞게 빌라델비아 교회는 주님께 충성한 교회로서 크게 칭찬을 받았습니다. 소아시아 일곱 교회 가운데서 책망이라고는 조금도 받지 아니하고 오로지 칭찬만 받은 교회는 서머나와 빌라델비아 두 교회 밖에 없었습니다. 빌라델비아 교회는 형제를 사랑하여서 끝까지 신실한 신하가 되었던 도시의 설립자 앗탈루스 2세처럼, 주 예수 그리스도에 대해서 비록 적은 능력을 가졌지만 주님의 말씀을 지키며 주님의 이름을 배반치 아니하였습니다(8절 하). 빌라델비아 교회가 "적은 능력"little strength을 가졌다고 하는 것은 영적으로 적은 능력을 가졌다는 말이 아니었습니다. 한국 교회 교인들이나 심지어 지도자들이 만나서 교세가 얼마냐, 일년 예산이 얼마냐 하는 것을 가지고서 한 교회의 자질과 능력을 평가하려고 하는 것을 보십시오. 적은 능력이란 인간적인 기준으로 볼 때에 빌라델비아 교회의 교세가 소수였다거나, 사회적인 지위가 미천한 사람들이 대부분이었다는 의미입니다. 빌라델비아 교회는 신자가 소수였으며, 세상에서 별로 힘이나 영향력을 발휘할 수 없는 이들이 모인 교회였음에 틀림이 없습니다. 그럼에도 불구하고 그 교회의 특징은 주님의 말씀을 믿고 굳세게 지키는 일에 힘쓰는 교회요, 주 예수 그리스도의 이름을 존귀하게 여겨서 어떠한 어려움 중에서도 부인하거나 배반하지 아니하였다는 것입니다. 주님은 이와 같은 교회나 신자를 기뻐하십니다. 어떠한 여건에 있든지 간에 주님의 말씀과 이름을 귀하게 여기고 지키는 자를 칭찬하십니다. 주님은 빌라델비아 교회에 대해서 많은 축복과 약속의 말씀을 주시었습니다.

열린 문을 가진 교회(7, 9절상)

각 교회에 나타나신 주님의 모습은 각 교회의 상황과 깊은 연관성이 있다고 말씀드렸습니다. 오늘 빌라델비아 교회에 소개하신 주님의 모습은 7절에 보시면 "거룩하고 진실하사 다윗의 열쇠를 가지신 이 곧 열면 닫을 사람이 없고 닫으면 열 사람이 없는 그"라고 소개되고 있습니다. 주님은 자신을 거룩하고 진실하신 분이시라고 소개하고 있습니다. 거룩하다는 것은 사람이나 천사와는 다른 구별된 존재라고 하는 의미를 가지고 있습니다. 구약성경에 있어서 자신을 거룩하시다고 칭하시는 분은 하나님 밖에는 없기 때문에(사 40:25, 합 3:3 등), 주님은 자신을 삼위일체의 한 분으로 소개하시는 것입니다. 그리고 진실하시다는 것은 거짓과 구분되는 의미에서 참되다는 의미를 가지기도 하지만, 신실하다, 충성스럽다, 믿을만하다는 뜻을 또한 가지고 있습니다.

또한 주님은 "거룩하고 진실하사 다윗의 열쇠를 가지신 분"이시라고 칭하셨는데, 이 표현은 이사야 22장 22절에서 빌려온 것입니다. 이사야 22장에 보면 유다 왕국의 국고를 맡은 셉나가 자신의 일을 충성스러이 감당하지 못하므로 하나님께서 엘리아김이라는 사람에게 그 직책을 맡기시면서 그가 맡은 권세를 이렇게 표현하였습니다. "내가 또 다윗의 집의 열쇠를 그의 어깨에 두리니 그가 열면 닫을 자가 없겠고 닫으면 열 자가 없으리라." 풍성한 보화가 가득한 왕궁의 곳간을 맡은 자의 권세란 대단하지 않겠습니까? 그가 누군가를 돕기 위해서 문을 열면 그 누가 닫을 사람이 있겠으며, 그가 문을 닫고 절대로 도와줄 수 없다고 하면 누가 문을 열어서 그 보화를 취할 사람이 있겠습니까? 이 표현을 좀 더 실감나게 표현해 보겠습니다. 1997년 연말에 우리나라는 경제적인 대란에 빠졌고, 난국을 극복하기 위하여서 IMF에 많은 빚을 졌습니다. 그와 같은 때에 우리나라에 거액을 빌려줄 것인가 말 것인가를 결정할 수 있는 권한을 가졌던 총재와 이사들의 막강한 권한을 생각해 보십시오. 주님은 자신이 다윗의 집의 열쇠를 가지신 분이시라고 표현하고 있습니다. 물론 주님은 이 지상의 다윗 왕가의 국고 정도를 책임지신다는 말이 아닙니다. 예수 그리스도는 부활하시어서 하나님 나라의 문을 열고 닫을 전권을 가지고 계셔서 자신이 원하는 자에게 문을 열어주며 자신이 원치 않는 자에게는 문을 닫으실 수 있는 분이시라는 것입니다. 예수님은 누구든지 나로 말미암지 않고서는 하나님 아버지께 나아올 자가 없다고 하셨으며, 베드로는 전파하기를 "다른 이로서는 구원을 얻을 수가 없나니 천하 인간에 구원을 얻을 만한 다른 이름을 우리에게 주신 일이 없느니라"하며 예수님의 이름 권세를 선포하였습니다 (행 4:12). 예수님의 이름에는, 예수님의 이름안에만 사람을 구원하여 천국에 들어가게 할수 있는 무제한의 권세가 있습니다.

천국의 열쇠를 가지신 주님께서 빌라델비아 교회에 말씀하십니다. "볼지어다 내가 네 앞에 열린 문open door을 두었으되 능히 닫을 사람이 없으리라." 하늘과 땅의 모든 권세를 가지신 주님께서 문을 열어 놓으신다면 이 세상의 그 누가 감히 문을 닫을 수 있겠습니까? 그런데 우리는 주님께서 빌라델비아 교회 앞에 활짝 열어 놓으신 그 문이 무엇을 의미하는가를 살펴보아야겠습니다. 바울의 서신을 보면 문이라고 하는 용어를 자주 사용하였는데, 그에게 있어서는 문이 열렸다는 것은 복음 전도의 기회가 열렸다는 것을 의미했습니다. 예컨대 고린도전서 16장 9절에 보면 에베소 사역 때에 풍성한 사역의 기회를 가리켜서 "내게 광대하고 공효를 이루는 문a wide door for effective work이 열리"었다고 표현하였습니다(고후 2:12, 골 4:3). 그런 의미에서 빌라델비아 교회에게도 풍성한 전도의 기회가 제공되었다는 의미일 수 있습니다. 또는 주님을 위한 풍성한 사역의 기회가 제공되었다는 의미를 가리킬 수도 있습니다.

그러나 7, 8절을 연결해서 생각해 보자면 그들 앞에 열리어 있는 문이란 교인들의 구원이 확실하다는 것을 가리키는 것으로 봄이 합당할 것입니다. 그들은 주님을 위하여서 많은 어려움을 겪었고, 소수이고 사회적 영향력이 없었기 때문에 유대인들에게 더 심한 핍박을 받았을 것입니다. 유대인들은 9절에 나오는 대로 자칭 하나님의 선민 유대인이라고 자칭하면서 빌라델비아 교인들이 믿고 있는 예수는 가짜 메시아이며 너희들은 하나님의 백성이 아니다라고 하면서 회당에서 쫓아내며 심히 괴롭혔을 것입니다. 그들은 어리석게도 빌라델비아 교인들은 하나님 나라의 문턱을 넘을 수 없는 이단의 무리라고 주장했습니다. 그러나 주님은 빌라델비아 교인들에게 말씀하시기를 저들은 실상은 사탄의 회에 속한 무리이며, 너희들이야 말로 당당히 하늘 문을 통하여 구원에 이를 참 하나님의 백성이라는 것입니다. 이 세상의 권력자들이나 유대인들이 무엇이라고 하면서 그들을 거절하고 소외시키든지 간에 주님은 그들 앞에 하늘 문을 활짝 열어놓고 들어가게 하신다는 것입니다. 빌라델비아 교인들을 박해했던 유대인들은 오히려 마태복음 23장 13절에서 주님께 비판 받은 서기관들과 바리새인들처럼 "천국 문을 사람들 앞에서 닫고 자신도 들어가지 않고 들어가려 하는 자도 들어가지 못하게 하"는 자들일 뿐이었습니다.

원수 앞에서의 신원(9절)

그러나 부활하신 주님께서는 신실하고 충성스러운 빌라델비아 신자들에게 몇 가지의 약속의 말씀을 주시었습니다. 그것은 모두 다 빌라델비아 신자들에게 위로가 되고 은혜가 되는 말씀들입니다. 첫 약속은 9절에 있습니다. "보라 사탄의 회당 곧 자칭 유대인이라 하나 그렇지 아니하고 거짓말 하는 자들 중에서 몇을 네게 주어 그들로 와서 네 발 앞에 절하게 하고 내가 너를 사랑하는 줄을 알게 하리라." 쉽게 말하자면 교회를 핍박하던 원수들 가운데서 몇 명을 영적으로 감동시켜서 교회에 나아오며 예수 믿는 믿음에 굴복케 하며 자신들의 잘못을 회개하게 함으로써 주님이 빌라델비아 교회를 사랑하신다는 증거를 보여주시겠다는 것입니다. 주님은 신자들이 직접 원수 갚는 것을 원치 않으시며, 핍박하는 자들을 저주하지 말고 축복하라고 권면하시는 분이십니다. 원수 갚는 권세는 주님만이 가지는 권세인데, 주님은 때때로 자신의 교회를 핍박하는 자들 중에서 몇을 돌이켜 예수 믿게 하심으로서 자기 백성들을 신원하시는 분이십니다. 구원파나 불교나 이슬람교에 맹렬했던 신봉자들이나 지도자들이 회개하고 예수님을 믿고 증거하고 다니면 교회에는 큰 영광이 되는 것입니다.

원수들이나 핍박하는 자들이 뉘우치고 돌아와서 회개하며 우리에게 용서를 구하고, 함께 신앙생활하게 될 때에 그것은 주님이 우리를 사랑하신다는 증거를 나타내시는 것입니다. 우리가 사모해야 할 진정한 원수 갚음(= 신원)은 원수가 멸망하고 지옥가는 것이 아니고, 돌이켜 회개하고 주님의 품으로 돌아와서 우리에게 잘못을 뉘우치며 함께 신앙 생활하는 것입니다. 그렇기 때문에 우리는 원수를 미워하지 말고 축복해야 합니다. 그리고 할 수 있는 한 그들에게 선을 베풀어 주어야만 합니다.

마지막 시험의 때에 지켜 주심(10-11절)

두 번째의 약속은 10절에 있습니다. "네가 나의 인내의 말씀을 지켰은즉 내가 또한 너를 지키어 시험의 때를 면하게 하리니 이는 장차 온 세상에 임하여 땅에 거하는 자들을 시험할 때라." 주님은 성도들에게 주신 자신의 말씀을 인내의 말씀이라고 표현하셨습니다. 주님의 말씀을 믿고 굳세게 붙잡기 위해서는 무엇보다도 인내가 필요하기 때문일 것입니다. 때로 주님의 말씀은 자일 Seil에 매달리어 꽉 움켜 쥐어야 살 수 있는 등산가처럼 죽기 살기로 매어달려야 하고 긴긴 시간을 말씀 한 마디에 온 몸을 맡겨야 할 때가 있습니다. 그래서 인내의 말씀이라고 하는 것입니다. 그런데 빌라델비아 교회 신자들은 주님의 말씀을 끝까지 붙잡고 지켰습니다. 이에 대한 상급으로 주님이 약속하시는 것은 마지막 때에 전 세계에 임할 시험의 때를 면하게 해주겠다는 것입니다. 주님이 말씀하시는 시기를 달리 표현하자면 대환난의 때라고 말할 수 있을 것입니다. 문제는 이때를 면하게 해주겠다는 말씀이 무엇을 가리키느냐 하는 것입니다. 대환난 전에 데려가심으로써 그 환난을 맛보지도 않게 해주시겠다는 약속으로 이해하기가 쉽습니다만, 사실 원문의 뜻은 비록 대환난 중에 처하며 온 세상에 사는 사람들이 시험에 넘어지고 엎드려진다고 해도 주님께서 자기 성도들을 지켜 주심으로 넉넉히 이기게 해주겠다는 의미로 이해해야만 합니다. 우리는 일제강점기 때 한국의 모든 신자들이 신사참배라고 하는 무서운 시험대에 선 때가 있음을 알고 있습니다. 숱한 신자들이 넘어졌지만 신실하게 주님의 이름을 붙잡았던 많은 성도들은 그 시험을 잘 극복하고 믿음을 끝까지 지켰다는 것을 알고 있습니다. 안이숙 여사의 『죽으면 죽으리라』에 보면 일제의 박해가 심해지자 안이숙 여사는 외진 곳으로 가서 금식하고 기도하고 성경 보면서 환난의 때를 이길 준비를 했고, 그 결과 6년의 옥고를 감당해 내었습니다. 주님께서 이길 힘을 주실뿐 아니라 감옥 내에 있는 많은 수인들에게 복음을 전하게 되었으며, 출소 후에는 주님의 복음을 담대하게 전할 수가 있었습니다. 전 세계 사람들에게 많은 영향력을 미쳤습니다.

그런데 11절을 보시면 주님께서는 빌라델비아 교인들에게 한가지 당부를 하시는 것을 볼수가 있습니다. "내가 속히 오리니 네가 가진 것을 굳게 잡아 아무나 네 면류관을 빼앗지 못하게 하라." 주님께서 자신의 성도들을 신실하게 지켜 주시며 속히 임하실 것이지만 신자들은 자신들이 가진 신앙을 굳게 붙잡기 위해서 애써야 합니다. 자신이 누리게 될 상급인 면류관이 남에게 돌아가지 않도록 주님 오실 때까지 충성하고 신실해야만 합니다. 신앙의 여정은 마라톤 경기와 같습니다. 출발도 잘해야 하고 중간 중간에 달음박질도 잘 해야 하겠지만 골인 지점에 남보다 먼저 도착하는 것이 중요합니다. 우리는 과거와 현재에 만족할 틈이 없습니다. 남은 싸움을 끝까지 잘 싸우는 일에 전심전력해야 합니다.

영원한 안전의 보장(12절)

예수님은 빌라델비아의 신자들에게 세 번째 약속을 주시었습니다. 12절 말씀입니다. "이기는 자는 내 하나님 성전에 기둥이 되게 하리니 그가 결코 다시 나가지 아니하리라. 내가 하나님의 이름과 하나님의 성 곧 하늘에서 내 하나님께로부터 내려오는 새 예루살렘의 이름과 나의 새 이름을 그이 위에 기록하리라." 끝까지 주님의 말씀을 지키며 주님의 이름을 배반하지 아니하는 자들은 영원한 안전을 약속받고 있습니다. 빌라델비아시는 지진으로 인하여 완전히 파괴된 역사를 가지고 있었으며, 미진으로 인하여 자주 도시 밖으로 대피해야 하는 소동을 겪기도 하였습니다. 수 년 사이에 일본과 중국에는 몇 차례 대지진이 일어났습니다. 그런 경험들을 해본 사람들은 자기 발 밑이 늘 흔들 흔들거리는 불안한 느낌을 가질 것입니다. 빌라델비아 시민들도 마찬가지로, 그들이 발을 딛고 서 있는 땅이나 가옥이 결코 안전하게 느껴지지가 않았습니다. 그와 같은 경험을 한 바 있는 빌라델비아 신자들에게 하나님 나라에서 결코 다시 나가지 않을 기둥과 같은 존재가 되게 해주겠다고 약속하시었습니다. 그 누구도 주님의 백성을 요동케 하거나 무너뜨릴 수는 없습니다. 그들의 받을 구원과 상급은 영원히 안전한 그들의 소유가 될 것입니다.

주님은 또한 신실한 자들에게 삼중의 이름을 주시겠다고 약속하시었습니다. 하나님의 이름은 이들이 하나님께 속한 자라는 의미입니다. 또한 하나님의 성, 새 예루살렘의 이름은 그들이 하나님 나라의 시민이라는 뜻입니다. 그리고 마지막으로 예수님의 새 이름을 기록하겠다는 것은 신실한 자들에게 풍성한 인격적 사귐을 통하여 주님 자신에 대하여 더욱더 새로운 지식을 주시겠다는 것입니다.

오늘 말씀같이 세상적으로 보자면 소수의 무리이고 출신도 미천해서 사회적으로 별 영향력을 미치지 못하는 약한 교회이지만, 주님의 말씀을 지키고 주님의 이름을 배반치 아니한 교회를 향하여 크게 칭찬하시며 풍성한 약속들을 주시는 것을 살펴보았습니다. 주님은 오늘 우리 교회를 향하여서 "귀있는 자는 성령이 교회들에게 하시는 말씀을 들을지어다"라고 권면하고 계십니다. 우리는 많은 능력, 많은 재능, 많은 물질을 구하기 전에 내가 가진 것을 가지고서 내가 처한 환경 속에서 하나님의 말씀에 얼마나 충성하고 있으며, 주님의 이름에 영광을 돌리고 있는지 물어야 할 것입니다. 더 많은 것, 더 큰 것을 주시면 주님을 잘 섬기겠다는 말씀을 하지 마십시오. 인간적으로 보자면 적은 능력, 부족한 건강, 적은 물질, 적은 시간을 가졌다고 할지라도 그 조건을 가지고서 주님께 충성하십시다. 인내의 말씀을 지키십시다. 그렇게 할 때에 주님께서는 환난의 때, 시험의 때에도 능히 견디고 이길 수 있는 힘을 공급해 주실 것입니다. 하나님의 집에 기둥이 되어서 나가지 않는 복을 누리게 하실 것입니다. 그리고 작은 일에 충성하는 자에게 주님이 큰 일을 맡겨도 능히 감당할 수가 있습니다.

16

차지도 뜨겁지도 않는 교회 – 라오디게아 교회

라오디게아 교회의 사자에게 편지하라 아멘이시요 충성되고 참된 증인이시요 하나님의 창조의 근본이신 이가 이르시되 내가 네 행위를 아노니 네가 차지도 아니하고 뜨겁지도 아니하도다 네가 차든지 뜨겁든지 하기를 원하노라 네가 이같이 미지근하여 뜨겁지도 아니하고 차지도 아니하니 내 입에서 너를 토하여 버리리라 네가 말하기를 나는 부자라 부요하여 부족한 것이 없다 하나 네 곤고한 것과 가련한 것과 가난한 것과 눈 먼 것과 벌거벗은 것을 알지 못하는도다 내가 너를 권하노니 내게서 불로 연단한 금을 사서 부요하게 하고 흰 옷을 사서 입어 벌거벗은 수치를 보이지 않게 하고 안약을 사서 눈에 발라 보게 하라 무릇 내가 사랑하는 자를 책망하여 징계하노니 그러므로 네가 열심을 내라 회개하라 볼지어다 내가 문 밖에 서서 두드리노니 누구든지 내 음성을 듣고 문을 열면 내가 그에게로 들어가 그와 더불어 먹고 그는 나와 더불어 먹으리라 이기는 그에게는 내가 내 보좌에 함께 앉게 하여 주기를 내가 이기고 아버지 보좌에 함께 앉은 것과 같이 하리라 귀 있는 자는 성령이 교회들에게 하시는 말씀을 들을지어다(계 3:14-22).

이제 우리는 요한계시록에 기록된 일곱 교회 중 마지막 교회인 라오디게아 교회에 주신 메시지를 살펴보려고 합니다. 일곱 교회는 만대에 존재하는 모든 유형의 교회를 포괄하고 있다고 하는 해석과 역사적인 순서에 따라 예언하고 있다는 입장이 있습니다. 후자의 입장에서 보자면 오늘 본문에 나오는 라오디게아 교회는 가장 현대적인 교회의 모습을 반영하고 있다는 것을 느끼게 됩니다. 라오디게아에 보내어준 메시지를 읽어 보면 그들은 세상 속에서 핍박을 받는다거나 교회 내부적으로 이단 사설에 휘말려서 고생한다든지, 아니면 교회 성도들이 분열해서 싸우고 있다든지 하는 외적인 어려움을 겪고 있었다는 증거가 전혀 보이지 않습니다. 겉으로 보자면 라오디게아 교회는 대내외적으로 아무런 어려움 없이 잘 지내고 있는 것처럼 보였습니다. 하지만 일곱 교회에 보내신 서신 가운데 라오디게아 교회에 대한 주님의 어조는 가장 강경하며 그의 책망은 준엄하였습니다. 빌라델비아 교회에 대해서 단 한마디도 책망의 말씀을 하시지 않으신 주님은 아주 대조적으로 라오디게아 교회에 대해서는 단 한 마디의 칭찬의 말씀도 하시 아니하셨습니다. 오히려 주님은 그의 혐오감을 노골적으로 표현하시기를 "내 입에서 너를 토하여 버리리라"고 하시었습니다(16절하). 우리는 오늘 본문을 통하여서 주님께서 그토록 싫어하게 만들고 속이 울렁 울렁 거려서 마침내는 토해 버리고 싶은 교회의 상태가 어떠한 것이었는가를 살펴보면서, 또한 그러한 교회에 주신 날카롭기는 하지만 간곡한 조언에 대해서 살펴보도록 하겠습니다.

라오디게아 교회에 나타나신 주님의 모습

우선 라오디게아 교회에 나타나신 주님이 자신을 어떻게 소개하시는지를 살펴보도록 하십시다. 각교회에 나타나시는 주님의 모습은 그 교회가 처한 상황과 밀접하게 관련되어 있으며, 그 교회에서 하시고자 하시는 말씀을 하실 수 있는 충분한 자격을 갖추시고 계신다는 것을 보여줍니다. 그러면 라오디게아 교회에 나타나신 주님의 모습은 어떠하였을까요? 14절을 같이 읽어 보겠습니다. "라오디게아 교회의 사자에게 편지하라. 아멘이시요 충성되고 참된 증인이시요 하나님의 창조의 근본이신 이가 이르시되." 라오디게아 교회 사자란 라오디게아 교회 목회자를 말합니다. 당시에는 인쇄술이 아직 발명되기 전이기 때문에 편지를 보내면 목회자가 먼저 읽고, 필요하다면 교인들 앞에서 낭독해 주어야 했습니다. 교인들은 낭독되는 말씀을 주의깊게 들어야 했습니다. 일곱 편지는 각 교회 지도자들 앞으로 보내어졌습니다. 그리고 항상 편지를 끝낼 때마다 귀있는 자는 누구나 성령이 교회들에게 하시는 말씀을 들을지어다라고 말씀하면서 모든 그리스도인들을 초대하고 있습니다.

그러면 라오디게아 교회에 나타나신 주님의 모습을 살펴보도록 하십시다. 주님께서는 자신을 세 가지로 소개하셨습니다. 첫째는 아멘이라고 했습니다. 아멘은 세계 만국 그리스도인들이 사용하는 히브리어 단어입니다. 우리가 설교를 듣거나 기도에 대해서 아멘이라고 하답하는 것은 진실로 그러합니다. 믿습니다. 그러하기를 원합니다 등의 뉘앙스로 사용하지만, 원래 아멘은 진리, 진실성을 가리킵니다. 이사야 65장 16절에 의하면 하나님을 "진리의 하나님"이라고 부르고 있습니다. 진리는 아멘을 번역한 것입니다. 그리고 예수님께서는 중요한 말씀을 하실 때마다 진실로 진실로 너희에게 이르노니라고 말씀하시는데, 이때도 히브리어로는 아멘 아멘이라고 사용하고 있습니다. 예수님께서는 라오디게아 교인들에게 자신은 아멘이시다고 밝히시는 것은 나는 진리요, 진실이요, 참의 근원이시라는 의미입니다. 그리고 이어지는 소개인 충성되고 참된 증인이라는 표현은 아멘을 설명해주는 역할을 합니다. 주님의 성품이 충성되고 진실하실 뿐 아니라 그가 증언하시는 내용이 충성되고 진실하다는 것을 보여주는 것입니다.

그리고 마지막으로 주님께서는 자기 자신을 소개하기를 "하나님의 창조의 근본"이신 이라고 말씀하고 있습니다. 창세기 1장에 보면 하나님께서는 말씀으로 천지만물을 지으셨다고 선포하고 있고, 신약성경에는 예수 그리스도께서 만물의 창조자이심을 분명하게 밝히고 있습니다. 요한복음 1장 3절에 보시면 사도 요한은 "만물이 그로 말미암아 지은 바 되었으니 지은 것이 하나도 그가 없이는 된 것이 없느니라."고 말씀하고 있고, 골로새서 1장 15-17절에 보면 사도 바울은 상세하게 설명해 줍니다. "그는 보이지 아니하는 하나님의 형상이시요 모든 피조물보다 먼저 나신 이시니 만물이 그에게서 창조되되 하늘과 땅에서 보이는 것들과 보이지 않는 것들과 혹은 왕권들이나 주권들이나 통치자들이나 권세들이나 만물이 다 그로 말미암고 그를 위하여 창조되었고 또한 그가 만물보다 먼저 계시고 만물이 그 안에 함께 섰느니라." 예수 그리스도께서는 모든 만물의 창조자이시자, 창조의 근거이자, 피조물의 근원이십니다. 더욱이 사람은 하나님의 형상을 따라 지음을 받았는데, 그 하나님의 형상은 곧 예수 그리스도의 형상인 것입니다. 따라서 예수 그리스도는 우리들이 닮아가야 할 원형이시며, 우리가 누릴 수 있는 모든 선한 피조물들, 즉 물질이나 재화나 성공, 건강, 지혜 등의 만물은 다 예수 그리스도의 것이라는 것입니다.

잘못된 자가진단과 주님의 평가(14-17절)

결국 이와 같은 예수 그리스도의 자기 소개는 라오디게아 교회의 상황과 관련이 있습니다. 예수님은 자신이 진리의 하나님이시자 충성되고 참된 증인이시기 때문에 라오디게아 교회의 실상을 정확하게 알고 있으시며, 무슨 말을 하든지 근거없는 말이 아니라 정확무오한 말씀이라고 하는 것을 알리신 것입니다. 그리고 그가 하나님의 창조의 근본이시기 때문에 라오디게아 교인들이 누리고 있는 것은 무엇이든지 다 예수 그리스도께로부터 온 선물이라고 하는 점을 상기시켜 주는 것입니다. 이와 반면 라오디게아 교회의 성도들이 자신들을 어떻게 평가하였는가 하는 것은 17절 상반절에 단적으로 나타나고 있습니다. 예수님은 라오디게아 교인들이 자족하면서 자랑하는 구호를 우리에게 알려주시 었습니다. "네가 말하기를 나는 부자라 부요하여 부족한 것이 없다" You say, I am rich; I have acquired wealth and do not need a thing- NIV. 이와 같은 자랑은 라오디게아 신자들이 만들어 낸 말이라기보다는 라오디게아 시민 전체의 자부심을 반영하는 구호인 것입니다. 한 도시 속에서 존재하고 있는 교회는 그 도시의 분위기와 경제 수준에 의해 영향을 입지 않을 수가 없는데, 라오디게아 교회와 도시는 여러 가지로 긴밀한 관계 속에 있었습니다. 라오디게아는 당시 소아시아에 있어서 가장 부요한 도시라고 자타가 공인하고 있었는데, 이는 기름진 계곡과 몇몇 주요 도로들의 교차점crossroads에 위치해 있어서 교역과 은행업의 중심지가 되었기 때문입니다. 그리고 그 지역에서 나는 양모는 "결이 부드럽고 색깔은 광택이 나는 검은색"이어서 고가품의 옷감trimita이 되었습니다. 소위 백만장자들이 있던 도시입니다. 로마식으로 건설된 극장, 경기장, 목욕탕 그리고 체육관도 갖추고 있었습니다. 그리고 라오디게아라고 하면 유명한 것 중에 한 가지는 의학적인 기여로서 귀와 눈의 치료에 쓰이는 고약을 개발한 곳이었습니다. 이런 저런 입지 조건과 산업의 융성으로 인하여 라오디게아는 많은 부를 축적하였으며, 부에 기반한 시민의 자족하는 마음과 자긍심은 대단하였습니다. 주후 60년 경에 소아시아를 휩쓴 대지진으로 라오디게아시도 큰 피해를 입었었지만, 다른 도시와는 달리 로마 당국의 도움을 힘입지 않고 자력으로 다시금 도시를 재건할 정도로 그들은 부와 더불어 자존심을 가지고 있었습니다.

오늘 주님이 라오디게아 교회에 하신 말씀을 보면 그와 같은 시민 정신이 교회 내에도 침투하여 만연하고 있었다는 것을 알 수 있습니다. 부요한 교인들, 세상에서 힘있는 사람들이 모인 엘리트 교회인 라오디게아 교회는 세상적으로 가진 것이 많아서라기보다는 그와 같은 부와 권력에 의존하고 있었기 때문에, 영적으로는 황폐한 교회요, 죽은 교회였습니다. 우리는 세상에서 성공하고 형통하다는 것이 잘못된 것이 아니라는 것을 알아야 합니다. 수년 전에 아프가니스탄 인질극 때문에 유명해진 교회가 하나 있습니다. 고신측 교회인데, 분당 샘물교회입니다. 일년 예산의 20퍼센트를 대내외 선교비로 지출하는 교회, 영동교회를 잘 목회하던 목사가 새로운 교회를 개척하여 나온 교회, 30억원을 복지

재단을 위해서 내놓은 교회 등 보십시오. 이런 식으로 부를 쓸 것이면 무슨 문제가 되겠습니까! 이 세상에서 많은 것을 가지게 되었을 때도 하나님을 의지하고 항상 영적으로는 일깨워서 가난한 심령으로 살아야 되는데, 문제는 많은 사람들이 없을 때에는 신앙이 열심이고 겸손하다가도 많은 것을 가지게 되면 마음에 자족하고 되고 하나님과 사람 앞에서 교만해진다는 것입니다. 흔히 하는 말로 돈이나 권력이 사람을 망치는 일이 벌어지는 것입니다. 또한 가진 것이 많으면 이 세상에서의 편리한 삶과 쾌락을 좇는 삶에 빠져들기가 쉽다는 것입니다. 뿐만 아니라 눈에 보이는 허영과 쾌락을 좇아 다니다 보면, 자신의 영혼을 돌볼 틈이 점점 없어지게 되고, 결국은 스스로는 부요하고 부자이며 부족한 것이 없다고 하는데 그 영혼은 곤고하게 되고 가련하게 되며 가난하게 되는 것입니다. 자기 자신의 실상을 돌아볼 수 있는 영적인 안목이 없어지게 되는 것입니다. 또한 자신의 영혼이 헐벗었다는 사실도 인식하지 못하게 되는 처지에 이르게 되는 것입니다.

　영적으로는 곤고하고 헐벗으며 가련한 상태에 있으면서 초죽음이 된 상태에 있으면서도 외적인 부요와 세상 재미 때문에 아무런 문제도 없고 부족한 것도 없다고 그들은 착각하고 있는 것이 라오디게아 교회의 상태였습니다. 15절을 보면 주님은 그러한 라오디게아 교회의 영적인 상태를 차지도 덥지도 아니한 미지근한 상태라고 표현하고 있습니다. "내가 네 행위를 아노니 네가 차지도 아니하고 뜨겁지도 아니하도다. 네가 차든지 뜨겁든지 하기를 원하노라." 우리는 주님의 이 말씀이 무슨 의미인가를 이해하기 위하여 라오디게아가 처한 상황을 이해할 필요가 있습니다. 현재도 라오디키아Laodykia라고 불리우고 있는 라오디게아시는 식수나 생활 용수를 자체 조달하지 못했기 때문에 남동쪽으로 20리 떨어진 골로새Colossae에서 석관을 통해서 찬 물을 끌어다 썼는데, 도중에 오다 보면 차가운 물은 미지근한 물이 되어버렸다고 합니다. 그리고 또한 20여리 북쪽으로 떨어진 히에라볼리(현재는 파묵칼레라고 불리우)는 온천이 유명했는데, 그곳에서 흘러 내려온 온천물이 라오디게아 맞은 편 절벽에 이르게 되면 석회질과 섞여서 희뿌옇고 악취나는 미지근한 물로 변해버렸다고 합니다. 이와 같이 악취나고 미지근한 물을 입에 넣게 되면 구역질나서 마침내는 토해 버릴 수밖에 없었습니다. 주님은 라오디게아 교회의 영적인 상태가 차갑지도 뜨겁지도 아니해서 토해 버리고 싶은 물과 같은 상태라고 말씀하시었습니다(16절).

라오디게아 교인들에게 "차갑든지 뜨겁든지 하라"고 하신 주님의 말씀이 무엇을 의미하는지에 대해서 많은 해석들이 있습니다. 어떤 이들은 차가운 것은 기독교 신앙과 교회에 대해서 적극적으로 반대하는 무신론을 의미하고, 뜨거운 것은 신앙적으로 주님께 대하여 불같은 열정이 있는 상태를 가리킨다고 해석하였습니다. 그러나 주님은 우리들이 그런 의미에서 차갑기를 바라시는 분이 아니십니다. 따라서 차갑다고 하는 것은 차라리 하나님의 말씀에 대하여 차분하고 냉정하게 들으려고 하는 자세를 가리킨다고 볼 수 있습니다. 라오디게아 교회 신자들은 세상적인 부요와 재미 때문에 주님의 말씀을 들을 때에 진지하게 듣지도 아니하였고, 뜨겁게 헌신하지도 아니하였습니다. 윌리엄 헨드릭슨의 표현대로 하면 그들은 "미지근함, 미온적인 태도, 무기력, 망설임, 나약함, 언제나 적당히 타협하고, 무관심하고 게으른 태도"로 일관되게 살았던 것입니다.[18] 한 마디로 세속주의에 정신을 팔아 버리니 영적으로 붕뜬 상태여서 멍하게 듣는 것입니다. 신앙 생활을 사우나 탕 즐기듯이 하려고 하는 것입니다.

그러나 하나님은 성도들이 뜨뜨미지근한 반응을 하는 것을 원하지 않습니다. 그저 재미있는 이야기, 세상 사는데 덕이 되는 교양 강좌 듣듯이 말씀을 듣는 것을 바라시지 않습니다. 말씀에 대해 뜨겁게 사모함과 열정을 가지고 듣고 순종하는 삶을 요구하시는 것입니다. 비록 세상에서 성공하고 가진 것이 많을지라도 하나님 앞에서는 어린아이처럼 겸손한 자가 되기를 바라십니다. 말씀을 들으면서 요모조모 이해 관계를 따지고 손익을 가려서 선별적으로 듣는 자들을 기뻐하시지 않습니다. 우리가 세상에서 아무리 부자이고, 똑똑한 사람이고, 높은 사람이라고 하더라도 하나님 앞에서는 '영적인 거지' 헝그리 정신으로 살고, 다른 사람들을 존중하고 섬기는 자가 되는 것을 요구하십니다. 그렇게 살아갈 때에 세상의 부와 성공은 걸림돌이 아니라 하나님 나라를 위하여 좋은 도구와 연장으로 쓸 수가 있는 것입니다.

주님의 책망과 권면(18-22절)

사람의 속을 불편하게 해서 토하게 만드는 부정하고 상한 음식같이 라오디게아 교회는 심각한 상태에 처해 있었습니다. 하지만 주님은 그와 같은 교회에 대해서도 책망과 꾸지람만 하시고 대책 없이 정죄하고 말씀을 끝내시지 않으셨습니다. 15-17절 세 절에 걸쳐서 영적인 진단과 책망을 하시고 난 다음에 이어지는 18-21절 넉 절에 걸쳐서 권면과 격려의 말씀을 주시었습니다. 주님께서는 라오디게아 교회가 다시금 회생하고 소생할 수 있는 길을 가르쳐 주시었습니다. 유능한 의사가 중병을 바르게 진단해 주고 살 길을 가르쳐 주듯이, 주님은 중환자의 상태에 있는 라오디게아 교인들에게도 다시금 영적 생명을 불일듯하게 할 수 있는 길이 있다고 말씀하시었습니다. 주님이 라오디게아 교인들을 그토록 준엄하게 책망하시고, 평가절하하시는 이유는 주께서 그들을 사랑하시기 때문이라고 19절은 밝히고 있습니다. 부모가 사랑하는 자녀들을 징계하고 책망하는 것과 같이 주님은 자신이 사랑하는 신자들을 준엄하게 책망하고 경고하시는 것입니다.

18절에는 주님이 주신 세 가지 권면이 소개되고 있습니다. "내가 너를 권하노니 내게서 불로 연단한 금을 사서 부요하게 하고, 흰 옷을 사서 입어 벌거벗은 수치를 보이지 않게 하고, 안약을 사서 눈에 발라 보게 하라." 라오디게아인들은 상업과 은행업에서 오는 부를 의지하고 있었는데 주님은 불타 없어질 그런 것들을 더 이상 의지하지 말고 불로 연단한 금, 곧 믿음을 가지라고 하셨습니다. 또한 그들은 품질 좋고 값비싼 양모로 만든 옷을 입고 자랑했지만, 그들의 죄의 수치와 양심의 고통을 가릴 수 없는 그런 옷들을 의지하지 말고 주 예수께 나아와서 값없이 주시는 의의 옷을 입으라고 권하셨습니다. 또한 주님은 라오디게아의 의사들이 만들어낸 안약을 통해 눈 밝은 것만 자랑하지 말고, 주님께 나아와서 신령한 눈이 열려서 자신들의 상태를 보며 주님이 열어주시는 신령한 세계에 대해서 눈을 뜨라고 말씀하십니다. 예수님은 불로 연단한 금, 흰 옷, 안약을 살 것을 권하셨습니다. 무엇을 가졌든지 못 가졌든지 간에 심령에 가난함을 느끼고 사모함으로 나아오는 자에게 주님은 믿음에 부요하게 하시며, 애통하는 마음 자복하는 마음으로 나아오는 헐벗은 사람들에게 그리스도의 존귀한 보혈로 깨끗이 씻겨진 의의 옷을 입혀 주시며, 자신이 영적인 소경이라는 사실을 깨닫고 나아오는 자에게는 영적인 빛을 주셔서 믿음의 세계를 보게 하시는 분이 바로 예수님이시기 때문입니다.

　예수님은 부요하신 자로서 친히 가난하게 되심으로 인해서 그를 믿고 의지하는 자에게 하늘의 모든 부요를 주시고자 하십니다. 그렇지만 인생들은 자기가 가진 세상의 부와 소유들을 가지고 만족하면서 마음의 문을 굳게 닫고서 나는 부자이며 부족한 것이 아무것도 없다고 헛되이 자랑하고 있는 것입니다. 우리는 어린아이들이 소중하게 여기면서 고집스레 집착하는 것들이 얼마나 보잘 것 없으며 쓸모 없는 것인가를 발견할 때에 마치 우리의 영적인 형편이 그러함을 느끼게 됩니다. 주님은 헛된 것으로 배부르고 자족하고 있는 신자들의 문 밖에서 문 좀 열어달라고 두드리고 계신 분으로 자신을 비유하시었습니다. 흔히 전도용으로 사용하는 구절이지만 20절은 사실 이미 신자가 되었지만 주님께 대한 열정적인 사랑 없이 세상에 취해서 살아가고 있는 자들에게 하시는 말씀입니다. "볼지어다 내가 문 밖에 서서 두드리노니 누구든지 내 음성을 듣고 문을 열면 내가 그에게로 들어가 그와 더불어 먹고 그는 나와 더불어 먹으리라"(참고. 아 5:2-3). 이 말씀은 나태하게 안일하게 신앙 생활하고 있는 기존 신자들에게 주시는 말씀입니다. 여러분들 가운데는 홀만 헌트가 그린 "세상의 빛"이라고 하는 성화를 보신 적이 있을 것입니다. 예수님이 나무 문 밖에 서서 노크하고 계신 모습을 그려 놓은 그림 말입니다. 예수님은 마치 연인을 찾아와서 문을 열어달라고 청하는 열정적인 연인의 모습으로 자신을 소개하고 있습니다. 세상의 종교는 하나님을 제 나름대로 찾아가려고 하는 몸부림이라고 한다면, 성경적인 신앙은 하나님께서 친히 낮고 천한 인간 세상으로 찾아오셨으며, 개인의 심령의 문을 노크하신다는 것입니다. 12세기의 프랑스 시또회 수도사인 끌레르보의 버나드는 이렇게 말하였다고 합니다. "한 겨울 추운 새벽이나 혹은 칠흑같은 밤 중에 교회당에서 기도하려고 아무리 일찍 깨어 일어나더라도 하나님이 언제나 깨어서 벌써 그들을 기다리고 계신 것을 발견케 된다. 실은 그들이 일어나 하나님의 얼굴을 찾게 깨운 것은 하나님 그분이시다." 예수님은 인간들을 찾아오십니다. 마음 문 밖에 서서 간절하고 집요하게 문을 열어달라고 요청하시는 분이십니다. 홀먼 헌트의 그림을 자세히 보시면 문을 여는 손잡이가 밖에는 없다는 특징을 발견하게 됩니다. 주님이 문 밖에 서서 애원할지라도 마음 문은 마음의 주인이 직접 열어서 모셔 들여야 한다는 진리를 그림은 잘 보여주고 있습니다. 바클레이는 말하기를 "그리스도는 애원하고 축복을 제안하지만, 그러나 사람이 그 문을 열고 들어오시라고 하지 않으면 아무 소용이 없는 것이다"라고 하였습니다.[19]

하나님은 사람들의 마음을 깨부수고 들어오시지 않습니다. 대신에 끈질기게 마음 문을 두드리면서 설득하고 애원하시는 것이 주님의 방식입니다. 이는 하나님이 우리를 존귀하게 여기신다는 증거입니다. 사람간에도 힘으로 심지를 꺾어 놓을 수는 있지만, 사람의 마음 문을 열어서 반응하게 만드는 것은 사랑이요, 인격적인 설득으로 할 수가 있는 것입니다. 우리 주님께서는 세상으로 그 마음을 가득 채우고 주님께 대하여 문을 꽉 닫고 있는 신자들에게 간절하게 요청하십니다. 제발 문을 열어다오. 주님은 문을 열면 들어가서 성도와 더불어서 친밀한 교제를 나누며, 자신의 가진 것들을 그냥 주고 싶다고 말씀하십니다. 식탁교제를 한다고 하는 것은 주님과 신자들이 가지는 친밀한 사귐을 의미합니다. 우리가 남의 집을 방문하면서 빈 손으로 가지 않고 정성껏 선물을 준비해서 가듯이, 주님은 우리를 방문하면서 빈 손으로 오시지 않습니다. 앞에서 제시하신 불로 연단한 금, 흰 옷, 그리고 영적인 눈을 뜨게 하는 안약을 가지고 오시는 분이십니다.

또한 주님은 이기는 자, 뜨거운 사랑과 열정을 가지고서 주님과 동행하며 세상에서 믿음을 지키는 자에게는 "내가 내 보좌에 함께 앉게 하여 주기를 내가 이기고 아버지 보좌에 함께 앉은 것과 같이 하리라"고 약속하시었습니다(21절). 텔레비전에 나오는 넓은 왕의 보좌를 생각해 보십시오. 왕의 옆자리에 함께 앉게 하겠다는 것은 궁극적인 승리의 영광에 동참하게 될 것을 상징하는 것입니다(마 19:28). 세상의 군왕들이 제 아무리 한 신하를 좋아하고 총애한다고 해서 자신의 왕좌를 함께 하여 앉으며 왕권을 나누어 주겠습니까? 저는 지금까지 사극을 많이 보았지만 단 한 번도 그 넓은 용상에 자기 자식이나 신하를 같이 앉히는 왕을 본적이 없습니다. 그러나 주님은 마음의 문을 열고서 자신을 영접하며 교제하는 자에게는 자신의 왕권도 나누어 주시겠다고 약속하시는 것입니다. 주님은 준비된 자에게 충성하는 자에게 모든 것을 아낌없이 은혜로 주시는 분이시라는 것을 우리는 기억해야 합니다.

이제 살펴본 말씀을 정리해 보도록 하겠습니다. 오늘 우리는 부요한 도시 환경 속에서 물질적 환경이 윤택한 가운데 자신들도 모르게 자족하고 교만해져서 영적으로는 빈곤하고 비참하게 되었는데도 알지 못했던 라오디게아 교회에 주신 주님의 말씀을 살펴보았습니다. 우리가 외적으로 누리는 모든 물질적인 복들이나 좋은 환경들은 그 자체로는 복입니다. 하지만 그런 것들 때문에 영적으로 교만해져서 하나님이 필요 없어질 정도라면, 모든 것이 돈으로 안 되는 것이 있냐 그런 마음이 들게 된다면 영적으로 라오디게아 병에 걸린 것입니다. 사실 일곱 교회를 교회사의 발전 과정으로 해석하는 자들에 의하면 라오디게아 교회는 현대 교회에 해당하는 교회입니다. 아닌 게 아니라 오늘날 부요해진 교회의 실상이 라오디게아 교회의 모습과 유사함을 느낍니다.

주님은 다시 현대 교회를 향하여 기회를 주고 계신 것을 알아야 합니다. 이 시대 백성들을 사랑하기에 책망하고 계신 것을 알아야 합니다. 국제 금융 위기와 신종 플루와 같은 전염병을 통해서 우리들에게 타성에 젖은 신앙 생활, 세상을 변화시키기보다 세상을 더 닮아가는 세속주의, 배금주의와 쾌락주의를 다 버릴 것을 요구하고 있다는 것을 깨우치셔야 합니다. 주님은 또한 지금 우리 한국 교회를 버리신 것이 아니라 밤 이슬을 무릅쓰고 문 밖에서 노크하시면서 문 열어다오라고 애절하게 요구하시는 연인의 모습으로 서 계신다는 점을 기억하셔야 합니다. 우리 개개인도 마찬가지일 것입니다. 기적이나 놀라운 일들을 통해서 우리를 찾기를 바라시지 말고, 간청하는 애인처럼 부드러운 음성으로 마음 문을 두드리시며 청하시는 주님의 음성에 응답하는 여러분들이 되십시오. 무엇인가 많은 것, 큰 것을 하려고 하지 말고, 주님을 마음에 모시어 교제하는 일에 순간 순간 애를 쓰십시오. 주님과 교제하여 영육 간에 강건하게 되어질 때에 우리는 주님과 함께 이 세상을 다스리는 일에 참여하게 될 것입니다.

17

보좌 위에
앉아 계신 하나님

이 일 후에 내가 보니 하늘에 열린 문이 있는데 내가 들은 바 처음에 내게 말하던 나팔 소리 같은 그 음성이 이르되 이리로 올라오라 이 후에 마땅히 일어날 일들을 내가 네게 보이리라 하시더라 내가 곧 성령에 감동되었더니 보라 하늘에 보좌를 베풀었고 그 보좌 위에 앉으신 이가 있는데 앉으신 이의 모양이 벽옥과 홍보석 같고 또 무지개가 있어 보좌에 둘렸는데 그 모양이 녹보석 같더라 또 보좌에 둘려 이십사 보좌들이 있고 그 보좌들 위에 이십사 장로들이 흰 옷을 입고 머리에 금관을 쓰고 앉았더라 보좌로부터 번개와 음성과 우렛소리가 나고 보좌 앞에 켠 등불 일곱이 있으니 이는 하나님의 일곱 영이라(계 4:1-5).

    이사야 선지자는 웃시야 왕이 죽던 해에 성전에 올라갔다가 큰 환상을 보았습니다. 그가 몸으로 들어간 곳은 예루살렘 성전이었는데, 그의 영혼이 본 것은 높이 들려져있는 하나님의 보좌와 그를 옹위하여 찬송하고 있는 스랍 천사들을 보았던 것입니다. 거룩하시고 엄위로우신 하나님의 영광을 보게 된 이사야는 두려움에 사로 잡혀서 이제 망하게 되었다고 고백하였습니다. 이것은 이사야에 대한 하나님의 소명사건이었습니다. 그러나 이와 같은 환상을 보게 하신 데에는 또 다른 의미가 있습니다. 이는 그가 어떤 시점에서 하나님을 뵙게 되었느냐 하는 것입니다. 이사야 6장 1절에 의하면 웃시야 왕이 죽던 해라고 했습니다. 웃시야 왕은 무려 52년 동안이나 유다 왕국을 통치한 대왕이었습니다. 그와 같이 오랫동안 나라를 다스려온 대왕이 죽게 되었을 때에는 산이 무너져 내리는 것과 같다고 해서 붕어(崩御)라고 하는 표현을 쓰는 법입니다. 야 이제 큰일 났구나. 믿고 의지하던 대왕 웃시야가 돌아가셨으니 외침으로 바람 잘 날 없는 이 나라는 어찌될꼬 하는 염려가 청년 이사야의 마음에 들었던 것입니다. 하나님은 비록 웃시야 왕이 죽었다고 할지라도 아무 염려할 것이 없다는 것을 환상을 통해서 보여 주시었습니다. 세상의 권좌는 이 사람 저 사람이 갈아가면서 차지하고 앉지만, 또한 아무리 대왕이요 성군이라 해도 때가 되면 백성들 곁을 떠나가지만 하늘에 높이 들리신 보좌에 앉아 계신 하나님은 영원무궁히 통치하고 계신다는 것입니다. 이 세상의 정치가 어떻게 변하고, 국제정세가 어떻게 변하든지 간에 중요한 것은 이 우주만물을 다스리는 하나님이 계시다는 것을 알고, 그분이 참으로 왕 중 왕이라는 사실을 아는 자는 두려워 떨 것이 없다는 것입니다. 오늘 읽은 본문을 보면 사도 요한도 하늘 보좌를 보고, 그 보좌에 앉으신 하나님의 영광을 보게 되었습니다.

하늘에 열린 문(1절)

1절을 봅니다. "이 일 후에 내가 보니 하늘에 열린 문이 있는데 내가 들은 바 처음에 내게 말하던 나팔 소리 같은 그 음성이 이르되 이리로 올라오라. 이후에 마땅히 일어날 일들을 내가 네게 보이리라." 요한은 앞서 우리가 살펴본 대로 소아시아에 있는 일곱 교회에 주시는 주님의 말씀을 듣고 기록을 했습니다. 그런데 이제는 요한의 영안이 열리고 하늘에 열린 문을 보게 되었습니다. 요한이 볼 때에 하늘 문이 열린 것이 아닙니다. 이미 열려져 있는 하늘 문을 보게 된 것입니다. 굳게 닫혀져 있던 하늘 문은 예수 그리스도의 구속 사역 때문에 열리게 된 것입니다. 우리가 세상을 살아가다 보면 정말 길이 보이지 않는 암담한 시절이 있지 않습니까? 앞도 뒤도 막혀서 길이 보이지 않을 때, 세상이 이

상하게 돌아가는 것을 보게 될 때에 우리 마음은 시험에 들기가 쉽습니다. 또한 오늘날과 같이 이 세상 사람들이 무법천지를 이루고 죄의 낙을 대중적으로 즐기는 것을 보게 될 때에 나만 왜 바보처럼 이렇게 살고 있나 하는 헷갈림이 있는 것입니다. 더욱이 하나님의 교회가 핍박을 당하고 예수 믿는다고 먹고 살기도 어려워지는 그런 시점이 되면 우리의 마음은 더욱더 힘들고 어두움을 느끼게 됩니다. 그와 같은 상황에 처해 있는 신자들을 위해서 하나님은 하늘에 열린 문을 주시는 것입니다. 사방팔방이 막혔지만 하늘 만큼은 열어주시는 것입니다. 요한에게도 하나님은 마땅히 이후에 되어질 일을 보여 주시기 위해서 열린 하늘 문을 통하여서 올라오라고 명령하시었습니다.

바벨론 제국의 느부갓네살의 치하에서 포로가 되어 먼 이국 땅 갈대아에서 나그네 생활을 하고 있던 에스겔에게도 하나님은 하늘 문을 여시고 말씀을 주시었습니다. 하나님께서 하늘 문을 여시고 말씀을 주시는 것은 고난과 환난 가운데 있는 자신의 백성을 위로하시기 위함이었습니다. 예수님은 사도 요한에게 큰 나팔소리와 같은 권위있는 음성으로 열린 하늘 문으로 올라오라고 말씀하시었습니다. 그리고 이제 마땅히 되어질 일들을 보여주겠다고 하시었습니다. 이 세상 돌아가는 것이나 역사가 흘러가는 것이 인간 권력자들이 마음대로 떡주무르듯이 할 수 있거나, 아니면 그 누구도 어찌할 수 없는 운명의 힘에 의해서 움직여지는 것이 아니고, 하나님의 뜻하심 가운데 예정된 대로 이루어져 간다는 것을 전제로 한 말씀인 것입니다. 이제 장차 되어질 일들, 특히 그리스도와 악의 세력의 싸움, 그리고 그리스도의 최종적인 승리와 그의 백성들이 누리게 될 종국적인 영광을 알게 해 주시겠다는 말씀입니다. 이와 같이 역사의 종착지가 어디인지를 아는 사람들은 환난과 핍박 가운데서도 굴하지 아니하고 신앙의 순수성과 절개를 지킬 수 있는 것입니다.

보좌에 앉으신 이(2-3, 5절)

2절에 보면 올라오라는 하나님의 말씀을 듣고 요한은 "곧 성령에 감동되었다"고 말합니다. 이는 이제 하나님이 그에게 주시려고 하는 계시를 받기에 합당한 자가 되도록 성령의 능력을 힘입고 성령의 통제 상태에 들어가는 것을 말합니다. 성경은 이처럼 성령의 감동을 받은 저자들이 기록한 것이기에 정확무오하고, 우리의 신앙과 삶을 믿고 맡길 수 있습니다. 베드로후서 1장 20-21절에 보면 "먼저 알 것은 성경의 모든 예언은 사사로이 풀 것이 아니니 예언은 언제든지 사람의 뜻으로 낸 것이 아니요 오직 성령의 감동하심을 받은 사람들이 하나님께 받아 한 것임이라"고 말씀합니다. 사도 요한 역시도 "이후에 마땅히 될 일" 즉 종말에 대한 메시지, 구속의 완성에 대한 메시지를 환상을 통해서 보고 그것을 깨닫고 기록해야 하기 때문에 성령의 감동하심을 받게 된 것입니다. 요한의 환상적인 체험이 성령의 통제하에서 주어졌기 때문에 그 진실성에 있어서 의문의 여지가 없는 것입니다. 그리고 이런 환상을 우리들이 체험할 수는 없습니다. 다만 우리는 성령의 조명하심에 의해서 요한을 통해서 주신 말씀의 영적인 의미를 깨달을 수 있습니다.

그러면 성령의 감동을 받은 요한의 눈에 보여지기 시작한 것이 무엇일까요? 2절을 보십시다. "내가 곧 성령에 감동되었더니 보라 하늘에 보좌를 베풀었고 그 보좌 위에 앉으신 이가 있는데." 요한은 영안이 열려서 자신의 눈에 보이게 된 것을 놀라면서 우리에게 소개하고 있습니다. 그의 눈에는 하늘 중심에 있는 보좌가 보였습니다. 보좌라는 단어는 헬라어로 "쓰로노스"*thronos*라고 하고 영어로 throne이라고 하는데, 신약에 총 62회 사용되고 있는데 계시록에서 무려 47회나 등장하고, 특히 4-5장에서 17번이나 나옵니다. 보좌라고 하는 것은 궁극적인 능력과 권세의 자리를 의미합니다. 요한계시록 3장 21절에는 예수님의 보좌와 하나님 아버지의 보좌가 나옵니다. 그리고 13장 2절 같은데 보면 짐승의 보좌 즉, 사탄의 통치하는 자리도 나옵니다. 사도 요한은 이 세상 모든 권력과 비교도 되지 않는 영광스러운 하늘의 보좌를 보았습니다. 하나님은 하늘 보좌에 앉아 계시지만 이 세상에 대한 통치를 하고 계시는 분이심을 말씀해 줍니다.

사도 요한은 하늘 중심에 있는 보좌에 앉으신 분을 보았습니다. 그가 본 것은 물론 하나님의 영광이었습니다. 요한은 인간의 언어를 가지고서 자신이 받은 계시를 표현할 길이 없었습니다. 고린도후서 12장에 의하면 하늘에 대한 묘사도 이 세상의 언어로 표현할 수 없다고 했는데, 하나님에 대한 묘사도 세상의 언어를 가지고서는 할 수도 없는 일이었습니다. 요한은 다만 이 세상에 존재하는 가장 귀한 보석 같은 것으로서 하나님의 영광을 겨우 설명하였을 뿐입니다. 사도 요한이 보좌에 앉으신 하나님에 대하여 묘사한 내용을 다시 읽어보도록 하실까요? 3절입니다. "앉으신 이의 모양이 벽옥과 홍보석 같고 또 무지개가 있어 보좌에 둘렸는데 그 모양이 녹보석 같더라." 사람의 자질을 보석이나 색에 비유하듯이 영원불변하신 하나님의 성품을 사도 요한은 보석과 색깔로 묘사하고 있습니다. 이런 전통은 사도 요한이 창안해 낸 것이 아니라 구약 선지서의 전통을 이어 받는 것입니다. 대표적인 예로 에스겔 1장 26-28절을 보면, "그 머리 위에 있는 궁창 위에 보좌의 형상이 있는데 그 모양이 남보석 같고 그 보좌의 형상 위에 한 형상이 있어 사람의 모양 같더라. 내가 보니 그 허리 위의 모양은 단 쇠 같아서 그 속과 주위가 불 같고 내가 보니 그 허리 아래의 모양도 불 같아서 사방으로 광채가 나며 그 사방 광채의 모양은 비 오는 날 구름에 있는 무지개 같으니 이는 여호와의 영광의 형상의 모양이라 내가 보고 엎드려 말씀하시는 이의 음성을 들으니라"고 말씀하고 있습니다. 요한과 에스겔이 본 보좌 환상이 각기 비슷하지 않습니까!

에스겔도 환상을 보긴 했는데 실체를 바로 설명하지 못하고 보석과 색을 동원해서 표현했고, 결국 여호와의 영광의 형상의 모양"the appearance of the likeness of the glory of the Lord" - AV, NIV이라고 말할 뿐입니다. "그런 성격을 갖고 있다"이지 꼭 "말 그대로"라는 뜻이 아닙니다. 사도 요한도 마찬가지입니다. 보좌에 앉으신 하나님을 뵈었지만 하나님을 직접 묘사하지 못하고 무엇 무엇 같다라고 말하고 있습니다. 그러면 요한의 묘사하는 바를 살펴 보겠습니다. 벽옥같다는 것은 변하지 않고 늘 환하게 빛나는 하나님의 성품을, 홍보석은 그런 중에도 늘 뜨겁고 사랑이 넘치는 성품을 묘사한다 할 것입니다. 결국 하나님이 벽옥 같고 홍보석 같다고 하는 것은 하나님의 정결하면서도 분명하심, 그리고 넘치는 사랑을 그렇게 표현한 것입니다.

 그리고 하나님의 보좌에는 녹보석 같은 무지개가 둘러있다고 했습니다(3절하). 여러분 무지개하면 무슨 생각이 나십니까? 워즈워드의 시에 나오는 낭만적인 무지개입니까? 아니면 빨주노초파남보 7가지 색깔의 무지개를 생각하십니까? 적어도 우리 신자들은 창세기 9장의 노아 홍수와 홍수 후에 하나님이 체결하신 언약의 징표인 무지개를 생각해야 합니다. 창세기 9장 13-17절에 보면 하나님은 무지개를 증거로 삼으시고 무슨 약속을 하셨는가 하면 "내가 내 무지개를 구름 속에 두었나니 이것이 나와 세상 사이의 언약의 증거니라. 내가 구름으로 땅을 덮을 때에 무지개가 구름 속에 나타나면 내가 나와 너희와 및 육체를 가진 모든 생물 사이의 내 언약을 기억하리니 다시는 물이 모든 육체를 멸하는 홍수가 되지 아니할지라. 무지개가 구름 사이에 있으리니 내가 보고 나 하나님과 모든 육체를 가진 땅의 모든 생물 사이의 영원한 언약을 기억하리라. 하나님이 노아에게 또 이르시되 내가 나와 땅에 있는 모든 생물 사이에 세운 언약의 증거가 이것이라 하셨더라"고 말씀하셨습니다. 무지개는 하나님에 의해서 주어진 창조 질서 보존의 징표입니다. 결국 그것은 평화를 상징하는 것입니다. 노아 홍수의 연대기를 정확하게 말하지 못하지만 최소한 주전 2500년경으로 봅니다. 그러면 이 천오륙백 년이 지난 뒤에도 하나님은 변함없이 그 언약을 기억하고 계시다는 것을 사도 요한으로 하여금 보게 하신 것입니다. 우리는 이상의 묘사를 통해서 하나님에 대한 구체적인 이미지나 그림을 얻지 못합니다. 그러나 적어도 전 우주를 다스리고 계시는 하나님의 성품이 어떠하신가 하는 것을 조금 알게 되는 것입니다. 필립 휴즈의 지적처럼 이와 같은 모습은 사랑스러울 뿐만 아니라 위엄이 있고 거룩하며 참되게 느껴지는 것입니다.[20]

그리고 5절에 의하면 "보좌로부터 번개와 음성과 우렛소리가 나"오고 있다고 합니다. 음성이라고 하는 것은 우리가 들을 수 있는 사람의 목소리를 말하는 것입니다. 번개가 치고 또 천둥이 울리는데 그 사이에 어떤 음성이 들립니다. 이것은 말씀의 위엄이나 권위를 나타내는 것입니다. 옛적에 시내 산에서 율법을 주실 때에도 우레와 번개와 빽빽한 구름이 산 위에 덮고 나팔 소리가 크게 울리는 중에 말씀하시었습니다. 사도 요한은 하나님의 보좌로부터 생생하게 들려오는 계시의 음성을 들을 수 있었습니다. 오늘날도 주님의 목소리는 성경과 설교를 통해서 권위있게 우리들 가운데 들리고 있습니다. 그러나 번개, 음성, 우렛소리(8:5, 11:19, 16:18)가 의미하는 것은 단순히 계시의 음성만을 가리키지 않습니다. 하나님의 종말론적인 심판을 상징하는 것입니다. 이 세상에 대한 심판이 바로 하나님의 보좌에서부터 결정된다는 것입니다.

그리고 5절 하반절에 보면 일곱 등불 켠 것이 하나님의 보좌 앞에 있다고 했고, 해설하기를 "이는 하나님의 일곱 영이라"고 했습니다. 일곱 영이라는 표현은 1장 4절에서도 이미 살펴보았습니다만, 성령을 가리킵니다. 성령이 일곱 분이라는 뜻이 아니라 충만하신 영이라는 뜻입니다. 성령은 오순절 성령 강림 사건 때 뿐 아니라 세상 끝날까지도 보좌로부터 끊임없이 하나님의 교회와 성도들에게 보냄을 받습니다. 아무도 성령을 사유화할 수 없습니다. 홀로 받은 성령의 감동은 아무리 크다고 해도 공동체가 받은 성령의 감동에 비할 수 없습니다. 어떤 사람들은 성령을 한 번 받으면 더 이상 구하지 않아도 된다고 가르치고, 오순절 성령 강림일에 왜 성령을 달라고 기도하느냐고 비판하는 이들이 있습니다. 아브라함 카이퍼와 같은 신학자가 대표적입니다. 하지만 우리는 성령님을 늘 인정하고 역사해 주시기를 늘 간구드려야 합니다. 성령과 우리의 관계는 인격적인 관계이지 기계적인 관계가 아니기 때문입니다.

또한 하나님의 성령은 항상 하나님의 보좌 앞에 머무르고 계신다는 것을 기억해야 합니다. 그리고 옛적 지성소 밖에 일곱 촛대가 있고 항상 불을 피웠던 것처럼, 성령은 일곱 등불로 묘사가 되고 있습니다. 스가랴 4장 2절에도 일곱 등불이라고 했습니다. 등불이라고 묘사하시는 것은 이 세상의 흑암 속에서 진리의 빛을 비추시고 드러내시고, 어두운 사람의 마음에 비추사 구원의 은혜를 베푸시는 것을 의미합니다. 요한복음 16장 13-15절에 보시면 예수님께서는 진리의 영으로서의 성령의 사역을 이렇게 설명해 주셨습니다. "그러나 진리의 성령이 오시면 그가 너희를 모든 진리 가운데로 인도하시리니 그가 스스로 말하지 않고 오직 들은 것을 말하며 장래 일을 너희에게 알리시리라. 그가 내 영광을 나타내리니 내 것을 가지고 너희에게 알리시겠음이라. 무릇 아버지께 있는 것은 다 내 것이라 그러므로 내가 말하기를 그가 내 것을 가지고 너희에게 알리시리라 하였노라."

24장로 (4절)

우리는 지금까지 요한이 성령의 감동 속에서 보게 된 하늘 보좌와 그 위에 앉으신 하나님에 대한 묘사, 그리고 그 보좌 앞에 있는 일곱 영에 대한 말씀을 살펴보았습니다. 그런데 오늘 우리가 읽은 4절을 보시면 하나님의 보좌 둘레에 24개의 보좌가 놓여 있으며 그 보좌 위에는 24장로들이 앉아있다는 것을 알 수 있습니다. 본문을 다시 한 번 읽어보실까요? "또 보좌에 둘러 이십 사 보좌들이 있고 그 보좌들 위에 이십사 장로들이 흰옷을 입고 머리에 금관을 쓰고 앉았더라."읽으신 말씀을 한 번 상상해 볼까요? 하늘 중심에 하나님의 보좌가 있습니다. 그리고 그 보좌 앞에 일곱 영이 계시고, 하나님의 보좌를 중앙에 두고 돌아가면서 24개의 보좌가 놓여져 있고, 그 보좌 위에는 24명의 장로들이 앉아있습니다. 그리고 24장로들에 대해서도 무엇이라고 묘사하는지를 주목해 보실까요? 예, 그들은 첫째 흰 옷을 입고 있고, 둘째 그들은 금으로 된 면류관을 쓰고 있습니다. 그리고 그들은 서 있는 것이 아니고 앉아있다고 말씀하고 있습니다.

　그렇다면 우리들은 자연스럽게 궁금증이 발동하고 호기심이 느껴지게 됩니다. 도대체 하나님의 보좌를 둘러싸고 있는 보좌들에 앉아있는 24장로들이 누구를 가리키는 것일까 하고 말입니다. 이 구절을 읽으면서 성도님들은 머리가 혼란스럽습니까, 아니면 무슨 아이디어가 떠오르십니까? 우리는 하늘의 광경에 대한 묘사가 다 그림 언어인 것을 기억해야 합니다. 즉 실체를 인간의 언어로 담아내지 못하니까, 상징적인 언어로 표현한 것이라는 것을 늘 기억하시는 것이 좋습니다. 천국이나 하나님은 가서 우리가 변화된 눈으로 보아야 어느 정도 실체를 알 수 있을 것입니다. 24장로의 정체가 무엇이냐를 둘러싸고 많은 논쟁이 있어왔습니다. 이들이 인간적인 존재들인지 아니면 천사들인지를 둘러싸고 해석이 양분됩니다.[21]

　먼저 24장로들에 대해서 천사들이라고 해석하는 입장을 소개해 봅니다. 벡위드, R. H. 찰스 같은 비중있는 학자들이나 조지 래드, 비슬리 머리, 레온 모리스, 마운스 등과 같은 복음주의 학자들이 대체로 동의하는 해석입니다. 그들은 24장로들이 무슨 역할을 맡고 있는지 주목해 보면 정체를 알 수 있다고 합니다. 요한계시록을 살펴 보면 24장로들의 주임무는 예배와 찬송입니다. 그리고 성도들의 기도를 대접에 담아 하나님께 가지고 가기도 하고(5:8; 8:3-4), 요한에게 해석자로 나타나기도 합니다(5:5; 7:13-17). 그리고 이들은 성도들을 가리키는 144,000과 구별되게 나옵니다. 따라서 24장로란 어느 정도 통치권을 가진 천사 계급을 의미한다고 해석합니다. 그들은 천상회의를 구성한다는 것입니다. 그들이 흰 옷을 입었다고 하는 것은 청결함과 거룩함을 의미하고, 금관을 썼다는 것은 그들의 왕적인 지위를 의미한다는 것입니다.

두 번째로 24장로가 천사가 아니라 인간들이라고 말하는 이들은 성경에는 천사들에 대해서 장로라는 명칭을 사용한 적이 없으며, 또한 천사들이 면류관을 쓰고 있다든지 아니면 보좌에 앉아 있다고 말하는 곳이 없다는 점을 증거로 듭니다(Swete, Kraft, Walvoord 등). 그래서 24장로는 이스라엘의 12족장들과 12사도들을 상징하는 것으로서, 모두 신구약의 성도들 즉 보편 교회를 상징한다고 해석들을 합니다(21:12, 13). "그것은 하나님의 백성 그것도 구약과 신약을 총망라하는 모든 하나님의 백성들을 가리키는 것이 자명하고, 시간과 공간을 초월해 있는 하늘에 바로 하나님의 모든 백성이 존재한다는 사실을 시사해 주는 것입니다."[22] 그들은 흰 옷을 입고 있다고 하는데 이는 모두 그리스도의 점이 없는 거룩성과 의를 입고 있다는 것을 의미하고, 또한 그들이 각기 금면류관을 쓰고 있다고 하는 것은 그리스도의 다스림에 동참하고 있다는 것을 의미한다는 것입니다.

사실 요한계시록 안에는 성도들에게 흰 옷과 보좌에 앉는 것에 대한 약속들을 주시는 것을 자주 볼 수 있고, 24라고 하는 숫자가 상징하는 바는 교회를 의미하기 때문에 두 번째 해석을 받아들이는 것이 합당하다고 생각을 합니다. 우리는 24장로에 대한 말씀을 보시면서 하나님의 교회가 하나님의 나라에서 어떠한 위치를 가지고 있는가를 알아야 합니다. 24장로에 대해서는 차차 더욱더 살펴보게 될 것입니다.

오늘 살펴본 말씀을 정리하도록 하겠습니다. 오늘 우리는 사도 요한이 열려져 있는 하늘 문을 보게 되고, 성령의 감동 속에서 그 하늘 문으로 들어가 하늘 보좌와 일곱 영 그리고 24장로들의 모습을 보게 된 것을 살펴보았습니다. 비록 우리는 이런 환상을 보지 못했지만 사도 요한이 성령의 감동하에 이런 모습들을 보고 우리들에게 잘 소개하고 있기 때문에 성령의 조명하에 그 내용을 살펴볼 수 있습니다. 사도 요한 당시 로마 황제 도미티아누스가 권좌에 앉아서 온 세상을 지배하고 있었고, 그 철권 통치를 휘둘러 기독교인들을 박해하고 있었습니다. 요한도 그 박해의 대상 중 하나로서 밧모섬에 유배오게 된 것입니다. 그런데 요한에게 하늘 문이 열리고 하늘 보좌가 보여진 것이 의미하는 것이 무엇입니까? 이 세상 군주가 이 세상을 마음대로 하는 것이 아니라 결국 하늘 보좌에 앉아 계시는 하나님께서 이 세상을 잘 통치하고 계신다고 하는 것이었습니다. 눈에 보이는 권세를 두려워하지 말고 하늘 보좌에 앉아계시는 하나님을 두려워하라는 것입니다. 하나님의 보좌에서는 번개와 음성과 우렛소리가 나온다고 했습니다. 이것은 세상에 대한 심판이 하나님의 보좌에서부터 나오는 명령에 의해서 수행된다고 하는 사실을 보여줍니다.

하늘 보좌에 앉아계시는 하나님은 어떤 분이십니까? 벽옥 같고 홍보석 같다고 했지요. 벽옥같다는 것은 변하지 않고 늘 환하게 빛나는 하나님의 성품을, 홍보석은 그런 중에도 늘 뜨겁고 사랑이 넘치는 성품을 묘사한다 할 것입니다. 결국 하나님이 벽옥 같고 홍보석 같다고 하는 것은 하나님의 정결하면서도 분명하심, 그리고 넘치는 사랑을 그렇게 표현한 것입니다. 그리고 하나님의 보좌에는 녹보석 같은 무지개가 둘러있다고 했습니다. 하나님은 약속하시면 잊어버리지 아니하시고 반드시 지키시는 신실하신 하나님이신 것을 보여 줍니다.

그리고 하나님의 보좌 앞에는 하나님의 일곱 영이 있습니다. 그는 일곱 등불이라는 별명을 가지신 분입니다. 온 세상에서 일어나고 있는 일들을 하나도 남김없이 다 파악하시는 분이십니다. 하나님의 교회를 진리 가운데로 인도하시는 영이십니다. 그리고 보좌 주위에는 24보좌가 있고 24장로들이 앉아있다고 했는데, 이는 구속받은 하나님의 백성들의 대표들로서, 우리 믿는 자들의 총수를 가리킵니다. 누구든지 예수 그리스도를 믿고 신앙의 선한 싸움을 싸우다 천국에 가면 그들은 주님의 보좌에 함께 앉아 금관을 쓰고 흰옷입고 주님의 통치에 동참하게 된다는 약속입니다.

　결국 이 모든 말씀들은 믿는 우리들이 더욱더 신실하게 이 세상에서 믿음을 지키고 선한 싸움을 싸우라고 하는 권면의 근거가 됩니다. 눈에 보이는 세상 권세자나 부자나 힘있는 자들을 두려워하지 말고 하늘 보좌에 앉아계시는 하나님을 믿고 의지하라는 것입니다. 그런 자들이 예배하고 찬송할 수 있습니다. 그리고 또한 하나님은 신실하신 분이시기 때문에 말씀대로 하실 것이라는 점을 기억하며 위로를 얻어야 합니다. 누가 내 사정 알겠는가 싶어도 하나님의 보좌 앞에 있는 일곱 등불이신 일곱 영, 성령께서 훤히 다 알고 계십니다. 그리고 막막하여 내가 어디로 가야 할지, 어떻게 믿어야 할지 모를 때에도 그 진리의 성령께서 우리를 도우신다는 점을 기억해야 합니다. 그리고 승리한 자들은 흰 옷을 입고 금관을 쓰고 하나님의 보좌 앞에 있는 보좌에 앉아서 영광을 누리게 된다는 점을 기억하고 우리의 달려갈 길을 잘 달려가고 믿음의 선한 싸움을 잘 싸워야 하는 것입니다. 여러모로 힘들고 어려운 여건 속에서도 이와 같이 존귀한 성도로서 살아가시고, 신앙의 승리자들이 되시기를 바랍니다. 하늘 보좌에 앉아계시는 하나님의 관점에서 보시기를 바라고, 최후 승리한 자에게 주시는 하나님의 상급이라는 관점에서 이 일들을 보시기를 바랍니다.

18

보좌 앞에서의 찬양

보좌 앞에 수정과 같은 유리 바다가 있고 보좌 가운데와 보좌 주위에 네 생물이 있는데 앞뒤에 눈들이 가득하더라 그 첫째 생물은 사자 같고 그 둘째 생물은 송아지 같고 그 셋째 생물은 얼굴이 사람 같고 그 넷째 생물은 날아가는 독수리 같은데 네 생물은 각각 여섯 날개를 가졌고 그 안과 주위에는 눈들이 가득하더라 그들이 밤낮 쉬지 않고 이르기를 거룩하다 거룩하다 거룩하다 주 하나님 곧 전능하신 이여 전에도 계셨고 이제도 계시고 장차 오실 이시라 하고 그 생물들이 보좌에 앉으사 세세토록 살아 계시는 이에게 영광과 존귀와 감사를 돌릴 때에 이십사 장로들이 보좌에 앉으신 이 앞에 엎드려 세세토록 살아 계시는 이에게 경배하고 자기의 관을 보좌 앞에 드리며 이르되 우리 주 하나님이여 영광과 존귀와 권능을 받으시는 것이 합당하오니 주께서 만물을 지으신지라 만물이 주의 뜻대로 있었고 또 지으심을 받았나이다 하더라(계 4:6-11).

저는 어릴 적부터『사랑의 원자탄』이라고 하는 손양원 목사님의 생애를 읽고서 많은 감명과 도전을 받았습니다. 손목사님은 두 아들을 총살시킨 빨갱이 청년을 용서하고 양자로 받아 들여서 새로운 인생을 살게 하신 분이시고, 일제강점기 때에는 신사참배를 거부하였다가 수년간 옥고를 치루신 분이셨습니다. 그런데 손양원 목사님이 옥중에서 많은 고초를 겪으면서도 잘 감내하신 데에는 무엇보다도 재림주에 대한 신앙이 확고부동하였기 때문입니다. 나이드신 성도님들은 아직도 손목사님이 작시하신 "낮에나 밤에나 눈물 머금고"로 시작되는 주님 고대가를 부르실 것입니다. 손목사님은 자신을 심문하고 취재하는 일경이나 검사 앞에서도 자신의 신앙을 당당하게 밝히시곤 했습니다. 일제 천황은 신이 아니고, 만왕의 왕이신 하나님께서 전 세계를 다스리신다는 것, 하나님이 천황에게도 권세를 주셨다는 것, 만약에 그 권세를 가지고서 계속 하나님을 대적하면 불로 멸망당할 수밖에 없다는 것, 하나님의 아들 예수 그리스께서 심판하기 위해서 곧 재림하실 것 등에 대해서 고백한 조서가 아직도 남아 있습니다. 심문 조서라기보다는 복음 전도 문서요, 그의 신학과 신앙을 담은 간증문이라고 해도 손색이 없을 정도입니다.

  사도 요한 역시도 로마 황제 숭배를 거절하였다가 많은 고초를 겪고 밧모라고 하는 돌섬에 유배되어 있었습니다. 인간적으로 보자면 적적하고 고독하기 짝이 없었습니다. 세상 사람들이 보기에는 별 것도 아닌 것 가지고 목숨거는 어리석고 고집 센 노인으로 보였을 것입니다. 황제 숭배든 신사참배든 그렇지 않습니까? 인간적으로 생각하면 별 것 아닐 수 있습니다. 고개만 까닥하고 속으로는 아이구 너 안 믿어 난 예수 믿어 하면 될 것 같지 않습니까? 하지만 요한은 만왕의 왕, 만주의 주이신 분이 누구이신가를 잘 알기 때문에 그와 같은 신앙의 정절을 굽히지 않았던 것이었습니다. 그러한 하나님을 섬기기 위해서라면 자기의 한 목숨은 초개같이 버린다고 하더라도 결코 아깝지 않을 만큼 존귀하신 분이시라는 것을 요한은 잘 알고 있기 때문에 그 노구에도 고난을 마다하지 않은 것입니다.

  그런데 주님은 밧모라는 돌섬에서 홀로 외로이 예배하고 있는 요한을 찾아 주셨고, 그에게 하늘 문을 열어 주시며, 하나님의 영광스러운 보좌를 보여 주시었습니다. 하늘의 영광이 우리에게 어느 정도라도 느껴진다고 한다면 이 세상의 빛나던 영광이 그 얼마나 초라하게 느껴질 것이겠습니까? 티브이를 통해서 방영되는 이 세상의 궁궐과 왕좌가 제 아무리 휘황찬란하게 꾸며져 있다 한들 하나님의 영광스러운 보좌에 비할 바이겠습니까? 앞의 강해에서 살펴보았듯이 사도 요한은 하나님의 보좌와 그 위에 앉으신 하나님의 영광을 달리 표현할 길 없어서 벽옥, 홍보석, 녹보석 등과 같이 귀중한 보석에 빗대어 표현하였습니다.

보좌 앞에는 수정과 같은 유리 바다가 있고(6절상)

오늘 읽은 6절에 의하면 하나님의 보좌 앞에는 수정과 같이 맑고 조용한 유리 바다like a sea of glass like crystal가 있다고 하였습니다. 이슬람의 코란 경에 의하면 스바 여왕이 솔로몬 궁을 방문하였을 때에 솔로몬의 보좌 앞에는 넓은 유리 바다가 있어서 스바 여왕이 물인줄로 착각하여 물을 건널 때처럼 치마를 걷어 올리고 나아갔다는 기록이 있다고 합니다. 이는 솔로몬 왕의 영광과 휘황찬란함을 표현한 것입니다. 이와 같이 하나님의 보좌 앞에 수정같이 맑은 유리 바다가 있다고 하는 것은 하나님의 영광과 위엄을 나타내 줍니다. 또한 성경에서 특히 계시록에서 노도치는 바다는 혼돈의 세상을 상징한다는 것을 염두에 둔다면, 잠잠하고 조용하여서 유리처럼 보이는 바다는 그와 같은 혼돈과 악의 세력을 잠잠케 하시는 하나님의 주권을 의미합니다.[23] 21장 1절에 보면 다시는 바다도 있지 않더라고 말씀하는 것을 보게 됩니다. 새 하늘과 새 땅에는 생명수의 강이 흐르고 있지만 흉용하게 파도치고 쓰나미 일으키는 바다는 다시 있지 않을 것입니다.

우리는 하나님의 보좌 앞에 있는 수정 같은 유리 바다에 대해서 또 다른 해석을 할 수 있습니다. 하나님 앞에는 아무것도 숨겨진 것이 없이 다 드러난다는 것입니다. 하나님은 하늘 영광의 보좌에 앉아 계시지만 이 세상에서 일어나고 있는 모든 일들을 훤히 다 내려다 보고 계신 것입니다. 요즘은 유리로 된 건물들이 많이 있는데, 밖에서는 안이 안 보이지만 안에서는 밖이 훤히 다 보이도록 되어있는 유리들이 많습니다. 그런 유리 앞에서는 함부로 입을 열어 보여서는 안 됩니다. 마찬가지로 이 땅 위에서 우리는 저 하늘나라를 볼 수는 없습니다. 그러나 하나님께서는 이 땅을 다 내려다 보고 계신다는 것입니다. 하나님은 멀고 먼 우주에 계시어서 이 세상에 무관심하신 분이 아니고, 높고 높은 하늘 보좌로부터 이 세상을 온전하게 다스리고 계신 분이십니다. 그냥 대충 다스리시는 것이 아니라 한 사람 한 사람을 다 능력있게 다스리고 계시는 것입니다.

네 생물의 찬양(6절하-9절)

사도 요한이 환상 중에서 본 하나님의 보좌 앞에는 일곱 등불 켠 것이 있고, 보좌 주변에는 24장로들이 흰옷을 입고 금 면류관을 쓰고 각기 보좌에 앉아 있었습니다. 그리고 6절하에 따르면 보좌 가운데와 보좌 주위에 네 생물이 있다고 말씀하고 있습니다. 어떤 성경들은 네 생물을 네 짐승four beasts이라고 번역하고 있는데, 이것은 잘못된 번역입니다. 뭐라고 표현할 수는 없지만 어찌되었거나 간에 네 생명체를 가리키기 때문입니다. 그렇다면 사도 요한이 묘사하고 있는 네 생물의 모습을 주의해서 살펴봅시다.

6절 하반절에서 8절까지 보시면, 네 생물의 공통적인 특징은 앞 뒤에/그 안과 밖에 눈이 가득하며, 각기 여섯 날개를 가졌다는 것입니다. 그리고 네 생물의 생긴 모양은 넷 다 달랐습니다. 첫째 생물의 모양은 사자같고, 그 둘째 생물은 송아지 같으며, 그 셋째 생물은 얼굴이 사람 같았으며, 그 넷째 생물은 날아가는 독수리 같았다고 요한은 묘사하고 있습니다. 우리는 요한이 기록하고 있는 글만 읽고서도 그 참 희한하게 생긴 생물들이구나 하고 생각하게 될 것입니다. 네 생물에 대한 언급은 구약성경 에스겔 1장에 처음 등장하는 것을 볼 수 있습니다.

그 속에서 네 생물의 형상이 나타나는데 그들의 모양이 이러하니 그들에게 사람의 형상이 있더라. 그들에게 각각 네 얼굴과 네 날개가 있고 그들의 다리는 곧은 다리요 그들의 발바닥은 송아지 발바닥 같고 광낸 구리 같이 빛나며 그 사방 날개 밑에는 각각 사람의 손이 있더라 그 네 생물의 얼굴과 날개가 이러하니 날개는 다 서로 연하였으며 갈 때에는 돌이키지 아니하고 일제히 앞으로 곧게 행하며 그 얼굴들의 모양은 넷의 앞은 사람의 얼굴이요 넷의 오른쪽은 사자의 얼굴이요 넷의 왼쪽은 소의 얼굴이요 넷의 뒤는 독수리의 얼굴이니 그 얼굴은 그러하며 그 날개는 들어 펴서 각기 둘씩 서로 연하였고 또 둘은 몸을 가렸으며 영이 어떤 쪽으로 가면 그 생물들도 그대로 가되 돌이키지 아니하고 일제히 앞으로 곧게 행하며 또 생물들의 모양은 타는 숯불과 횃불 모양 같은데 그 불이 그 생물 사이에서 오르락내리락 하며 그 불은 광채가 있고 그 가운데에서는 번개가 나며 그 생물들은 번개 모양 같이 왕래하더라(겔 1:5-14).

네 생물의 정체가 도대체 무엇인가에 대해서는 초대 교회로부터 많은 설명들이 있어 왔습니다만, 가장 자연스러운 것은 하나님 곁에서 수종들고 있는 특별한 지위의 천사들이라고 해석함이 좋을 것입니다. 에스겔 1장에서는 네 생물을 그룹이라고 분명하게 밝히고 있기 때문입니다. 그들은 하나님의 보좌 가까이에서 하나님을 수종들고 섬기는 자들 입니다. 그들의 위치는 24장로들보다도 더욱더 보좌 가까이에 있습니다. 수천 수만의 천사들이 있지만 네 천사의 지위는 탁월한 것으로서 하나님의 보좌를 수호하는 역할을 하고 있습니다. 그들은 마치 왕이나 대통령을 가장 가까이에서 경호하고 돕는 경호실장이나 비서실장과 비슷한 지위와 역할을 수행하고 있습니다.

또한 그들의 안과 밖에 눈이 가득하다는 것은 그들의 탁월한 지혜와 통찰력을 의미합니다. 그들의 눈에 숨겨질 것이 이 세상에는 아무것도 없습니다. 그리고 그들의 모양이 사자, 송아지, 사람, 독수리 같다고 하는 것은 헨드릭슨이라고 하는 유명한 성경주석가에 따르면 사자의 힘

(시 103:20), 소의 봉사 능력(히 1:14), 인간의 총명(눅 15:10), 독수리의 기민성(단 9:21)등을 상징합니다. 즉, 네 생물이 하나님께 수종들고 하나님 일을 함에 있어서 능력이 있으며, 충성스러우며, 총명하며, 신속하다는 것을 상징한다는 것입니다.[24]

그런데 이와 같은 특수한 지위와 역할을 부여받은 네 생물들이 하는 중요한 일은 무엇보다도 밤낮 쉬지 않고 보좌에 앉으신 하나님을 찬양하는데 있다고 8절은 기록하고 있습니다. 하나님 보좌 가까이에 있는 네 생물들이 "거룩하다 거룩하다 거룩하다. 주 하나님 곧 전능하신 이여! 전에도 계셨고, 이제도 계시고, 장차 오실 이시라"고 찬양하면서 영광과 존귀와 감사를 보좌에 앉으사 세세토록 사시는 이에게 돌리더라고 하였습니다. 네 천사들은 하나님 가까이에서 하나님을 찬양할 수 있는 특권을 받은 것으로 인해서 넘치는 감격을 가지고 감사를 드리고 있습니다. 그리고 그들이 드리는 찬양의 특징은 하나님의 거룩하심과 전능하심 그리고 영원하심이라고 하는 하나님의 성품을 찬양드리고 있다는 것입니다. 다시 말해서 그들은 하나님이 창조세계에 하신 일들로 인해서 찬양을 드리고 있는 것이 아니라, 그분의 어떠하심 즉, 하나님의 속성과 성품을 인하여 찬양을 드리고 있습니다. 그들은 하나님의 보좌 가까이에 있으면서 영원히 다함이 없고 변함이 없는 하나님의 거룩하심과 능력을 경험하고 찬양하는 축복을 누리고 있는 것입니다. 이사야 6장에 보면 스랍들이 하나님을 찬양할 때에도 거룩하다, 거룩하다, 거룩하다라고 찬송한 것을 볼 수 있습니다.

24장로들의 찬양(10-11절)

하나님 가까이에 있는 네 천사가 하나님을 찬양할 때에 그와 같은 천상예배에 동참하는 또 한 무리가 있으니 앞에서 소개한 24장로들입니다. 앞서 말씀드렸듯이 24장로들은 구약과 신약의 모든 하나님의 백성의 대표자들이라고 봄이 합당합니다. 21장 9절 이하를 보면 교회를 상징하는 새 예루살렘에 대한 설명이 나오는 중에 12대문 위에는 12이스라엘 지파의 이름이 쓰여있고, 12기초석 위에는 어린 양의 열 두 사도의 이름들이 기록되어 있다고 한 것을 보더라도 우리는 24장로가 신구약 교회의 대표자라고 해석하는 데 무리가 없다고 봅니다. 한편 24장로들의 특징은 흰 옷을 입고, 머리에 각기 금 면류관을 쓰고 있다는 것임을 앞서 4절에서 보았습니다. 그들이 입은 흰 옷은 그들에게 입혀주신 그리스도의 의의 옷을 상징하며, 그들이 쓰고 있는 면류관은 그리스도의 승리로 말미암는 만물 통치권에 하나님의 교회가 동참하고 있다는 것을 상징한다고 말씀드렸습니다.

그런데 10절을 보면 24장로들이 자신들이 앉은 보좌에서 내려와 땅에 엎드려 세세토록 사시는 하나님께 경배하고 자기의 쓰고 있던 면류관을 보좌 앞에 던지면서 하나님을 찬양하였다고 기록하고 있습니다. 거룩하시고 존귀하신 하나님 앞에 그 누가 앉아서 찬양할 수가 있겠습니까? 이 땅 위에서 사는 우리들도 하나님의 거룩하심과 의로우심에 대한 인식이 가슴에 물밀 듯 밀려오면 무릎을 꿇고 엎드려서 찬양하거나 기도할 수밖에 없지 않습니까? 드러누워서 생각하고 기도하고 찬양하다가 벌떡 일어나서 무릎을 꿇고 두 손들고 찬양하는 일들이 있지 않습니까? 24장로들은 하나님 앞에 자발적으로 엎드리며, 자신들이 받은 면류관을 벗어서 하나님의 보좌 앞에 던지고 있습니다. 자신들은 그 면류관을 받을 자격이 없으며, 오로지 존귀 영광 모든 권세 주님 받으소서하는 것입니다. 성경에 보면 하나님의 백성들에게 많은 면류관을 약속하고 있는데, 우리가 후일에 천국에 가서 그 면류관들을 쓴다고 하더라도 이것은 내꺼야, 내가 고생해서 얻은 거야 하면서 머리에 꽉 눌러쓰고 있을 수 있겠습니까? 그렇지 않을 것입니다. 천국에 온 것만으로 감격해서 우리는 우리의 모든 것들을 주님 앞에 기꺼이 내어놓게 될 것입니다.

그렇다면 24장로들이 하나님께 올려 드리는 찬양의 내용을 주목해 보십시다. 11절 말씀입니다. "우리 주 하나님이여! 영광과 존귀와 권능을 받으시는 것이 합당하오니, 주께서 만물을 지으신지라. 만물이 주의 뜻대로 있었고, 또 지으심을 받았나이다 하더라." 그들은 보좌에 앉아 계신 이에게 "우리 주 하나님이여"라고 부르고 있습니다. 우리에게는 귀에 닳도록 들은 익숙한 말들이요, 입에 그저 발린 말일수도 있지만, 초대 교회 신자들에게는 이 고백을 누구에게 바치느냐에 따라서 목숨이 왔다 갔다 했다는 사실을 아십니까? 요한 당시의 황제였던 도미티아누스는 자신의 신민들에게 자기를 신격화 할 것을 요구했고, 자신을 일컬어서 "우리 주요 우리의 하나님"Dominus et Deus noster이라고 호칭하게 하였습니다. 그러나 하나님의 백성들은 들풀과 같고 진흙과 같은 인간 황제를 보고서 감히 그와 같은 칭호를 사용하기를 거부하였습니다. 진실로 영원하신 하나님만이 그와 같은 존귀와 영광을 받으시기에 합당하기 때문입니다. 잠시 권좌에 앉았다가 노예에 의해서 살해당할 수밖에 없는 하잘 것 없는 황제가 감히 우리 주 하나님일 수는 없는 것이었습니다.

그와 같은 칭호를 예배 중에 받으실 만한 분은 24장로들이 찬양하는 내용같이 세세토록 사시는 영원하신 하나님, 자신의 뜻에 따라 우주 만물을 지으신 창조주 하나님 밖에는 없는 것입니다. 24장로들은 하나님의 창조 사역을 인하여서 찬양을 하고 있습니다. 하나님은 우주 만물의 근원이시며, 우주 만물 중에 그 무엇도 그의 뜻과 무관하게 존재하는 것은 없다는 것을 인하여 찬양을 드리고 있습니다. 창세기 1장을 보시면 하나님은 지으신 모든 만물들을 보고 "심히 좋았다"라고 평가하고 있습니다. 좋았다에 해당하는 히브리어 단어는 토브tov인데, 이 말은 단순히 아름답다는 뜻이 아니라 하나님의 전체적인 뜻에 잘 일치했고 아름다운 조화를 이루었다는 뜻이며 모순이나 갈등이 전혀 없었다는 뜻입니다. 혹은 영국의 구약학자인 고든 웨이넘Gordon Wenham이라는 사람은 이렇게 해설해 주고 있습니다.

> 위대한 예술가이신 하나님이 그가 손수 지으신 작품을 찬탄하고 계신 것으로 묘사되고 있다. 피조 세계 그 자체가 하나님의 위대하심과 선하심에 대한 증언을 담고 있다. 그러므로 하나님은 분명히 가장 선하신 분이며, 그의 선하심은 그의 작품들에 반영되어 있다.[25]

오늘 우리들은 세상에서 살면서 피곤하고 힘들어서 주님이 지으신 세상의 아름다움과 영광을 만끽하며 그로 인하여 창조주 하나님께 찬양드리는 일에 무관심하거나 소홀히 하고 있지를 않습니까? 내가 이 고통스러운 세상에 왜 태어났나하고 탄식하고 불평만 하고 계시지는 않습니까? 우리는 24장로들처럼 자신의 뜻을 따라서 만물을 지으신 하나님을 찬양해야 할 것입니다. 그러나 우리는 8-11절에 기록되어 있는 바 천상에 있는 하나님의 보좌 앞에서 네 생물들과 24장로들이 드리는 위대한 찬양들을 보았습니다. 우리는 이 땅 위에서 바하, 헨델, 그리고 하이든이 지은 오라토리오를 들으면서도 그 얼마나 감동을 받고 영광을 느끼게 되지 않습니까? 개인적으로 하나님의 은혜에 감격하여 부르는 찬양들은 그 얼마나 아름다웠으며 감미로웠고 영광스러웠습니까? 어떤 이들은 천국에는 결혼이 없다고 한다면 무슨 재미로 사느냐고 묻습니다. 또 어떤 이들은 천국에 가서 병들지 않고 늙지 않고 영원한 미와 건강을 가지고 재미있게 살 것이라고만 기대합니다.

그러나 천국의 본질이 무엇입니까? 장차 신천신지에서 우리가 영원히 함께 살 때에 영원토록 무엇을 하면서 살 것이라고 기대하고 계십니까? 물론 천국에 가면 우리는 영원히 늙지도 아프지도 죽지도 않을 것입니다. 피곤함도 없고 번민 갈등도 없고 무료함이나 싫증날 일도 없을 것입니다. 그러나 천국을 천국되게 하는 것은 그곳에서 영원하신 우리 하나님이 계시다는 것이고, 우리가 그 보좌 앞에서 그 보좌 주위를 둘러싸고서 밤낮을 쉬지 않고 하나님과 교통하며 하나님을 찬양할 것이라는 것입니다. 우리들은 비록 지금 축축 처지고 부족한 목소리를 가지고 찬양하지만, 그때에는 아름다운 목소리로 하나님을 찬양하게 될 것입니다. 네 생물들처럼 하나님의 거룩하심과 전능하심과 영원하심을 찬양할 것이며, 24장로들처럼 만물을 만드신 하나님, 나를 이 땅에 나게 하시고 구원의 은혜를 베푸신 그 하나님을 찬양하게 될 것입니다. 그러한 천국을 사모하는 우리들은 이 땅 위에서도 하나님을 찬송하고 예배하는 삶을 살아내는 일에 힘써야 할 것입니다. 공예배를 통해서나, 사적인 경건의 시간이나, 혹은 삶의 현장에서 하나님을 찬양드리는 삶을 살 수 있기를 바랍니다.

19

어린 양의 등장

내가 보매 보좌에 앉으신 이의 오른손에 두루마리가 있으니 안팎으로 썼고 일곱 인으로 봉하였더라 또 보매 힘있는 천사가 큰 음성으로 외치기를 누가 그 두루마리를 펴며 그 인을 떼기에 합당하냐 하나 하늘 위에나 땅 위에나 땅 아래에 능히 그 두루마리를 펴거나 보거나 할 자가 없더라 그 두루마리를 펴거나 보거나 하기에 합당한 자가 보이지 아니하기로 내가 크게 울었더니 장로 중의 한 사람이 내게 말하되 울지 말라 유대 지파의 사자 다윗의 뿌리가 이겼으니 그 두루마리와 그 일곱 인을 떼시리라 하더라 내가 또 보니 보좌와 네 생물과 장로들 사이에 한 어린 양이 서 있는데 일찍이 죽임을 당한 것 같더라 그에게 일곱 뿔과 일곱 눈이 있으니 이 눈들은 온 땅에 보내심을 받은 하나님의 일곱 영이더라 그 어린 양이 나아와서 보좌에 앉으신 이의 오른손에서 두루마리를 취하시니라(계 5:1-7).

때로 외부에 노출되어서는 안 되는 비밀문서들이나 극비사항들이 세간에 알려져서 큰 파문이 일어나는 경우들이 있습니다. 회사들은 자기들만의 독특한 노하우를 노출시키지 않기 위해서 전전긍긍합니다. 코가 콜라 회사의 경우 그 음료수의 맛을 결정하는 중요 사항을 불과 두 세 사람만 알고 다른 이들에게는 가르쳐 주지 않는다고 합니다. 군은 군대로 적군에게 노출시켜서는 안 되는 극비사항들을 가지고 있습니다. 언젠가 우리군의 기밀사항들이 해킹당해서 소동이 일어난 적이 있습니다. 북한에서는 우리나라 군의 비밀을 해킹하기 위해서 500-600명의 정예 요원들이 활동하고 있다고 합니다. 비밀을 지키려는 자와 비밀을 캐내려고 하는 자의 머리싸움이 이만 저만 큰 것이 아닙니다. 사실 우리는 전혀 몰라도 세상을 살아가는 데 별 지장이 되지 않는 많은 비밀들이 있다는 것을 알고 있습니다. 그러나 우리가 군사비밀을 잘 모르고 남의 회사의 비밀을 잘 모르며 남의 가정의 은밀한 이야기를 모른다고 할지라도 관계없지만, 우리가 반드시 알아야 되는 것들이 있습니다. 지위고하를 막론하고 남녀노소 불문하고 사람들은 누구나 행복하기를 원하고 구원의 길을 알기를 원합니다. 그리고 나의 궁극적인 운명과 이 세상이 어떻게 결론날지에 대해서 알고 싶은 갈망이 있습니다. 생의 의미와 역사의 의미에 대해서 의문이 풀리지 않으면 가슴이 답답한 것을 느끼는 것이 우리 인간들입니다. 그래서 사람들은 지혜자를 찾아가서 의견을 듣기도 하고, 혹은 점쟁이들을 찾아가기도 하고, 노스트라다무스의 예언서나 정감록과 같은 책들을 보기도 합니다.

그러나 우리는 이 모든 의문들을 풀기 위해서 세상 사람들이 의존하는 그런 것들에 목을 맬 필요가 전혀 없습니다. 우리가 가지고 있는 성경책이야 말로 정말 중요한 질문에 대한 정답을 주고 있기 때문입니다. 우리 개인의 생사화복이 누구에게 달려있는지, 우리의 결국이 어떻게 될 것인지, 이 세상이 어떻게 끝날 것인지, 그 이후에는 어떻게 될 것인지에 대해서 성경, 특히 요한계시록은 너무나 분명하고 확실하게 잘 보여주고 있습니다.

하나님의 손에 들려진 두루마리 책(1절)

본문 1절을 보시면 보좌에 앉으신 하나님의 오른손에 두루마리 책 a scroll이 쥐어져 있는 것을 보게 됩니다. 책이 하나님의 오른손에 있다는 것은 책과 관련된 내용이 하나님의 주권에 의해서 결정된다는 것을 보여 줍니다. 책에 대해 묘사하는 바를 조금 더 주목해서 보시면, 하나님의 손에 들린 그 책은 안과 밖에 글이 잔뜩 쓰여져 있는데, 일곱인으로 봉하여져 있었다고 요한은 말하고 있습니다(1절). 오늘날 우리들은 편지를 쓰고 봉투를 풀로 붙이거나 아니면 스카치 테이프를 붙여서 발송하지 않습니까? 봉투가 봉함되어 있으면 받는 사람 이외에는 열어볼 수가 없습니다. 종이가 개발되기 전인 요한의 시절에는 편지를 양피지나 파피루스에 적었습니다. 하나님 손에 들려진 책이 어떤 형태였는가를 알기 위해서는 텔레비전에 방영되고 있는 조선조 사극들에 나오는 왕에게 올리는 상소문들이 비단으로 된 두루마리에 기록된 것을 연상하시면 되겠습니다. 그와 같은 두루마리 책을 일곱 인봉을 했다고 하는 것은 너무나 중요하고 극비의 문서이기 때문에 아무나 함부로 들여다 볼 수 없도록 완벽한 보안조치를 한 것을 의미합니다. 물론 세상에서야 아무리 보안 조치를 한다고 해도 재주 좋은 사람들이 그 문서를 보거나 유출시키는 경우들이 많습니다. 그러나 하나님의 손에 쥐어져 있는 일곱 인봉된 책은 하나님의 허락 없이 마음대로 열어볼 자는 아무도 없습니다. 하나님께서 열어 보여 주시든지, 아니면 그 책을 펴 볼 수 있는 자격이 있는 분이 나타나기 전에는 그 책에 담겨진 내용은 조금이라도 우리들에게 알려질 수가 없는 것입니다.

성도 여러분! 안과 밖에 많은 내용이 쓰여져 있으나, 7인으로 완전히 봉해져 있는 책, 그것도 전능하신 하나님의 장중에 쥐어져 있는 그 책이 무슨 내용을 담고 있는 책인지를 알고 싶은 마음이 간절해지지 않습니까? 물론 비유적인 표현이기는 합니다만, 성경에 보면 천국에 여러 가지 종류의 책들이 있다고 하는 말씀들을 보게 됩니다.

첫째, 우선 우리가 익숙하게 잘 알고 있는 것은 이 세상에도 시민 명부인 주민등록부가 있듯이 천국의 시민들의 이름이 적힌 어린 양의 생명책이 있습니다(3:5, 13:8, 17:8, 20:12, 15, 21:27). 하늘나라 시민 명부에 대해서는 이미 모세도 알고 있었습니다. 출애굽기 32장 32절에 보면 시내산 아래서 금송아지를 만드는 죄를 저질러서 하나님의 진노를 사서 멸망할 수밖에 없게 된 이스라엘 백성들을 위해서 중보기도 하면서 말하기를 "그러나 이제 그들의 죄를 사하시옵소서. 그렇지 아니하시오면 원하건대 주께서 기록하신 책에서 내 이름을 지워 버려 주옵소서"하였습니다.

둘째, 최후 심판 때에 하나님 앞에는 생명책 이외에도 다른 책들이 펴질 것이라고 요한계시록 20장 12-13절은 밝히 말씀하고 있습니다. 생명책이 아닌 다른 책들은 각 사람이 이 세상에서 어떻게 살았는가 하는 행적과 삶의 발자취를 모조리 기록해 놓은 책이라는 것입니다. 세상에 살았던 모든 사람들은 책에 기록된 대로 자기 행위를 따라서 심판을 받을 것입니다. 이런 점을 생각하면 참 두렵지 않습니까? 우리가 주님의 심판대 앞에 섰을 때에 우리가 한 평생 살아온 삶의 내용들이 모든 이들 앞에 공개될 것이며, 우리가 무엇을 위해서 그리도 열심히 행동하고 분투노력해 왔는가 하는 것으로 심판을 받게 된다는 것을 마음으로 인정하게 된다면 우리가 삶을 살아가는 자세는 진지해지고 신중해지지 않을 수가 없을 것입니다.

그런데 요한계시록 5장에서 말씀하고 있는 일곱 인봉한 책은 어린 양의 생명책이나 우리의 행적을 기록한 책이 아닙니다. 왜냐하면 6장 이하에 보면 인이 하나씩 떼어질 때마다 이 세상에는 엄청난 일들이 일어나게 되는 것을 보기 때문입니다. 하나님의 오른손에 들리워진 책은 하나님의 구원 계획이 담긴 책인 것입니다. 다시 말해서 하나님께서 시초부터 종말까지 어떻게 이 세상을 통치해 나가시며, 죄에 빠진 인류를 구속하시고 그들의 구원을 완성시키실지에 대한 내용을 담고 있는 책인 것입니다. 인류 역사의 종착역은 예측불가한 우연에 의해서 지배되는 것도 아니고, 그렇다고 인간들이 만들어낸 이상향이나 유토피아가 아닙니다. 바로 이 하나님의 구원 계획의 완성이며, 그때까지는 결코 완전한 세상이 올 수 없다는 것을 성경은 보여줍니다. 사실 이러한 내용을 기록한 책이 존재하는 것처럼 말씀하시지만, 이것은 하나님의 심중 가운데 있는 하나님의 주권적인 계획과 뜻을 가리키는 것입니다. 그것은 완전한 시간에 그것이 열려지게 될 때 하나님의 뜻이 계시되고 이루어지게 될 것입니다.

인봉을 떼거나 책을 열어볼 자가 없으므로(2-4절)

사람들은 시시콜콜한 것까지도 알고자 하는 호기심을 가지고 있습니다. 더욱이 우리가 궁극적으로 어떠한 곳에 가게 되는지, 또한 이 세상이 궁극적으로 어떻게 될 것인지에 대한 지식을 얼마나 우리가 알고 싶어합니까? 종말에 대한 지식이 분명하다고 한다면 현재의 삶의 의미도 분명하게 밝혀질 것이기 때문에 그것은 결코 호사가의 한가한 관심이 아닌 것입니다. 이제 하나님의 오른손에 그와 같은 계획과 뜻이 담긴 책이 쥐어져 있습니다. 우리가 그 책의 내용을 알고 싶어하는 마음은 시험치는 학생들이 정답을 알고 싶은 마음보다도 더욱 간절할 것입니다.

그런데 문제는 무엇입니까? 힘있는 천사가 큰 음성으로 "누가 그 두루마리를 펴며 그 인을 떼기에 합당하냐" 외치는데도 불구하고, 하늘 위에나 땅 위에나 땅 아래에 능히 책을 펴거나 보거나 할 이가 없다는 것이었습니다. 하나님이 마음속에 품으신 계획과 큰 뜻을 알거나 알려줄 수 있기에 합당한 자가 하늘 위에 있는 천사들 가운데도 없으며, 이 땅에 존재하는 어떠한 현자나 종교 지도자들 가운데 없다는 것입니다. 아무리 지고의 존재들인 천사들이라 해도, 심지어 바로 하나님 보좌 곁에 옹위하고 있는 네 생물이라고 해도 감히 하나님의 마음속을 들여다 볼 수가 없습니다. 오히려 천사들은 하나님 앞에 두려워하며 경배하는 마음에 두 날개로 자신들의 얼굴을 가리우고 있다고 이사야 6장은 말하고 있지 않습니까? 이 세상에는 많은 종교들이 있고 지혜자들이 있었습니다. 하지만 그들 가운데 가장 현자로 존경받아온 공자 선생은 생의 일도 모르는데 죽음에 대해서 어찌 알겠느냐고 자신의 한계를 분명히 밝혔으며, "내가 만약 아침에 도를 들으면 저녁에 죽어도 가하다"(朝聞道 夕死可矣)는 말을 남겼습니다. 소크라테스와 같은 사람은 남들은 자신들이 쥐뿔도 모른다는 것을 알지도 못하면서 아는척 하는데 반해서 자신은 모른다는 사실을 잘 안다고 무지의 지 docta ignorantia를 역설하였습니다. 그렇습니다. 아무리 많이 배우고 아무리 많이 연구해도 하나님의 마음에 있는 뜻을 밝혀낼 자는 없습니다.

형편이 이러하니 천사가 큰 음성으로 누가 인을 떼어서 그 책을 개봉할 자가 있는가 하고 고래고래 고함을 지른다고 해도 아무도 앞에 나서서 제가 해 보겠습니다라고 하는 자가 없었습니다. 하나님의 보좌 앞은 일순간 침묵과 고요가 흘렀습니다. 합당하다 worthy는 것은 하나님의 구속 계획을 이루는데 어떤 적절한 조건을 갖춘 자의 등장이 필요하다는 것을 말해 줍니다. 하지만 아무도 그렇게할 자가 없었습니다.

그러면 이 모든 환상을 보고 있는 사도 요한은 어떻게 반응했을까요? 물론 그도 한 인간으로서 하나님의 보좌 가까이 가기 조차도 불가능한 비천한 존재임을 뼈저리게 느끼고 있었습니다. 4절을 보십시오. "그 두루마리를 펴거나 보거나 하기에 합당한 자가 보이지 아니하기로 내가 크게 울었더니." 요한은 입 다물고 먼 산 구경하듯이 혹은 강 건너 불 구경하듯이 할 수가 없었습니다. 요한은 눈 앞에 있는 책을 개봉할 자가 없는 현실에 처하여 안타까움과 큰 슬픔을 느꼈습니다. 유진 피터슨이 사역한 메시지 성경에 보면 "I wept and wept and wept that no one was found able to open the scroll"라고 번역을 했습니다. 저는 개인적으로 요한의 반응이 저의 심금을 울리는 것을 느낍니다. 하나님의 구원 계획을 알고자 하는 갈망과 간절한 소원이 있으나, 그 누구도 하나님의 뜻을 알려 줄 수 있는 자격을 갖춘 자가 없다는 것이 얼마나 가슴 아픈 일입니까? 해답을 알고 싶으나 가르쳐 줄 자가 없는 현실로 인해서 가슴 아파하며 통곡하는 일이 우리에게는 있습니까? 내가 도무지 어찌할 수 없는 일, 이 세상의 그 누구도 해결할 수 없는 일, 그러나 우리가 반드시 알아야 할 하나님의 뜻을 알려 줄 자가 없으므로 크게 울 수밖에 없었다는 요한처럼 우리는 하나님의 말씀을 알고자 하나 잘 알 수 없으므로 인해서 가슴 아파하며 하나님 앞에 울어야 할 것입니다. 잘 모르겠다, 머리가 나빠서 하고 포기하거나 도외시한다면 그것은 겸손한 것이 아니고, 불신앙입니다. 요한은 절벽 앞에 부딪쳐서 모든 것을 포기한 것이 아니고, 하나님 앞에서 대성통곡하였습니다.

인봉을 떼기에 합당한 자(5-7절)

그러면 마지막으로 살펴볼 것은 이와 같이 진리를 알기 위해서 울고 또 우는 요한에게 주시는 하나님의 응답이 무엇인가 하는 것입니다. 5절을 보시면 하나님께서는 울고 있는 요한에게 교회를 대표하는 24장로들 중에 한 사람을 통하여 다음과 같이 말씀해 주시었습니다. "울지말라. 유대 지파의 사자 다윗의 뿌리가 이겼으니 이 책과 그 일곱 인을 떼시리라." 인봉을 떼고 책을 열 자에 대해서 별명을 사용하고 있습니다. 유대 지파의 사자와 다윗의 뿌리라는 특이한 별명입니다. 우리에게는 낯설 수 있는 표현들이지만, 구약성경을 보면 두가지 표현 모두 이미 메시아의 칭호로 예언되었던 것들입니다. 창세기 49장 9-10절에 보면 "유다는 사자 새끼로다 내 아들아 너는 움킨 것을 찢고 올라갔도다 그가 엎드리고 웅크림이 수사자 같고 암사자 같으니 누가 그를 범할 수 있으랴? 규가 유다를 떠나지 아니하며 통치자의 지팡이가 그 발 사이에서 떠나지 아니하기를 실로가 오시기까지 이르리니 그에게 모든 백성이 복종하리로다"는 말씀중에 유대 지파의 사자the Lion of the tribe of Judah가 예언되어 있습니다. 의와 평화의 시대를 가지고 오실 메시아를 가리키는 상징이었습니다. 라이온 킹Lion King 하듯이 사자는 권세있는 왕을 상징하는 것입니다. 다윗의 뿌리the Root of David라고 하는 표현은 이사야 11장 1, 10절에서 비롯된 것입니다. "이새의 줄기에서 한 싹이

나며 그 뿌리에서 한 가지가 나서 결실할 것이요 … 그 날에 이새의 뿌리에서 한 싹이 나서 만민의 기치로 설 것이요 열방이 그에게로 돌아오리니 그가 거한 곳이 영화로우리라." 다윗의 뿌리란 이스라엘 백성들에게는 희망찬 미래를 가져오실 메시아의 별명이었습니다.

이처럼 유대 지파에서 온 사자요, 다윗의 뿌리되시는 분이 누구일까요? 우리는 답을 너무나 잘 알고 있지만, 이어지는 6절 말씀을 한 번 보실까요? "내가 또 보니 보좌와 네 생물과 장로들 사이에 한 어린 양이 서 있는데 일찍이 죽임을 당한 것 같더라 그에게 일곱 뿔과 일곱 눈이 있으니 이 눈들은 온 땅에 보내심을 받은 하나님의 일곱 영이더라." 분명 유대 지파의 사자요 다윗의 뿌리라고 불리웠는데, 요한이 그렇게 불리우는 분을 보니 이번에는 사자도 뿌리도 아니요 어린 양이라고 그것도 일찍이 죽임을 당한 적이 있는 그런 어린 양을 보았다고 말씀합니다. 그리고 그 머리에는 일곱 뿔이 있고 또한 일곱 눈을 가지고 있다고 말씀합니다. 이 모든 것이 다 결국은 예수 그리스도에 대한 묘사라는 것을 신자라면 다 눈치채셨을 것입니다. 그리고 사자, 뿌리, 어린 양이라는 표현은 하나의 상징적인 언어들로서 예수님을 설명하는 것들임을 아실 것입니다.

왜 예수님을 일찍 죽임 당한 어린 양이라고 소개하는지 우리는 그 이유를 잘 알고 있습니다. 죽임 당한 어린 양의 모습을 통해 주님이 얼마나 철저하게 죽임 당하셨는지를 알려 주며, 또한 구약에 예언된 대로 그가 하나님의 뜻을 온전히 이루시는 하나님의 종으로 대속의 사역을 성공적으로 이루셨다는 점을 우리들에게 알게 해 주는 그림 언어입니다. 그러나 예수님은 어린 양으로 희생당하고 존재를 그만둔 분이 아닙니다. 오히려 그는 어린 양으로 희생 당하심으로써 진정한 승리자가 되셨습니다. 그를 유대 지파에서 온 사자라고 칭하는 것은 죽음을 이기시고 승리를 하셨다고 하는 것을 말씀해 줍니다.

그리고 이 어린 양 혹은 유대 지파의 사자라고 불리우는 분이 어디에서 있는가를 주목해 보시겠습니까? "내가 또 보니 보좌와 네 생물과 장로들 사이에 한 어린 양이 서 있는데"라고 말씀합니다. 예수님은 하나님의 뜻이 세워지는 하늘의 중심에 서 계십니다. 이것은 단순히 장소적인 의미만 있는 것이 아닙니다. 예수 그리스도께서 인류의 죄를 대신하기 위하여 죽으시고 부활하심으로 말미암아 온 우주의 중심일 뿐 아니라 구속 역사의 중심이 되었다고 하는 예수 그리스도의 승귀(昇貴)에 대해서 알려주고 있습니다. 그리고 뿔이란 구약에서 권세와 능력을 나타내는 은유적인 표현인데, 일곱 뿔을 그리스도께서 가지셨다는 것은 완벽한 권세와 능력을 소유하고 완전한 승리를 이루신 분이라는 사실을 의미합니다. 또한 그가 가지신 일곱 눈은 스가랴 4장 10절에 보면 "온 세상에 두루 다니는 여호와의 눈"이라고 하는 표현과 일치하며 요한계시록 4장 5절에 있는 "하나님의 일곱 영"과 같이 결국은 성령을 가리킵니다. 그런데 어린 양 되신 주님께서 일곱 영을 가지셨다고 하는 사실은 하늘에서 결정된 하나님의 뜻을 이 세상 가운데 시행하시기 위하여 성령을 충만하게 받으시고 원하는 자에게 부어주시는 분이심을 의미합니다.

7절에 보니까 마침내 이렇게 소개된 예수 그리스도께서 하나님 앞에 나아가셔서 보좌에 앉으신 이의 오른손에서 두루마리를 취하신다고 말씀하고 있습니다. 여기에서 어린 양이 하나님의 오른손에서 책을 취하시는 것은 인봉된 책의 인을 떼기 위한 것이며 이러한 장면을 통해서 하나님의 구속 계획을 시행하시는 모습을 공식적으로 나타내 보여주시는 것입니다. 결국 본문이 말하는 바는 구약의 백성들이 희망하며 기다려왔던 그 메시아가 세상에 왔으며 완전히 죽으셨으며 그 메시아가 승리하셨다고 하는 것입니다. 인류를 죄와 사망의 구렁텅이에 빠뜨린 원수와의 싸움에서 결정적인 승리를 얻으셨기에 하나님의 오른손에 있는 책과 일곱 인봉을 떼시기에 합당하시다는 것입니다. 오직 그분만이 하나님의 구원 계획이 담긴 책을 열어 보여주실 수 있는 충만한 권세를 소유하셨습니다. 그리고 더욱더 중요한 것은 그분이 바로 구속 계획과 역사의 중심이자 주인공이라고 하시는 것입니다. 예수 그리스도가 없는 구속의 역사란 불가능한 것입니다. 영어로 역사를 히스토리History라고 하는데, his(그의)+story(이야기)라고 해석하는 사람이 있는데 단어는 어찌되었든지 간에 실상을 바르게 지적한 것입니다.

이번 강해에서 우리는 만유의 주재이시며 온 세상의 통치자이신 하나님의 오른손에 일곱 인봉한 두루마리 책이 들려져 있음을 살펴보았습니다. 하나님이 들고 계시는 그 책은 결국 하나님의 구속 계획을 가리킵니다. 이 역사가 어떻게 전개되어 나가며, 구원의 역사가 어떻게 완성될 것인지에 대해서 기록하고 있는 책이었습니다. 이와 같은 책의 내용을 아는 것은 인류의 복지나 우리 개개인의 행복을 위해서 대단히 중요한 것입니다. 그런데 문제는 아무도 그 책의 인봉을 떼거나 그 책을 열어 보여 줄 자가 하늘 위에도 땅 위에도 땅 아래에도 없었다고 하는 것입니다. 단순히 책을 열어주는 정도가 아니라 그 책에 적힌 내용을 수행하고 완성할 수 있는 자라야 했기 때문입니다. 환상 중에 이런 장면을 보고 있던 사도 요한은 아무도 책을 열어 보여 줄 자가 없다고 하는 것에 대한 안타까움을 크게 통곡하며 슬퍼하였습니다.

그런데 하나님께서는 장로 중 한 사람을 통하여서 그 책을 열며 인봉을 떼어줄 자가 있다라고 하시면서 요한을 위로해 주시었습니다. 그는 바로 유대 지파에서 나온 사자요 다윗의 뿌리라는 별명을 가진 어린 양 되신 예수 그리스도이셨습니다. 머리에는 일곱 눈을 가지시고 또한 온 땅에 두루 다니는 일곱 눈을 가지신 예수 그리스도가 하나님 앞에 나아가 두루마리를 취하였습니다. 이것은 예수 그리스도께서 이 세상에 오셔서 하나님의 뜻을 따라 인류의 죄를 위해 죽으시고 구속을 완성하신 까닭에 역사의 중심이 되시며 구속 역사의 주인공이 되셨기 때문에 가능한 일이었습니다. 그는 희생당하심으로 승리를 하신 분입니다. 그는 우리 인류를 구원하기 위한 하나님의 구속 계획을 몸소 성취하신 분이십니다.

사랑하는 여러분! 예수 그리스도 한 분 외에는 다른 구원자의 이름이 없음을 꼭 기억하도록 하십시다. 세상 그 어떤 지혜자도 권세자도 감히 우리의 구원자가 될 수는 없습니다. 하나님 손에 있는 두루마리의 책을 열어 보여줄 자가 없습니다. 오직 하나님의 아들로서 우리들의 죄를 대속하기 위하여 죽으신 예수 그리스도 한 분 외에는 우리의 구원자가 되실 분이 없습니다. 그리스도 만이 역사의 중심이고, 구속사의 완성자이십니다. 그분만이 일곱 뿔을 가지셨으며 일곱 눈을 가지셨습니다. 그리고 우리는 하나님의 손에 있는 책을 열어 보여줄 자가 없어 통곡했던 요한의 자세를 본받으십시다. 하나님의 말씀 앞에 답답하고 갑갑함을 느낄 때에 피하지 마시고 사모하는 심정으로 주여 내 눈을 열어 보게 하소서라고 기도하십시다. 그리고 때로는 정말 안타까운 심정으로 통곡하십시다. 그렇게 할 때에 주님께서는 성령을 부어주셔서 하나님의 말씀의 세계를 열어 주실 것이며, 그 구원의 능력을 풍성하게 체험하게 해 주시며, 우리를 위해서 진행시키고 있는 구속 역사의 드라마를 볼 수 있는 영안을 주실 것입니다.

20

어린 양 찬양

그 두루마리를 취하시매 네 생물과 이십사 장로들이 그 어린 양 앞에 엎드려 각각 거문고와 향이 가득한 금 대접을 가졌으니 이 향은 성도의 기도들이라 그들이 새 노래를 불러 이르되 두루마리를 가지시고 그 인봉을 떼기에 합당하시도다 일찍이 죽임을 당하사 각 족속과 방언과 백성과 나라 가운데에서 사람들을 피로 사서 하나님께 드리시고 그들로 우리 하나님 앞에서 나라와 제사장들을 삼으셨으니 그들이 땅에서 왕 노릇 하리로다 하더라 내가 또 보고 들으매 보좌와 생물들과 장로들을 둘러선 많은 천사의 음성이 있으니 그 수가 만만이요 천천이라 큰 음성으로 이르되 죽임을 당하신 어린 양은 능력과 부와 지혜와 힘과 존귀와 영광과 찬송을 받으시기에 합당하도다 하더라 내가 또 들으니 하늘 위에와 땅 위에와 땅 아래와 바다 위에와 또 그 가운데 모든 피조물이 이르되 보좌에 앉으신 이와 어린 양에게 찬송과 존귀와 영광과 권능을 세세토록 돌릴지어다 하니 네 생물이 이르되 아멘 하고 장로들은 엎드려 경배하더라(계 5:8-14).

여러분은 천국에 가서 살고 싶습니까? 그러면 여러분이 기대하시는 천국은 어떤 곳입니까? 생로병사가 없고 일할 필요도 없이 먹고 노는 파라다이스나 무릉도원입니까? 천국은 이 세상에 속한 실재가 아니기 때문에 말로 형용하기 어렵습니다만, 제가 천국이란 무엇하는 곳인지 잘 말해 주는 현대적 우화를 하나 말씀드립니다. 한 사람이 제 마음대로 살다가 죽게 되었는데, 베드로가 저 세상의 문을 지키고 있다가, 이 사람에게 뭐라고 말하는가 하면 천국과 지옥을 보여 줄테니, 보고 나서 어디 갈지 결정하라고 하는 것이었습니다. 자신은 지옥에나 갈 줄 알았는데, 이렇게 말해주니 얼마나 감격스러웠겠습니까? 그래서 이 사람이 먼저 천국 구경을 했습니다. 천국에서는 하얀 옷입은 수많은 사람들이 앉아서 하루 종일 찬양을 하고 있더랍니다. 처음에는 밝고 정결함이 느껴져서 좋았습니다. 하지만 좀 지나니까 지루하게 느껴졌습니다. 그래서 이 사람이 천국에서 나와 베드로에게 가서 지옥 구경을 해 보겠다고 했습니다. 안내를 받아서 지옥에 갔더니 뭐 지옥은 딱 자기 적성과 체질에 맞더랍니다. 왜냐하면 술집도 있고, 카바레도 있고, 카지노도 있었기 때문입니다. 그래서 이 사람이 베드로에게 가서 나, 지옥 가기로 결정했다고 말했습니다. 베드로가 그러라고 했습니다. 이 사람이 이제 지옥으로 다시 가는데 이전에 보았던 것은 하나도 안 보이고 자꾸 지하로 데리고 가더라는 것입니다. 그래서 안내하는 저승사자에게 물었습니다. 아까 본 지옥은 안 이런데 왜 자꾸 어둡고 깊은 곳으로 내려가는가 하고 말입니다. 그때에 저승사자가 뭐라고 대답하는가 하면 아까 당신이 본 것은 관광 비자로 와서 보는 곳이고, 이제는 영주권을 받았기 때문에 진짜 지옥에 가야 한다고 말입니다.[26]

성도 여러분 어떻습니까? 천국의 실체를 아시겠습니까? 천국과 신천신지는 구속받은 하나님의 백성들이 영원히 살면서 삼위일체 하나님을 찬양하고 섬기는 곳입니다. 따라서 하나님을 찬양하는 시간이 지루하고 힘드신 분들은 심각하게 고민해 보아야 합니다. 내 목이 아프거나 음치라서 싫어하는지 아니면 정말 찬양 자체가 싫은 것인지, 만약에 찬양하는 것이 싫다면 나는 혹시 천국 체질이 아닌가 봐 하고 의심을 해보시기를 바랍니다. 우리가 요한계시록 4, 5장을 통해서 천상 예배 장면을 보고 있는데, 네 생물도, 24장로도, 천사들도, 피조물들도 하나님과 어린 양을 찬양하고 있는 것을 보게 됩니다. 이제 살펴보려고 하는 5장 후반부에도 보십시오. 네생물과 24장로의 찬양이 있습니다. 수많은 천사들의 찬양이 있습니다. 그리고 모든 피조물들이 찬양하고 있는 것을 보게 됩니다. 특히 오늘 읽은 본문에는 어린 양 찬양을 하고 있습니다.

네 생물과 24장로들의 찬양(8-10절)

첫째로 8-10절에 보시면 네 생물과 이십사 장로들의 찬양이 나옵니다. 앞서 살펴 보았지만 네 생물은 하나님의 보좌 주변을 지키며 명령을 수행하는 비서 역할을 하는 천사들입니다. 24장로는 신구약 교회의 대표자들이라고 했습니다. 8절을 보시면 "그 두루마리를 취하시매 네 생물과 이십사 장로들이 그 어린 양 앞에 엎드려 각각 거문고와 향이 가득한 금 대접을 가졌으니 이 향은 성도의 기도들이라."고 말씀해 줍니다. 두루마리를 취한 분은 앞서 본 대로 어린 양 되신 예수 그리스도이셨습니다. 예수 그리스도는 두루마리에 기록된 하나님의 구원 계획을 우리에게 알려주실 뿐 아니라 그 계획을 몸소 실행하시고 성취하신 구속자이시기 때문에, 그 두루마리의 인봉을 떼시기에 합당하신 분이신 것입니다. 어린 양이 두루마리를 취하시매 네 생물과 이십사 장로들이 어린 양 앞에 엎드렸습니다. 이렇게 하는 것은 예배하고 경배하는 자세를 취하는 것입니다. 그런데 네 생물과 이십사 장로들이 단순히 엎드린 것만이 아니라 무엇을 가지고 있다고 하는지를 주목하시기를 바랍니다. 각각 거문고와 향이 가득한 금 대접을 가졌다고 말씀합니다. 특히 이 두 가지는 천사들보다는 24장로가 가지고 있었다고 보시면 좋습니다. 거문고는 하나님을 찬양하기 위한 도구입니다. 시편에는 각종 악기로 하나님을 찬양할 것을 권면하고 있습니다.

그리고 향이 가득한 금 대접에 대해서는 "이 향은 성도의 기도들이라."고 설명해 주고 있지요. 교회의 대표들인 24장로들의 손에 성도들의 기도들이 담긴 금 대접이 들려져 있다는 것은 우리로 깊은 생각을 하게 해 줍니다. 우리의 기도가 일단 향이라고 표현되어 있는 것을 주목해 보시기를 바랍니다. 시편 141편 2절에 보시면 다윗은 "나의 기도가 주의 앞에 분향함과 같이 되며 나의 손 드는 것이 저녁 제사같이 되게 하소서."라고 기도하는 것을 봅니다. 기도가 하나님 앞에 드려지는 향내와 같다고 하는 사실은 성도들이 드리는 진실한 기도를 하나님께서 얼마나 귀히 여기시는지를 말해 줍니다. 그리고 그 향이 심지어는 얼마나 귀하게 대접받는지 금 대접에 담겨진다고 하는 것을 기억하시기를 바랍니다. 우리의 기도는 이 땅 위에서 무능해 보이고, 사람들에게는 천대받을 수 있지만, 하나님 앞에서는 금 대접에 담겨서 올려지는 향내와 같다는 것을 기억하시기를 바랍니다. 하나님의 약속을 믿고 하나님 앞에 드리는 기도는 땅 위에 떨어지지 않습니다. 그 기도들은 다 수거되어 24장로들의 손에 들려서 하나님께 드려집니다. 하나님께서는 전지전능하시고 자유로우신 분이시지만 믿는 성도들의 기도를 통해서 일하시는 것을 기뻐하시는 분이라는 점을 기억해야 합니다.

이제 네 생물과 24장로들이 드리는 찬양을 살펴보도록 하십시다. 9절에 보시면 "그들이 새 노래를 불러 이르되"라고 말씀하시는 것을 보게 됩니다. 여러분 새 노래 New Song가 무엇을 의미하겠습니까? 구약 시편에 보면 새 노래로 하나님을 찬양한다는 구절이 많이 나옵니다. 그리고 요한계시록 14장 3절에도 나옵니다. 그리고 15장 3절에서는 새 노래를 "어린 양의 노래 모세의 노래"라고 불렀습니다. 모세의 노래란 출애굽기 15장에 기록되어 있는 노래로서 이스라엘 백성들이 홍해를 무사히 건너고 바로의 학정에서 자유 해방을 얻은 후에 부른 노래를 말합니다. 그들은 구원의 은혜를 노래한 것입니다. 요한계시록에서 새 노래라고 할 때도 그 의미가 동일합니다. 구원의 은혜를 받은 자가 노래할 수 있는 노래입니다. 새 노래라고 해서 곡조가 새롭거나 가사가 새 것이라는 의미가 아닌 것입니다. 예수 그리스도로 말미암아 구원을 받은 자 즉, 새롭게 거듭난 자들이, 예수 그리스도로 말미암아 새 생명을 누리며, 그들이 입은 전혀 새로운 은혜에 대해서 찬양을 드리는 것이 바로 새 노래인 것입니다.

그러면 네 생물과 24장로들이 부르는 새 노래의 내용을 보십시다.

두루마리를 가지시고 그 인봉을 떼기에 합당하시도다. 일찍이 죽임을 당하사 각 족속과 방언과 백성과 나라 가운데에서 사람들을 피로 사서 하나님께 드리시고, 그들로 우리 하나님 앞에서 나라와 제사장들을 삼으셨으니 그들이 땅에서 왕 노릇 하리로다 하더라.

그들은 어린 양 예수 그리스도가 하나님의 손에 들려진 책을 가지시고 인봉을 떼기에 합당한 분이라고 찬양을 합니다. 그러면서 예수 그리스도께서 일찍 죽임을 당하셨다는 점을 찬송합니다. 그들은 단순히 예수님을 훌륭한 선생이거나 선하게 산 모델이라고 칭송하지 않습니다. 그들은 일찍 죽임을 당하신 예수 그리스도를 노래합니다. 예수 그리스도께서 십자가에서 대속의 죽음을 죽으심으로 말미암아 하나님의 구원 계획을 성취하셨기 때문입니다.

그리고 예수 그리스도가 십자가에 죽으심으로 이루신 구원의 결과에 대해서 뭐라고 찬양하는지를 보십시다. 첫째는 "각 족속과 방언과 백성과 나라 가운데에서 사람들을 피로 사서 하나님께 드리"신 것입니다. 각 족속과 방언과 백성과 나라라는 표현은 교회의 보편성을 의미합니다. 즉, 교회는 순수하게 보편적이며, 어떠한 민족적, 정치적, 문화적, 인종적 경계선도 넘어서는 것입니다. 그러면서도 이 구절은 "가운데서"ek라고 함으로 모든 민족과 열방 가운데서 선택된 자들의 구원이라는 특수성도 함께 강조합니다. 예수 그리스도는 모든 나라와 민족들 가운데서 선택하신 사람들을 피로 사서 하나님께 드리셨습니다. 죄와 사망의 권세에 사로잡혀 있는 사람들을 피값을 주고 구속하셨다는 말입니다. 그리하여 하나님께 쓰임 받을 수 있도록 드리셨습니다.

예수 그리스도께서 죽임을 당하심으로써 우리를 자신의 피로 구속하셨을 뿐 아니라 10절에 보시면 우리를 하나님 앞에서 나라와 제사장들로 삼으셨다고 말합니다. 그리고 그들이 땅 위에서 왕노릇 할 것이라고 찬송했습니다. 우리를 구원하실 뿐 아니라 왕과 제사장을 삼으셨습니다. 제사장이란 하나님 앞에 자유로이 나아가서 교제하고 기도할 수 있고 남을 위해 축복할 수 있는 권세를 얻었다는 뜻입니다. 그리고 우리가 왕들이라고 하는 것은 만물을 다스리도록 창조되었던 아담과 하와의 특권을 회복하는 것을 의미합니다. 하나님 외에 모든 것에 대하여 자유인이 되는 것을 말합니다. 어떤 다른 것에 대해서도 얽매이지 아니하고 지배하는 자가 되는 것을 말합니다. 그러나 우리의 왕권은 권세부리고 억압하는 종류의 것이 아닙니다. 오히려 복음을 전파하여 영혼을 하나님께 인도하는 영적인 권세인 것입니다.

천천 만만의 천사들의 찬송 (11-12절)

두 번째로 네 생물과 24장로들의 찬송 다음에 이어지는 것은 천사들의 찬송이었습니다. 11절을 보시면, "내가 또 보고 들으매 보좌와 생물들과 장로들을 둘러 선 많은 천사의 음성이 있으니 그 수가 만만이요 천천이라"고 말씀하지요. 머리 속에 다시 한 번 더 그림을 그려 보십시다. 요한계시록 4, 5장에서 묘사하는 바에 의하면, 하늘 중심에는 하나님의 보좌가 있습니다. 그리고 네 생물이 하나님의 보좌를 둘러서 있고, 그 다음에 24장로들의 보좌가 있고 그들이 앉아 있습니다. 그리고 어린 양이 보좌와 네 생물과 장로들 사이에 서 있습니다. 그리고 그 주변을 천천 만만의 천사들이 옹위하고 서 있다는 말입니다.[27]

천사의 숫자가 천천이라고 하면 백만이라는 말이요, 만만이라면 1억이라는 말입니다. 예수님은 잡히시던 밤에 자신이 12군단 legion의 천사들, 즉 72,000의 천사들을 동원할 수 있다라고 말씀하셨습니다. 그리고 히브리서 12장 22절에도 천만 천사라는 표현이 나옵니다. 그러나 천만이나 천천 만만이라는 표현은 우리 인간들이 천군 천사들의 숫자가 얼마나 되는지 다 헤아릴 수 없다는 의미로 이해하시면 되겠습니다. 천사들은 구원의 은혜를 받은 자들이 아닙니다. 그들은 하나님의 뜻을 성취하기 위해서 쓰임 받은 일꾼들일 뿐입니다. 그러나 그들은 베드로전서 1장에 의하면 하나님의 구원에 대해서 지대한 관심사를 가지고 있다고 말합니다. 에베소서 3장 10절을 보면 교회를 통하여 하나님의 각종 지혜를 천사들에게 알리신다고 말씀하고 있습니다.

그러면 천사들이 무엇이라고 찬송하는지를 살펴보십시다. 욥기 38장 7절에 보면 하나님께서 천지만물을 창조하시는 것을 보고서 "그때에 새벽 별들이 기뻐 노래하며 하나님의 아들들이 다 기뻐 소리를 질렀느니라."고 말씀하고 있습니다. 천사들은 창조주 하나님의 솜씨를 친히 목도하고 너무나 기뻐서 소리를 지르고 경탄할 수 있는 특권을 누렸습니다. 그리고 누가복음 2장에 보면 하나님의 아들이 이 땅 위에 어린아이의 몸으로 탄생하는 것을 보고 "지극히 높은 곳에서는 하나님께 영광이요, 땅에서는 하나님이 기뻐하신 사람들 중에 평화로다"라고 찬양드렸습니다. 오늘 본문 12절에 보면 그들은 큰 음성으로 찬송했습니다. 이루 헤아릴 수 없이 많은 천사들이 합창을 하는 것이니까 얼마나 우렁찰는지 우리가 알 수 있습니다. 그리고 연약함이나 악함이 무엇인지를 알지 못하는 하늘의 천사들이 드리는 찬송이니 얼마나 아름답겠습니까? "죽임을 당하신 어린 양은 능력과 부와 지혜와 힘과 존귀와 영광과 찬송을 받으시기에 합당하도다 하더라." 천사들 역시도 죽임을 당하신 어린 양을 찬송하였습니다. 그러면서 그분에게 일곱 가지가 속해 있으며 찬송을 받으시기에 합당하다라고 고백하고 있습니다. 앞선 네 생물과 24장로의 찬양은 그리스도의 죽으심과 속죄 사역의 결과를 노래했다면, 천천 만만의 천사들은 죽으시고 부활하시어 승귀하신 그리스도가 누리시는 각종 소유에 대해서 노래하고 있습니다. 우리가 그냥 지나갈 수도 있지만 간단하게나마 그리스도의 소유로 돌려진 것들 각각을 살펴보도록 하십시다.

첫째, 예수 그리스도에게 능력이 있습니다. 예수 그리스도는 하나님의 능력이십니다(고전 1:24). 그에게는 계획을 하고 성취하지 못하실 것이 없습니다. 사람은 계획은 거창하게 세우지만 정작 성취할 힘이 없습니다. 그러나 예수 그리스도께는 원하시는 대로 무엇이든지 이룰 수 있는 능력이 있습니다.

둘째, 부가 그에게 속해 있습니다. 바울에 의하면 그리스도는 부요하신 자이며, 또한 측량할 수 없는 풍성을 가지신 분이십니다. 그는 모든 지혜와 지식을 가지고 있으신 분이십니다. 우리들에게 필요한 모든 것이 그 안에 있습니다.

셋째, 지혜가 그분에게 속해 있습니다. 그리스도는 하나님의 지혜라고 불리웁니다(고전 1:24). 하나님에 관해서나, 이 세상에 관해서나, 인생의 길에 대해서나 정답을 알고 계신 분은 예수 그리스도이십니다. 이 땅 위에서나 천국에서나 그분만이 우리의 길잡이가 되실 수 있습니다.

넷째, 힘이 그에게 속해 있습니다. 악의 세력을 해체하고 사탄을 꺾을 수 있는 힘센 분은 예수님 밖에 없습니다. 오늘날 그가 이기지 못할 상황은 없습니다. 그의 힘은 그를 대항하는 모든 권세를 다 이길 수 있습니다.

다섯째, 존귀가 그에게 속해 있습니다. 모든 무릎이 예수 그리스도의 이름 앞에 꿇게 될 것입니다.

여섯째, 영광이 그에게 속해 있습니다. 아버지의 독생자의 영광을 가지신 분입니다. 하나님과 동등이신 제2위 하나님이시며 동일한 신적 본질과 권능 그리고 영원성을 가지고 계시며 우리의 예배와 섬김을 받으시기에 합당하신 분이십니다.

마지막 일곱 번째, 죽임을 당하신 어린 양이 찬송을 받으시기에 합당하신 분이십니다. 그가 가진 모든 것을 인류 구원을 위해서 내어놓으셨고, 그가 획득하신 모든 구원의 은덕들을 우리를 위해 나누어 주시는 분이시기 때문입니다. 그러므로 구원 받은 자들은 그가 행하신 것에 대하여 찬송과 감사를 드리는 것입니다. 그리고 그 찬송과 그 감사는 윌리엄 바클레이의 멋진 표현처럼 "아무것도 갖고 있지 않은 우리가 모든 것을 소유하신 그분에게 드릴 수 있는 단 하나의 선물"이라고 할 수가 있습니다.[28]

천천 만만의 천사들은 구원의 경험이 무엇인지를 알지는 못하지만, 성도들의 구원을 통해서 드러나게 된 예수 그리스도의 영광과 그가 구속 사역을 감당하심으로 얻게 된 놀라운 소유들에 대해서 우렁차게 찬양을 드리는 것입니다.

모든 피조물들의 찬양 (13절)

세 번째로 우리는 모든 피조물들도 찬양의 대열에 동참하는 것을 보게 됩니다. 13절 말씀입니다. "내가 또 들으니 하늘 위에와 땅 위에와 땅 아래와 바다 위에와 또 그 가운데 모든 피조물이 이르되 보좌에 앉으신 이와 어린 양에게 찬송과 존귀와 영광과 권능을 세세토록 돌릴지어다 하니." 하늘 위, 땅 위, 땅 아래, 그리고 바다 위와 그 가운데 있는 모든 피조물들이란 하나님께서 지으신 모든 만물을 가리키는 표현입니다. 모든 피조물이 보좌에 앉으신 이 즉 하나님과 어린 양에게 찬송, 존귀, 영광, 그리고 권능을 세세토록 돌릴지어다라고 말하는 것을 사도 요한이 들었습니다. 이 네 가지 것들은 이미 앞서 천천 만만의 천사들이 어린 양께 돌려 드렸던 7가지 내용에 포함되어 있던 것들입니다.

모든 피조물의 합창 소리가 온 우주를 가득히 채우고 하나님의 보좌 앞에 상달되고 하나님 아버지와 어린 양 예수 그리스도께서 동일한 찬양과 영광을 받으시는 장엄한 광경을 오늘 본문은 보여주고 있습니다. 그런데 우리는 "사람이야 그렇다 하지만 비인격체인 만물들이 어떻게 하나님을 찬양할 수 있는가" 의구심이 들 수 있습니다. 사실 의인화(擬

人化)된 표현입니다. 찬양은 구원받은 하나님의 백성들만이 할 수 있지, 불신자도 할 수 없는 일입니다. 그런데도 만물이 찬양을 한다라고 표현하는 것은 이상하게 느껴질 수 있습니다. 그러나 사실 만물이 창조되었을 때에 각각은 정해진 존재의 수준에서 하나님의 영광을 드러내고 하나님을 찬송하였다고 말할 수 있습니다. 사람은 사람의 방식으로, 동물은 동물의 방식으로, 단풍은 단풍의 방식으로 하나님의 영광을 드러내고 찬송드립니다. 하지만 인간의 타락의 결과로 만물은 덩달아서 허무에 굴복하게 되었고 무질서와 혼돈에 빠지게 되었습니다.

로마서 8장 22절에 보면 바울은 모든 피조물이 함께 탄식하고 고통하고 있다라고 표현했습니다. 만물의 영장인 인간이 타락한 결과 아무런 죄도 없는 피조 세계가 탄식과 고통의 신음소리로 가득하게 된 것입니다. 바울은 피조물들이 또한 하나님의 아들의 자녀의 영광의 자유에 이르는 것을 고대하고 있다라는 표현도 했습니다. 이것도 의인화된 표현입니다. 왜 그렇게 표현될까요? 하나님의 자녀들이 몸의 부활을 입는 재림의 날에 곧 만물도 허무함의 종노릇한데서 놓여나며 혼돈과 무질서에서 벗어나게 되기 때문입니다. 믿는 자들의 구원이 완전해 지는 날이 곧 만물도 새롭게 회복되는 날인 것입니다. 그렇기 때문에 모든 피조물도 만물의 영장인 인간의 구원과 창조의 회복을 가능하게 하신 어린 양 예수 그리스도를 찬양하는 데 동참하는 것으로 표현하고 있는 것입니다. 만물도 구속의 은혜에 간접적으로 동참하게 되기 때문입니다. 구속의 완성은 "창조의 회복"이라는 것, 참으로 성경적이고 개혁주의적인 종말신앙의 강조점 중 하나입니다.

네 생물과 24장로들의 화답(14절)

모든 피조물이 하나님과 예수 그리스도를 찬양하는 소리를 들은 네 생물은 아멘이라고 응답을 했습니다. 요한계시록 5장에 보면 합당하다는 표현이 반복되고 있는데, 천사들과 피조물들이 드리는 찬양의 내용에 부합한 분은 오직 하나님과 어린 양밖에 없기 때문에, 하나님 보좌 가까이에 있는 네 생물들은 아멘, 아멘이라고 화답했습니다. 이것은 그러하기를 바랍니다는 뜻이 아닙니다. 진실로 그러합니다라는 인정의 말인 것입니다. 천천 만만의 천사들과 모든 피조물들이 우렁차게 찬양할 때에 신구약 교회의 대표들인 24장로들은 엎드려 경배하더라고 했습니다. 하늘에 있는 교회나 온 우주 만물이 다 함께 어우러져서 장엄한 찬양을 드리고 예배를 드리는 모습으로 오늘 본문은 끝이 납니다.

사랑하는 여러분! 천상 예배 장면을 보면서 천국은 참 지루한 곳이구나 그런 생각이 드십니까? 아니면 나도 하루 속히 천상 예배에 동참하여 그 거대한 코러스의 한 부분이 되어야지 하는 마음이 드십니까? 여러분 천국이나 신천신지의 핵심은 우리를 사랑하시는 하나님 아버지와 우리를 구속하시기 위하여 죽으신 어린 양 예수 그리스도를 모시고 영원히 살되 성삼위 하나님의 성품과 베푸신 은혜를 영원히 찬양하며 사는 곳입니다. 그 일을 위해서 영혼도 온전해지고 자유롭게 되며, 몸도 강건하고 영광스러운 불멸의 몸을 입게 될 것입니다. 우리들을 훼방하는 모든 악한 세력은 그림자 조차도 찾아볼 수 없게 될 것입니다. 그 모든 부정적인 것들, 우리로 눈물나게 하고, 한숨쉬게 만드는 것들에서 자유롭게 되어질 때에 우리는 오직 하나님과 어린 양을 찬양하는 것으로 영원을 보내게 될 것입니다. 따라서 우리가 이 땅 위에서 음정 박자가 틀리고 쉰 목소리로 찬양한다고 해도 받은 은혜 감사하여 찬송을 드리는 시간은 천국을 맛보는 시간이요, 천국 생활의 예행 연습인 줄 알아야 합니다. 오늘 본문에 나오는 모든 피조물들의 찬양에 동참하는 시간임을 아셔야 합니다.

어떤 목사님이 오래전에 북한을 방문했을 때에 우연히 지하 교회 성도들을 만나게 되었다고 합니다. 너무나 반가워서 함께 눈뜨고 기도하고, 감시원이 멀찍이서 감시하고 있으니까요, 말씀도 나누고, 그리고 그들이 찬송을 하고 싶다고 해서 무슨 찬송을 부를까요 하고 물으니 찬송가 2장 "찬양 성부 성자 성령 성삼위일체께 영원무궁하기까지 영광을 돌리세. 영광을 돌리세. 아멘"를 부르자 하더랍니다. 그래서 목사님과 북한 지하교회 성도들은 이 영광송을 부르면서 눈물을 줄줄 흘렸다고 합니다. 그 이야기를 들으면서 제 심금도 울리는 것을 느꼈습니다. 그렇게 힘들고 어려운 환경 속에서도 믿음을 지키면서 하나님께 넋두리하거나 불평 원망하는 것이 아니라 오직 성삼위 하나님께 영광을 받으소서라고 찬양을 부르고 있다니 얼마나 충격적인 일입니까? 오늘 우리 남한의 교회는 정신을 차려야 합니다. 자기 중심적인 종교활동이 아니라 하나님 중심적인 신앙으로 돌아가야 합니다. 눈에 보이는 물질 문제나 인간관계 문제나 발등에 떨어진 불만 보지 말고 눈을 들어 하나님을 바라보십시오. 영원의 세계를 바라보십시오. 주님을 더욱 사랑한다고 고백하십시오. 주님을 찬양하십시오.

21

첫 세 인이 떼어지다

> 내가 보매 어린 양이 일곱 인 중의 하나를 떼시는데 그때에 내가 들으니 네 생물 중의 하나가 우렛소리 같이 말하되 오라 하기로 이에 내가 보니 흰 말이 있는데 그 탄 자가 활을 가졌고 면류관을 받고 나아가서 이기고 또 이기려고 하더라 둘째 인을 떼실 때에 내가 들으니 둘째 생물이 말하되 오라 하니 이에 다른 붉은 말이 나오더라 그 탄 자가 허락을 받아 땅에서 화평을 제하여 버리며 서로 죽이게 하고 또 큰 칼을 받았더라 셋째 인을 떼실 때에 내가 들으니 셋째 생물이 말하되 오라 하기로 내가 보니 검은 말이 나오는데 그 탄 자가 손에 저울을 가졌더라 내가 네 생물 사이로부터 나는 듯한 음성을 들으니 이르되 한 데나리온에 밀 한 되요 한 데나리온에 보리 석 되로다 또 감람유와 포도주는 해치지 말라 하더라(계 6:1–6).

요한계시록은 이해하기가 어려운 책입니다. 아우구스티누스, 루터와 칼뱅은 계시록 주석이나 설교를 남기지 않았습니다. 그들이 계시록 강해를 했다고 하는 기록도 보지 못했습니다. 아무튼 참으로 이해하기 어려운 책임에 분명합니다. 그러나 하나님께서 만대의 교회를 위해서 주신 책이기 때문에 우리가 회피하면 안 되는 책이기도 합니다. 이 책은 환난과 박해 상황 속에 있는 초대교회 성도들을 위로하기 위하여 주신 계시입니다. 주 예수 그리스도께서 반드시 이기신다고 하는 메시지를 주시기 위해서 기록되어졌습니다. 그를 따르는 무리들 역시도 승리하게 될 것이라고 하는 점을 분명히 알게 하기 위해서 주신 말씀입니다.

앞서 우리는 4-5장을 통해서 하늘 예배 장면을 보았습니다. 창조주 하나님과 어린 양 예수 그리스도를 천사들과 교회의 대표들과 성도들, 그리고 만물들이 찬양하는 내용을 보았습니다. 그리고 하나님의 오른손에 들려져 있는 한 권의 두루마리 책에 초점이 모아지는 것도 보았습니다. 이 세상 어느 누구도 그 책의 인봉을 뗄 자격이 없는데, 어린 양 예수 그리스도께서 그 책을 받아들고 인봉을 떼시기 시작하신다는 내용이 오늘 6장에 기록이 되어 있습니다. 오늘은 먼저 떼어진 세 인의 내용을 함께 살펴보도록 하겠습니다.

첫 인을 떼시다(1-2절)

사도 요한이 보는 가운데 어린 양 되신 예수 그리스도께서 일곱 인 봉한 책에서 봉인을 하나씩 떼기 시작했습니다. 첫 번째 인을 떼시니까 어떤 일이 일어났는지 1절을 보십시다. "내가 보매 어린 양이 일곱 인 중의 하나를 떼시는데 그때에 내가 들으니 네 생물 중의 하나가 우렛소리 같이 말하되 오라 하기로." 어린 양이 일곱 인중의 하나를 떼시자, 하나님의 보좌 앞에서 수종들고 있는 네 생물, 즉 천사들 중 하나가 우레와 같은 소리로 "오라"고 말했습니다. 천사가 누구를 향해서 오라고 하는 것일까요? 사도 요한은 아니었습니다. 이것은 말과 말탄 자를 하나씩 역사의 무대 위로 나오라고 호출하는 목소리입니다.

오라고 하는 소리가 울려 퍼지고 나서 누가 무대 위에 등장하는지 볼까요? 2절에 보시면 흰 말과 기수가 나타났다고 했습니다. 그리고 그 기수는 활을 가졌고, 면류관을 받고, 나아가서 이기고 또 이기려고 하였다라고 말씀하고 있지요. 성경에서 말은 힘, 두려움, 전쟁, 정복 등을 상징하는데, 이 흰 말 탄자가 무엇을 가리키는지에 대해서는 크게 두 가지 견해로 나누어 집니다. 한쪽은 예수 그리스도를 가리킨다고 보고, 다른 쪽은 군사적 승리를 가리킨다고 해석합니다. 후자의 견해부터 살펴 본다면, 로마 장군들이 적들을 물리치고 개선 행진할 때에 백마를 탔던 것을 증거로 제시합니다. 백마는 승리의 군국 정신, 정복욕 등을 의미한다고 봅니다. 특히 백마를 타고 활을 가지고 나가서 이기고 또 이기려고 했다는 것은 로마인들의 뇌리 속에는 끔찍스러운 기억을 떠올리게 하는 바가 있었습니다. 로마의 동쪽 변경 밖에 살던 파르티아인들은 백마를 타고 마상에서 화살을 잘 날리는 것으로 유명했습니다. 지금도 파르시안 샤트Parthian shot라는 표현이 있는데, 이는 '반격할 수 없는 최종적이고 파멸적인 공격'을 뜻합니다. 주후 62년 경에는 백전불패의 로마군이 파르티아 군대 앞에 무릎을 꿇고 항복하는 일도 있었습니다. 그래서 바클레이와 같은 학자는 첫 인의 내용을 군사적 승리를 의미한다라고 해석했습니다.[29] 인류 역사 가운데 계속되어지는 전쟁의 재앙을 가리킨다고 보는 해석입니다.

저는 바클레이의 해석이 일리가 있다고 생각합니다만, 첫 번째 견해를 좀 더 상술하고 그 견해를 지지하려고 합니다. 첫 번째 견해에 의하면 흰 말을 탄 자는 예수 그리스도를 가리킨다는 것입니다. 5장 5절에 유대 지파의 사자가 이겼다라고 말씀했는데, 요한계시록에서 진정한 승리자는 예수 그리스도 한 분 밖에 없습니다. 그리고 흰 색은 언제나 거룩과 성스러움을 상징하고 있습니다.[30] 흰 세마포, 흰 구름, 흰 보좌, 흰 돌 등 전부 예수 그리스도와 관련하여 쓰였지 마귀나 적그리스도와 관련하여 쓰이지 않았습니다. 그리고 백마의 기수가 면류관을 쓰고 있다고 하는데 14장 14절에 보면 승리하신 예수 그리스도께서 금 면류관을 쓰고 계신다라고 말씀하고 있습니다. 이기고 또 이기실 수 있는 분은 오직 예수 그리스도 한 분 밖에는 없습니다. 요한계시록 19장 11절 이하에 있는 말씀도 첫 번째 해석을 지지해 줍니다.

또 내가 하늘이 열린 것을 보니 보라 백마와 그것을 탄 자가 있으니 그 이름은 충신과 진실이라. 그가 공의로 심판하며 싸우더라. 그 눈은 불꽃 같고 그 머리에는 많은 관들이 있고 또 이름 쓴 것 하나가 있으니 자기밖에 아는 자가 없고 또 그가 피 뿌린 옷을 입었는데 그 이름은 하나님의 말씀이라 칭하더라. 하늘에 있는 군대들이 희고 깨끗한 세마포 옷을 입고 백마를 타고 그를 따르더라. 그의 입에서 예리한 검이 나오니 그것으로 만국을 치겠고 친히 그들을 철장으로 다스리며 또 친히 하나님 곧 전능하신 이의 맹렬한 진노의 포도주 틀을 밟겠고 그 옷과 그 다리에 이름을 쓴 것이 있으니 만왕의 왕이요 만주의 주라 하였더라(19:11-16).

우리가 신약성경을 통하여 잘 알고 있듯이 부활하시고 승귀하신 예수 그리스도는 승리자이십니다. 십자가의 죽음과 부활을 통하여 죄와 사망의 권세를 이기신 분이십니다. 궁극적으로는 19장 11절 이하에 인용된 것처럼 모든 악의 세력들을 강한 권세로 제압하시고 심판하시고 마실 것입니다. 그런 점에서 이 세상 역사 가운데 어떤 제왕도 할 수 없었던 일을 하시게 될 것입니다. 그러나 초림과 재림 사이의 교회사 가운데도 주님은 승리자로 활동하고 계신다는 점을 잊어 버리시면 안 됩니다. 물론 현상적으로 보면 역사는 예수 그리스도보다는 어두움의 세력이 여전히 더 활개를 치고 있는 것처럼 보입니다. 그러나 지난 2천 년 동안에 복음의 서진 운동을 한 번 생각해 보시기를 바랍니다. 유대 땅에서 겨자씨처럼 시작된 하나님 나라의 복음 운동이 1세기가 가기 전에 로마 전국에 전파되었고, 황제의 집안에도 신자들이 생겨났고, 250여 년 동안 10대 박해를 가했지만 교회는 없어지지 아니하고 오히려 왕성해졌습니다. 그래서 콘스탄티누스 황제가 313년에 밀라노 칙령을 통해서 기독교 신앙의 자유를 인정하지 아니할 수가 없었습니다. 그 이후 복음은 유럽을 넘어서 신대륙에 이르고 19세기 후반에 이르러는 우리가 살고 있는 이 아시아나 인도나 혹은 아프리카에까지 전파되었습니다. 이것이 바로 현재도 그리스도께서 승리자로 활동하고 계신다는 증거인 것입니다. 이 견해를 지지하는 윌리엄 헨드릭슨의 글을 소개해드리겠습니다.

> 우리 주 예수 그리스도는 지금 이기고 있으니, 즉 현세에서 그의 목적이 진행되고 있는데, 이는 그가 영과 우주의 임금되시는 권한을 행사하고 있기 때문이다. 말씀(복음: 마 24:14)과 성령, 그의 제자들의 증언과 눈물, 그의 중재와 그들의 기도, 하늘의 천사와 땅 위의 군대, 심판의 나팔과 진노의 대접의 방법으로 우리 주님께서 말을 타고 승리를 얻도록 나아가 이기고 또 이기려고 하신다. 이것이 바로 흰 말을 탄 자의 참된 의미일 것이다.[31]

주님은 현재도 교회의 머리이실 뿐 아니라 온 우주의 왕이십니다. 그의 말씀과 성령의 능력으로 세상을 변화시키고 사람들을 구원에 이르도록 만들고 계십니다. 믿는 신자들도 말씀의 능력을 체험하고 성령의 권세로 변화되어지는 것을 경험하고 있습니다. 혹은 육신의 질병이나 여러 가지 문제들이 해결되어지는 것, 즉 예수 그리스도 덕분에 승리를 체험할 수 있습니다. 19세기 요한 크리스토프 블룸하르트 목사는 귀신 들린 고트리빈이라는 여성도를 위해서 기도하는 중에 승리를 경험했습니다. 그리고 그는 "예수는 승리자이시다"Jesus is conqueror라고 담대하게 외쳤습니다. 미신에 사로잡힌 한 마을이 변화하여 예수 믿는 마을이 되게 하실 영적 승리도 흰 말을 타고 면류관 쓰고 손에 복음의 활을 가지시고 이기시고 또 이기실 예수 그리스도를 의지할 때에 가능한 것입니다. 따라서 우리 신자들이 믿고 의지할 수 있는 것이 있다면 바로 이 복음의 능력입니다. 주님의 손에 들려있는 복음의 화살이 사람들의 심령 깊은 과녁을 꿰뚫기를 위해서 사모하고 기도해야 합니다.

둘째 인을 떼시다(3-4절)

이제 두 번째 인에 대해서 살펴보도록 하십시다. 역시 어린 양이 인을 떼시자 둘째 생물이 오라고 외칩니다. 그러자 4절에 보면 붉은 말이 등장하는 것을 요한이 보게 되었습니다. 이 붉은 말의 기수가 무엇을 하기 위해서 부름받은 것일까요? 본문에 보니 "그 탄 자가 허락을 받아 땅에서 화평을 제하여 버리며 서로 죽이게 하고 또 큰 칼을 받았더라."고 말씀하지요. 결국 말이 붉다고 하는 것은 피의 색깔입니다. 그러면 땅 위에서 화평을 제하고 서로 죽이게 하기 위하여 큰 칼을 받았다라고 하는 것이 무엇을 의미하는 것일까요?

우리가 단순하게 이해한다면 이런 일은 전쟁을 통해서 일어난다고 할 수 있습니다. 전쟁이 일어나려면 분쟁과 갈등이 생겨서 싸움의 이유가 있어야 합니다. 때로는 별 것도 아닌 것이 원인이 되어 큰 전쟁이 일어나기도 하지요. 1차 대전 같은 경우에 그렇습니다. 하지만 2차 대전의 경우에는 히틀러와 나치들의 침략 야욕 때문에 세계 전쟁이 발발했습니다. 그리고 1, 2차 대전 합쳐서 총 7,800만 명이 넘는 사상자가 발생했습니다. 민족 상잔의 아픔을 남긴 6.25전쟁은 어떻습니까? 북침이다 남침이다 말들이 많지만 분명히 북한이 소련의 지원을 힘입고서 남침한 것 아닙니까? 사상자가 무려 200만 명 생기고, 이산 가족이 천만 명이나 생기게 한 비극의 전쟁입니다. 다 이념 때문에 화평이 제거되었기 때문에 발발한 전쟁인 것입니다.

우리는 이 지상에서 일어나는 일들이 다 천상에서 허락되어져야 한다는 점을 본문에서 확인하는 것이 좋습니다. 붉은 말을 탄 자가 하나님의 네 생물 중 하나가 오라 즉, 등장하여 활동하라고 하니까 역사 무대에 등장하고, 또한 화평을 제하고 서로 죽이게 하도록 허락을 받고 큰 칼을 수여 받아야 활동할 수 있다고 말하고 있다는 사실을 기억해야 합니다. 때로 우리는 전쟁이 왜 일어나는지 이해가 되지 않습니다. 어떤 명분이 있다고 하더라도 그 비극을 다 감내해내지를 못합니다. 하지만 우리 믿는 신자들의 입장에서는 하나님께서 허락하시지 않는데 전쟁이 일어날 수는 없다고 하는 점을 고백하지 않을 수가 없습니다. 영국에 살면서 1, 2차 대전을 몸소 겪어야 했던 마틴 로이드 존스 목사님은 2차 대전 중에 『하나님은 왜 전쟁을 허용하실까?』*Why Does God Allow War?*라는 제목의 설교를 한 적이 있습니다.32 책의 내용을 간단하게 소개를 드리겠습니다. 로이드 존스 목사님은 전쟁 그 자체는 죄가 아니라, 죄의 결과라고 말합니다. 전쟁은 죄의 표시들 가운데 하나라는 것입니다. 야고보가 말하는 바와 같이 전쟁의 궁극적인 원인은 쾌락과 욕망, 죄의 결과인 불안, 금지되고 얻을 수 없는 것에 대한 강렬한 욕구 등입니다. 그러나 성경은 전쟁이 죄나 그 죄의 결과라고 말하는 데 그치지 않고 하나님께서 전쟁을 허용하시는 실질적인 이유들도 제시해 줍니다. 첫째는 하나님께서 전쟁을 허용하시는 이유는 사람들의 죄를 징벌하기 위해서입니다. 하나님께서 전쟁을 허용하시는 두 번째 이유는 사람들이 다른 어떤 것들보다도 전쟁을 통해서 죄의 본질을 깨달을 수 있기 때문입니다. 위기에 처해서 우리는 삶의 토대를 검토하지 않을 수 없습니다. 세 번째 이유는 우리로 하여금 다시 하나님께로 돌아오게 하려는 최종적인 목적을 이루기 위해서입니다. 그러므로 우리에게 있어서 중요한 문제는 "하나님은 왜 전쟁을 허용하실까?"가 아니라, 이런 교훈을 배우고도 이러한 결과를 초래한 우리 자신의 죄와 온 인류의 죄를 회개하는 일이라는 것입니다.

다시 본문으로 되돌아가 보십시다. 두 번째 인을 떼자 등장하여 활동하는 붉은 말을 탄 기수는 이 세상에서 화평을 제하고 전쟁을 통해서 서로 죽이도록 만드는 심판의 수행자로 볼 수 있다는 말씀을 지금까지 드린 것입니다. 그러나 이 붉은 말 탄 기수를 다른 관점에서 이해하는 것도 가능합니다. 세상에서 일반적으로 일어나는 전쟁을 가리키기보다는 예수 그리스도를 믿는 자들에게 임하는 환난과 박해 상황을 이렇게 표현한 것이라고 말입니다. 몇 가지 증거를 들면, 우선 '서로 죽이게 하고'에 해당하는 헬라어 단어*sphakso= to slaughter*가 요한이 일반적인 의미에서의 살인이나 전쟁을 가리킬 때에 사용한 단어가 아니라는 것입니다. 요한은 주로 이 단어를 어린 양이 '죽임 당하셨다'라고 하든지, 아니면 가인이 아벨을 '죽였다'라고 하든지, 순교한 성도들에 대하여 선지자들과 성도들과 및 땅 위에서 죽임을 당한 모든 자 등을 가리킬 때에 사용한 단어라는 것입니다. 이 말은 땅 위에서 화평을 제하고 죽임을 당하게 되는 대상이 바로 신자들이라고 하는 점을 가리킵니다. 그리고 또한 붉은 말 탄 기수에게 주어진 칼은 헬라어로 '마카리아'*macharia*라고 하는데, 이 큰 칼은 예수님께서 마태복음 10장 34절에서 "내가 세상에 화평을 주러 온 줄로 생각하지 말라 화평이 아니요 검을 주러 왔노라"고 하실 때에 말씀하신 검과 같습니다. 그리고 이 '마카리아'라고 불리우는 칼은 제물을 잡을 때에 사용하던 칼에 사용되었던 단어입니다.

자, 이 두 번째 해석에 따르면 두 번째 인은 무엇에 대한 말씀이 됩니까? 일반적인 전쟁에 대한 이야기보다는 복음이 전파되는 과정에서나 예수 그리스도를 믿은 성도들에게 일어날 수 있는 세상의 적대적인 박해로 얼마나 많은 성도들이 고통을 당하게 될 것이며 죽임을 당하기도 할 것에 대한 예고인 것입니다. 첫째 인이 복음 전파를 통한 왕성한 승리를 가리킨다고 한다면 두 번째 인은 예수 믿는 과정에서 일어나는 세상의 적대적인 반응과 그 결과 겪게 될 성도들의 수난을 가리키는 것이 됩니다. 사실 아닌 게 아니라 로마 제국 10대 박해를 통해 수많은 성도들이 죽임을 당했습니다. 혹은 어느 나라나 복음이 처음으로 전해질 때는 박해 상황이 있었고 많은 피가 뿌려졌습니다. 문명화된 20세기 한 세기 동안에 1900년 동안 박해 받은 것보다 더 많은 숫자의 그리스도인들이 박해를 당했다는 통계도 있습니다. 터툴리안이 말한대로 "순교자의 피는 교회의 씨앗"이 되었습니다.[33]

예수님께서는 앞서 인용해드린 마태복음 10장 35-39절에서 "내가 온 것은 사람이 그 아버지와, 딸이 어머니와, 며느리가 시어머니와 불화하게 하려 함이니 사람의 원수가 자기 집안 식구리라. 아버지나 어머니를 나보다 더 사랑하는 자는 내게 합당하지 아니하고 아들이나 딸을 나보다 더 사랑하는 자도 내게 합당하지 아니하며 또 자기 십자가를 지고 나를 따르지 않는 자도 내게 합당하지 아니하니라. 자기 목숨을 얻는 자는 잃을 것이요 나를 위하여 자기 목숨을 잃는 자는 얻으리라."라고 경고해 주셨습니다. 우리는 복음의 진리를 지키기 위해서 때로 갈등과 분쟁, 그리고 박해 상황을 감수해야 합니다. 어차피 이 일들이 가정 복음화의 씨앗이 될 것입니다. 그리고 중요한 것은 무슨 일이 일어나든지 간에 하나님의 허락하심이 아니고서는 일어나지 않는다는 것을 아는 데서 얻는 위로가 있다는 것입니다.

세 번째 인(5-6절)

세 번째 인에 대해 살펴보도록 하시겠습니다. 5절을 보시면 "셋째 인을 떼실 때에 내가 들으니 셋째 생물이 말하되 오라 하기로 내가 보니 검은 말이 나오는데 그 탄 자가 손에 저울을 가졌더라"고 말씀합니다. 역시 인을 떼시는 분은 어린 양되신 예수 그리스도이십니다. 그리고 셋째 생물이 오라고 말과 기수를 불렀더니 이번에는 검은 말을 탄 자가 등장했습니다. 그리고 그 손에는 저울을 들고 있다라고 했습니다. 흑마를 탄 기수가 무엇을 하기 위해서 활동하는지, 그리고 손에는 왜 저울을 들고 있는지는 6절을 보시면 알 수 있습니다. "내가 네 생물 사이로부터 나는 듯한 음성을 들으니 이르되 한 데나리온에 밀 한 되요 한 데나리온에 보리 석 되로다 또 감람유와 포도주는 해치지 말라 하더라."

흑마를 탄 기수가 수행해야 하는 심판의 내용이 무엇일 것 같습니까? '네 생물들 사이에서 나오는 소리'란 하나님의 보좌를 가리킵니다. 네 생물이 하나님의 보좌를 옹위하고 있다고 앞서 보았으니까요. 그런데 그 네 생물 사이에서 나는 소리가 무엇입니까? 물가 변동에 대한 이야기 아닙니까? 한 데나리온은 장정이 하루 일하고 받을 수 있는 임금이었습니다. 그런데 그 임금을 받아서 밀 한 되를 산다고 했고, 그 보다 못한 보리는 세 되를 살 수 있다고 합니다. 밀 한 되는 장정 한 사람의 일일 양식거리이고, 보리 석 되는 한 가정이 하루 먹을 수 있는 양식거리입니다. 하루 벌어서 기껏해야 자기 먹을 밀이나 사고, 아니면 가족들을 위해 보리만 살 수 있다고 하는 것은 물가가 상당히 높다는 것을 보여줍니다. 비일Greg Beale이라는 학자의 주석에 의하면 이 정도의 물가라면 평소의 로마의 물가보다 8배에서 16배는 높은 것이라고 합니다.[34]

결국 세 번째 인을 떼자 등장하게 된 검은 말을 탄 기수가 가지고 오는 재앙이 무엇입니까? 그것은 바로 기근입니다. 평소보다 물가가 8배에서 16배나 뛰어 올라서 한 사람이 하루 벌어서 겨우 자기 한 목숨부지하기에 급급하거나 아니면 보리로 한 식구가 먹고 살 정도라니, 그 기근이 얼마나 심할지 이해할 수 있습니다. 흑마 탄 기수가 손에 저울을 가지고 있다라고 하는 것도 양식을 마음대로 먹지 못하고 재어서 먹어야 할 정도로 기근이 심하다는 의미입니다. 상황이 그와 같으니 포도주나 기름과 같은 것, 혹은 다른 생활 필수품들은 구할 형편이 되지 못한다라고 하는 것을 말해 줍니다. 일반 서민들은 "겨우 밥이나 먹고 살면 다행이다" 할 정도로 기근이 심하다는 것을 말해 줍니다. 하지만 그런 와중에도 감람유와 포도주는 해치지 말라는 말씀이 있습니다. 이것은 '빈익빈부익부'를 가리킵니다. 가진 자는 그 어려운 시기에도 감람유와 포도주를 누리고있다는 말입니다. 이는 어느 시대에나 나타나는 현상일 것입니다.

그러나 요한계시록을 기록할 당시의 교회 상황에서 이 재앙이 누구에게 주로 일어난 것일지 생각을 해야합니다. 세 번째 인은 단순히 이 세상에 일어나는 일반적인 기근의 재앙에 대한 이야기가 아닙니다. 오히려 하나님을 믿고 예수 그리스도만을 믿기에 당시 사회에서 박해받고 어려움을 겪어야 했던 하나님의 백성들을 위해서 하시는 말씀이라고 할 수 있습니다. 당시의 사업이나 직장 생활을 하려면 대체로 우상을 섬기고 음행에 동참해야 했습니다. 그런데 정결한 삶을 살겠다고 그런 의식에 참여하기를 거부하게 될 때에 사회적으로 왕따를 당할 수밖에 없고 경제적으로 불이익을 당할 수밖에 없었습니다. 오늘날도 하나님께서 정말 복을 주셔서 부를 누리고 선한 사업에 힘쓰는 분들도 많이 있습니다. 그러나 예수님을 잘 믿어 보려고 힘쓰고 애쓰다보니 좋은 직장도 버리고 겨우 보리죽이나 먹고 산다고 할 정도의 신세로 긴 세월을 보내는 분들도 있습니다. 좋은 직장이지만 주일 성수 못한다고 다니지 않고 그보다 조건이 못한 직장에 가는 젊은이들도 있습니다. 어떤 분은 명문대학을 나와서 말씀 사역을 한다고 6년 동안이나 경제적인 어려움을 당했습니다. 이제는 전국적으로 알려진 목회자가 되었지만 그 어려운 시절을 말씀에 목숨을 걸고 지나다보니 아이 우유를 살 돈도 없을 때가 있었다고 합니다. 이런 경우들이 바로 믿음 때문에 기근의 재앙을 당하는 것입니다. 세상 사람들은 욕심을 마음껏 부리면서 호의호식하고 있는데도 믿음을 잘 지켜 보려고 스스로 가난해지거나 경제적인 압박감에 시달리는 이들이 있다는 말입니다.

  이제 이 시간에 함께 살펴본 말씀을 정리해 보겠습니다. 우리는 일곱 인중에 세 개의 인을 살펴보았습니다. 무엇보다도 우리는 모든 경우에 있어서 결국 어린 양 예수 그리스도께서 주도권을 가지고 있음을 보았습니다. 예수님께서 인을 떼시고 하나님을 섬기는 네 생물 중 하나가 각기 오라고 말한 후에 백마, 적마, 흑마가 각각 등장하는 것을 보아서 일어나는 일들이 하나님의 주권하에 놓여 있음을 알 수 있습니다. 그리고 위에서 살핀 세 가지 인의 내용을 기억하십시다. 첫째 백마는 복음으로 이 세상에서 악의 세력을 몰아내시고 사람들의 영혼을 구원하시는 예수 그리스도의 승리를 가리키며, 둘째 적마는 그러한 복음의 역사와 더불어서 거짓된 평화가 제거되고 영적인 분쟁과 분열이 일어나게 되며 교회나 성도들이 세상으로부터 박해의 대상이 되고 순교의 대상이 된다고 하는 말씀이었습니다. 셋째 인은 기근의 재앙인데, 일반적으로 일어나는 재앙이라기보다는 믿음을 지키려고 하다보니 직장생활, 사업 운영에 어려움이 생기는 경우를 의미합니다. 예수님을 믿는 일이 얼마나 대가를 지불해야 하는 일인지를 보여줍니다. 그럼에도 불구하고 신앙을 지키기 위해서 힘쓰고 애쓰는 이들이 있다고 하는 사실은 역시 복음의 능력을 드러내 주는 것입니다. 그리고 이와 같은 희생과 헌신을 통해서 하나님의 복음 역사가 진작되어 갔음을 말해 줍니다.

오늘 우리들은 가정이나 이 지역 사회 속에서 승리의 면류관을 쓴 주님께서 흰 말을 타시고 손에 활을 잡으시고 이기시고 또 이기시는 역사를 체험할 수 있게 해달라고 기도드리십시다. 우리는 그저 그 주님을 뒤따라가는 역할만 할 수 있을 뿐입니다. 영적 전투에서의 진정한 승리는 예수 그리스도로 말미암아 쟁취되어집니다. 그리고 신앙 생활하느라고 거짓된 평화가 사라지고 경제적인 어려움이 있다고 하더라도 다 하나님께서 정하신 만큼 분량이 있다는 점을 기억하십시다. 주님이 보고 계신다는 점을 기억하십시다. 이 일을 통해서 우리의 믿음이 진보하고 우리를 통해서 복음의 역사가 진작된다고 하는 점을 기억하시고 위로를 받으시기를 바랍니다.

22

세 가지의 죽음

넷째 인을 떼실 때에 내가 넷째 생물의 음성을 들으니 말하되 오라 하기로 내가 보매 청황색 말이 나오는데 그 탄 자의 이름은 사망이니 음부가 그 뒤를 따르더라 그들이 땅 사분의 일의 권세를 얻어 검과 흉년과 사망과 땅의 짐승들로써 죽이더라 다섯째 인을 떼실 때에 내가 보니 하나님의 말씀과 그들이 가진 증거로 말미암아 죽임을 당한 영혼들이 제단 아래에 있어 큰 소리로 불러 이르되 거룩하고 참되신 대주재여 땅에 거하는 자들을 심판하여 우리 피를 갚아 주지 아니하시기를 어느 때까지 하시려 하나이까 하니 각각 그들에게 흰 두루마기를 주시며 이르시되 아직 잠시 동안 쉬되 그들의 동무 종들과 형제들도 자기처럼 죽임을 당하여 그 수가 차기까지 하라 하시더라 내가 보니 여섯째 인을 떼실 때에 큰 지진이 나며 해가 검은 털로 짠 상복 같이 검어지고 달은 온통 피 같이 되며 하늘의 별들이 무화과나무가 대풍에 흔들려 설익은 열매가 떨어지는 것 같이 땅에 떨어지며 하늘은 두루마리가 말리는 것 같이 떠나가고 각 산과 섬이 제 자리에서 옮겨지매 땅의 임금들과 왕족들과 장군들과 부자들과 강한 자들과 모든 종과 자유인이 굴과 산들의 바위 틈에 숨어 산들과 바위에게 말하되 우리 위에 떨어져 보좌에 앉으신 이의 얼굴에서와 그 어린 양의 진노에서 우리를 가리라 그들의 진노의 큰 날이 이르렀으니 누가 능히 서리요 하더라(계 6:8-17).

요한계시록의 몸통 부분에 해당하는 6-16장에는 일곱 인 재앙, 일곱 나팔 재앙, 그리고 일곱 대접 재앙이 차례대로 기록되어 있습니다. 요한계시록 6장에는 어린 양이 하나님께 받은 책의 인봉을 하나씩 차례로 떼실 때마다 일어나는 일들에 대해서 기록하고 있습니다. 물론 일곱 번째 인을 떼시는 것은 8장 1절 이하로 가야 볼수 있지만, 나머지 여섯 개의 인은 6장 안에 다 기록이 되어 있습니다. 첫 세 인에 대해서는 앞서 살펴보았고, 이제 우리는 네 번째, 다섯 번째, 여섯 번째 인을 떼실 때에 일어난 일들에 대해서 살펴보려고 합니다. 본문을 읽어보시면 세 개의 인을 떼실 때에 일어나는 일들의 공통적인 특징은 사람의 죽음의 문제를 다루고 있다는 것입니다. 네 번째 인을 떼니까 청황색 말이 등장하고 그 이름이 사망이라고 했고 그 뒤에는 음부가 따르고 있다라고 했습니다. 다섯째 인을 떼니까 이미 순교당한 성도들이 제단 아래 있으면서 신원해 달라고 호소하는 장면이 나왔습니다. 여섯 번째 인을 떼니까 최후의 순간까지 하나님을 믿지 아니하고 호의호식하다가 살아남은 자들의 최종적인 심판과 죽음에 대해서 보여주고 있습니다. 세 개의 인은 공통적으로 죽음을 다루고 있지만, 그 세 가지의 죽음은 각기 다른 종류의 죽음을 보여주고 있습니다.

네 번째 인 – 청황색 말(7-8절)

먼저 네 번째 인을 떼실 때에 일어난 일을 살펴보도록 하겠습니다. 7절입니다. "넷째 인을 떼실 때에 내가 넷째 생물의 음성을 들으니 말하되 오라 하기로." 인을 떼시는 분은 어린 양이시고, 오라고, 등장하라고, 활동하라고 호출하는 이는 하나님의 보좌를 지키고 있는 네 생물, 즉 천사 중 하나였습니다. 이후에 되어질 일도 하나님의 주권 아래 놓여있음을 명백하게 보여주는 말씀입니다. 그러면 오라는 소리에 등장한 네 번째 말과 기수에 대해서 살펴보도록 하십시다. 8절입니다. "내가 보매 청황색 말이 나오는데 그 탄 자의 이름은 사망이니 음부가 그 뒤를 따르더라 그들이 땅 사분의 일의 권세를 얻어 검과 흉년과 사망과 땅의 짐승들로써 죽이더라."

어린 양이 네 번째 인을 떼시니까 등장한 것은 청황색의 말a pale

horse이라고 했고, 말 탄 자의 이름은 사망*thanatos*이라고 일컬어지며, 그 뒤에는 음부*hades*가 따르고 있다라고 말씀합니다. 청황색은 핏기가 없는 창백한 죽음의 색을 가리킵니다. 그리고 음부라고 하는 것은 구약에서는 스올, 신약에서는 하데스라고 하는데, 죽은 자들이 가는 곳을 가리킵니다. 피터슨은 지옥이라고 번역을 했습니다. 결국 청황색 말을 탄 자는 죽음의 사자를 가리키는 것입니다. 그는 온 땅을 다니면서 사람들을 죽게 하여 음부로 데리고 가는 사자인 것입니다. 그러나 그는 자기 마음대로 행동하는 것이 아니고, 하나님의 통제 아래 있습니다. "그들이 땅 사분의 일의 권세를 얻어…죽이더라"고 하는 말씀을 보면 하나님께서 이들에게 땅 사분지 일만 해할 권세를 주셨다라고 하시는 것을 알 수가 있습니다. 이것은 지역적인 의미에서 하는 말이 아니고 질적인 의미로서 그가 생명을 앗을 수 있는 한계를 가리킵니다.

그리고 청황색 말을 탄 자가 권세를 받아서 사람들을 죽게 하고 음부로 데리고 가는 수단은 4중적이라고 말씀하고 있습니다. 검, 흉년, 사망 그리고 땅의 짐승 등입니다. 이런 4중적인 죽음의 수단에 대해서는 이미 에스겔 14장 21절에서 언급된 바 있습니다. "주 여호와께서 이같이 이르시되 내가 나의 네 가지 중한 벌 곧 칼과 기근과 사나운 짐승과 전염병을 예루살렘에 함께 내려 사람과 짐승을 그 중에서 끊으리니 그 해가 더욱 심하지 아니하겠느냐." 청황색 말을 탄 자는 칼에 의해서 사람을 죽게 하고, 흉년으로 굶어죽게 하고, 사망 혹은 온역으로 사람을 죽게 만들며, 땅의 짐승들에 의해 해를 입어 죽게 합니다. 결국 이것은 사람이 반드시 한 번은 다 죽는 존재이지만, 천수를 누리지 못하고 비정상적으로 죽는 죽음을 가리킵니다.

오늘날도 아침에 "안녕히 다녀오세요"라는 인사를 듣고 집을 나서지만 뜻하지 않은 재난으로 죽는 사람들이 얼마나 많이 있습니까? 지구상에는 굶어 죽는 사람들이 이 시간에도 많이 있습니다. 유엔식량농업기구의 보고에 의하면 5초당 1명의 어린아이가 굶어죽고 있으며,

2004-2006년 사이에 북한 동포들 가운데 영양부족으로 고통당하고 있는 인구가 2,300만 명 중 32%인 750만 명에 달한다는 보고서를 제출했습니다. 테러 사건도 일어나서 많은 이들이 죽기도 합니다. 그리고 에이즈 바이러스, 에볼라 바이러스, 신종 인플루엔자가 사람들을 불안하게 하고 있습니다. 수년 전에는 동구에 있는 우크라이나에서는 신종 플루보다 더 치사율이 높은 바이러스가 횡행하여 수백만 명이 감염된 적도 있습니다. 이와 같이 뜻하지 않은 재난과 사고로 죽음을 당하기를 원하는 사람은 없습니다마는, 죽음의 사자가 돌아 다니면서 각종 사고나 질병을 통하여 참으로 많은 사람들을 데려가고 있습니다. 제 아무리 중요한 일을 하고 있다고 하더라도 죽음이 오라고 호출하면 모든 것을 내려놓고 가야 되는 것이 인생입니다. 그리고 이런 일에는 불신자들만이 해당하는 것이 아니라 신자들도 포함되어 당하는 일입니다. 신자들도 신종 플루를 비롯하여 각종 전염병에 걸리기도 합니다.

이처럼 인생은 유한한 존재이며 언젠가는 죽음을 직면해야 하는 존재입니다. 게다가 언제 죽을지 아무도 장담할 수 없는 존재입니다. 흔히 하는 말처럼 이 땅에 오는 데는 순서가 있지만, 죽는 데는 순서가 없는 법입니다. 결국 이 네 번째 인이 주는 교훈이 무엇입니까? 인생들이 이 땅 위에서 천년 만년 살 것처럼 착각하지 말고 죽을 준비를 잘하라는 것입니다. 소크라테스 같은 현인은 인생에 있어서 중요한 것은 뭐니뭐니해도 죽을 준비하는 것이고 했습니다. 살았을 때 잘하라는 말이 있는데, 정말 살아있을 때 죽음 이후를 대비해야 합니다. 만약 이 세상에서 하나님의 은혜를 받아 들이지 아니하면 영원히 기회를 얻지 못할 것입니다. 땅 위에 있는 동안은 은혜가 주어지는 기회의 시간입니다. 하지만 죽고 나면 하나님의 심판과 영원한 벌이 기다릴 뿐입니다. 하나님과 관계 회복하는 것이 가장 우선적으로 해결해야 하는 급선무인 것입니다.

다섯째 인 – 순교자의 무리(9-11절)

이제 어린 양이 다섯 째 인을 떼실 때에 어떤 일이 일어나게 되는지를 살펴보도록 하십시다. 9절을 보시면 "다섯째 인을 떼실 때에 내가 보니 하나님의 말씀과 그들이 가진 증거로 말미암아 죽임을 당한 영혼들이 제단 아래에 있어"라고 말씀합니다. 어린 양이 다섯째 인을 떼시니까 요한의 눈에 나타난 것은 더 이상 말과 기수가 아니었습니다. 하나님의 말씀과 그들이 가진 증거로 말미암아 죽임을 당한 이들이 하늘의 제단 아래 있는 모습이었습니다. 이들은 예수 그리스도의 복음을 전하다가 복음대로 살다가 죽임 당한 순교자들의 무리를 가리킵니다. 그들이 하늘 제단 아래 있다고 하는 것은 그들이 하나님 앞에 희생제물처럼 자신의 피를 쏟아 부었다는 것을 의미합니다. 참으로 고귀한 죽음을 죽은 자들입니다.

이 세상 사람들의 눈에 보기에 신앙 때문에 자기 목숨까지 버리는 자들은 너무나 한심하고 불쌍해 보일 것입니다. 무슨 신앙이든 가져서 마음이 편하고 의지가 되는 것은 좋지만, 그런 일에 미치지는 말아야지라고 생각하는 것이 이 세상 사람들입니다. 그러나 그와 같은 사람들도 만약 위험에 처한 자식을 구하기 위해서 희생한 부모의 이야기를 듣는다든지, 나라를 위하여 목숨을 버린 군인 이야기를 듣는다면 비난하기는커녕 고귀한 죽음이라고 입을 모아 칭찬하기를 마다하지 않습니다. 하지만 성경이 말씀해 주시는 것이 무엇입니까? 이와 같은 죽음보다 더 귀한 죽음이 있다는 것입니다. 그것은 바로 자신을 구원하신 하나님을 믿는 믿음을 지키다가 죽는 죽음입니다. 사실 순교는 아무나 원한다고 할 수 있는 것이 아닙니다. 오늘 말씀과 같이 순교자의 수는 정해져 있습니다. 그리고 순교자라고 할 때 꼭 잔인하게 죽임을 당한 자만 의미하지 않습니다. 사도 요한은 와석종신했습니다. 매일 매일 순교적인 자세를 가지고 사는 것이 일반적으로 필요하고, 그렇게 사는 것이

더 어려운 일입니다.

다시 본문으로 돌아가서 보십시다. 순교자들이 하늘 제단 아래에서 무엇을 하고 있지요? 요한의 귀에는 그들이 하나님께 큰 소리로 간청하고 있는 것이 들려왔습니다. 10절을 보시면, "큰 소리로 불러 이르되 거룩하고 참되신 대주재여 땅에 거하는 자들을 심판하여 우리 피를 갚아 주지 아니하시기를 어느 때까지 하시려 하나이까 하니"라고 말씀하는 것을 봅니다. 순교자들은 하나님께 큰 소리로 부르짖고 있습니다. 그들은 하나님을 대주재라고 호칭하고 있습니다. 헬라어로 "호 데스포테스"*ho despotes*라는 단어를 사용하고 있는데, 이 단어는 하나님의 절대적 권세와 주권을 가리킵니다. 그리고 대주재이되 거룩하고 참되신 대주재라고 한 것은 하나님의 모든 판단에 있어서 흠결이 없고 믿을 수 있다는 의미를 담고 있습니다. 그러니 순교자들의 기도가 어떤 형태로든지 정직하게 응답될 것이라는 기대감을 가질 수가 있다는 뜻입니다.

그런데 기이한 것은 이 순교자들의 무리가 탄원하고 간청하는 내용입니다. 그들이 부르짖은 내용은 "땅에 거하는 자들을 심판하여 우리 피를 갚아 주지 아니하시기를 어느 때까지 하시려 하나이까"라는 것이었습니다. 이들은 땅에 거하는 자들을 심판하여 자신들의 억울함을 신원하여 달라고 간청하는 것이었습니다. 자신들의 피 값을 갚아 달라는 요구였습니다. 우리는 순교자들의 기도를 보면서 이상한 생각이 들 수가 있습니다. 원수를 사랑하고 원수를 축복해야 하는 그리스도인들의 입에서 "심판하여 달라," "신원하여 달라"는 기도가 나온다는 것이 이상할 수 있습니다. 그러나 우리가 원수를 미워하지 말고 사랑하라고 하는 것은 그 사람이 지은 죄와 악을 용납하고 사랑해 주라는 말이 아니라는 것을 기억하십시다. 기회가 있을 때에 그가 돌이키고 회개하여 새로운 사람이 되기를 바란다는 뜻이지, 죄에 대한 하나님의 진노와 의로우신 심판을 부정하는 것이 결코 아닌 것입니다. 땅 위에 사는 동안 우리는 이 세상의 죄인들과 악당들이 회개하고 돌아오기를 구해야 합니다. 그러나 기회가 지나가면 하나님의 의로우신 심판이 임할 것입니다.

본문에 등장하는 순교자의 무리는 이와 같이 하나님의 공의가 만천하에 드러나게 될 최후 심판의 날을 고대하고 있음을 보여줍니다. 다르게 말하자면, 그들도 온전한 구속, 구원의 완성을 소망하고 있다고 할 수가 있습니다. 죄악과 환난이 극심한 이 세상을 벗어나서 하나님의 제단 아래 있는 그들이지만 그들은 여전히 구원이 완성되는 날을 기다리고 있습니다. 구원이란 그리스 철학자 플라톤Platon이나 플라톤주의자들이 생각하는 것처럼 영혼이 이 육신의 장막을 벗어나는 것으로 완성되지 않고, 우리 몸이 부활하신 주님처럼 영광스러운 몸을 입게 되는 날, 새 하늘과 새 땅이라고 하는 새로운 환경에서 살게 되는 날에 완성될 것입니다. 본문을 보면 이 세상을 떠난 성도들이 여러 가지 고통에서 벗어나 있고, 기쁨과 평강 중에 거하고 있지만, 아직 그들은 온전한 구원을 대망하고 있다는 사실을 우리에게 보여줍니다.

그러면 이들의 부르짖음, 간청과 탄원에 대해 하나님께서는 어떻게 응답하시는지를 볼까요? 하나님께서는 순교자의 무리들에게 흰 두루마기를 각각 주시면서 아직은 잠시 쉬면서 기다리라고 말씀하셨습니다. 흰 두루마기white robe가 무엇을 가리키는지를 잘 알지 못합니다. 어떤 사람은 영광스러운 부활체를 가리킨다고 하지만, 몸의 부활이 있기 전에는 그럴 수 없습니다. 잘 알 수는 없지만 그들에게 주시는 영광과 위로라고 생각할 수 있습니다. 그리고 왜 아직 그들이 더 기다려야 하는지 그 이유에 대해서도 말씀해 주셨습니다. 11절입니다. "각각 그들에게 흰 두루마기를 주시며 이르시되 아직 잠시 동안 쉬되 그들의 동무 종들과 형제들도 자기처럼 죽임을 당하여 그 수가 차기까지 하라 하시더라." 하나님께서 이 세상을 보존하고 계시는 이유는 구원받아야 할 하나님의 백성이 아직 남아있기 때문입니다. 하나님께서 역사의 종말을 선고하실 때는 이 세상이 악하여져서 더 이상 하나님의 복음에 반응할 자들이 없어질 때입니다. 하나님은 한 사람이라도 더 구원하시기 위해서 심판을 자제하고 계신 것입니다. 베드로후서 3장 8-9절에는 "사랑하는 자들아 주께는 하루가 천년 같고 천년이 하루 같다는 이 한 가지를 잊지 말라. 주의 약속은 어떤 이들이 더디다고 생각하는 것 같이 더딘 것이 아니라 오직 주께서는 너희를 대하여 오래 참으사 아무도 멸망하지 아니하고 다 회개하기에 이르기를 원하시느니라."고 말씀하고 있습니다. 그와 같은 하나님의 인내 덕분에 저와 여러분들도 구원에 이르게 되는 것입니다. 하나님의 마음을 헤아린다면 우리는 부지런히 복음을 전해야 하고, 이미 천상에 있는 성도들은 수고를 그치고 안식하며 기다려야 하는 것입니다. 한편 동무 종들과 형제들의 수가 찬다고 하는 것은 이어질 7장에서 우리가 충분하게 살펴보게 될 것입니다.

여섯째 인-어린 양의 진노의 날(12-17절)

이제 여섯째 인을 떼실 때에 일어나는 일들에 대해서 살펴보도록 하겠습니다. 해당되는 본문은 12-17절까지니까 제일 길고 상세하게 묘사되어 있습니다. 우리는 21세기 들어와 대형 쓰나미가 밀려와서 여러 섬들이 큰 재난을 당하는 것을 보기도 했고, 9.11테러에 의해서 뉴욕의 쌍둥이 빌딩이 와르르 무너져 내리면서 잿더미로 변하는 것을 보기도 했습니다. 그리고 곳곳에서 일어난 지진으로 인해서 많은 지역이 처참하게 파괴되는 것을 보았습니다. 이런 재난들은 우리가 안전하고 견고하다고 생각했던 땅도 맘모스 건물도 아무것도 아니구나 하는 것을 느끼게 만듭니다. 그러나 오늘 본문에서 말씀하고 있는 것은 그런 정도의 지역적인 재난이 아니라 온 우주적이고 총체적인 재난을 예고하고 있습니다.

먼저 12-14절을 읽겠습니다. 대재난, 대파국에 대해서 어떻게 묘사하는지를 보십시다. "내가 보니 여섯째 인을 떼실 때에 큰 지진이 나며 해가 검은 털로 짠 상복 같이 검어지고, 달은 온통 피 같이 되며, 하늘의 별들이 무화과나무가 대풍에 흔들려 설익은 열매가 떨어지는 것 같이 땅에 떨어지며, 하늘은 두루마리가 말리는 것 같이 떠나가고 각 산과 섬이 제 자리에서 옮겨지매"라고 했습니다. 이 말씀을 상세하게 설명드릴 수는 없고 요점만 말씀드립니다. 평소에 우리가 느끼는 것은 그래도 만물이 조화롭게 잘 돌아가고 영원불변할 것처럼 보인다는 것입니다. 하지만 우주 질서가 한 순간에 다 파괴되고, 눈에 보이는 만물이 다 재로 변하는 우주적인 대파국이 있을 것을 본문은 말씀해 줍니다. 저는 이런 말씀을 이해하도록 돕는 시각적인 자료로 2009년에 개봉된 〈2012〉라는 재난 블록버스터 영화를 추천합니다. 지구의 대멸망을 화려한 컴퓨터 그래픽으로 처리했는데, 물론 성경적인 자료에서 빌린 것도 있지만, 성경 메시지와는 관계없는 영화이기도 합니다. 하지만 적어도 이 견고해 보이고 안전해 보이는 지구가 어떻게 파멸할 수 있는지에 대해서 시사해주는 바는 있습니다. 요한계시록 6장에서 말씀하는 대로 하늘도 땅도 바다도 그리고 사람들이 만든 그 화려한 문명도 한 순간에 다 파괴되어 버리고 말 날이 올 것입니다. 베드로 사도는 "이 세상은 불로 불사르기 위하여 간수되어 있다"라고 말씀했습니다(벧후 3:7). 인간들이 애써 쌓아올린 그 문명의 바벨탑이 한 순간에 무너져 내리고 재가 되고 마는 날이 올 것입니다.

한편 그러한 대우주적인 파국의 날이 오면 자기 자신을 믿고 세상에 소망을 두고 땅 위에 보화를 쌓으면서 하나님을 두려워하지 않던 땅의 임금들, 왕족들, 장군들과 부자들, 강한 자들에게는 큰 재난과 심판의 날이 될 것이 뻔합니다. 그들 가운데는 종과 자유인들도 포함될 것이라고 15절에 말씀합니다. 종이라고 해서, 가난하다고 해서 자동적으로 하나님을 잘 믿는 것이 아니기 때문입니다. 부유한 자도 가진 것 때문에 교만하고 자족하기에 문제가 되고, 가난한 자나 종도 가지지 못한 것에 대해서 원한이나 탐심을 가지기 때문에 문제가 되는 것입니다. 가난한 종이지만 더 교만하고 하나님을 두려워하지 않는 이들도 있는데, 이런 이들에게는 그날은 재난의 날이 될 것입니다. 앞서 말씀드린 모든 부류의 사람들은 이 땅에 속한 자들입니다. 이들은 모두 이 땅이 전부라고 생각하면서 땅에 집착하여 땅의 것을 추구하던 자들이었습니다. 하나님을 섬기는 자들, 하나님의 복음을 전하던 자들을 우습게 여기고 복음 듣기를 거부하던 자들이었습니다.

그러나 마지막 대파국의 때가 되면 그들은 이 세상이 아무것도 아니라는 사실을 깨닫게 되는 것입니다. 그들은 영원을 위하여서는 아무런 준비가 되어 있지 않다는 것을 알게 됩니다. 영원한 생명을 누리려면 어린 양 예수 그리스도를 믿었어야 하는데, 믿지 않았으니 그 날에 그들은 극단적인 두려움과 공포에 빠지게 될 것입니다. 이 세상이 존재하고 하나님의 복음이 전파될 때에는 그렇게도 힘없어 보이고 유약해 보이던 어린 양 예수 그리스도가 그 날에는 강한 심판자로서 나타나실 것입니다. 그들은 어린 양의 진노를 감당하느니 차라리 산이 무너져서 깔려 죽기를 희망하게 될 것입니다. 하나님의 영원한 형벌을 감수하면서 영원 무궁히 생존하느니 차라리 존재 자체가 멸절되었으면 좋겠다라고 사모하게 될 것입니다. 하나님이 어디에 계시느냐고 조롱하며 자기 힘을 믿고 살던 자들, 이 세상에서는 멋있어 보이고 아쉬운 것 없을지 몰라도 그 날이 오면 그들이 얼마나 허무한 것에 의지하고 살았는가를 알게 될 것입니다. 그리고 진짜 두려워하고 사모해야 할 분이 누구이신지를 깨닫게 될 것입니다. 하지만 이 땅 위에서 기회가 주어졌을 때에 믿지 않는 이들에게는 진노의 큰 날이 될 것이며, 그 날을 결코 감당해 내지를 못하게 될 것이라는 점을 본문은 사진처럼 잘 보여주고 있습니다.

이번 강해에서 우리는 일곱 인 가운데 4, 5, 6인을 떼실 때에 일어난 사건들에 대해서 살펴보았습니다. 세 가지 인이 다 죽음과 관련이 되어 있음을 보았습니다. 넷째 인은 이 세상 가운데 흔히 일어나는 다양한 재앙에 의한 죽음을 보았습니다. 불신자도 신자도 이런 일에 참여하게 됩니다. 하지만 다섯째 인을 뗄 때에 나타나는 순교자의 죽음은 아무나 참여할 수 있는 것이 아닙니다. 주님을 믿고 주님을 위하여 피를 뿌린 자들이 순교자들입니다. 이들의 당한 죽음은 고귀한 죽음입니다. 하나님께서 귀히 여기시고 쉼을 주시면서 미래의 신원하실 날을 약속해 주시었습니다. 반면에 여섯째 인을 떼실 때에 온 세상에 우주적 심판이 이루어지며 예수 그리스도를 믿지 않는 모든 세상 사람들에게 재앙의 날이 되는 것을 보았습니다. 이들은 하나님이 지으신 세상에 살면서도 하나님을 제대로 인정하지 않고 자기 마음대로 살았고, 유일한 구원의 길인 어린 양의 죽음을 자신들과 무관하게 거부하다 보니 어린 양이 구주가 아니라 심판의 주로 대면할 수밖에 없었습니다.

우리 모두는 유한한 인생을 살아가고 있습니다. 언제 주님 앞에 서야 할지도 아는 이가 없습니다. 유한한 이 세상보다 영원한 삶에 치중하고 사는 것이 지혜로운 인생입니다. 짐 엘리엇의 말대로 영원히 남을 것을 위하여 일시적인 것을 버리는 자는 바보가 아닙니다. 비록 순교자는 하나님이 정해 놓으신 숫자가 있으니 자원한다고 해서 될 일이 아니지만, 주님을 위해 매일매일 순교적인 정신으로 살아가는 것은 가능한 일이고 귀한 일입니다. 하루 하루의 삶이 주님 앞에 드려지는 희생과 헌신이 되기를 바랍니다. 그리고 대우주적인 재난을 두려워하지 마십시다. 우리에게는 어린 양의 진노의 날을 두려워할 필요가 없기 때문입니다.

23

14만 4천 명

이 일 후에 내가 네 천사가 땅 네 모퉁이에 선 것을 보니 땅의 사방의 바람을 붙잡아 바람으로 하여금 땅에나 바다에나 각종 나무에 불지 못하게 하더라 또 보매 다른 천사가 살아 계신 하나님의 인을 가지고 해 돋는 데로부터 올라와서 땅과 바다를 해롭게 할 권세를 받은 네 천사를 향하여 큰 소리로 외쳐 이르되 우리가 우리 하나님의 종들의 이마에 인치기까지 땅이나 바다나 나무들을 해하지 말라 하더라 내가 인침을 받은 자의 수를 들으니 이스라엘 자손의 각 지파 중에서 인침을 받은 자들이 십사만 사천이니 유다 지파 중에 인침을 받은 자가 일만 이천이요 르우벤 지파 중에 일만 이천이요 갓 지파 중에 일만 이천이요 아셀 지파 중에 일만 이천이요 납달리 지파 중에 일만 이천이요 므낫세 지파 중에 일만 이천이요 시므온 지파 중에 일만 이천이요 레위 지파 중에 일만 이천이요 잇사갈 지파 중에 일만 이천이요 스불론 지파 중에 일만 이천이요 요셉 지파 중에 일만 이천이요 베냐민 지파 중에 인침을 받은 자가 일만 이천이라(계 7:1-8).

우리는 두 번에 걸쳐서 여섯 인에 대해서 살펴보았습니다. 어린 양이 인봉된 책에서 인을 하나씩 뗄 때마다 하늘과 땅 위에서 너무나도 엄청난 재앙이 발생하는 것을 요한은 목도했고, 우리도 함께 보았습니다. 특별히 여섯 번째 인을 떼었을 때에 보여진 재앙은 큰 지진이 나며 온 우주의 기초질서가 뒤집어지고 엎어지는 무서운 광경이었습니다. 인류 역사의 마지막에 되어질 큰 혼란과 대재앙을 보여주는 것이었습니다. 하나님의 인내가 끝이 나고 드디어 역사의 막을 내리시는 날에 끝까지 하나님을 믿지 않고 제 마음대로 살던 사람들은 공포에 질려서 차라리 의식 없는 존재가 되어 버리거나 식물이나 바위와 같은 무생물체가 되었으면 좋겠다고 소망하게 될 정도로 공황 상태에 빠지게 될 것이라고 하였습니다. 사도 요한은 그처럼 두려워 떠는 인류의 모습을 보면서 "그들의 진노의 큰 날이 이르렀으니 누가 능히 서리요"라고 물었습니다(6:17).

그리고 나서 오늘 7장은 전혀 다른 분위기와 색다른 내용을 갑작스러이 보여주고 있습니다. 네 모퉁이에 선 네 천사가 땅의 사방의 바람을 붙잡아 바다에나 땅에나 각종 나무에 불지 못하게 막고 있는 모습과 다른 천사가 하나님이 종들의 이마에 인을 치러 올라와서는 인을 치는데 그 인맞은 자의 숫자가 14만 4천 명이라고 하는 것을 알려줍니다. 성도님들 가운데는 더러 144,000이라는 숫자에 대해서 들으셨을 것입니다. 어떤 이단 사이비 집단에서는 이 숫자를 문자 그대로 받아들여서 구원 받을 수 있는 자가 144,000명밖에 되지 않는다고 주장을 하고, 이 숫자가 다 차가고 있으니 빨리 자기 단체에 가입하라고 강권하기도 합니다. 그러나 우리가 요한계시록을 읽으면서 항상 기억해야 하는 중요한 원칙은 요한계시록은 문자적으로가 아니라, 상징적으로 읽어야 한다는 것입니다. 우리는 구원받은 자가 얼마나 되는지 정확하게 알지를 못합니다. 언제 주님이 오실는지 그 시기와 몇 명이 구원을 받는지에 대해서는 하나님만이 아십니다. 하나님의 뜻대로 하시는 일입니다. 중요한 것은 우리가 구원 얻는 믿음을 가지고 있느냐를 확인하는 것이 중요합니다.

땅 사방에 부는 바람을 붙잡다(1절)

1절 말씀을 먼저 보십시다. "이 일 후에 내가 네 천사가 땅 네 모퉁이에 선 것을 보니 땅의 사방의 바람을 붙잡아 바람으로 하여금 땅에나 바다에나 각종 나무에 불지 못하게 하더라." 네 명의 천사가 땅의 네 모퉁이에 서 있습니다. 환상 중에 보니까 요한의 눈에 이런 식으로 보이는 것입니다. 우리는 흔히 땅을 동서남북 네 방향으로 생각을 합니다. 이것은 땅이 사각형으로 생겼다는 말이 아닙니다. 다들 아시듯이 지구는 사실 계란처럼 타원형으로 생겼습니다. 우리는 네 명의 천사가 땅의 네 모퉁이에 서서 무엇을 하는가를 주목해 보아야 합니다. 그 네 천사는 땅 사방에 부는 바람을 붙잡고서 바다나 땅이나 각종 나무에 불어서 해를 끼치지 못하도록 막고 있습니다. 천사들이 붙잡고 있는 바람이란 무엇을 말하는 것일까요? 천사들이 붙잡고 있는 바람이란 우리가 피부로 느낄 수 있는 자연 바람을 의미하지 않습니다. 우리는 평소에도 바람이라는 단어를 자연풍이 아닌 다른 의미로도 많이 사용합니다. 남녀의 잘못된 사귐에 대해서도 바람이 났다라고 하지요. 그리고 사회적 기풍을 쇄신해야 한다고 할 때에도 바람이라는 단어를 사용합니다. 본문에서 말하는 바람은 영적으로 이해해야 하는 바람입니다. 이 바람은 땅에 임한 환난과 심판의 바람을 의미합니다. 혹은 하나님의 복음 사역을 방해하는 강력한 영적인 바람을 의미합니다.

저는 이 바람에 대한 해석에 있어서 대구동부교회 김서택 목사님의 해석을 따릅니다.35 여기서 바람이란 복음이 활동하지 못하게 막는 모든 악한 세력이나 상황을 가리키는 것입니다. 바울이 고린도후서 4장 4절에서 "그 중에 이 세상의 신이 믿지 아니하는 자들의 마음을 혼미하게 하여 그리스도의 영광의 복음의 광채가 비치지 못하게 함이니"라고 한 대로 이 세상 사람들이 복음의 광채를 보지 못하도록 새까만 어두움으로 가로 막고 있는 강력한 세력이 바로 사탄입니다. 과연 이 세상 사람들로 하여금 하나님을 복음을 믿지 못하게 하고 하나님의 사랑을 받아들이지 못하도록 만드는 것들에는 무엇이 있을까요? 우리는 환난의 바람이 거세게 분다는 표현을 쓰는데, 복음 때문에 일어나는 환난도 복음을 믿는데에 장애가 될 수 있습니다. 하지만 복음을 방해하는 더 무서운 세력들, 혹은 바람들이 있습니다. 더욱더 교묘하고 강력한 세력을 가진 바람이 있다는 말입니다. 몇 가지 예를 들어봅니다.

첫째, 오늘 전 세계를 강타하고 있는 무서운 바람이 있습니다. 그것은 강력한 세속주의, 쾌락주의, 황금만능사상의 바람입니다. 자본주의 사회뿐 아니라 공산주의 사회에서도 맹렬하게 불고 있는 바람입니다. 눈에 보이는 쾌락과 현실적인 이익을 얻기 위해서는 다른 모든 가치들을 내어 던져 버리는 시대의 풍조를 가리킵니다. 어떻게 해서든지 많이 가져라, 누려라, 잘 먹고, 잘 입고, 좋은 차 타고다니는 것이 행복이라고 생각하는 이 시대의 가치관을 가리킵니다. 지금 세상 사람들을 강력하게 빨아들이는 돌개바람은 세속주의의 바람이라고 할 수 있습니다. 성경에서는 노아의 때의 사람들이 먹고 마시고 장가가고 시집가는 일이 삶에만 올 인했는데, 예수님은 자신이 재림하는 인자의 날에도 그럴 것이라고 경고하셨습니다(눅 17:26-29). 총칼을 들이대지 않는다고 해도 이와 같은 사조에 휩쓸리게 되면 복음을 바로 믿기가 어렵습니다. 복음은 영적이고 초자연적인 것으로 눈에 보이지 아니하고 손에 잡히지 않는 실재이기 때문입니다. 예수님께서는 창과 칼의 두려움보다는 이런 세속주의 바람의 위험성을 강하게 경고하셨습니다. 누가복음 21장 34-36절에 "너희는 스스로 조심하라. 그렇지 않으면 방탕함과 술취함과 생활의 염려로 마음이 둔하여지고 뜻밖에 그 날이 덫과 같이 너희에게 임하리라. 이 날은 온 지구상에 거하는 모든 사람에게 임하리라. 이러므로 너희는 장차 올 이 모든 일을 능히 피하고 인자 앞에 서도록 항상 기도하며 깨어 있으라 하시니라."고 경고하시는 것을 기억하십시다.

복음을 방해하는 두 번째 무서운 바람은 잘못된 신비주의 운동입니다. 우리가 믿는 신앙은 분명히 이성적으로 다 파헤쳐지거나 다 설명되지 않으며 지식으로 대체되지 않습니다. 신앙은 헤르만 바빙크가 말한 대로 분명 신비적인 면을 가지고 있습니다. 우리 머리로 다 이해해서 믿겠다고 하면 우리의 신앙이 건전하게 성장할 수가 없습니다. 성령의 비밀스러운 역사가 있어서 우리는 그리스도와 영적이고 신비적인 연합도 합니다. 기도의 응답도 받습니다. 그러나 범사에 신비주의 일변도로 가는 것은 불건전한 것입니다. 항상 기이한 체험만 추구하고 은사만 추구하면 우리의 신앙이 기형이 될 수 있습니다. 사실 신비주의나 초월적인 체험을 추구하는 것은 기독교적이기보다는 사이비 종교나 이방 종교에 강력합니다. 관심이 있는 분들에게는 레이 융겐이 쓴『신비주의와 손잡은 기독교』(부흥과개혁사)를 읽어볼 것을 권합니다. 하나님은 우리들이 말씀을 묵상하고 신앙적인 사고를 활용하시기를 바라십니다. 그리고 우리의 지, 정, 의 전인이 포함된 신앙을 원하십니다.

세 번째로 무서운 바람은 강한 이데올로기의 바람입니다. 오늘날 복음 전파 활동을 저항하고 제지하는 강력한 바람이 어디에서 불고 있는지를 생각해 보시면 이해가 되실 것입니다. 예수님을 믿으려고 하면 사회에서 쫓겨나거나 목숨을 잃을 수도 있는 이슬람 국가들이나 북한이나 중국 본토를 생각해 보시기 바랍니다. 물론 그런 어려운 상황 속에서도 하나님의 복음의 역사는 왕성하게 일어나고 있습니다만, 그 반대 세력도 강력하게 역사하고 있는 것입니다.

이와 같이 하나님의 복음의 역사를 제지하고 방해하는 강력한 세력을 바람이라고 본다면, 네 천사가 그와 같은 바람을 땅의 네 모퉁이에서 붙잡고 있다는 것은 무엇을 가리키는 것일까요? 복음이 자유로이 활동하도록 방해 세력을 억제한다는 뜻 아니겠습니까? 결국 제 아무리 강한 세력이라고 하더라도 하나님께서 주권적으로 통제하고 계신다는 것을 유념해서 보아야 합니다. 이 땅 위에서 악의 세력이 길길이 날뛴다고 하더라도 그것은 어거할 수 없는 무한한 힘을 가진 것이 아니고, 하나님의 장중에서 어거되고 통제되고 있다는 것을 본문은 보여줍니다. 사실 사도 요한 당시에 이미 도미티아누스 황제에 의한 박해의 바람이 강하게 불고 있었습니다. 그 이후에도 총 8번에 걸친 박해가 이어질 것입니다만, 하나님께서는 그 바람을 적절하게 조절하시어서 복음이 전파되는 기회로 삼으셨습니다.

인치심(2-3절)

이제 네 천사가 땅의 네 모퉁이에 서서 복음을 반대하는 바람을 붙잡고 있는 동안에 일어나는 일이 무엇인지 2절과 3절을 다시 보십시다. "또 보매 다른 천사가 살아 계신 하나님의 인을 가지고 해 돋는 데로부터 올라와서 땅과 바다를 해롭게 할 권세를 받은 네 천사를 향하여 큰 소리로 외쳐 이르되 우리가 우리 하나님의 종들의 이마에 인치기까지 땅이나 바다나 나무들을 해하지 말라 하더라." 네 명의 천사 외에 다른 천사가 등장하는 것을 봅니다. 그의 손에는 살아계신 하나님의 인이 들려져 있다고 했습니다. 그리고 그가 하는 일은 온 사방을 다니면서 하나님의 종들의 이마에 인을 치는 것이었습니다. 여기에서 하나님의 종들이라고 표현된 것은 선지자나 교역자만을 말하는 것이 아니고 하나님의 백성들, 예수 믿는 자들을 가리킵니다.

에스겔 9장 4절에 보면 예루살렘이 바벨론에 의해서 멸망하기 전에도 하나님께서는 천사에게 자기 백성들의 이마에 표를 하라고 명령하신 적이 있습니다. "여호와께서 이르시되 너는 예루살렘 성읍 중에 순행하여 그 가운데에서 행하는 모든 가증한 일로 말미암아 탄식하며 우는 자의 이마에 표를 그리라." 옛날에는 소나 가축들에게 낙인을 찍어서 자기 소유라는 것을 표시했습니다. 벌겋게 달아오른 쇳덩어리로 불도장을 찍으면 가축들의 피부에 소유주의 문장이나 표시가 찍히게 됩니다. 마찬가지로 하나님의 천사가 하나님의 종들에게 인을 친다고 하는 것은 하나님의 백성으로 선택된 자들에게 이는 하나님의 소유라고 하는 표시를 하는 것을 말합니다. 에베소서 1장 13절에 보면 "그 안에서 너희도 진리의 말씀 곧 너희의 구원의 복음을 듣고 그 안에서 또한 믿어 약속의 성령으로 인치심을 받았으니."라고 바울은 말합니다. 디모데후서 2장 19절에도 "그러나 하나님의 견고한 터는 섰으니 인침이 있어 일렀으되 주께서 자기 백성을 아신다 하며 또 주의 이름을 부르는 자마다 불의에서 떠날지어다 하였느니라"고 말합니다. 성령에 의한 인침은 결국 예수 믿는 자들에게 주시는 구원의 확신을 가리킵니다. 아무리 지우려고 해도 지워지지 않는 낙인처럼 성령의 인침을 받는 자는 자신의 행실의 옳고 그름과 관계없이 하나님의 자녀라고 하는 분명한 확신이 있습니다. 어떤 분은 예수 믿다가 타락하여 술독에 빠져 사는데도 하나님이 자신을 선택했다라고 하는 의식이 지워지지 않아서 술에 취하지도 않더라고 했습니다. 부정적인 차원에서 체험되는 구원의 확신이라고 할 것입니다.

만약에 우리가 예수님을 믿고 구원을 받는 일이 우리의 자율적 선택에 맡겨졌다고 한다면 아무도 구원을 받을 사람도 없고, 스스로 안전하게 천국까지 갈 수 있는 자도 없을 것입니다. 이 세상에 역사하고 있는 복음을 방해하는 영적 세력이 얼마나 강력하고 거대한지 그런 것이 있는지 조차 새까맣게 모르고 죽는 이들도 있습니다. 하지만 이와 같은 강력한 바람도 하나님의 백성들에게 인치시는 역사를 방해하지는 못합니다. 소위 요즘 세상말로 하자면 하나님이 찜하신 사람은 반드시 복음을 듣게 하시며, 믿게 하시고야 마신다는 것이 성경이 말하는 주권적 선택의 교리인 것입니다. 그러나 한 가지 기억해야 할 것은 누가 하나님의 자녀인지 인을 찍는 것은 하나님이 세우신 천사가 하는 일이지 우리가 하는 일이 아니라는 것입니다. 신자들이나 교회에 맡겨진 것은 복음을 전하는 것입니다. 듣든지 아니 듣든지 복음을 전해야 하는 것이 우리 역할입니다. 우리가 복음을 전하면 하나님이 선택하신 사람은 믿을 것이고 아무리 전해도 선택되지 않은 사람은 믿지 않을 것입니다.

또한 인치심의 또 한 가지 중요한 의미가 있습니다. 그것은 소유를 표시할 뿐 아니라 주인에 의한 철저한 보호의 약속입니다. 이마에 살아 계신 하나님의 인을 받은 자들은 하나님께서 보호해 주신다라고 하는 확신을 가질 수 있습니다. 에베소서 4장 30절에 보면 "하나님의 성령을 근심하게 하지 말라. 그 안에서 너희가 구원의 날까지 인치심을 받았느리라"고 말씀합니다. 서부 개척시대에는 미국 사람들이 주로 말을 타고 다녔는데, 만약에 남의 낙인이 찍힌 말을 훔쳤다가 잡히면 사형에 처해졌다고 합니다. 그만큼 사유재산에 대해서 법이 보호를 해 주었습니다. 마찬가지로 하나님께서 인을 치사 하나님의 소유라고 표시한 자들은 하나님이 눈동자 같이 보호하신다라고 말씀합니다. 하나님의 전능하신 능력을 다 동원해서 보호하시고, 하나님의 영원한 신실성을 걸고 약속을 지켜 주시며, 악한 자가 만지지도 못하게 하신다라고 약속하고 계십니다. 물론 믿는 자라고 해서 환난은 전혀 겪지 아니하고 형통과 번영만 누리게 될 것이라는 말로 오해해서는 안될 것입니다. 비록 환난을 만난다고 하더라도 견딜 힘을 주시며 신앙에 승리하게 하시며, 어떤 일을 만나더라도 신자들의 궁극적인 행복을 빼앗아가지 못하게 지켜 주신다는 말씀인 것입니다.

인침을 받은 십사만 사천 명(4-8절)

이제 마지막으로 살펴볼 것은 인맞은 자의 숫자에 대한 것입니다. 4절에 의하면 "내가 인침을 받은 자의 수를 들으니 이스라엘 자손의 각 지파 중에서 인침을 받은 자들이 십사만 사천이니"라고 말씀합니다. 그리고 이어지는 5-8절에 보면 이스라엘 12지파에서 꼭 같이 12,000명씩 인을 맞았다라고 말하고 있습니다. 민수기 1장과 26장에 보면 이스라엘 백성들이 출애굽하고 나서 한 번 가나안에 입성하기 전에 또 한 번해서 두 차례에 걸쳐서 싸움터에 나갈만한 장정의 수를 헤아린 적이 있는데, 그때의 각 지파별 숫자는 아주 상이했습니다. 하지만 오늘 본문에 나오는 경우에는 12지파 모두가 각각 12,000명이라고 했습니다.

그리고 12지파의 이름을 살펴보면 몇 가지 두드러지는 특징이 있습니다. 우선 출생 순서로 하자면 르우벤이 맨 먼저 거명되야 하는데 유다가 맨 앞에 있습니다. 비록 순서상 장자는 아니지만, 예수 그리스도의 조상이기 때문에 우선권을 가지는 것입니다. 5장 5절에서 우리는 예수님에 대해서 "유다 지파의 사자 다윗의 뿌리"라고 소개하는 것을 본 적이 있고, 22장 16절에서는 "나는 다윗의 뿌리요 자손이라"고 자신을 소개하시는 주님을 보게 됩니다.

또 명단을 보노라면 에브라임 지파의 이름은 없어지고 요셉지파라고 거명되고 있다는 것이 특이합니다. 에브라임 지파는 북조 이스라엘의 시대에 너무나 죄를 많이 짓다가 망한 지파이기에 이름이 빠진 것으로 보여집니다. 그리고 구약에서 12지파를 거명할 때 레위 지파는 빠지고 에브라임과 므낫세가 두 몫을 차지하는데 반해, 본문에서는 레위 지파의 이름이 들어가 있다는 것도 특이합니다. 앞서 에브라임이라는 이름 대신에 요셉의 이름이 들어갔다라고 말씀드렸는데, 만약 레위도 명단에 들어간다면 13지파 이름이 되어야 하는 셈입니다. 하지만 분명 12지파라고 했으니 빠진 지파가 생긴 것입니다. 유심히 살펴보시면 빠진 지파의 이름이 하나 나옵니다 그것은 바로 단 지파입니다. 구약에 보면 단 지파는 가나안 정복 전쟁을 제대로 하지 아니하고 우상숭배에 깊이 빠져든 지파로 소개됩니다(삿 18:30). 여로보암 1세가 금송아지를 세울 때에도 벧엘과 단에 세웠습니다(왕상 12:29). 단의 유언(The Testament of Dan 5:6)이라는 책에 보면 단 지파의 왕은 사탄이라고 하는 구절이 있습니다. 초대 교부 중 한 사람인 이레네우스는 단이 계시록 7장 명단에서 생략된 것은 그 지파에서 적그리스도가 나타날 것이라는 전승 때문이었다라고 말하고 있고, 히폴리투스는 "그리스도께서 유다 지파에서 태어나신 것처럼 적그리스도는 단 지파에서 태어날 것이라"고 말했습니다.[36] 어찌 되었든지 간에 단 지파가 하나님 백성들의 목록에서 이름이 삭제되었다는 것은 대단히 불명예스러운 것입니다.

그러나 우리가 주의해야할 것은 12지파 이야기를 한다고 해서

144,000명이 육신적인 이스라엘 가운데 구원받는 무리들의 숫자를 가리키는 것이 아니라고 하는 것입니다. 존 왈부드 같은 세대주의자들은 구태여 이것을 육신적인 이스라엘로 이해하려고 합니다만, 상징적인 표현으로 이해하는 것이 옳습니다. 일단 앗수르에 의해서 10개 지파가 없어져 버렸습니다. 남은 지파라고 해야 유다, 베냐민, 레위 지파 정도입니다. 그리고 사도 바울은 신약의 교회가 바로 아브라함의 자손이요, 참 이스라엘(갈 6:16)이라고 해설을 해 줍니다. 144,000이라는 숫자는 상당히 상징적인 숫자 조합입니다. 일단 구약의 하나님의 백성을 가리키는 12지파의 숫자와 신약의 12사도의 숫자를 곱하면 144가 되고, 천이란 이스라엘이 전투하기 위해서 편제했던 군대 단위였습니다. 그러니 144,000이란 하나님의 구원 받은 신실한 백성들을 가리키며, 특히 이 세상에 복음의 깃발을 높이 들고 하나님의 통치를 구현하는 왕적 메시아의 전투하는 교회로 하나님의 교회 공동체를 상징적으로 보여주는 것입니다.[37]

　이 시간에 함께 나눈 말씀을 정리합니다. 우리는 사도 요한에게 보여주신 묵시를 통해서 우리의 육안을 넘어 있는 영의 세계에서 일어나는 일들에 대해서 교훈을 받았습니다. 복음의 활동을 방해하는 강력한 바람들이 있으나 하나님의 통제하에 있다는 점을 보았습니다. 하나님께서 시험을 주시더라도 감당할 수 없는 시험을 주시지 아니하시며, 환난의 바람을 주시더라도 믿는 자가 견딜 수 있을 만큼 주신다는 점을 우리가 기억하는 것은 큰 위로와 힘이 됩니다. 그리고 환난의 바람도 무섭지만, 요즘은 유혹의 바람이 더욱더 무섭다는 점을 잊지 마십시다. 무엇보다도 세속주의의 물결이 너무나 강합니다. 우리의 영이 세상에 도취되게 만드는 무서운 바람입니다. 영적으로 깨어 기도하기에 힘을 써야 합니다. 그리고 믿지 않는 자들로 하여금 못 믿도록 강력하게 역사하는 바람들도 하나님께서 어제해 주셔서 믿음에 이르도록 기도하십시다.

우리는 하나님께서 자기 백성으로 인치신 무리가 정해져 있다는 점도 살펴보았습니다. 하나님께서 택하시고 인치신 백성들은 반드시 구원을 받게 되어 있습니다. 구원에 이르도록 부르시고 구원의 완성에 도달하도록 견인해 주시는 것입니다. 확실하게 보호해 주시는 것입니다. 뿐만 아니라 이 땅 위에 살아가는 동안에도 구원의 확신을 주셔서 신앙생활을 즐거이 감당하게 해 주십니다. 우리는 우리가 인맞은 자인지 그 증거를 찾아보셔야 합니다. 내가 구원 받았다라고 하는 확신이 분명한가, 가슴 속에서 불도장을 찾아 보시기를 바랍니다. 내 영혼에 찍힌 하나님과 예수 그리스도의 이름을 찾아보십시오. "너는 내 것이라"고 하시는 주님의 인을 찾아보십시오. 믿고 말할 수 없는 영광스러운 즐거움으로 기뻐하면서 살아가는 신앙인이 되십시오. 아니면 다윗처럼 구원의 즐거움을 회복시켜달라고 기도하시고, 성령의 인을 찍어달라고 기도하시기를 바랍니다. "그냥 대충 믿지" 그러지 마십시오. 환난의 바람이든 시련의 바람이든 불어오면 제자리에 있지를 못하고 어디론가 날려가고 말 것입니다. 하나님의 인침을 받은 자로서 확신하는 신앙 생활을 하시기를 축원합니다.

24

아무도 능히 셀 수 없는 큰 무리

이 일 후에 내가 보니 각 나라와 족속과 백성과 방언에서 아무도 능히 셀 수 없는 큰 무리가 나와 흰 옷을 입고 손에 종려 가지를 들고 보좌 앞과 어린 양 앞에 서서 큰 소리로 외쳐 이르되 구원하심이 보좌에 앉으신 우리 하나님과 어린 양에게 있도다 하니 모든 천사가 보좌와 장로들과 네 생물의 주위에 서 있다가 보좌 앞에 엎드려 얼굴을 대고 하나님께 경배하여 이르되 아멘 찬송과 영광과 지혜와 감사와 존귀와 권능과 힘이 우리 하나님께 세세토록 있을지어다 아멘 하더라 장로 중 하나가 응답하여 나에게 이르되 이 흰 옷 입은 자들이 누구며 또 어디서 왔느냐 내가 말하기를 내 주여 당신이 아시나이다 하니 그가 나에게 이르되 이는 큰 환난에서 나오는 자들인데 어린 양의 피에 그 옷을 씻어 희게 하였느니라 그러므로 그들이 하나님의 보좌 앞에 있고 또 그의 성전에서 밤낮 하나님을 섬기매 보좌에 앉으신 이가 그들 위에 장막을 치시리니 그들이 다시는 주리지도 아니하며 목마르지도 아니하고 해나 아무 뜨거운 기운에 상하지도 아니하리니 이는 보좌 가운데에 계신 어린 양이 그들의 목자가 되사 생명수 샘으로 인도하시고 하나님께서 그들의 눈에서 모든 눈물을 씻어 주실 것임이라(계 7:9-17).

요한계시록을 전공한 어떤 신약학자가 말하기를 요한계시록 7장을 설교하는 것은 행복한 일이라고 말했습니다. 왜냐하면 7장은 교회의 정체성이 무엇인지를 잘 보여주고 있기 때문입니다.[38] 앞서 살펴본 1-8절에는 144,000명의 인맞은 자라고 교회를 한정하는가 하면, 오늘 9-17절에는 아무도 능히 셀 수 없는 큰 무리라고 표현하고 있습니다.

하나님의 백성들의 수는 정해진 것이기도 하며, 인간적으로는 이루 헤아릴 수 없는 수이기도 하다는 역설을 잘 표현해주는 것입니다. 이것은 아브라함에게 후손의 숫자가 모래같이, 별같이 헤아릴 수 없을 것이라고 하신 약속의 성취입니다. 그리고 7장 전반부에 등장하는 교회는 지상의 전투적인 교회를 가리키고, 후반부에 등장하는 흰 옷 입은 무리들은 이미 승리하고 천상에 있는 교회를 가리킵니다. 이 지상에 있는 교회는 하나님의 인치심을 통해서 하나님의 소유임을 분명하게 하시고 하나님의 보호하심이 약속된 공동체입니다. 천상에 있는 공동체는 큰 환난에서 벗어나 이미 승리의 영광을 누리고 있는 모습으로 기록되고 있습니다. 그리고 천상의 승리한 공동체의 모습은 우리들에게 장래에 대한 소망을 줄 뿐 아니라 오늘 현재 속에서 우리가 어느 정도 누릴 수 있는 영적 실체요 축복이기도 하다는 점을 기억하셔야 합니다.

하나님과 어린 양을 찬송하는 무리들과 천사들(9-12절)

우선 9-12절에 보시면 수많은 무리들과 천사들의 찬송하는 모습에 대해서 기록하고 있음을 보게 됩니다. 먼저 9절을 보실까요? "이 일 후에 내가 보니" "이 일 후"란 "이후에"라는 뜻입니다. 이는 엄격하게 시간적인 순서라기보다는 논리적인 순서를 가리킵니다. 그리고 요한의 눈에 무엇이 보였는지를 보시기 바랍니다. "각 나라와 족속과 백성과 방언에서 아무도 능히 셀 수 없는 큰 무리가 나와 흰 옷을 입고 손에 종려 가지를 들고 보좌 앞과 어린 양 앞에 서서." 요한은 환상 중에 아무라도 즉, 인간들 중에서는 그 어느 누구라도 능히 셀 수 없는 큰 무리를 보게 됩니다. 그런데 그 수많은 무리들의 특징이 무엇입니까? 그들은 "각 나라와 족속과 백성과 방언에서" 나온 무리들입니다. 어떤 특정 국가나 피부색이나 언어 사용자 중에서 특별히 선발하는 무리들이 아닙니다. 그런 인간적인 차이와 아무런 관계없이 모든 세상 나라, 인종들,

방언을 사용하는 자들 중에서 나온 무리들입니다.

또한 이 무리들은 무엇을 입고 있는가 하면 "흰 옷"을 입고 있다라고 했습니다. 더 정확하게 표현하면 길게 끌리는 흰 옷을 입고 있었습니다. 이런 옷은 승리를 축하하기 위한 잔치 때에 입는 옷입니다. 그리고 흰 색은 의와 거룩을 상징합니다. 또한 그들이 손에 종려가지를 들고 있다는 것도 전쟁에서 승리하고 개선할 때에 사람들이 흔들어 주며 축하해 주던 장면을 연상시켜 줍니다. 결국 흰 옷을 입고 손에 종려가지를 들고 있는 수많은 무리들이란 거룩한 영적 전쟁에서 승리하고 천상적 잔치에 참여하고 있는 신실하고 참된 성도들의 무리를 가리키는 것입니다. 그리고 그들이 어디에 서 있는가를 보시면 "보좌 앞과 어린 양 앞에 서서"라고 말씀합니다. 이들이 보좌 앞과 어린 양 앞에 서 있다는 것은 교제, 경배, 그리고 영광을 어린 양과 더불어서 나누는 것을 의미하는 것입니다.

그러면 이렇게 흰 옷을 입고 손에는 종려가지를 든 수많은 무리들이 무엇을 하는지를 보실까요? 10절에 보시지요. "큰 소리로 외쳐 이르되" 이들이 큰 소리를 외치는데 헬라어로는 계속해서 그렇게 한다는 의미를 표현하고 있습니다. 이 승리한 무리들이 큰 소리로 계속해서 무엇을 외치는가 하면 "구원하심이 보좌에 앉으신 우리 하나님과 어린 양에게 있도다."라고 합니다. 구원이란 그 "구원"*be soteria*입니다. 사람이 죽을 병에 걸렸다가 살아나도 "구원"이라 하고, 포로되었다가 자유를 얻어도 "구원"이라 하며, 난파당하여 죽을 뻔했다가 구조당해도 "구원"이라고 하기 때문에, 그 "구원"이라는 표현을 쓰고 있습니다. 그러면 이들이 찬양하고 있는 그 "구원"이 무엇이겠습니까? 이는 우리들이 처해 있었던 영적인 죽음, 죄와 사망의 권세에서 종노릇한데서 건짐받은 것을 말합니다. 그런데 그 구원이 "누구에게 있다"라고 찬양하는가를 보시기 바랍니다. "보좌에 앉으신 우리 하나님과 어린 양에게 있도다"라고 말씀합니다. 우리가 요한계시록 4-5장에서 보았듯이, 구원은 성부 하나님의 계획에서 나온 것이고 예수 그리스도의 희생적 죽음에 의해서 가능하게 된 것입니다. 그렇기 때문에 교회는 오직 모든 영광을 하나님 아버지와 어린 양 예수 그리스도에게 돌리는 것입니다.

우리의 구원은 오직 성삼위 하나님의 공동사역이므로 하나님 홀로 영광을 받으셔야 마땅합니다. 조나단 에드워즈는 다음과 같이 잘 말해 줍니다.

> 그러므로 고린도전서 1장 29-31절 본문은 우리의 모든 유익을 위해 우리는 성삼위 하나님의 각 위에 의존해야 한다는 것을 잘 보여 준다. 우리는 성자 그리스도에 의존해야 한다. 성자는 우리의 지혜, 의로움, 거룩함, 구속함이시다. 우리는 성부에 의존해야한다. 성부는 우리에게 그리스도를 주시고, 그리스도가 우리에게 모든 것이 되도록 하셨다. 우리는 성령에 의존해야 한다. 우리가 그리스도 안에 있는 것은 성령 때문이다. 우리에게 믿음을 주시고, 이 믿음으로 우리가 그리스도를 영접하며, 그리스도와 연합되도록 해 주시는 분은 하나님의 성령이시다.[39]

그리고 이와 같이 구원의 은혜로 인하여 감사하고 찬송하는 이들은 구원받은 성도들만이 아니라 11절 이하에 보면 다른 영적 존재들도 참여하는 것을 봅니다. 11절을 보시면 "모든 천사가 보좌와 장로들과 네 생물의 주위에 서 있다가 보좌 앞에 엎드려 얼굴을 대고 하나님께 경배하여"라고 말씀하는 것을 볼 수가 있습니다. 모든 천사들이 하나님의 보좌 앞에 엎드려 얼굴을 대고 경배하는 모습을 봅니다. 사실 천사들은 구원을 경험하지 못했기 때문에 우리처럼 감격하기는 어려울 것입니다. 그럼에도 불구하고 천사들이 하나님 곁에서 하나님을 섬기면서 그렇게도 관심을 기울이시고 아들까지 주시면서 이루시는 구원이라는 것이 도대체 무엇인지에 대해서 관심을 많이 기울인다고 성경은 말씀하고 있습니다(벧전 1:12). 그래서 구원 받은 하나님의 교회가 감격 속에 찬양을 드릴 때에 모든 천사들도 화답하여 하나님께 찬양드리는 것입니다.

모든 천사들이 하나님께 무엇이라고 찬양드리는지 그 내용은 12절에 기록이 되어 있는데 내용은 4, 5장에서 이미 보았던 내용들입니다. "이르되 아멘 찬송과 영광과 지혜와 감사와 존귀와 권능과 힘이 우리 하나님께 세세토록 있을지어다 아멘 하더라." 찬양을 시작하면서 '아멘,' 마치면서도 '아멘'이라고 했습니다. 그만큼 확실하다는 뜻을 표현합니다. 그리고 하나님께 돌려진 찬송, 영광, 지혜, 감사, 존귀, 권능, 힘 앞에 모두 다 정관사가 붙어 있습니다. 즉, 그 찬송, 그 영광, 그 지혜, 그 감사, 그 존귀, 그 권능, 그 힘이라고 강조해서 읽어야 합니다. 이렇게 정관사를 붙인 것은 가장 충실하고 깊은 의미에서 이들의 탁월성은 하나님께만 해당한다는 뜻을 나타냅니다. 그리고 하나님께 돌린 일곱 가지의 덕성에 대해서 간단하게 살펴 보겠습니다. 윌리엄 헨드릭슨의 해석을 따라 말씀드리겠습니다.[40]

'그 찬송'(율로기아)은 하나님의 복되시고 충만하심을 가리키고, '그 영광'이란 하나님의 속성(의, 주권, 사랑, 은혜 등)의 광휘를 인지할 때 그 결과에 의한 영광을 가리킵니다. '지혜'bo sophia란 구원 계획과 그 계획의 수행상 나타나시는 하나님의 지혜를 뜻합니다. 하나님께서는 항상 최상의 목표에 도달하시기 위해 최선의 방법을 택하십니다. 이 지혜는 외견상 서로 용납하지 않는 것들을 화해시키는 것을 말합니다. 감사와 존귀는 우리의 구원 가운데서 역사하시는 하나님의 지혜가 인지될 때 항상 일어나는 것입니다. '능력'be dynamis과 '힘'be ischys이란 하나님의 지혜처럼 구원의 역사 속에서도 명백히 나타납니다.

이처럼 하나님의 구원을 직접적으로 체험한 당사자들인 교회도 그 일을 수종들고 그 일을 지켜본 모든 천사들도 오직 삼위일체 하나님께 모든 존귀와 영광을 돌려 드리고 있는 것을 보게 됩니다. 오늘 저와 여러분들이 속한 지상교회 역시도 우리가 누리고 있는 구원의 은혜와 모든 분복들이 오직 하나님께로부터 온 것임을 잘 인지하고 존귀와 영광을 하나님께 다 돌려 드리는 일에 열정적이 되어야 하겠습니다.

흰 옷 입은 자들의 정체(13-14절)

우리가 이미 흰 옷을 입고 종려가지를 손에 든 수많은 무리들의 정체가 무엇인지를 살펴보았습니다만, 13절과 14절에 의하면 요한은 즉각적으로 그 정체를 알아채지는 못했던 것 같습니다. 왜냐하면 13절에 보시면 "장로 중 하나가 응답하여 나에게 이르되 이 흰 옷 입은 자들이 누구며 또 어디서 왔느냐?"라고 질문을 했는데, 요한은 "내가 말하기를 내 주여 당신이 아시나이다."라고 대답하는 것을 보기 때문입니다. 여기 등장하는 장로는 하나님 보좌에 빙둘러 앉아있던 24장로중 하나를 가리킵니다. 24장로는 구약과 신약의 교회를 상징한다라고 이미 말씀드렸습니다. 그 중 하나가 요한에게 "이 흰 옷 입은 자들이 누구인지 아느냐"라고 정체성에 대한 질문을 했고 요한은 "모르겠다"라고 대답했습니다. 장로가 이렇게 질문을 하는 것은 요한으로 하여금 계시의 의미를 깨닫도록 돕기 위해서인 것입니다. 그리고 우리가 90이 넘어 백발이 성성한 요한 조차도 그들의 정체를 "잘 모르겠다"라고 대답한다는 점을 눈여겨 보실 필요가 있습니다. 요한은 정말 몰라서 "모른다"라고 대답했습니다. 그리고 "장로님, 저는 도무지 모르겠습니다. 하지만 분명 장로님은 아실 것입니다."라고 대답했습니다(『메시지』). 이것은 요한의 겸손함을 잘 보여줍니다. 모르면 모른다고 해야지요. 아는 척 해서는 안 됩니다.

그러면 이렇게 겸손하게 자신의 무지를 인정하는 요한에게 장로는 무엇이라고 답변해 주는지 보십시다. 14절 하반절입니다. "그가 나에게 이르되 이는 큰 환난에서 나오는 자들인데 어린 양의 피에 그 옷을 씻어 희게 하였느니라." "그가 나에게 이르되" 즉, 장로가 사도 요한에게 말해 줍니다. 이 무리들은 큰 환난에서 나오는 자들이며 어린 양의 피에 그 옷을 씻어 희게 한 자들이라고 말입니다. 요즘은 관심들이 별로 없어서 거의 잘 사용하지 않습니다만, 우리가 익숙했던 단어가 하나 있는데 그것은 바로 7년 대환난이라는 용어입니다. 흔히 예수님이 재림하시기 직전에 7년 동안 겪게 될 사상 유래가 없는 대환난의 시기가 있을 것이라고 하는 소리를 많이 들어 보셨을 줄 압니다. 그러면 지금 요한에게 하시는 말씀이 흰 옷 입은 무리들은 큰 환난에서 나온 자들이라고 했는데, 이들은 예수님 재림 직전에 환난을 겪게 될 자들만 가리킨다고 보아야 할까요?

　우리가 신약의 종말론을 잘 이해하시는 것이 좋습니다. 이 큰 환난이라는 것은 마지막 시기에 겪게 될 환난만을 의미하는 것이 아닙니다. 예수님의 초림과 재림 사이에 사는 성도들이 이 세상에서 겪게 될 모든 환난들을 가리킵니다. 어느 시대 어느 장소에 살아가든지 그리스도의 교회는 환난 속에 있습니다. 사탄이 역사하고 있는 세상, 악의 세력이 준동하는 세상 속에 교회가 존재하는 한 환난을 겪지 않는 교회나 성도들은 없습니다. 우리가 말씀 대로 순종하고 믿음 대로 살려고 하면 하나님이 분명히 도와주시지만, 악에 의한 공격이나 어려움도 경험하게 되어 있습니다. 교회도 하나님의 교회답게 "뭔가 해보자" 하면 마귀도 싫어하고 주변 세상도 싫어해서 박해를 하게 됩니다.

　이처럼 흰 옷 입은 무리들이란 모든 시대의 성도들을 가리킵니다. 특히 예수 믿는 믿음 때문에 박해를 당하는 이들을 가리킵니다. 인간이기에 겪는 일반적인 환난 고초를 말하는 것이 아닙니다. 오로지 믿기 때문에 겪는 특수한 환난을 말합니다. 그리고 이들을 "어린 양의 피에 그 옷을 씻어 희게 한" 자들이라고 말씀하고 있는 것도 주목해 보십시다. 이들은 스스로 의를 이루거나 자력으로 승리한 무리들이 아니라는 말입니다. 그들이 입은 옷이 흰 까닭은 그들을 위해서 피흘리시고 죽으신 예수 그리스도의 대속의 공로 덕분이라는 것입니다. 그들이 죄악된 세상을 이기고 하나님의 보좌 앞에 가서 찬양할 수 있게 된 승리의 비결 역시도 오로지 하나님의 어린 양의 피로 희게 씻음 받았기 때문인 것입니다. 아울러 우리가 이 땅 위에 살아가는 동안 믿음 생활하면서도 죄를 지을 수 있는데, 그래서 그리스도께서 주신 의의 옷을 더럽힐 수 있는데 그 죄나 허물마저도 오직 예수 그리스도의 보혈로 씻을 수 있는 것입니다. 요한계시록 22장 14절에 보시면 "자기 두루마기를 빠는 자들은 복이 있으니 이는 그들이 생명나무에 나아가며 문들을 통하여 성에 들어갈 권세를 받으려 함이로다"라고 말씀하고 있듯이 말입니다.

승리한 성도들이 누리는 천상적 영광들(15-17절)

흰 옷입은 무리들이 그리스도로 말미암아 승리를 얻은 교회요 성도들이라고 하는 점을 알게 해 준 장로는 요한에게 그들이 천상에서 누리게 되는 복에 대해서도 소개해 주었습니다. 15-17절에 기록되어 있는 내용들입니다. 먼저 15절을 보겠습니다. "그러므로 그들이 하나님의 보좌 앞에 있고 또 그의 성전에서 밤낮 하나님을 섬기매 보좌에 앉으신 이가 그들 위에 장막을 치시리니"라고 말씀합니다. 우선 그들이 하나님의 보좌 앞에 있다고 했습니다. 승리한 성도들은 하나님의 존전 앞에 두려움 없이 서 있을 수 있다라고 하는 점을 기억하십시다. 그리고 또한 '그의 성전에서'라고 했는데, 하늘에는 속죄의 제사를 드려야 하는 성전의 의미라기보다는 하나님과 교제하는 장소라는 의미에서 성전에서 그들이 밤낮 즉 끊임없이 계속적으로 하나님을 섬기고 있다라고 말씀합니다. '섬긴다'는 말은 헬라어에서는 '라트류오'*latreuo*라는 동사를 쓰는데 이는 하나님을 예배한다는 뜻입니다. 이들이 하나님의 보좌 앞에서 밤낮 하는 일은 하나님을 예배하는 일입니다. 그들은 하나님을 경배하는데 이는 자발적이며 기쁨이 넘치는 중에 마음속 깊은 곳으로부터 아낌없이 드리는 봉헌을 말합니다.

그리고 그들이 하나님께 예배할 뿐 아니라 하나님께서 그들 위에 '장막을 치신다'라고 하는 특이한 표현을 하고 있음을 주목해 보시기 바랍니다. 요한복음 1장 14절에 보시면 "말씀이 육신이 되어 우리 가운데 거하시매"라고 표현하는데 헬라어로는 "우리 가운데 장막치시매"라고 번역할 수 있는 동사를 사용했습니다. 하나님께서 "우리 가운데 장막을 치신다"라고 하시는 것은 하나님께서 우리 가운데 거하시면서 우리들을 "보호해 주신다"라고 하는 의미를 전달해 주는 것입니다. 마치 더운 중동 지역에서 장막이 그늘을 만들어 주어서 사람들로 하여금 쉼을 주듯이 하나님이 우리 가운데 장막을 치시면 우리들을 온갖 해로운 세력에서 보호해 주신다는 의미를 가지고 있습니다. 하나님이 우리의 우편에 서서 그늘이 되어주신다(시 121:5)라고 하는 식의 표현도 다 유목민 문화에서 나온 표현들인 것입니다.

이렇게 승리한 천상의 교회는 하나님의 보좌 앞에 서서 두려움 없이 하나님을 섬기고 있으며 하나님께서도 그들 위에 "장막을 치사 보호해 주신다"라고 말씀한 후에, 16절에 보시면 "그들이 다시는 주리지도 아니하며 목마르지도 아니하고 해나 아무 뜨거운 기운에 상하지도 아니하리니"라고 말씀하고 있습니다. 다시 주리지도 목마르지도 아니한다는 것은 비단 육신의 목마름과 굶주림이 없다는 것만을 가리키지 않습니다. 이것은 영육간의 모든 면에서 부족이나 결핍이 없이 충만하고 풍족한 생명을 누리게 해 주시겠다고 하시는 말씀인 것입니다. 요한복음 6장 35절에 보시면 "예수께서 이르시되 나는 생명의 떡이니 내게 오는 자는 결코 주리지 아니할 터이요 나를 믿는 자는 영원히 목마르지 아니하리라"고 하셨고, 10장 10절에 보시면 "도둑이 오는 것은 도둑질하고 죽이고 멸망시키려는 것뿐이요 내가 온 것은 양으로 생명을 얻게 하고 더 풍성히 얻게 하려는 것이라"고 말씀하신 대로, 천국에 가면 우리들에게는 어떤 부족이나 결핍도 없는 풍성한 생명full life을 누리게 될 것입니다.

이와 같은 풍성한 생명을 우리 믿는 자들로 하여금 누리게 하시는 분은 보좌 가운데 계신 어린 양이라고 본문 17절에 소개하고 있습니다.

"이는 보좌 가운데에 계신 어린 양이 그들의 목자가 되사 생명수 샘으로 인도하시고 하나님께서 그들의 눈에서 모든 눈물을 씻어 주실 것임이라." 우리를 구원해 주신 어린 양 예수 그리스도가 우리의 영원한 목자가 되어주실 것을 말씀하고 있습니다. 그리고 어린 양이 우리를 생명수 샘으로 인도해 주실 것이라고 말씀하고 있습니다. 아담과 하와가 타락함으로 잃어버리게 된 생명나무 한 그루 정도가 아니라 생명수 샘으로 우리를 인도해 주실 것입니다. 그 생명수 샘물을 마시는 자가 영생을 누리고, 참 기쁨과 평안을 누리게 됩니다. 그리고 그 생명수 샘은 결국 하나님을 가리킵니다. 우리를 생명수 샘으로 이끌어주실 분, 그리고 그 샘물을 마실 수 있는 권리를 주실 수 있는 분은 오로지 보좌 가운데 계신 예수 그리스도 외에는 없습니다.

이처럼 어린 양께서 성도들을 생명수 샘으로 인도하시면 하나님께서는 그들의 눈에서 모든 눈물을 씻어 주실 것이라고 17절 하반절에 말씀합니다. 이 땅 위에 사는 인생들은 얼마나 눈물을 흘리게 됩니까? 날 때부터 울기 시작하여 죽기까지 때때로 웁니다. 연약해서 울고, 힘들어서 울고, 거짓으로 울고 하여튼 가지가지 이유로 웁니다. 진심을 담아서도 울고, 거짓으로 울기도 합니다. 어떤 사람들은 울음을 조소하기도 하지만, 네로황제같이 눈물 병에 자기의 눈물을 담아 보관한 이도 있습니다. 아무튼 눈물이라는 것은 인생이 겪는 슬픔과 고통의 상징입니다. 그런데 하나님께서는 성도들의 눈에서 눈물을 씻어주실 때가 온다고 했습니다. 하나님께서 성도들의 눈에서 더 이상 눈물 흘리지 않도록 기쁨과 평안을 주실 것이기 때문입니다. 성도는 이 세상을 떠나 주님 앞에 가게 되면 더 이상 울 일이 없어질 것입니다. 그렇기 때문에 천국은 좋은 곳이고 사모할 만한 곳입니다. 그리고 이 땅 위에 사는 동안에는 선한 일을 하면서 눈물과 땀을 많이 흘리는 것이 좋은 일입니다. 천국에 가면 울 일도 없이 늘 기뻐할 것이고, 땀을 흘려야 할 만큼 수고할 일도 없을 것이기 때문입니다.

이번 강해에서 우리는 요한계시록 7장 후반부를 통하여 승리한 교회의 모습을 함께 살펴보았습니다. 흰 옷을 입고 종려가지를 들고 하나님과 어린 양을 찬양하는 교회의 모습, 천상의 성도들의 모습을 보았습니다. 그들은 이 세상에서 예수님을 믿고 따르느라고 큰 환난을 당한 자들입니다. 그러나 천국에서는 그들의 구주되신 어린 양께서 그들의 목자가 되셔서 생명수 샘으로 인도해 주시기 때문에 더 이상 굶주림도 목마름도 없이 참 만족을 누리고 있습니다. 그리고 하나님이 그들 위에 장막을 치고 계시기에 더 이상 그들을 해할 자가 없을 것입니다. 또한 하나님께서 그들의 눈에서 눈물을 없애 주실 것이기 때문에 그들은 애통하거나 비통해하거나 고뇌의 눈물을 다시는 흘리지 않게 될 것입니다. 다만 그들은 기쁨과 평강 중에서 성삼위 하나님을 찬양하고 예배하는 삶을 영원히 누리게 될 것입니다. 이것이 바로 이 땅 위에서 예수 그리스도를 주와 구주로 믿고 살아가는 성도들에게 약속된 영원한 행복의 삶의 내용입니다. 저와 여러분에게도 이러한 영광에 대한 소망과 확신이 있습니까? 이와 같은 영광스러운 천국을 고대하고 있습니까? 바울처럼 주와 함께 있을 소망을 가지고 있습니까? 그리고 이 땅 위에 얼마간 더 사는 동안에 주님과 교회를 위해서 땀흘려 수고하고 눈물뿌려 기도하는 일에 힘쓰겠다는 다짐을 하십니까?

25

금향로에 담기는 기도

일곱째 인을 떼실 때에 하늘이 반 시간쯤 고요하더니 내가 보매 하나님 앞에 일곱 천사가 서 있어 일곱 나팔을 받았더라 또 다른 천사가 와서 제단 곁에 서서 금 향로를 가지고 많은 향을 받았으니 이는 모든 성도의 기도와 합하여 보좌 앞 금 제단에 드리고자 함이라 향연이 성도의 기도와 함께 천사의 손으로부터 하나님 앞으로 올라가는지라 천사가 향로를 가지고 제단의 불을 담아다가 땅에 쏟으매 우레와 음성과 번개와 지진이 나더라(계 8:1-5).

2017년에 〈덩케르크〉라는 영화가 세계적으로 상연된 적이 있습니다. 2차 대전 때 일어났던 덩케르크 철수 작전을 다룬 영화입니다. 무슨 내용인지를 간단하게 말씀드리겠습니다.

1939년 9월 1일에 폴란드를 공격하여 4주 만에 접수한 히틀러의 군대는 1940년 5월 26일, 불과 3주도 안 되는 동안에 덩케르크 해안까지 영국군과 프랑스군을 몰아 붙였습니다. 사기는 바닥에 떨어져 있었고 대오도 완전히 깨져 있었습니다. 덩케르크 외곽에 방어선을 구축하고 버티기는 했지만 이 상태에서 결사의 항전을 한다고 해도 얼마 안 가서 괴멸적인 타격을 입을 것은 불을 보듯 뻔했습니다. 영국군은 '다이나모'라는 작전명을 붙인 덩케르크 철수 작전을 시작했습니다. 덩케르크 해안지대에 포위된 영-불 병사들을 구하기 위해 동원 가능한 배는 군용이건 민간용이건 모두 동원하여 고립된 영불 연합군 병력을 영국으로 실어 나르는 것이었습니다. 작전이 시작되자 곧 영국전역에서 징발되거나 자원한 수많은 크고 작은 선박들이 덩케르크 해안으로 몰려왔습니다. 영국 왕 조지 6세는 4일간을 기도의 날들로 선포하고 자신들의 죄를 회개하고 연합군의 구출을 위해 기도할 것을 요청하니 영국민이 합심하여 기도했습니다.

작전을 입안할 때에는 4만 8천 명을 철수시키면 성공적이라고 생각했는데, 상황이 어떻게 전개되었는가를 들어보시기 바랍니다. 5월 26일부터 9일간에 걸친 철수작전 동안 덩케르크 상공에는 거친 날씨와 짙은 연기가 뒤덮였습니다. 이 때문에 독일 공군기들이 본격적인 대규모 공습을 할 수 있는 날은 3일 정도에 불과한 상황이었고 그 외에는 산발적인 폭격만이 감행되었습니다. 덩케르크 철수작전 동안 독일 공군기들은 7척의 프랑스 구축함과 6척의 영국 구축함을 격침시켰으며 5척의 대형 수송선과 그외 200여 척이 넘는 소형선박을 격침시켰습니다. 하지만 이런 피해에도 불구하고 덩케르크 철수작전은 예상보다 몇 배나 성공적인 결과를 거두었습니다. 원래 4만 8천 명 정도만 구출해내어도 성공적이라고 생각했는데, 결과적으로는 영국과 프랑스 병사들 338,226명이 구출되었기 때문입니다.

당시의 데일리 텔리그라프지는 "우리나라의 기도가 응답되었다"라고 보도했고, 당시 수상이었던 윈스턴 처칠은 다음과 같이 말했습니다. "나는 때때로 어떤 지도하는 큰 손이 간섭하는 것을 느꼈습니다. 나는 우리가 선한 대의를 가졌기에 한 안내자를 가졌다는 느낌을 가졌습니다. 우리가 그 대의를 신실하게 감당한다면 언제나 우리는 그 안내자를 가질 것이 확실합니다." 이렇게 하나님의 특별하신 도우심을 힘입은 영국은 4년 뒤 노르망디 상륙 작전을 앞두고도 조지 왕이 방송을 통해서 국민적인 기도에 동참해 줄 것을 요청했습니다. 노르망디 상륙 작전 역시도 예상 외의 기상 변화로 인해 성공적일 수 있었습니다. 당시 연합군 총사령관이었던 드와잇 D. 아이젠하워장군은 1944년 6월 6일에 개시된 노르망디 상륙

작전에 대해서 다음과 같이 고백하였습니다. "만약 내 생애에 전능하시고 자비하신 하나님의 존재를 입증할 다른 것이 없었다면, 그 24시간 동안 감행된 상륙작전의 사건들이 그 점을 입증해 주었다."[41]

우리나라도 6.25때에 유엔군 참전 결정이나 인천상륙작전과 같은 하나님의 기이한 도움을 입은 적이 있습니다. 그리고 개인적으로나 주변의 성도들을 보시더라도 기도의 위력이 얼마나 대단한 것인가의 사례들을 찾을 수 있을 것입니다. 제가 아는 어떤 분 가정에서는 병원에 갔더니 아주 중증의 암이라고 하는데, 간절한 기도의 기간을 가지고 나서 다시 갔더니 암의 흔적조차도 없어져 버렸다고 했습니다. 유럽연합의회에서 열린 국제휴먼밸류협회가 주는 2009윤리기업상을 수상하기도 한 성주 디엔디의 김성주 사장의 경우는 지난 IMF 사태 때 전 직원을 해고하느냐 아니면 사업체가 부도나느냐는 위기 상황 속에서 하나님 앞에 기도하여 300억 원이 넘는 돈이 갑자기 생겨나면서 부도의 위기를 넘긴 예도 있습니다. 저는 그래서 "기도란 우리 무능한 인간들이 전능하신 하나님의 손을 잡고 전능하신 하나님이 일하게 하시는 것이다."라고 말하기를 좋아하는 것입니다.

오늘 본문을 보시면 일곱 번째 인을 떼시는 장면이 나오고 갑자기 하늘이 고요해지면서 하나님 앞에 일곱 나팔을 든 천사들이 등장하는 것을 보여줍니다. 그리고 요한은 다른 천사가 금 향로를 가지고 향을 담아 모든 성도의 기도와 함께 하나님 보좌 앞에 있는 금제단에 드리는 장면을 보게 됩니다. 그렇게 향과 기도를 드리고 나서는 제단의 불을 담아 땅에 쏟으니 우레와 음성과 번개와 지진이 나더라고 했습니다. 우리는 이 짧은 본문 말씀을 통해서 하나님께서 이 지상에서 일어나는 모든 재난에 대해서 주장하고 계신다는 점을 다시금 확인하게 될 뿐 아니라 성도들의 기도와 어떤 관계가 있는가 하는 것을 확인하게 됩니다. 다시 한 번 더 성도의 기도라는 은혜의 방편에 부여하신 지위와 특권을 깨우치게 됩니다.

일곱째 인이 떼어지다 (1-2절)

먼저 1절을 보시겠습니다. "일곱째 인을 떼실 때에 하늘이 반 시간쯤 고요하더니"라고 말씀합니다. 하나님의 오른손에 들려진 인봉된 책을 어린 양 되신 예수 그리스도께서 받으신 후에 인봉을 하나씩 하나씩 떼어나갈 때마다 어떤 일이 일어나게 되는지를 6장에서 보았습니다. 이제 예수 그리스도께서 마지막 일곱 번째 인봉을 떼시자 어떤 일이 일어났다라고 말씀하고 있는지 살펴보십시다. 어떤 기이하고 특별한 사건이 일어난 것이 아니라 "하늘이 반 시간쯤 고요했다"라고 말씀하고 있습니다. 그러면 왜 갑자기 하늘이 반 시간쯤 고요해졌을까요? 이에 대해서 여러 가지 해석들이 있습니다. 일곱 나팔 재앙에 주목을 하도록 하기 위해서 잠시 뜸을 들이는 것으로 이해할 수도 있습니다. 혹은 그 내용이 너무나 강렬한 재난에 대한 이야기이기 때문에 숙연해진다고 할 수도 있습니다.

그러나 이 구절에 대한 유대적인 배경을 말씀드릴 테니 한 번 들어보시기를 바랍니다. 예루살렘 성전에서 오전에 향을 피우는 시간이 반 시간이라고 합니다. 그리고 유대 문헌에 보면 하나님께서 백성의 기도를 듣기 위해서 하늘을 조용하게 하신다는 내용이 기록이 되어 있습니다. 우리도 중요한 전화를 하고 있거나 대화를 하고 있는데 아이들이 소란스럽거나 아니면 부엌의 소리가 소란스러우면 조용해 달라고 말하지를 않습니까? 정말 중요한 내용일수록 상대방의 말소리를 주의 깊게 듣기 위해서 귀를 쫑긋 세울 뿐 아니라 주변을 조용하도록 만듭니다. 우리가 오늘 본문 3-4절에 나오는 성도들의 기도를 듣기 위해서 하나님께서 하늘을 쥐죽은 듯이 조용하게 만드셨다라고 이해해도 어려움이 없을 줄 압니다. 물론 하나님은 소란한 중에도 우리의 기도를 들으시기에 아무런 어려움이 없으신 분입니다. 물론 우리가 찬양하듯이 우리의 작은 신음소리에도 귀를 기울이시는 분 아니십니까? 하지만 요한계시록은 상징으로 가득찬 책입니다. 하나님께서 우리들의 기도를 들으시기 위해서 그만큼 주목하신다는 의미를 1절이 전달해 주는 것입니다.

그리고 2절에 보시면 그렇게 반 시간 동안 하늘이 조용해지고 나서 요한의 눈에 보인 것이 무엇인지를 이렇게 말씀해 줍니다. "내가 보매 하나님 앞에 일곱 천사가 서 있어 일곱 나팔을 받았더라." 일곱 인을 떼니 일곱 인의 구체적인 내용은 없고 오히려 바로 일곱 나팔로 연결되는 것을 보면서 혼란스러운 분들도 있을 것입니다. 요한계시록에는 일곱 인, 일곱 나팔 그리고 일곱 대접 재앙이 내용적으로 주축을 이루고 있는데, 이 세 가지 재앙은 시간적으로 죽 나열되어 연결되었다기보다는 초림과 재림 사이에 일어나는 내용들을 병행시킨 것입니다. 일곱 인도, 일곱 나팔도, 일곱 대접도 읽어보시면 예수님의 초림부터 시작해서 재림까지의 내용을 담고 있다는 것을 확인할 수 있습니다. 그 내용이 유사하면서 좀 더 보강되고 강화될 뿐입니다. 이러한 해석을 점진적 병행법progressive parallelism이라고 합니다. 그런데 이렇게 해석하지 아니하고 일곱 인, 일곱 나팔, 일곱 대접을 연속적으로 이해해서 역사 속에 차례대로 어떤 구체적인 사건으로 다 일어날 것이라고 생각하고 일일이 그 성취를 확인하고자 하는 세대주의자들은 실패할 수밖에 없었습니다.[42]

본문으로 돌아가십시다. 일곱 천사가 등장하고 그들은 일곱 나팔을 받았다고 했습니다. 천사들 마음대로 나팔을 취하는 것이 아니고 "받았다"라고 했습니다. 수동태로 표현했는데 이는 신적인 수동태divine passive라고 해서 하나님께서 그들에게 일곱 나팔을 주셨다라고 하는 뜻입니다. 결국 이 나팔을 불 때에 일어나는 모든 일들에 대해서도 하나님이 주권을 가지고 계신다는 것을 의미합니다. 그리고 성경에서 나팔의 주요 임무와 책임은 경고하는 것이라는 것을 기억하시면 좋겠습니다. 대표적으로 에스겔 33장 3절에 보면 "그 사람이 그 땅에 칼이 임함을 보고 나팔을 불어 백성에게 경고하되"라는 말씀이 있습니다. 일곱 천사가 일곱 나팔을 받아서 순서대로 나팔을 불게 되면 엄청난 일들이 일어나겠지만 그것은 최종적인 심판은 아니고 엄중하게 경고하는 수준의 재앙이 될 것입니다.

금향로에 담겨서 하나님 앞에 올려지는 기도 (3-4절)

일곱 천사가 이처럼 일곱 나팔을 받아 서 있는 동안에 또 다른 천사가 등장을 하는 것을 보게 됩니다. 3절에 보시면 "또 다른 천사가 와서 제단 곁에 서서 금 향로를 가지고 많은 향을 받았으니 이는 모든 성도의 기도와 합하여 보좌 앞 금 제단에 드리고자 함이라."라고 말씀합니다. 여기서 또 다른 천사란 앞의 일곱 나팔을 받은 천사와는 다른 천사를 가리킵니다. 그리고 그 천사는 제단 곁에 섰는데 손에 금 향로를 가지고 있다는 것이 특징적입니다. 이 천사가 금향로를 들고 무엇을 하려고 하는지를 주목해 보시기를 바랍니다. 이 천사는 금향로를 손에 들고 우선 많은 향을 받았다고 했습니다. 그리고 그 많은 향과 더불어 모든 성도의 기도를 합하여 보좌 앞에 있는 금제단에 드리려고 한다라고 했습니다. 그런데 4절에 의하면 천사가 그렇게 한 결과를 이렇게 묘사해 줍니다. "향연이 성도의 기도와 함께 천사의 손으로부터 하나님 앞으로 올라가는지라."

이제 본문이 의미하는 바를 살펴보도록 하십시다. 천사가 많은 향을 받았는데 그 향은 일단 성도들의 기도와 합하여 드리는 것은 맞는데, 향이 곧 기도는 아니라는 점을 주의해서 보셔야 합니다. 물론 시편 141편 2절에 보시면 "나의 기도가 주의 앞에 분향함과 같이 되며 나의 손드는 것이 저녁 제사같이 되게 하소서"라고 하면서 기도를 분향에 비유하고 있기도 합니다. 그러나 일단 오늘 본문에서 향은 기도와는 구별

됩니다. 그러나 천사가 금향로에 많은 향을 받고 성도들의 기도와 함께 올려드린다라고 하는 점을 보아서 이 향을 피움으로써 성도의 기도들이 천사의 손으로부터 하나님 앞으로 합당하게 올라가게 되는 것은 사실입니다. 성도의 기도들이 하나님 앞에 열납되고 받으심직하기 위해서는 천사의 금향로에 담긴 향과 함께 올려져야 한다는 점을 말해 줍니다.

대부분의 학자들은 이 향과 기도를 동일시해 버리기 때문에 이점에 주의를 하지 못했습니다. 하지만 렌스키와 헨드릭슨이라는 학자는 이 두 가지를 구분했습니다.[43] 그리고 성도의 기도와 함께 올려지는 그 많은 향이 무엇을 의미하는지를 말해 줍니다. 천사에게 주어진 많은 향은 하늘에 계신 구세주께서 지상에서 박해를 당하고 있는 그의 교회를 위한 중재와 화해를 나타낸다고 할 수 있습니다. 렌스키는 말하기를 향에 대해서 그리스도가 그의 교회를 위해 행하시는 중재를 표현하며, 교회의 기도적 권능과 효능을 더하는 것이라고 했습니다. 우리의 모든 예배적 기도와 우리의 모든 찬양적 기도와 우리의 모든 감사적 기도와 우리의 간구적 기도는 우리 주님에 의해서 보충되고 완전하게 된다라고 말해 줍니다.[44] 아주 성경적인 해석이지 않습니까?

우리의 기도가 하나님의 보좌 앞에 올려지는 기도가 되려면 우리의 진심이나 열정으로 되는 것이 아닙니다. 오로지 우리 주 예수 그리스도의 이름으로, 그 권세를 의지해서 드려져야 향연이 되어서 하나님의 보좌 앞에 상달되는 것입니다. 사람들이 드리는 적지 않은 기도는 예배당이나 기도의 처소 지붕 위도 올라가지 못하고 떨어지는 것과 같습니다. 혹은 아르헨티나의 유명한 목사인 후안 카르롤스 오르티즈 목사의 *Prayer*의 한국 번역판 제목처럼 『우리 기도의 대부분은 하늘나라에서 잡동사니 우편물처럼 취급당합니다』일 수 있습니다. 그래서 마치 읽혀지지도 아니하고 쓰레기 통에 집어 던져 넣어 지는 우편물처럼 박대를 당할 수가 있습니다. 하나님께 향연처럼 상달되고 하나님께서 열납하시는 기도는 예수 그리스도의 중보적 은혜의 날개를 타고 올라가는 기도라는 사실을 잊지 마시기를 바랍니다. 우리의 진심과 열심은 그 다음입니다. 긍정적으로 말씀드리면, 우리의 기도가 천사의 금향로에 담겨진 많은 향연과 더불어서 하나님 앞에 올려지고 있다는 사실을 안다는 것은 우리로 하여금 더욱더 기도에 분발하게 만들고 내 기도하는 특권을 소홀하게 여기지 않을 수 있게 해 줄 것입니다.

성도의 기도에 대한 응답(5절)

그러나 우리의 기도의 영광과 특권은 하나님께 우리의 기도가 상달된다라고 하는 것만이 아닙니다. 하나님이 내 사정을 아시고 내 이야기를 접수하고 계신다는 것만 해도 우리 마음에는 큰 위로가 될 수 있습니다만, 더욱더 중요한 것은 하나님이 우리의 기도에 응답하신다고 하는 사실입니다. 본문 5절을 한 번 보실까요? "천사가 향로를 가지고 제단의 불을 담아다가 땅에 쏟으매 우레와 음성과 번개와 지진이 나더라." 향로에 향을 담고 성도의 기도와 합하여 하나님의 금제단 앞에 드렸던 바로 그 천사가 동일한 향로를 가지고 이번에는 무엇을 한다라고 말하는지를 주목해 보시기를 바랍니다. 향료에 향 대신에 제단의 불을 담았다고 했습니다. 여기서 제단은 번제단을 가리킵니다. 그리고 그 담은 불을 어디에다 쏟아버리는가 하면 땅에 쏟습니다. 그랬을 때에 이 땅 위에 일어나는 현상은 우레, 음성, 번개, 지진 등 재앙들로 나타났습니다. 요한이 본 이 환상과 동일한 내용이 에스겔 10장 2절 이하에 보면 기록되어 있습니다. 하나님께서 유다와 예루살렘을 멸망시키기 전에 환상을 통해서 에스겔에게 불을 가져다가 쏟아 붓는 천사의 모습을 보여주셨습니다. 결국은 그런 행위는 유다에 대한 심판을 가리킵니다. 요한계시록 8장 5절에서 말씀하시는 바도 동일합니다. 천사가 하늘에 있는 번제단에서 불을 담아다가 지상에 뿌려 우레, 음성, 번개, 지진이 일어나게 한다는 것은 결국 이 세상에 대한 하나님의 심판을 가리키는 것입니다. 시편 148편 8절에 보면 "불과 우박과 눈과 안개와 그의 말씀을 따르는 광풍"이라고 말씀함으로 이 세상에서 일어나는 모든 자연현상도 하나님의 말씀, 즉 명령을 따른다고 분명하게 말씀하고 있습니다.

이제 우리가 주목해야 하는 더욱더 중요한 것이 무엇인가 하면 3-4절과 5절의 관계입니다. 앞에서는 성도들의 기도가 향연이 되어 하나님의 보좌 앞에 상달되는 장면을 보았고, 뒤에서는 동일한 천사가 동일한 향로에 하늘의 제단에서 취한 불을 담아다가 이 땅에 쏟아부으니 이 땅 위에 각종 재난이 임하는 것을 보았습니다. 그런데 이 두 가지 사이에는 밀접한 관련이 있다는 점을 주목하셔야 합니다. 즉, 이 땅 위에서 일어나는 일들이 하늘에서 결정되는데, 그 하나님의 결정이 하나님의 주권적인 결정임에도 불구하고 성도의 기도에 대하여 응답하시는 것이라고 하는 점입니다. 하나님께서는 성도들의 기도에 귀를 기울이실 뿐 아니라 성도의 기도를 통하여 이 세상을 통치해 나가신다라고 하는 점입니다. 일곱 나팔 재앙을 통해서 이 세상에 부어질 재앙은 결국 성도들의 기도에 대한 응답입니다. 물론 앞서 말씀드린 덩케르크 철수 작전 같이 성도의 기도를 들으시고 극한 재난에서 건져주시는 일들도 일어납니다. 여러분 우리는 성도의 기도가 얼마나 중요한지를 본문에서 보셔야 합니다. 만왕의 왕이신 하나님께서 우리의 기도에 귀를 기울이신다라고 하는 것 말입니다. 더욱이 우리의 기도에 따라 움직이시기도 하신다라고 하는 점을 보시기를 바랍니다. 이것은 하나님이 뭐가 부족하거나 아쉬워서 그렇게 하는 것이 결단코 아닙니다. 이는 하나님께서 우리를 너무나 사랑하셔서 그의 통치에 참여시켜 주신다는 의미입니다. 시편 149편 4-9절에 보시면 성도가 누리는 이 비상한 영광과 특권에 대해서 이렇게 예언적으로 찬송하고 있습니다.

여호와께서는 자기 백성을 기뻐하시며 겸손한 자를 구원으로 아름답게 하심이로다. 성도들은 영광 중에 즐거워하며 그들의 침상에서 기쁨으로 노래할지어다. 그들의 입에는 하나님에 대한 찬양이 있고 그들의 손에는 두 날 가진 칼이 있도다. 이것으로 뭇 나라에 보수하며 민족들을 벌하며 그들의 왕들은 사슬로, 그들의 귀인은 철고랑으로 결박하고 기록한 판결대로 그들에게 시행할지로다 이런 영광은 그의 모든 성도에게 있도다 할렐루야.

조나단 에드워즈 목사님은 기도의 중요성을 참 많이 강조했습니다. 에드워즈는 그리스도인들이 개인적인 차원에서 하나님의 부흥을 증진시키고 그리스도의 나라를 확장하기 위해 할 수 있는 최선의 일은 기도라고 보았습니다. 그는 오두막에 사는 가난한 사람도 기도로 온 세계에 복된 영향을 행사할 수 있다고 보았습니다. 에드워즈는 "심지어 하나님은 믿음의 기도의 명령에 따라 움직이신다"고 말하기까지 하였습니다.[45] 우리가 하나님의 말씀에 근거해서 기도드릴 때에 우리의 기도는 이렇게 힘이 있습니다. 신기하다고 할 정도로 힘이 있습니다. 하나님께서 그만큼 성도들의 기도를 귀하게 여기신다는 뜻입니다. 우리가 "주만 바라볼찌라"는 기도에 관한 복음송을 즐겨 부릅니다만, 역대하 20장에 보시면 유다 왕 여호사밧은 모압과 암몬 자손이 쳐들어 왔을 때에 금식하며 뭐라고 기도하는가 하면 "우리 하나님이여 그들을 징벌하지 아니하시나이까? 우리를 치러 오는 이 큰 무리를 우리가 대적할 능력이 없고 어떻게 할줄도 알지 못하옵고 오직 주만 바라보나이다."(12절)라고 기도했더니 대승을 주신 기록이 있습니다. 그리고 에스겔 36장에 보면 유다의 포로를 귀환시켜서 영광스러운 미래를 주시겠다라고 자세하게 예언하신 후에 37절에 의하면 "주 여호와께서 이같이 말씀하셨느니라 그래도 이스라엘 족속이 이같이 자기들에게 이루어 주기를 내게 구하여야 할지라"고 말씀하시는 것을 보게 됩니다.

물론 하나님은 모든 것을 혼자 하실 수 있습니다. 그러나 하나님은 우리의 기도를 통하여서 일하기를 원하십니다. 우리를 하나님의 일에 동역자로 부르고 계십니다. 그리고 우리가 갈급하게 기도를 드리고 얻어야 하나님의 은혜인줄 압니다. 성경이나 교회사를 읽어보면 한 지역이나 나라에 부흥과 대각성이라는 큰 은혜를 부어 주시기 전에 먼저 성도들로 하여금 절박한 심정으로 기도하게 하신 것을 알 수 있습니다. 선교의 역사도 마찬가지입니다. 기도하는 자들을 통해서 준비되고 실행되었습니다. 사랑하는 여러분! 그렇기 때문에 하나님의 나라의 확장을 위해서나 이 지역의 복음화를 위해서 우리가 합심하여 기도하자고 목회자나 선교 지도자들은 계속해서 강조를 하고 있는 것입니다. 우리가 나이가 들거나 병이 들어 자리에 누워 있어도 우리의 의식이 있는 한 마지막 순간까지 할 수 있는 위대한 봉사는 바로 기도입니다. 저는 기도의 용사들이 그립습니다. 가정의 복음화를 위해서나 교회의 부흥과 성숙을 위해서 혹은 자신이 속한 지역의 복음화를 위해서 하나님 앞에 기도의 향연을 올릴 수 있는 성도가 될 수 있기를 원합니다.

26

첫 네 나팔 재앙

일곱 나팔을 가진 일곱 천사가 나팔 불기를 준비하더라 첫째 천사가 나팔을 부니 피 섞인 우박과 불이 나와서 땅에 쏟아지매 땅의 삼분의 일이 타 버리고 수목의 삼분의 일도 타 버리고 각종 푸른 풀도 타 버렸더라 둘째 천사가 나팔을 부니 불 붙는 큰 산과 같은 것이 바다에 던져지매 바다의 삼분의 일이 피가 되고 바다 가운데 생명 가진 피조물들의 삼분의 일이 죽고 배들의 삼분의 일이 깨지더라 셋째 천사가 나팔을 부니 횃불 같이 타는 큰 별이 하늘에서 떨어져 강들의 삼분의 일과 여러 물 샘에 떨어지니 이 별 이름은 쓴 쑥이라 물의 삼분의 일이 쓴 쑥이 되매 그 물이 쓴 물이 되므로 많은 사람이 죽더라 넷째 천사가 나팔을 부니 해 삼분의 일과 달 삼분의 일과 별들의 삼분의 일이 타격을 받아 그 삼분의 일이 어두워지니 낮 삼분의 일은 비추임이 없고 밤도 그러하더라 내가 또 보고 들으니 공중에 날아가는 독수리가 큰 소리로 이르되 땅에 사는 자들에게 화, 화, 화가 있으리니 이는 세 천사들이 불어야 할 나팔 소리가 남아 있음이로다 하더라(계 8:6-13).

저는 중고등부 시절에 여름 수련회에 대한 추억이 많습니다. 그 중 한 가지 기억나는 것은 시골 교회에 수련회를 갔는데 아침마다 음악을 전공하는 선배가 트럼펫을 가지고 기상 나팔을 불어 주었던 것입니다. 이른 새벽 시골 들녘에 울려 퍼지는 "십자가 군병들아 주 위해 일어나"라고 하는 찬송가는 하루를 깨우기에 참 좋은 소리였습니다. 한편 집의 어른이 은퇴하기 전에 오랫동안 방송국에 근무하셨는데 때때로 나팔 공장이라는 표현을 쓴 적이 있습니다. 방송을 나팔에 비유한 것입니다.

실제로 방송국이나 기지에 있는 송신 장치를 보시면 큰 나팔처럼 되어 있기도 합니다. 서양의 전쟁 영화들을 보면 나팔을 가지고 여러 가지 명령을 전달하는 것을 볼 수 있습니다. 이렇게 나팔 이야기로 시작하는 것은 일곱 나팔 재앙에 대해서 기록하고 있는 부분을 공부하게 되었기 때문입니다. 앞서 일곱 인에 대해서 살펴보았고, 이제 일곱 나팔 재앙에 대한 말씀을 살펴보려고 하는데, 8-11장에 걸쳐서 기록되어 있습니다. 성경에 의하면 나팔은 다양한 용례로 사용되고 있음을 알 수 있습니다. 심판, 하나님의 거룩한 전쟁의 선포와 그 전쟁을 위한 하나님의 심판, 승리 혹은 구원, 이스라엘 왕의 즉위, 종말적 심판 혹은 구원, 회개에 대한 경고 등의 용도를 가지고 있습니다. 일곱 나팔 재앙에서 의미하는 바는 주로 앞의 두 가지라고 할 수 있습니다. 하나님의 거룩한 전쟁 선포와 수행을 통한 하나님의 심판을 알리기 위해서 나팔의 이미지를 사용하고 있다는 것입니다.

일곱 천사가 일곱 나팔을 불 준비를 하다(6절)

읽으신 본문 6절에 보시면 "일곱 나팔을 가진 일곱 천사가 나팔 불기를 준비하더라."라고 말씀하고 있습니다. 일반적으로 나팔을 불기 위해서는 나팔을 아래로 향하고 있다가 위로 쳐들어서 입에 대어 불기 마련인데 일곱 천사도 나팔을 들어서 불려고 폼을 잡는 것을 가리키는 것입니다. 이러한 행동을 보는 요한이나 계시록의 독자들은 이제 천사들이 나팔을 불면 무슨 일이 일어나게 될까 궁금함을 느끼고 기대감을 가지게 되는 것입니다. 이어지는 본문을 보면 일곱 천사가 동시에 나팔을 분 것이 아니고 한 명씩 순서대로 나팔을 부는 것을 보게 됩니다. 그리고 그 나팔을 불 때 마다 하늘, 땅, 바다, 샘 등에 엄청난 재앙이 임하는 것을 보게 될 것입니다. 우리가 그 재앙의 내용을 읽는 것만으로도 두려움이 느껴질 정도인데, 때로 이런 본문들을 근거로 해서 만든 영화들, 예컨대 휴거 같은 영화들을 보시게 되면 더욱더 두려움을 느끼게 됩니다. 그래서 신앙이 약한 자들은 손발이 얼어 붙게 만들 수도 있고 신앙적인 기쁨을 놓치게 만들 수도 있습니다.

그렇기 때문에 우리는 일곱 나팔 재앙의 성격이 무엇인지, 또한 그 재앙이 누구를 향하는 것인지를 미리 잘 파악하는 것이 필요한 줄 압니다. 우리가 앞서 본 8장 1-5절에 의하면 일곱 천사는 일곱 나팔을 하나님께 받은 것이지 스스로 취한 것이 아니라는 것을 보았습니다. 그리고 일곱 나팔을 불기 전에 하늘에 반시간 동안의 고요가 있었으며, 천사가 많은 향들과 성도의 기도를 함께 하나님께 올려 드리는 모습을 보았습니다. 이 땅 위에서 살아가고 있는 모든 성도들의 기도가 그렇게 예수 그리스도의 중보 사역으로 정결하게 되어 하나님 앞에 올려집니다만, 특히 6장 9-10절에서 본 순교자들의 탄원을 염두에 두시는 것이 좋을 것입니다. "다섯째 인을 떼실 때에 내가 보니 하나님의 말씀과 그들이 가진 증거로 말미암아 죽임을 당한 영혼들이 제단 아래에 있어 큰 소리로 불러 이르되 거룩하고 참되신 대주재여 땅에 거하는 자들을 심판하여 우리 피를 갚아 주지 아니하시기를 어느 때까지 하시려 하나이까?" 그리고 이어지는 8장 5절에 보시면 "천사가 향로를 가지고 제단의 불을 담아다가 땅에 쏟으매 우레와 음성과 번개와 지진이 나더라."고 말씀하는 것을 보아서 성도들의 기도와 하나님의 응답에 의한 심판은 직접적인 인과관계를 가지고 있다는 점을 알 수가 있습니다.

정리해 보면 일곱 천사가 일곱 나팔을 불면 일곱 재앙이 이 세상 가운데 일어나게 될 것인데 그 재앙들은 하나님께서 신실한 그의 백성들의 기도를 들으시고 그들의 소원대로 이 세상을 심판하시는 내용이라고 하는 것입니다. 우리가 구약성경에서 대표적으로 확인할 수 있는 것이 무엇인가 하면 출애굽 전에 하나님께서 애굽 땅에 내린 10대 재앙입니다. 하나님은 완악한 바로와 그의 신하들을 징계하시기 위해서 하수를 피로 변하게 하시는 재앙으로부터 시작해서 모든 장자를 치시는 재앙에 이르기까지 10가지의 재앙을 내리셨습니다. 그 재앙으로 말미암아 애굽은 거의 초토화가 되고, 애굽 사람들의 집 가운데 초상집이 아닌 집이 없게 만들어 버리셨습니다. 그러나 동일한 애굽에 살지만 이스라엘 백성들의 집과 소유는 안전하게 보존해 주심으로써 여호와 하나님께서 자기 백성들을 얼마나 신실하게 능력있게 보호해 주시고 지켜 주시는지를 눈으로 보게 해주셨습니다.

우리가 일곱 나팔 재앙의 내용들을 주의해서 보시면 애굽에 내린 10대 재앙과 유사한 것들이 많다는 것을 알 수 있습니다. 그리고 두 재앙의 유사성은 내용에서만 유사한 것이 아니라, 일곱 나팔 재앙의 경우도 복음을 거부하고 하나님의 교회를 박해하고 하나님의 자녀들을 못살게 구는 이 세상의 악한 세력들에 대한 심판이라고 하는 점에 있어서도 공통점을 가지고 있습니다. 나팔 재앙은 하나님께 대하여 적대감을 가지고 있는 세상의 완악함에 대한 적극적인 심판이지만 세상은 바로 왕처럼 스스로를 완악하게 하여 회개하기를 강렬하게 거부하는 점도 유사함을 볼 수 있습니다(9:20-21). 그리고 그러한 완고함은 결과적으로 예수 그리스도의 재림이라고 하는 최종적 심판을 불러 들이게 될 것입니다.

첫 네 나팔 재앙(7-12절)

이제 나팔 재앙을 세부적으로 함께 살펴보도록 하십시다. 우리가 읽은 본문에는 첫 네 나팔 재앙에 대해서 기록하고 있습니다. 다섯째와 여섯째는 9장에서 볼 것이고, 마지막 일곱 번째 나팔은 11장 후반부에서 보게 될 것입니다. 나팔 재앙은 크게 봐서 네 개와 세 개로 구분이 되어 있는 것입니다. 오늘 읽은 첫 네 나팔 재앙은 주로 사람이 살아가고 있는 환경인 자연계에 미치는 재앙들이라고 하는 특징을 가지고 있습니다.

1) 첫째 나팔 재앙(7절)

첫째 나팔 재앙에 대해서 묘사하는 바를 보십시다. 7절 말씀입니다. "첫째 천사가 나팔을 부니 피 섞인 우박과 불이 나와서 땅에 쏟아지매 땅의 삼분의 일이 타 버리고 수목의 삼분의 일도 타 버리고 각종 푸른 풀도 타 버렸더라." 첫 번째 나팔을 불자 하늘에서부터 무엇이 땅에 쏟아진다고 하지요? 예, 피 섞인 우박과 불입니다. 이것은 애굽에 내렸던 10가지 재앙중 7번째 재앙과 유사합니다(출 9:13-35). 모세가 지팡이를 하늘을 향하여 들자 하나님께서 천둥과 우박과 우박에 섞인 불덩어리를 애굽 땅에 내리셔서 초목들을 다 상하게 만드신 것과 유사한 내용입니다. 불이 쏟아진다고 했는데 이는 뇌성을 동반하는 번개를 말한다고 하기도 하고, 사하라의 세미한 붉은 모래로 인하여 1901년에 핏빛의 붉은 비가 유럽에 내린 것과 같은 재앙을 의미한다라고 해석하기도 합니다.[46] 어찌되었든지 간에 이 땅을 불태우는 강력한 불 폭풍을 가리키고 있습니다. 그리고 피 섞인 우박과 불이 이 땅 위에 쏟아진 결과를 주목해 보십시다. 땅의 삼분의 일이 타 버리고 수목의 삼분의 일도(수목은 과실수를 가리킴) 각종 푸른 풀도 타버린다고 말씀하고 있습니다. 이렇게 땅이 재앙을 받게 되면 그 가운데 살고 있는 인간들에게도 심각한 영향을 미치게 될 것은 말할 필요도 없을 것입니다.

2) 둘째 나팔 재앙(8-9절)

두 번째 나팔 재앙을 살펴 보십시다. 8-9절에 있는 말씀입니다. "둘째 천사가 나팔을 부니 불 붙는 큰 산과 같은 것이 바다에 던져지매 바다의 삼분의 일이 피가 되고 바다 가운데 생명 가진 피조물들의 삼분의 일이 죽고 배들의 삼분의 일이 깨지더라." 둘째 천사가 나팔을 부니 이번에는 불 붙는 큰 산과 같은 것이 바다에 던져졌고 그 결과 바다의 1/3이 피가 되고 그 가운데 살고 있는 생명 가진 피조물들 중의 1/3이 죽고 배들의 1/3도 깨어지더라고 했습니다. 두 번째 나팔 재앙은 바다와 그 가운데 있는 피조물들과 배에 내려지는 재앙이라는 것을 알 수 있습니다.

그러면 이렇게 바다의 1/3을 해하게 만드는 재앙의 원인인 불 붙는 큰 산이 무엇을 의미하는 것일까요? 많은 학자들은 요한계시록이 기록되기 불과 이십 여 년 전에 일어났던 이탈리아의 폼페이에 있는 베스비우스 화산 폭발을 주목합니다. 갑작스러운 대규모 화산 폭발을 통해서 폼페이와 인근 마을들이 완전히 파괴되었습니다. 2만 명에 달하는 사람이 순식간에 죽고 말았습니다. 그 화산 폭발과 그 남은 영향을 인근 바다에서도 관찰할 수가 있었습니다. 요즘 유명한 관광지가 된 그리스 산토리니 섬은 요한이 유배 생활하고 있던 밧모섬에서 남서쪽으로 140킬로미터쯤 떨어져 있는 에게해의 한 섬입니다. 화산 폭발로 생겨난 섬입니다. 이처럼 불 붙는 큰 산을 화산 폭발로 이해하려는 이들이 있습니다. 혹은 오늘날 사람들의 무분별하고 탐욕스러운 개발의 결과로 바다에 임한 여러 가지 재앙들을 가리킨다라고 해석하는 사람들도 있습니다. 그러나 예레미야 51장 25절에 보면 바벨론의 멸망을 가리켜서 불 붙은 산이라고 은유적으로 사용하는 것을 보게 됩니다. "여호와의 말씀이니라 온 세계를 멸하는 멸망의 산아 보라 나는 네 원수라 나의 손을 네 위에 펴서 너를 바위에서 굴리고 너로 불 탄 산이 되게 할 것이니."

우리는 바다에 빠져서 생물과 배의 1/3을 각각 죽게 하고 깨어지게 하는 불붙은 산이 정확하게 무엇을 의미하는지를 알지 못한다라고 해야 할 것입니다. 그럼에도 불구하고 그것은 이 세상에 대한 하나님의 심판의 일환이라고 하는 점을 잊으시면 안 될 것입니다. 또한 그와 같은 심판은 어느 한 사건을 통하여 성취되고 마는 것도 아님을 기억해야 합니다. 그리고 그 재앙의 범위가 첫째 나팔에서처럼 둘째 나팔에서도 1/3에 제한되고 있음을 기억하십시다.

3) 셋째 나팔 재앙(10-11절)

이제 세 번째 나팔 재앙에 대해서 살펴보도록 하시겠습니다. 10절과 11절에 있는 말씀입니다. "셋째 천사가 나팔을 부니 횃불 같이 타는 큰 별이 하늘에서 떨어져 강들의 삼분의 일과 여러 물샘에 떨어지니 이 별 이름은 쓴 쑥이라 물의 삼분의 일이 쓴 쑥이 되매 그 물이 쓴 물이 되므로 많은 사람이 죽더라." 세 번째 나팔 재앙은 강들과 샘물에 임하는 것을 알 수 있습니다. 그리고 재앙의 원인이 되는 것은 하늘에서 떨어진 횃불 같이 타는 큰 별이라고 했습니다. 횃불 같이 큰 별이 하늘에서 떨어진다 하면 무슨 생각이 드십니까? 바로 우주로부터 이 지구상에 빛을 발하면서 떨어지는 별똥별 혹은 운석(隕石)입니다. 고대에는 빛을 발하는 별과 운석이란 멸망의 징조로 여겨져서 무척 두려움의 대상이 되었습니다. 그런데 본문에 보면 횃불 같이 타는 큰 별이 하늘에서부터 어디로 떨어진다라고 하는가 하면 강들과 여러 물샘에 떨어진다라고 했습니다. 그리고 그 결과가 어떻게 되는가하면 물의 1/3이 쓴 쑥이 되매 그 물이 쓴 물이 되므로 많은 사람이 죽더라고 말씀하고 있습니다. 우리는 여기서 출애굽기에 나오는 첫 재앙 하수가 변하여 피가 된 재앙을 연상할 수 있습니다(출 7:20). 그러나 차이도 있는데 그때에는 샘이나 우물까지는 치시지 아니하였는데, 셋째 나팔 재앙의 경우에는 강들과 샘들을 같이 쓰게 만든다라고 하는 것입니다.

세 번째 나팔 재앙의 내용은 이처럼 강들과 샘들에 떨어진 횃불 같이 타는 큰 별 하나를 통해서 발생하는 재앙입니다. 본문 11절에 보시면 그 별의 이름을 쓴 쑥wormwood라고 했고, 그 때문에 강물과 샘물들이 쓰게 되어 마시는 많은 사람들이 죽게 되더라고 했습니다. 과연 이러한 재앙의 의미가 무엇일까 하는 것도 큰 난제입니다. 고대인이나 현대인이나 맑고 신선한 물은 생존하는데 절대 필요불가결한 요소입니다. 그래서 우리가 생수 혹은 생명수라고 부르기도 합니다. 요즘은 물의 오염 때문에 많은 사람들이 물을 사먹거나 아니면 정수기로 걸러 먹고 있으니 신선한 물의 중요성을 어느 때보다 실감하고 있습니다. 고대 역사를 읽어 보면 전쟁을 할 때에도 적군의 식수원에 독을 풀어서 위해를 가하는 경우도 많았습니다. 그래서 셋째 나팔 재앙을 단순히 이렇게 식수원인 강물과 샘물의 오염을 가리킨다고 해석을 하려는 이들이 있습니다.

 그러나 세 번째 나팔 재앙이 어디로부터 시작되는지를 보셔야 합니다. 하늘에서부터 쓴 쑥이라고 하는 큰 별이 떨어졌다라고 말씀합니다. 이것은 하나님께서 적대하는 이 세상에 내리시는 심판을 가리킵니다. 우리는 그것이 구체적으로 어떤 사건이나 내용을 가리키는지 알지도 못하고 구태여 어떤 하나의 사건에 한정시킬 필요도 없습니다. 비유적으로 보자면 성경에서 쓴 쑥이란 괴로움과 슬픔을 상징합니다. 반면에 신선하고 맑은 물은 인생의 만족과 기쁨을 의미합니다. 그런 샘물과 강물이 쓴 물이 되어서 많은 사람들이 죽게 한다는 것은 하나님께서 사람들의 기쁨과 만족을 제거하시고 괴로움과 비통함을 경험하게 하시는 각양 각색의 심판을 상징한다고 이해할 수도 있습니다. 하나님을 믿고 따라가는 신실한 백성들에게는 쓴 마라의 샘도 맑은 샘으로 바꾸어 주시는 기적이 체험되지만, 불신앙을 가지고 하나님을 대적하는 이 세상에 대해서는 참 만족과 기쁨을 빼앗아 버리시는 것으로 징계하시고 심판하시는 것입니다. 그럼에도 불구하고 세 번째 나팔 재앙도 1/3이라는 명백한 제한을 두고 있음을 기억하십시다.

4) 네 번째 나팔 재앙(12절)

 이제 마지막으로 네 번째 나팔 재앙에 대해서 살펴보도록 하겠습니다. 12절 말씀입니다. "넷째 천사가 나팔을 부니 해 삼분의 일과 달 삼분의 일과 별들의 삼분의 일이 타격을 받아 그 삼분의 일이 어두워지니 낮 삼분의 일은 비추임이 없고 밤도 그러하더라." 네 번째 나팔의 재앙은 하늘의 발광체들에 임하는 재앙입니다. 사람들이나 동물들 뿐 아니라 식물들 조차도 일월성신을 통해서 생존에 필요한 에너지와 빛을 공급받는다는 것을 잘 알고 있습니다. 그런데 네 번째 나팔을 부니까 해, 달, 별들의 1/3이 타격을 받고 어두워진다고 했고, 낮 1/3과 밤 1/3이 깜깜한 흑암이 될 것이라고 말씀하고 있습니다. 이와 같은 현상들은 성경에서는 종말론적인 심판 상황을 가리킵니다. 그리고 흑암 재앙하면 애굽에 내렸던 아홉 번째 재앙을 연상하시면 좋을 것입니다. 그때에도 애굽 사람들이 사는 곳에는 얼마나 깜깜한지 만질만한 흑암이라고 했습니다. 그와 같은 흑암은 사람들이나 동물들이 아무런 활동도 하지 못하게 만드는 것은 물론이고 깊은 두려움에 빠트린다고 하는 면에서 재앙이 됩니다.

어쩌면 오늘날 우리들이 살고 있는 현실에서도 이러한 재앙을 맛보고 있다고 할 수 있습니다. 어릴 적 우러러 본 밤 하늘은 별들이 초롱초롱했지만, 지금은 온갖 오염 물질이 우리의 시야를 가리고 있습니다. 서울 하늘 아래서는 별들을 보기가 어렵습니다. 밝게 빛나는 것은 인공위성이라고 합니다. 그리고 2009년에 상영되었던 〈2012〉라는 영화는 2012년에 지구에 대종말이 온다고 하는 마야인들의 예언에 근거해서 만들었는데, 태양의 변화가 지구의 핵에 영향을 미치는 바람에 지각 변동이 일어나고 대형 쓰나미가 일어나서 지구의 형태가 완전히 바뀌게 되며 소수의 사람들을 제외하고는 멸망한다라고 하는 이야기입니다. 그렇다고 해서 이 세상 사람들이 네 번째 나팔 재앙의 내용으로서 해, 달, 별이 침을 당하고 어두워지는 재앙 이야기를 진지하게 들을 준비가 되어지는 것은 아닌 것 같습니다.

우리는 네 번째 재앙 역시도 1/3이라고 하는 제한을 두고 있다는 점을 기억하십시다. 그리고 아홉 번째 흑암 재앙 이후에 이스라엘의 출애굽이라는 구원의 영광이 임하였듯이 나팔 재앙들은 교회가 세상에서 나와서 영원한 하나님의 면전으로 들어가는 저 위대하고 최후적인 출애굽에 대한 전주곡이 된다는 점을 기억하십시다.

독수리의 경고(13절)

이렇게 네 나팔 재앙을 소개하고 나서 잠시 중단이 되는 것을 봅니다. 13절에 보면 소위 짧은 막간극이 소개되는데 그 주역은 바로 하늘을 날아가는 독수리입니다. 일반적으로 독수리는 조류의 왕이자 민첩하고 용감하기로 유명합니다. 그러면 하늘을 날아가는 독수리가 무엇을 하고 있는지 보십시다. "내가 또 보고 들으니 공중에 날아가는 독수리가 큰 소리로 이르되 땅에 사는 자들에게 화, 화, 화가 있으리니 이는 세 천사들이 불어야 할 나팔 소리가 남아 있음이로다 하더라." 공중에 날아가는 독수리는 큰 소리로 경고를 발했습니다. 독수리인데 신기하게도 요한이 알아들을 수 있는 말로 경고를 했습니다. 이제 네 나팔 재앙이 끝이 났지만 아직도 세 개의 나팔 재앙이 더 남아있는데 이 재앙들은 화라고 했습니다. 그리고 이 재앙들이 화가 되는 이들이 누구인가를 분명하게 밝히고 있지요. 그것은 바로 "땅에 사는 자들"입니다. 우리 살아있는 모든 사람들이 땅 위에 살고 있지 않나 생각하시겠지만, 요한계시록에 10번 등장하는 투스 카오이쿤타스 에피 테스 게스 *tous kaoikountas epi tes ges*라는 표현은 "하나님을 대적하는 세력으로 짐승에게 경배하고 추종하는 세상에 속한 자들"을 말할 때 쓰이는 준전문 용어입니다.[47] 이로 보아 남은 세 개의 나팔 재앙(5-7재앙)은 이 땅 위에 살고 있는 불신자들에게 화가 될 것이라는 것입니다.

나팔 재앙은 결국 하나님께서 성도들의 기도를 들으시고 이 세상에 대하여 적극적으로 심판하시기 때문에 일어나는 재앙들이라고 말했던 것을 기억하실 것입니다. 마치 출애굽 전에 애굽에 임했던 10개의 재앙들이 이스라엘 백성들이 아니라 바로와 애굽 백성들에게 큰 피해를 주었듯이 일곱 나팔 재앙 역시도 교회를 박해하고 하나님의 백성들을 괴롭히는 이 세상에 대한 하나님의 심판을 묘사하고 있다는 점을 기억하시면 좋겠습니다. 그리고 이 심판들은 어느 한 시대 어느 한 사건에서 끝나는 것들이 아닙니다. 예수님의 초림과 재림 사이에 이 세상에 대한 하나님의 심판 내용이라고 보시면 좋을 것입니다. 우리가 네 나팔 재앙이 아무리 대단해도 1/3범위에 제한되는 것을 보셨습니다. 네 나팔 재앙 모두 해칠 수 있는 범위가 1/3에 해당한다는 말씀은 심각한 정도이기는 하지만 마지막 심판은 아니라는 말씀입니다. 1/3은 해하지만 2/3는 노터치입니다. 하나님께서 이런 식으로 심판을 하시는 이유는 마지막 심판 때까지 아직 기회를 주고 계신다라고 하는 것입니다. 그러한 심판 중에도 하나님은 남은 자들을 구원하시는 새 창조의 역사를 하시는 것입니다. 따라서 나팔 재앙은 하나님의 심판을 의미하기도 하면서도 경고의 의미를 가지는 것입니다.

사랑하는 여러분! 오늘 말씀을 들어보니까 알쏭달쏭하게 끝나는 것 같습니다. 딱 부러지게 "이거다"라고 하면 좋은데 그런 것이 없어 보입니다. 그러나 잘 기억하십시오. 네 개의 나팔 재앙은 역사 속에서 한 번에 다 적용되고 마는 말씀들이 아닙니다. 이 세상에 대한 하나님의 모든 시대의 심판들을 가리킵니다. 그러나 중요한 것은 하나님께서 주장하고 계시는 심판이자, 기도 속에서 탄원하는 자기 백성들의 소원에 대한 하나님의 응답이라고 하는 것입니다. 그리고 그 재앙의 범위는 1/3이라고 하는 점도 하나님의 자비를 반영하고 있습니다. 마지막 최종적인 심판이 있기 전에 임하는 모든 심판에는 그래도 숨 쉴 여지가 있습니다. 살아남는 자가 있습니다. 그것은 경고이자 회개하라는 요청입니다. 그런 재앙의 맛을 보더라도 빨리 빨리 회개하는 자는 우리들처럼 이 세상에서 일어나는 모든 일들을 하나님이 주관하고 계신다라고 하는 점을 아는 복을 누리게 됩니다. 우리 신자들도 때로는 그 불똥이 튀는 것을 경험할 수 있지만 우리는 이 모든 일들이 하나님의 섭리하에 일어나고 있다는 점을 명백하게 알 수 있습니다. 그리고 우리는 하나님 앞에 더욱더 정신차리고 경건한 삶을 살고 이 험악한 세상 끝에 있는 거대한 출애굽의 역사를 기대하면서 나아갈 수 있는 것입니다.

27

다섯 번째 나팔 재앙

다섯째 천사가 나팔을 불매 내가 보니 하늘에서 땅에 떨어진 별 하나가 있는데 그가 무저갱의 열쇠를 받았더라 그가 무저갱을 여니 그 구멍에서 큰 화덕의 연기 같은 연기가 올라오매 해와 공기가 그 구멍의 연기로 말미암아 어두워지며 또 황충이 연기 가운데로부터 땅 위에 나오매 그들이 땅에 있는 전갈의 권세와 같은 권세를 받았더라 그들에게 이르시되 땅의 풀이나 푸른 것이나 각종 수목은 해하지 말고 오직 이마에 하나님의 인침을 받지 아니한 사람들만 해하라 하시더라 그러나 그들을 죽이지는 못하게 하시고 다섯 달 동안 괴롭게만 하게 하시는데 그 괴롭게 함은 전갈이 사람을 쏠 때에 괴롭게 함과 같더라 그 날에는 사람들이 죽기를 구하여도 죽지 못하고 죽고 싶으나 죽음이 그들을 피하리로다 황충들의 모양은 전쟁을 위하여 준비한 말들 같고 그 머리에 금 같은 관 비슷한 것을 썼으며 그 얼굴은 사람의 얼굴 같고 또 여자의 머리털 같은 머리털이 있고 그 이빨은 사자의 이빨 같으며 또 철 호심경 같은 호심경이 있고 그 날개들의 소리는 병거와 많은 말들이 전쟁터로 달려 들어가는 소리 같으며 또 전갈과 같은 꼬리와 쏘는 살이 있어 그 꼬리에는 다섯 달 동안 사람들을 해하는 권세가 있더라 그들에게 왕이 있으니 무저갱의 사자라 히브리어로는 그 이름이 아바돈이요 헬라어로는 그 이름이 아볼루온이더라(계 9:1-11).

요한계시록 8-9장은 일곱 나팔 재앙에 대해 말씀하고 있는데, 첫 네 개의 나팔 재앙을 살펴보았습니다. 이 네 개의 재앙들은 모두 다 우리 인간들이 그 안에서 살아가고 있는 자연 환경에 내려지는 재앙들을 의미한다는 것을 살펴보았습니다. 우리들이 살고 있는 21세기의 가장 큰 문제는 자연환경의 오염과 생태계의 파괴 문제입니다. 이 모든 것이 결국은 인류로 하여금 건강한 삶을 살 수 없도록 만들고 있으며, 언제 지구 종말에 이르게 될지를 모르겠다고 과학자들의 경고가 연일 터져 나오게 만듭니다.

최근 과학자들은 미니 빙하기가 이 지구에 닥칠 것이라고 경고하고 있습니다. 무절제한 자연 환경 파괴와 개발욕이 지구 온난화를 불러일으켰다고 경고를 한동안 해왔는데, 이제는 지구의 한랭화에 대한 우려의 목소리가 터져 나오고 있습니다. 항상 여름 날씨를 유지하면서 세계적인 피서지 중 하나인 플로리다 주가 영하로 내려가는가 하면 북반구의 각 나라들이 혹한에 시달리고 있는데, 과학자들에 의하면 이유는 북대서양의 해류에 변화가 생겨 전 세계적으로 북반구의 한파를 몰고 왔기 때문이라고 합니다. 그리고 약해진 북극의 제트기류jet stream와 엘니뇨를 지구촌 한파와 폭설의 원인으로 꼽기도 합니다. 제트기류는 북극의 한기(寒氣)를 저(低)위도 지방으로 내려가지 못하도록 가둬두는 일종의 둑과 같은 존재인데 그런데 수년 전부터 제트기류가 뚫리면서 북극의 한기가 북반구까지 내려와 미국, 유럽, 러시아, 중국, 한국 등 비슷한 위도에 위치한 국가들이 혹한을 맞고 있다는 주장입니다.

이렇게 과학자들조차도 지구 종말을 염려하고 경고의 목소리를 발하고 있는 현실이지만, 우리가 기억해야 하는 것은 이 모든 자연 환경의 오염과 부패를 통하여 하나님은 죄인들을 심판하고 계시다는 것입니다. 그러나 이것은 최종적인 심판은 아닙니다. 부분적인 심판으로써 최종적인 심판의 맛보기에 불과한 것입니다. 최종적인 심판을 연기하고 계시는 것은 하나님이 구원하시고자 하시는 백성들의 수가 차기까지 인내하고 계시기 때문입니다.

오늘 우리가 읽은 본문은 다섯 번째 나팔 재앙에 대한 말씀입니다. 다섯 번째 나팔 재앙의 내용에 대해서 먼저 대략적으로 설명해 보겠습니다. 하나님의 재앙을 선포하는 다섯 번째 천사가 나팔을 불자 하늘에서 떨어진 별 하나가 무저갱의 열쇠를 받게 됩니다. 무저갱abyss이란 "밑도 끝도 없는 구렁텅이"라는 뜻으로 지옥을 표현한 것입니다. 무저갱의 열쇠로 무저갱을 열자 구멍으로부터 큰 화덕의 연기 같은 연기가 올라와서 해와 공기를 어둡게 만들었습니다. 그리고 나서 연기에 이어 황충 떼가 올라와서 땅 위에 살고 있는 불신자들을 5개월 동안이나 괴롭힌다고 하는 내용들이 기록되어 있습니다.

무저갱에서 올라오는 큰 화덕의 연기 같은 연기(1-2절)

먼저 하늘에서 떨어진 별 하나에 주목을 해 보도록 하십시다. 하늘에서 땅에 떨어진 별이라고 했으나, 그 별이 무저갱의 열쇠를 받는다고 하는 것으로 보아서 비인격적인 사물이 아니라 인격적인 존재임을 알 수 있습니다. 하늘에서 땅에 떨어진 별이 무엇을 가리키는지에 대해서 어떤 사람은 무저갱을 관리하는 천사라고 해석하는 사람도 있지만, 타락한 천사인 사탄을 가리킨다고 보는 것이 옳습니다. 성경에서 천사를 하늘에서 내려온다고 하지 땅에 떨어진다고 하지를 않습니다. 이사야 14장 12-14절에 보면 사탄은 계명성Lucifer이라고 말하고 있고, 누가복음 10장 18절에 의하면 "사탄이 하늘로부터 번개같이 떨어지는 것을 내가 보았노라."는 말씀이 있고, 요한계시록 12장 8-9절에서도 사탄이 하늘로부터 내어 쫓기는 것에 대한 말씀이 있습니다. 사탄이 하늘로부터 별처럼 땅에 떨어지게 되는 것은 예수 그리스도의 구속 사역에 의해서 사탄이 심판을 받고 하늘에서 내어쫓겨난 것으로 이해하는 것이 성경적입니다.

이제 1절 하반절을 주목해 보시면 "그가 무저갱의 열쇠를 받았더라."고 말씀하는 것을 보게 됩니다. 무저갱은 지옥을 가리키는데, 열쇠를 받았다고 했으니 이는 지옥의 문을 열고 닫을 수 있는 권세를 의미합니다. 그러나 열쇠를 받았다는 것은 주는 이가 있다는 말인데, 이는 신적

수동태를 사용하여 하나님께서 사탄 마귀의 활동을 통제하고 계신다는 것을 말씀해 줍니다. 그리고 사탄 마귀가 무저갱의 열쇠를 가지고 있으니 자신이 그 곳의 거주자임을 의미합니다. 또한 11절에 보시면 그를 가리켜서 "황충들의 왕이요 무저갱의 사자"라고 부르고 있습니다.

그러면 이제 2절로 넘어가서 사탄이 무저갱의 열쇠를 가지고 무저갱을 열자 어떤 일이 벌어지게 되는지에 대해서 보도록 하십시다. "그가 무저갱을 여니 그 구멍에서 큰 화덕의 연기 같은 연기가 올라오매 해와 공기가 그 구멍의 연기로 말미암아 어두워지며"라고 말씀합니다. 사탄에 의해서 무저갱의 입구가 개봉되자 깊은 갱도로부터 큰 화덕의 연기 같은 연기가 솟구쳐 올라와서 해와 공기를 시커멓게 가려서 온 세상이 캄캄해지게 만들었습니다. 이것은 지옥 불에서 올라온 강력한 영향력을 의미합니다. 무저갱에서 지옥 불이 타고 있는데, 그 입구가 열리자 그곳에 가득하여 있던 연기가 갱도 밖으로 솟구쳐 나와서 태양과 땅 전부를 가득히 채워서 한치 앞도 안 보이게 만든 것입니다. 그러면 이 구절을 어떻게 이해해야 하는 것일까요? 하나님께서는 자신이 정하신 목적을 이루시기 위하여 지옥의 권세와 사탄의 권세가 이 땅 위에서 기승을 부리고 영향력을 행사하도록 허락하신다는 것입니다. 뒤에 이어지는 본문들을 통해서 확인할 수 있는 바이지만 그런 지옥의 권세를 통해서 불신 세상을 심판하시려는 것이 하나님의 목적인 것입니다.

이 구절을 문자적으로 지옥에서 올라오는 강력하고 새까만 연기가 있다는 것으로 이해하시면 혼란스럽게 될 뿐입니다. 우리는 상징적인 의미를 잘 깨달으셔야 합니다. 온 천지 간에 검은 연기로 가득하였다고 한다면 그 연기 속에 있는 자들은 바른 방향을 찾지를 못합니다. 그 속에서 길을 잃고 헤매일 수밖에 없게 됩니다. 연기 중에 우왕좌왕하면서 큰 고통을 당할 수밖에 없습니다. 요즘도 안개가 자욱하게 끼인 고속도로 상에서 백 대 이상의 차들이 추돌하는 경우들이 있습니다. 그러나 영적인 혼돈 상황은 더욱더 무서운 결과를 가져옵니다. 오늘날 이 세상 사람들의 심각한 고통은 자신들이 살고 있는 세상이 생지옥이라고 느껴질 때가 있다는 것입니다. 사람들이 영적으로 도덕적으로 무엇이 옳고 그른지 가치 판단을 하지 못하고 있습니다. 사람들은 현재 방향 감각을 잃고 방황하고 있습니다. 삶의 목적과 이유를 잃고 하루하루 찰나적인 삶을 살아가고 있습니다. 그들은 무엇인가 잘못되었는데 무엇이 잘못되었는지를 알지를 못합니다. 포스트모더니즘이 현대인들의 마음을 장악하고 있습니다. 선과 악과 진리와 거짓의 절대적인 기준이 없다는 것입니다. 다 일리가 있다는 사상입니다. 너도 옳고 나도 옳고, 이러다보니 가치관이 붕괴되고 서로에게 해만 되지 않는다면 모든 것을 허용하는 사회가 되고 말았습니다. 철저한 상대주의에 빠지게 되었습니다. 이것이 바로 무저갱이 열려서 올라온 큰 화덕의 연기 같은 지옥 권세의 활동의 결과라고 할 수 있습니다.

연기 가운데 땅 위로 올라온 황충(3-6절)

3절 이하를 보시면 무저갱에서 연기만 올라오고 마는 것이 아니라 연기 가운데서 황충이 올라온다고 말하고 있습니다. 3절을 보실까요? "또 황충이 연기 가운데로부터 땅 위에 나오매 그들이 땅에 있는 전갈의 권세와 같은 권세를 받았더라." 황충은 우리가 요엘서에서 볼수 있는대로 메뚜기를 말합니다. 메뚜기가 몇 마리 안 될 때에는 간식거리이지만, 떼 지어 오면 큰 재앙이 될 수가 있습니다. 우리나라 사람들에게는 낯선 이야기이지만 이스라엘이나 이집트 사람들에게는 메뚜기 떼의 출현은 큰 재앙이 될 수 있다는 것을 잘 알고 있었습니다. 모세를 통해서 애굽에 내려졌던 여덟 번째 재앙도 메뚜기 재앙이었고(출 10:1-20), 역사적 기록에 의하면 한때 메뚜기 떼가 30미터 높이의 기둥으로 6킬로미터 이상의 길이로 몰려다니면서 땅 위에 있는 초목과 곡식을 다 갉아먹은 적도 있었다고 합니다.[48] 이것은 현대적으로 비유하자면 어떤 지역을 초토화시키는 강력한 폭탄 내지는 원자폭탄에 비교할 수 있을 만큼 아주 강력하고 무서운 재앙이라고 할 수 있을 것입니다.

다시 본문으로 돌아가서 보시면 무저갱에서 올라온 황충 떼에게는 전갈의 권세가 주어지는데, 그들에게 해하면 안 되는 것과 해롭게 해야 할 대상을 분명히 지시하시는 것을 볼 수 있습니다. 4절을 봅니다. "그들에게 이르시되 땅의 풀이나 푸른 것이나 각종 수목은 해하지 말고 오직 이마에 하나님의 인침을 받지 아니한 사람들만 해하라 하시더라." 이마에 하나님의 인침을 받지 아니한 자는 7장에서 이미 본 대로 불신자를 가리킵니다. 예수 그리스도를 주와 구주로 믿는 자들의 영혼에는 하나님의 소유라고 하는 인이 찍혀 있습니다. 황충 떼는 오직 하나님의 인침을 받지 못한 불신자들을 해할 권세를 받았습니다. 그리고 그들이 받은 권세는 전갈의 권세이기는 하지만 그렇다고 불신자들을 죽이지는 못하는 제한된 권세를 부여받았다고 5절에 말씀하고 있습니다. "그러나 그들을 죽이지는 못하게 하시고 다섯 달 동안 괴롭게만 하게 하시는데 그 괴롭게 함은 전갈이 사람을 쏠 때에 괴롭게 함과 같더라." 우리나라에서는 독지네에 물리는 것을 위험스럽게 생각합니다만, 팔레스타인에서는 새우처럼 생긴 전갈에게 물리는 것을 주의해야만 했습니다. 전갈scorpion은 꼬리 끝에 독을 내뿜는 집게발을 가지고 있어서 다른 생물들이나 사람들에게 해를 가하기 때문입니다. 이러한 전갈의 권세가 황충 떼에게 주어졌습니다.

그리고 황충 떼에게 해를 받은 사람들은 너무 너무 고통스러워서 죽고 싶은데도 죽는 것마저도 마음대로 못할 것이라고 6절은 말씀해 줍니다. "그 날에는 사람들이 죽기를 구하여도 죽지 못하고 죽고 싶으나 죽음이 그들을 피하리로다." 로마사람들은 남자라면 언제든지 명예를 지키기 위해서 자살하는 것을 권리요 미덕이라고 생각했습니다. 불명예스럽게 사느니 깨끗하게 자살하는 것을 덕으로 높였습니다. 그러나 황충 떼에게 괴롭힘을 당하는 사람들은 죽고 싶어도 죽음이 그들을 피하여 갈 것이라고 말씀하니 이 얼마나 끔찍스러운 고통이겠습니까? 이런 경우 생존이란 것은 결코 복이 아니라 고통의 연장인 것입니다. 전갈에게 쏘이듯이 고통을 당하고 있으면서도 죽지 못해 살아가는 인생들 이것이 바로 마귀에게 속한 자들의 영적 실상인 것입니다. 사탄 마귀는 자기의 추종자들에게 행복과 번영을 약속하지만 실상은 이처럼 영적으로 고통하게 만들되 죽음을 사모하나 죽지도 못하는 생지옥을 느끼게 만드는 것입니다. 이것이 이 세상을 심판하시는 하나님의 방식 중 하나인 것입니다.

지상의 미물인 황충 떼는 돌아다니면서 푸른 풀과 나무를 갉아먹지만 무저갱에서 나온 이 황충 떼는 불신자들의 영혼을 공격하고 고통당하게 만든다고 했는데, 어떻게 영적으로 도덕적으로 해롭게 하고 초토화시키는지에 대해서 살펴보도록 하십시다. 지옥의 황충 떼가 공격하는 것은 바로 사람들 속에 있는 푸른 것들이라고 할 수 있습니다. 그것은 사람에게 주어져 있는 인간다운 본성, 생각, 가치관 등을 의미합니다. 오늘날 이 세상에서 사람이 제일 무섭다고 말하게 하는 이유가 무엇입니까? 그것은 바로 인면수심(人面獸心), 겉은 멀쩡하게 잘 난 사람인데 속은 짐승의 마음을 가지고 있기 때문이 아니겠습니까? 대를 위해 소를 희생하지를 않습니다. 불쌍히 여기고 따뜻하게 여기는 마음이 없습니다. 남을 사랑하고 남을 존경하는 마음이 말라가고 있습니다. 이유도 아닌 이유 때문에 사람을 함부로 죽입니다. 가슴 아픈 일을 보고서도 전혀 눈물을 흘리지 않습니다. 1994년에 법정에 서게 된 흉악한 지존파를 사형언도 한 판사는 판결문에서 이들이 인간다움을 포기했기 때문에 사형을 언도한다고 했습니다. 오늘날 과학 기술 문명은 발달하고 물질생활은 풍성해졌는지는 모르겠지만 인간성을 잃어버린 사람들이 너무 많습니다. 이들은 이미 지옥에서 올라온 강력한 황충의 권세에 의해서 쏘이고 해롭게 함을 입은 사람들이라고 할 수 있습니다. 그들은 무엇이 문제인지도 모릅니다. 정상적인 감각을 잃어버리고 예의범절을 우습게 여기며 파렴치하고 후안무치(厚顏無恥)하고 자신들의 악을 정당화하고 있습니다. 그들의 마음속에서 지옥의 세력에 의해서 인간성을 상실당하고 있는 것입니다.

우리 주위를 돌아보면 온 세상에 이러한 파괴적인 황충 떼가 활동하고 있다는 것을 느낄 수 있습니다. 영화는 잔인한 폭력이나 음란한 이야기로 충만합니다. 심한 욕설과 음탕한 이야기를 소재로 하지 않으면 흥행이 되지 않을 정도입니다. 이와 같은 영화나 대중 매체들은 사람들의 마음을 황폐하게 만들고 있습니다. 우리의 일상적인 삶 속에서도 분노에 가득한 욕설, 비인간적인 공격 행위들, 사소한 것으로 인하여 분노하는 사람들을 많이 보게 됩니다. 자기 주차 공간에 타인이 차를 세워 두었다고 차를 긁어 버리는 행위, 멀쩡한 교회당에 소화기 분말을 뿌려놓고 가는 일들도 일어납니다. 그리고 살인과 폭력, 음란과 방탕, 이 모든 것이 사람들 안에 마땅히 있어야 할 아름다운 감정과 생각을 더럽히고 황폐하게 만들고 있습니다. 우리는 현대인들이 이렇게 이상하게 변화하여 가는 모습을 보면서 사탄 마귀와 무저갱에서 올라온 황충 떼의 영향을 감지할 수 있는 영안이 있으시기를 바랍니다.

황충 떼에 대한 세밀한 묘사들 (7-11절)

본문으로 다시 돌아가서 황충 떼에 대한 세밀한 묘사들을 살펴보도록 하겠습니다. 7-9절에 보면 황충 떼는 조직화된 집단으로서 행동한다는 것을 보여줍니다. "황충들의 모양은 전쟁을 위하여 준비한 말들 같고 그 머리에 금 같은 관 비슷한 것을 썼으며 그 얼굴은 사람의 얼굴 같고 또 여자의 머리털 같은 머리털이 있고 그 이빨은 사자의 이빨 같으며 또 철 호심경 같은 호심경이 있고 그 날개들의 소리는 병거와 많은 말들이 전쟁터로 달려 들어가는 소리 같으며."

황충 떼의 특징 묘사가 구체적으로 무엇을 의미하는지를 정확하게 해석하는 것은 쉽지 않습니다만, 대략 정리를 해봅니다. 황충 떼의 모양이 전쟁을 위하여 예비한 말들 같다. 즉, 전열을 가다듬고 있는 기병대의 모습을 하고 있다는 것은 황충 떼가 나름대로의 질서와 규율을 가지고 움직인다는 것을 보여줍니다. 또한 사람의 얼굴을 가지고 있다는 것은 간교하고 궤휼스러운 지혜와 이론을 세울 수 있는 능력을 갖추고 있다는 것입니다. 여자의 머리털 같은 것을 가졌다는 것은 사람들을 매혹할 수 있는 매력과 선전선동술을 가지고 있다는 것을 의미합니다. 그들이 사자의 이를 가졌다고 하는 것은 한 번 물면 절대로 놓지 않는 악착같은 승부근성을 가지고 있다는 것입니다. 그들이 철 호심경 같은 호심경 혹은 철흉갑 같은 흉갑을 가지고 있다는 것은 자신을 지키고 보호할 수 있는 방어 능력을 갖추고 있다는 의미입니다. 또한 그들의 날개치는 소리가 마치 수많은 병거와 말들이 전쟁터에 달려가는 소리처럼 크다는 것은 이 세상에 미치는 그들의 강력한 영향력을 의미한다고 볼 수 있습니다.

이렇게 조직화되고, 강력한 매력을 세상에 주며, 그리고 사로잡아서 마침내는 전갈의 권세로 해롭게 만드는 지옥의 권세는 역사적으로 여러 가지 형태로 나타났습니다. 아돌프 히틀러의 나치즘이나 공산주의 등이 초기에는 얼마나 사람들을 매혹시키는 힘이 있었습니까마는 결국에는 사람들을 그 체제에 노예살이하면서 신음하며 지내게 만들고야 만 것을 우리는 잘 알고 있습니다. 북한은 그들의 그 잘난 공산주의가 백성들의 삶을 혹독한 굶주림으로 죽게 만들고 있다는 것을 여전히 인정하지 않고 있습니다. 오늘날 우리는 영적으로 예민하게 분별해야 합니다. 이 시대의 자본주의나 과학 기술 문명의 극단적인 추구도 인류의 밝은 미래(낙원)을 약속하고 있지만, 결국 하나님 없는 인간의 시도는 생지옥을 가져올 뿐입니다. 사람의 인성과 감성을 다 파괴시키고, 가족과 공동체를 파괴시키고 말 것입니다. 일본에서는 소위 인생에 성공했다고 하나 혼자 살다가 고독사(孤獨死)하는 경우들이 많다고 합니다. 이 모든 것이 지옥에서 올라온 사탄의 세력들의 영향하에 일어나는 인생의 불행 비참인 것입니다.

본문 11절에 보시면 이 모든 불행 비참의 주체가 되는 사탄 마귀에 대해서 소개를 해줍니다. "그들에게 왕이 있으니 무저갱의 사자라. 히브리어로는 그 이름이 아바돈이요 헬라어로는 그 이름이 아볼루온이더라." 사탄 마귀는 무저갱의 왕이자 사자입니다. 무저갱의 열쇠를 받은 자입니다. 그리고 그의 이름은 히브리어로는 아바돈이라고 하는데 이는 '파괴하다'는 뜻을 가진 아바드와 동일한 어원을 가진 말입니다. 아바돈의 뜻은 파괴자라는 의미입니다. 그리고 헬라어로는 그 이름이 아볼루온이라고 하는데 역시 '파괴하다'는 뜻을 가진 아폴뤼미 $apollymi$의 분사형입니다. 아바돈이라고 하든지 아니면 아볼루온이라고 하든지 결국은 뜻이 같습니다. '파괴자'라는 의미입니다. 현대 영화 제목으로 쓰였던 영어 단어로 하자면 터미네이터, 데몰리션 맨도 같은 의미입니다. 사탄의 파괴적인 속성을 보여주며, 그 파괴적인 속성은 심지어 자신을 따르는 자들에게 조차도 악을 행하는 것으로 드러납니다.

말씀을 정리하도록 하겠습니다. 오늘 우리는 다섯 번째 나팔 재앙에 대해서 살펴보았습니다. 무저갱에서 올라와 이 땅 위에 크게 세력을 행사하는 지옥의 세력들인 황충 떼에 대해서 살펴보았습니다. 실제의 황충이 푸른 것을 다 갉아먹어 버리듯이 오늘날 사탄의 세력은 이 모양 저 모양의 도구들과 세력들의 형태로 이 시대 사람들의 인간성, 심성, 감성을 황폐하게 만들고 있습니다. 그러나 우리가 기억해야 할 것은 무저갱의 문을 열어서 이 땅 위에 그들이 활동하게 하시고 다섯 달이라고 하는 활동 시한을 정하시는 분은 하나님이시라고 하는 것입니다. 이 황충 재앙은 불신 세상을 향해 하나님이 내리시는 심판인 것입니다. 왜 하나님은 이 세상에 악의 세력이 횡행하면서 사람들의 영혼을 황폐하게 만드는 것을 허용하시는 것일까요? 그것은 이 땅 위에서 지옥의 맛을 미리 맛보게 하시기 위해서인 것입니다. 그런 중에 하나님이 택하신 백성들로 하여금 세상과 사람들에 대한 소망과 기대를 버리고 살아계신 만복의 근원이신 하나님께로 돌아오라고 하시는 것입니다.

 황충 재앙은 하나님의 인을 맞지 않은 불신자들에게 내려지는 재앙입니다. 그러나 우리가 주의해야 하는 것은 오늘날 신자들도 황충의 세력권에 걸려들어 다소 영향을 받고 있다는 것입니다. 예수님을 믿고 성령을 받은 자들의 특징은 세상과 죄를 사랑하고 육체의 욕망을 사랑하는 옛 사람을 벗고 예수님을 닮은 자가 되어가는 것입니다. 달리 말하자면 참된 인간성의 회복을 이 땅 위에서 누리기 시작한다는 말입니다. 울어야 할 때에 울고, 웃어야 할 때에 웃을 수 있는 인간성의 회복은 오로지 성령으로 거듭나게 될 때에 가능하게 되는 것입니다. 우리는 이와 같은 신자의 영광과 특권을 잊어버리고 세상 사람들처럼 살도록 만드는 강력한 사탄 마귀의 세력에 대적하는 자들이 되어야 합니다. 그리고 교회는 이 세상에 대하여 푸르른 땅, 생명의 역사가 일어나는 땅이 되어주어야 합니다. 이 세상에 대하여 생수를 공급하며 천국을 맛보게 해주는 장소가 되어야 합니다. 교회는 지옥 같은 이 세상에서 참 안식과 평안을 누리게 할 수 있는 영적인 피난처가 되어 주어야 합니다. 앞이 보이지 않는 절망과 허무의 시대에 참 소망이 되어주어야 합니다. 이 일을 위해서 교회는 말씀과 기도로 충만해져야 합니다. 성령이 마음껏 역사하실 수 있는 교회, 은혜가 지배하는 공동체가 되게 해야 합니다. 이 일을 위해서 저와 여러분이 부름 받고 있습니다. 함께 동역하는 우리들이 될 수 있기를 원합니다.

28

여섯 번째 나팔 재앙

첫째 화는 지나갔으나 보라 아직도 이 후에 화 둘이 이르리로다 여섯째 천사가 나팔을 불매 내가 들으니 하나님 앞 금 제단 네 뿔에서 한 음성이 나서 나팔 가진 여섯째 천사에게 말하기를 큰 강 유브라데에 결박한 네 천사를 놓아 주라 하매 네 천사가 놓였으니 그들은 그 년 월 일 시에 이르러 사람 삼분의 일을 죽이기로 준비된 자들이더라 마병대의 수는 이만 만이니 내가 그들의 수를 들었노라 이같은 환상 가운데 그 말들과 그 위에 탄 자들을 보니 불빛과 자줏빛과 유황빛 호심경이 있고 또 말들의 머리는 사자 머리 같고 그 입에서는 불과 연기와 유황이 나오더라 이 세 재앙 곧 자기들의 입에서 나오는 불과 연기와 유황으로 말미암아 사람 삼분의 일이 죽임을 당하니라 이 말들의 힘은 입과 꼬리에 있으니 꼬리는 뱀 같고 또 꼬리에 머리가 있어 이것으로 해하더라 이 재앙에 죽지 않고 남은 사람들은 손으로 행한 일을 회개하지 아니하고 오히려 여러 귀신과 또는 보거나 듣거나 다니거나 하지 못하는 금, 은, 동과 목석의 우상에게 절하고 또 그 살인과 복술과 음행과 도둑질을 회개하지 아니하더라(계 9:12-21).

수 년 전에 아이티 지진이 일어났을 때에 우리나라 사람들도 구호의 손길을 많이 펼친 적이 있습니다. 재난을 당한 이들을 돕는 일은 하나님이 기뻐하시는 일입니다. 그런데 그런 상황 가운데서 팻 로버트슨이라고 하는 미국의 목사는 아이티가 부두교와 같은 우상 종교를 오랫동안 섬겨왔기 때문에 하나님의 심판을 받은 것이라고 했다가 욕을 많이 먹은 적이 있습니다. 그러나 저는 적어도 이 세상 가운데 일어나는 자연재해라는 것은 그냥 자연적이지 않고 하나님의 섭리와 연관되어 있다는 점을 분명히 믿습니다. 하나님께서 허락하시지 않는 일이 이 땅 위에서 일어날 수 없습니다. 그리고 성경에는 분명히 하나님을 믿지 아니하는 불신 세상을 향하여 하나님이 진노하고 계시며 다양한 방식으로 심판하고 계신다는 점을 선언하고 있습니다. 특히 요한계시록 속에서 우리는 하나님의 심판이 얼마나 무시무시한 것인지, 정말 하나님을 두려워하고 경외해야 할 이유들을 자주 보고 있습니다. 특히 나팔 재앙은 불신 세상을 향한 하나님의 경고이자 심판 재앙입니다.

먼저 12절을 보시면 "첫째 화는 지나갔으나 보라 아직도 이후에 화 둘이 이르리로다."라고 말씀하는 것을 봅니다. 필립스는 더욱더 생동감 있게 번역했습니다. "첫째 재난은 이제 지나갔으나, 나는 보다 더한 두 재난이 닥쳐오고 있는 것을 보노라." 첫째 재난이란 앞서 본 다섯 번째 나팔 재앙을 가리키고, 이제 남은 두 재난은 여섯 번째, 일곱 번째 나팔 재앙을 가리킵니다. 나팔 재앙이 끝에 갈수록 더욱더 재앙들의 강도와 혹독함이 현저하게 증가될 것을 필립스는 잘 포착해서 번역했습니다. 다섯째 나팔 재앙 때에는 사람들이 다섯 달 동안 고통을 당하지만, 여섯째 나팔 재앙 때에는 1/3이 죽임을 당한다고 말하고 있습니다.

여섯째 나팔과 금 제단 네 뿔에서 들려오는 음성(12-15절)

여섯째 천사가 나팔을 불매 먼저 하나님 앞에 있는 금 제단 네 뿔에서 한 음성이 났다(13절)라고 말씀하고 있습니다. 금 제단이란 8장 3절에서 본 적이 있는 것입니다. "또 다른 천사가 와서 제단 곁에 서서 금향로를 가지고 제단 곁에 서서 금향로를 가지고 많은 향을 받았으니 이는 모든 성도의 기도와 합하여 보좌 앞 금 제단에 드리고자 함이라." 향과 성도의 기도를 합하여 하나님 앞에 드려지는 곳이 바로 금 제단입니다. 구약 성막이나 성소 모형에서도 금 향단이 있었는데, 기도단을 상징했습니다. 아무튼 그렇게 성도들의 기도가 향과 섞여서 드려지는 금 제단의 네 뿔에서 한 음성이 났다고 했습니다. 우리는 어떻게 금 제단의 뿔에서 음성이 나올 수 있는가 의아할 것입니다. 그러나 지금 요한은 환상을 보고 있다는 점을 기억하셔야 합니다. 그리고 상징적인 의미를 찾으셔야 합니다.

금 제단의 네 뿔에서 한 음성이 들린다고 하는 것은 그곳에 드려진 성도들의 기도에 대해서 응답되었다는 것을 의미합니다. 따라서 여섯 번째 나팔 재앙은 성도들의 기도에 하나님께서 응답하시는 것이라는 뜻입니다. 그곳에서 들려오는 음성은 천사를 통해서 간접적으로 들렸든지 아니면 직접적이든지 간에 하나님의 응답을 가리킵니다. 우리는 앞서 6장 10절에서 하나님의 제단 아래에서 순교자의 영혼들이 "거룩하고 참되신 대주재여! 땅에 거하는 자들을 심판하여 우리 피를 갚아 주지 아니하시기를 어느 때까지 하시려 하나이까?"라고 큰 소리로 부르짖는 모습을 본 적이 있습니다. 이와 같이 성도의 기도는 독백이나 자기 스트레스 해소가 아닙니다. 하나님의 보좌 앞에 상달하는 기도는 참으로 엄청난 힘이 있습니다. 하나님의 보좌를 움직이고 하나님의 마음을 움직여서 이 땅 위에 하나님의 심판이 나타나기도 하고 부흥이나 대각성과 같은 축복이 부어지기도 하기 때문입니다. 그렇기 때문에 에드워즈는 오두막에 살고 있는 비천한 사람이라도 하나님의 나라를 위해서 할 수 있는 큰 봉사가 바로 기도라고 했고, 하나님은 심지어 약속에 근거하여 드리는 우리의 기도의 명령에 따르신다고 했던 것입니다.

그러면 본문으로 다시 돌아와서 금 제단 네 뿔에서 어떤 음성이 들렸는지 그 내용을 살펴보도록 하겠습니다. 14절 말씀을 봅니다. "나팔 가진 여섯째 천사에게 말하기를 큰 강 유브라데에 결박한 네 천사를 놓아 주라 하매."라고 했지요. 여섯 번째 나팔을 분 천사에게 명령이 떨어지기를 큰 강 유브라데에 결박한 네 천사를 놓아주라고 했습니다. 여기 결박되어 있다가 풀려나는 네 천사는 형식적으로 보면 7장 1절에서 본

네 천사와 동일할 것 같습니다만, 그곳에서는 땅에 네 바람이 불지 못하도록 지키는 역할을 했다면, 여기서는 결박되어 있다가 풀려나는 천사들이니 타락한 천사들을 가리킴에 틀림이 없습니다. 마운스는 이들은 16절 이하에 소개되는 "공포와 죽음이 만연되어 있는 이방 세계를 질주하는 무수한 마귀적인 마병대를 책임지고 있는 것 같다."라고 해설해 줍니다.[49] 그리고 넷 이라고 하는 숫자는 동, 서, 남, 북 사방을 가리키는 것으로 전 세계에 미치게 될 그들의 영향력이나 권세를 상징해 줍니다. 그들의 활동 범위는 지역적인 것이 아니라 전 세계적인 것이라는 것입니다.

그리고 왜 결박되었던 네 악한 천사를 큰 강 유브라데에 풀어주라고 하는가에 대해서는 학자들 간에 의견 차이가 많습니다. 우선 유브라데는 창세기 2장에 의하면 에덴에서 발원했던 네 강중의 하나입니다. 그리고 이스라엘 백성들의 판도가 가장 넓던 시절의 국경선입니다. 선민과 비선민의 경계선입니다. 또한 역사적으로 보자면 이스라엘을 학대하거나 정복했던 앗수르, 바벨론, 페르시아 등이 모두 이 유브라데 강과 티그리스 강을 생명의 젖줄기로 삼았습니다. 요한이 활동하던 로마시대에는 유브라데 강은 파르티아 왕국과의 국경선이었습니다. 천하무적이었던 로마 군단을 두 번이나 패배시켰던 기병대가 파르티아 기병대였습니다. 이들은 말을 타고 뒤를 보면서 활을 쏠 수 있을 정도로 말을 잘 탔다고 합니다. 그래서 당시 로마인들 의식 속에는 파르티아가 언제 또 침략할지 모른다고 하는 강박 관념이 생길 정도였다고 합니다.

아무튼 이런 저런 역사적인 배경들이 있기 때문에 오늘 본문에 대해서도 해석이 구구합니다. 그러나 본문은 역사적으로 어떤 지리적인 장소나 어떤 사건을 가리키지 않습니다. 오히려 하나님께서 이 불신 세상을 심판하기 위하여 전쟁을 사용하신다고 하는 것과 그 전쟁은 인간들끼리 전쟁하는 것이 아니라 본문 14절과 15절에 기록된 대로 영적인 세력들이 뒤에 역사하고 있다는 점을 알려 주시는 것입니다. 15절을 한 번 보시기 바랍니다. "네 천사가 놓였으니 그들은 그 년 월 일 시에 이르러 사람 삼분의 일을 죽이기로 준비된 자들이더라." 그 년 월 일 시는 하나님께서 정하신 시간이 있다는 의미입니다. 때와 시기는 하나님 아버지께서 주관하시고 있습니다(행 1:7). 이처럼 네 천사를 유브라데에 놓이게 허락하시는 것도 그리고 그들이 정해진 시간에 사람 삼분의 일을 죽이게 허락하시는 것도 본문에 의하면 다 하나님의 주권 하에 있다는 것을 보여 주고 있는 것입니다. 어떤 사람들은 16장에 나오는 아마겟돈 전쟁과 더불어서 이런 본문들이 어느 때 어느 곳에서 성취되는가에 대해서 관심을 많이 기울이고 이런 저런 만화 같은 해석들을 내어놓습니다만, 본문은 그런 하나의 역사적인 사건을 지칭하는 것이 아닙니다. 하나님께서 불신 세상을 심판하시기 위해서 전쟁들을 사용하시는데 그 시기라든지 활동 범위라든지 다 주권적으로 간섭하고 계신다는 점을 보여준다는 것을 기억하는 것이 중요합니다.

3분지 1을 죽이는 권세를 받은 마병대(16-19절)

그리고 그렇게 하나님의 주권 하에 놓임 받은 네 천사는 자신들이 받은 임무를 완수하기 위하여 눈에 보이는 일꾼들을 부리는 것을 보여줍니다. 그렇게 전쟁을 일으키기 위해서 그들이 동원하는 마병대의 수를 한 번 보시기 바랍니다. 16절입니다. "마병대의 수는 이만 만이니 내가 그들의 수를 들었노라." 요한은 내가 그들의 수를 들었다고 말하는데, 자기가 환상 중에 본 마병대의 숫자는 인간적으로 헤아릴 수 없는 숫자이기 때문입니다. 우리말로 이만 만이라고 했는데, 이것은 "만의 만의 두 배"라고 읽어야 합니다. 만 곱하기 만이면 일억이지 않습니까? 그리고 또 두 배이니까 마병대의 수는 무려 2억이나 된다는 말입니다. 구약의 느부갓네살의 군대가 땅을 덮어버릴 만큼 몰려왔어도 이런 숫자는 어림도 없었고, 역사적으로 어떤 전쟁도 이만큼 많은 군인들이 참여할 수는 없습니다. 어떤 세대주의자들은 중국의 군사 숫자가 2억이라고 하는데, 최근 통계를 보니까 2억은 커녕 천만 명도 되지 않는 것을 보았습니다. 국내에도 유명한 부흥사들이나 유명한 작가가 세대주의에 젖어서 중국과 러시아 같은 나라가 연합해서 유브라데 강을 넘어 이스라엘을 공격할 것이라는 식으로 이야기해 왔습니다만, 개혁주의 종말론에서 보면 모두 소설 같은 이야기입니다. 2억이나 되는 마병대는 상징적인 숫자입니다. 불신 세상을 향한 하나님의 심판을 수행하기 위해서 일어난 수많은 전쟁들 그리고 최후까지도 그런 전쟁들이 있을 것인데 그런 전쟁들에 동원될 악의 세력들이 얼마나 많은가 상징하는 숫자입니다. 이들은 복음에 대해서 반감을 가지고 있긴 하지만, 정작 공격 대상은 불신자들이라고 하는 점을 유념하셔야 합니다.

이제 말과 말을 탄 자에 대한 묘사를 보도록 하십시다. 17절입니다. "이 같은 환상 가운데 그 말들과 그 위에 탄 자들을 보니 불빛과 자줏빛과 유황빛 호심경이 있고 또 말들의 머리는 사자 머리 같고 그 입에서는 불과 연기와 유황이 나오더라." 말을 탄 자가 입고 있는 흉갑의 색깔이나 말의 입에서 나오는 불과 연기와 유황의 색깔이 거의 유사하다는 이야기입니다. 말들의 머리가 사자 같다는 것은 잔인성과 파괴력을 상징합니다. 그렇게 말들의 입에서 불, 연기, 유황이 나오는 것을 현대전에서 사용되는 대포나 함포 등으로 이해하는 사람들도 있습니다만, 꼭 그렇다고 보기는 어렵습니다. 고대에도 입에서 불을 뿜어대는 괴물에 대한 신화들은 많이 있습니다. 마병대의 입에서 불과 연기와 유황이 나온다는 것은 소돔과 고모라가 멸망할 때에 하늘에서부터 유황과 불이 비 오듯 쏟아지고 풀무 연기 같은 연기가 하늘로 치솟았던 것과 유사합니다(창 19:24, 28). 이는 결국 하나님의 심판이 그들을 통해서 얼마나 철저하게 집행되는지를 보여주는 것입니다.

18절로 넘어가 보시면 "이 세 재앙 곧 자기들의 입에서 나오는 불과 연기와 유황으로 말미암아 사람 삼분의 일이 죽임을 당하니라."고 했습니다. 삼분의 일이란 대단한 숫자입니다. 인류 역사 가운데 전쟁으로 인하여 죽은 숫자가 얼마나 많겠습니까? 가인이 아벨을 쳐 죽인 이래 인간의 마음 가운데 적대감과 탐욕에서 비롯된 수많은 크고 작은 전쟁들로 인하여 숱한 인명이 살상되었고 돌이킬 수 없는 해를 입었습니다. 성경은 그러나 그 전쟁을 통해서 해롭게 할 수 있는 범위가 1/3로 정해져 있다라고 분명히 말씀하고 있습니다. 그리고 19절에 보면 말에 대해서 한 가지 더 첨가해서 말해 줍니다 "이 말들의 힘은 입과 꼬리에 있으니 꼬리는 뱀 같고 또 꼬리에 머리가 있어 이것으로 해하더라." 말들의 입에서 불, 연기, 유황이 뿜어져 나와 사람들을 해할 것에 대해서는 앞서 보았습니다만, 꼬리로도 사람들을 해한다고 부가하고 있습니다. 그 꼬리가 뱀같다고 하는 것에 대해서도 다양한 설명이 있습니다만, 성경에서는 특히 요한계시록에서는 뱀이란 다 마귀적인 근원을 가리킵니다.

회개하지 않는 생존자들

우리가 이상에서 설명한 여섯 번째 나팔 재앙이 신자들을 위한 것이 아니라 불신자들을 대상으로 한 것이라고 하는 점은 20-21절에서도 확인할 수가 있습니다. 그렇게 큰 재앙을 당하여 1/3이 죽었지만 죽지 않고 살아남은 생존자들에 대해서 묘사하고 있는 부분입니다. "이 재앙에 죽지 않고 남은 사람들은 손으로 행한 일을 회개하지 아니하고 오히려 여러 귀신과 또는 보거나 듣거나 다니거나 하지 못하는 금, 은, 동과 목석의 우상에게 절하고 또 그 살인과 복술과 음행과 도둑질을 회개하지 아니하더라." 이로 보아 여섯 번째 나팔 재앙에 죽지 않고 살아남은 생존자들, 즉 불신자들의 특징이 무엇입니까? 그렇게 큰 환난을 당하고 살아남았으면 과거의 삶과는 달라져야 할 것 아니겠습니까? 아이티와 같은 참사 현장에서 8일 만에 구조 받고 나면 어떤 마음이 들어야 하겠습니까? "이제 부두교 같은 것은 버리고 살아계신 하나님을 믿어야 되겠다"그래야 될 터인데 그러지 않는다는 것입니다.

여기서 우리가 분명하게 확인하게 되는 것은 고난 자체가 사람을 바꾸지 못한다고 하는 사실입니다. 고난 속에 역사하는 하나님의 손길이 사람을 바꾸는 것입니다. 그렇게 큰 재난을 당하고서도 사람들은 자기들의 손으로 행한 것을 회개하지 않습니다. 본문에서는 특히 우상들을 버리지 아니하고 계속해서 섬길 것에 대해서 말씀하고 있습니다. 고대에는 금, 은, 동과 목석으로 만든 우상에게 절하는 일을 했지만 현대에서는 탐욕이라든지 자식을 우상시하고 있습니다. 간단하게 말해서 재난을 당해도 남은 사람들이 여전히 불경건하다는 것입니다. 그렇게 불경건한데서 모든 불의함이 나오는 것입니다. 21절에서도 살인, 복술, 음행, 도둑질을 회개하지 않을 것이라고 했는데, 이는 우상을 섬기는 중에 그리고 우상을 섬기는데서 비롯된 온갖 악행을 가리킵니다.

1995년 6월에 서울 강남 소재 한 백화점이 붕괴된 적이 있습니다. 그 생지옥 같은 현장에서 오랫동안 갇혀 있다가 마침내 구조된 청년은 콜라가 먹고 싶었다고 했습니다. 혹은 인류의 대재난에 대해서 경고하는 수많은 영화들을 한 번 생각해 보십시오. 결론은 본문에서 이야기하는 것과 똑 같습니다. 인간적으로 어찌할 수 없는 재난을 겪었지만 인간적인 노력으로 대략 극복하고 살아남은 사람들끼리 잘 산다는 이야기입니다. 인간 구원자를 이야기할 뿐입니다. 살아남은 것에 대한 감격은 있어도 자신의 손으로 행한 불경건과 불의함에 대한 회개는 없습니다. 이것이 바로 인류가 처한 심각한 영적인 상태인 것입니다. 사람이 어떤 큰 고난을 겪었으면 겸손해지고 온유해져서 "하나님 외에 두려워할 분이 없다"하면서 하나님께로 돌아와야 하는데 그렇게 하지 않는다는 것입니다.

말씀을 정리합니다. 오늘 우리는 여섯 번째 나팔 재앙에 대해서 살펴보았습니다. 네 천사가 유브라데에 놓여나서 이억에 달하는 마병대를 움직여서 땅에 거하는 자 삼분의 일을 죽인다는 무서운 재난 스토리였습니다. 이런 전쟁이 언제 어느 곳에서 일어날 것인지 세대주의자들처럼 이런 저런 정보를 주면서 해설을 했다면 훨씬 더 흥미로웠을 것입니다. 그러나 우리 개혁주의는 이런 본문들을 역사적으로 대입해서 사건을 찾아내려고 하지 않습니다. 물론 주님이 재림하시기 전에 어마어마한 큰 전쟁이 일어날 수 있습니다. 그러나 역사적으로 수많은 전쟁들이 있어 왔습니다. 마태복음 24장 6절 이하에 보시면 주님께서는 난리와 난리 소문을 듣게 되고, 민족이 민족을, 나라가 나라를 대적하여 일어나겠고 곳곳에 기근과 지진이 있으리니 삼가 두려워하지 말라 이런 일이 일어나야 하되 끝이 아니라고 했습니다. 또한 주님께서는 눈에 보이는 전쟁보다도 영적인 미혹이 더욱더 큰 전쟁일 것이라고 경고하셨습니다. 사람 죽이는 일이 어디 전쟁만 있습니까, 거짓된 사상과 사이비 종교를 통해서 얼마나 많은 영혼들을 죽이고 있지 않습니까?

우리는 이런 전쟁들의 구체적인 내용에 대해서 알 수 없지만 그러나 이 모든 전쟁들조차도 하나님의 주권적 통치 하에 이루어지고 있다는 점을 주목해야 합니다. 그리고 여섯 번째 나팔 재앙은 불신 세상을 향한 심판을 가리키고 있다는 것도 주목하셔야 합니다. 우리가 읽고 듣기에 괴롭고 힘들더라도 주 예수 그리스도를 믿는 백성들을 향해 부어지는 재난에 대한 이야기가 아닙니다. 하나님은 그의 백성들과 함께 하시고 보호하신다는 점을 기억하십시다. 열왕기하 6장에 보면 아람 군대가 엘리사가 머물고 있는 도단 성을 에워싼 것을 본 사환이 두려워하자 엘리사 선지자는 "두려워하지 말라. 우리와 함께 한 자가 그들과 함께 한 자보다 많으니라"라고 말하고, 기도하여 이르되 "여호와여 원하건대 그의 눈을 열어서 보게 하옵소서"라고 했더니 여호와께서 "그 청년의 눈을 여시매 그가 보니 불 말과 불 병거가 산에 가득하여 엘리사"를 둘러있는 것을 보게 하셨습니다(16, 17절).

오늘 저와 여러분들 역시도 이 세상에서 일어나는 일들에 대해서 지나치게 두려워하거나 공포에 잠길 필요가 없습니다. 하나님께서 이 세상을 향해 경고의 목소리를 발하시거나 심판을 행하시고 있는 일들입니다. 더욱이 초두에서 본 대로 하나님의 심판은 성도들이나 교회의 기도를 들으시고 응답으로 주어진다는 것을 기억하시고 기도에 힘쓰셔야 합니다. 공산주의가 무너지기를 위해서 기도하십시다. 이 세상에 있는 모든 악한 세력들이 궤멸되기를 위해서 기도하십시다. 하나님의 교회들이 찬란하게 빛을 발할 수 있는 그런 시대가 오기를 위해서 기도하십시다. 하나님의 백성들을 걸려 넘어지게 만드는 장애물들이 없는 세상, 온 성산에 해됨도 상함도 없는 세상이 오기를 구하십시다. 우리 각자가 몸담고 살고 있는 지역 가운데도 마귀의 세력들을 다 물리쳐 주시고 회개하고 주께로 돌아오는 무리들이 구름 떼 같이 일어나기를 위해서 기도를 하십시다.

29

두 가지 맛이 나는 작은 책

내가 또 보니 힘 센 다른 천사가 구름을 입고 하늘에서 내려오는데 그 머리 위에 무지개가 있고 그 얼굴은 해 같고 그 발은 불기둥 같으며 그 손에는 펴 놓인 작은 두루마리를 들고 그 오른 발은 바다를 밟고 왼 발은 땅을 밟고 사자가 부르짖는 것 같이 큰 소리로 외치니 그가 외칠 때에 일곱 우레가 그 소리를 내어 말하더라 일곱 우레가 말을 할 때에 내가 기록하려고 하다가 곧 들으니 하늘에서 소리가 나서 말하기를 일곱 우레가 말한 것을 인봉하고 기록하지 말라 하더라 내가 본 바 바다와 땅을 밟고 서 있는 천사가 하늘을 향하여 오른손을 들고 세세토록 살아 계신 이 곧 하늘과 그 가운데에 있는 물건이며 땅과 그 가운데에 있는 물건이며 바다와 그 가운데에 있는 물건을 창조하신 이를 가리켜 맹세하여 이르되 지체하지 아니하리니 일곱째 천사가 소리 내는 날 그의 나팔을 불려고 할 때에 하나님이 그의 종 선지자들에게 전하신 복음과 같이 하나님의 그 비밀이 이루어지리라 하더라 하늘에서 나서 내게 들리던 음성이 또 내게 말하여 이르되 네가 가서 바다와 땅을 밟고 서 있는 천사의 손에 펴 놓인 두루마리를 가지라 하기로 내가 천사에게 나아가 작은 두루마리를 달라 한즉 천사가 이르되 갖다 먹어 버리라 네 배에는 쓰나 네 입에는 꿀 같이 달리라 하거늘 내가 천사의 손에서 작은 두루마리를 갖다 먹어 버리니 내 입에는 꿀 같이 다나 먹은 후에 내 배에서는 쓰게 되더라 그가 내게 말하기를 네가 많은 백성과 나라와 방언과 임금에게 다시 예언하여야 하리라 하더라(계 10:1-11).

전 세계적으로 많이 읽혀지고 있는 베스트 셀러 중에 움베르토 에코 Umberto Eco(1932-2016)의 『장미의 이름』(1980년)이라는 책이 있습니다. 이 책은 중세 수도원에서 일어난 살인 사건을 내용으로 하고 있습니다.

책을 읽어 보면 아리스토텔레스의『시학』희극편 때문에 일어난 살인 사건들이었습니다.『시학』은 현재 비극편만 전해지고 있는데, 원래 희극편이 있었으나 유실되었을 거라고 보고 있습니다. 어떻게 유실되었는가는 알려지지 않고 있는데, 시학 희극편이 중세 기독교 사상과 대치되는 내용을 담고 있어서 이 책을 연구하거나 유포, 보존하는 것이 금지되었고, 이 때문에 중세 이후로 전해지지 못했을 거라는 것이 에코가 생각하는 견해입니다.『시학』희극편을 금서로 정한 이유는 책에서 윌리엄 수도사와 호르헤 수도사와의 대화에서 암시됩니다. 비극적 정서는 엄숙함, 운명에 대한 체념과 관계 있는 반면 희극적 정서를 느끼는 데는 사물에서 떨어져 거리를 두고 바라보는 것, 대상을 가볍게 두고 보는 자세가 필요합니다. 신의 말씀을 엄숙히 받아들이기보다는 머리로 생각을 하고 비판하는 자세를 낳을 수 있고, 또한 이것은 신에게 불경을 저지르는 것이기에 불경스러운 태도를 길러주는 책을 읽혀서는 안 된다는 것이 시학 희극편에 사람들이 접근할 수 없게끔 한 - 그리고 결국에는 독을 바른 책을 뜯어먹으면서까지 영원히 시대 속에서 봉인을 한 - 이유입니다.[50]

오늘 본문에 보면 두 가지 맛이 나는 작은 두루마리 혹은 작은 책 이야기가 소개되고 있습니다. 9장 끝에서 여섯 번째 나팔 재앙을 보았고 아직 일곱 번째 재앙을 보지 못했는데 우리는 힘센 다른 천사가 등장하는 것을 보게 됩니다. 바다와 땅을 동시에 밟고 서 있을 정도로 장대하고 힘센 천사의 손에 작은 책이 놓여 있었습니다. 그리고 하나님께서는 요한에게 그 책을 갖다 먹어 버리라고 명령하셨고, 이에 요한이 순종해 보니 입에는 달고 배 속에서는 쓰게 되는 경험을 하게 되었습니다. 도대체 이 책이 무슨 책이기에 이렇게 두 가지의 맛이 나는 것일까요? 말씀을 세 부분으로 나누어서 상고해 보겠습니다.

작은 책을 들고 있는 힘센 천사(1-2절)

우리가 1절 말씀을 보시면 "내가 또 보니"*eidon*라고 시작하는 것을 보게 됩니다. 요한계시록에는 이런 표현이 40회 이상 등장합니다.[51] 요한은 다양한 환상을 보고 있습니다. 그리고 요한이 무엇을 보고 싶다고 보는 것이 아니고 그에게 보여지는 대로 보는 것입니다. 그리고 우리들도 하나님께서 요한을 통해서 주신 환상의 내용을 뒤따라 가면서 감상할 수 있을 뿐입니다. "내가 또 보니"라고 함으로써 요한은 다른 장면을 보게 됩니다. 그러면 그가 이번에 보게 된 내용이 무엇인지를 보십시다. "힘 센 다른 천사가 구름을 입고 하늘에서 내려오는데, 그 머리 위에 무지개가 있고, 그 얼굴은 해 같고, 그 발은 불기둥 같으며" 그리고 2절에 의하면 천사의 두 발이 어디에 놓여 있는가 하면 "그 오른발은 바다를 밟고 왼발은 땅을 밟고"라고 했습니다.

요한은 이 천사를 힘 센 다른 천사라고 소개하고 있습니다. 그가 설명하는 내용만 보더라도 우리는 이 천사가 보통 천사가 아니라는 것을 알 수 있습니다. 하늘에서 내려온다는 것은 9장에서 하늘에서 떨어지는 별과 달리 하나님의 사명을 수행하기 위해서 내려오는 것을 가리킵니다. 그리고 이 천사는 구름을 입고 하늘에서 내려옵니다. 구름은 신적인 운송 수단입니다. 비행기를 타면 구름들 위에 높이 떠오르는 체험을 하게 되는데, 그 구름 위에 사뿐히 내려 앉아 봤으면 하는 생각이 듭니다. 그런데 우리 인간은 그 구름위에 내려 앉을 수 있다고 하더라도 그 높은 곳에서 어떻게 땅으로 내려오겠습니까? 상상만 해도 두려운 일인 것입니다. 그러나 이 천사는 구름을 입고 자유자재로 땅으로 내려옵니다. 그리고 머리 위에 무지개가 있다고 하는 것이나 얼굴이 해 같다고 묘사되는 것도 천사가 신적인 존재임을 보여줍니다. 또한 그 발은 불이 붙은 기둥과 같이 크고 두려움을 느끼게 합니다. 또한 그 오른발은 바다를 밟고 왼발은 땅을 밟고 천지간에 우뚝 서 있을 정도로 거대한 거인과 같다고 했습니다. 요한이 본 바를 묘사해 주는 세부적인 내용들을 상상해 보거나 아니면 컴퓨터 그래픽으로 그려 본다면 대단히 우람하고 두려운 존재일 것입니다. 서 아프리카 세네갈의 수도 다카르에 북한 만수대가 제작한 50미터 높이의 청동 조각상이 2010년에 완성되었다고 하는데, 800억원 이상 들여서 만든 이 조각상은 자유의 여신상 보다 더 높다고 합니다. 그렇다고 해도 오늘 본문에 등장하는 힘센 천사와는 비교도 안 될 크기에 불과합니다.

　이 힘센 천사의 정체가 무엇이냐에 대해서 논쟁이 있습니다. 어떤 사람들은 가브리엘 천사일 것이라고 생각합니다. 또한 어떤 사람들은 묘사된 바가 신적인 특성들을 가지고 있기 때문에 예수 그리스도일 것이라고 해석하기도 합니다. 그러나 요한계시록 내에서는 예수 그리스도를 천사라고 표현하는 데가 없다는 점을 기억한다면 후자의 해석을 배제해야 합니다. 아무튼 그 이름을 알 수는 없지만 힘센 천사입니다. 그의 모습들을 종합해 보면 힘센 다른 천사의 역할은 '하나님의 구속의 메시지를 대신하는 그 어떤 경우보다 의미있는 역할을 하는 자'임을 보여줍니다.52 그리고 이 천사가 두 발을 바다와 땅에 밟고 있다는 것은 그가 수행하는 사명이 온 세상에 미친다라고 하는 점을 잘 보여 줍니다.

　그런데 우리가 본문 1, 2절을 주의해서 보시면 그렇게 크고 장대하고 무시무시하게 생긴 천사의 모습과 대조되는 것이 무엇이냐 하면 그의 손에 "펴 놓여 있는 작은 두루마리"입니다. 천사의 거대하고 위엄에 찬 모습과는 대조적으로 그의 손에 펴져 있는 책은 작았습니다. 그래서 보는 이로 하여금 도대체 천사의 손에 들려있는 저 작은 책이 무슨 책일까하는 궁금증을 자아내게 합니다. 천사는 말하자면 "그 작은 책을 가지고 있는 자"라고 할 수 있습니다. 우리가 요한계시록 내에서 책을 본 적이 있는데 그것은 5장에서입니다. 하나님의 손에 일곱 인봉을 한 책이 들려져 있는 것을 보았고 그것을 열자가 없어서 요한이 큰 소리로 울었던 장면이 기억나실 것입니다. 그리고 그 책을 누가 열었는가 하면 바로 어린 양 예수 그리스도이십니다. 예수 그리스도께서 인을 하나씩 뗄 때마다 일어나는 인봉 재앙을 보았습니다. 이제 천사의 손에 들려져 있는 책은 아무도 못 보도록 닫힌 책이 아니라 열려져 있다라고 말해지는 까닭은 예수님께서 이미 그 책의 인봉을 다 떼셨기 때문입니다. 결국 이 거대하고 힘센 천사의 손에 펴 놓인 책은 우리가 요한계시록에서 음미하고 상고하고 있는 하나님의 구원 계획에 대한 계시를 담고 있는 것입니다. 우리 주 예수 그리스도께서 반드시 속히 될 일을 그 천사를 보내어 요한에게 지시하셨고 우리들은 그 내용을 살펴 보고 있는 것입니다.

이제 3절로 넘어가 보시게 되면 이 천사가 그냥 책을 들고 가만히 있는 것이 아니라 사자처럼 부르짖는다고 말씀하고 있습니다. "사자가 부르짖는 것 같이 큰 소리로 외치니 그가 외칠 때에 일곱 우레가 그 소리를 내어 말하더라." 사자같이 큰 소리로 부르짖는다든지 아니면 우레소리 같이 말씀하신다는 식의 표현은 구약성경에서 하나님의 음성에 대해서 자주 사용되던 표현 양식들입니다. 이번에는 하나님의 책을 간수하고 있는 힘센 천사가 사자처럼 부르짖었고 그리고 일곱 우레 소리가 발하더라고 했습니다. 바다와 땅을 밟고 서 있는 힘센 천사가 사자처럼 부르짖는다는 것은 그의 소리가 온 세상에 쩌렁쩌렁 울려 퍼질 정도로 크다는 이야기입니다. 그러면 일곱 우레가 의미하는 바는 무엇일까요? 사도 요한은 힘센 천사가 일곱 우레가 소리를 내어 말할 때에 기겁을 하고 얼어 붙은 것이 아니라 4절에 보시면 "일곱 우레가 말을 할 때에 내가 기록하려고 하다가"라고 했습니다. 그는 일곱 우레가 말하는 바를 기록하려고 했습니다. 아주 전문가적인 professional 요한의 모습입니다. 마치 포탄이 터지고 사람들의 피가 무수히 튀고 있는 전투 현장에서 겁도 없이 취재하고 있는 종군 기자와 같은 모습입니다. 힘센 천사가 온 세상에 들리도록 사자같이 큰 소리로 부르짖고, 일곱 우레가 소리를 발하는데도 기록할 정신을 가지고 있으니 말입니다.

그런데 하나님께서는 이와 같은 사도 요한의 시도를 만류하시는 것을 봅니다. 4절 하반절에 보시지요. "곧 들으니 하늘에서 소리가 나서 말하기를 일곱 우레가 말한 것을 인봉하고 기록하지 말라 하더라." 하나님께서는 일곱 우레가 말한 바는 기록하지 말라고 말씀하셨고 요한은 그대로 순종을 했습니다. 그래서 우리들은 요한이 들었던 그 일곱 우레가 말한 바가 무슨 내용인지를 알지 못합니다. 우리는 여기서 성경에 기록된 모든 말씀이 하나님의 말씀이다라고 믿지만, 반면에 성경에 하나님의 계시가 다 들어있다라고 말하는 것도 옳지 않음을 알 수 있습니다. 책 하나에 어떻게 하나님의 지혜와 계시를 다 담을 수 있겠습니까? 오늘 사도 요한이 본 대로 하면 하나님의 계시는 사자소리처럼 우렁차게 온 세상에 전파되는 바도 있지만, 반면에 요한에게 인봉하고 기록하지 말라고 하시는 일곱 우레 소리와 같은 비밀도 있다는 것입니다. 하나님은 성경책보다 크신 분입니다. 성경책을 통해서 우리에게 필요한 바를 계시해 주시는 것입니다. 그래서 신명기 29장 29절에 보면 "감추어진 일은 우리 하나님 여호와께 속하였거니와 나타난 일은 영원히 우리와 우리 자손에게 속하였나니 이는 우리에게 이 율법의 모든 말씀을 행하게 하심이니라."고 말씀하고 있는 것입니다. 사람들은 호기심에 의해서 알려지지 않은 것들에 대해서 자꾸 알려고 캐묻고 쓸데없는 시도들을 하지만 하나님의 백성들은 하나님이 드러내어 주신 계시의 말씀들에만 관심을 기울여 살펴야 하고 그 말씀대로 순종하면서 살아야 하는 것입니다. 이것이 바로 믿음의 순종입니다. 말씀하시는데까지 가고 말씀이 멈추는 곳에서 나도 멈춘다 - 칼뱅주의의 원리 중 하나입니다.

하늘을 향해 손을 들고 맹세하는 천사 (5-7절)

사도 요한이 환상 중에 본 다음 장면은 힘세고 거대한 천사가 하늘을 향하여 오른손을 들고서 맹세하는 모습이었습니다. 5절을 보십시다. "내가 본 바 바다와 땅을 밟고 서 있는 천사가 하늘을 향하여 오른손을 들고." 창세기 14장에 보면 믿음의 조상 아브라함은 오른손을 들고 맹세를 했습니다. 유대인들은 엄숙한 맹세를 할 때에 이처럼 하늘을 향해서 오른손을 들고 맹세를 하는 관습이 있었습니다. 사실 서구로부터 우리에게 전래되어 온 법정 관습에도 증인은 오른손을 들고 맹세하게 되어 있습니다.

그러면 힘센 천사가 그렇게 오른손을 들고 누구를 향해 맹세를 하는가를 보십시다. 6절에 보시면 "세세토록 살아 계신 이 곧 하늘과 그 가운데에 있는 물건이며 땅과 그 가운데에 있는 물건이며 바다와 그 가운데에 있는 물건을 창조하신 이를 가리켜 맹세하여 이르되"라고 했습니다. 우선 천사는 영원히 살아계시는 하나님을 향해 맹세했습니다. 하나님은 한 시대를 살고마는 유한한 인생이 아닙니다. 그는 영원자존자이십니다. 약속하시고 그 약속하신 바를 반드시 성취하시는데 시간의 부족이 없으신 분이십니다. 그리고 본문에 보시면 하나님께서는 하늘, 땅, 바다를 창조하신 분이라고 했습니다. 하나님을 창조자라고 소개하는 까닭은 "그가 계획하신 것을 이루실 수 있는 능력을 강조하는 것입니다. 요한에게 있어서 이것은 모든 것을 창조하신 분이 그것들을 그의 구속의 목적을 성취하실 때까지 이끌고 가실 수 있다는 것을 뜻합니다. 처음과 마찬가지로 역사의 종말은 하나님의 주권적 통치 아래에 있습니다."53

천사가 하나님께 맹세하면서 무엇이라고 말했는지 내용은 6절 끝 부분과 7절에 기록이 되어 있습니다. 우선 6절끝 부분을 보시면 "지체하지 아니하리니"라고 말씀하고 있습니다 There will be no more delay- NIV, NRSB. 우리는 이 구절을 6장 10절에서 본 순교자들의 탄원하는 소리와 연관해서 살펴볼 필요가 있습니다. 이미 천국의 영광을 누리고 있는 순교자들은 하나님께 언제까지 땅에 있는 자들을 심판하여 우리 피를 갚아 주시지 않으시렵니까라고 탄원한 바가 있습니다. 이에 대해서 하나님께서는 이제는 더 이상 지체하지 않는다고 대답해 주시는 것입니다.

이제 하나님의 심판과 하나님의 구원의 완성의 날이 얼마 남지 않았다는 것입니다.

그리고 7절에 보시면 "일곱째 천사가 소리 내는 날 그의 나팔을 불려고 할 때에 하나님이 그의 종 선지자들에게 전하신 복음과 같이 하나님의 그 비밀이 이루어지리라 하더라."고 말씀합니다. 하나님의 비밀이란 하나님께서 비밀을 생성하시며 동시에 알려 주시는 분이라는 의미를 함축하고 있습니다. 그리고 그 하나님의 비밀은 구약 시대의 선지자들을 통해서도 전하신 바라고 말씀하고 있습니다. 복음이라고 말씀하고 있는데 이는 그냥 선포하셨다라는 정도로 이해하시는 것이 좋을 것입니다. 아무튼 구약에서도 이미 하나님께서는 종말에 이루어질 비밀에 대해서 예언적으로 '선포하셨다'는 것입니다. 그리고 그 하나님의 비밀이 이루어지는 때가 언제라고 말씀하는지를 주목해 보시겠습니까? "일곱째 천사가 소리 내는 날 그의 나팔을 불려고 할 때에"입니다. 그러면 일곱째 천사가 나팔을 불 때에 무슨 일이 일어나는지 11장 15절을 미리 좀 보십시다. "일곱째 천사가 나팔을 불매 하늘에 큰 음성들이 나서 이르되 세상 나라가 우리 주와 그의 그리스도의 나라가 되어 그가 세세토록 왕 노릇 하시리로다." 하나님의 나라가 이 땅에 완전히 임한다는 것이 바로 하나님의 비밀의 내용이며 복음의 내용인 것을 알 수 있습니다. 천사가 맹세하면서까지 하는 말이 이제 그때가 멀지 않았다라고 선포하는 것입니다. 하지만 그와 같은 하나님의 나라가 이루어지기 전에 일곱 대접 재앙이라고 하는 엄중한 하나님의 심판 행위가 먼저 선행될 것입니다.

작은 책을 받아 먹는 요한 (8-11절)

그리고 하나님의 비밀이 책에 기록된 대로 이루어지기 위해서는 요한을 비롯하여 하나님의 공동체가 반드시 해야 하는 일들이 있습니다. 하나님께서 교회에 주시는 복음 전파의 사명이 있습니다. 우리는 8절 이하에서 사도 요한의 경우를 통해서 그 모델을 보게 되고, 11장에 가서 두 증인의 활동을 통해서 주님의 초림과 재림 사이의 종말 시대를 살아가는 하나님의 교회가 받은 사명이 무엇인지를 확인하게 될 것입니다. 본문 8절에 보시면 환상을 보고 있던 요한에게 하늘에서부터 음성이 들려왔습니다. "하늘에서 나서 내게 들리던 음성이 또 내게 말하여 이르되 네가 가서 바다와 땅을 밟고 서 있는 천사의 손에 펴 놓인 두루마리를 가지라"는 명령이었습니다. 비천하고 보잘 것 없는 인간인 요한으로서는 큰 영광과 위엄을 지닌 천사에게 스스로 나아가거나 감히 말을 붙일 엄두도 내지 못했을 것입니다. 그러나 하나님께서 요한으로 하여금 그 천사에게 접근할 수 있게 하셨고 그 천사의 손에 있는 책을 취하라고 말씀하셨습니다. 어쩌면 그렇게 거대한 천사에 비해서 그의 손에 들린 작은 책이라는 것은 바로 요한이나 우리 같은 인생들의 한계에 맞추어 주시는 것이라는 의미도 있을 것입니다. 우리가 거대한 천사나 들고 다니거나 감당할 수 있는 정도의 책을 주면 어떻게 감당을 하겠습니까? 하나님께서는 우리 인간들이 감당할 수 있는 작은 책을 주셨습니다.

하나님의 명령을 받은 요한은 천사에게 나아가서 책을 달라고 요구했습니다. 9절입니다. "내가 천사에게 나아가 작은 두루마리를 달라 한즉 천사가 이르되 갖다 먹어 버리라." 천사는 사도 요한에게 작은 책을 먹으라고 순순히 내어주었습니다. 그러나 대신에 그 책을 먹으면 "네 배에는 쓰나 네 입에는 꿀 같이 달리라"고 경고해 주었습니다. 10절에 보면 "내가 천사의 손에서 작은 두루마리를 갖다 먹어 버리니 내 입에는 꿀 같이 다나 먹은 후에 내 배에서는 쓰게 되더라."고 말씀하고 있습니다. 사도 요한은 천사가 말해준 대로 책을 먹었고 그 책의 맛이 입에는 시편 119편 103절에서 말하는 대로 꿀송이 같이 달았지만, 정작 배 속에 들어가서는 쓰게 되는 체험을 하게 되었습니다. 이렇게 하나님의 계시의 말씀이 담긴 책을 먹는 행위는 에스겔 2장 8절에서 3장 3절까지에 기록되어 있는대로 에스겔 선지자가 이미 체험을 한 바가 있는 일입니다. 그리고 그렇게 환상 중에서 책을 먹고 나면 반드시 그 내용을 선포해야 하는 사명을 가진 것은 동일했습니다. 에스겔 3장 1절에 보시면 "또 그가 내게 이르시되 인자야 너는 발견한 것을 먹으라. 너는 이 두루마리를 먹고 가서 이스라엘 족속에게 말하라"고 하셨고, 오늘 읽은 요한계시록 10장 11절에서는 "그가 내게 말하기를 네가 많은 백성과 나라와 방언과 임금에게 다시 예언하여야 하리라 하더라."고 말씀하고 있습니다.

에스겔이나 요한이 하나님이 주시는 책(두루마리)를 먹어야 하는 이유는 이처럼 먹고 소화한 내용을 다른 사람들에게 선포하기 위해서였습니다. 현대 영어로 성경을 풀어서 번역한 메시지 성경Message의 번역자 유진 피터슨은 영성가로 유명합니다. 그는 2006년에 오늘 본문에 나오는 구절을 바탕으로 해서 『이 책을 먹으라』Eat This Book는 책을 간행했습니다. 책의 결론에 보면 "우리 모두가 똑 같은 일을 하고 있다. 우리는 하나님의 말씀을 읽고 난 다음에는 그것을 살아내는, 그 책을 먹는 사람들이며, 그 다음에는 이 성경을 우리가 살고 있는 거리에서 듣는 그대로의 언어로 옮기는 사람들이다."라고 마무리를 짓고 있습니다.[54] 책 표지에 보면 와싱턴 한인교회 담임목사이신 김영봉 목사님의 추천사가 있습니다.

> 우리는 우리의 먹는 것이 우리 자신이 된다(We are what we eat)는 말은 진리다. 사슴은 이슬을 먹어 이슬이 되고, 인간은 말씀을 먹어 말씀이 된다. 여기, 정갈하고 건강한 말씀의 식탁을 차리고 말씀의 맛을 즐기도록 돕는 좋은 안내서가 있다.

그러면 책을 먹으면 두 가지의 맛을 체험하게 된다는 것이 무슨 의미인지를 생각해 봅시다. 어떤 이들은 하나님의 말씀을 듣고 읽을 때에는 꿀 송이처럼 달지만, 실제로 실천하고자 할 때에는 어려움이 많은 것을 가리킨다고 해석합니다. 또한 어떤 이들은 하나님의 말씀을 읽고 듣고 묵상할 때는 즐겁지만, 그 말씀을 전파하는 데에는 많은 어려움과 장애 요소들이 따르기 때문이라고 해석합니다. 또 다른 이들은 이 세상 나라가 멸망하고 하나님의 나라가 임한다고 하는 메시지는 꿀처럼 달지만, 그 과정에서는 많은 어려움과 십자가의 고통이 선행한다고 해석을 합니다. 여기서 마운스의 해석을 소개합니다.

> 하나님의 백성들은 순교와 죽음에서 구원받는 것이 아니라 순교와 죽음을 통하여 영광스러운 부활에 이르게 된다. 하나님의 영원한 목적이 성취됨에 있어서 더 이상 지체되지 않는다는 기대는 참으로 달다. 그러나 그것이 쓰디 쓴 전주곡을 내포한다는 사실은 삼키기 어렵다.[55]

이 강해에서 나눈 말씀을 정리하겠습니다. 신적인 영광을 입고 땅과 바다를 밟고 서 있는 천사를 보았습니다. 그는 사자같이 큰 목소리로 부르짖는 위엄을 가지고 있습니다. 반면에 그렇게 위대해 보이는 존재와 대조적으로 그의 손 위에는 작은 책 하나가 펼쳐져 있었습니다. 하나님께서는 이 위대한 천사를 통하여 그 작은 책을 능력있게 지키시고 보관하게 하신 것입니다. 그리고 하나님께서는 요한을 통하여 그 책을 먹고 소화하여 전파하도록 명령하셨습니다. 요한이 그 책을 먹을 때에는 꿀같이 달고 배에서는 쓰게 되는 체험을 하게 되었습니다. 그럼에도 불구하고 그와 같은 요한의 순종을 통해서 우리는 요한계시록에 담겨져 있는 하나님의 비밀을 알 수 있게 되었습니다. 우리들도 하나님의 말씀을 읽고 묵상하면서 그 진의를 배우고 그 말씀대로 순종하고 살아가는 것이 중요합니다. 달기도 하고 쓰기도 한 두 가지 맛의 의미를 실제로 체험하셔야 할 것입니다. 하나님의 말씀대로 역사가 되어져 갈 것이기에 그 말씀을 중요하게 생각해야 합니다.

30

두 증인의
활동과 권세

또 내게 지팡이 같은 갈대를 주며 말하기를 일어나서 하나님의 성전과 제단과 그 안에서 경배하는 자들을 측량하되 성전 바깥 마당은 측량하지 말고 그냥 두라 이것은 이방인에게 주었은즉 그들이 거룩한 성을 마흔두 달 동안 짓밟으리라 내가 나의 두 증인에게 권세를 주리니 그들이 굵은 베옷을 입고 천이백육십 일을 예언하리라 그들은 이 땅의 주 앞에 서 있는 두 감람나무와 두 촛대니 만일 누구든지 그들을 해하고자 하면 그들의 입에서 불이 나와서 그들의 원수를 삼켜 버릴 것이요 누구든지 그들을 해하고자 하면 반드시 그와 같이 죽임을 당하리라 그들이 권능을 가지고 하늘을 닫아 그 예언을 하는 날 동안 비가 오지 못하게 하고 또 권능을 가지고 물을 피로 변하게 하고 아무 때든지 원하는 대로 여러 가지 재앙으로 땅을 치리로다(계 11:1-6).

한국교회는 선교초기부터 종말론과 요한계시록에 대한 관심이 대단히 컸습니다. 구한말과 일제 강점기 때의 삶의 환경이 워낙 비극적이고 환난이 많았다 보니 내세에 대한 소망이 그만큼 강할 수밖에 없었던 것입니다. 손양원 목사님이나 순교자들의 전기들을 읽어보면 그들은 종말과 내세에 대한 간절한 소망으로 감내하고 승리하였다는 것을 알 수 있습니다. 그러나 우리들에게 이르기까지도 강렬하게 영향을 미치고 있는 그들의 종말론의 특징은 세대주의라고 일컬어지는 해석 유형입니다. 그들의 해석에 따르면 예수 그리스도의 재림은 두 번이나 있다고 주장합니다. 한 번은 공중에 비밀리에 오셔서 잘 믿는 신자들을 몰래 공중으로 끌어 올려서(휴거) 7년 동안 혼인 잔치를 하고, 땅 위에서는 7년 대환난이 있을 것이라고 합니다. 그리고 7년이 마치고 나면 그리스도께서 본격적으로 이 땅 위에 재림하시고 그 후에 천년왕국이 있을 것이라는 것입니다. 세대주의에 따르면 오늘 본문은 7년 대환난 기간 동안에 일어날 일을 기록하고 있다고 합니다.

그러나 이와 같은 세대주의적인 종말론은 최근에 이르러서 자신들의 학파 안에서도 언약 신학을 도입하여 많은 수정 작업이 이루어졌습니다. 이것을 점진적인 세대주의라고 부릅니다 progressive dispensationalism. 그리고 우리에게 익숙한 고전 세대주의자들은 그 열심과 동기가 아무리 훌륭했다고 하더라도 성경을 잘못 해석하여 만화나 소설처럼 만들어 버리는 우를 많이 범했습니다. 제가 요한계시록을 강해하면서 견지하고 있는 입장은 개혁주의적인 계시록 해석입니다. 오늘 본문에 기록된 성전 측량의 의미가 무엇이며, 두 증인의 정체가 무엇인지, 또한 그들에게 주어진 권세가 무엇을 의미하는 것인지를 차근차근 살펴보도록 하십시다.

성전 측량(1-2절)

먼저 1절에 보시면 사도 요한에게 성전과 제단과 그 안에서 경배하는 자들을 측량하도록 갈대가 주어지는 것을 보게 됩니다. "또 내게 지팡이 같은 갈대를 주며 말하기를 일어나서 하나님의 성전과 제단과 그 안에서 경배하는 자들을 측량하되." 요한이 스스로 갈대를 취한 것이 아니라 하나님께서 요한에게 갈대를 주셨습니다. 그리고 지팡이 같은 갈대란 요단 계곡에서 대나무처럼 생겨서 플라스틱 자나 줄자가 없던 시절에 측량 도구로 쓸 수 있도록 만든 길고 단단한 것을 가리킵니다. 요한은 환상 중에 이 지팡이 같은 갈대를 가지고 성전과 제단, 즉 향단과 그 안에서 경배하고 있는 자들을 측량하라는 명령을 받았습니다. 그리고 2절에 의하면 "성전 바깥마당은 측량하지 말고 그냥 두라." 왜냐하면 "이것은 이방인에게 주었은즉 그들이 거룩한 성을 마흔두 달 동안 짓밟으리라."고 말씀해 주셨습니다. 여기서 성전 바깥마당이란 자원하는 이방인들이 와서 기도할 수 있는 이방인의 뜰을 가리킵니다.

그러면 하나님께서는 왜 요한에게 갈대자를 주시면서 성전을 측량하라고 말씀하시는 것일까요? 성전 측량의 의미가 무엇일까요? 에스겔 40-48장에 보면 성전 측량에 대한 말씀이 기록되어 있는 것을 볼 수 있습니다. 성전 측량은 성전의 크기를 재는 것일까요, 아니면 그 속에서 예배드리고 있는 성도들의 숫자를 통계 내는 것일까요? 바로 해석을 해드리면 성전naos은 신약의 교회를 가리키고, 그 속에서 경배하고 있는 자들은 바로 신약 교회 성도들을 가리킵니다. 그리고 갈대로 측량을 한다고 하는 것은 그들의 보호를 위한 것입니다. 다시 말해서 그리스도의 교회와 성도들은 영적으로 안전하게 지켜진다는 것을 의미합니다. 물론 성도들이 환난을 당하고 순교를 당하기도 합니다만, 그러나 그들이 확보한 하나님의 자녀로서의 지위나 신분은 누구나 빼앗을 수 없는 것입니다. 앞서 성전 안에서 경배하는 자들은 그리스도인들을 가리킨다고 말씀을 드렸습니다. 구약에서는 제사장들만이 들어갈 수 있는 성전의 향단에까지 성도들이 나아가서 경배하는 것으로 말씀하고 있습니다. 이것은 예수 그리스도의 보배 피로 구속을 받은 하나님의 자녀들은 누구나 다 왕 같은 제사장이 되어서 어떤 인간적인 중보자도 없이 하나님 앞에 자유로이 나아갈 수 있는 권세를 부여받았기 때문입니다(벧전 2:5, 9, 계 1:6, 5:10). 특히 5장 9-10절에서 어린 양 예수 그리스도에 대해서 이렇게 찬양하는 바를 보셨습니다. "두루마리를 가지시고 그 인봉을 떼기에 합당하시도다. 일찍이 죽임을 당하사 각 족속과 방언과 백성과 나라 가운데에서 사람들을 피로 사서 하나님께 드리시고 그들로 우리 하나님 앞에서 나라와 제사장들을 삼으셨으니 그들이 땅에서 왕 노릇 하리로다."

역사적으로 로마 치하에서나 공산주의 정권의 박해 아래에서 교회는 많은 피를 흘렸고 어려움을 많이 겪었습니다. 그러나 그와 같이 교회를 잔멸하려고 하는 사탄과 세상의 박해가 심할수록 하나님의 교회는 도리어 순수해지고 왕성해 진다는 것을 알 수 있습니다. 쇠풀무가 뜨거우면 뜨거울수록, 키질을 세게 하면 할수록 교회는 더욱더 정화되었습니다. 마태복음 16장 18절에서 음부의 권세가 교회를 이기지 못한다라고 분명히 선언하시었습니다. 개인적으로 생각해 보시더라도 그렇게 고백할 수밖에 없지 않으십니까? 우리들 가운데 그 누가 자신의 열심과 자신의 의지력으로 믿음을 가졌으며, 지금까지 믿음을 지켜 왔다고 말할 수 있습니까? 때로 우리는 실족하여 넘어지고 좌절하고 침체의 늪에 빠져서 허우적거리기도 하고, 때로는 이 세상의 죄와 쾌락에 빠져서 정신없이 방황하기도 하면서 살아왔지 않습니까? 그럼에도 불구하고 우리들의 영적인 생명을 누가 보존하고 지켜 주셨습니까? 우리들을 인치시고 보호하시는 하나님의 보호 때문인 것입니다. 하나님은 악한 자가 함부로 우리에게 손대지도 못하게 하신다고 약속해 주셨습니다.

그러나 우리가 또 한편으로 기억해야 하는 것은 땅 위에 있는 유형교회 안에는 참 신자도 있지만 아직 거듭나지 않은 불신자들도 함께 하고 있다는 것입니다. 이 땅 위의 교회는 주님 오시는 날까지 알곡과 가라지가 함께 섞여 있을 것입니다. 가라지들 중에는 언젠가는 하나님의 은혜를 입어 거듭나고 구속받은 하나님의 백성들이 될 자들도 있겠지만, 한 평생 예배당 뜰만 밟고 왔다 갔다 하다가 영적인 내용은 알지도 못하고 인생을 마감할 자들도 있습니다. 본문 2절에서 측량하지 말라고 말해지는 대상들, 성전 바깥뜰에 있는 자들이 바로 그런 자들입니다. 그들도 교회에 출입하고, 말씀도 듣고, 성례에도 참여하고, 봉사도 할 수 있지만, 영적으로 거듭나지 아니하였기 때문에 신자들에게 허용되는 성전 안과 제단 혹은 향단으로 상징되는 하나님의 임재 앞에 담대하게 나아가는 특권을 누릴 수가 없습니다. 예배의 분위기가 좋더라 이런 것은 느낄 수 있겠지만, 예배의 영광은 체험할 수가 없습니다. 기분 전환은 경험하겠지만 심령이 치유되고 회복되는 역사는 경험할 수가 없는 것입니다. 마태복음 13장에 보면 알곡과 가라지 비유가 나오는데, 알곡과 가라지를 분별할 때가 올 것인데, 그 날은 바로 추수 때이고 심판날인 것입니다. 그러나 그 전까지는 알곡과 가라지가 한 밭에서 자라고 심지어는 가라지가 더 왕성하게 자라고 더 강해 보이까지 할 것입니다. 그러나 가라지를 구별하여 불속에 태워버리듯이 교회 안에 있는 가라지와 알곡도 구별하실 날이 올 것입니다. 오늘 본문에서는 그런 가라지들이 성전 뜰을 밟고 다닐 수 있는 시한이 마흔 두 달이라고 밝히고 있습니다.

두 증인의 정체(3-4절)

하나님께서는 사도 요한에게 성전 측량에 대한 말씀을 해주시고 나서 이어서 두 증인에 대한 말씀을 해 주셨습니다. 3절에 보시면 "내가 나의 두 증인에게 권세를 주리니 그들이 굵은 베옷을 입고 천이백육십일을 예언하리라."고 말씀하고 있습니다. 그리고 4절에 보면 이 두 증인을 "그들은 이 땅의 주 앞에 서 있는 두 감람나무와 두 촛대니"라고 말씀하고 있는 것을 보실 수 있습니다. 우리는 이 두 절의 말씀을 가지고 두 증인의 정체가 무엇인지에 대해서 살펴보려고 합니다. 두 감람나무라고 되고 있는데 두 감람나무하면 혹시 머릿속에 연상되어지는 것이 무엇입니까? 아마 전도관을 세운 박태선 씨가 자신을 말세에 예비된 하나님의 감람나무라고 주장했던 것을 기억하는 분들이 더러 있으실 것입니다. 비단 박태선 씨 뿐 아니라 두 증인, 두 감람나무, 두 촛대를 흔히들 말세지말에 하나님이 특별히 기름 부어 세우시어 복음을 전하게 할 종들이라고 해석들을 많이 해 왔습니다. 유대인들은 그 두 사람이 누구일까에 대해서 이런 저런 상상을 많이들 했습니다만, 유력한 해석은 모세와 엘리야가 다시 온다는 것이었습니다.

  그러나 두 증인이 예언하도록 부름 받은 날 수가 얼마인지를 한 번 보시기를 바랍니다. 그들은 베옷을 입고 1260일을 예언할 것이라고 말씀하고 있습니다. 한 달을 30일로 쳐서 계산해 보면 1260일은 앞서 본 42개월과 같은 기간을 의미합니다. 이를 햇수로 하면 3년 반이 됩니다. 결국 두 증인이 활동하도록 부름 받은 기간은 앞에서 교회 시대를 상징하는 42개월과 동일한 기간을 의미하는 것입니다. 그렇다면 두 중인은 단 두 사람의 특별한 말씀의 종이나 선지자들을 말하는 것이 아니고, 그리스도의 증인된 교회를 상징하는 것이 됩니다. 그런데 왜 둘이라고 하는 숫자를 사용하는가 하면 유대인들의 법정에서는 어떤 증언을 채택하려고 하면 최소한 두 사람 이상의 증인이 있어야만 했기 때문입니다(신 19:15). 그리고 예수님이 공생애 동안 제자들을 전도하라고 파송하실 때에 두 사람이 한 조가 되게 해서 파송하신 것을 기억해 보신다면 두 증인이라고 하는 상징을 이해하는데 도움이 되실 것입니다. 누가복음 10장 1절에 보면 "그 후에 주께서 따로 칠십 인을 세우사 친히 가시려는 각 동네와 각 지역으로 둘씩 앞서 보내시며"라는 말씀이 있습니다.

  두 증인은 예수 그리스도께서 승천하신 이후부터 다시 재림하실 때까지 이 세상에서 복음을 전하도록 부름을 받은 그리스도의 교회와 성도들을 상징한다는 것을 기억하시면 좋겠습니다. 그런데 이 세상에서 하나님을 대신하여 증인의 사명을 감당해야만 하는 교회와 성도들이 베옷을 입고 예언을 한다는 것은 무엇을 의미하는 것일까요? 베옷은 선지자들이 입던 거친 옷을 의미하며 그것은 전통적으로 죄와 그 심판에 대해 애통해 하는 회개의 의미를 가지고 있습니다. 그리스도와 교회가 세상에 대하여 영생의 길, 구원의 길을 선포하기는 하지만 이 세상에 대하여 회개하고 예수님을 믿어 구원을 받으라는 회개의 메시지를 먼저 전파해야 하기 때문에 베옷을 입고 증인 노릇을 한다라고 표현하는 것입니다. 하나님께서는 우리 그리스도인들이 이 세상에서 빛과 소금이 되라고 하셨습니다. 우리의 메시지와 우리의 삶을 통해 사명을 수행해야 하는데, 사실 어둠에 있는 자들은 진리의 빛을 싫어하고 배척하기 마련입니다. 그리고 소금이 부패하지 않도록 침투하려고 하면 고통을 주기 마련입니다. 그래서 이 세상은 그리스도인들을 좋아하지 않습니다. 그런데도 헬무트 틸리케의 지적처럼 그리스도인들은 빛과 소금이 아니라 이 세상에 대하여 꿀단지가 되려고 합니다. 본문식으로 하자면 베옷을 입고 회개의 메시지를 전하려고 하지 아니하고, 스스로 "딴따라"가 되어서 이 세상을 종교적인 오락회로 이끌려고 하고 있다고 할 수 있습니다.

이제 4절 말씀을 생각해 봅니다. 두 증인을 온 땅의 주 앞에 서 있는 두 감람나무와 두 촛대라고 비유하고 있습니다. 이 비유를 이해하기 위해서는 구약 스가랴 4장을 참조할 필요가 있습니다. 두 촛대란 이 세상에서 빛을 발해야 하는 하나님의 교회와 성도들을 상징하는 것입니다. 주님께서도 너희는 세상의 빛이라고 말씀하셨습니다. 우리는 이미 1-3장에서 일곱 금 촛대는 이 세상에 존재하는 모든 하나님의 교회를 상징한다는 것을 살펴보았습니다. 그렇다면 두 감람나무는 무엇을 상징할까요? 감람나무가 산출하는 감람유olive oil는 등잔불을 밝히는데 사용되었습니다. 교회를 두 감람나무와 두 촛대 내지는 두 등잔에 비유하는 것은 하나님의 교회가 이 세상에 대해서 끊임없이 빛을 발할 수 있도록 기름을 공급해 주시는 성령이 교회와 함께 하신다는 의미인 것입니다. 스가랴 4장 6절에 보면 "그가 내게 대답하여 이르되 여호와께서 스룹바벨에게 하신 말씀이 이러하니라 만군의 여호와께서 말씀하시되 이는 힘으로 되지 아니하며 능력으로 되지 아니하고 오직 나의 영으로 되느니라"고 말씀하고 있듯이 말입니다. 하나님의 교회가 생명을 유지하고 그 빛을 계속해서 발하도록 하시기 위해서 역사하시는 분은 바로 성령이심을 잘 보여주는 이미지인 것입니다. 언젠가 방송설교를 듣는 중에 고르바초프 가정에 대한 이야기를 들었습니다. 그의 집은 대대로 믿음을 지켜 왔다는 충격적인 이야기였습니다. 그런 공산주의 치하에서도 하나님의 백성들을 남겨 두시고 믿음을 지키도록 하시는 분은 성령님이십니다. 그래서 중국의 지하교회에서는 현대판 사도행전의 역사들이 왕성하게 일어나고 있습니다.

두 증인에게 주어진 권세(5-6절)

이어지는 세 번째 부분에서는 두 증인, 혹은 이 세상에서 그리스도의 증인으로 부름 받은 교회와 성도들에게 주어진 권세에 대해서 말씀해 주고 있습니다. 그들에게 주어진 권세를 말하는 표현 방식들을 보시면 모세와 엘리야 등의 행적에서 취해온 것을 볼 수 있습니다. 5절을 보시면 "만일 누구든지 그들을 해하고자 하면 그들의 입에서 불이 나와서 그들의 원수를 삼켜 버릴 것이요. 누구든지 그들을 해하고자 하면 반드시 그와 같이 죽임을 당하리라."고 말씀하고 있는데 이것은 열왕기하 1장에 기록된 엘리야의 행적에서 취해 온 것입니다. 그리고 이어지는 6절 상반절에 "그들이 권능을 가지고 하늘을 닫아 그 예언을 하는 날 동안 비가 오지 못하게 하고"라고 하는 말씀 역시 엘리야의 행적에서 취한 것임을 쉽게 알 수 있으시겠습니다. 6절중 반절에 "또 권능을 가지고 물을 피로 변하게 하고"라는 말씀은 모세를 통해서 애굽에 내린 첫 번째 재앙 이야기를 상기하실 수 있으실 것입니다. 이런 구체적인 예들을 들고 나서 총체적으로 두 증인이 받은 권세에 대해서 말씀하기를 "아무 때든지 원하는 대로 여러 가지 재앙으로 땅을 치리로다."라고 말씀하고 있습니다.

이 모든 권세가 땅 위에 존재하는 그리스도의 증인된 교회와 성도들에게 주어진다는 말씀입니다. 실로 엄청난 권세가 아닙니까? 하지만 마음속으로 미더워하지 않는 분들도 더러 있으실 것입니다. 내게 무슨 권세가 있다고, 나는 아무 힘이 없어, 내가 무엇을 할 수 있다는 말인가라고 하는 체념적인 생각, 냉소적인 생각을 가지신 분들이 혹 있지 않으십니까? 그러나 우리가 알아야 하는 것은 예수 그리스도의 보혈의 공로를 힘입어 거듭난 하나님의 백성들, 이 죄악된 세상 속에서 빛과 소금이 되도록 부름을 받은 그리스도의 증인들에게는 하나님의 지성소에 나아가서 향단을 붙잡고 기도하며 아뢸 수 있는 자녀됨의 권세를 가졌다고 하는 것입니다. 우리가 땅에서 매면 하늘에서도 매이고, 이곳에서 풀면 하늘에서도 풀리는 열쇠를 가졌다고 하는 것을 기억해야 합니다. 꼭 권세를 받았다고 해서 엘리야처럼 가뭄의 재난을 가져오는 자가 되거나 모세처럼 물을 변하여 피가 되게 하는 권세를 누려야 되겠다라고 할 필요는 없습니다. 우리들에게는 복음을 전하여 사탄 마귀의 자식으로 살아가고 있는 죽은 영혼들을 그리스도께로 인도하며 빛을 찾고 영생을 누리게 하는 복음 사역에 일꾼으로 부름을 받고 있습니다.

그리고 물론 본문이 말하는 것과 같은 유의 이적이나 기사도 하나님의 백성들과 복음 사역 속에 나타날 수도 있고 실제로 경험될 수 있다는 점을 부인하지 않습니다. 특별히 오랫동안 우상이 지배하던 지역이나 가정에 복음의 역사가 일어날 때에는 초자연적인 권능과 성령의 나타남이 얼마든지 나타나고 있다는 점을 알고 있습니다. 그러나 눈에 두드러진 이적이 나타나든지 아니면 눈에 뜨이지 않게 말씀의 역사가 나타나든지 간에 중요한 것은 이 세상에서 가장 큰 이적과 기적은 영혼의 구원과 그들의 변화를 위해 우리가 증인으로 쓰임 받을 수 있다는 것입니다.

이제 말씀을 정리하도록 하겠습니다. 오늘 우리는 하나님께서 자기 백성들과 교회를 보호하시고 보존하시어 이 세상의 여러 환난 풍파와 사탄의 적대적인 방해 공작에도 불구하고 안전하게 하나님이 정하신 목적지에 이르도록 하시기 위해서 측량하신다고 하는 말씀을 보았습니다. 연약하고 흔들리기 잘하는 우리들이 견고하게 붙잡아야 할 소망의 말씀인 것입니다. 우리가 주님을 붙들고 있는 것이 아닙니다. 실상은 주님의 손이 우리를 붙들고 있으신 것입니다. 때로 우리가 스스로 주님의 손을 놓아버리고 주저앉으려고 할 때에도 주님의 손은 변함없이 우리의 손을 붙들고 계신 것입니다. 이미 예수 그리스도를 주와 구주로 믿는 저와 여러분들은 주님의 장중에 붙들린바 된 자들입니다. 그 누구도 우리를 하나님의 손에서 빼앗아 갈 자가 없습니다.

그리고 또한 우리들은 두 증인이 무엇을 의미하는지, 또 그들에게 주어진 권세가 무엇인지에 대해서 살펴보았습니다. 이 세상에 태어나서 주님의 생명으로 거듭난 모든 그리스도인들은 땅 위에 사는 동안 주님과 주님의 복음을 증거하는 증인으로 부름 받고 있습니다. 우리의 직업이 무엇이냐는 다양하지만, 어떤 교회의 표어대로 그런 직업은 부업이고 우리의 주업은 주님의 복음을 증거하는 증인의 사역입니다. 주님은 그와 같은 사역을 감당하는 교회와 성도들에게 하늘과 땅을 연결하는 천국열쇠를 부여하고 있으며 필요할 때에 표적과 기사로 우리를 도우시는 것입니다. 우리는 개인기도나 공동체 기도를 통해서 위로부터 능력을 덧입기를 위해서 부르짖어야 합니다. 두 촛대에 두 감람나무가 오일을 공급하여 빛을 발하게 하듯이 성령이 우리 교회와 성도들의 심령의 등잔에 풍성히 부어지시기를 위해서 기도하십시다.

마지막으로 세계적인 복음주의 지도자인 존 스토트 박사의 "나에게는 교회에 대한 꿈이 있습니다"라고 하는 글 중에 한 대목을 소개해 드립니다. 2009년에 출판된 『살아있는 교회』라는 책에 수록된 글입니다.

나에게는 교회에 대한 꿈이 있습니다. 그것은 섬기는 교회로서,
그리스도가 종이심을 알고,
자신 역시 종이 되라는 그분의 부르심을 듣고,
이기심으로부터 구속되고, 안으로부터 바깥으로 방향을 바꾸어
이타심을 갖고 자신을 드러 타인을 섬기고,
교인들은 그리스도의 명령에 복종하여 세상 속에서 살고,

세속 사회로 스며들고, 이 땅의 소금과 세상의 빛이 되고,
사람들은 예수님의 복음을 친구들과
단순하게, 자연스럽게, 열심히 나누고,
자신의 교구, 곧 거주자와 노동자, 가족과 독신자, 자국민과 이주자,
노인과 어린아이들을 부지런히 섬기고,
사회의 변화하는 필요들에 유의하고, 더 유용하게 섬기기 위하여
프로그램을 융통성 있게 조정하는 민감함과 탄력성을 지니고,
세계적인 비전을 품고,
젊은이들에게 그들의 삶을 섬김의 일에 드리도록
끊임없이 도전하며,
섬김을 위하여 끊임없이 사람들을 보내는 교회입니다. 나에게는 섬기는 교회에 대한 꿈이 있습니다.[56]

31

두 증인의
죽음과 부활

그들이 그 증언을 마칠 때에 무저갱으로부터 올라오는 짐승이 그들과 더불어 전쟁을 일으켜 그들을 이기고 그들을 죽일 터인즉 그들의 시체가 큰 성 길에 있으리니 그 성은 영적으로 하면 소돔이라고도 하고 애굽이라고도 하니 곧 그들의 주께서 십자가에 못 박히신 곳이라 백성들과 족속과 방언과 나라 중에서 사람들이 그 시체를 사흘 반 동안을 보며 무덤에 장사하지 못하게 하리로다 이 두 선지자가 땅에 사는 자들을 괴롭게 한 고로 땅에 사는 자들이 그들의 죽음을 즐거워하고 기뻐하여 서로 예물을 보내리라 하더라 삼 일 반 후에 하나님께로부터 생기가 그들 속에 들어가매 그들이 발로 일어서니 구경하는 자들이 크게 두려워하더라 하늘로부터 큰 음성이 있어 이리로 올라오라 함을 그들이 듣고 구름을 타고 하늘로 올라가니 그들의 원수들도 구경하더라 그때에 큰 지진이 나서 성 십분의 일이 무너지고 지진에 죽은 사람이 칠천이라 그 남은 자들이 두려워하여 영광을 하늘의 하나님께 돌리더라 둘째 화는 지나갔으나 보라 셋째 화가 속히 이르는도다(계 11:7-14).

중국의 공산당 지도자 마오쩌둥(1893-1976)이 문화혁명을 1966년에 단행한 후에 1979년까지 중국 교회로서는 가장 어려운 시기를 보내었다고 합니다. 그 시기의 중국 교회 지도자들은 불의 연단을 통과하는 시기라고 받아들이고, 비록 외국 선교사들은 다 떠나고 눈에 보이는 교회는 없어졌지만 교회 대신에 가정에서 모이기 시작했다고 합니다. 중국 교회는 그와 같이 혹독한 환난기를 통과하면서 약해졌거나 소멸되기는 커녕, 다들 잘 알고 계신대로 5천만 명 이상의 신자가 생겨나게 되었다고 합니다. 그리고 더욱더 중요한 것은 인위적으로 제도 개혁을 해서도 이루지 못할 순수한 교회 개혁이 이루어졌다는 것입니다. 그 내용을 소개해 봅니다. 첫째, 교파주의의 극복이 일어났습니다. 이 교파 저 교파 구분 없이 예수님의 교회로 거듭났다는 것입니다. 둘째, 평신도의 지도력이 강화되었습니다. 평신도들이 지도자로 교회를 이끌게되었다고 합니다. 셋째, 신학 교육의 새로운 가능성이 생겼습니다. 전문적인 신학 교육을 받지 않은 평신도들이 순수하게 말씀을 읽고 전파하는 일들이 일어나게 되었다는 것입니다. 물론 이런 평가가 우리 입장에서 다 수용하기는 어렵다고 하더라도 환난기를 거친 교회 내에서 이루어진 사실들입니다. 수많은 중국 지하교회 지도자들은 한국 선교사들을 통해서 성경을 배우겠다고 열성적입니다.

우리는 앞서 하나님께서 성전 측량을 하는 것을 통하여서 교회와 신자들을 구원에 이르도록 보호하시고 보존하신다는 것을 살펴보았습니다. 그리고 하나님은 이 세상에 사는 사람들에게 복음을 증거하기 위하여 그의 교회를 두 증인으로, 두 촛대로 세우셨다는 것을 보았습니다. 교회가 이 땅 위에 존재하는 것은 우리끼리 재미있게 오순도순 잘 살게 하기 위해서만은 아닙니다. 물론 우리들이 모여서 은혜를 받고, 교제도 나누고, 서로 격려하고 권면하는 내적인 일치와 단합에도 힘을 써야 하겠으나, 이렇게 힘을 얻고 세움을 입어서 정작 우리가 일을 해야 하는 곳은 바로 우리가 일주일 동안 살아가는 이 세상 속에서입니다. 교회는 이 세상의 구원을 위하여 세우신 하나님의 촛대이고, 증인입니다. 하나님께서는 교회의 이와 같은 사명을 잘 감당하도록 두 감람나무로 상징되는바 성령으로 기름 부으시며 도와주신다고 말씀했습니다.

그러나 오늘 우리가 읽은 본문에 이르게 되면 지상에서의 교회가 존재하지 않게 되는 때가 온다는 것을 보게 됩니다. 우리는 언뜻 들으면 교회가 이 세상에 존재하지 않을 때가 있다고 하면, 우선 우리 신자들에게 무엇인가 끔찍스러운 일이 일어난다는 말이 아닐까 하는 우려와 걱정부터 앞서게 될 것입니다. 그런데 오늘 본문 14절에 의하면 그것은 무엇보다 이 세상 사람들이 입게 되는 화요 재난이라고 하는 것입니다. 만약에 선한 이웃이 이사를 가거나 죽어버린다고 한다면, 그것은 남아 있는 이웃에게는 큰 손실이라고 할 수 있습니다. 그처럼 하나님의 교회가 이 땅 위에서 할 사명을 다 감당하고서는 없어진다고 하는 것은 이 세상 사람들에게 큰 재난이요, 그 무엇으로도 대체될 수 없는 큰 손실인 것입니다.

두 증인의 죽음(7-8절)

먼저 7절을 보시면 "그들이 그 증언을 마칠 때에 무저갱으로부터 올라오는 짐승이 그들과 더불어 전쟁을 일으켜 그들을 이기고 그들을 죽일 터인즉"이라고 말씀하고 있습니다. 두 증인이 증거를 마칠 때에 무저갱으로부터 올라오는 짐승이 그들과 더불어 전쟁을 일으켜서 그들을 이기게 되고 두 증인을 죽이게 될 것이라는 말씀입니다. 우리가 앞에서 두 증인이란 단지 두 사람의 특별한 메신저를 가리키는 것이 아니라 그리스도의 교회를 가리킨다고 말씀을 드렸는데, 이와 같은 해석이 옳다는 것은 7절을 보셔도 알 수 있습니다. 두 사람을 상대로 해서 박해를 가하고 폭력을 행사하여 죽이는 것을 우리는 전쟁이라고 표현하지는 않습니다.

그리고 무저갱이란 마귀의 소굴을 가리키며, 그곳에서 올라온 짐승은 사탄의 권세와 능력을 부여 받은 적그리스도적인 존재를 가리키는 것입니다. 문자 그대로의 사자나 표범 같은 짐승을 가리키는 것이 아닙니다. 사람이긴 사람이로되 그 영혼과 마음이 사탄의 세력에 의해서 지배를 받는 적그리스도의 화신을 가리키는 것입니다. 혹은 집단적으로 말하자면 하나님의 교회를 박해하고 완전히 잔멸할 적그리스도적인 정치권력을 가리키는 것입니다. 물론 오늘날의 정치를 무조건 선이다 악이라고 말할 수는 없습니다. 그러나 어느 때가 되면 히틀러나 마오쩌뚱 이상의 강력한 반 그리스도적인 지도자가 등장하게 될 것이며, 이 세상의 많은 사람들이 그를 추종하는 그런 시대가 올 수 있습니다. 현재 북한은 바로 그와 같은 통치 아래에 있습니다. 수 년 전에 북한에 들어가서 억류되었다가 나온 한국인 로버트 박 씨는 국경지역에서 "김정일 회개하고 북한동포를 해방하라"고 계속 이야기하니까 국경 수비대에 의해 입 주위를 집중적으로 구타당하게 되었고 "한 달 동안 입을 열 수 없을 정도였기 때문에 입에 호스를 끼워 음식물을 공급해야" 할 정도였다고 합니다. 그리고 억류되어 있는 동안 "성적고문 외에 여러가지 입에 담울 수 없는 고문을 당했다"고 고백했습니다. 중국이나 북한이나 공산주의 정권인 한은 반 기독교적일 수밖에 없습니다.

다시 본문으로 돌아갑니다. 두 증인으로 상징되는 하나님의 교회는 무저갱에서 올라온 짐승으로 상징되는 적그리스도적인 세력에 의해서 잔인하게 죽임을 당하게 되고, 심지어는 그 시체가 매장되지 못하고 "그들의 시체가 큰 성 길에 있으리니"라고 8절 상반절에 말씀하고 있습니다. 사람이 죽고 난 다음에 예를 갖추어 매장하는 것이 죽은 자에 대한 마지막 예의입니다. 따라서 사람이 죽은 후에 시체가 매장 되기는 커녕 길이나 산에 버려져서 짐승의 밥이 된다고 하는 것은 이미 죽은 자에게 가할 수 있는 가장 치욕적인 일인 것입니다(참고. 사 14:20, 렘 8:1-2). 이전에는 모세와 엘리야가 부여받았던 것과 같은 권세를 부여받았던 두 증인이 그토록 잔인하게 죽임을 당하고 큰 성의 대로변에 시체가 방치되어진다는 것은 하나님의 교회가 이 세상의 적대적인 세력들에 의해서 완전히 존재가 없어지게 되고, 큰 수치와 조롱을 당하게 된다는 것을 의미하는 것입니다. 그와 같은 때를 살아가는 성도들에게는 예수님을 믿는다고 고백하는 것이 결코 성공의 길도 아니고 자랑거리도 되지 못할 것입니다. 하나님의 교회가 겪을 마지막 시련의 때에는 죽기 살기로 십자가를 붙들고 믿음을 지켜야 할 때인 것입니다.

그런데 우리가 주의해서 보아야 할 것이 있습니다. 언제 그와 같은 일이 일어나게 되는가하는 것입니다. 사실 성도들의 마음에는 이제나 저제나 하면서 주님의 재림의 날을 고대하는 마음이 있습니다. 7절에 의하면 하나님의 교회가 사탄의 세력에 의해서 잔멸되고 완전히 숨통이 끊기며 수치를 입게 되는 것이 그들이 할 도리와 사명을 다하고 난 다음이라는 사실을 알게 됩니다. "그들이 그 증언을 마칠 때에"라고 시기를 밝히고 있는데, 증인은 교회의 사명인 복음전파를 의미하고, 마친다고 하는 것은 그들이 맡은 임무를 완수한다*teleioo*는 것을 의미합니다. 하나님의 교회나 개인 성도들이 이 세상에서 할 일이 남아 있는 한 그들을 죽이거나 그들을 활동하지 못하도록 막을 수 있는 권세는 사탄에게 없습니다. 그래서 어떤 사람은 사명자는 사명이 남아있는 한 불멸의 존재라고 말했습니다. 그들을 감옥에 가두어 놓는다고 하더라도 바울의 말과 같이 하나님의 말씀은 결코 매이는 법이 없이 담장을 넘고 궁궐 속 왕의 침전까지 침투해 들어갑니다. 그러나 하나님의 교회가 그 사명을 다 완수하고 나면 더 이상 이 죄악된 세상에 존재해야 할 이유가 없는 것입니다. 3절에 의하면 하나님의 교회가 복음 증거를 하도록 맡겨주신 기간은 1260일=42개월=3년 반일 것입니다. 그러나 그와 같은 기간이 다 차고 나면 이 세상에는 더 이상의 복음 전도의 기회를 남기지 아니하실 것입니다.

두 증인의 죽음에 대한 세상의 반응(9-10절)

두 증인이 잔인하게 죽임을 당하게 되자 이 세상에 속한 사람들, 불신앙의 사람들이 보이는 반응이 무엇입니까? 그들은 두 증인의 시체가 매장되지 못하고 큰 성의 넓은 거리에 방치되도록 함으로써 공적인 수치를 주게 될 것입니다. 그리고 8절에 의하면 두 증인이 죽임을 당한 큰 성이라고 하는 것을 눈에 보이는 한 성이 아니고 상징적인 의미에서 사용하고 있다는 것을 알 수가 있습니다. "그 성은 영적으로 하면 소돔이라고도 하고 애굽이라고도 하니 곧 그들의 주께서 십자가에 못 박히신 곳이라." 두 증인이 교회의 상징이듯이 큰 성도 다른 말로 해서 소돔, 애굽, 그리고 주님께서 십자가에 못 박히신 곳이라고 표현함으로써 적그리스도의 통치 아래에 있는 세상을 의미하는 것입니다. 그래서 레온 모리스와 같은 학자는 말하기를 "큰 성은 모든 성이며 동시에 아무 성도 아니다. 그것은 조직된 사회 속에 살고 있는 문명화된 사람을 가리킨다."라고 해석했습니다.57 하나님을 미워하고 진리보다는 거짓에 귀를 기울이고 유형무형의 우상들에 마음을 빼앗기는 세상 사람들을 상징하는 것입니다.

적그리스도의 지배 아래에 있을 세상 사람들은 하나님의 교회를 박해하고 잔해한 후에 심지어는 "땅에 사는 자들이 그들의 죽음을 즐거워하고 기뻐하여 서로 예물을 보내리라"고 10절 하반절에 기록하고 있습니다. 사람이 죽으면 조문을 가고 부의금을 전달하고 슬픈 척이라도 해야 할 터인데, 이 세상은 하나님의 교회가 잔멸되고 하나님의 백성들이 다 죽임을 당하는 데도 즐거워하고 기뻐할 뿐만 아니라 심지어는 서로 축하 예물까지도 보낼 것이라는 것입니다. 아마도 그들은 그 날을 기념하여 예수쟁이들을 다 없애버린 날, 교회가 문 닫은 날이라고 명명하며 절기를 만들지도 모르겠습니다.

그런데 멀쩡해 보이는 이 세상 사람들이 왜 그토록 두 증인의 죽음을 즐거워하고 경축하는 것일까요? 10절 상반절에 보시면 그 이유를 밝히고 있는데, 이는 하나님의 교회가 이 세상에 사는 사람들을 괴롭게 했기 때문입니다. 하나님의 백성들이 어떻게 세상 사람들을 괴롭혔다는 것입니까? 분명 하나님의 사람들은 선한 마음, 축복하는 마음을 가지고 사람들을 만나며, 그들의 영혼을 위하여 안타까워하며 복음을 전해 주는 것이 아니겠습니까? 그러나 사탄의 권세 아래에 사로잡힌 사람들에게는 우리의 전도가 도움이 되기보다는 귀찮게 하고 양심의 가책을 불러일으키고 혐오의 대상이 되곤 합니다. 아합은 엘리야를 보고서 이스라엘을 괴롭게 하는 자라고 하였습니다. 헤롯은 의를 외치는 세례 요한을 두려워하면서도 그 말씀을 즐겁게 들었습니다. 이처럼 영적 흑암 속에 살면서 죄의 낙을 즐기고 살고 있는 사람들에게는 십자가의 복음을 통하여 죄를 지적하는 메시지를 듣는 일과 말씀을 따라서 특이하게 살아가는 그리스도인이 존재한다는 사실 자체가 양심을 찌르는 가시처럼 통증을 느끼게 하고 걸림돌처럼 여겨지는 것입니다.

예수님께서는 십자가를 지시기 전날 밤에 제자들에게 분명히 경고하시기를 이 세상이 너희를 미워할 것이다. 왜냐하면 너희가 이 세상에 속하지 아니하고, 나에게 속했기 때문이라고 말씀하셨습니다. 그렇습니다. 이 세상 사람들은 지금도 어떤 때는 우리들을 인정하고 좋아하는 것 같아도, 우리가 '죄를 회개하고 예수 믿고 천당 가자' 그러면 무척 싫어합니다. 그리고 불의를 자행하고 죄를 재미있게 짓는 데에 동참하지 아니하면 '바보 등신'이라고 조롱하기를 마지않습니다. 그와 같은 적개심과 혐오감을 가진 이 세상이기에 하나님의 교회가 이 세상에서 없어지는 날이 오면 크게 잔치하고 즐거워할 수밖에 없는 것입니다. 하지만 그들이 서로 즐거워하고 예물을 주고받음은 그 얼마나 유치하고 어리석은 일입니까? 왜냐하면 그들을 괴롭게 만들더라도 참 구원의 길을 선포해 주고 진리의 말씀을 들려주는 하나님의 교회가 존재하고 있는 것이 그들에게는 구원의 기회가 되기 때문입니다. 그들을 구원하도록 보내심을 받은 은혜의 증인들이 다 제거되는 것을 즐거워하고 기뻐한다는 것은 스스로 완벽하게 구원의 기회를 차단하는 어리석은 행위인 것입니다.

두 증인의 부활과 이 세상의 결국 (11-13절)

그러나 교회는 그렇게 비극적으로 끝이 나지 않습니다. 11절을 한 번 보실까요? "삼 일 반 후에 하나님께로부터 생기가 그들 속에 들어가매 그들이 발로 일어서니 구경하는 자들이 크게 두려워하더라." 죽은 시체에 하나님의 생기가 들어가서 다시금 살아나게 하며 두 발로 일어서게 만드는 부활의 사건이 일어난 것입니다. 주님의 부활은 몇 몇 선택된 증인들에게만 보여진 것이지만, 두 증인의 부활 사건은 온 세상 사람들이 다 보도록 공개적으로 일어나게 될 것이라는 것입니다. 교회의 죽음을 두고서 이 세상이 그토록 즐거워하며 경축할 수 있는 대환난의 때는 불과 3일 반밖에 되지 않을 것이라고 말씀하고 있습니다. 하나님의 교회가 이 세상에서 은혜의 증인으로 존재하며 사명을 다하는 기간이 1260일이라고 했는데, 그 교회가 무저갱에서 올라온 짐승의 지휘를 받는 세상에 의해서 박해받고 잔멸 당하는 것이 불과 3일 반이라면 은혜의 시대에 비할 때 고난의 시기가 지극히 짧다는 것을 의미합니다.

이 세상이나 사탄이 사람들을 위협하는 것이 무엇인가 하면 "너희들 말 안 들으면 죽어! 살고 싶으면 내 말 들어!" 이렇게 생명을 위협하는 것입니다. 그런데 이 세상이 하나님의 교회에 대해서 생명을 빼앗았다고 기뻐했는데, 그들이 다시금 살아났으니 사탄과 세상이 가진 권세라는 것이 그 얼마나 헛된 것이겠습니까? 축하하고 즐거워하던 세상은 하나님의 성령으로 말미암아 다시금 소생하고 살아나는 하나님의 교회를 보면서 크게 두려워할 수밖에 없는 것이 당연한 것입니다. 하나님의 교회는 어려움을 당하고 박해를 받아 거꾸러뜨림을 당하게 되며 숨통이 끊기는 환난을 당할 수 있습니다. 그래서 이 세상의 조롱거리가 되고, 농담거리가 되며, 그 발아래 짓밟히는 수모를 당할 수 있습니다. 그러나 하나님은 자신의 교회가 그토록 수모를 당하는 것을 오랫동안 참아 보시지 않습니다. 3일 반이라고 하는 짧은 시간이 지나고 나면 하나님의 성령이 강력하게 역사하시어 그 교회를 소생시키시고 새롭게 요원의 불길처럼 일어나게 하시는 것입니다.

자신에게 부여된 사명을 다하다가 세상의 미움을 받고 죽임을 당한 하나님의 교회에 주시는 영광은 이것으로 그치지 아니하였습니다. 하나님은 세상에 의해서 공개적으로 수치를 입고 불명예를 입은 그들을 세상이 보는 앞에서 공개적으로 신원하시며 높이실 것입니다. 12절 말씀을 보시겠습니다. "하늘로부터 큰 음성이 있어 이리로 올라오라 함을 그들이 듣고 구름을 타고 하늘로 올라가니 그들의 원수들도 구경하더라." 하나님이 계시는 공중으로 끌어올려지는데, 문자적으로 휴거라는 단어를 써서 표현할 수 있습니다. 그러나 이것은 세대주의자들이 주장하듯이 비밀 휴거가 아니고, 만백성들이 보는 앞에서 이루어지는 휴거입니다. 이것은 진흙처럼 짓밟히던 자를 살리시고 높은 보좌 위에 왕으로 세우시는 것과 같은 영광을 입음과 승귀를 의미하는 것입니다. 그리고 뿐만 아니라 하나님을 미워하고 하나님이 보내신 은혜의 증인들을 죽이기까지 했던 이 세상에 대해서는 큰 심판이 뒤따르게 될 것입니다. 13절입니다. "그때에 큰 지진이 나서 성 십분의 일이 무너지고 지진에 죽은 사람이 칠천이라 그 남은 자들이 두려워하여 영광을 하늘의 하나님께 돌리더라." 이제까지는 하나님의 영광을 도무지 인정하지 않던 이 세상 사람들도 하나님의 영광을 인정하게 됩니다. 그러나 주의해야 할 것은 그들이 하나님께 영광을 돌려 드린다고 하는 것은 그들의 마음이 참으로 변화되어 하나님을 인정하게 된다는 말이 아닙니다. 이제까지는 하나님의 솜씨를 보고서도 반신반의하고 대적하기도 했는데, 더 이상 의심할 여지가 없을 정도로 하나님의 위대하심과 능력을 체험하게 되었고, 비록 마음으로 하나님을 인정하고 경배하는 것은 아니지만, 하나님의 영광을 인정한다는 것입니다. 우리가 어떤 사람에 대해서 좋지 않은 감정을 가지고 있지만, 그 사람의 재주나 기술, 그리고 지식의 탁월함에 대해서 인정해 줄 수 있듯이 말입니다.

이 시간에 우리가 읽고 나눈 말씀은 무엇입니까? 오늘날처럼 하나님의 복음을 자유로이 전파하면서 비록 이런 저런 어려움들은 있지만 비교적 평온한 시기를 보내는 호시절은 반드시 끝나게 되는 날이 온다는 것입니다. 잠깐이지만 하나님의 교회가 큰 고난과 시련의 용광로를 통과해야 하는 대환난의 시기가 온다는 것입니다. 그것은 나라나 지역에 따라 다를 것입니다만, 성경은 주님 재림 전에 아주 힘든 시기가 있을 것을 예언하고 있습니다.

그러나 더욱더 중요한 것이 무엇입니까? 하나님께서는 그 시기를 지극히 짧게 한정하여 주실 것이며, 마침내는 하나님의 백성들을 신원하시며 이 세상 앞에서 영광으로 옷입혀 주실 날이 반드시 온다고 하는 것입니다. 우리는 가능하다고 이 세상 일락에 빠지고 한가하고 안일하게 살아서는 안 됩니다. 미래를 대비하기 위해서 근신하고 허리에 띠를 띠고 존절하게 살아야 할 때입니다. 누가복음 21장 34-36절에 보시면 주님께서는 "너희는 스스로 조심하라 그렇지 않으면 방탕함과 술 취함과 생활의 염려로 마음이 둔하여지고 뜻밖에 그 날이 덫과 같이 너희에게 임하리라. 이 날은 온 지구상에 거하는 모든 사람에게 임하리라. 이러므로 너희는 장차 올 이 모든 일을 능히 피하고 인자 앞에 서도록 항상 기도하며 깨어 있으라 하시니라."라고 경고하고 있습니다.

그리고 교회나 개개 그리스도인들이 맡은 사명은 이 세상 속에서 예수 그리스도가 성취한 구속의 은혜를 증언하는 증인의 사명을 감당해야 한다는 것입니다. 교회가 전도와 선교에 초점을 맞추고 물심양면으로 투자하고 성도들이 직접적으로 현장에 참여하는 것은 하나님을 기쁘시게 하는 일입니다. 교회나 개인이나 그렇게 할 때에 마음에 고상한 기쁨과 만족이 있습니다. 형편이 안 되어 가지 못하면 물질적으로 돕고 기도로 도와야 합니다. 이 일에 초점을 맞출 때에 하나님께서는 다른 필요를 채워주실 것입니다. 만복을 아끼시지 않을 것입니다. 마지막으로 두 증인의 죽음과 부활 승천을 보면서 고난의 역사 가운데 있는 중국과 북한의 지하교회를 생각합니다. 72년 동안 공산주의 치하에 있었던 소련이 무너지고 러시아 땅에는 복음이 자유로이 전파되고 있습니다. 물론 역사적으로 살펴보면 1917년 볼셰비키 혁명이 일어나기 전의 러시아 정교회의 영적 도덕적 상태는 최악이었습니다. 그런데도 하나님은 72년이라는 시간이 지나고 나서 러시아 땅에 교회의 소생을 허락해 주셨습니다. 요한계시록 11장에서 살펴본 말씀의 예표적인 선취라고 할 수 있습니다. 이제 동방의 예루살렘이라고 불리었던 평양과 북한에도 공산주의 정권이 무너지고 복음전파와 신앙의 자유가 회복되기를 원합니다. 장대현 교회, 산정현 교회가 있었던 자리에 교회들이 세워지고, 주기철 목사님이 매장된 돌박산이 성도들의 신앙 유적지 탐방지가 되어질 날이 오기를 위해서 기도하십시다. 북한에도 교회의 소생케 됨이 있게 해달라고 말입니다.

32

일곱 번째 나팔 소리

일곱째 천사가 나팔을 불매 하늘에 큰 음성들이 나서 이르되 세상 나라가 우리 주와 그의 그리스도의 나라가 되어 그가 세세토록 왕 노릇 하시리로다 하니 하나님 앞에서 자기 보좌에 앉아 있던 이십사 장로가 엎드려 얼굴을 땅에 대고 하나님께 경배하여 이르되 감사하옵나니 옛적에도 계셨고 지금도 계신 주 하나님 곧 전능하신 이여 친히 큰 권능을 잡으시고 왕 노릇 하시도다 이방들이 분노하매 주의 진노가 내려 죽은 자를 심판하시며 종 선지자들과 성도들과 또 작은 자든지 큰 자든지 주의 이름을 경외하는 자들에게 상 주시며 또 땅을 망하게 하는 자들을 멸망시키실 때로소이다 하더라 이에 하늘에 있는 하나님의 성전이 열리니 성전 안에 하나님의 언약궤가 보이며 또 번개와 음성들과 우레와 지진과 큰 우박이 있더라(계 11:15-19).

대통령 선거철이 되면 어떤 사람이 대통령이 되려나 관심들을 많이 기울입니다. 그리고 새로운 대통령이 취임하게 되면 국민들은 저마다 기대를 해 봅니다. 그런데 우리가 살아 생전에 목도한 바 놀라운 정치적인 사건이 무엇인가 하면 공산주의를 표방하던 소련과 동유럽의 변화일 것입니다. 특히 우리나라처럼 한 나라가 두 개의 나라로 분단되어 있던 독일의 통일은 우리들에게 많은 교훈을 주고 있습니다. 1990년 10월 3일에 정식적으로 동독과 서독으로 분단된 독일이 통일되었지만 한 해 앞서 분단의 상징이었던 베를린 벽이 무너져 내렸습니다. 1985년에 소련의 집권자로 등장한 고르바초프가 개혁 개방 정책을 추진하자이에 영향을 받은 동독 주민들은 개혁을 요구하게 되었으나 동독 정부가 이를 수용하지 않자 동독 주민들은 대규모로 서독으로 탈출을 시도하게 된 후에 이런 일이 결과되었습니다. 결국 이러한 흐름을 막지 못하면서 1989년에 베를린 장벽이 무너지게 되었고, 통일 분위기가 급속히 조성되면서 1990년 10월 3일 서독이 동독을 흡수하는 형태로 독일 통일이 완성되었습니다.

독일 통일의 기초를 마련한 사람은 빌리 브란트 서독 총리입니다. 그는 냉전 시기였던 1969-1974년까지의 재임 기간 동안 성급한 통일보다는 동독을 국가로 인정하는 1민족 2국가 체제를 공식적으로 내세워 동독과의 교류를 위해 아낌없는 지원을 하였습니다. 즉, 동독에 교통비, 통신비 등의 지원을 하거나 동독이 파산 위기에 몰렸을 때 수조 원에 이르는 차관을 제공하기도 하였습니다. 뿐만 아니라 그는 동유럽 국가들과의 관계를 안정시키기 위해 폴란드, 체코, 루마니아, 헝가리 등을 방문하였고, 특히 폴란드의 아우슈비츠에서 독일이 유대인들과 세계에 행한 범죄에 대해 무릎 꿇고 사과하여 동유럽 국가들의 호의를 얻게 되었습니다. 또 독일의 대표적인 자동차인 폭스바겐 공장을 동독으로 이전시켜 동독에 경영 기술 등을 전해주기도 하였습니다. 이렇게 한 사람의 탁월한 리더십에 의해서 독일 통일의 기초가 마련되었고 결과적으로는 독일 통일이 이루어지게 된 것입니다. 특히 공산주의가 자유민주주의에 흡수되는 형태로 통일이 이루어지므로 오랫동안 공산주의 치하에서 정신적으로 육신적으로 고생하던 동독 사람들에게는 자유 해방의 날이 되었습니다. 이 날이 오도록 많은 이들이 기도했지만 마지막에는 라이프치히 촛불 기도회와 같은 국민적인 대망이 있었습니다.

오늘 우리들은 자유로운 사회에 살고 있지만 영적으로 말하자면 적진에 살고 있는 것 같은 고통과 불편함을 느끼곤 합니다. 우리 성도들의 마음 가운데도 눈을 들어 '주의 나라가 어서 임하시옵소서'라고 하는 탄식이 있을 수밖에 없습니다. 대구 비산동 교회를 시무하셨던 김치

영 목사님이라는 분이 있습니다. 암으로 작고하신 분인데 그의 아들 김동건 교수가 암 판정을 받고 난 후 아버지와 보낸 이야기들을 엮어서 『빛, 색깔, 공기- 우리가 죽음을 대할 때』라는 책을 출판했습니다.[58] 김치영 목사님은 죽음을 담담하게 받아들이셨습니다. 손수 관도 정하기도 했습니다. 그리고 자신의 장례식에는 모두 손을 잡고 "삼천리 반도 금수강산 하나님 주신 동산 일하러 가세 일하러 가" 찬송을 부르도록 주문했습니다. 그리고 그의 묘비에는 "나라가 임하옵시며"라는 주기도문의 한 구절을 새겨 넣도록 했습니다. 이처럼 우리 그리스도인들은 이 세상에 살면서 하나님의 나라가 속히 임하기를 대망하는 마음을 가지고 있습니다. 그런 오늘 우리가 읽은 본문에 보면 드디어 주님의 나라가 이 땅 위에 임한다고 하는 환상을 보여주고 있습니다.

일곱째 천사가 나팔을 불매

15절에 보시면 "일곱째 천사가 나팔을 불매"라고 말씀하고 있는데, 앞에 있는 14절을 보시면 "둘째 화는 지나갔으나 보라 셋째 화가 속히 이르는도다."라고 말씀하고 있습니다. 그러니까 일곱째 천사의 나팔을 불면 세 번째 화가 임한다는 뜻입니다. 세 가지의 화가 무엇인지 확인하시기 위해서는 8장 13절과 9장 12절을 다시 보실 필요가 있습니다. 8장 13절에 보면 "내가 또 보고 들으니 공중에 날아가는 독수리가 큰 소리로 이르되 땅에 사는 자들에게 화, 화, 화가 있으리니 이는 세 천사들이 불어야 할 나팔 소리가 남아 있음이로다 하더라"고 말씀하신 후에 다섯 번째 재앙인 황충 재앙이 소개되는 것으로 보아 첫째 화는 황충 재앙을 가리킵니다. 그리고 9장 12절에 가면 "첫째 화는 지나갔으나 보라 아직도 이후에 화 둘이 이르리로다."라고 말씀한 후에 여섯 번째 나팔 재앙이 임합니다. 마병대 2억이 동원되는 큰 전쟁에 대한 재앙이 여섯 번째 나팔 재앙의 주요 내용이었습니다. 그러고 나서 이제 "보라 셋째 화가 속히 이르는도다."(11:14)라고 말씀하신 후에 "일곱째 천사가 나팔을 불매"라고 말씀하고 있습니다. 셋째 화는 바로 일곱째 나팔 소리가 울려 퍼질 때에 일어날 일들을 가리키는 것입니다.

그러면 일곱째 천사가 나팔을 불매 어떤 일이 일어나게 되었는지를 살펴 보십시다. 15절에 이어지는 말씀에 보시면 "하늘에 큰 음성들이 나서 이르되 세상 나라가 우리 주와 그의 그리스도의 나라가 되어 그가 세세토록 왕 노릇 하시리로다."라고 말씀합니다. 우리가 함께 상상을 해 보십시다. 일곱째 천사가 나팔을 불었습니다. 그랬더니 사도 요한의 눈에 어떤 환상이 보이는가 하면 하늘에서 큰 음성들이 요란스럽게 들립니다. 이 큰 음성들은 하늘에 존재하고 있는 하나님의 백성들과 피조물들 그리고 천사들을 포함한 모든 구성원들이 내는 소리라고 보면 좋겠습니다. 그리고 그런 음성들은 크기만 한 것이 아니라 분명한 내용을 담고 있다는 것을 주의해야 합니다. 소리가 얼마나 크냐가 중요한 것이 아니라 그렇게 큰 소리로 전달되는 메시지의 내용이 무엇이냐가 더욱 더 중요한 것입니다. 하늘에서 들려오는 큰 음성의 내용은 바로 "세상 나라가 우리 주와 그의 그리스도의 나라가 되어 그가 세세토록 왕 노릇 하시리로다"는 것이었습니다.

세상 나라는 단수로 되어 있습니다. 이는 이 세상에 존재했던 수많은 나라들이 존재했지만 다 한통속이라는 말입니다. 그 성격과 소속이 동일합니다. 사탄에게 속한 나라인 것입니다. 인간들이 다양하게 다스리는 것 같아도 사탄에게 속한 나라들이라는 말입니다. 물론 세상에는 하나님을 믿고 하나님의 뜻대로 살고자 하는 정치가들이 있고 기독교적 가치에 근거하여 움직이는 나라들이 있습니다. 그런 나라는 하나님의 통치를 미리 맛보고 있는 것이라고 볼 수 있습니다. 그러나 요한계시록에서 보면 세상 끝이 될수록 오히려 하나님을 대적하는 세력이 강해질 것을 말씀해 줍니다. 그렇다고 하더라도 이 악한 세상이 하나님을 대적하고 하나님의 교회와 성도들을 잔멸하려고 하는 시도를 하는 데는 성해진 시간이 있다고 하는 것입니다. 결국은 오늘 말씀과 같이 이 세상 나라가 주와 즉 하나님 아버지와 그의 그리스도의 나라가 되어지며 그가 세세토록 왕 노릇 하시는 날이 오게 되는 것입니다. 이것이 이 세상에 대해서는 엄청나게 큰 화가 되는 것입니다. 그들이 누리고 있던 권력을 다 빼앗기기 때문입니다.

성경에 보면 이와 같이 하나님의 나라가 이 땅 위에 임할 것에 대해서 많은 예언들이 주어져 있습니다. 원시복음*Proto-evangelium*이라고 하는 창세기 3장 15절에서도 이미 사탄의 권세를 주님께서 박살내실 것에 대해 예언해 주고 있습니다. "내가 너로 여자와 원수가 되게 하고 네 후손도 여자의 후손과 원수가 되게 하리니 여자의 후손은 네 머리를 상하게 할 것요 너는 그의 발꿈치를 상하게 할 것이니라 하시고." 다니엘 7장 13-14절에 보면 "내가 또 밤 환상 중에 보니 인자 같은 이가 하늘 구름을 타고 와서 옛적부터 항상 계신 이에게 나아가 그 앞으로 인도되매 그에게 권세와 영광과 나라를 주고 모든 백성과 나라들과 다른 언어를 말하는 모든 자들이 그를 섬기게 하였으니 그의 권세는 소멸되지 아니하는 영원한 권세요 그의 나라는 멸망하지 아니할 것이니라."고 예언되어 있습니다. 그리고 빌립보서 2장 9-11절에서는 "이러므로 하나님이 그를 지극히 높여 모든 이름 위에 뛰어난 이름을 주사 하늘에 있는 자들과 땅에 있는 자들과 땅 아래에 있는 자들로 모든 무릎을 예수의 이름에 꿇게 하시고 모든 입으로 예수 그리스도를 주라 시인하여 하나님 아버지께 영광을 돌리게 하셨느니라."

이처럼 나라라는 것은 통치권, 지배권, 주권이 통한다는 의미를 가지고 있습니다. 하나님을 대적하고 하나님의 일을 방해하던 이 세상이 하나님과 그리스도의 주권 하에 굴복하게 되는 날이 오게 될 것입니다. 시편 2편 8절 이하에 보시면 "내게 구하라. 내가 이방 나라를 네 유업으로 주리니 네 소유가 땅 끝까지 이르리로다. 네가 철장으로 그들을 깨뜨림이여 질그릇 같이 부수리라 하시도다. 그런즉 군왕들아 너희는 지혜를 얻으며 세상의 재판관들아 너희는 교훈을 받을지어다. 여호와를 경외함으로 섬기고 떨며 즐거워할지어다. 그의 아들에게 입맞추라 그렇지 아니하면 진노하심으로 너희가 길에서 망하리니 그의 진노가 급하심이라 여호와께 피하는 모든 사람은 다 복이 있도다."라고 말씀하고 있습니다. 온 세상을 다스리시며 물이 바다 덮음 같이 여호와를 인정하는 지식이 온 세상을 가득히 덮게 될 그 날이 오게 될 것입니다.

우리는 이와 같은 그리스도의 왕노릇 하심에 대해서 헨델의 메시아를 통해서 가슴 벅차게 들을 수 있습니다. 전곡을 연주하는데 2시간이 넘게 걸리는 대작 메시아를 헨델은 24일만에 작곡을 했습니다. 침식을 잊은 채 매어 달렸고 큰 은혜의 체험을 하면서 작곡을 했습니다. 초연 때에 42번 할렐루야 연주를 들으면서 영국 왕이 자리에서 벌떡 일어난 연고로 해서 할렐루야를 합창할 때에는 일어나서 듣는 것이 관례가 되었습니다. 이러한 경외심의 표현은 합창단이나 오케스트라에 대한 것도 작곡자 헨델에 대한 것도 아닙니다. 할렐루야 합창곡이 가리키고 있는 바로 그 위대하신 왕 하나님께 존경과 경배심을 돌려 드리는 것입니다. 우리가 할렐루야를 연주하거나 들을 때에 그 메시지는 잊어버리고 곡의 장엄함에 마음을 빼앗긴다면 그야말로 넌센스일 것입니다. 그렇게 하는 것은 작곡자 헨델에 대한 모독이기도 합니다. 우리는 이런 찬양을 들으면서 고개를 들어야 합니다. "그렇다. 지금 세상은 너무나 어두워 보여도 전능하신 하나님께서 다스리고 계시고 곧 이 세상 나라를 하나님의 나라, 그리스도의 나라가 되게 하실 것이다"라고 하는 메시지에 감동을 받으셔야 옳습니다.

24장로들의 화답송

이렇게 크고 장엄한 소리를 통해서 주님의 나라가 이루어짐이 선포되자 하나님 앞에 앉아있던 이십사 장로들이 자리에서 일어나서 하나님 앞에 엎드려 얼굴을 땅에 대고 하나님께 경배를 드리기 시작했습니다. 다시 말씀드리자면, 이것이 바로 예배입니다. '하나님의 임재 앞에서 하나님의 위대하심을 인하여 엎드려 절하는 것' 이것이 워십worship입니다. 그저 우리 인간의 기분에 따라 시끄러운 음악 소리에 펄쩍 펄쩍 뛰는 것이 워십이 아니란 말입니다. 정말 하나님의 임재를 느끼고 하나님의 하나님 되심으로 인해서 그렇게 하고 있느냐를 젊은이들은 늘 물어 보아야 합니다. 앞서도 말씀드렸지만 24장로는 구속받은 하나님의 백성들을 대표하는 숫자입니다. 환상이라는 점을 기억하십시다. 아무튼 구속 받은 하나님의 백성들이 무엇이라고 하나님 앞에 찬양을 드리는가를 보십시다.

17절을 다시 한 번 보실까요? "이르되 감사하옵나니 옛적에도 계셨고 지금도 계신 주 하나님 곧 전능하신 이여 친히 큰 권능을 잡으시고 왕 노릇 하시도다." 우선 24장로들이 하나님께 대하여 무엇이라고 호칭하고 있는지를 보시기 바랍니다. "옛적에도 계셨고 지금도 계신 주 하나님 곧 전능하신 이여"라고 했지요. 1장 8절을 읽어 드릴테니 차이가 무엇인지 확인해 보시기 바랍니다. "주 하나님이 이르시되 나는 알파와 오메가라 이제도 있고 전에도 있었고 장차 올 자요 전능한 자라 하시더라." 이 구절에서는 "장차 올 자요"가 빠진 것을 아시겠습니까? 그렇다면 왜 생략한 것일까요? 11장 본문에서는 이미 하나님께서 오셨기 때문입니다. 친히 강림하셔서 무엇을 하신다구요? "친히 큰 권능을 잡으시고 왕 노릇 하시도다." 그렇습니다. 하나님께서 인류의 역사 가운데 가시적으로 임하시어서 큰 권능을 행사하시면서 왕노릇 하시는 때이기 때문에 "장차 올 자요"라는 하나님 칭호가 빠진 것입니다. 고린도전서 15장 28절에 "만물을 그에게 복종하게 하실 때에는 아들 자신도 그때에 만물을 자기에게 복종하게 하신 이에게 복종하게 되리니 이는 하나님이 만유의 주로서 만유 안에 계시려 하심이라."고 말씀하고 있는 바로 그 것입니다.

그리고 이어지는 18절을 함께 보시겠습니다. "이방들이 분노하매 주의 진노가 내려 죽은 자를 심판하시며 종 선지자들과 성도들과 또 작은 자든지 큰 자든지 주의 이름을 경외하는 자들에게 상 주시며 또 땅을 망하게 하는 자들을 멸망시키실 때로소이다 하더라." 하나님의 왕권이 만천하에 공적으로 드러나게 되면 무슨 일이 일어난다고 말씀하는지를 이 구절에서 주목해 보십시다. 우선은 주님의 진노가 죽은 자에 임하여 심판하신다고 했습니다. 요한계시록에서 죽은 자란 불신자들을 가리킵니다. 하나님께서 불신자들에게 진노를 내리사 심판하시는 이유가 무엇입니까? 물론 불신앙 때문인데, 18절을 시작하면서 하신 말씀을 보시면 "이방들이 분노하매"라고 했으니 여기서 그 이유를 찾아야 합니다. 하나님의 진노가 그들 위에 내리는 이유는 그들이 분노하기 때문입니다. 누구에게 분노한다는 말일까요? 시편 2편 1-6절을 보시면 이것이 무엇을 의미하는지를 잘 설명해 주고 있습니다.

어찌하여 이방 나라들이 분노하며 민족들이 헛된 일을 꾸미는가? 세상의 군왕들이 나서며 관원들이 서로 꾀하여 여호와와 그의 기름 부음 받은 자를 대적하며 우리가 그들의 맨 것을 끊고 그의 결박을 벗어 버리자 하는 도다. 하늘에 계신 이가 웃으심이여 주께서 그들을 비웃으시리로다. 그때에 분을 발하며 진노하사 그들을 놀라게 하여 이르시기를 내가 나의 왕을 내 거룩한 산 시온에 세웠다 하시리로다.

왜 불신 영혼들에게 진노가 내려집니까? 그들이 하나님을 대적하고 하나님이 세우신 그리스도를 영접하지 않았기 때문입니다. 지금도 세상은 신자들을 싫어할 뿐 아니라 하나님을 싫어합니다. 하나님께 순종하거나 예수 그리스도를 영접하고 싶지 않기 때문입니다. 하나님께서는 그렇게 살다가 인생을 끝낸 이 세상이나 이 세상 나라에 진노를 내리셔서 심판하실 것입니다. 호리라도 남김 없이 다 갚게 하실 것입니다.

그리고 18절 끝을 보시면 "또 땅을 망하게 하는 자들을 멸망시키실 때로소이다."는 말씀이 있습니다. 하나님의 최후 심판이 이 땅과 사람들에게 임하는 것은 그냥 영문을 모를 일이 아닙니다. 이 땅을 망하게 하는 자들이 있습니다. 그들은 바로 하나님을 대적하는 자들이고 말씀에 귀를 기울이지 않는 자들입니다. 옛적에 가나안 원주민들이 우상숭배하면서 음란하게 사니까 땅이 토해내고, 이스라엘 백성들이 구별된 삶을 살지 아니하고 땅을 더럽게 하니까 결국은 가나안에서 쫓겨나는 것을 기억해 보시기를 바랍니다. 지금도 이 세상을 망하게 하는 자들이 있습니다. 무분별하게 지구 환경을 착취하여 북극의 눈물이다, 아마존의 눈물이라는 프로그램을 만들게 하는 자들이 있습니다. 뿐만 아니라 영적으로 도덕적으로 무서운 바이러스를 퍼트리는 자들이 있습니다. 이런 자들이 바로 땅을 망하게 하는 자들입니다. 그러나 전능하신 하나님께서는 심판의 날에 이런 자들을 다 멸망시키시겠다고 말씀하고 있습니다. 존재가 멸절된다는 말이 아닙니다. 지옥불에 던져 넣어 영원토록 고통을 당하게 하시겠다는 말씀입니다.

반면에 하나님의 나라가 임하면 악인에 대한 심판만 있는 것이 아닙니다. 18절 중반절을 보시면 하나님의 백성들에 대한 말씀도 있습니다. "종 선지자들과 성도들과 또 작은 자든지 큰 자든지 주의 이름을 경외하는 자들에게 상 주시며"라는 말씀 말입니다. 나라를 새롭게 세우고 나면 논공행상(論功行賞)이 있듯이 하나님께서는 선지자들과 성도들에게 상을 주실 것입니다. 작은 자든지 큰 자든지 가리지 아니하시고 상급을 주실 것입니다. 눈에 보이는 대단한 일을 한 사람만 아니라 눈에 보이지 않더라도 신실하게 주님을 섬긴 자들에게 상주실 것입니다. 어떻게 보면 눈에 보이는 큰 일들을 하고 이 땅 위에서 상을 받고 칭찬을 많이 받고 나면 천국에 가서 도리어 작은 상을 받을 것입니다. 우리가 마지막 시상식에서 참 많이 놀라게 될 것입니다. 아무튼 중요한 것은 큰 자든 작은 자든 그들은 다 주님의 이름을 경외하는 자로서 그런 일들을 하는 자여야 한다고 하는 것입니다. 어떤 분들은 고상해서, 혹은 고상한척 하면서 "무슨 상급이 필요합니까? 천국에 가면 충분하지요"라고 말합니다. 그러나 오늘 본문에도 상에 대한 말씀을 하셨고, 요한계시록 22장 12절에도 보시면 "보라 내가 속히 오리니 내가 줄 상이 내게 있어 각 사람에게 그가 행한 대로 갚아 주리라."고 말씀하고 있습니다.

왜 우리가 힘들고 어려워도 세상 사람들처럼 마음대로 자행자지하면서 살아가지 않습니까? 왜 우리는 느슨하고 안일하고 이기적으로 신앙생활하는 이들도 많은 세상에서 주님의 교회를 위해서 기도하고 봉사해야 합니까? 왜 가슴앓이하면서 그렇게 해야 합니까? 이는 우리가 하는 일이 헛되지 않기 때문입니다. 고린도전서 15장 58절에 보면 "그러므로 내 사랑하는 형제들아 견실하며 흔들리지 말고 항상 주의 일에 더욱 힘쓰는 자들이 되라 이는 너희 수고가 주 안에서 헛되지 않은 줄 앎이라."고 말씀하시고, 요한계시록 14장 13절에는 "또 내가 들으니 하늘에서 음성이 나서 이르되 기록하라 지금 이후로 주 안에서 죽는 자들은 복이 있도다 하시매 성령이 이르시되 그러하다 그들이 수고를 그치고 쉬리니 이는 그들의 행한 일이 따름이라 하시더라."고 말씀하고 있습니다. 우리는 바울이나 모세처럼 하나님의 상주시는 날이 있음을 기억하고 우리의 믿음의 순종과 봉사를 더욱더 힘써야 할 것입니다.

열려진 하나님의 성전(19절)

이제 마지막 19절을 읽어 보시겠습니다. "이에 하늘에 있는 하나님의 성전이 열리니 성전 안에 하나님의 언약궤가 보이며 또 번개와 음성들과 우레와 지진과 큰 우박이 있더라." 우리가 앞서 살펴본 하나님 나라의 도래는 아직 환상 중에 선취되는 것이기 때문에 아직 환난 중에 있는 성도들에게 반드시 이 환상대로 된다는 점을 보여주시기 위해서 하나님은 요한에게 하늘에 있는 하나님의 성전을 열어 보여 주셨습니다. 성전은 하나님의 임재의 장소입니다. 그리고 그 열려진 성전을 보니 그 안에 무엇이 보이는가 하면 "하나님의 언약궤"가 보였다고 했습니다. 그리고 "번개와 음성들과 우레와 지진과 큰 우박"이 있더라고 했습니다. 광야시절 동안 언약궤는 하나님의 임재의 상징이었습니다. 특히 언약궤 안에는 신실하신 하나님의 율법이 기록된 돌비가 들어 있었고, 위에는 속죄소와 그룹 천사 둘이 놓여져 있었고 그 사이로 하나님의 음성이 들려왔습니다. 이 언약궤가 이스라엘 백성 가운데 있는 것은 곧 하나님의 통치가 현존한다는 상징이었습니다. 정말 그들이 믿음으로 순종하고 따라갈 때에 승리가 있었고 아무도 그들을 막을 수 없었습니다. 그러하였기에 언약궤는 신실하고 능하신 하나님이 주신 상징물이어서 말로 표현할 수 없는 위로를 이스라엘 백성들에게 주었습니다.

우리가 구약성경 역사서에서 유다의 멸망사를 읽다보면 성전이 바벨론에 의해서 불타 없어진 것을 말씀하고 있는데 언약궤의 행방에 대해서는 아무 말도 하지 않고 있음을 보게 됩니다. 구약 외경 마카비 2서에 보면 예레미야 선지자가 언약궤와 분향단을 감추어 버렸다고 기록하고 있습니다(2:7-8). 물론 역사적으로 그런지 우리는 알 수 없는 일입니다. 그러나 중요한 것은 땅 위에 있던 그 언약궤가 아니라, 지금 하늘의 성전에 있는 언약궤입니다. 땅 위에 있던 성전은 하늘 참 성전의 예표였듯이, 조각목으로 만들고 금으로 도금하여 만든 땅 위의 언약궤도 하늘에 있는 언약궤의 예표에 불과한 것입니다. 하나님은 신약 성도들에게도 언약궤를 주셨습니다. 그것은 성령 안에서 우리가 하나님의 보좌 앞에 나아가는 것입니다. 이 땅 위에서 어떤 형편에 있든지 우리는 하나님의 말씀을 붙잡고 믿음으로 지성소에 들어가서 하나님의 시은좌 앞에 우리의 모든 사연을 아뢸 수가 있고 우리의 짐을 맡길 수가 있습니다. 하나님의 시은좌 앞에서 생사화복이 결정나는 것입니다.

그리고 바로 그 성전에는 하나님을 대적하는 자들을 심판하실 각종 도구들인 번개, 음성, 우레, 지진, 큰 우박 등이 준비되어 있는 것도 보여 주시었습니다. 우리들의 기도를 들으시고 이 세상에 대해 심판을 수행하시는 하나님입니다. 그리고 이제나 저제나 하면서 주님의 강림을 고대하고 있는 성도들을 위해서 최종 심판을 준비하고 계시는 하나님이신 것을 우리가 시은좌 앞에 들어가 보면 알게 되는 것입니다.

33

여자와
용

하늘에 큰 이적이 보이니 해를 옷 입은 한 여자가 있는데 그 발 아래에는 달이 있고 그 머리에는 열두 별의 관을 썼더라 이 여자가 아이를 배어 해산하게 되매 아파서 애를 쓰며 부르짖더라 하늘에 또 다른 이적이 보이니 보라 한 큰 붉은 용이 있어 머리가 일곱이요 뿔이 열이라 그 여러 머리에 일곱 왕관이 있는데 그 꼬리가 하늘의 별 삼분의 일을 끌어다가 땅에 던지더라 용이 해산하려는 여자 앞에서 그가 해산하면 그 아이를 삼키고자 하더니 여자가 아들을 낳으니 이는 장차 철장으로 만국을 다스릴 남자라 그 아이를 하나님 앞과 그 보좌 앞으로 올려가더라 그 여자가 광야로 도망하매 거기서 천이백육십 일 동안 그를 양육하기 위하여 하나님께서 예비하신 곳이 있더라(계 12:1-6).

한국장로교회의 종말론을 잘 이해하려면 초대 교회의 길선주 목사님(1869-1935)의 종말론을 공부해 보아야 합니다. 길목사님은 1907년에 평양장로회신학교 1회 졸업생으로서 장대현교회 담임목사가 되었습니다. 그리고 1919년 3월 1일 대한독립만세 사건 때 민족지도자 33명 중 1인으로 도장을 찍기도 했습니다. 그 때문에 1년 7개월을 옥고를 치루었지만, 국가는 공을 늦게 인정해서 2009년 8월 15일에야 건국훈장 독립장을 추서했습니다. 길목사님이 종말론에 관심을 가지게 된 것은 기미년 독립선언 사건으로 감옥에 수감되어 요한계시록을 1만독을 하게 되면서부터입니다. 그리고 1931년부터 말세에 대해서 대단히 강조를 많이 하고 다녔습니다. 그는 새벽에 기도하고 나서 요한계시록 스물 두장을 다 암송한 것으로도 유명합니다. 그는 1935년 11월 20일 평안남도 강서군 고창교회 사경회 인도하다가 소천하셨는데, "어떻게 말할 수 없는가? 어느 시에 말할 수 있는가? 입이 있어도 어찌 더할 수 있는가? 평양에 들어가지 않으리라."라는 글을 남겼습니다. 길선주 목사님의 종말론 해석은 당시 선교사들도 권위를 인정해 주었다고 합니다. 그리고 많은 부흥회를 통해서 그의 말세론이 일제강점기 한국성도들과 목회자들의 종말론 해석의 주류를 형성하게 되었습니다. 그런데 문제가 있습니다. 길목사님의 종말론이 종말에 대한 긴박한 의식을 불러 일으키고 고난 중에 있는 한국교회 성도들의 신앙을 굳세게 만든 점은 인정해야 하는데, 그의 종말론은 비성경적이고 비개혁주의적인 세대주의에 의해서 형성되었다고 하는 것입니다. 길목사님의 종말론이 그렇게 된 것은 초대 선교사들의 영향과 중국에서 들어온 기독교 서적의 영향을 많이 받았기 때문입니다.[59]

요한계시록을 바르게 해석하는 것이 얼마나 어려우면 아우구스티누스나 루터와 칼뱅이 요한계시록 주석을 남기지 않았고 설교를 했다는 기록도 읽어본 바가 없습니다. 하지만 요한계시록은 우리 신자들의 유익을 위해서 주신 책이니 덮어 놓을 수도 없는 일입니다. 그래서 요한계시록을 잘 이해하는 것이 너무나 중요할 터인데 같은 장로교 교단 안에 있어도 너무나 다양한 해석들이 존재한다는 것이 문제입니다. 그러나 길 목사님이 선도적으로 소개한 세대주의적 해석은 문제가 있습니다. 우리는 개혁주의적인 해석을 안전한 길잡이로 삼고 있습니다. 이제 우리는 요한계시록 12장에 들어왔습니다. 총 22장이니 이제 후반부에 들어온 셈입니다. 요한계시록 전체의 틀을 잘 이해하는 것이 중요합니다. 요한계시록은 혹자가 말한 대로 지극히 아름다운 문체로 서서히 내용이 밝혀져 가는 책이며, 각 단원은 정확하게 배열되어 있습니다. 요한계시록은 총 7단원으로 나누어집니다. 1-3장, 4-7장, 8-11장, 12-14장, 15-16장, 17-19장, 20-22장 등입니다. 그런데 이 일곱 단원은 초림에서 시작해서 재림으로 끝을 맺는 공통점을 가지고 있습니다. 물론 서술된 내용은 꼭 같지를 않고 초림에서 재림까지의 풍성함을 각자 다른 방식으로 표현해 주고 있습니다. 그리고 마지막 단원에 갈수록 재림에 대한 내용이 분명해지는 특징이 있습니다.

지금 읽은 요한계시록 12장은 네 번째 단원을 시작하는 장입니다. 각 단원이 초림부터 재림까지 포함하고 있다고 했으니, 이 단원에도 초림으로부터 시작하는 것이 당연할 것입니다. 12장 초반부를 보시면 예수 그리스도의 탄생과 승천 등을 언급하고 있는 것을 볼 수가 있습니다. 오늘 본문에 보면 주인공은 여자와 용입니다.

천상적인 기원을 가진 여자

먼저 1절 말씀을 한 번 다시 보실까요? "하늘에 큰 이적이 보이니 해를 옷 입은 한 여자가 있는데 그 발 아래에는 달이 있고 그 머리에는 열두 별의 관을 썼더라." 사도 요한은 환상 중에 하늘에 펼쳐진 큰 이적을 다시 보게 되었습니다. 이적이라는 말은 그 자체로 고유한 의미를 가지고 있는 것이 아니라 바로 어떠한 사실을 알려주기 위한 목적을 가지고 있습니다. 상징적인 표현과 유사한 기능을 가지고 있습니다. 그런데 그렇게 큰 이적의 내용이 무엇인지를 보실까요? 요한은 하늘에 있는 한 여자를 보게 됩니다. 그런데 여자는 굉장히 영광스러운 존재로 묘사되고 있습니다. 우선 여자는 해를 옷 입고 있습니다. 마치 변화산 상에서 변모하신 주님에게서 해같이 찬란한 빛이 발산되듯이 이 여자도 빛을 입고 있습니다. 이는 찬란한 영광의 소유자라는 뜻입니다. 뿐만 아니라 여자는 그 발 아래에 달을 가지고 있습니다. 달을 발 아래에 가진다는 것은 적어도 달의 지배를 받는 것이 아니라 달을 지배하고 있다는 의미라는 것은 쉽게 추측을 할 수 있습니다. 여인은 어두운 밤에 비추이는 달빛 조차도 자신의 것으로 가지고 있습니다. 그리고 마지막으로 이 여자의 머리에 보니 열두 별의 관을 썼더라고 했습니다.

그러면 이렇게 묘사된 여인의 정체가 과연 무엇일까요? 적어도 한 개인의 모습으로 보기에는 너무나도 대단한 존재입니다. 어떻게 한 사람이 해를 옷입고, 달을 발 아래에 두며, 12개의 별로 된 면류관을 쓸 수 있다는 말입니까? 따라서 우리는 이렇게 묘사된 여자가 한 개인을 가리키는 것이 아니라 어떤 다른 것을 의미한다는 것을 알 수 있습니다. 이 여인의 정체를 파악하기 위해서는 2절 말씀을 한 번 같이 볼 필요가 있습니다. "이 여자가 아이를 배어 해산하게 되매 아파서 애를 쓰며 부르짖더라." 그렇게 영광스러운 모양을 한 여자가 아이를 잉태했으며, 해산의 때가 되어서, 산통을 크게 겪으면서 부르짖고 있는 모습을 보여줍니다. 그러면 이 여자가 그렇게 산고를 겪으면서 낳게 되는 아들이 누구인지를 살펴보아야할 것입니다. 5절에 보면 "여자가 아들을 낳으니 이는 장차 철장으로 만국을 다스릴 남자라 그 아이를 하나님 앞과 그 보좌 앞으로 올려가더라."고 말씀하고 있습니다(시 2:7-9). 철장으로 만국을 다스릴 남자는 예수 그리스도를 가리킨다는 것을 쉽게 알수 있을 것이며, 하반절의 말씀은 예수 그리스도의 부활 승천 사건을 가리킨다는 것을 쉽게 알 수 있을 것입니다.

그렇다면 다시 앞서 던졌던 질문으로 되돌아갑니다. 이 여자가 도대체 누구를 가리키는 것일까요? 예수 그리스도를 잉태하여 배 아파 출산하는 모습을 보고 어떤 사람들은 마리아라고 해석을 했습니다. 그러면서 마리아를 하늘의 여왕이라고 로마 가톨릭은 높이기도 합니다. 죄도 없이 잉태되었고 죄없이 예수님을 잉태했고 또한 영혼만 아니라 죽은 몸조차도 승천했다고 주장을 합니다. 그러나 이것은 비성경적인 해석입니다. 우리의 해석은 이것입니다. 이 여자는 바로 구약 교회를 상징합니다. 예수 그리스도는 이 땅 위에 그냥 오신 것이 아니고 이미 구약성경에서 예언되었고, 구약 성도들에 의해서 대망의 대상이었습니다. 그리고 그 메시아 시대를 대망하면서 많은 성도들이 고난을 당했으며, 즉 산통을 겪었으며, 죽임 당하기도 했습니다. 이사야 26장 17절에 보면 "여호와여 잉태한 여인이 산기가 임박하여 산고를 겪으며 부르짖음 같이 우리가 주 앞에서 그와 같으니이다."라는 유사한 표현이 기록되어 있습니다.

우리는 이 여자를 구약 교회로 해석을 했는데, 이런 해석이 옳은 것은 여자가 열두 별의 면류관을 썼다고 하는 것입니다. '열두 별' 하면 그것은 구약의 교회를 상징합니다. 야곱의 12아들, 12지파 등. 그래서 신약에서도 구태여 12사도를 뽑지 않습니까? 상징성 때문에 그러한 것입니다. 구약의 교회는 12지파를 기본으로 하였고, 신약 교회는 12사도를 기초로 삼아서 만들어졌습니다. 요한계시록 21장에 보면 완성된 교회를 의미하는 하늘로부터 내려오는 새 예루살렘에 대해서 묘사하는 중에 "크고 높은 성곽이 있고 열두 문이 있는데 문에 열두 천사가 있고 그 문들 위에 이름을 썼으니 이스라엘 자손 열두 지파의 이름들이라 … 그 성의 성곽에는 열두 기초석이 있고 그 위에는 어린 양의 열두 사도의 열두 이름이 있더라."(12, 14절)라고 말씀하고 있습니다.

여자가 교회를 가리킨다고 하는 점을 설명해 드렸고, 이제 다시 1절을 주목해 보시면 어떤 생각이 드시는지요? 교회를 이렇게 영광스럽고 존귀하게 묘사할 수 있을까요? 아가 6장 10절에 보면 술람미 여인에 대해서 "아침 빛 같이 뚜렷하고 달 같이 아름답고 해 같이 맑고 깃발을 세운 군대 같이 당당한 여자가 누구인가?"라고 경탄하는 말씀이 나오는데, 요한계시록 12장 1절에 묘사된 여자의 모습, 즉 교회의 모습은 더욱더 영광스럽지 않습니까? 해를 옷 입고, 발 아래에는 달이 있고, 머리에는 열두 별의 면류관을 쓰고 있다고 했으니 말입니다. 이는 교회가 육신의 눈으로 보기에 하찮아 보이고, 멸시의 대상이고, 또는 박해의 대상으로 여겨지지만, 실제로 하나님의 교회는 이렇게 하나님이 주신 영광을 옷입고 있다고 하는 점을 잘 보여주는 그림 언어인 것입니다. 한편 해, 달, 별들을 동원해서까지 교회의 기원이 바로 천상적이요,

하나님께로부터 말미암았다라고 하는 점을 보여주고 있는 것입니다. 이는 교회에 주신 존영이자, 개개인 성도에게 주신 존영입니다. 다니엘 12장 3절에 보면 "지혜 있는 자는 궁창의 빛과 같이 빛날 것이요 많은 사람을 옳은 데로 돌아오게 한 자는 별과 같이 영원토록 빛나리라"고 말씀하셨고, 주님도 마태복음 5장 13-14절에서 너희는 세상의 빛이라, 세상의 소금이라고 말씀하셨으니 말입니다.

붉은 용의 등장

그런데 이렇게 영광을 입은 여자를 못살게 구는 세력에 대해서 본문 3절은 소개하고 있습니다. "하늘에 또 다른 이적이 보이니 보라 한 큰 붉은 용이 있어 머리가 일곱이요 뿔이 열이라 그 여러 머리에 일곱 왕관이 있는데"라고 소개하고 있습니다. 여자를 즉 교회를 적대하는 세력의 주인공인 한 큰 붉은 용이 등장하고 있습니다. 성경에 보면 용은 애굽이나 애굽의 바로를 가리킬 때에 많이 사용되었던 영상imagery입니다. 사실 큰 뱀과 같이 생겼다고 말해지는 바 전설상의 짐승이 용dragon입니다. 그런데 오늘 본문에 등장하는 한 큰 붉은 용의 정체가 무엇일까요? 9절에 보면 사도 요한은 곧 바로 우리의 궁금증을 해소해 줍니다. 9절에 큰 용을 소개하기를 "옛 뱀 곧 마귀라고도 하고 사탄이라고 하며 온 천하를 꾀는 자"라고 했습니다. 그러니까 한 큰 붉은 용은 사탄을 가리킨다는 말입니다.

그런데 그 사탄을 어떻게 묘사하고 있는지 다시 한 번 3절 이하를 살펴 보십시다. 우리의 상상력을 발휘해서 따라가야 할 내용들입니다. 붉은 용은 7개의 머리를 가지고 있고 7개의 면류관을 쓰고 있습니다. 그리고 10개의 뿔이 머리에 있다고 했습니다. 이것을 그냥 그림으로 그려 놓으면 징그럽고 무서워서 쳐다 보기도 싫어할 것입니다. 그러나 7개의 머리와 7면류관을 쓰고 있다고 하는 것은 일곱 뿔과 일곱 눈을 가지신 예수 그리스도를 모방하는 것이라고 할 수 있습니다. 그만큼 사탄이 하나님에 버금가는 권세를 가지고 있다는 의미입니다. 그리고 10개의 뿔이라고 할 때 뿔은 구약에서 권세와 능력을 의미합니다. 그리고 다니엘 7장에 보면 네 번째 짐승의 모습과 유사합니다. 결국 일곱 뿔이란 사탄이 이 세상의 나라와 권세들을 통하여 힘입게 자신의 주권을 행사하고 있다는 의미라고 보면 정확할 것입니다.

사탄이 가지고 있는 권세에 대해서 좀 더 구체적으로 말씀하고 있는 구절은 4절 말씀입니다. 사탄을 가리키는 큰 용이 무슨 짓을 하는가 한 번 보시기를 바랍니다. 우선 상반절을 보시면 "그 꼬리가 하늘의 별 삼분의 일을 끌어다가 땅에 던지더라."고 말씀합니다. 사탄의 꼬리라고 하는 것은 거짓말을 상징할 수 있습니다. 그러니까 거짓된 감언이설로 하늘의 별 1/3을 끌어다가 땅에 던지더라는 것입니다. 하늘의 별이 무엇을 의미하느냐에 대해서는 두 종류의 해석이 있습니다. 첫째는 그랜트 오스본 같은 복음주의 신약학자는 이 별이 천사들을 가리킨다 고 해석했습니다.[60] 그래서 혹자는 사탄이 하나님 곁에 있던 천사장이었는데 자신이 타락하면서 천천 만만의 천사들 중에서 1/3을 감언이설로 꼬여 타락시켰다는 식으로 해석을 합니다. 박윤선 목사님도 이 해석을 취합니다. 물론 일리가 있는 해석입니다. 그러나 두 번째 해석이 가능합니다. 하늘의 별이란 앞서 본대로 하나님의 백성들을 가리킨다고 보는 해석입니다.[61] 그리고 사탄 마귀가 꼬리로 그 별들을 끌어다가 던진다고 하는 것은 교회를 적대적으로 박해하는 의미라고 하는 것입니다. 특히나 요한이 밧모섬에 귀양살이하던 시대의 초대 교회는 로마 황제 도미티아누스에 의해서 일어난 환난 박해 시대를 감내하고 있었는데 이런 영적인 그림을 통해서 그들을 위로하시는 것입니다.

그리고 4절 하반절에 보면 용이 행하려고 의도했던 끔찍스러운 만행을 한 가지 더 소개해 주고 있습니다. "용이 해산하려는 여자 앞에서 그가 해산하면 그 아이를 삼키고자 하더니."라고 하지요. 앞서 우리는 해를 입고 달을 발 아래에 두고 12별 면류관을 쓴 이 여자를 구약 교회라고 해석을 했습니다. 그러면 이 여자가 낳으려고 하는 그 아이는 누구라고 했는지 기억나시는지요? 바로 5절에 있습니다. 그 아이는 "철장으로 만국을 다스릴 남자"라고 소개하는데, 이런 칭호는 오직 예수 그리스도에게만 해당됩니다. 그러니 용 혹은 사탄이 무엇을 계획했다고 하는가 하면 하나님의 아들 예수 그리스도가 태어나면 그를 삼켜 버리려고, 즉 제거해 버리려고 했다는 것입니다. 우리는 마태복음 2장에 기록되어 있는 헤롯에 의해서 자행된 베들레헴 유아들 학살 사건을 기억하실 것입니다. 겉으로 보자면 헤롯이 자기 왕권에 도전할 메시아를 제거하려고 한 시도이지만, 속내는 사탄이 메시아를 죽이려고 시도한 것이라고 할 수 있는 것입니다.

사탄 마귀는 이처럼 하나님에게 대적하는 것을 본업으로 삼고 있습니다. 그래서 그가 이루시고자 하는 인류 구원의 역사를 훼방하고, 그 구원자를 출생 때부터 제거하려고 시도를 했던 것입니다. 이러한 영적인 갈등과 전쟁에 대해서는 이미 창세기 3장 15절에서부터 예언된 것입니다. "내가 너로 여자와 원수가 되게 하고 네 후손도 여자의 후손과 원수가 되게 하리니 여자의 후손은 네 머리를 상하게 할 것이요 너는 그의 발꿈치를 상하게 할 것이니라." 반면에 하나님의 아들 예수 그리스도는 이 땅 위에 오셔서 인류의 구원을 위해서 십자가를 지셨지만, 또한 인류를 미혹해서 죄에 빠지게 만들고 하나님의 구원 사역을 사사건건 방해하는 사탄 마귀의 일을 멸하시기 위해서입니다. "죄를 짓는 자는 마귀에게 속하나니 마귀는 처음부터 범죄함이라 하나님의 아들이 나타나신 것은 마귀의 일을 멸하려 하심이라"(요일 3:8).

광야로 도망하는 여자

우리는 사탄 마귀가 주님의 일을 방해하고자했고 마침내는 십자가에 못 박아 죽게 하였다는 것을 알고 있습니다. 상상을 해보건대, 아마도 예수님을 제거하고 나서 사탄의 왕국에서는 잔치가 벌어졌을 것입니다. 그러나 그것은 바로 그의 머리가 결정적으로 깨어지는 순간이었다는 것을 곧 알게 되었습니다. 골로새서 2장 14-15절에 보면 예수 그리스도의 십자가가 흑암의 권세를 무장해제시켰다고 말씀하고 있습니다. "우리를 거스르고 불리하게 하는 법조문으로 쓴 증서를 지우시고 제하여 버리사 십자가에 못 박으시고 통치자들과 권세들을 무력화하여 드러내어 구경거리로 삼으시고 십자가로 그들을 이기셨느니라."[62] 오늘 본문 5절에 한 번 보시지요? "여자가 아들을 낳으니 이는 장차 철장으로 만국을 다스릴 남자라 그 아이를 하나님 앞과 그 보좌 앞으로 올려가더라." 요한은 예수님의 출생에서 바로 승천에 대해서 언급합니다. 그렇게 사탄이 죽이려고 했던 그분이 결국 부활 승천하시고 하나님의 보좌 우편에 가 앉으셨다는 것은 주님의 승리를 의미하기 때문입니다. 요한은 중간 과정을 다 생략해 버리고 주님의 승귀와 승리를 말함으로써 고난 속에 있는 당시 교회에 위로를 제공해 주는 것입니다.

이렇게 사탄이 죽이려고 했던 예수 그리스도는 부활 승천하셔서 만국을 다스리는 주가 되셨는데, 이 땅 위에 남은 여자 즉 교회는 어떻게 되는 것일까요? 이제 우리가 마지막으로 주목해서 살펴보아야 할 말씀이 바로 6절에 있는 교회의 운명입니다. "그 여자가 광야로 도망하매 거기서 천이백육십 일 동안 그를 양육하기 위하여 하나님께서 예비하신 곳이 있더라." 여자는 광야로 도망을 가게 되고 그 광야에는 하나님께서 친히 예비하신 피난처가 있다는 말씀입니다. 광야 생활하면 우리는 출애굽 공동체가 40년간 광야 생활했던 것을 기억하게 되실 것입니다. 마찬가지로 예수님 부활 승천하신 후의 신약 교회도 이처럼 광야 생활을 1260일 동안 하게 될 것을 예고하고 있습니다. 1260일이란 11장에서 본대로 이방인들이 성전 뜰을 짓밟는 42개월과 두 증인이 증언하는 기간과 동일한 기간입니다. 결국 1260일이든지, 42개월이라고 하든지, 3년 반이라고 하든지 간에 예수 그리스도의 초림으로부터 재림에 이르기까지의 교회 시대, 즉 말세를 가리킨다는 것입니다.

요한계시록을 문자적으로 해석하는 어떤 사람들은 여자가 광야에 가서 1260일 동안 하나님이 정하신 곳에서 숨어서 지낸다는 구절을 말세에 생겨날 유대인 교회가 적그리스도의 박해를 받아서 팔레스타인에서 이방으로 옮겨 갈 것을 예언한 것이라고 합니다만, 이는 소위 세대주의적인 해석입니다. 오히려 우리는 본문에 나오는 여자를 신약 교회라고 이해합니다. 그리고 1260일은 교회사 시간 전부를 포함하고 있습니다. 그러면 왜 교회가 광야에 있다고 표현하는 것일까요? 이스라엘 백성들의 광야 생활과 유비점을 찾는다면 "이스라엘 백성들에게 광야란 하나님의 철저한 보호와 양육과 인도와 임재가 충만했던 매우 안전한 곳인 동시에 가나안에 가기 위한 중간 과정으로서 현실적으로는 매우 척박한 환경이기 때문에 매일 믿음의 투쟁을 해야 하는 이중적인 특성을 가지는 곳"이기 때문입니다.[63] 이는 이 땅 위에 존재하고 있는 하나님의 교회의 현주소를 잘 보여주는 말씀입니다. 우리는 이 세상 속에서 천국을 향해 나아가고 있는 중간 존재입니다. 뿐만 아니라 11장식으로 말하자면 증인의 사명을 감당하고 있지만 12장식으로 하자면 사탄 마귀의 불같은 시험을 직면하기도 하는 것이 우리의 현실입니다. 그럼에도 불구하고 우리는 하나님이 제공하시는 곳에 있습니다. 지리적인 이야기가 아니라 영적인 이야기입니다. 주님은 교회를 이 세상 가운데서 지켜주시고 있습니다. 3장 10절에서 "네가 나의 인내의 말씀을 지켰은즉 내가 또한 너를 지켜 시험의 때를 면하게 하리니 이는 장차 온 세상에 임하여 땅에 거하는 자들을 시험할 때라"고 말씀하신 대로 하나님께서는 교회를 보호하시고 보존해 주십니다. 그리고 광야이지만 만나와 메추라기 그리고 반석의 생수를 주시고 불기둥 구름기둥으로 보호하셨듯이 하나님의 교회를 위해서도 말씀을 주시고 성령을 물붓듯이 부어주시어서 살아가게 하시고 자라가게 하시는 것입니다.

그리고 우리가 그렇게 광야 생활하도록 하는 목적이 "그를 양육하기 위하여"KJV- that they should feed her there; NIV- where she might be taken care of라고 하는데 있음을 주목해야 합니다. 왜 하나님께서 교회를 곧장 천국으로 옮기지 않는 것일까요? 혹은 우리 개개인 신자들을 예수님을 믿자마자 가나안인 천국으로 옮기셔도 되는데 왜 그렇게 하시지 아니하고 이렇게 사탄 마귀의 시험들이 난무하는 광야같은 세상에 던져 놓으시는 것일까요? 이는 우리가 양육을 받게 하시기 위해서라고 본문 6절은 설명해 주고 있습니다. 이러한 말씀도 우리는 광야 시절의 이스라엘 백성들을 향해서 왜 너희들이 광야생활을 하게 했는지 아느냐고 하시면서 설명해주신 말씀과 유사성이 있습니다. 즉, 신명기 8장 2-4절에 보면 광야 40년의 의미를 이렇게 설명해 주셨습니다.

네 하나님 여호와께서 이 사십 년 동안에 네게 광야 길을 걷게 하신 것을 기억하라. 이는 너를 낮추시며 너를 시험하사 네 마음이 어떠한지 그 명령을 지키는지 지키지 않는지 알려 하심이라. 너를 낮추시며 너를 주리게 하시며 또 너도 알지 못하며 네 조상들도 알지 못하던 만나를 네게 먹이신 것은 사람이 떡으로만 사는 것이 아니요 여호와의 입에서 나오는 모든 말씀으로 사는 줄을 네가 알게 하려 하심이니라. 이 사십 년 동안에 네 의복이 해어지지 아니하였고 네 발이 부르트지 아니하였느니라.

그리고 에베소서 5장 25-27절에 있는 대로 하면 "남편들아 아내 사랑하기를 그리스도께서 교회를 사랑하시고 그 교회를 위하여 자신을 주심 같이 하라. 이는 곧 물로 씻어 말씀으로 깨끗하게 하사 거룩하게 하시고 자기 앞에 영광스러운 교회로 세우사 티나 주름 잡힌 것이나 이런 것들이 없이 거룩하고 흠이 없게 하려 하심이라."인 것입니다.

이제 이번 강해에서 나눈 말씀을 정리하겠습니다. 우리는 요한이 본 큰 이적의 환상을 보았습니다. 영광을 입은 여자와 큰 붉은 용의 환상이었습니다. 이는 교회와 사탄을 각각 의미한다고 했습니다. 둘은 절대로 화합할 수 없는 상극의 관계입니다. 특히 붉은 용은 교회와 그리스도를 그냥 두지 아니하고 죽여 없애기까지 박해를 하려고 했습니다. 역사적으로도 이는 증명되는 사실입니다. 오늘 우리가 이 세상에 살면서도 교회가 어려움을 당하고 신앙 생활하기가 쉽지 않은 것은 하나님의 일을 훼방하는 사탄 마귀의 세력이 있기 때문입니다.

주님이 승천하시고 나서 신약교회는 광야 같은 세상에 살고 있습니다. 한편으로 하나님의 공급하심과 보호하심이 있는 곳입니다. 하지만 또한 사탄의 시험과 유혹이 가해지는 위험한 곳이기도 합니다. 우리가 광야 같은 이 세상 속에서 영적으로 깨어있으면서 하나님의 말씀을 가까이 하면 분명히 우리는 긍정적으로 주시는 분복을 누리고 영적으로 자라가도록 양육을 받게 될 것입니다. 하지만 주님의 말씀을 무시하고 자행자지하고 기도로 깨어있지 않는다면 사탄의 밥이 되기 쉽상입니다. 현재 북한 지하교회는 큰 붉은 용으로 상징되는 사탄 마귀가 내뿜는 무서운 환난의 불을 통과하고 있습니다. 그럼에도 불구하고 저들은 주님이 주시는 도움에 힘입어 감내하고 있으며 신앙이 정금처럼 순수하게 정련되어져 가고 있습니다. 반면에 남한은 정치 경제적으로는 자유를 누리는 것 같아도 오히려 이 세속주의, 쾌락주의, 배금주의가 많은 교인들의 영혼에 엄습해서 무기력한 신자로 만들고 있습니다. 우리는 이 모든 것들을 잘 극복하기 위해서 말씀과 기도로 매진해야 합니다. 그리고 교회 공동체를 귀하게 여겨야 합니다. 교회를 하찮게 여기면 마귀의 밥이 될 수밖에 없습니다.

34

하늘에서 쫓겨나는 큰 용

하늘에 전쟁이 있으니 미가엘과 그의 사자들이 용과 더불어 싸울새 용과 그의 사자들도 싸우나 이기지 못하여 다시 하늘에서 그들이 있을 곳을 얻지 못한지라 큰 용이 내쫓기니 옛 뱀 곧 마귀라고도 하고 사탄이라고도 하며 온 천하를 꾀는 자라 그가 땅으로 내쫓기니 그의 사자들도 그와 함께 내쫓기니라 내가 또 들으니 하늘에 큰 음성이 있어 이르되 이제 우리 하나님의 구원과 능력과 나라와 또 그의 그리스도의 권세가 나타났으니 우리 형제들을 참소하던 자 곧 우리 하나님 앞에서 밤낮 참소하던 자가 쫓겨났고 또 우리 형제들이 어린 양의 피와 자기들이 증언하는 말씀으로써 그를 이겼으니 그들은 죽기까지 자기들의 생명을 아끼지 아니하였도다 그러므로 하늘과 그 가운데에 거하는 자들은 즐거워하라 그러나 땅과 바다는 화 있을진저 이는 마귀가 자기의 때가 얼마 남지 않은 줄을 알므로 크게 분내어 너희에게 내려갔음이라 하더라(계 12:7-12)

20세기에 큰 성공을 거둔 세 편의 판타지 문학이 있습니다. C. S. 루이스의 『나니아 연대기』, 그의 친구 톨킨이 쓴 『반지의 제왕』, 그리고 가장 최근의 조앤 놀링이 쓴 『해리 포터』 시리즈 등입니다. 어느 시리즈나 공통점은 선과 악의 대결이 나오고 결국은 선이 이긴다는 줄거리를 가지고 있습니다. 특히 앞의 두 책은 기독교적인 메시지를 담고 있습니다. 특히 루이스의 책에는 아슬란이라고 하는 사자가 나오는데, 누가 보더라도 예수 그리스도를 상징하고 있음을 알 수 있습니다. 얼음나라가 되어 버린 세상을 구원하기 위해 아슬란은 악한 세력들에 의해서 죽임 당하고 다시 살아난다는 이야기가 나옵니다.

우리는 요한계시록 12장에서 한편의 구속의 드라마를 보게 됩니다. 그 전쟁 중심에는 여인과 여인이 낳은 아들 그리고 성도들이 한 편에 있고, 다른 편에는 큰 붉은 용과 그의 사자들 혹은 그의 졸개들이 있습니다. 앞에서는 큰 용이 여인이 낳는 아이를 삼키려고 시도했다가 실패하는 모습을 보았고, 지금 읽은 부분에서는 큰 용과 미가엘 천사의 싸움과 그 싸움에서 져서 용이 하늘에서 쫓겨난다는 내용으로 구성되어 있습니다. 이와 같은 싸움이 무엇을 의미하는지, 그리고 신약 교회 성도들에게 어떤 의미가 있는지에 대해서 살펴보도록 하겠습니다.

하늘의 전쟁

먼저 7절을 보시면 "하늘에 전쟁이 있으니 미가엘과 그의 사자들이 용과 더불어 싸울새 용과 그의 사자들도 싸우나"라고 말씀하는 것을 봅니다. 전쟁이 우리 인간들의 눈에 보이지 않는 하늘에서 일어났다고 말씀하고 있습니다. 전쟁을 하려면 서로 싸우는 당사자들이 있기 마련인데 본문에서는 미가엘과 그의 사자들, 즉 천사들을 한 편에 소개하고 있고, 상대편에는 용과 그의 사자들을 소개하고 있습니다. 용을 따르는 사자들은 그의 졸개들인 타락한 천사들을 가리킵니다. 다니엘 10-12장에 보면 미가엘 천사가 등장하는데 유대 나라를 수호하는 천사로 등장합니다. 그리고 그곳에는 바사를 지배하는 악한 영이나 헬라를 지배하는 악한 영이 있다고 소개하는 것을 보게 됩니다. 특히 다니엘 10장 20-21절에 보시면 "그가 이르되 내가 어찌하여 네게 왔는지 네가 아느냐 이제 내가 돌아가서 바사 군주와 싸우려니와 내가 나간 후에는 헬라의 군주가 이를 것이라. 오직 내가 먼저 진리의 글에 기록된 것으로 네게 보이리라. 나를 도와서 그들을 대항할 자는 너희의 군주 미가엘뿐이니라."고 말씀하고 있고, 11장에는 이 땅 위에서 애굽과 셀류키드 왕조

사이에서 일어나는 갈등과 분쟁에 대해서 기술하고, 12장 1절에 가면 "그 때에 네 민족을 호위하는 큰 군주 미가엘이 일어날 것이요 또 환난이 있으리니 이는 개국 이래로 그때까지 없던 환난일 것이며 그때에 네 백성 중 책에 기록된 모든 자가 구원을 받을 것이라."고 말씀하고 있습니다. 결국 이 땅 위에서 나라들 간에 벌어지는 모든 전쟁 조차도 하늘에서 세력을 잡은 자들이 좌지우지하고 있다는 것입니다.

그리고 오늘 본문에 보면 마침내 미가엘이 모든 적대 세력들을 물리치게 된다는 점을 보여주고 있습니다. 그런데 의문이 드는 것은 왜 큰 붉은 용의 세력과 미가엘이 싸우는 것에 초점을 맞추고 있는가 하는 것입니다. 사실 미가엘이나 그를 따르는 천사들의 힘만으로는 큰 붉은 용을 이길 수는 없기 때문입니다. 유다서 9절에 보면 "천사장 미가엘이 모세의 시체에 관하여 마귀와 다투어 변론할 때에 감히 비방하는 판결을 내리지 못하고 다만 말하되 주께서 너를 꾸짖으시기를 원하노라 하였거늘"이라는 말씀이 있습니다. 다시 말해서 천사장 미가엘이 모세의 시체를 두고 일어난 논쟁에서 스스로 정죄를 내리지 못하고 다만 주님께서 너를 꾸짖으시기를 바란다고 말하고 그쳤다는 것입니다. 미가엘이나 그의 천사들만으로는 하늘에서 일어난 전쟁에서 이길 수 없다는 말을 하는 이유가 바로 이것입니다.

우리는 이와 같은 영적인 승리의 비밀을 찾기 위해서 본문이 놓인 문맥을 주의해서 보셔야 합니다. 우선 왜 갑자기 하늘에서 일어난 전쟁을 소개합니까? 요한이 까닭없이 그렇게 한 것이 아닙니다. 앞 문단에서 주목의 대상이 되었던 바 여인이 낳은 아들의 미래와 관련이 있습니다. "여자가 아들을 낳으니 이는 장차 철장으로 만국을 다스릴 남자라 그 아이를 하나님 앞과 그 보좌 앞으로 올려가더라." 우리는 여인을 교회라고 해석했고, 그 여인이 낳은 아들을 예수 그리스도라고 소개했습니다. 그렇게도 큰 붉은 용이 예수 그리스도를 출생할 때부터 제거하려고 노렸지만 결국은 실패하고 만국을 다스릴 아들은 승천을 하고 맙니다.

요한은 결론부터 적고 있지만 사실 출생, 공생애, 그리고 십자가 사건, 부활 그리고 나서 승천이 이어졌습니다. 바로 그 아들이 승천하고 나서 하늘에는 전쟁이 일어나고 천사장 미가엘과 천사들이 큰 용과 싸워 이기는 일이 일어난다고 하는 문맥을 주의해서 보셔야 하는 것입니다. 결국 지금 말해지고 있는 전쟁은 미가엘의 힘으로 이기는 것이 아닙니다. 이 싸움은 예수 그리스도의 구속의 사역으로 말미암아 하늘에서 어떠한 변화가 일어나게 될 것인지를 보여주고 있습니다. 그리고 인간적으로 생각해서 천사장 미가엘도 못 이길 정도라면 이제 사탄 마귀의 위세는 말이 아니게 된 것을 보여주는 것입니다.

하늘에서 내어 쫓기는 용과 사자들

하늘에서 일어난 전쟁의 결과가 어떻게 된다고 말씀하시는지를 주목해 보십시다. 7절과 8절에 보시면 "미가엘과 그의 사자들이 용과 더불어 싸울새 용과 그의 사자들도 싸우나 이기지 못하여 다시 하늘에서 그들이 있을 곳을 얻지 못한지라."라고 말씀하고 있습니다. 9절에 보면 하늘에서 내어 쫓기면 어디로 쫓긴다고 하는지를 보시기 바랍니다. "큰 용이 내쫓기니 옛 뱀 곧 마귀라고도 하고 사탄이라고도 하며 온 천하를 꾀는 자라. 그가 땅으로 내쫓기니 그의 사자들도 그와 함께 내쫓기니라."라고 했습니다. 우선 큰 용의 실체가 무엇인지를 요한은 잘 밝혀주고 있는 것을 보시기를 바랍니다. 큰 용은 옛 뱀 즉, 에덴동산에서 하와를 유혹했던 그 뱀입니다. 그리고 아담과 하와만 유혹한 것이 아니라 온 천하를 꾀는 자 즉, 이 땅에 사는 사람들을 속여 잘못된 길로 가게 하는 사탄 마귀라는 것입니다. 사탄^{Satan}이라는 것은 대적자라는 뜻을 가진 히브리어인데 헬라어로 번역하면 디아볼로스^{diabolos} 마귀가 됩니다. 아무튼 이 사탄 마귀와 그를 따르는 졸개들이 하는 일이 무엇이냐 하면 세상에 살고 있는 사람들을 꼬드겨서 하나님의 뜻을 순종하는 것이 아니라 잘못된 길로, 망할 길로, 거짓된 길로 가도록 미혹한다고 했습니다.

그러면 이러한 큰 용이 하늘에서 쫓겨나 이 땅 위로 오게 된다는 것이 무슨 의미입니까? 우리가 사탄 마귀가 하늘에 있다라고 하면 무슨 생각이 드십니까? 바로 욥기 1, 2장입니다. 이상하게도 구약성경 욥기에 보면 하나님의 어전 회의에 선한 천사들 뿐 아니라 사탄도 동참하고 있는 것을 보게됩니다. 그리고 하나님이 욥을 칭찬하자, 어디 욥이 그냥 그러겠습니까? 하나님이 축복으로 두르시니 라고 하면서 그에 대해서 참소했습니다. 욥이 물질적인 이익 때문에 다 그러는 것 아니냐는 것이었습니다. 이에 하나님의 허락을 받아서 욥의 재산과 자녀들을 다 빼앗아도 욥이 순전함을 지키자, 이번에는 하나님께서 그래도 욥의 몸을 안 치시니까 그렇지요 라고 하면서 욥의 건강을 쳐 버릴 것을 말합니다. 스가랴 3장에도 보면 하나님의 어전 회의에 사탄이 등장해서 바벨론 포로 후기에서 돌아온 대제사장 여호수아를 참소하고 있는 마귀의 모습을 보게 됩니다.

자, 이것이 바로 마귀가 하는 악한 짓거리입니다. 하나님 앞에 가서는 우리의 허물을 고소하고 우리의 경건과 진심을 거짓이라고 고자질 합니다. 그리고 우리에게 와서는 각종 거짓말로 하나님을 제대로 못 믿도록 하는 것입니다. 그래서 오늘 본문에도 보시면 사탄을 온 천하를 꾀는 자라고 하는 것입니다. 그리고 10절에 보시면 "우리 형제들을 참소하던 자 곧 우리 하나님 앞에서 밤낮 참소하던 자"라고 말씀하는 것입니다. 사탄 마귀는 유능한 검사와 같습니다. 검사가 피고인의 사정 다 봐주는 법이 없습니다. 정확하게 죄를 증명하고 그 죄량에 맞는 형량을 구형하는 것이 검사의 역할입니다. 사탄 마귀도 지금까지도 하고 있는 일이 바로 우리 인간들을 하나님 앞에서 참소하는 일입니다. 그리고 우리들에게 와서는 하나님에 대해서 잘못 생각하고 항거하게 만들 뿐 아니라 때로 우리의 양심을 고통스럽게 괴롭히는 두려움의 영, 무서움의 영을 주입하려고 하고 있습니다.

그런데 이 사탄 마귀가 미가엘과 그의 천사들과 싸워서 어떻게 됩니까? 하늘에서 쫓겨나게 됩니다. 그리고 이 땅 위로 내어 쫓겨나게 된다고 하는데 이것이 무엇을 의미하는 것일까요? 사탄 마귀가 구약 시대에는 하늘의 어전회의에 자유자재로 참여하는 듯한 인상을 주다가 이제는 하늘 보좌 앞에 감히 나설 수 없도록 만드신다는 것은 어떤 의미를 가진 것일까요? 이것은 단지 미가엘이 싸워서 내어쫓은 것이라고 보면 구속사를 판타지 문학 정도로 전락시키고 말 것입니다. 사실 구속사의 드라마에 있어서 예수 그리스도의 죽으심과 부활하심이 차지하는 중요성을 어떤 순간에도 망각하면 안 됩니다. 골로새서 2장 14-15절에 보면 그리스도께서 십자가를 통하여 사탄의 권세를 깨트리신 것에 대해서 "우리를 거스르고 불리하게 하는 법조문으로 쓴 증서를 지우시고 제하여 버리사 십자가에 못 박으시고 통치자들과 권세들을 무력화하여 드러내어 구경거리로 삼으시고 십자가로 그들을 이기셨느니라."고 말씀하고 있습니다.

사탄이 하늘에서 자유자재로 활동하던 것은 그리스도의 구속사가 이루어지지 않고 예고되고 있던 시절에 한정됩니다. 그러나 이제 예수 그리스도께서 십자가를 통하여 하나님의 의를 만족시키셨고, 우리의 구원을 위한 의를 확보하셨으며, 그리스도를 믿는 자면 누구나 의의 옷을 입게 되기 때문에 사탄 마귀가 참소할 수 있는 권세가 깨트려지는 것입니다. 본문 10절에 보시면 "내가 또 들으니 하늘에 큰 음성이 있어 이르되 이제 우리 하나님의 구원과 능력과 나라와 또 그의 그리스도의 권세가 나타났으니 우리 형제들을 참소하던 자 곧 우리 하나님 앞에서 밤낮 참소하던 자가 쫓겨났고"라고 하면서 이 사실을 잘 설명해 주고 있습니다. 사탄은 더 이상 하나님의 보좌 앞에 자유로이 나가서 우리 성도들을 참소할 수가 없는 것입니다. 그래서 하늘에서 땅으로 내어 쫓기게 되었다고 표현하는 것입니다.

이 땅 위에 내어쫓긴 붉은 용과 성도들

마지막으로 생각할 것은 이처럼 사탄 마귀가 이 땅 위로 내어 쫓겼다고 하는 것이 어떤 의미를 가지고 있으며 이 땅 위에 살아가고 있는 세상 사람들 즉, 땅에 거하는 자들과 우리 성도들에게 어떤 의미를 가지고 있는지를 생각해 보겠습니다. 분명 사탄 마귀는 예수 그리스도의 십자가로 말미암아 하늘에서 쫓겨나게 되었을 뿐 아니라 머리가 깨어지는 결정타를 맞았습니다. 그런데도 사탄 마귀는 끝장난 것은 아니라는 말 아닙니까? 이 땅 위에 내려와서 정해진 시간 동안 여전히 정해진 범주 안에서 권세를 행사하고 있다고 하니 땅 위에 살고 있는 이들에게는 여간 공포스러운 일이 아닐 것입니다. C. S. 루이스는『스크루테이프의 편지』에서 사탄 마귀가 두 가지 방식으로 인간들을 이긴다고 했습니다.[64] 하나는 전혀 사탄 마귀의 존재를 인식하지 못하도록 만들고 무관심하게 하는 것입니다. 그리고 또 하나는 너무 "사탄, 사탄, 마귀, 마귀, 악의 힘" 하면서 공포로 사로잡는 것이라고 합니다. 두 가지 태도가 다 문제입니다.

특별히 우리 신자들은 이 땅 위에 쫓겨난 사탄의 권세의 한계에 대해서 잘 알고 있을 필요가 있습니다. 우선 12절을 한 번 보시겠습니다. "그러므로 하늘과 그 가운데에 거하는 자들은 즐거워하라 그러나 땅과 바다는 화 있을진저! 이는 마귀가 자기의 때가 얼마 남지 않은 줄을 알므로 크게 분내어 너희에게 내려갔음이라 하더라." 하늘과 그 가운데에 거하는 자들은 하나님 보좌를 둘러싸고 있는 천사들과 구속받은 교회 공동체를 의미합니다. 그들을 향해 즐거워하라 즉, 축제를 벌이라고 말합니다. 이는 승리 후의 개선 잔치를 벌이라는 말입니다. 사실 교회가 이 땅 위에 존재하고 있으며 사탄이 권세를 부려서 많은 박해를 가한다고 해도 마태복음 16장에서 주님이 약속하신 대로 교회는 음부의 권세가 이기지를 못하게 되어 있기 때문입니다(18절-"너는 베드로라 내가 이 반석 위에 내 교회를 세우리니 음부의 권세가 이기지 못하리라."). 그리스도 안에서 교회는 근본적인 승리를 누리고 있습니다.

그러나 땅과 바다 그리고 그 가운데 사는 이들에게는 화가 있을 것이라고 경고를 발하고 있습니다. 사탄 마귀가 자신의 권세가 결정적으로 깨트려졌으며 잠시 잠깐 동안만 활동할 수 있는 시한이 남아있는 것을 알기 때문입니다. 그래도 사탄은 하나님의 구속사에 굴복하지 아니하고 남아있는 힘껏 분노하여 이 땅 위에 살고 있는 자들을 괴롭힐 작정인 것입니다. 우리는 이 인류 역사 가운데 일어나는 끔찍스러운 전쟁들뿐 아니라 사람을 쾌락주의와 황금만능사상에 미치게 하여 인면수심이 되게 하는 교묘한 사탄의 전술전략을 분별해야 합니다. 얼마나 이 시대 백성들을 못살게 굴고 있는지, 그리고 외모지상주의와 같은 병에 걸리게 해서 사람들로 하여금 천국과 영광스러운 부활체에 대한 기대보다는 오로지 하여 잠시 뒤면 썩어질 이 육신에 올 인하게 만들고 있습니다. 6.25전쟁 60주년을 맞이하여 참혹했던 그 시절에 대한 새로운 자료들과 고백들이 신문지상에 보도된 것을 본적이 있습니다. 한강 철교를 건너오다가, 구미에서 낙동강을 넘어오다가 너무 힘드니까 어린 아이를, 심지어는 살겠다고 버둥거리는 열 살된 자기 자녀조차도 기차 창문 밖으로 강물에 던져 버렸다는 이야기를 읽었습니다. 어찌 그 시절 이야기 뿐이겠습니까? 오늘날도 젊은 부부가 컴퓨터 게임에 미쳐서 어린 아기가 제때 분유를 못먹어서 아사하는 일이 일어나는 시대 아닙니까? 어찌 이것이 단지 인간의 일이겠습니까? 사람을 이렇게 황폐하게 만들고 이상한 쾌락과 향락에 미치게 만드는 것은 이 땅 위에 내어쫓긴 사탄 마귀가 조종하고 있기 때문이라는 점을 알아야 합니다. 사탄은 어떤 면에서는 굉장한 권세를 부리고 있는 것입니다.

그러면 우리 신자들에게 있어서 땅 위에 내어쫓긴 사탄의 권세는 어떤 의미가 있을까요? 우선 우리는 불신자와 동일한 세상에 살고 있는 한 앞서 말씀드린 사탄 마귀의 역사들과 무관하게 살지 못함을 고백하게 됩니다. 베드로전서 5장 8절에 보시면 "근신하라. 깨어라. 너희 대적 마귀가 우는 사자 같이 두루 다니며 삼킬 자를 찾나니"라고 경고하고 있습니다. 그리고 사탄 마귀가 때로 교회를 향해서 불화살을 쏘고 있다는 것을 경험하게 됩니다. 그렇다면 과연 우리 믿는 자들에게 사탄 마귀는 어느 정도나 권세를 가지고 있는 것일까요? 우리가 읽은 본문 11절에 보시면 이 점에 대해서 선명하게 대답을 해 주고 있습니다. 중요한 구절이니까 우리 함께 읽어보도록 하십시다. "또 우리 형제들이 어린 양의 피와 자기들이 증언하는 말씀으로써 그를 이겼으니 그들은 죽기까지 자기들의 생명을 아끼지 아니하였도다." 또 우리 형제들이란 그리스도인들을 가리킵니다. 그리고 그들이 사탄 마귀에 대해 어떻게 할 수 있느냐 하면 한 마디로 이겼다고 했습니다. 참 놀라운 말씀입니다. 그 기세 등등한 큰 붉은 용과 추종자들을 우리들이 이겼다고 말씀하고 있으니 말입니다.

그러면 우리가 어떻게 사탄 마귀를 이긴다는 말일까요? 그 승리의 비결에 대해서 무엇이라고 말씀하시는지 살펴볼까요? 우리들에게 있는 어떤 지식이나 물질로 마귀를 이길 수는 없다는 것은 당연한 일입니다. 본문을 주목해 보시면 우리가 마귀를 이기는 것은 "어린 양의 피와 자기들이 증언한 말씀으로써"라고 했습니다. 그렇습니다. 우리는 예수 그리스도께서 이미 십자가를 통해서 승리하신 승리에 동참을 하는 것입니다. 어린 양의 피는 그리스도께서 우리를 위하여 십자가에서 대속의 피를 흘리신 것을 의미합니다. 그 어린 양의 피를 믿는 자는 사탄 마귀의 권세를 이기게 됩니다. 그리고 자기들이 증언한 말씀이라고 하는 것은 우리들의 말이 아닙니다. 우리들이 성경을 통하여 알게 되고 믿는 바 복음의 진리를 말하는 것입니다. 그리고 우리가 가진 성경의 중심은 바로 어린 양 예수 그리스도이십니다.

우리 그리스도인들이 예수 그리스도의 이름과 그의 말씀으로 사탄의 권세를 깨트릴 것에 대해서는 누가복음 10장 17-20절에서 이렇게 말쏨하고 있습니다. "칠십 인이 기뻐하며 돌아와 이르되 주여 주의 이름이면 귀신들도 우리에게 항복하더이다. 예수께서 이르시되 사탄이 하늘로부터 번개 같이 떨어지는 것을 내가 보았노라. 내가 너희에게 뱀과 전갈을 밟으며 원수의 모든 능력을 제어할 권능을 주었으니 너희를 해칠 자가 결코 없으리라. 그러나 귀신들이 너희에게 항복하는 것으로 기뻐하지 말고 너희 이름이 하늘에 기록된 것으로 기뻐하라 하시니라." 사도 바울은 로마서 16장 20절에서 "평강의 하나님께서 속히 사탄을 너희 발 아래에서 상하게 하시리라. 우리 주 예수의 은혜가 너희에게 있을지어다."라고 말씀하고 있고, 사도 요한은 요한일서 5장 19-20절에서 "우리는 하나님께 속하고 온 세상은 악한 자 안에 처한 것이며…하나님께로부터 난 자는 다 범죄하지 아니하는 줄을 우리가 아노라 하나님께로부터 나신 자가 그를 지키시매 악한 자가 그를 만지지도 못하느니라."고 말씀하고 있습니다.

이와 같이 우리가 그리스도로 말미암아 얻게 된 승리를 바탕으로해서 우리는 이 땅 위에 살아가는 동안 사탄의 권세에 대적해야 합니다. 우리가 가진 힘과 능력이 아니라 에베소서 6장 10-20절에서 소개하고 있는 하나님의 전신갑주를 입고 대적해야 합니다. 그리고 우리는 오늘 본문 11절 하반절에 있는 말씀도 반드시 기억해야 합니다. "또 우리 형제들이 어린 양의 피와 자기들이 증언하는 말씀으로써 그를 이겼으니 그들은 죽기까지 자기들의 생명을 아끼지 아니하였도다." 하나님의 백성들이 사탄 마귀를 어떻게 이깁니까? 어린 양의 피와 자기들이 증언하는 말씀으로써 이깁니다. 그리고 또한 하나님의 백성들은 죽기까지 자기들의 생명을 아끼지 아니하기 때문에(원문에 의하면 사랑하지 않기 때문에) 사탄 마귀의 세력을 이긴다고 하는 점을 기억해야 합니다. 다시 말씀드리지만 죽고자 하면 살게 되어 있습니다. 어설프게 살고자 잔꾀 부릴 때에 오히려 사탄의 밥이 되는 것입니다. 이점에 대해서 야고보 사도는 "그런즉 너희는 하나님께 복종할지어다. 마귀를 대적하라. 그리하면 너희를 피하리라."(약 4:7)고 말씀하고 있습니다. 우리가 사탄 마귀를 대적하면 왜 그가 우리를 피합니까? 이미 주님께서 이겨 놓으신 싸움이기 때문입니다. 그리고 우리가 하나님께 복종하기 때문인 것입니다.

　이제 이 시간에 나눈 말씀을 정리하겠습니다. 오늘 우리는 하늘에서 일어난 위대한 구속의 드라마를 보았습니다. 특히 미가엘과 큰 붉은 용 간에 전쟁이 일어나서 큰 용이 땅 위로 내어쫓기는 것을 보았습니다. 이는 예수 그리스도의 구속의 사역을 통해서 사탄 마귀의 세력이 결정적으로 타격을 입게 된 것을 말하는 것입니다. 사탄은 더 이상 하나님 앞에 서서 신자들에 대해서 가타부타 참소할 권리가 없어졌습니다. 물론 이 땅 위에 내어 쫓겨서 일정한 시간 동안 분노를 발하면서 땅에 있는 자들을 못살게 굴 것입니다. 그것이 바로 초림과 재림사이에 있는 이 세상의 영적인 실상입니다. 눈이 어두워 보지 못하는 자들은 사탄 마귀의 권세 하에 복종하고 살면서 이 세상의 유행을 좇아 살고 육신과 마음의 원하는대로 자행자지(自行自止)하면서 살 것입니다.

　그러나 하나님을 믿는 그리스도인들에게는 이 사탄 마귀의 세력을 두려워해야 할 필요가 없게 되었습니다. 우리에게 있는 어린 양의 피와 우리에게 있는 증거의 말씀들 즉 성경 말씀이라는 칼을 가지고 마귀의 세력을 물리칠 수 있기 때문입니다. 그러나 우리가 마귀를 대적할 때에 기억해야 하는 것은 단순히 믿습니다라고 하는 말이 아니라 하나님께 철저하게 복종하는 삶, 자신의 생명을 아끼지 않는 살아있는 믿음이라고 하는 점을 기억하십시다. 우리는 이 땅 위에서 마귀의 권세를 몰아내고 "하나님의 구원과 능력과 나라와 또 그의 그리스도의 권세"(11절)를 드러내기 위해서 믿음의 전투를 치루어야 합니다. 우리가 있는 삶의 자리에서 하나님 나라의 깃발이 나부끼고 악한 세력들이 물러가고 악한 관습들이 고쳐지는 역사가 있어야 합니다.

35

여인과 남은 자를 박해하는 큰 용

용이 자기가 땅으로 내쫓긴 것을 보고 남자를 낳은 여자를 박해하는지라 그 여자가 큰 독수리의 두 날개를 받아 광야 자기 곳으로 날아가 거기서 그 뱀의 낯을 피하여 한 때와 두 때와 반 때를 양육 받으매 여자의 뒤에서 뱀이 그 입으로 물을 강 같이 토하여 여자를 물에 떠내려 가게 하려 하되 땅이 여자를 도와 그 입을 벌려 용의 입에서 토한 강물을 삼키니 용이 여자에게 분노하여 돌아가서 그 여자의 남은 자손 곧 하나님의 계명을 지키며 예수의 증거를 가진 자들과 더불어 싸우려고 바다 모래 위에 서 있더라(계 12:13-17).

초기 한국교회의 종말론을 형성하는데 영향을 미친 두 권의 책이 있습니다. W. E. Blackstone이 쓴 *Jesus is Coming*(1908)이라는 책과 James E. Brookes가 쓴 *Till He Comes*(1895) 두 권입니다. 전자는 게일 선교사에 의해서 1913년에 『예수의 재림』이라는 제목으로 번역 소개되었고, 후자는 배위량 선교사에 의해서 1922년에 『쥬 재림론』이라는 제목으로 번역 소개되었습니다. 이런 책들이 길선주목사, 손양원목사, 주기철목사, 이명직목사 등의 초기 한국 목회자들에게 지대한 영향력을 미쳐서 세대주의적 종말론을 한국에 보급하게 되었습니다. 물론 이 세대주의 종말론dispensational eschatology에 의하면 주님의 재림이 임박하다고 하는 믿음으로 눈 앞에 보이는 일제는 적그리스도의 세력으로 볼 수 있었고 어떠한 환난과 박해가 오더라도 감내할 수 있는 순교자적인 용기를 준 것은 사실입니다. 그러나 세대주의적 종말론은 성경을 잘못된 안경으로 보게 하는 문제 많은 해석이기 때문에 오늘날 건전한 장로교회나 개혁 교회에서는 철저하게 배척하고 있습니다.[65]

특히 그들은 예언을 문자로 풀어 버리기 때문에 구약의 예언들이 신약 시대에 교회를 통해서 어떻게 성취되는지를 볼 수 없게 가로 막습니다. 항상 중동에 무슨 사태가 일어나는지나 이스라엘에 무슨 일이 일어나는지에 대해 주목하게 했습니다. 그러나 우리가 요한계시록을 읽을 때에 이런 문자주의적인 해석의 안경을 가지고서는 말씀의 진의를 파악할 수 없고 오늘 우리들에게 어떤 교훈을 주는지를 확인할 길이 없습니다. 그래서 저는 시종일관 개혁주의적인 무천년설적인 관점을 가지고 요한계시록을 강해하고 있습니다. 요한계시록 12장은 요한이 다시 한 번 환상의 형태로 구속사의 주요 사건들이 어떻게 진전되는지를 보여주고 있습니다.

여자를 박해하는 용

오늘 본문 13절에 보니까 "용이 자기가 땅으로 내쫓긴 것을 보고 남자를 낳은 여자를 박해하는지라."고 말씀하고 있는데, 앞에서 본 내용들을 대략 기억해 보는 것이 본문을 이해하는 데 도움이 될 것 같습니다. 큰 용은 사탄이고, 여자는 교회를 가리키며, 여자가 낳은 남자 아이는 예수 그리스도를 가리킨다고 말씀을 드렸습니다. 4절에서 보셨듯이 용은 여자가 낳는 아이를 삼키려고 시도했는데 실패하였다고 했습니다. 남자 아이는 하나님 앞과 그 보좌 앞으로 승천해 버렸기 때문입니다(5절). 예수 그리스도의 십자가와 부활 사건을 통하여 큰 용으로 상징된 사탄 마귀의 권세는 결정적으로 꺾여졌다고 말씀드렸습니다. 그 내용 중 일부를 7-12절에 소개하기를 사탄이 하나님 앞에서 형제들을 참소하던 지위를 잃어버리고 땅 위로 내어 쫓겨났다고 말씀을 드렸습니다.

이런 내용은 우리의 육신의 눈으로 확인하거나 지성의 눈으로 깨달아지는 내용들이 아닙니다. 영적인 세계에서 일어난 일들을 환상을 통해서 우리에게 계시해 주시니까 알 수 있는 내용들입니다. 그저 우리 눈에는 정치, 경제, 사회, 문화 등 인간대 인간 간, 나라대 나라 간에 벌어지는 일들만 보일 뿐입니다. 그러나 우리가 요한계시록을 통해서 보게 되는 것이 무엇인가 하면 이 모든 일들은 결국 현상 이면에 있는 영적인 세계에서 일어난 사건들의 반영이라고 하는 것입니다. 눈에 보이는 일들이 다가 아니고 그 뒤에서 일어나는 일들이 이 현상적인 세상을 주장하고 있다는 것입니다. 적어도 우리가 확실하게 알아야 하는 것이 무엇인가 하면 예수 그리스도로 말미암아 사탄 마귀의 권세가 결정적으로 깨트려졌다는 것입니다. 창세기 3장 15절에서 예언한대로 여자의 후손이 오사 뱀의 머리를 박살을 낸 것입니다. 하지만 또한 우리가 주의해야 할 것은 그렇게 결정적으로 머리가 깨어진 사탄 마귀가 아직은 최종 심판에 이른 것은 아니고 미력하나마 제한된 범위에서 활동하고 있다는 것입니다.

12절에 보시면 "그러므로 하늘과 그 가운데에 거하는 자들은 즐거워하라. 그러나 땅과 바다는 화 있을진저! 이는 마귀가 자기의 때가 얼마 남지 않은 줄을 알므로 크게 분내어 너희에게 내려갔음이라 하더라."고 말씀한 대로 이 땅 위에서 사탄 마귀는 자신의 남은 힘을 다 동원해서 분풀이를 하고 있습니다. 인류의 역사 가운데 일어난 끔찍스러운 전쟁이나 재난들, 타락하고 부패한 인간 문화 등을 통해서 사탄은 이 세상 사람들을 못살게 괴롭히고 있습니다. 그러면서도 사탄이 하는 중요한 일이 무엇이냐 13절에 말씀한 대로 여자를 박해하는 것입니다. "용이 자기가 땅으로 내쫓긴 것을 보고 남자를 낳은 여자를 박해하는지라." 남자를 낳은 여자는 교회라고 했으니 여자를 박해한다는 것은 교회를 박해하는 것을 말합니다. 요한이 요한계시록을 기록할 당시에 초대교회는 이미 네로 황제의 박해를 거쳐 도미티아누스 황제의 박해를 경험하고 있었습니다. 그리고 250여 년의 로마 역사 가운데 10대 박해를 겪어야만 했습니다. 뿐 아니라 교회사 가운데는 오늘날 중국, 북한, 이슬람 국가 등에서 일어나고 있는 박해에 이르기까지 수많은 박해가 자행되고 있습니다.

그러면 우리가 질문을 던질 수 있는 것은 사탄이 왜 교회를 박해하느냐는 것입니다. 요한복음 15장 18-21절에서 예수님께서는 잡히시기 전날 밤에 제자들에게 고별 설교를 하시면서 이렇게 말씀해 주셨습니다.

세상이 너희를 미워하면 너희보다 먼저 나를 미워한 줄을 알라. 너희가 세상에 속하였으면 세상이 자기의 것을 사랑할 것이나 너희는 세상에 속한 자가 아니요 도리어 내가 너희를 세상에서 택하였기 때문에 세상이 너희를 미워하느니라. 내가 너희에게 종이 주인보다 더 크지 못하다 한 말을 기억하라. 사람들이 나를 박해하였은즉 너희도 박해할 것이요 내 말을 지켰은즉 너희 말도 지킬 것이라. 그러나 사람들이 내 이름으로 말미암아 이 모든 일을 너희에게 하리니 이는 나를 보내신 이를 알지 못함이라.

사탄의 주도하는 세상이 교회를 박해하는 이유는 교회가 주님께 속했기 때문입니다.

좀 더 깊이 말씀드리자면 교회를 박해하는 이유는 교회가 바로 그리스도의 교회이기 때문입니다. 사도행전 9장 4절에서 박해자 사울에게 말씀해 주신 것처럼 교회를 박해하는 것은 곧 머리되신 예수 그리스도를 박해하는 것입니다. 그러니까 사탄이 예수님께 직접 공격을 할 수 없으니까 그의 몸된 교회를 못살도록 괴롭히는 것입니다. 여기서 우리는 주의를 해야 합니다. 따라서 윌리엄 바클레이가 말한대로 "교회를 훼손하고 교회에 바쳐야 할 봉사를 게을리한다면 그것은 우리가 예수 그리스도를 훼손하고 상하게 하는 것이며 우리가 예수에 대한 봉사를 게을리 하는 결과가 됩니다. 그러나 우리가 교회를 봉사하고 교회를 돕는 것은 우리가 예수 그리스도 자신에게 봉사하고 돕는 것이 되는 것입니다."[66] 또한 그래서 바울은 골로새서 1장 24절에서 "나는 이제 너희를 위하여 받는 괴로움을 기뻐하고 그리스도의 남은 고난을 그의 몸된 교회를 위하여 내 육체에 채우노라"고 고백했습니다. 그러나 사탄은 그리고 사탄의 지배를 받는 세상과 사람들은 주님을 싫어하기 때문에 주님의 교회를 싫어하고 조롱하고 박해를 합니다.

여자에 대한 보호

그런데 14절에 보시면 연약한 여자로 비유된 교회를 하나님께서는 철저하게 보호해 주신다는 것을 알 수 있습니다. "그 여자가 큰 독수리의 두 날개를 받아 광야 자기 곳으로 날아가 거기서 그 뱀의 낯을 피하여 한 때와 두 때와 반 때를 양육 받으매." 일단 여자를 어떻게 도와주시는가 보시면 큰 독수리의 두 날개를 여인에게 주신다고 말씀하고 있습니다. 그래서 그 여인은 광야에 있는 자기 곳으로 날아가 뱀의 낯을 피하여 한 때와 두 때와 반 때를 양육 받는다라고 말씀하고 있습니다. 이 구절은 출애굽한 후에 40년 동안 광야에서 이스라엘 백성들이 하나님의 인도와 보호를 받고 양육과 훈련을 받은 역사적인 사건을 배경에 깔고 말씀하신다는 것을 알 수가 있습니다.

여자에게 두 독수리의 날개를 주신다고 했는데, 물론 날개를 주시는 분은 하나님이십니다. 유사한 표현이 구약성경에 나옵니다. 출애굽기 19장 4절에는 "내가 애굽 사람에게 어떻게 행하였음과 내가 어떻게 독수리 날개로 너희를 업어 내게로 인도하였음을 너희가 보았느니라"고 했고, 신명기 32장 10-12절에는 "여호와께서 그를 황무지에서, 짐승이 부르짖는 광야에서 만나시고 호위하시며 보호하시며 자기의 눈동자 같이 지키셨도다. 마치 독수리가 자기의 보금자리를 어지럽게 하며 자기의 새끼 위에 너풀거리며 그의 날개를 펴서 새끼를 받으며 그의 날개

위에 그것을 업는 것 같이 여호와께서 홀로 그를 인도하셨고 그와 함께 한 다른 신이 없었도다"라고 했습니다. 뿐만 아니라 이사야 40장 31절에 보시면 요한계시록 12장 14절 말씀과 가장 유사한 말씀입니다. "오직 여호와를 앙망하는 자는 새 힘을 얻으리니 독수리가 날개치며 올라감 같을 것이요 달음박질하여도 곤비하지 아니하겠고 걸어가도 피곤하지 아니하리로다."

하나님께서 독수리의 두 날개를 여자에게 즉, 교회에게 주신다고 하는 것은 비유적인 표현입니다. 두 날개를 주셔서 환난과 박해의 때에 감내하고 이길 수 있는 힘을 주신다는 의미인 것입니다. 본문은 여자가 두 날개를 달고 날아가서 피할 곳을 광야의 자기 곳이라고 말씀하고 있습니다. 이것은 어느 시대 어느 특정한 장소를 말하는 것이 아닙니다. 구약에는 광야나 사막이 연단과 훈련의 장소의 의미를 가지고 있었습니다. 하나님의 철저한 보호와 더불어서 하나님의 공급하심이 있는 곳입니다. 하나님의 말씀을 전적으로 듣고 배우는 곳입니다. 모세에게도 엘리야에게도 그런 장소가 있었습니다. 예수님 오시기 직전에도 공의와 심판을 구하는 많은 사람들이 광야로 내려가 거기서 거했다(마카비상 2:29)는 기록이 있습니다. 그리고 신약 교회는 예수님의 예고대로 유대 전쟁이 시작되자 마자 요단강 건너편 펠라Pella 지역으로 피하여 예루살렘 멸망의 대재난을 피할 수 있었습니다. 초대 로마 교회 성도들은 카타콤베에서 안전한 예배 처소를 가질 수 있었습니다. 중세말 왈도Waldo파는 알프스 산맥에 있는 카텔루츠 계곡에서 숨어 살면서 신앙을 지킬 수 있었습니다. 장소가 어디가 되었든지 간에 매 시대 마다 하나님께서는 자기 교회가 존재할 수 있는 광야의 자기 곳을 허락해 주십니다. 그래서 뱀의 낯을 피하여 한 때와 두 때와 반 때를 양육받을 수 있게 해 주십니다. 오늘 우리나라 사람들 같으면 이렇게 자유로이 예배드릴 수 있는 예배 공동체를 누리게 하셨습니다. 이것이 복인줄 알아야 합니다. 우리는 우리에게 허락된 하나님의 양육의 장소를 귀하게 여겨야 합니다.

그런데 우리가 이해하기가 어려운 구절이 무엇인가하면 교회의 양육 기간에 해당하는 "한 때와 두 때와 반 때"for a time, and times, and half a time -KJV라는 구절입니다. 이 표현은 구약 다니엘 7장 25절과 12장 7절에서 사용된 표현입니다. 한 때는 박해의 시작이고, 두 때는 그 박해 행위의 강화를 의미하고, 반 때는 그 박해 행위가 절단되고 말 것을 상징합니다. 그리고 한 때, 두 때, 그리고 반 때를 합치면 세 때 반이 되고, 이것은 삼년 반의 수치와 같고, 또한 1260일과 같습니다. 그러니까 한 때, 두 때와 반 때라는 것은 결국 예수 그리스도의 초림으로부터 재림까지의 교회시대, 즉 말세 시대를 의미한다고 보면 정확할 것입니다. 예수님의 초림과 재림 사이의 교회의 조건은 양면적이라고 할 수 있습니다. 분명 교회는 독수리의 두 날개라고 비유된 말씀과 성령의 힘을 얻어서 광야같은 이 세상 속에서 보호를 받기도 하고 훈련받고 양육받기도 합니다. 극악한 환난의 시대에도 주님의 보호하심이 있었고 교회 보존의 은혜가 있었습니다.

여자와 남은 자를 박해하는 용

그럼에도 불구하고 교회사를 보거나 현실을 볼 때에 사탄은 멀리 있지 아니하고 교회와 진실한 성도들을 공격하고 박해를 가한다는 것도 부인할 수 없는 현실입니다. 그렇게 광야의 안전한 장소에 도피하여 보호받고 양육받는 교회인데도 15절에 보시면 큰 용이 그 여자를 박해하는 것을 보여줍니다. "여자의 뒤에서 뱀이 그 입으로 물을 강 같이 토하여 여자를 물에 떠내려 가게 하려 하되." 큰 용이 여자 뒤에 서서 물을 강 같이 토하여 떠내려가게 한다는 것은 역 출애굽 모티프가 작용하고 있는 표현입니다. 즉, 출애굽 때에 하나님께서는 이스라엘을 못 살게 굴던 바로의 세력을 홍해의 물로 수장시키신 적이 있는데, 이제 사탄 마귀는 주님의 교회를 박멸하기 위하여 유사한 전략을 쓰고 있다는 것입니다.

　성경에 의하면 교회나 성도들을 향해서 밀려오는 환난과 박해 상황을 큰 물이 덮쳐 오는 것으로 묘사한 구절이 많이 있습니다. 시편 18편 4절에 보면 "사망의 줄이 나를 얽고 불의의 창수가 나를 두렵게 하였으며"라고 했고, 시편 32편 6절에는 "이로 말미암아 모든 경건한 자는 주를 만날 기회를 얻어서 주께 기도할지라 진실로 홍수가 범람할지라도 그에게 미치지 못하리이다"라고 했고, 69편 1절에서는 "하나님이여 나를 구원하소서. 물들이 내 영혼에까지 흘러 들어왔나이다"라고 했고, 124편 4-5절에서는 "그 때에 물이 우리를 휩쓸며 시내가 우리 영혼을 삼켰을 것이며 그때에 넘치는 물이 우리 영혼을 삼켰을 것이라 할 것이로다"라고 했습니다. 그러나 우리는 사탄이 교회나 신자들을 박멸하기 위해서 큰 물로 엄습한다고 할 때에 단순히 물리적인 압박과 환난만 생각하시면 안 됩니다. 윌리엄 헨드릭슨이 설명해주는 대로 오히려 우리는 "거짓의 물결, 혼란, 종교의 '주의', 철학적 허구, 정치적 이상향, 그럴듯한 과학적 요설 등등으로 교회를 삼키려고" 애쓰기 때문에 더욱더 영적으로 주의를 해야 합니다.[67] 사실 오늘날 우리들은 예수님 때문에 물리적으로 박해를 당하거나 아니면 직장을 잃게 되는 경우보다는 우리의 정신을 흐려서 천국을 잊어버리게 하고 우리를 위해 대속의 죽음을 죽으신 주님의 십자가의 의미를 희석시키는 거짓 복음들과 이 세상에서의 안녕과 출세 성공 번영을 천국과 바꿔서 추구하게 만드는 중산층화된 거짓 복음을 더욱더 경계를 해야 하는 것입니다.

　아무튼 다시 본문으로 돌아가서 보시면 그렇게 사탄이 큰 물을 토하여 여자를 떠내려 가게 하려고 즉, 교회를 박멸하려고 하지만 교회는 없어지지 않습니다. 16절에 말씀하시기를 "땅이 여자를 도와 그 입을 벌려 용의 입에서 토한 강물을 삼키니"라고 했습니다. 교회는 참 신기한 단체입니다. 지난 2천 년 동안 그렇게도 극악한 독재자들과 권세자들이 교회를 박멸하려고 했는데 교회는 죽지 않습니다. 마태복음 16장

18절에서 약속하신대로 "내가 이 반석 위에 내 교회를 세우리니 음부의 권세가 이기지 못"하는 것입니다. 인간적으로 보자면 교회가 없어졌을 것 같은 상황에도 교회는 존재하고 있습니다. 그것은 바로 하나님께서 어떠한 방법으로든지 교회를 지키시고 살려 주시기 때문입니다.

17절에 보시면 용이 여자를 없애려고 했으나 뜻을 이루지 못하자 어떻게 하느냐 하면 "용이 여자에게 분노하여 돌아가서 그 여자의 남은 자손 곧 하나님의 계명을 지키며 예수의 증거를 가진 자들과 더불어 싸우려고 바다 모래 위에 서 있더라."고 했습니다. 여기서 여자의 남은 자손이란 교회를 구성하는 성도들 개개인을 말합니다. 사탄은 교회를 없애려고 시도할 뿐 아니라 성도 개개인의 신앙을 무너뜨리기 위해서 공격을 합니다. 그런데 본문을 보시면 성도를 교회 다니는 사람이라고 표현하지 아니하고, "하나님의 계명을 지키며 예수의 증거를 가진 자들"이라고 그들을 묘사하고 있다는 점을 주목해야 합니다. 다시 한 번 사탄과 교회 그리고 성도들 사이의 싸움은 진리의 싸움이요 영적인 싸움이라는 사실을 상기하게 만드는 표현입니다. 우리가 사탄 마귀의 전술 전략을 분별하고 싸울 수 있으려면 하나님의 계명 즉 기록된 말씀을 따라 순종하며 살아야 합니다. 그리고 예수님의 증거를 가져야 합니다. 11절에 말씀하시기를 예수의 증거는 예수님의 피묻은 복음을 가리킵니다. 그가 하나님의 아들이자 인간의 아들로서 우리를 위해 대속의 죽음을 죽으셨으며 우리는 믿음으로 값없이 의롭다함을 받았다고 하는 복음의 진리를 믿고 확신해야 합니다. 그렇게 할 때에 우리는 사탄의 공격을 물리칠 수 있습니다. 물론 육신적으로 경제적으로 어려움을 감수해야 할 때가 있습니다. 사람들 간에 미움을 받을 수도 있습니다. 살아가는 것이 순풍에 돛단 듯이 사는 것이 아니라 역풍을 거슬러가는 힘겨움을 느껴야 할 때가 있습니다. 그러나 우리는 하나님의 계명을 지키고 예수 그리스도의 십자가 복음을 견고하게 붙들어야 하는 것입니다. 어쩌면 우리들은 지금보다 환경적으로 더 어려운 시절을 만날지 모릅니다. 하지만 지금 우리를 향해 사탄이 토해내고 있는 큰 강물의 정체를 잘 분별해야 합니다. 세속주의의 홍수 속에 우리는 살아가는데 이 강물도 결코 분별하기도 쉽지 않을 뿐 아니라 믿음을 지키기 쉽지 않기 때문입니다. 주님의 경고 대로 우리는 기도로 깨어 있어야 합니다. 그리고 하나님의 말씀을 더욱더 사모하고 배워야 할 때입니다. 진리로 무장을 해야 하는 때입니다.

사도 요한이 요한계시록을 기록하기 전에 기록한 요한일서 5장 4-6절에 보면 "무릇 하나님께로부터 난 자마다 세상을 이기느니라. 세상을 이기는 승리는 이것이니 우리의 믿음이니라. 예수께서 하나님의 아들이심을 믿는 자가 아니면 세상을 이기는 자가 누구냐? 이는 물과 피로 임하신 이시니 곧 예수 그리스도시라. 물로만 아니요 물과 피로 임하셨고 증언하는 이는 성령이시니 성령은 진리니라."고 했고, 3장 2-6절에서는 "사랑하는 자들아 우리가 지금은 하나님의 자녀라. 장래에 어떻게 될지는 아직 나타나지 아니하였으나 그가 나타나시면 우리가 그와 같을 줄을 아는 것은 그의 참모습 그대로 볼 것이기 때문이니 주를 향하여 이 소망을 가진 자마다 그의 깨끗하심과 같이 자기를 깨끗하게 하느니라. 죄를 짓는 자마다 불법을 행하나니 죄는 불법이라. 그가 우리 죄를 없애려고 나타나신 것을 너희가 아나니 그에게는 죄가 없느니라. 그 안에 거하는 자마다 범죄하지 아니하나니 범죄하는 자마다 그를 보지도 못하였고 그를 알지도 못하였느니라."고 말씀하고 있습니다.

36

바다에서 나온 한 짐승

내가 보니 바다에서 한 짐승이 나오는데 뿔이 열이요 머리가 일곱이라 그 뿔에는 열 왕관이 있고 그 머리들에는 신성 모독 하는 이름들이 있더라 내가 본 짐승은 표범과 비슷하고 그 발은 곰의 발 같고 그 입은 사자의 입 같은데 용이 자기의 능력과 보좌와 큰 권세를 그에게 주었더라 그의 머리 하나가 상하여 죽게 된 것 같더니 그 죽게 되었던 상처가 나으매 온 땅이 놀랍게 여겨 짐승을 따르고 용이 짐승에게 권세를 주므로 용에게 경배하며 짐승에게 경배하여 이르되 누가 이 짐승과 같으냐 누가 능히 이와 더불어 싸우리요 하더라 또 짐승이 과장되고 신성 모독을 말하는 입을 받고 또 마흔두 달 동안 일할 권세를 받으니라 짐승이 입을 벌려 하나님을 향하여 비방하되 그의 이름과 그의 장막 곧 하늘에 사는 자들을 비방하더라 또 권세를 받아 성도들과 싸워 이기게 되고 각 족속과 백성과 방언과 나라를 다스리는 권세를 받으니 죽임을 당한 어린 양의 생명책에 창세 이후로 이름이 기록되지 못하고 이 땅에 사는 자들은 다 그 짐승에게 경배하리라 누구든지 귀가 있거든 들을지어다 사로잡힐 자는 사로잡혀 갈 것이요 칼에 죽을 자는 마땅히 칼에 죽을 것이니 성도들의 인내와 믿음이 여기 있느니라(계 13:1-10).

21세기에 접어든 후에 세계적으로 천재지변과 사건사고들이 많이 일어나고 있습니다. 이런 천재지변이나 불의의 사고들을 당할 때마다 신자라고해서 반드시 피해 가는 법은 없습니다. 우리 신자들이 어떤 사고의 희생자의 리스트에 포함되지 않거나, 국내외적으로 당하는 여러 가지 어려움에 동참하지 않는 것은 아니라는 점을 우리는 알고 있습니다. 황사가 불어와도 불신자나 신자나 관계없이 같이 고통을 당하고, 국제 금융 위기를 맞으면 불신자만 아니라 신자들도 어려움을 겪습니다. 또한 6.25와 같은 전쟁이 일어나면 불신자든 신자든 다 전쟁에 참여해야 하고 고생도 같이 하게 됩니다. 그러나 신앙을 가진 신자이기에 우리만 당하는 특수한 고난이 있습니다. 그리스도인들만이 겪는 고난이 있습니다. 일제강점기 때 신사참배를 한 번 생각해 보시기 바랍니다. 대부분의 국민들은 일본 신사에 가서 절하는 것이나 동방요배하는 것이 별 문제가 되지 않았습니다. 그러나 신사참배가 우상숭배라고 생각한 순교자들의 경우에는 어떠했습니까? 남들의 눈에 보기에는 별것도 아닌 일처럼 보이지만 살아계신 하나님외의 어떤 누구도 경배의 대상으로 삼을 수 없다는 신앙 때문에 순교하기까지 했습니다. 오늘날도 마찬가지일 것입니다. 우리가 인간이기 때문에 너나 할 것 없이 겪게 되는 공통의 고난과 고생이 있습니다만, 우리가 그리스도인이기 때문에 즉, 우리가 이 세상에 속하지 아니하고 예수 그리스도께 속했기 때문에, 또한 하나님의 말씀에 순종해야 하기 때문에 당하게 되는 우리들만의 특별한 고난과 환난도 있다고 하는 것입니다.

요한계시록 12장을 통해서 우리는 우주적인 대전의 드라마를 보셨습니다. 붉은 용으로 형상화된 사탄과 하나님의 천사장 미가엘과의 싸움을 보셨고, 용이 여자에게서 난 남자 아이를 죽이려고 했지만 그 아이는 승천하므로 용의 위협에서 벗어나는 것을 보았으며, 이에 분노한 용이 여자와 여자의 남은 자손인 신실한 하나님의 백성들을 대상으로 싸우려고 바다 모래 위에 선 것에 대해서 살펴보았습니다.

바다에서 올라온 한 짐승

이어지는 요한계시록 13장에는 바다에서 올라온 한 짐승과 땅에서 올라오는 한 짐승을 소개해 주고 있습니다. 우리가 12장을 염두에 두고 읽는다면, 하나님의 백성들을 대적하고 박해하려고 하는 주체는 붉은 용, 사탄입니다. 그렇다면 이 두 짐승은 무엇일까요? 본문을 주의해서 읽어보면 이 두 짐승은 용에게 속한 두 하수인들입니다. 즉, 용의 명령을 받고 용이 시키는 대로 하나님의 교회를 박해하는 사탄의 하수인들입니다. 사탄도 성부, 성자, 성령 삼위일체 하나님을 흉내내고 있습니다. 그리고 바다에서 올라오거나 땅에서 올라오거나 결국 이 세상에 속한 것을 말합니다. 오늘은 바다에서 올라온 한 짐승에 대해서 살펴보고 다음 번에는 땅에서 올라온 한 짐승에 대해서 살펴봅니다.

바다에서 올라온 한 짐승에 대해 요한이 어떻게 소개하는지를 한 번 같이 보십시다. 1-2절을 봅니다. "내가 보니 바다에서 한 짐승이 나오는데 뿔이 열이요. 머리가 일곱이라. 그 뿔에는 열 왕관이 있고 그 머리들에는 신성 모독하는 이름들이 있더라. 내가 본 짐승은 표범과 비슷하고 그 발은 곰의 발 같고 그 입은 사자의 입 같은데 용이 자기의 능력과 보좌와 큰 권세를 그에게 주었더라." 다니엘 7장에 보면 바벨론, 페르시아, 헬라 등과 같은 세상의 제국을 짐승에 비유하고 있습니다. 그래서 이 본문에 나오는 짐승도 단도직입적으로 말씀드리자면 당시의 로마 제국을 의미하는 것으로 보시면 무리가 없습니다. 하나님은 로마 제국이 사탄에게서 능력과 보좌와 큰 권세를 받아서 무소불위의 권세를 휘두르며 심지어는 피조물의 한계를 벗어나 참람한 지경에 이르기까지 되었다라고 말씀하십니다.

뿔이 열 개요 열 면류관이 뿔에 있으며, 머리가 일곱인 이 짐승은 현실에 문자적으로 존재하지는 않습니다. 구약성경에서 뿔이란 힘과 권세를 상징하기 때문에, 땅에서 나온 짐승이 열 개의 뿔을 가졌다고 하는 것은 많은 권력을 가지고 있다는 뜻입니다. 그 뿔에다가 각기 면류관이 있다고 하는 것은 그의 권세가 승승장구하고 있다는 것을 의미합니다. 그래서 이 짐승이 이루 헤아릴 수 없는 사람들의 생명을 살리기도 하고 죽이기도 하는 절대적인 권력을 가지고 있는 것을 의미합니다.

그리고 이 짐승의 머리가 일곱이나 된다고 하는 것은 이 짐승이 굉장한 지식이나 이론으로 무장하고 있다는 것을 의미합니다. 그리고 이 짐승은 표범과 비슷하다고 하는 것은 이 짐승의 신속한 이동력을 의미하는데, 로마 역사를 읽어보면 실제로 로마 군단병들의 이동력은 그들이 닦아 놓은 도로 *viae*를 바탕으로 해서 신속했습니다. 또 그 발이 곰의 발바닥 같다고 한 것은 단 일격으로도 상대방에게 치명타를 가할 수 있는 힘을 가졌다는 의미입니다. 그리고 또한 그 입이 사자의 입과 같다고 하는 것은 사자가 한 번 먹이를 물면 놓치지 않는 특성을 가리킵니다. 로마는 어떤 나라를 침략하기 시작하면 그 나라를 완전히 복종시키거나 초토화시킬 때까지 물고 놓지를 않았습니다. 오랜 시간에 걸쳐서 치룬 포에니 전쟁이나 유대 전쟁만 예를 들어도 이 점을 알 수 있습니다. 유대 남서쪽 사해 바다가에 있는 마사다 요새 측면에는 로마군이 쌓아놓은 사로가 그대로 보존되어 있을 정도입니다. 저항하던 유대인들 963명은 동반자살하고 7명만 살아남았습니다.

이처럼 로마제국은 막강한 군사력과 정보력을 바탕으로 해서 당시 지중해 세계에 속한 수많은 나라를 정복했고, 늘 소란스럽던 지중해 세계에 소위 팍스 로마나 *pax Romana*(로마의 평화)를 가져다 주었습니다. 지중해에 들끓던 해적들을 소탕해 주고, 정복 국가 구석구석마다 편리한 도로를 닦아주며, 최신식의 문물을 수입하도록 도와주고, 야만인의 침입에서 안전하게 지켜주는 역할을 함으로 정복민들로 하여금 태평의 시대를 구가하게 만든 로마 제국이요 로마 황제였지만 그리스도인들이 볼 때는 본문에서 묘사하고 있는 바다에서 나온 한 짐승과 같았습니다.

경배를 요구하는 짐승

국가가 정해진 한계 안에서 민생을 돌보고 개인의 신앙이나 양심의 자유를 짓밟지 않는다면 교회가 반정부적일 필요는 없습니다. 오히려 바울이 로마서 13장에서 권면하고 있는 것과 같이 위에 있는 권세에 복종하고 위해서 기도하고 축복해 주어야 합니다. 예레미야 29장 7절에 보면 하나님께서는 바벨론에서 포로 생활하고 있는 유대인들에게 "너희는 내가 사로잡혀 가게 한 그 성읍의 평안을 구하고 그를 위하여 여호와께 기도하라 이는 그 성읍이 평안함으로 너희도 평안할 것임이라"고 말씀하고 있습니다. 바울은 네로 황제의 치하에 있던 성도들에게 "그러므로 내가 첫째로 권하노니 모든 사람을 위하여 간구와 기도와 도고와 감사를 하되 임금들과 높은 지위에 있는 모든 사람을 위하여 하라. 이는 우리가 모든 경건과 단정함으로 고요하고 평안한 생활을 하려 함이라."(딤전 2:1-2)라고 권했습니다. 그러나 정부의 권력자나 왕이 인간의 한계를 넘어 서서 자칭 신이라고 하면서 하나님께 드려야 하는 숭배를 요구한다면 이미 그들은 하나님의 대리자라기보다는 사탄 앞에 무릎을 꿇고 있는 짐승이 되고 마는 것입니다. 따라서 그리스도인들은 그와 같은 권력자나 왕의 불법적인 요구에 응해서는 안 됩니다. 다니엘의 세 친구는 금신상에게 절하라고 하는 느부갓네살의 명령에 대해서 "왕이여 우리가 섬기는 하나님이 계시다면 우리를 맹렬히 타는 풀무불 가운데에서 능히 건져내시겠고 왕의 손에서도 건져내시리이다. 그렇게 하지 아니하실지라도 왕이여 우리가 왕의 신들을 섬기지도 아니하고 왕이 세우신 금 신상에게 절하지도 아니할 줄을 아옵소서"라고 대답했습니다(단 3:17-18).

다시 본문 1절에 돌아가서 보시면 땅에서 올라운 짐승의 머리에는 신성모독하는 이름들이 있더라고 했습니다. 신성모독하는 이름들이란 인간이나 피조물이 절대로 취해서는 안 되는 신적인 칭호들을 가리킵니다. 흔히 조폭 세계에서도 지존이라는 표현을 사용합니다만, 로마 제국은 전쟁을 통해서 건설한 제국을 통일할 수 있는 이념으로서 황제 숭배를 제국민들에게 요구하였습니다. 이러한 황제 숭배는 로마 본토에서보다는 계시록의 독자들이 살고 있는 소아시아에서 먼저 시작되었는데, 황제를 가리켜서 "카이사르는 나의 주님이시오 나의 하나님이십니다."라고 고백하게 만들었습니다. 소아시아에서 시작된 황제숭배 열풍은 곧 제국 전역으로 퍼져 나갔습니다. 제국민이라고 한다면 황제 숭배를 위해서 마련한 사당에 가서 향단에 조금의 향만 분향하고 황제가 주님이요 하나님이라*dominus et Deus*라고 고백하는 것이 별 문제가 되지 않았습니다. 그리스도인들을 제외한 로마 제국민들은 여러 신을 많이 섬기는 것이 유익하다고 생각했기 때문에 황제 숭배에 기꺼이 가담했습니다. 사실 로마 제국과 같이 그렇게 큰 제국을 건설하거나 안전과 삶의 편리를 가져다 준 나라가 역사상 하나도 없었기 때문입니다. 따라서 섬기지 말라고 하더라도 존경의 마음을 가지지 않을 수가 없었을 것입니다. 이와 같은 일반인들의 황제 숭배 열기에 대해서 3, 4절은 이렇게 말씀하고 있습니다. "그의 머리 하나가 상하여 죽게 된 것 같더니 그 죽게 되었던 상처가 나으매 온 땅이 놀랍게 여겨 짐승을 따르고 용이 짐승에게 권세를 주므로 용에게 경배하며 짐승에게 경배하여 이르되 누가 이 짐승과 같으냐? 누가 능히 이와 더불어 싸우리요 하더라." 누가 이 짐승과 같으리요? 누가 능히 더불어 싸우리요? 이 말을 바꾸자면 누가 이 로마 제국과 같으뇨, 누가 능히 로마 군대로 더불어 싸워서 이길 자가 있으리요라는 뜻입니다.

    그러나 그리스도인들의 경우에는 이와 같은 황제 숭배의 요구가 단순한 국민의례일 수가 없었습니다. 이는 그들이 가지고 있는 예수 그리스도의 주되심과 구주되심에 대한 신앙을 부인하게 하는 요구였습니다. 그것은 바로 그들에게 참된 신앙을 버리고 배교하라는 요구였습니다. 따라서 그와 같은 요구를 거절함으로써 온갖 환난과 박해를 자초할 수밖에 없었습니다. 재산도 빼앗기고, 가족과도 이별하고, 카타콤베로 숨어들거나 아니면 잔인하게 처형당할 수밖에 없었습니다. 히브리서 10장에 보면 네로 황제시절에 일어났던 박해시기에 초대교회 성도들이 어떠한 고난을 당했는가 하는 것을 알 수 있습니다.

전날에 너희가 빛을 받은 후에 고난의 큰 싸움을 견디어 낸 것을 생각하라. 혹은 비방과 환난으로써 사람에게 구경거리가 되고 혹은 이런 형편에 있는 자들과 사귀는 자가 되었으니 너희가 갇힌 자를 동정하고 너희 소유를 빼앗기는 것도 기쁘게 당한 것은 더 낫고 영구한 소유가 있는 줄 앎이라. 그러므로 너희 담대함을 버리지 말라. 이것이 큰 상을 얻게 하느니라. 너희에게 인내가 필요함은 너희가 하나님의 뜻을 행한 후에 약속하신 것을 받기 위함이라(히 10:32-36).

오늘 읽으신 본문 5절 이하에 보시면 "또 짐승이 과장되고 신성모독을 말하는 입을 받고 또 마흔두 달 동안 일할 권세를 받으니라. 짐승이 입을 벌려 하나님을 향하여 비방하되 그의 이름과 그의 장막 곧 하늘에 사는 자들을 비방하더라. 또 권세를 받아 성도들과 싸워 이기게 되고 각 족속과 백성과 방언과 나라를 다스리는 권세를 받으니"(5-7)라고 했습니다. 마흔두 달이란 앞서 본 대로 1260일, 3년 반과 동일한 기간인데, 예수 그리스도의 승천으로부터 재림하시기까지의 교회사 기간을 가리킵니다. 교회사 가운데는 로마 제국과 같이 하나님을 믿는 백성들을 박해한 나라들이 많이 있었습니다. 로마 제국과 그 뒤를 잇는 신성로마제국은 종교개혁 신앙을 탄압했습니다. 제3제국the Third Reich이라고 하는 아돌프 히틀러의 나치즘 시절도 마찬가지입니다. 그리고 일본 군국주의나 중국과 북한의 공산주의 역시 마찬가지로 본문에서 등장하는 짐승에 해당합니다. 오늘날의 이슬람 국가들이나 독재국가들도 동일한 성격을 가지고 있다고 할 것입니다. 따라서 바다에서 올라오는 짐승은 로마 제국을 가리키지만, 그 이후에 로마적인 성향을 가지고 하나님의 교회를 박해하고 신자들을 핍박하는 모든 악한 정치 권력들을 가리킨다고 할 수 있습니다.

왜 하나님이 이와 같은 박해를 허용하시는가?

그러나 우리가 살아가면서 큰 환난의 바람이 불어오고, 개인적인 삶 속에서 여러 가지 시련을 만날 때에 기억해야 하는 되는 것이 있습니다. 현상적으로 어떻게 보이더라도 하나님이 절대주권을 가지고 계신다고 하는 믿음 말입니다. 사탄이 독재자나 폭군에게 큰 권세를 주어서 예수 믿는 자를 박해하게 한다고 하더라도 하나님의 허락된 범위와 시간 안에서라는 사실을 기억할 때에 우리는 평안을 누리게 되는 것입니다. 4절에서 짐승을 경배하는 자들이 "누가 이 짐승과 같으냐? 누가 능히 이와 더불어 싸우리요?"라고 질문한 것에 대해서 우리는 17장 14절에서 어떻게 대답하고 있는지를 기억하십시다. "그들이 어린 양과 더불어 싸우려니와 어린 양은 만주의 주시요 만왕의 왕이시므로 그들을 이기실 터이요 또 그와 함께 있는 자들 곧 부르심을 받고 택하심을 받은 진실한 자들도 이기리로다." 주님이 이기실 것입니다라고 하는 것을 아는 것이 우리에게는 큰 위로입니다.

그렇다면 다음으로 우리가 물어 보아야 할 질문이 있습니다. 하나님은 왜 그와 같은 환난을 허용하시는가하는 것입니다. 하나님께서 로마 정부나 그런 유형의 성격을 가진 세상 권력이 교만해져서 그들로 하여금 믿는 자들의 신앙을 시험하게 하시는 것은 그들의 신앙이 참된지 거짓된지를 테스트하기 위해서입니다. 교회 다니는 것이 재미있고 아무런 어려움이 없다고 한다면 교회가 문전성시를 이룹니다. 물론 9.11테러같이 국가적인 재난을 당할 때에 미국이라는 자유로운 나라에서 교회가 문전성시를 한때 이룬 적이 있습니다. 그러나 교회에 환난의 바람이 거세게 불어오면 수많은 가라지들은 온데 간데 없이 날아가 버리고 얼마간의 알곡만이 남게 됩니다. 본문 8절에 의하면 "죽임을 당한 어린 양의 생명책에 창세 이후로 이름이 기록되지 못하고 이 땅에 사는 자들은 다 그 짐승에게 경배하리라."고 말씀하고 있습니다. 여러 가지 다른 이유 때문에 교회를 출입하던 자들은 환난의 때에 교회를 떠나가 버립니다. 황제숭배하라고 하든지 신사참배하라고 하면 그냥 즐거이 해 버립니다. 그리고 회사에서 폭탄주 마셔하면 마시고 블랙 머니 먹어하면 먹고 못할 짓이라도 하라고 하면 열심히 합니다. 그러나 어린 양의 생명책에 이름이 기록된 자들은 환난의 바람이 불어오면 더욱더 정신을 차리고 주님께 붙어 있으려고 합니다. 그래서 환난을 통해서 누가 선택받은 하나님의 백성인지 아니면 신자인 척 했는지가 분명하게 드러나게 됩니다. 이렇게 평온한 때에도 마찬가지로 "시련을 통과하지 않은 신앙은 믿을 수가 없습니다."

본문에 의하면 하나님의 선택받은 백성들, 참 믿음의 사람의 특징이 무엇입니까? 물론 그들도 천사처럼 완전하지는 않습니다. 때로는 환난에 굴복하기도 하고, 시험에 빠지기도 합니다. 그러나 결국은 오뚝이처럼 돌아오는 자리는 하나님과 세상 사이에서 하나님을 선택하게 됩니다. 신자가 세상이 좋아서 세상적인 방식을 따라 살아갈 때도 있지만, 결국은 세상의 허무함을 깨닫고 주님 밖에는 없습니다하면서 돌아오는 것입니다. 참 신자는 세상을 얻기 위해서 하나님을 헌신짝처럼 버리는 위인이 아닙니다. 그의 마음 가운데는 하나님이 베풀어 주신 구원의 은혜에 대한 감격과 감사가 있기 때문에 시험과 환난 중에도 믿음을 지키고 끝까지 인내합니다. 또한 환난을 당할 때에 더욱 강하게 역사하시는 보혜사 성령님의 도움을 의지하고 경험하게 되는 것입니다. 신자들은 고난의 풀무불 속에서 불순물이 다 녹아지고 정금같은 믿음으로 나오게 됩니다. 10절 끝에 "성도들의 인내와 믿음이 여기 있느니라"고 하신 대로 인내하는 믿음을 보여주는 것입니다.

본문 9절에 보시면 "누구든지 귀가 있거든 들을지어다."라고 말씀합니다. 왜 귀가 있는 자만 들을 수 있습니까? 참 신자가 아니라면 무슨 말인지 들어도 무슨 말인지를 못 깨닫기 때문입니다. 왜 예수님을 믿으면 잘되고 형통해야지 환난의 바람이 불어오냐, 왜 나라의 박해를 받아야 하냐 하면서 전혀 고난의 신비 속으로 들어가려고 하지를 않습니다. 그러나 신자들은 주님의 말씀에 귀를 기울이게 되어 있습니다. 10절에 보면 환난의 시대에 필요한 것은 "사로잡힐 자는 사로잡혀 갈 것이요. 칼에 죽을 자는 마땅히 칼에 죽을 것이니"라는 말씀을 이해하는 것입니다. 그리스도인들이 왜 사로잡혀 가며, 왜 칼에 죽는가 하는 것입니다. 그것은 바로 성도들이 하나님과 세상 앞에서 인내와 믿음을 보여야 한다는 것입니다. 혹은 개역의 번역대로 하자면 "사로잡는 자는 사로잡힐 것이요, 칼에 죽이는 자는 자기도 마땅히 칼에 죽으리니"입니다. 즉, 성도를 박해하는 자들에게 원수를 갚아주신다는 것입니다. 사로잡는 것을 좋아하면 사로잡힐 것이고, 칼에 죽이는 자는 자기도 마땅히 칼에 죽게 하시는 것입니다. 역사를 뒤돌아 보면 그렇게 강력했던 반기독교적 세력이 하나님의 심판에 의해서 얼마나 비참하게 심판당했는지를 수도 없이 많이 볼 수 있습니다. 우리는 우리 생전에 소련 공산주의가 심판 받는 것을 보았습니다. 이제 남아있는 중국이나 북한 공산주의 세력이나 이슬람이나 유대교 세력을 어떻게 심판하실지를 볼 날이 올 것입니다.

사랑하는 여러분! 오늘 우리는 교회를 잔멸하고 성도들을 박해하는 사탄의 하수인인 세상 권력에 대해서 살펴보았습니다. 모든 정부가 다 사탄의 하수인이라는 말이 아닙니다. 동일한 로마 정부라고 해도 바울 당시에는 위해서 기도하라고 권했습니다. 하나님을 잘 믿으라고 권장하는 정부는 아니었지만, 그래도 평안하고 고요하게 믿음 생활할 가능성이 있었습니다. 그러나 요한 당시에는 이미 로마 정부는 사탄의 하수인에 다르지 않는 짐승 같은 정부였습니다. 오늘 요한은 우리 눈에 보이지 않는 영적인 실상을 상징적으로 보여주고 있습니다. 우리나라는 자유민주주의를 표방하면서 환난과 박해가 영 없는 것은 아니지만 그래도 각자의 종교의 자유를 보장해 주고 있습니다. 이럴 때에 우리는 정부를 위해서 기도해야 합니다. 단정하고 고요한 중에 신앙 생활 잘하기 위해서입니다. 그러나 본문에 나오는 짐승 같은 정부에서 환난고초를 당하고 있는 북한 동포들을 위해서 기도해야 합니다. 그들에게도 신앙의 자유를 달라고 말입니다.

  그리고 오늘날 이렇게 자유로운 것 같아도 직장생활이나 학교나 인간관계들 속에서 믿음 생활을 바르게 하려고 하면 어려움들이 있습니다. 오늘 본문 10절에 말씀한 대로 성도의 인내와 믿음을 보여주어야 할 필요가 있습니다. 바울은 믿음의 본질이 확신이요 순종이라고 하는 점을 많이 강조했는데, 오늘 요한계시록은 우리의 믿음의 본질이 인내라고 하는 점을 많이 강조하고 있다는 점을 유의하셔야 합니다. 그리고 외적인 환난과 박해하는 세력이 없다고 안심할 일이 아닙니다. 오히려 더욱더 무서운 유혹의 시대에 우리가 살고 있다는 점을 기억해야 합니다. 그리고 주님의 재림 직전에는 큰 환난이 있다고 말해지고, 언제라도 환난의 바람이 불어올 수 있습니다. 저는 가끔 누가복음 21장 34-36절에 있는 말씀을 기억하곤 합니다.

> 너희는 스스로 조심하라. 그렇지 않으면 방탕함과 술취함과 생활의 염려로 마음이 둔하여지고 뜻밖에 그 날이 덫과 같이 너희에게 임하리라. 이 날은 온 지구상에 거하는 모든 사람에게 임하리라. 이러므로 너희는 장차 올 이 모든 일을 능히 피하고 인자 앞에 서도록 항상 기도하며 깨어 있으라.

37

땅에서 올라온 짐승

내가 보매 또 다른 짐승이 땅에서 올라오니 어린 양 같이 두 뿔이 있고 용처럼 말을 하더라 그가 먼저 나온 짐승의 모든 권세를 그 앞에서 행하고 땅과 땅에 사는 자들을 처음 짐승에게 경배하게 하니 곧 죽게 되었던 상처가 나은 자니라 큰 이적을 행하되 심지어 사람들 앞에서 불이 하늘로부터 땅에 내려오게 하고 짐승 앞에서 받은 바 이적을 행함으로 땅에 거하는 자들을 미혹하며 땅에 거하는 자들에게 이르기를 칼에 상하였다가 살아난 짐승을 위하여 우상을 만들라 하더라 그가 권세를 받아 그 짐승의 우상에게 생기를 주어 그 짐승의 우상으로 말하게 하고 또 짐승의 우상에게 경배하지 아니하는 자는 몇이든지 다 죽이게 하더라 그가 모든 자 곧 작은 자나 큰 자나 부자나 가난한 자나 자유인이나 종들에게 그 오른손에나 이마에 표를 받게 하고 누구든지 이 표를 가진 자 외에는 매매를 못하게 하니 이 표는 곧 짐승의 이름이나 그 이름의 수라 지혜가 여기 있으니 총명한 자는 그 짐승의 수를 세어 보라 그것은 사람의 수니 그의 수는 육백육십육이니라 (계 13:11-18).

예전에 제가 사역했던 교회의 주일학교에 속한 어린 남매가 여러 가족들과 함께 성묘를 갔습니다. 불신자 삼촌들이 묘앞에서 절을 하니까 이 아이들이 "절하면 지옥가는데" 했다고 합니다. 반면에 어떤 고등학생은 설날 전 주일에 뭐라고 하는가 하면 "우리가 설날에 제사 상 앞에서 어쩔 수 없이 절하겠지만, 마음은 그렇지 않다"는 식으로 말하는 것을 들었습니다. 요즘은 덜한지 모르지만 우리나라 선교 초기에는 제사를 거부하는 바람에 많은 박해를 받았습니다. 심지어 어떤 아버지는 청소년인 아들을 제사 드리지 않는다고 장작으로 두들겨 패고 방에 가두어 버리기도 했습니다. 한 번 생각을 해 보십시다. 왜 가정에서 제사를 지냅니까? 혹은 공자를 따르는 유학도들은 문묘제례라고 해서 공자에게 제사를 지내기도 합니다. 이렇게 학문의 큰 스승이나 조상들을 잘 섬겨야 복을 받는다고 하는 사람들도 있지만, 또 다르게 보면 그렇게 같은 의식에 참여함으로 가정이나 사회를 하나 되게 할 수 있다고 생각하는 것입니다. 대학가에서 조차도 고사를 지내는 이유가 바로 그런 이유일 것입니다.

초대 교회 성도들에게 있어서 당시 로마 제국과 갈등을 일으키고 박해를 당할 수밖에 없었던 이유는 로마 황제 숭배에 불응했기 때문입니다. 우리가 13장 전반부를 통하여 로마 제국이 그토록 편리한 삶, 안전하고 풍성한 삶을 제국민들에게 제공하면서도 영적으로 보자면 그 속에는 낚시 바늘과 같은 것이 있었으니 그것은 바로 황제 숭배입니다. 사실 처음에는 로마 황제들이 요구한 것은 아닙니다. 오히려 소아시아 지역에서 로마가 베풀어 준 평화롭고 윤택한 삶에 대해 감사하는 마음으로 로마를 위한다고 창안하고 다른 속주들에 전염시킨 것이 바로 황제 숭배입니다. 그러나 황제들 가운데 티베리우스(= 디베료, Tiberius) 같은 황제는 신이라고 불리는 것을 싫어하는 사람도 있었습니다. 하지만 차차 황제들도 자신을 신격화해서 주와 하나님이라고 칭하면서 제국 곳곳에 있는 사당에서 분향의 대상이 되고 숭배의 대상이 되는 것을 좋아하게 되었습니다. 이렇게 황제 숭배가 융성해진 까닭은 황제가 자신의 권력을 확고하게 유지하고자 하는 동기도 작용했지만, 무엇보다도 남으로는 북 아프리카, 서로는 스페인과 영국, 북으로는 라인 강변, 다뉴브 강까지, 동으로는 유프라테스 강까지 뻗어 있는 거대한 제국을 통일시키는 이념으로서 사용했던 것입니다.

이렇게 황제 숭배를 강요하는 로마 제국을 하나님께서는 바다에서 나온 뿔이 열 개나 되고 머리가 일곱 개나 되는 짐승으로 비유해서 말쏨해 주셨습니다. 환난과 박해 시기에는 이런 상징론적인 언사가 필요했습니다. 그리고 사실 로마 제국만 그런 것이 아니라 그 이후에도 신성로마 제국이나 히틀러의 제3제국이나 여러 독재국가나 전체주의 국가 권력은 유사한 성격을 가졌기 때문에 그런 상징론적인 언어가 메시지를 전달하는데 유용했던 것입니다. 이제 오늘 읽은 본문에 보면 땅에서 올라온 한 짐승이 등장하여 로마의 황제 숭배를 선양하고 불응하는 자들을 박해하여 죽게 만든다는 것을 말씀해 줍니다. 그런 과정에서 우리는 666이라고 하는 짐승에 표에 대해서도 읽게 됩니다. 아마도 요한계시록이 어렵다고 해서 잘 모르는 신자들도 144,000이라는 숫자와 666이라는 숫자는 잘 알고 있을 것입니다.

땅에서 올라온 짐승

먼저 11절을 보시겠습니다. 땅에서 올라온 짐승의 모습에 대해서 요한이 본 대로 말해 주고 있습니다. "내가 보매 또 다른 짐승이 땅에서 올라오니 어린 양 같이 두 뿔이 있고 용처럼 말을 하더라." 바다에서 올라온 짐승이 로마 제국과 그의 대표자인 황제를 상징한다면 땅에서 올라오는 짐승은 무엇을 의미하는 것일까요? 윌리엄 바클레이는 말하기를 "황제 숭배를 보급하고 전 제국에서 그 숭배를 강요하기 위해 세워진 조직마다 모든 지방은 교구나 노회 비슷한 것으로 조직되었는데 그곳의 관리들과 무수한 사제들로 구성되어 전국의 모든 국민에게 황제 숭배를 강요하였는데" 이 짐승은 바로 이 시스템을 의미한다는 것입니다.[68]

그런데 그와 같은 체제나 기구가 어린 양 같이 두 뿔이 있다고 하는 것은 로마의 평화와 안정된 삶을 빙자해서 숭배를 강요한다는 점을 말하는 것입니다. 어린 양과 같다는 것은 겸손하고 온유하신 주님, 평강의 왕이신 예수 그리스도를 모방한다는 것을 의미합니다. 로마 황제 뿐 아니라 히틀러나, 모택동, 김일성 같이 아주 비인간적인 독재자들도 인간성을 말하고, 살만한 세상과 평화로운 세상을 이념으로 제시했습니다. 독재자들도 어린아이를 안고 사진 찍는 것도 좋아합니다. 그렇게 해서 혹세무민하는 것입니다. 다같이 잘 살자고 하는 것 아니냐, 분위기 좋게 하고, 화기애애하게 지내자는 것 아니냐 하면서 타협과 순응을 요구하는 것입니다. 그리고 이 짐승이 용같이 말한다고 하는 것은 다르게 말하면 뱀 같이 말한다는 것인데, 이는 세게 말한다는 의미일 수도 있고, 아니면 실제로는 기만과 속임수로 가득하면서 그럴듯한 감언이설로 백성들을 속이는 것을 말합니다.

12절에 보시면 첫 번째 짐승과 두 번째 짐승의 관계를 이렇게 설명해 줍니다. "그가 먼저 나온 짐승의 모든 권세를 그 앞에서 행하고 땅과 땅에 사는 자들을 처음 짐승에게 경배하게 하니 곧 죽게 되었던 상처가 나은 자니라." 땅에서 올라온 짐승은 결국 땅과 땅 위에 사는 모든 사람들을 바다에서 올라온 짐승을 경배하게 만드는 것을 주요 사명으로 삼고 활동한다는 말입니다. 다르게 말하자면 이 거짓 선지자들은 정치권력을 절대화시키고 그 권력 앞에 사람들이 무릎 꿇고 경배하게 만들기 위해서 존재한다는 것입니다. 로마 제국때 뿐 아니라 일제강점기 때나 북한의 공산주의 내에는 이러한 우상숭배를 체계화시켜서 백성들에게 주입시키고 선동하는 역할을 하는 기구와 사람들이 있습니다. 언젠가 김일성의 아들이 쓴 북한 지하교회 이야기를 보니까, 김창일 목사라는 양반이 칼뱅의 『기독교 강요』를 김정일에게 선물했더니 삼일 동안 수염도 안 깎고 집중해서 읽고 나더니 김일성 주체사상을 만들어 버렸다는 것입니다.[69] 칼뱅은 기독교강요에서 하나님 주권 사상을 강조하고 있는데, 참 하나님 대신에 김일성을 하나님 자리에 앉히고 주체사상을 만들고 북한 주민들에게 김일성 숭배를 더욱더 심화시켰다는 것입니다. 본문 12절에서 상징적으로 표현하고 있는 바의 한 실례일 것입니다.

그런데 본문 13절을 보면 땅에서 올라온 짐승이 바다에서 올라온 짐승을 사람들이 숭배하도록 하기 위해서 "큰 이적을 행하되 심지어 사람들 앞에서 불이 하늘로부터 땅에 내려오게"할 것이라고 말씀하고 있습니다. 황제숭배나 인간지도자 숭배를 강요하고 선동하는 거짓 선지자들은 그럴 듯한 감언이설만 하지 아니하고 큰 이적을 행하기도 한다는 말입니다. 이 큰 이적은 물론 하나님의 능력으로 하는 것이 아니고, 사탄의 능력을 힘입어서 하는 것입니다. 심지어는 하늘에서 불을 내리게 한다는 것은 엘리야와 11장에서 살펴 본 두 증인을 상기하게 만듭니다. 이들은 소위 거짓 엘리야 흉내까지도 낼 것이라는 것입니다. 우리는 여기서 주의해야 합니다. 북한은 김일성 숭배를 강요하면서 거짓된 이야기들을 사용했습니다. 흙으로 배고픈 인민을 먹였다든지, 아니면 가랑잎 타고 압록강을 건너갔다는 등 신화적인 이야기들로 백성들을 속였습니다. 그러나 본문에서 말하는 것은 그런 거짓말을 가리키는 것이 아니고, 실제적으로 이적 기사를 일으킬 것이라는 것입니다. 우상 종교에도 무수한 이적 기사, 치유기사가 일어날 수 있습니다. 애굽의 마술사들도 지팡이를 변하여 뱀이 되게 하고, 하수를 변하여 피가 되게 하기도 했습니다. 또한 도가 깊은 승려들도 치유를 행하고 갖가지 이적을 베풀기도 합니다. 로마 가톨릭 교회에도 마리아 상에서 피를 흘린다는 등 이상한 현상들에 대해서 말합니다.

그러나 이 모든 이적 기사를 일으키는 목적이 무엇인가 14절을 주목해 보시기를 바랍니다. "짐승 앞에서 받은바 이적을 행함으로 땅에 거하는 자들을 미혹하며 땅에 거하는 자들에게 이르기를 칼에 상하였다가 살아난 짐승을 위하여 우상을 만들라 하더라." 결국 유사 기적을 행하여 사람들을 미혹하여 첫 번째 짐승에게 절하고 숭배하게 만들려는 의도를 가지고 있습니다. 우리는 외적인 현상이나 이적 기사에 현혹되어서는 안 됩니다. 반짝인다고 모든 것이 금은 아닙니다. 이적 기사라고 해서 다 하나님께로부터 오는 것이 아닙니다. 본문에 있는 대로 사탄 마귀에게서 오는 이적 기사도 있습니다. 하나님께서 주시는 이적 기사는 예수 그리스도를 믿게 하는 도구 역할을 합니다. 마귀가 주는 이적 기사는 인간이나 어떤 제도나 권력에 매료되게 하고 숭배하게 만드는 것입니다. 사도 바울이 데살로니가후서 2장 9-12절에서 한 경고를 주의해야 합니다.

> 악한 자의 나타남은 사탄의 활동을 따라 모든 능력과 표적과 거짓 기적과 불의의 모든 속임으로 멸망하는 자들에게 있으리니 이는 그들이 진리의 사랑을 받지 아니하여 구원함을 받지 못함이라. 이러므로 하나님이 미혹의 역사를 그들에게 보내사 거짓 것을 믿게 하심은 진리를 믿지 않고 불의를 좋아하는 모든 자들로 하여금 심판을 받게 하려 하심이라.

짐승에게 경배하기를 거부하는 사람들

그렇게 이적 기사를 행하여 사람들을 기만하여 첫째 짐승에게 경배하게 하는데 이에 순응하지 않는 사람들은 어떻게 할까요? 로마 황제 숭배를 모든 사람들이 좋아해도 결코 순응할 수 없는 사람들이 초대 교회 때 있었습니다. 그들은 바로 유일신 신앙을 가진 그리스도인들이었습니다. 로마 제국은 황제숭배를 국민들에게 요구하면서 오직 그것만 하라고 한 것이 아닙니다. 각자가 가진 고유의 신들도 섬기고 황제 숭배도 하라는 것이었습니다. 로마 사람들은 정복지의 신들을 존중해 주었기 때문에, 이웃 나라 일본처럼 로마시내에는 수많은 신전들과 사당들이 존재했습니다. 그들은 심지어 유대교도 인정해 주었습니다. 다만 일 년에 한 번씩 황제 숭배에 동참하라는 정도의 요구를 받았습니다. 평소에는 자기 신을 섬기다가 한 번쯤 제국민의 의무로써 황제에 대한 경배를 하라는 것이었습니다. 그러나 그리스도인들의 경우에는 예수 그리스도 외에 어느 누구에게 나의 주님, 나의 하나님이라고 숭배할 수가 없었습니다. 하늘의 해가 하나이고, 달이 하나이듯이 오로지 예수 그리스도께만 나의 주님, 나의 전부이신 하나님이시여라고 경배할 수 있었습니다.

우리가 2장에서 서머나 교회에 대해서 상고할 때에 그 교회의 감독인 폴리캅 이야기를 한 적이 있습니다. 폴리캅Polycarp은 사도 요한의 제자로서 그에 의해서 서머나 교회의 감독으로 세움을 입었고 목회사역을 잘 수행하고 난 후에, 86세라는 고령의 나이에 순교하게 되었습니다. 그의 고매한 인품이나 외모에서 풍겨 나오는 고결함 때문에 로마의 관리들이나 총독조차도 신앙을 버리라고 그에게 부탁했지만, 그는 끝까지 자신의 신앙을 버리지 않았습니다. 그리스도를 모독하라고 권하는 총독에게 폴리캅은 "나는 86년 동안 그분을 섬겨 왔는데 그동안 그분은 단 한 번도 나를 부당하게 대우하신 적이 없습니다. 그런데 내가 어찌 이제까지 섬겨온 나의 왕 그리스도를 모독할 수 있겠습니까?"라고 대답하였습니다. 그러자 총독은 그의 마음을 돌리는데 도움이 될까 해서 마음을 안 바꾸면 화형을 시키겠다고 위협을 가했습니다. 하지만 폴리캅은 "당신이 잠시 타오르다가 곧 꺼져버리는 불로 나를 위협하고 있습니다. 왜냐하면 당신은 장차 임할 심판과 악인을 위해 예비된 영원한 형벌을 알지 못하고 있기 때문입니다. 자 왜 지체하고 있습니까? 당신이 원하시는 대로 하십시오." 결국 폴리캅은 화형대에 세워졌고, 관리들은 나무에 불을 댕겼습니다. 그러나 희한하게도 타오르는 불길은 그의 몸을 태우기는커녕 그의 몸 둘레를 울타리처럼 둥그렇게 둘러싸는 것이었습니다. 그리고 고귀한 향냄새까지 났습니다. 그래서 로마 관리들은 폴리캅 감독을 결국 창으로 찔러서 죽이고 말았습니다.[70]

세상 사람들이나 믿음이 약한 사람들은 속과 겉을 얼마든지 다르게 꾸밀 수 있습니다. 먹고 살기 위해서는 아닌 것도 맞다고 말하고, 맞는 것도 아니라고 부인할 수 있습니다. 그러나 예수 그리스도를 진실 되게 믿는 참 신자들은 자신의 신앙을 공개적으로 밝혀야 하는 때에 자신의 속에 있는 신앙을 고백할 수밖에 없습니다.

그러나 그렇게 공개적으로 황제숭배나 지도자 숭배나 권력이 강요하는 숭배를 거부하면 어떻게 될까요? 현실 권력을 쥐고 있는 자들의 공적으로서 박해의 대상이 될 수밖에 없습니다. 오늘 본문 15절에 보면 "그가 권세를 받아 그 짐승의 우상에게 생기를 주어 그 짐승의 우상으로 말하게 하고 또 짐승의 우상에게 경배하지 아니하는 자는 몇이든지 다 죽이게 하더라." 어린 양의 흉내를 내고 유사 기적을 일으키면서 백성들을 선동하는 이 거짓 선지자들은 자신들의 선동에 휘말려 들지 않는 자들은 몇 명이 되었든지 간에 죽일 것입니다. 즉, 봄바람처럼 부드럽게 감언이설로 속여도 말을 안 들으면 이제 권력의 힘을 입어서 위협하거나 죽이기까지 한다는 것입니다. 사도 요한이나 독자들은 네로 황제 시절에 있었던 박해를 다 기억하고 있었습니다. 당시의 그리스도인들은 들 짐승의 가죽 속에 넣어진 후에 사나운 사냥개들에게 물려 죽거나, 아니면 돌과 함께 자루에 넣어져서 티베르 강에 던져지기도 했습니다. 또한 역청을 그들에게 발라서 아직 살아있는 그리스도인들에게 불을 붙여서 왕궁 뜰을 비추게 해놓고 술잔치를 하기도 했습니다. 이렇게 그리스도인들은 자신들의 신앙을 지키다가 잔인하게 죽임 당하는 길로 가든지, 아니면 카타콤베로 숨어들어서 불편을 감수하면서 신앙생활을 할 수밖에 없었습니다.

짐승의 수 666

16절 이하에 보면 땅에서 올라온 짐승이 사용하는 전략을 소개해 줍니다. 그것은 바로 "그가 모든 자 곧 작은 자나 큰 자나 부자나 가난한 자나 자유인이나 종들에게 그 오른손이나 이마에 표를 받게 하고 누구든지 이 표를 가진 자 외에는 매매를 못하게" 하는 것입니다(16, 17절). 작은 자나 큰 자나 부자나 가난한 자나 자유인이나 종들이라는 구절은 각 사회 계층의 양극단을 망라하여 모든 종류의 사람을 표현하는 것입니다. 그런데 짐승이 그들에게 어떻게 한다고 하는지를 주목해 봅시다.

짐승은 자유자나 종들의 오른손이나 이마에 표를 받게 한다고 했습니다. 그래서 이 표를 가지지 않은 사람은 거래도 할 수 없게 해서 정상적인 사회생활, 경제활동을 할 수 없게 만들 것이라고 했습니다.

오른손과 이마에 표를 준다고 했고, 17절 하반절에 보시면 "이 표는 곧 짐승의 이름이나 그 이름의 수라"라고 말씀하고 있습니다. 세대주의자들은 오른손과 이마에 받는 짐승의 표를 오늘날 상품에 찍는 바코드bar code가 아니겠느냐고 가르쳤습니다. 그러나 사도 요한의 시절에서 보자면 이것은 난센스입니다. 혹은 요즘은 베리칩(Verichip = 퍼지티브 ID)이 짐승의 표라고 주장하는 이들이 있습니다. 그러나 당시의 역사적인 배경에 비추어 본문을 이해하는 것이 순리적입니다. 당시에는 짐승들에게 낙인을 찍듯이 노예에게 낙인을 찍었고 어떤 단체에 가입을 하게 되면 역시 그 단체를 표시하는 독특한 형태의 낙인을 찍어 주었습니다. 그렇게 해서 소유권을 분명히 표시했습니다. 우리가 7장에서 하나님의 천사들이 하나님을 믿는 백성들의 이마에도 인을 치는 것을 보았습니다. 사탄과 그 하수인인 둘째 짐승도 하나님의 사역을 모방하는 것입니다. 그렇게 해서 두 종류의 인맞은 자들로 인류는 갈라지는 것입니다. 하나님의 인을 받은 자와 사탄의 인을 맞은 자 등입니다. 누구의 인을 가지고 있는가를 보고 소속을 확인할 수 있는 것입니다.

그렇다면 질문을 던져 보십시다. 짐승의 표가 의미하는 바가 무엇일까요? 사도 요한은 17절 하반절에서 "이 표는 곧 짐승의 이름이나 그 이름의 수라."고 말한 후에, 18절에서는 "지혜가 여기 있으니 총명한 자는 그 짐승의 수를 세어 보라. 그것은 사람의 수니 그의 수는 육백육십육이니라."라고 말씀하고 있습니다. 그러니까 표에는 짐승의 이름이 새겨져 있다는 말이지요. 그리고 그 이름을 공개적으로 밝히지 아니하고 지혜롭고 총명하거든 짐승의 숫자를 한 번 세어보라. 이는 사람의 수니 즉, 사람의 이름이니 그 숫자는 666이라는 것입니다. 이것이 무슨 말인지를 이해하기 위해서는 고대 시대 사람들이 숫자를 가지고 사람 이름을 표현하는 암호 표기법인 게마트리아_gematria_를 사용했다는 것을 알 필요가 있습니다. 우리들은 편리한 아라비아 숫자를 사용하고 있습니다만, 당시에는 서양에서는 쓰이지 아니하였고, 알파벳을 가지고 숫자 표기를 했습니다. 우리나라 알파벳 같으면 ㄱ은 1이고, ㄴ은 2 이런 식이 되는 것입니다. 그렇게 알파벳을 가지고 숫자를 매겼고, 숫자는 반대로 알파벳으로 환산이 가능했습니다. 그래서 폼페이에 남아있는 비문에 보면 "나는 545수의 여인을 사랑한다"는 말이 남아있습니다.[71]

666이라는 숫자가 누구를 가리키는지에 대해서 많은 논쟁이 있어왔습니다만, 앞서 말씀드린 게마트리아에 의하면 네로 카이사르의 숫자입니다. 즉, 네로 황제의 이름을 숫자로 표기하면 666이 된다는 것입니다. 게마트리아에 익숙한 당시 초대 교회 성도들 입장에서는 666하면 네로 황제를 의미한다는 것을 알 수 있었습니다. 그리고 단순히 네로 한 개인만을 의미하는 것이 아니라 그런 유의 모든 황제들을 가리키고, 나아가서는 자신을 신이라고 생각하면서 숭배를 요구하는 일본 천황이나 북한의 김일성 같은 독재자들도 가리킨다고 볼 수 있습니다. 그리고 말세지말에 나타나게 될 적그리스도의 숫자이기도 합니다. 좀 더 영적으로 해석하는 헨드릭슨에 의하면 6은 완전수에 해당하는 7에 하나가 모자라는 것인데 666이라고 했으니 거듭 반복되는 실패를 함의한다고 해설했습니다.[72] 짐승이 그의 목적을 수행함에 있어서 계속 실패하고 있는 것을 상징합니다. 토런스는 말하기를 "이 악의 삼위일체인 666은 성삼위의 777을 흉내 내지만 항상 모자란다."라고 해설했습니다.[73]

그러면 이제 정리를 해 보겠습니다. 666은 휴거론자들이 말하는 바코드를 가리키는 것이 아닙니다. 하나님의 교회를 박해하고 믿는 자들을 잔멸하려고 했던 로마 황제나 독재자들과 같은 적그리스도 세력을 가리킵니다. 로마 시대에는 황제 숭배를 하고 나면 황제의 이름으로 된 증명서를 주었습니다. 그래서 이 증명서를 받아야 오늘 본문 16, 17절에 말하는 것처럼 정상적인 사회생활과 경제활동을 할 수 있었습니다.

그럴 때에 황제 숭배를 거부하는 그리스도인들은 어떻게 될까요? 사회적으로 왕따를 당하게 되고, 잡히면 말할 수 없는 큰 고통을 당하다가 죽게 됩니다. 어느 시대나 이런 식의 검열 방식들은 존재했습니다. 우리의 생계 문제나 생존권을 쥐고 하나님을 부인하고 우상을 숭배하게 만들려는 방식들은 시대마다 다양했습니다.

이번 강해에서 우리는 땅에서 올라온 짐승에 대해서 살펴보았고, 짐승의 수인 666에 대해서 살펴보았습니다. 사탄을 비롯하여 바다에서 올라온 짐승과 땅에서 올라온 짐승은 삼위일체 하나님을 모방하되 하나님을 대적하는 악의 삼위일체라고 할 수 있습니다. 그러한 세력 밑에서 이 세상 백성들은 하나님 대신에 헛된 우상을 숭배하면서 죄의 낙을 누리고 거짓된 평안을 누리게 됩니다. 하지만 하나님을 믿는 백성들은 이러한 우상숭배에 동참하지 아니하기 때문에 큰 환난 고초를 당하게 됩니다. 그래서 이런 상황 속에는 10절 하반절에 기록된 대로 "성도의 인내와 믿음"이 필요한 것입니다. 인내는 박해 가운데서 꾸준히 참는 것이며, 믿음은 결코 흔들지 않는 꾸준한 신뢰를 의미합니다.[74] 예수님도 마태복음 24장 10-13절에서 "그 때에 많은 사람이 실족하게 되어 서로 잡아 주고 서로 미워하겠으며 거짓 선지자가 많이 일어나 많은 사람을 미혹하겠으며 불법이 성하므로 많은 사람의 사랑이 식어지리라. 그러나 끝까지 견디는 자는 구원을 얻으리라."고 말씀해 주셨습니다. 그리고 주님은 또한 요한복음 16장 33절에서는 "이것을 너희에게 이르는 것은 너희로 내 안에서 평안을 누리게 하려 함이라 세상에서는 너희가 환난을 당하나 담대하라 내가 세상을 이기었노라."고 위로해 주시기도 하셨습니다. 우리 믿는 신자들은 환난 박해를 통해서 신앙이 순금같이 정결해 집니다. 그리고 환난 박해는 또한 전도의 기회가 됩니다. 그리고 그 환난 박해가 아무리 세게 느껴져도 하나님이 정하신 때가 있습니다. 하나님께서 넉넉히 감당할 힘과 용기와 믿음을 주신다고 약속하시기도 했습니다.

38

시온 산에 선 자들

또 내가 보니 보라 어린 양이 시온 산에 섰고 그와 함께 십사만 사천이 서 있는데 그들의 이마에는 어린 양의 이름과 그 아버지의 이름을 쓴 것이 있더라 내가 하늘에서 나는 소리를 들으니 많은 물 소리와도 같고 큰 우렛소리와도 같은데 내가 들은 소리는 거문고 타는 자들이 그 거문고를 타는 것 같더라 그들이 보좌 앞과 네 생물과 장로들 앞에서 새 노래를 부르니 땅에서 속량함을 받은 십사만 사천 밖에는 능히 이 노래를 배울 자가 없더라 이 사람들은 여자와 더불어 더럽히 아니하고 순결한 자라 어린 양이 어디로 인도하든지 따라가는 자며 사람 가운데에서 속량함을 받아 처음 익은 열 매로 하나님과 어린 양에게 속한 자들이니 그 입에 거짓말이 없고 흠이 없는 자들이더라(계 14:1-5).

우리는 12-13장에서 바다에서 나온 짐승과 땅에서 나온 짐승이 용에게서 권세를 받고 온 세상을 통치하면서 하나님의 백성들을 박해하는 것을 보았습니다. 짐승의 표를 받지 아니한 자는 일상생활이나 경제생활을 하는 것이 불가능하게 할 정도로 세상의 권세가 교회를 억누르는 박해 상황에 대한 묘사입니다. 이러한 형편은 로마 제국에 의해서 박해를 받던 초대 교회의 상황을 잘 설명해 주고 있으며, 어느 시대나 세상 권력이 하나님의 백성들을 박해하는 때에 일어나는 상황에 대한 적절한 묘사입니다. 현재 북한이나 이슬람 국가들에 여실히 적용되는 말씀입니다. 사실 우리들은 그런 사회에 살지 아니하기 때문에 별로 이런 말씀들을 좋아하지 않습니다. 그러나 국가적이든 개인적이든 환난과 박해 상황은 대단히 힘든 면이 있습니다만, 부인할 수 없는 것은 그런 상황들 속에서도 하나님의 백성들이 존재한다는 것입니다. 그 풀무불 속에서 더욱더 순도 높은 금과 같이 믿음이 순수해진다는 것을 부인할 수가 없습니다. 더욱이 우리 개인이나 국가적으로 어느 때에 그런 일이 또 닥쳐올지 우리는 예상하지 못하기 때문에 요한계시록의 말씀들을 통해서 잘 준비하는 것이 좋습니다.

그런데 오늘 읽은 14장에 들어오면 갑자기 앞의 내용과 전혀 다른 장면이 등장하고 있습니다. 요한은 새로이 펼쳐지는 장면에 놀라서 "보라"고 하면서 독자의 주의를 환기시켜 주고 있습니다. 우리도 사도 요한의 초대를 따라서 그가 묘사하고 있는 장면이 무엇인지를 한 번 살펴보도록 하겠습니다. 1절을 먼저 보실까요? "또 내가 보니 보라. 어린 양이 시온 산에 섰고 그와 함께 십사만 사천이 서 있는데 그들의 이마에는 어린 양의 이름과 그 아버지의 이름을 쓴 것이 있더라." 요한이 보게 된 장면이 무엇입니까? 그는 어린 양과 144,000명이 함께 시온 산에 서 있는 것을 보았습니다. 그리고 그 무리들이 큰 소리로 찬양을 부르고 있는 것을 보았습니다. 과연 시온 산은 어디를 가리키는 것일까요? 그리고 이 찬송하고 있는 무리들은 누구를 가리키는 것일까요? 이미 순교하거나 죽은 성도의 무리입니까? 아니면 살아있는 신자들도 포함하는 그리스도의 하늘과 지상 공동체를 가리키는 것일까요?

시온 산

우리가 구약의 시편이나 예언서를 읽다 보면 시온이라는 표현을 많이 만납니다. 우리도 "시온 성과 같은 교회"나 "시온의 영광이 빛나는 아침" 등과 같은 찬송가를 통해서 시온Zion이라는 표현과 제법 익숙한 편입니다. 현대 유대인들의 팔레스타인 복귀 운동을 시오니즘Zionism이라고 해서 뉴스에 오르내리기 때문에 일반인들도 시온이라는 단어를 알고 있습니다. 시온은 원래 어디에서 온 단어인지를 모릅니다. 그러나 구약에서는 예루살렘에 있던 곳으로 하나님의 성전이 세워진 모리아 산을 가리킵니다. 이 산은 아주 높고 안전한 곳이어서 적의 공격을 얼마든지 막아낼 수 있는 지형적인 특성을 가지고 있습니다. 그러나 이스라엘 백성들이 보기에는 하나님의 임재의 장소인 성전이 있던 곳이기 때문에 시온 산을 이 세상에서 가장 안전한 곳으로 여겼습니다. 세상이 제 아무리 혼돈의 수렁에 빠져들고, 이 세상의 권력자들이 소동한다고 하여도 하나님은 바로 시온 산에서 이스라엘 백성들을 통치하시며 그들을 보호하신다고 그들은 굳게 믿었던 것입니다. 하나님께서는 시온 산에 임재 하셔서 그 백성들을 만나주시고, 그들에게 말씀해 주시며, 그들을 보호해 주셨습니다. 그래서 이스라엘 백성들에게 있어서 시온 산은 이 세상에서 가장 안전한 곳으로 마음에 새겨진 곳이었습니다. 그들은 환난의 때에 성전에만 있으면 어떠한 위험에서도 보호받을 수 있다고 믿었습니다.

그러나 주후 70년에 예루살렘 성전이 로마 군단병들에 의해서 철저하게 파괴되고 난 후에 시온 산은 도대체 어디를 가리키는 것일까요? 신약에 있어서 시온 산이란 바로 하나님의 백성들의 공동체인 교회를 가리킵니다. 예수님께서는 수가 성 여인에게 말하기를 예루살렘에서도 말고 그리심 산에서도 말고 어느 곳에 있든지 간에 영과 진리로 하나님을 예배하는 곳에 하나님이 계신다고 가르쳐 주시었습니다(요 4:21-24). 시온 산은 궁극적으로 하나님의 보좌가 있는 하늘을 가리키지만, 이 지상 가운데도 하나님을 신실하게 믿는 교회 공동체는 시온이라고 할 수 있습니다. 바울은 고린도 교회 성도들에게 말하기를 성도는 하나님의 성령이 거하시는 전이며, 그리스도의 몸이라고 하였고, 죄를 지어서 교회에서 출교하는 것을 사탄에게 내어 주는 것이라고 말했습니다(고전 3:16, 5:5).

히브리서 기자는 신약 시대 성도들의 영광을 묘사하기를 "그러나 너희가 이른 곳은 시온 산과 살아 계신 하나님의 도성인 하늘의 예루살렘과 천만 천사와 하늘에 기록된 장자들의 모임과 교회"라고 말씀해 줍니다(히 12:22-23). 물론 시온 산이라는 것은 단순히 이 땅 위에 있는 교회 공동체만을 말하지 않습니다. 부름 받고 구원 받은 모든 하나님의 백성들의 모임을 가리키는 것이니까 그것은 보이지 않는 천상의 교회를 포함하는 것입니다. 우리가 생각할 때에 하나님의 교회는 지극히 연약해 보이고 자기를 방어하기에는 허술해 보입니다. 세상 권력자들이 미쳐 날뛰어서 교회를 박해하면 꼼짝 없이 당할 수밖에 없는 것이 교회의 모습인 것 같습니다. 하지만 이 세상에서 하나님의 백성들의 공동체만큼 끈질기고 힘 있는 것이 없습니다. 이 세상의 나라들, 이 세상의 단체들은 아무리 왕성해도 다 끝날 때가 있지만, 하나님의 교회는 그 숱한 박해 가운데서도 살아남아 존재하고 있으며, 박해 상황 가운데 있는 북한 안에도 존재하고 있다고 합니다. 왜 이와 같이 끈질기게 존재하는 것일까요? 교회는 인간의 모임이 아니고 그리스도께서 함께 하시는 공동체이기 때문입니다. 시온 산이 안전할 수 있는 이유는 죽음을 정복하시고 부활하신 어린 양되신 그리스도께서 그곳에 서 계시고 다스리고 계시기 때문입니다.

따라서 우리는 그리스도의 몸인 교회 공동체를 소중하게 생각해야 합니다. 우리는 이 믿음의 공동체 속에 있을 때에 영적으로 안전한 것입니다. 사람들이 보기 싫다고 교회를 떠나 가 버리면 영적으로 큰 위험에 빠질 수밖에 없는 것입니다. 우리는 하나님의 은혜가 다스리시고 생명이 말씀이 증거되는 이 예배 공동체를 소중하게 생각해야 합니다. 우리의 모임 가운데 예수 그리스도께서 임재해 계십니다. 그가 우리에게 생명의 말씀을 주시며, 세상을 이길 힘을 주시는 것이며, 영육간의 치유와 회복의 은혜를 베푸시는 것입니다. 바울은 말하기를 하나님의 집은 진리의 기둥과 터라고 했습니다(딤전 3:15하). 찬송가 209장 1절에 보시면 "이 세상 풍파 심하고 또 환난 질고 많으나 나 편히 쉬게 될 것은 주 예비하신 주의 전(시온소)"이라고 노래하고 있습니다. 오늘날 우리들에게 가장 안전한 곳이 어디입니까? 청와대나 전쟁에도 살아남을 지하 벙커가 아닙니다. 그것은 참으로 말씀이 살아있고 성령께서 역사하시는 공동체입니다. 교회의 신실한 회원이 되고 그 가르침과 치리에 순종하는 것이 가장 안전한 것입니다. 칼뱅은 하나님이 아버지가 되시는 자들에게는 교회가 어머니가 되어야 한다라고 말했습니다.

어린 양과 함께 서 있는 자들의 특징

그렇다면 시온 산에 어린 양과 함께 서 있는 자들은 누구입니까? 무엇보다도 우선 "그들의 이마에는 어린 양의 이름과 그 아버지의 이름을 쓴 것"이 있는 자들입니다(1절하). 우리가 13장에서 짐승의 표를 이마와 오른손에 가진 자들을 보았던 것과 대조적입니다. 이마에 어린 양의 이름과 그 아버지의 이름이 쓰여 있다라고 하는 것은 이들이 예수 그리스도가 누구이신지, 성부 하나님이 어떤 분이신지 인격적으로 잘 알고 있으며, 또한 확신을 가지고 있어서 누구도 그 지식과 믿음을 지울 수 없다는 의미입니다. 이들은 로마 황제가 미쳐 날뛰면서 자칭 주와 하나님이라고 하면서 황제 숭배를 요구하여도 속아 넘어가지 않는 자들입니다. 그들은 하나님이 누구이신지를 분명히 알고 있기 때문입니다. 온 세상과 그 안에 있는 것들, 심지어 오용하고 있는 황제의 권력조차도 누구의 소유인지를 잘 알고 있습니다. 예수님께서 뻐기는 빌라도에게 "위에서 주지 아니하셨더라면 나를 해할 권한이 없었으리"라고 말씀하신 대로 온 세상의 권세를 하나님의 주권 하에 속해 있다는 것을 아는 자들입니다(요 19:11). 그리고 자칭 팍스 로마나를 안겨 주는 황제가 아니라 자신들의 죄를 위하여 대속의 죽음을 죽어주신 어린 양만이 자신의 구주이시라는 것을 분명하게 알고 있는 자들입니다. 이 지식은 책을 통해서 배운 정보가 아니고, 그들의 영혼에 각인된 신령한 지식입니다. 그들은 하나님을 뵌 적이 없지만 성령으로 말미암아 굳게 확신하고 있는 자들입니다. 그래서 이와 같은 분명한 지식을 어떠한 환난과 박해 속에서도 부인할 수가 없는 것입니다. 하늘의 태양과 달의 존재를 부인할 수 없듯이 하나님과 그리스도를 부인할 수 없는 자들입니다.

또 시온 산에서 어린 양과 함께 서 있는 자들은 "여자와 더불어 더럽히지 아니하고 순결한 자라"고 4절 하반절에 소개하고 있습니다. 여자로 더불어 더럽히지 않는다는 말은 가톨릭 교회가 그릇되게 주장하는 것처럼 결혼하지 않고 독신으로 사는 것을 말하지 않습니다. 오히려 그것은 당시대에 로마 제국 전역을 오염시키고 있던 어떤 형태의 성적인 부도덕에 전염되지 않고 하나님이 정해주신 가정의 질서 안에서 살아가는 것을 가리킵니다. 로마 제국이나 헬라를 다룬 글이나 영화를 보시면 고대 사회가 성적으로 얼마나 문란하고 부패했는지를 알 수 있습니다. 동성애도 자연스러운 것이라고 선양하던 시절입니다. 현대 사회도 마찬가지로 대단히 문란하고 부패해 있습니다. 그러한 사회 분위기 속에서도 성적으로 자신을 지키며 자신을 절제하고 살아가는 삶을 사는 것이 그리스도인들입니다. 그리고 성경에는 그리스도인들을 순결한 신부에 비유하는 말씀들이 많습니다. 우상에게 절하지 아니하고, 이 세상 사람들의 사고방식이나 생활 방식에 물들지 아니하고 성경적으로 사고하고, 느끼고, 행동하는 것이 여자로 더불어 자신을 더럽히지 않는다는 말씀의 영적인 의미입니다.

그리고 그들은 또한 "어린 양이 어디로 인도하든지 따라가는 자"라고 소개되고 있습니다. 그리스도인들은 자신의 인생을 자기 마음대로 자기 욕심대로 자기 의지대로 살아가는 자들이 아닙니다. 그들은 그리스도께서 인생을 피로 구속하셨으며, 인생길을 선한 길로 인도해 주신다는 것을 굳게 믿습니다. 그리스도께서 인도하시는 길에는 푸른 초장과 맑은 시냇가도 있지만 사망의 음침한 골짜기도 있음을 알고, 어디로 인도하든지 따라가는 자들입니다. 궁극적으로 그렇게 믿고 따라가는 삶이 유익하고 선이 된다는 것을 알고 있기 때문입니다. 따라서 그들은 삶에 있어서 하나님이 기뻐하시는 뜻이 무엇인지 묻고 확인하는 일에 게으르지 않습니다. 성경을 교양 서적으로 읽는 것이 아니라 자신의 인생을 바르게 인도하기 위해서 주신 말씀으로 생각하고 그 말씀을 읽고 듣고 묵상하기를 즐거워합니다.

또한 그들은 "사람 가운데에서 속량함을 받아 처음 익은 열매로 하나님과 어린 양에게 속한 자들"입니다. 처음 익은 열매first-fruit라고 하는 것은 일 년 동안 재배한 것 중에서 처음으로 추수하여 가장 좋은 것을 하나님께 드리던 구약 시대에 만들어진 개념입니다. 처음 열매를 하나님께 드림으로써 소산물을 허락해주신 하나님께 감사를 드리고 그 모든 것이 하나님께 속하였다는 것을 인정하고, 그 다음으로 익은 열매들이 이어질 것을 기대하는 의미를 가지고 있습니다. 농산물의 첫 소산물을 이렇게 하나님께 바친다는 것은 온전한 헌신의 의미를 가지고 있습니다. 우리 그리스도인 역시도 주 재림하실 때에 완성될 영적 추수에 비하자면 첫 열매에 속해 있으며, 우리 자신을 전적으로 하나님께 드려서 하나님이 기뻐하시는 인생을 살아가야 할 자들입니다. 우리는 하나님께 속한 자로서 우리의 뜻이 아니라 하나님의 뜻을 이루어 드려야 할 사명을 가지고 있는 자들입니다.

어린 양과 함께 시온 산에 서 있는 자들의 마지막 특징은 5절에 보면 그들의 "입에 거짓말이 없고 흠이 없는 자들"이라는 것입니다. 그리스도인의 특징은 진실하고 정직하다는 것입니다. 거짓말과 사기는 사탄의 특징입니다. 우리는 진리이신 그리스도의 사람들로써 진리에 속해 있습니다. 한 나라나 사회가 거짓이나 무고가 난무하다는 것은 그만큼 사탄에게 속해 있다는 뜻입니다. 그리스도인들이 진리를 무기로 삼고 영적인 전투를 치루어야 합니다. 신자도 거짓말 할 때가 있습니다. 그러나 회개하지 아니하고서는 견딜 수가 없는 존재가 참 그리스도인입니다. 따라서 참된 그리스도인은 구태여 맹세를 하지 않더라도 그 입에서 나오는 말을 신뢰 가능해야 하는 것입니다. 그리고 흠이 없다는 것은 이 세상에서 그리스도인이 완전에 이를 수 있다는 것을 말하지 않습니다. 이 지상에 사는 동안에는 성령의 감동하심에 따라 말씀의 거울에 비추어서 끊임없이 죄를 깨닫고 회개하며 그리스도의 보혈에 두루마기를 빠는 자들이 흠이 없는 자들입니다. 그리고 실제로 새 하늘과 새 땅에서는 영화의 상태에 들어가기 때문에 아무런 흠이나 주름 잡힌 것이 없이 완전한 상태에 이르게 될 것입니다.

어린 양과 함께 시온 산에 선자들이 부르는 찬송

이제 마지막으로 살펴볼 것은 어린 양과 함께 시온 산에 서 있는 자들이 무엇을 하고 있는가 하는 것입니다. 2, 3절에 보시면 이들이 하는 주된 일은 새 노래를 부르는 것입니다. "내가 하늘에서 나는 소리를 들으니 많은 물소리와도 같고 큰 우렛소리와도 같은데 내가 들은 소리는 거문고 타는 자들이 그 거문고를 타는 것 같더라. 그들이 보좌 앞과 네 생물과 장로들 앞에서 새 노래를 부르니 땅에서 속량함을 받은 십사만 사천 밖에는 능히 이 노래를 배울 자가 없더라." 그들이 부르는 노래 소리가 얼마나 우렁찬지 많은 물소리와 같고 큰 우렛소리와 같다고 했습니다. 다른 소리는 이들의 찬송 소리에 파묻혀서 들리려야 들릴 수가 없을 정도입니다. 그들의 노래 소리는 우렁찰 뿐 아니라 거문고 타는 소리와 같이 아름다움이 있었습니다.

그리고 더욱더 중요한 것은 그들이 부르는 노래는 이 세상 사람들이 부를 수 없는 노래라고 하는 것입니다. 그들이 부르는 노래가 천사들이 부르는 노래이기 때문이 아닙니다. 그들이 부르는 노래는 우리가 부르는 찬송가와 같습니다. 하나님을 찬양하고 예수 그리스도를 찬양하는 노래입니다. 사실 이 세상 사람들도 찬송가를 부를 수 있습니다. 하지만 그들은 겉으로는 음조를 따라 하고, 가사를 따라하지만 앙꼬가 빠졌습니다. 그것은 하나님에 대한 믿음과 신뢰의 표현, 구속받은 자의 감사와 감격이 쏙 빠져 있습니다. 마치 사랑이 뭔지 인격적으로 경험해 보지 못한 사람이 사랑에 대한 시를 읽고 노래를 부를 수는 있지만 사랑을 제대로 알 수 없는 것과 유사하다고 할 것입니다. 이 세상 사람들이 찬송가나 CCM을 따라 부를 수 있다고 하더라도 그들의 영혼은 하나님의 은혜가 무엇인지 경험해 보지 못했기에 새 노래라고 할 수 없습니다. 그런 노래는 예술적으로 아무리 아름답다고 해도 하나님을 기쁘시게 하지를 못합니다.

우리 그리스도인들은 받은 은혜를 단순히 말이나 큰 소리로 다 표현할 수 없어서 노래를 부르고 찬송을 부릅니다. 우리의 벅찬 감격을 곡조 있는 찬양으로 표현합니다. 이 찬송은 오로지 하나님이 값없이 베풀어 주신 구원의 은혜를 체험한 거듭난 신자들이 부를 수 있는 것입니다. 세상 사람들은 이 찬송을 들어도 그 내용을 이해하지 못합니다. 우리는 눈물로 부르는 보혈 찬송을 그들은 듣기 싫어하고 혐오합니다. 그리고 초대 교회 역사를 읽어보면 순교하는 때에도 성도들이 어린 양의 보혈을 찬송했다고 하는데 오락과 쾌락을 일삼고 사람 목숨을 파리 목숨처럼 가벼이 다루는 로마인들은 경악하지 않을 수가 없었습니다. 저는 나이에 따라, 혹은 취향에 따라 좋아하는 스타일의 찬송들이나 현대 기독교음악CCM이 있을 수 있다는 점 인정합니다. 그러나 이랬든 저랬든 우리는 하나님을 찬송하고 하나님이 베푸신 은혜와 그리스도의 보혈을 찬송하는 찬양들을 즐거워해야 합니다. 그리고 정말 벅찬 감격과 감사의 마음을 가지고 하나님께 불러 드릴 수 있기를 원합니다. 우리가 천국에 가면 영원히 하나님을 찬송하면서 살 것이기에, 이 땅 위에서도 찬양을 즐거이 해야 합니다. 그렇게 하는 것은 천국 생활의 리허설이기 때문입니다.

이제 이 강해에서 나눈 말씀을 정리하겠습니다. 오늘 우리들은 시온 산에 어린 양과 함께 서 있는 144,000명에 대해서 살펴보았습니다. 그들은 어린 양의 보혈로 구속받은 하나님의 백성들을 가리킨다고 말씀드렸습니다. 그리고 그렇게 구속함을 받은 자들이 가지고 있는 여러 가지 특징들을 보았습니다. 그들은 13장에서 본 것처럼 666의 표를 받으면서 이 세상에 물들고 이 세상을 숭배하는 자들이 아니라, 오로지 예수 그리스도에게 속한 자들입니다. 그들은 어떤 점에서 보든지 간에 이 세상 사람들과 다른 자들입니다. 한 마디로 그들은 성도의 미인 거룩한 미를 가지고 있는 자들입니다. 그들은 어린 양이 어디로 이끄시든지 믿고 따라가는 양과 같은 자들이기도 합니다. 첫 열매와 같이 하나님께 헌신하는 자들이기도 합니다. 물론 오늘 본문에 묘사된 상황은 천국에서 성취되는 것입니다. 그럼에도 불구하고 이 땅 위에 살아가고 있는 그리스도인들도 우리가 무엇을 향해 부름을 받고 있는지 본문에서 잘 확인하셔야 합니다.

우리는 이 세상의 환난 풍파 중에도 가장 안전한 시온 산에 서 있는 자들이라는 것을 영적으로 알고 있습니까? 주님의 품 안에서 안식하고 평안을 누린다는 것이 무엇인지를 알고 있습니까? 이 세상의 풍랑 이는 바다 같이 요동하여도 어린 양 되신 예수 그리스도께서 통치하고 계시기에 담대하다고 말할 수 있습니까? 우리의 이마에는 어린 양과 하나님 아버지의 이름이 새겨져 있음을 확신합니까? 세상의 시류가 어떻게 흘러간다고 해도 세상에 물들지 아니하고 정절을 지키는 신부가 되어가고 있습니까? 하나님의 어린 양이 우리의 인생길을 선한 길로 인도하신다는 것을 믿고 양떼처럼 순종하고 따라가고 있습니까? 우리의 입에는 거짓말이 없고 오히려 진실이 말해지고 있습니까? 마지막으로 우리는 하나님을 찬양하고 어린 양의 보혈을 찬송하기를 즐거워하고 있습니까? 아니면 내 감정 풀이로 흥얼대고 있습니까? 우리가 정말 그리스도인으로 거듭났다면 결과적으로는 오늘 본문에 있는 대로 점도 흠도 티도 주름 잡힌 것도 없이 영광스러운 자들이 될 것입니다. 거룩하기를 사모하는 신자들이 되십시다.

39

세 천사가 전해주는 메시지

또 보니 다른 천사가 공중에 날아가는데 땅에 거주하는 자들 곧 모든 민족과 종족과 방언과 백성에게 전할 영원한 복음을 가졌더라 그가 큰 음성으로 이르되 하나님을 두려워하며 그에게 영광을 돌리라 이는 그의 심판의 시간이 이르렀음이니 하늘과 땅과 바다와 물들의 근원을 만드신 이를 경배하라 하더라 또 다른 천사 곧 둘째가 그 뒤를 따라 말하되 무너졌도다 무너졌도다 큰 성 바벨론이여 모든 나라에게 그의 음행으로 말미암아 진노의 포도주를 먹이던 자로다 하더라 또 다른 천사 곧 셋째가 그 뒤를 따라 큰 음성으로 이르되 만일 누구든지 짐승과 그의 우상에게 경배하고 이마에나 손에 표를 받으면 그도 하나님의 진노의 포도주를 마시리니 그 진노의 잔에 섞인 것이 없이 부은 포도주라 거룩한 천사들 앞과 어린 양 앞에서 불과 유황으로 고난을 받으리니 그 고난의 연기가 세세토록 올라가리로다 짐승과 그의 우상에게 경배하고 그의 이름 표를 받는 자는 누구든지 밤낮 쉼을 얻지 못하리라 하더라 성도들의 인내가 여기 있나니 그들은 하나님의 계명과 예수에 대한 믿음을 지키는 자니라 또 내가 들으니 하늘에서 음성이 나서 이르되 기록하라 지금 이후로 주 안에서 죽는 자들은 복이 있도다 하시매 성령이 이르시되 그러하다 그들이 수고를 그치고 쉬리니 이는 그들의 행한 일이 따름이라 하시더라(계 14:6-13).

오늘 우리가 몸담고 살아가고 있는 한국 사회는 과정이나 동기보다는 그 결과를 더 중요하게 생각합니다. 어떻게 해서든지 성공하고 돈을 많이 가지고 권력을 획득하면 그는 성공한 자이고 행복한 자이다라는 식으로 많이들 생각합니다. 그러기 때문에 악착같이 살고, 온갖 술수를 부려서라도, 심지어는 악마적인 존재의 힘을 빌어서라도 세상의 부귀 공명을 얻고 한 번 뻿쩍거리고 떵떵거릴 수 있는 삶을 살아보고 싶다는 욕구가 사회 전반에 용솟음치고 있습니다. 교회를 성장시키기 위해서라면 양잿물이라도 마시겠다는 목사들도 있으니 일반 백성들이나 신자들은 오죽하겠습니까? 이처럼 수단 방법을 가리지 아니하고 일확천금이나 성공을 얻어보겠다는 언페어 플레이 정신이 사회를 주도하고 있으면 성실하고 정직하게 살아가려는 사람들은 엄청나게 고통을 당하고 때로는 심각한 피해를 입을 수 있습니다. 그리고 가장 힘든 사람이 누구인가 하면 바로 신실한 그리스도인들입니다. 세상 사람들이야 하나님을 믿지 아니하니까 성공 출세를 위해서라면 무슨 짓이라도 자행합니다만, 그러나 우리 그리스도인들은 신앙 양심이 있어서 그렇게 마음대로 살 수가 없기 때문입니다. 게다가 그와 같이 사는 사람들이 실제로 어려움 없이 잘 살고 있는 것을 가까이에서 보게 되면 나 혼자 미련하게 살다가 망하는 것은 아닐까 하는 두려움과 위기 의식마저 들게 됩니다.

이러한 시대에 요한계시록은 경고와 위로의 말씀이 됩니다. 오늘 우리가 읽은 본문 말씀은 이와 같은 악한 세상 속에서 신실하게 살아가고 있는 하나님의 백성들에게 적실한 대답을 주고 있기 때문입니다. 본문에 보시면 공중을 날아 가면서 큰 음성으로 메시지들을 전하는 세 천사들을 보게 됩니다. 도대체 이들이 전하는 메시지의 내용들이 무엇일까요?

첫 번째 천사가 전하는 메시지(6-7절)

사도 요한은 어린 양과 더불어서 시온 산에 서 있는 구속 받은 하나님의 백성들에 대한 이상을 본 이후에, 곧 이어서 공중을 날아가면서 큰 음성으로 외치는 천사를 보았다라고 말합니다. 공중을 날아가는 천사는 땅에 거하는 자들 즉, "모든 민족과 종족과 방언과 백성"에게 전할 영원한 복음을 가지고 있더라고 6절에 말씀합니다. 공중을 날아가는 천사는 하늘을 자유로이 날아 다니면서 이 세상에 살고 있는 모든 사람들에게 영원한 복음을 전하고 있습니다. 천사가 이렇게 공중을 날아다니면서 큰 음성으로 영원한 복음을 전한다고 하는 것은 초림으로부터 재림에 이르기까지 전 교회사 시대에 복음을 온 우주적으로 전파하고 계시는 것을 보여주는 것입니다. 그가 전하는 복음은 영원한 복음입니다. 모든 시대 모든 나라를 위한 유일한 복음입니다. 물론 우리의 육안에는 이 천사가 보이지 않고, 교회와 목사 그리고 성도들이 말씀을 전하고 복음을 전하는 것이 보입니다.

그리고 7절에 보시면 천사가 큰 음성으로 전한 영원한 복음의 내용이 무엇인지를 이렇게 소개하고 있습니다. "하나님을 두려워하며 그에게 영광을 돌리라. 이는 그의 심판의 시간이 이르렀음이니 하늘과 땅과 바다와 물들의 근원을 만드신 이를 경배하라." 천사가 전하는 메시지는 얼른 보기에는 복음의 소식이 아니고 재난의 예고입니다. 하나님께서 심판하실 시간이 임박했으니까 너희들 빨리 정신 차리고 하나님을 두려워하고 경배하라, 그리고 온갖 것들을 창조하신 하나님께 영광을 돌리도록 해라- 이것이 어찌 세상 사람들에게 전하는 영원한 복음이 될 수 있을까요? 이 세상은 우연히 생겨난 임자 없는 무주공산이 아니라는 것을 세상 사람들은 인식해야 합니다. 하늘과 땅과 바다와 물들의 근원을 만드신 창조주 하나님이 계신다는 것을 깨달을 때에야 모든 사물에 대한 올바른 관점이 생기는 것입니다. 창조주 하나님이 계시다면, 그 지으신 곳에 살고 있는 인생들이 자행자지하면서 살면 안 되는 것이고, 더더구나 창조주를 기억하거나 인정하지 않는다는 것은 지극히 무례한 일이요 심판받을 일인 것입니다. 하나님을 도외시하고 살아가는 것은 마치 정당한 정부가 있는데도 사회 법 질서를 무시하고 살아가는 깡패 집단과 다를 바가 없습니다.

사도 요한이 살고 있던 시대의 로마 제국이 저지르는 소행이 바로 그와 같았습니다. 그들은 온 세상이 임자 없는 땅이요, 힘있는 자들이 취하기만 하면 그만이라고 생각하고 전 세계를 무력으로 정복하고 다녔습니다. 게다가 로마가 다스리는 영토 내에서 -특히 소아시아 지역에서- 황제를 우상으로 숭배하라는 명을 내려서 모든 제국민들을 우상숭배에 빠지게 만들었습니다. 그러나 천사가 큰 소리로 외치고 있는 것이 무엇입니까? 하늘과 땅과 그 가운데 있는 모든 것은 하나님께서 지으신 것들이요 하나님의 소유라고 하는 것입니다. 그러하기 때문에 하나님을 두려워하고 하나님을 경배하는데로 돌아오라고 부르짖는 것입니다. 사람들이 만든 거짓되고 쓸모없는 우상을 버리고 살아계시는 하나님께로 돌아오라는 것은 복음의 메시지인 것입니다. 영원한 복음은 구원을 초래하며 구원은 하나님의 영광과 존귀와 경배를 가져오는 것입니다.

두 번째 천사가 전하는 메시지(8절)

하나님을 경배하고 하나님께 영광을 돌리는 일이 왜 시급한 일입니까? 우리는 두 번째 천사가 큰 음성으로 전하는 메시지를 통해서 그 이유를 분명하게 알 수 있습니다. 8절을 보시지요. "또 다른 천사 곧 둘째가 그 뒤를 따라 말하되 무너졌도다. 큰 성 바벨론이여 모든 나라에게 그의 음행으로 말미암아 진노의 포도주를 먹이던 자로다 하더라." 두 번째 천사는 큰 성 바벨론이 무너졌다라고 선언하고 있는데, 이는 로마 제국의 멸망이 필연적이다라는 것을 보여줍니다. 로마 제국을 바벨론이라고 지칭하는 것은 초대 교회 성도들 사이에는 잘 알려진 일이었습니다(벧전 5:13). 유대 묵시 문헌 중에도 로마를 바벨론이라고 불렀습니다(에즈라 4서 3:2; 바룩 2서 10:2-3; 바룩 3서 1:1). 바벨론과 로마는 여러 가지 점에서 닮은 점이 있었기 때문입니다. 이 두 나라는 세계를 제패했던 제국이요 무엇보다도 유대인들에게는 뼈아픈 기억으로 남아있는 성전 파괴의 장본인들이었습니다. 그리고 박해 상황에서는 이렇게 암호를 사용하는 것이 지혜로운 일이었습니다. 그런데 오늘 본문에 보면 아직도 팍스 로마나를 구가하면서 교회를 박해하고 있던 로마를 향해 무너졌도라고 선언하고 있습니다. 과거지사인 것처럼 선언하는 것은 하나님께서 그렇게 하기로 결정하셨기 때문에 반드시 멸망할 것이라고 하는 선언인 것입니다. 이와 같이 예언된 로마 제국의 멸망은 476년에 서로마 제국이 게르만 족에 의해서 멸망하고, 1453년에 동로마 제국이 오스만투르크에 의해서 멸망함으로써 성취되고 맙니다. 그러나 그 이전에 313년에 콘스탄티누스 황제가 밀라노 칙령을 내려서 기독교를 공인한 때에 영적으로는 무너지고 만 것입니다.

그러면 로마 제국이 멸망할 수밖에 없는 이유가 무엇이라고 하는지를 주목해서 보십시다. 하나님께서는 왜 로마 제국의 운명이 끝났다고 말씀하고 있습니까? 천사가 밝히고 있는 바에 의하면 로마 제국은 모든 나라들을 그의 음행으로 말미암아 진노의 포도주를 먹이던 자이기 때문이라고 합니다. 이 말은 로마 제국이 팍스 로마나라고 하는 정치적 안정과 경제적 부요를 제국민들에게 안겨 주는 한편 그들을 로마 정신의 숭배와 황제 숭배라고 하는 우상숭배에 빠지도록 미혹하였다는 말입니다. 마치 음녀가 사람을 꼬드겨서 도덕적인 죄와 불결함에 빠지게 하듯이 로마 제국은 자신이 정복한 모든 나라들로 하여금 하나님을 반역하는 우상숭배에 빠지도록 만들고, 또한 부도덕한 삶에 빠지도록 만들었습니다. 그러한 음행의 결과 하나님의 진노의 포도주를 마시게 된다는 것입니다. 이는 하나님의 심판을 말합니다. 로마 제국이 멸망할 때에 함께 음행에 빠졌던 나라들도 망할 수밖에 없는 것입니다.

우리는 이러한 로마 제국에 대한 말씀이 단순히 로마 제국에 그치는 것이 아니고 그와 같은 성격을 가진 모든 세상 나라에 대해서도 동일하게 적용되는 말씀임을 인식해야 합니다. 히틀러의 제3제국, 일본 제국

주의, 중국 공산주의, 북한의 공산주의 정권이 로마적인 특징을 가지고 하나님을 적대하고 있습니다. 뿐만 아니라 자본주의 역시도 물질만능주의를 가지고 세계의 모든 백성들을 세속화 시키고 있는 면을 결코 간과하시면 안 될 것입니다. 이런 세상적인 적대 세력들은 다 하나님께서 심판하시는 날이 오게 되어 있습니다. 우리는 구태여 어느 시대, 어느 나라나 어느 체제라고 할 것 없습니다. 바벨론이나 로마는 대표적인 것일 뿐 주님 오시는 날까지 이 동일한 본성을 가진 나라들, 정권들, 체제들에도 해당하는 말씀입니다. 특히 말세지말에 전 세계적으로 영향력을 행사할 적그리스도의 나라, 세력들이 있을 것입니다. 오늘날 우리들은 공산주의보다는 자본주의나 사회주의의 무신론적인 물질주의와 세속주의가 더욱더 우리의 신앙생활을 무기력하게 만들고 천국이 아니라 이 세상에 취하게 만들고 있다는 점을 주의해서 분별하셔야 합니다.

세 번째 천사가 전하는 메시지(9-11절)

이제 세 번째 천사가 전하는 메시지를 보시면, 로마 제국이 제공하는 팍스 로마나를 누리기 위해서 황제 숭배에 빠진 자들 즉, 짐승의 우상에게 절을 하고 그 이마에나 오른손에 표를 받는 자들이 받을 심판에 대해서 구체적으로 선언하고 있습니다. 그들은 하나님의 진노의 포도주를 마시게 되리라는 것입니다. 하나님의 진노에 대해서 구약은 진노의 포도주 잔을 마신다라고 표현을 많이 하고 있습니다(욥 21:20; 시 75:8; 사 51:17; 렘 25:15-38). 예수님께서 겟세마네 동산에서 이 잔을 지나가게 해 달라고 말씀하신 잔도 바로 진노의 잔을 말합니다. 우리나라 역사 드라마를 보시면 임금의 진노를 산 신하에게 사약이 담긴 약사발이 주어지던 것을 생각해 보신다면 이러한 비유적인 표현을 이해하기 쉬우실 것입니다. 본문 10절에 보시면 진노의 잔은 마시기에 얼마나 혹독한지 섞인 것이 없이 부은 포도주라고 말씀하고 있습니다. 이는 과거 사람들이 독한 포도주에 물을 타서 마시기에 좋게 하던 습관을 암시하는 말입니다. 그런데 물을 조금도 섞지 않은 독한 포도주에다가 하나님의 진노를 비유한 것은 그들이 받을 하나님의 진노가 아주 혹독한 것을 가리킵니다.

그리고 10절 하반절에 보시면 그들은 "거룩한 천사들 앞과 어린 양 앞에서 불과 유황으로 고난을 받을 것"이라고도 말씀하고 있습니다. 거룩한 천사들은 심판을 수종드는 자들이고, 어린 양은 심판주가 되십니다. 그리고 불과 유황으로 고난을 받는다는 것은 창세기 19장에서 소돔과 고모라를 심판하실 때의 상황을 연상케 해 줍니다. 그들이 교회나 신자들을 공개적으로 박해하고 수치와 모욕을 가했던 죄에 대해서 하늘의 이루 헤아릴 수 없는 천군 천사들 앞에서 고난을 받음으로 더 큰 수치와 모욕을 받게 될 것이라는 것입니다. 그리고 더욱더 문제는 그들이 당하는 고통이 일시적인 것이 아니라고 하는 것입니다. 11절 상반절에 보시면 "그 고난의 연기가 세세토록 올라가리로다."라고 말씀하지 않습니까? 그들은 이 세상에서 제 멋대로 살았던 삶에 대해서 영원토록 혹독하게 그 대가를 치루게 될 것입니다. 이 세상에서의 삶이란 것은 즐거워도 고통스러워도 짧은 순간에 불과하지만, 이 생후의 삶은 영원할 것입니다. 한 순간의 선택이 영원을 좌우할 것입니다. 짐승과 그 우상에게 경배하고 그의 이름 표를 받은 자들은 이 세상에서 잠깐 주어지는 낙을 쫓아가다가 영원히 고통을 당하게 될 것입니다.

또한 그들이 당하는 고통의 성격에 대해서 11절 하반절에 보면 "누구든지 밤낮 쉼을 얻지 못하리라."고 말씀하고 있습니다. 우리가 몸이 많이 아파서 주야간에 잠을 못자고 끙끙 앓아보아도 진절머리 쳐지는데, 지옥에 들어가는 자들은 영원토록 쉼과 안식을 얻지 못하게 된다고 하니 이 얼마나 끔찍한 일입니까? 그들에게는 불안 초초, 고통, 번뇌, 뼈저린 후회 등으로 가득한 삶을 영원히 살게 될 것이며, 평화, 기쁨, 만족함은 한 방울도 누리지 못하게 될 것입니다. 지옥이 실제로 어띠힐지는 우리가 알지 못합니다. 그러나 적어도 그곳에는 쉼이 없고 평안이 없는 곳이요 영원히 고통하는 장소임을 기억하십시다. 그러하기에 주님께서는 불구자가 되어서 천국가는 것이 온전한 몸을 가지고 지옥가는 것보다 낫다라고 누누이 말씀하셨던 것입니다.

신실한 하나님의 백성들에게 주시는 위로와 약속(12-13절)

구세군Salvation Army을 창설한 윌리엄 부스William Booth(1829-1912)는 말하기를 만약에 자신에게 권한이 있다면 모든 복음 전도자들이나 사역자들을 지옥 꼭대기에 잠시라도 매달려있는 체험을 하게 하고 싶다라고 말한 적이 있습니다. 정말 그렇지 않습니까? 우리가 지옥이란 곳이 어떤 곳인지를 조금이라도 알게 된다면, 우리는 어떻게 해서라도 그와 같은 곳에 가지 않기로 결심하고 혼신의 노력을 다할 것입니다. 그리고 믿지 않는 가족들이 궁극적인 운명이 너무나 두렵고 안타까워서 간절하게 복음을 전하게 될 것입니다. 우리는 하나님의 말씀을 통해서 이 세상에서 우리가 무엇을 선택하는가에 따라 영원한 상태가 결정된다는 것을 거듭 듣습니다. 당장 이 땅 위에서 편리한 삶을 추구하고 하나님을 거부했던 자들이 누리게 될 영원한 고통에 대해서 세 천사가 큰 음성으로 외치고 있는데 우리들은 어떡해야 하겠습니까? 짐승과 그 우상을 쫓는 자들에게 주어지는 형벌의 심각함을 깨달은 성도들이라면 잠시 잠깐의 고난의 세월을 참고 견뎌내야 한다는 각오를 다짐하게 됩니다. 영원히 그러한 고통을 당하면서 살 바에는 차라리 이 세상에서 잠시 불편하고 고통당하는 것이 좋겠다는 것입니다. 중고등 학생들 가운데는 억지로 할 수 없이라도 공부하는 학생들이 많습니다. 그러나 어떤 학생들은 몇 년 동안만 자신이 수고하고 고생하면 나머지 인생이 편안하고 행복할 수 있다는 확신을 가지고서 불철주야 열심히 공부하는 학생들도 있습니다. 그처럼 성도들도 이 세상 사는 동안에 인내하면서 하나님의 계명, 즉 말씀대로 살고자 분투노력하고, 예수님을 믿는 믿음을 지키게 되면 영원한 고통 대신에 신천신지에서 영원한 안식과 복락을 누리게 될 것입니다. 12절에 보시면 "성도들의 인내가 여기 있나니 그들은 하나님의 계명과 예수에 대한 믿음을 지키는 자니라."고 말씀하고 있는데, 저는 이 구절이 도대체 그리스도인이 누구냐, 무엇하는 사람이냐에 대한 훌륭한 정의 중 하나라고 생각합니다. 그리고 말세에 살아가는 성도의 삶에 있어서 인내가 얼마나 필요한지를 확인하게 되는 대목입니다. 성도의 인내는 막연하게 잘 참는 것이 아닙니다. 그 인내의 삶 속에는 하나님의 계명과 예수님을 믿는 믿음을 잘 견고하게 지키는 것을 내용으로 하고 있습니다. 성도들의 관점에서 보면 최후의 심판은 바로 성도들의 인내가 빛을 발하는 순간으로 받아들여지게 됩니다.

그러나 믿고 인내하는 자들에게 주어지는 복은 더욱더 긍정적으로 선포되고 있습니다. 13절입니다. "또 내가 들으니 하늘에서 음성이 나서 이르되 기록하라. 지금 이후로 주 안에서 죽는 자들은 복이 있도다 하시매 성령이 이르시되 그러하다. 그들이 수고를 그치고 쉬리니 이는 그들의 행한 일이 따름이라 하시더라." 주님을 믿으면서 끝까지 충성하거나 순교하는 자들은 복이 있습니다. 왜냐하면 그들이 수고를 그치고 영원한 안식과 평화를 누리는 삶을 살게 될 것이기 때문입니다. 뿐만 아니라 우리가 이 세상에서 어떻게 살았느냐 그 믿음의 열매가 우리의 뒤를 영원히 따라 다닐 것입니다. 그리고 주님은 우리가 믿고 순종하면서 그분을 위해서 산 삶을 결코 잊어버리시거나 무시하거나 없애 버리시지 아니하고 "잘 하였도다. 착하고 충성된 종아. 작은 일에 충성하였으니 와서 주인의 즐거움에 참여할지어다"라고 칭찬해 주시고 상급을 주실 것입니다. 13절의 말씀은 따로 떼어서 다음 강해에서 집중적으로 살펴보려고 합니다.

이제 나눈 말씀을 정리하도록 하겠습니다. 오늘 세 천사가 공중에 날아가면서 큰 음성으로 외치어 모든 시대 사람들로 하여금 듣게 한 메시지들을 살펴보았습니다. 만물의 창조자이신 하나님을 두려워하고 영광을 돌리라는 말씀이 선포되었고, 아랑곳하지 아니하고 세상을 쫓아가는 사람들에 대한 영원한 심판에 대한 메시지를 보았습니다. 우리는 이러한 두려운 경고의 말씀들을 진지하게 잘 들어야 합니다. 예수님을 믿음과 인내의 삶을 살아가기 위한 부정적인 자극제로 삼아야 합니다. 그리고 나아가서는 이러한 상태 속에 있는 가족들을 위하여 간구하며 전도할 수 있는 근거로 삼아야 합니다. 누군가 조롱하듯이 인용하고 있는 이야기이지만 오히려 저는 진지하게 듣고 싶고 여러 성도님들과 청년들에게 소개하고 싶습니다.

어떤 동네에 불교를 수십 년 믿은 한 할머니가 계셨는데 그런데 어느 날 그 할머니가 교회에 왔습니다. 너무 놀라서 누가 전도했나 알아봤더니 다름 아니라 그 할머니의 어린 손녀가 전도했다고 대답했습니다. 도대체 그 손녀가 이 불자 할머니를 어떻게 전도했나 알아 봤더니 이 손녀가 집에만 들어오면 울었다는 것입니다. 그 손녀가 매일 왜 그렇게 울었냐하면 "나는 천국 가는데 할머니는 예수님 안 믿어서 지옥 가니까 어떡하냐고…" 그렇게 한탄하면서 매일 울었다는 것입니다. 그래서 할머니가 마침내 교회 오신 것입니다. 제가 사역했던 교회 성도님들 가운데도 유사한 분이 있었습니다. 안 믿는 가족에게 아주 정성껏 선대했습니다. 그 가족이 묻습니다. 왜 자신을 선대하느냐고 물으니 "저는 예수 믿어 천국가는데 아저씨와 아주머니는 예수님을 안 믿어 지옥갈테니 살아계실 때라도 잘 해드리려고 한다"고 대답했다고 합니다. 이 가족이 깜짝 놀라서 교회를 다니게 되었다는 이야기입니다. 우리가 하나님의 심판과 지옥의 실재를 바로 안다면 이렇든 저렇든 가족들과 사랑하는 이웃 주민들, 직장 동료들, 학교 친구들을 전도하기 위해서 우리가 할 수 있는 최선의 노력을 하지 않을 수가 없습니다.

40

주 안에서
죽는 자의 복

> 또 내가 들으니 하늘에서 음성이 나서 이르되 기록하라 지금 이후로 주 안에서 죽는 자들은 복이 있도다 하시매 성령이 이르시되 그러하다 그들이 수고를 그치고 쉬리니 이는 그들의 행한 일이 따름이라 하시더라(계 14:13).

알렉산더 대왕의 아버지 필립 2세에게는 아침마다 이렇게 말해주는 역할을 맡은 신하가 있었다고 합니다. "왕이시여! 언젠가는 죽어야 한다는 사실을 잊지 마소서." 라틴어 경구로 메멘토 모리 *memento mori!* 죽음을 기억하라입니다. 신문 기사를 보니까 1996년 일본 게이오 고등학교에서 시작된 죽음 교육에 대한 이야기가 있습니다. 한 교사가 학생들에게 죽음 교육을 시작하자 처음에는 학부모들이 거세게 항의했습니다. 장래가 구만리 같은 아이들에게 벌써 죽을 준비를 시키다니 무슨 해괴한 행동이냐는 이유 때문입니다. 그러나 그 교사는 죽음을 알아야 삶을 제대로 이해하고 의미있게 살 수 있다는 소신을 펼치며 맞섰고, 그 수업은 학생들 사이에 의외로 관심을 끌면서 꼭 들어볼 만한 과목으로 자리 잡았다고 하는 것입니다. 죽음학의 개척자인 스위스 정신과 의사 엘리자베스 퀴블러 로스는 『죽음과 임종에 대하여』라는 책에서 죽음을 앞둔 사람의 정신 상태를 분석한 5단계의 '퀴블러 로스 모델'을 제시했습니다. 죽음을 받아들이지 않는 '부인'Denial, "왜 하필 나야"하고 원망하는

'분노'Anger, 죽음을 지연시키는 방법을 모색하는 '거래'Bargaining, 극도의 절망 상태인 '우울'Depression, 마침내 죽음을 인정하고 받아들이는 '수용'Acceptance의 단계를 거친다는 것입니다. 우리나라 사람들은 삶에 대한 집착과 죽음에 대한 거부감이 유달리 강해 별 준비없이 죽음을 맞는 경우가 많다고 합니다. 말기 암 환자만 해도 서양에선 임종 전에 삶을 정리하고 담담하게 죽음을 맞는 게 보통이지만, 우리나라 사람들은 끝까지 항암제에 매달리다 혼수상태로 떠나는 예가 적지않다는 것입니다. 프랑스의 계몽주의 사상가 몽테뉴는 말하기를 "우리는 죽음에 대한 걱정으로 삶을 엉망으로 만들고, 삶에 대한 근심으로 죽음을 망쳐버린다"고 했습니다.[75] 무신론자였던 볼테르는 죽음에 대해서 별 준비를 못했습니다. 그는 임종할 때에 의사에게 "나는 하나님과 사람에게 버림을 받았습니다. 당신이 내게 6개월만 생명을 연장시켜 준다면 나에게 가치 있는 모든 것의 반을 드리겠오. 난 두려운 지옥으로 가게 되오. 당신도 가게 될지 모르오. 오! 그리스도여!"라고 절규했습니다. 평소에 하나님이 없다고 조롱했던 그였고, 백년 내에 기독교는 없어질 것이며 성경책도 없어질 것이라고 장담했지만 그가 죽은 후에 그의 집은 성경 보급과 관련된 장소가 되고 말았습니다. 그리고 역시 근대 사상가였던 토마스 홉스는 "내가 이 세상을 다 가지고 있다면 그것을 하루치의 생명과 바꿀 수 있겠다. 하루만이라도 더 살고 싶다. 내 앞에 다가오는 저 세상을 조금이라도 들여다 볼 수 있는 구멍이라도 있으면 좋겠다. 껑충 어둠 속으로 뛰어 들어 가는 것 같다"라고 고백했습니다.

　인류 4대 성현이라고 하는 공자 역시도 죽음에 대해서 묻는 제자에게 자신은 생도 아직 모르는데 어찌 죽음에 대해서 알겠느냐고 하면서 정직하게 대답을 했습니다(未知生, 焉知死). 그리고 이 세상 사람들은 사람이 죽으면 사망(死亡)이라는 표현을 씁니다. 죽어서 망했다는 것입니다. 한스 웨버라고 하는 서양 사람은 죽음에 대해서 마치 높은 곳에 사다리를 대고 한 사람이 올라가서는 높은 곳에 무엇이 있는지를 알려주지 아니하고 사다리를 위로 올리고는 사라져버리는 것과 같다라고 말했습니다. 이처럼 세상 사람들의 입에서는 죽음 이후의 삶에 대한 분명한 확신을 찾아보기 어렵고 죽음을 당당하게 맞이하는 자세를 찾아보기가 어렵습니다. 반면에 우리가 읽은 본문에는 복된 죽음을 말하고 있습니다. 누구의 죽음이 복된 죽음인지, 왜 복되다라고 하는지를 살펴보도록 하겠습니다.

복이 있도다 그러하다

13절 말씀을 다시 한 번 같이 읽어보시겠습니다. "또 내가 들으니 하늘에서 음성이 나서 이르되 기록하라. 지금 이후로 주 안에서 죽는 자들은 복이 있도다 하시매 성령이 이르시되 그러하다. 그들이 수고를 그치고 쉬리니 이는 그들의 행한 일이 따름이라 하시더라." 우선 우리가 주목해야 할 것은 이 구절에 담긴 말씀을 누가 하고 있는가 하는 것입니다. 일단 사도 요한은 말하기를 "또 내가 들으니 하늘에서 음성이 나서 이르되"라고 했는데, 이는 하나님의 음성입니다. 요한은 하나님께서 하시는 말씀을 들었습니다. 따라서 신적인 권위를 지닌 말씀입니다. 주 안에서 죽는 자들이 복이 있도다라고 말입니다. 그런데 그런 말씀이 하늘에서부터 들려오는데 성령께서 '그러하다'라고 응답을 하시더라고 했습니다. 그러하다는 영어로 치면 yes라는 말입니다. 헬라어로 '나이'*nai*라고 하는데, 이는 히브리어로 하면 우리가 잘 알고 있는 단어인 '아멘'이라는 단어입니다. 그러니까 성령께서 '그러하다'라고 대답하는 것은 하늘에서 들려온 음성에 대해서 '아멘, 그렇습니다. 진리입니다'라고 동의를 하는 것과 같습니다.

정리를 해 보면, 오늘 사도 요한에게 들려진 말씀은 하늘에서 직접 들려왔을 뿐 아니라 성령께서 "그렇다"라고 보증을 하셨다는 데서 그 내용의 확실성이 더욱 강조되고 있습니다. 그리고 하나님께서는 너무나 중요하기 때문에 사도에게 기록을 해라고 명령을 하시었습니다. "주 안에서 죽는 자들은 복이 있다"라고 하는 말씀은 이만큼 확실한 하나님의 말씀입니다. 더욱이 성령은 왜 주 안에서 죽는 자들이 복이 있는지에 대해서 이유를 설명해 주시기도 하셨습니다. 하나님께서는 환난과 박해 상황 가운데 있던 초대 교회 성도들에게 이 말씀으로 큰 위로를 삼을 것을 말씀하고 있습니다. 사실 오늘날도 성도들이 죽고 나면 유족들에게 대체로 이 구절을 가지고 꼭 한 번은 위로의 말씀을 전하게 됩니다.

지금 이후로 주 안에서 죽는 자들은 복이 있도다

하늘에서 들려온 음성의 내용을 주목해 보십시다. "지금 이후로 주 안에서 죽는 자들은 복이 있도다." 요한계시록에는 '복이 있도다'라고 하는 경우가 일곱 번 등장하는데 오늘 말씀은 두 번째 말씀이 됩니다. 첫 번째는 1장 3절 말씀입니다. "이 예언의 말씀을 읽는 자와 듣는 자와 그 가운데에 기록한 것을 지키는 자는 복이 있나니 때가 가까움이라." 세 번째 말씀은 16장 15절에 있는 "보라 내가 도둑 같이 오리니 누구든지 깨어 자기 옷을 지켜 벌거벗고 다니지 아니하며 자기의 부끄러움을 보이지 아니하는 자는 복이 있도다"이고, 네 번째 말씀은 19장 9절에 있는 "천사가 내게 말하기를 기록하라 어린 양의 혼인 잔치에 청함을 받은 자들은 복이 있도다"이고, 다섯 번째는 20장 6절에 있는 바 "이 첫째 부활에 참여하는 자들은 복이 있고 거룩하도다 둘째 사망이 그들을 다스리는 권세가 없고 도리어 그들이 하나님과 그리스도의 제사장이 되어 천년 동안 그리스도와 더불어 왕 노릇 하리라"이고, 여섯 번째 말씀은 22장 7절에 있는 "보라 내가 속히 오리니 이 두루마리의 예언의 말씀을 지키는 자는 복이 있으리라 하더라"이고, 마지막 일곱 번째 말씀은 22장 14절에 있는 "자기 두루마기를 빠는 자들은 복이 있으니 이는 그들이 생명나무에 나아가며 문들을 통하여 성에 들어갈 권세를 받으려 함이로다"는 말씀입니다. 소위 요한계시록에 있는 7복입니다. 그 중에 오늘 읽은 13절 말씀은 두 번째 복에 대한 말씀인 것입니다.

지금 이후로 주 안에서 죽는 자들은 복이 있다고 본문은 말씀하고 있습니다. 주 안에서 죽음을 죽는 자들이 복이 있습니다. 그리고 지금 이후로라고 하는 구절이 있어서 상당히 논란의 대상이 됩니다. 사도 요한이 기록하는 시점 이후로부터 라는 말이라고 이해가 되기 때문입니다. 그러면 그 전의 사람들의 죽음은 복된 죽음이 아니라는 말일까요? 그것은 아닙니다. 요한계시록보다 수 십년 전에 기록한 데살로니가전서에서 바울은 이미 그리스도 안에서 죽는 자들의 복에 대해서 말씀했습니다. 살아남은 성도들에게 슬퍼하지 말라고 권면과 위로를 하였습니다. 그런데 왜 구태여 지금 이후로라는 표현을 썼을까요? 당시는 기독교가 로마 제국에 의해서 박해를 받고 있던 시절이기 때문입니다. 당시는 10대 박해 중 초기에 속했습니다. 앞으로 남은 이백여 년의 박해 기간이 남아있었습니다. 갈수록 더욱더 박해의 정도가 혹독해질 것을 하나님은 알고 계시기 때문에 특별히 '지금 이후로'라는 구절을 허락하신 것입니다. 예수 그리스도를 주와 구주로 믿다가 그 신앙 때문에 순교하는 자들이나 혹은 자연사를 하더라도 믿음을 끝까지 지킨 자들이 복된 죽음의 주인공들이 될 수 있는 것입니다. 우리는 13장 10절에서 "사로잡힐 자는 사로잡혀 갈 것이요. 칼에 죽을 자는 마땅히 칼에 죽을 것이니 성도들의 인내와 믿음이 여기 있느니라."는 말씀을 보았고, 14장 12절에서도 "성도들의 인내가 여기 있나니 그들은 하나님의 계명과 예수에 대한 믿음을 지킨 자니라"는 말씀을 읽었습니다.

주 안에서 죽는 자들이란 가룟 유다처럼 자신의 목적을 이루기 위해서 예수님 곁에 와서 있다가 자기 뜻대로 되지 않자 주님을 팔아먹고 뒤늦게 후회하면서 자살하는 사람이 아닙니다. 혹은 잘 믿는 것 같다가 세상의 시류에 따라서 타협하고 마는 사람들도 아닙니다. 주 안에서 죽는 자들이란 주님과 연합하여 환경이 좋을 때나 나쁠 때나, 건강할 때나 병들 때나 변함없이 믿고 신뢰하고 따라가는 자들이요, 복음에 순종하는 자들을 가리킵니다. 세상 흘러가는 대로 흘러갈 것이면 신앙을 인내라고 할 것도 없을 것입니다. 인간 관계도 그렇습니다. 좋을 때에 뿐 아니라 힘들 때에도 함께 하고 도와주는 관계가 좋은 관계입니다. 신앙도 마찬가지입니다. 예수님을 믿는 길은 신나고 즐겁기만 한 길이 아닙니다. 만사형통이 이 땅 위에서 꼭 있는 것도 아닙니다. 그럼에도 불구하고 주님을 믿고 의지하고 신뢰하면서 어려움도 감수하는 것입니다. 말씀을 통해서 알려주신 약속을 믿고 전진하는 것입니다. 그렇게 살다가 때가 되어 순교하든지, 죽는 자들만이 복이 있는 것입니다. 우리들도 이 복된 죽음의 반열에 서 있습니다.

왜 복이 있는가?

그러면 이제 왜 주 안에서 죽는 자들이 복이 있는지 그 이유를 살펴보십시다. 불신자나 신자나 때가 되면 죽기는 마찬가지입니다. 우리가 겪는대로 하자면 불신자나 신자나 노쇠하여 죽고, 병들어 죽고, 혹은 사고로 죽기도 합니다. 그 모양으로 치자면 별 차이가 없어 보입니다. 그런데도 불구하고 왜 주 안에서 죽는 자들은 복이 있다고 하는 것일까요? 13절 하반절에 보시면 성령께서 친히 그 이유를 말씀해 주셨습니다. "그들이 수고를 그치고 쉬리니 이는 그들의 행한 일이 따름이라 하시더라." 우리나라 말은 세 가지 이유를 말하는 것 같으나 헬라어 원문에 의하면 두 가지 이유를 말하고 있습니다.

첫째는 주 안에서 죽는 자들은 그들의 수고를 그치고 쉬기 때문에 복이 있습니다. 11절에서 보셨듯이 짐승의 우상에게 절하고 이 세상에서 편안하게 살던 자들에게는 죽음 이후에 "누구든지 밤낮 쉼을 얻지 못하리라"고 말씀하고 있지만, 주 안에서 죽는 자들은 이 세상에서의 수고를 그치고 쉴 수 있기 때문에 복이 있다는 것입니다. 여기서 수고라는 것은 단순히 인생을 살아가면서 겪는 수고를 말하지 않습니다. 즉, 우리가 공부를 제대로 하려고 하더라도 분투노력하고 수고해야 하고, 자식을 기르려고 해도 얼마나 힘이 많이 들고, 직장 생활을 하려고 해도 너무 너무 어렵습니다. 우리나라의 베스트 셀러 작가(『칼의 노래』, 『현의 노래』 등)인 김훈선생은 『밥벌이의 지겨움』(2007)라는 글에서 "밥에는 대책이 없다. 한두 끼를 먹어서 되는 일이 아니라, 죽는 날까지 때가 되면 반드시 먹어야 한다. 이것이 밥이다. (…) 나는 밥벌이를 지겨워하는 모든 사람들의 친구가 되고 싶다. 친구들아, 밥벌이에는 아무 대책이 없다. 그러나 우리들의 목표는 끝끝내 밥벌이가 아니다. 이걸 잊지 말고 또다시 각자 핸드폰을 차고 거리로 나가서 꾸역 꾸역 밥을 벌자. 무슨 도리 있겠는가. 아무 도리 없다." 라고 말하고 있습니다.[76] 이 세상을 살아간다는 것은 참으로 수고스러움이 있다는 말입니다. 하지만 주 안에서 죽는 자들이 복이 있도다라고 하는 이유로 제시한 바 "그들이 수고를 그치고 쉬리니"할 때의 수고는 그런 일반적인 수고를 말하는 것이 아닙니다. 신약에서 수고 $kopos$라고 하는 단어를 쓸 때는 일반적으로는 주님을 믿으면서 겪게 되고 참아내야 하는 모든 힘든 일, 트러블, 그리고 어려움들을 가리키는 데 쓰입니다.[77]

신사참배를 거부하고 처녀의 몸으로 6년의 옥고를 치루었던 안이숙 사모님이 『죽으면 죽으리라』에서 이렇게 썼습니다.

나는 자격 부족으로 실격된 순교자다. 진실로 나는 내 주님 예수를 위하여 죽기를 결심하고 나섰던 것이다. 그런데 내 뜻을 이루지 못하고 기회를 잃었을 때 섭섭해서 몹시 울었다…양순한 양 떼같은 성도들이 도살하는 자들 앞에서 그 모진 매와 고문에도 아이구 소리 한 마디 안 하고 견디는 그 진절머리 나는 참상을 볼 때 나는 왜 그랬는지 몰라도 급한 말로 '주여 천사를 속히 보내셔서 속히 속히 이 모든 사실을 사진 찍으세요. 속히 속히 주여 속히…' 하면서 발을 구르며 부르짖었다. 나는 예수님이 어떠하신 사랑으로 순교자들을 사랑하셨으며 만삭도 못된 나를 역시 그 어떠하신 사랑으로 사랑하셨던가를 다 기록할 수는 없다.

그리고 안이숙 사모님은 이렇게 고백하기도 했습니다.

지금 나의 마음은 햇빛 찬란한 산 꼭대기에 앉아서, 땀을 흘리며 애태워 올라온 길을 내려다 보는 등산가의 심정이다. 그 무섭고 가파른 계곡을 어떻게 넘어 왔는지, 땀이 단번에 말라 버리듯 소름이 끼친다. 숨막히는 듯한 그 무성한 숲속에서 가시덤불과 찔레와 악충들이 쏘고 찌르던 아픔도 이제는 아득한 먼 과거가 되었다. 그러나 거기에는 무시로 들려 주시는 주님의 음성인 '이제는 올라오라. 행진이다' 하는 권면의 말씀이 나를 이 자리에 우뚝 서게 하셨다.

사랑하는 성도 여러분! 수고를 그치고 쉰다고 할 때의 수고의 의미를 이해하시겠습니까? 환난 풍파 많은 이 세상에서 결코 곱게 봐주지 않는 이 세상 사람들 틈바구니 속에 살면서 신앙을 지키는 것입니다. 예수님을 믿고 예수님을 주와 구주로 섬기는 것입니다. 그리고 그 믿음 때문에 욕먹기도 하고, 손해 보기도 하고, 그리고 이를 악물고 참고 견디기도 하는 것입니다. 그리고 육신적으로는 "내가 왜 하나" 싶어도 주님에 대한 순종 때문에 땀 흘려 수고하고 봉사하고 헌신하는 삶을 일컬어서 "수고"라고 표현한다는 점을 기억하셔야 합니다.

그리고 중요한 것은 그러한 "수고"를 영원히 하는 것이 아니라 주님께서 그치게 하시는 때가 온다는 것입니다. 그것이 바로 성도가 주 안에서 죽는 때입니다. 요한계시록 7장 15-17절에서 우리는 주 안에서 죽은 자들이 누리는 안식이 어떤 것인지를 보셨습니다. "그러므로 그들이 하나님의 보좌 앞에 있고 또 그의 성전에서 밤낮 하나님을 섬기매 보좌에 앉으신 이가 그들 위에 장막을 치시리니 그들이 다시는 주리지도 아니하며 목마르지도 아니하고 해나 아무 뜨거운 기운에 상하지도 아니하리니 이는 보좌 가운데에 계신 어린 양이 그들의 목자가 되사 생명수 샘으로 인도하시고 하나님께서 그들의 눈에서 모든 눈물을 씻어 주실 것임이라."21장 4절에는 보충적으로 말씀하시기를 "모든 눈물을 그 눈에서 닦아 주시니 다시는 사망이 없고 애통하는 것이나 곡하는 것이나 아픈 것이 다시 있지 아니하리니 처음 것들이 다 지나갔음이러라."고 말씀하고 있습니다. 주 안에서 죽는 자들은 이와 같은 참된 안식과 쉼을 얻을 것입니다. 무엇보다도 복되신 삼위일체 하나님을 만나고 교제하며 찬양하고 예배하게 될 것입니다. 더 이상 불안이나 공포, 스트레스, 노이노제, 불편, 고초, 고뇌, 슬픔, 비애, 상실의 아픔, 시기와 질투로 인한 아픔들을 겪지 않게 될 것입니다. 어떤 죄의 세력도 주 안에서 죽어 쉼을 얻는 자들을 압박할 수 없게 될 것입니다.

그리고 주 안에서 죽음을 죽는 자들이 복된 두 번째 이유가 있습니다. "이는 그들의 행한 일이 따름이라"고 14절 끝에 말씀하고 있습니다. 그들이 행한 일은 앞서 말씀드린 수고와 동일한 내용을 가리킵니다. 즉, 그들이 주 예수 그리스도를 믿고 인내하며 말씀에 순종하면서 산 삶의 열매들을 가리킵니다. 그러한 수고들을 그들이 행한 일이라고 말씀하고 있습니다. 이는 그들의 믿음이라는 근원에서 나온 열매들이기 때문에, 행위 구원을 가리키는 것이 아닙니다. 주 믿는 자들이 이 땅 위에서 수고하여 열매맺은 "행위"*erga*의 열매가 죽음 이후 천국에까지 따라간다는 말씀입니다. 이러한 사상은 유대인들의 문헌에도 나타납니다. 벤 키스마라고 하는 사람은 "인간의 임종시에 그와 동행한 것은 은이나 금이나 보석이 아니라 토라와 선행일 뿐이다."라고 말했고, 어떤 글에서는 말하기를 "사람이 죽으면 그 사람보다 그 사람이 행한 일들이 더 먼저 저 세상에 가있다"라고 말했습니다.

그러나 어떤 그리스도인들은 "우리가 죽으면 영혼이 천국 가게 되는

데, 우리의 행한 일이 우리의 뒤를 따라 정말 들어가는 것이 아니다"라고 곡해를 합니다. 그러나 오늘 본문에 보시면 성령께서 사도 요한에게 그렇게 말씀하셨고 우리들에게 말씀하고 계십니다. "이는 그들의 행한 일이 따름이라"고 말입니다. 우리가 단순히 죽어서 천국가면 그만이다 그렇게 생각하면 안 됩니다. 고린도전서 3장에 보면 이 땅 위에서 아무렇게나 살다가 죽고 나면 삶의 모든 열매들은 불로 심판을 받고 불가운데 자기 한 몸만 간신히 구원을 받는 사람도 있고, 비유적으로 말해서 "은과 금으로 인생의 집을 지은 자들은 불심판을 통과하고도 남는 것이 있다"라고 말씀하고 있습니다. 자, 그러니 우리가 이 세상에서 잘 믿는다는 것과 믿음에서 나온 삶의 행실이 무엇인지를 늘 주목하는 것 대단히 중요함을 알 수 있습니다. 우리가 죽어서 천국에 간다고 해도 우리가 이 몸을 입고 이 땅에 살면서 행한 그 신앙적 수고와 그 열매들이 잊혀지거나 없어지지 아니하고 우리의 뒤를 따를 것입니다.

그러하기에 사도 바울은 "부활장"이라고 불리우는 고린도전서 15장을 결론지으면서 58절에 다음과 같이 분명하게 권하는 것입니다. "그러므로 내 사랑하는 형제들아! 견실하며 흔들리지 말고 항상 주의 일에 더욱 힘쓰는 자들이 되라. 이는 너희 수고가 주 안에서 헛되지 않은 줄 앎이라." 그리고 주님은 마태복음 25장에서 신실한 주님의 일꾼들에게 장차 "잘 하였도다. 착하고 충성된 종아! 네가 적은 일에 충성하였으매 내가 많은 것을 네게 맡기리니 네 주인의 즐거움에 참여할지어다"(21, 23절)라고 칭찬해 주실 것이라고 약속하셨습니다. 따라서 우리는 결단코 속거나 미혹당하면 안 됩니다. 우리가 한 번 예수님을 믿고 구원 받았으면 지옥갈 일이 없는데, 이 땅 위에 살 때에 잘하려고 해도 안 되는데 뭐하려고 그렇게 힘쓰고 애쓰냐 그냥 되는대로 살다가 천국이나 가자 그런 식으로 말하는 사탄 마귀의 속임수에 넘어가시면 안 될 것입니다. 오히려 앞서 인용해 드린 말씀을 기억하시고, 또한 골로새서 1장 29절에 "이를 위하여 나도 내 속에서 능력으로 역사하시는 이의 역사를 따라 힘을 다하여 수고하노라."고 고백하는 사도 바울의 고백처럼 우리도 살기로 결단해야 하겠습니다. 1860년 영국에서 태어나 중국, 인도, 그리고 아프리카에서 선교사로 사역하다가 콩고에서 1931년에 소천한 C. T. 스터드 선교사는 "한 번 뿐인 인생 속히 지나가리라. 그러나 그리스도를 위해 한 일은 영원하리라"Only one life, it'll soon be past, only what's done for Christ will last.라고 말했습니다. 그리고 스터드 선교사가 좌우명으로 삼았던 것은 "만약 예수 그리스도가 하나님이시고, 나를 위해 죽으셨다면, 그분을 위해 내가 어떤 희생을 치룬다고 해도 큰 희생일 수가 없다"는 것이었습니다.

사랑하는 여러분! 이번 강해를 통해 우리는 주 안에서 죽는 자들이 복이 있다고 하는 말씀과 그 이유들에 대해서 살펴보았습니다. 우리가 주님을 잘 믿다가 임종하시는 성도님들을 지켜 보노라면 믿음의 위대함을 새삼 깨닫게 됩니다. 그러나 오늘 읽고 살펴본 요한계시록 14장 13절의 말씀만큼 주님을 믿고 죽는 자의 복을 간단명료하게 가르쳐 주는 구절이 없다는 생각이 됩니다. 우리가 잘 외우시면 좋겠다는 생각이 듭니다. 정리합니다. 주 안에서 죽는 자들만이 복이 있습니다. 왜냐하면 그들은 믿음 때문에 이 세상에서 수고하던 것을 그치고 주님의 품안에서 영원한 안식을 누리게 되기 때문입니다. 또한 그들이 이 땅 위에서 행한 모든 선한 일들, 믿음의 열매들이 없어지지 아니하고 그들의 뒤를 따르고 주님은 "잘 하였도다"라고 칭찬하시고 상을 주실 것이기 때문입니다.

저는 마지막으로 청교도의 황태자the prince of puritans라고 불리우는 존 오웬(1616-1683)이 임종 전에 친구에게 보낸 편지글을 인용하고 마치려고 합니다.

나는 이제 내 영혼이 사랑해 왔던 분, 아니 오히려 영원한 사랑으로 나를
사랑해 오신 그분 - 이것이야말로 내가 가진 모든 위로의 완전한 토대라

네 - 께로 가려고 하네…나는 폭풍 가운데 있는 교회라는 배를 남겨두고 떠나네. 그러나 위대하신 선장이 배 안에 계시는데, 노를 젓는 한 사람이 떠난들 무슨 일이 있겠는가. 깨어서 기도하고 소망을 품고 끈기 있게 기다리며 낙심하지 말게나. 약속이 견고히 섰으니 그뿐께서 결코 우리를 떠나지도, 우리를 버리지도 않으실 것일세.[78]

이것이 바로 복음을 따라 인내하고 수고진력하다가 주님의 부르심을 받은 때에 천국을 향해 닻을 올리고 항해에 오르는 성도의 고백인 것입니다. 저와 여러분의 고백이기를 원합니다. "괜히 왔다 간다"고 하고 죽은 어떤 파계승과 감히 비교할 수 없는 위대한 고백을 우리는 할 수 있습니다. 남은 생애 주의 일에 힘쓰는 자들이 되십시다. 우리의 건강, 시간, 물질, 재능을 다 동원하여 영원에 영향을 미치는 일에 매진하십시다. 인생을 조금도 허비하지 않도록 하나님께서 도와 주시기를 기도하십시다.

41

마지막 추수

또 내가 보니 흰 구름이 있고 구름 위에 인자와 같은 이가 앉으셨는데 그 머리에는 금 면류관이 있고 그 손에는 예리한 낫을 가졌더라 또 다른 천사가 성전으로부터 나와 구름 위에 앉은 이를 향하여 큰 음성으로 외쳐 이르되 당신의 낫을 휘둘러 거두소서 땅의 곡식이 다 익어 거둘 때가 이르렀음이니이다 하니 구름 위에 앉으신 이가 낫을 땅에 휘두르매 땅의 곡식이 거두어지니라 또 다른 천사가 하늘에 있는 성전에서 나오는데 역시 예리한 낫을 가졌더라 또 불을 다스리는 다른 천사가 제단으로부터 나와 예리한 낫 가진 자를 향하여 큰 음성으로 불러 이르되 네 예리한 낫을 휘둘러 땅의 포도송이를 거두라 그 포도가 익었느니라 하더라 천사가 낫을 땅에 휘둘러 땅의 포도를 거두어 하나님의 진노의 큰 포도주 틀에 던지매 성 밖에서 그 틀이 밟히니 틀에서 피가 나서 말 굴레에까지 닿았고 천육백 스다디온에 퍼졌더라(계 14:14-20).

우리들이 잘 알고 있는 이솝 우화 중에 개미와 배짱이 이야기가 있습니다. 개미들은 한 여름 내내 열심히 일을 했고, 배짱이는 시원한 그늘에서 딩가 딩가 노래하면서 놀았습니다. 가을이 되자 개미들은 추수하기에 바쁘고 배짱이는 추수할 것이 없습니다. 겨울이 닥쳤을 때에 개미는 집에 저축해 놓은 양식을 먹으면서 걱정없이 지내지만, 배짱이는 먹을 것이 없어서 개미에게 구걸하러 간다는 이야기입니다. 그런데 요즘은 이 이야기를 어떻게 패러디하는가 하면 겨울철이 되어서 양식이 없는 배짱이가 개미집을 찾아 갔더니 개미들이 나 죽고 없너랍니다. 왜냐하면 개미들이 쉴줄 모르고 죽어라고 일만 열심히 했기 때문에 과로사로 죽어 버렸다는 것입니다. 이전에 농촌에서 목회할 때 보니 농번기 때 농부들이 너무나 열심히 일을 합니다. 그러나 농사를 짓는 이들이 부지런히 농사에 힘쓰는 이유는 추수 때에 곡식을 거두고 열매를 거두어 들이는 기쁨이 있기 때문입니다. 아무도 취미 삼아, 재미 삼아 농사를 짓는 이들은 없을 것입니다. 저마다 열심을 내고 피땀을 흘리는 이유는 추수의 즐거움을 기대하기 때문인 것입니다. 그래서 시편 기자도 고백하기를 "눈물을 흘리며 씨를 뿌리는 자는 기쁨으로 거두리로다 울며 씨를 뿌리러 나가는 자는 반드시 기쁨으로 그 곡식 단을 가지고 돌아오리로다"(126:5, 6)라고 하였던 것입니다.

오늘 우리들이 읽은 본문에서는 두 가지 종류의 추수에 대해서 말씀하고 있는 것을 보게 됩니다. 곡식을 추수하는 것과 포도 소출을 거두어 들여서 포도즙을 짜는 것 두 가지에 대해서 말씀을 하고 있습니다. 이러한 추수에 대한 말씀이 의미하는 바가 무엇일까요? 하나님께서는 문자적인 곡물 추수와 포도 수확에 대해서 말씀하고 계신 것이 아니라는 것은 분명합니다. 특별히 두 번째 부분인 포도 추수와 즙을 짜는 부분은 풍성한 수확으로 인한 기쁨을 표현한 것이라기 보다는 엄청난 심판의 장면을 묘사하고 있는 것 같습니다. 포도즙을 짜듯이 이 세상을 심판 할 것인데, 포도즙이 아니라 피가 말 굴레까지 채이고 그 길이가 1,600스다디온 즉, 300킬로미터까지 이르리라고 하는 말씀은 읽기에 두렵고 공포스러운 말씀인 것입니다. 이 말씀은 누구를 위하여 무엇 때문에 주신 말씀일까요?

알곡 추수(14-16절)

첫 번째 부분인 14-16절에 있는 알곡 추수에 대한 말씀입니다. "또 내가 보니 흰 구름이 있고 구름 위에 인자와 같은 이가 앉으셨는데 그 머리에는 금 면류관이 있고 그 손에는 예리한 낫을 가졌더라. 또 다른 천사가 성전으로부터 나와 구름 위에 앉은 이를 향하여 큰 음성으로 외쳐 이르되 당신의 낫을 휘둘러 거두소서. 땅의 곡식이 다 익어 거둘 때가 이르렀음이니이다 하니 구름 위에 앉으신 이가 낫을 땅에 휘두르매 땅의 곡식이 거두어지니라." 우리는 이러한 본문을 읽을 때에는 신앙적인 상상력을 발휘해서 그림을 그려 보아야 합니다. 흰 구름 위에 사람의 아들과 같은 이 즉, 사람처럼 생긴 이가 한 분 앉아 계시는데, 금 면류관을 머리에 쓰시고, 손에는 예리한 낫 즉, 숫돌에 잘 갈아서 날이 날카로운 낫을 가지고 계십니다. 우리는 이 분이 누구이신지를 어렵지 않게 짐작할 수 있습니다. 구름을 타시고 사람 같이 생기셨으며 금면류관을 가지신 이 분은 죽음의 권세를 이기시고 부활하셔서 하나님의 보좌 우편에 앉아 계시는 존귀하신 하나님의 아들 예수 그리스도를 가리키는 것입니다.

예수 그리스도께서 손에 날이 선 낫을 가지고 있다는 것은 그분이 추수할 준비를 다 갖추었다는 뜻인 것입니다. 그런데 그가 낫을 들고 있으니 천사 하나가 성전으로부터 나와서는 구름 위에 앉아 있는 그리스도께 큰 음성으로 외칩니다. 그런데 우리말 성경에는 천사가 그리스도에게 하는 말이 하급자에게 하는 말 같이 번역이 되어 있어서 우리들을 헷갈리게 만듭니다. 그러나 헬라어로는 "당신의 낫을 휘둘러 거두십시오. 거두어야 할 때가 이르렀고, 땅에 곡식이 다 익었기 때문입니다"라고 번역을 해도 틀리지 않습니다. 그리고 성전에서 나왔다는 것은 곧 하나님이 계신 곳으로부터 하나님의 말씀을 가지고 와서 전달한다는 의미를 나타냅니다. 그러니 이 장면에서도 천사가 중요한 것이고, 그리고 예수 그리스도는 자행자지 하지 아니하고 하나님 아버지의 명을 따라서 추수를 시작한다는 것입니다.

예수 그리스도께서 낫을 휘두르시자 너무나 수월하게 곡식을 추수하게 되는 것으로 보입니다. 예수님은 추수하는 일에 있어서 땀을 뻘뻘

흘려 가면서 힘들어 하실 이유가 전혀 없으신 것입니다. 너무나 쉽고도 간단하게 추수를 끝내버리실 것입니다. 예수 그리스도가 이 세상을 심판하고 추수하실 분으로 예고된 것은 이미 세례 요한의 선포 속에서부터였습니다. 마태복음 3장 12절에 의하면 세례요한은 "손에 키를 들고 자기의 타작 마당을 정하게 하사 알곡은 모아 곳간에 들이고 쭉정이는 꺼지지 않는 불에 태우시리라"고 예고했습니다. 그러나 땅 위에 계시는 동안 예수 그리스도는 심판자로서 추수꾼으로서도 역할을 하시지 아니하고, 죄인들의 구주로서 복음의 씨를 뿌리는 자로서 사역하시었습니다. 그러나 이제 사도 요한에 의하면 땅의 곡식이 다 익어서 추수해야만 하는 때가 이르렀다는 것입니다.

사람들은 이 세상이 천년만년 계속될 것이라고 생각하면서 자행자지하고 복음을 받아 들이지 않습니다. 그러나 이미 이 세상은 정해진 시간이 다 끝나고 루스 타임loose time을 적용받고 있는 상황과 같아서 언제 하나님께서 경기 종료의 휘슬을 불지 모르는 상황입니다. 하나님께서 역사는 그만하고 호루라기를 불면 이 세상은 끝이 나고 심판이 시행되는 것입니다. 그러나 왜 하나님께서는 지금도 그때를 늦추고 계신 것입니까? 그것은 하나님께서 선택하신 백성의 숫자가 다 차기를 기다리고 계시는 것입니다. 그동안은 이 땅 위에 교회에 조차도 알곡과 쭉정이가 함께 공존할 것이며, 때로는 쭉정이가 알곡보다도 더 기세등등하게 보일 것입니다. 그러나 때가 와서 하나님이 명을 내리시면 예수 그리스도께서는 신속 정확하게 그의 택한 백성들, 알곡들을 하나도 남김 없이 추수하여 하나님의 곳간에 들이실 것입니다.

포도 추수와 포도즙틀 밟기(17-20절)

그러면 이 세상에 살면서 하나님이 보내신 메시아를 믿지 않고 자기 소견에 옳은 대로 행하였던 자들은 어떻게 되는 것입니까? 악인의 최후가 어떻게 될 것인가 하는 문제는 모든 경건하고 의로운 하나님의 백성들이 관심했던 문제거리였습니다. 시편 73편의 시인도 이 문제와 씨름을 하는 것을 보여 줍니다마는, 특히 욥기를 보시면 이 문제가 중요한 토론거리가 되고 있습니다. 욥Job의 세 친구는 말하기를 "네가 이렇게 재앙을 당하게 된 것은 너나 너의 자녀들이 범죄했기 때문이다. 그러니까 이전의 영광을 회복하고자 한다면 하나님 앞에 회개해라"는 것이 그들의 일치된 권면 사항이었습니다. 그러나 욥은 친구들의 분석과 권면이 자신에게 적절하지 않다고 불평을 토로합니다. 그는 친구들이 말하는 것과 같은 죄를 지은 적이 없기 때문에, 자신은 왜 이러한 재앙을 당해야 하는지를 이해할 수 없다고 말합니다. 도리어 세상을 살펴보면 악한 자들이 번듯하게 잘 살고 죽을 때도 잘 죽고, 후손들도 번창하는 것을 보면, 의로운 자는 복받고 죄인은 벌 받는다는 이론이 맞지 않는다는 것이었습니다. 그래서 욥은 하나님의 처사를 굉장히 못마땅하게 생각하였습니다. 왜 악인들을 살아 생전에 심판하여 그 죄를 갚아주지 않는가하고 불평을 합니다.

오늘 우리가 살고 있는 현실도 그렇지 않습니까? 많은 경우에 죄를 짓고 악하게 사는 사람들이 당장에 벌을 받지 않고 신나게 살아갑니다. 그렇기 때문에 하나님의 공의와 정의가 의심스럽게 여겨집니다. 믿지 않는 이들은 더욱더 담대하게 죄를 지으면서 하는 말이 하나님이 전혀 관심이 없다고 말을 합니다. 이 세상은 임자없는 땅이므로 차지하는 자가 임자라고 주장합니다. 하지만 오늘 본문이 보여 주는 것이 무엇입니까? 이 세상에서 어떻게 살았던지 간에 시시비비를 가리고 심판할 때, 갚아줄 때가 있다는 것입니다. 특히 17절 이하에 있는 말씀은 구약성경이 그토록 관심을 가지고 의문을 제기했던 질문 "악인의 최후는 어떻게 되는가?"에 대한 답이 되는 것입니다. "또 다른 천사가 하늘에 있는 성전에서 나오는데 역시 예리한 낫을 가졌더라. 또 불을 다스리는 다른 천사가 제단으로부터 나와 예리한 낫 가진 자를 향하여 큰 음성으로 불러 이르되 네 예리한 낫을 휘둘러 땅의 포도송이를 거두라. 그 포도가 익었느니라 하더라 천사가 낫을 땅에 휘둘러 땅의 포도를 거두어 하나님의 진노의 큰 포도주 틀에 던지매 성 밖에서 그 틀이 밟히니 틀에서 피가 나서 말 굴레에까지 닿았고 천육백 스다디온에 퍼졌더라."

우리가 다시금 읽은 17-20절에는 두 천사가 나옵니다. 한 천사가 성전 즉, 하나님 앞에서 나오는 역시 예리한 낫을 가지고 있습니다. 그도 역시 추수를 위해서 사명을 부여 받고 하나님 앞에서 나오는 것입니다. 그런데 또 다른 한 천사가 그에게 사명을 전달합니다. 그 다른 천사는 불을 다스리는 천사another angel who had charge of the fire라고 표현하고 있는데, 그가 맡은 직분은 하나님의 진노를 하나님의 대적에게 쏟아 붓는 역할을 수행하는 것입니다. 불을 맡은 천사가 예리한 낫을 들고 있는 천사에게 명령하기를 "네 예리한 낫을 휘둘러 땅의 포도송이를 거두라 그 포도가 익었느니라"고 하였습니다.

하나님의 명을 받은 천사는 낫을 땅에 휘둘러 역시 쉽게 포도를 거두어 들입니다. 그리고 거두어진 포도송이들은 곧 바로 큰 포도주 틀에 던져지는데 그 포도주 틀의 이름은 "하나님의 진노의 큰 포도주 틀"the great winepress of God's wrath이라고 말해지고 있습니다. 팔레스타인에서는 포도를 수확하면 포도즙을 짜기 위해서 포도주 틀에 넣고서는 사람들이 맨발로 들어가서 밟습니다. 그러면 포도즙이 관을 타고 포도주 틀 아래에 있는 그릇에 모여지게 됩니다. 이렇게 포도주 틀을 밟다 보면 몸에도 붉은 포도즙이 튀고, 옷에도 붉은 색으로 물들여지기 일쑤였습니다. 그런데 오늘 본문에서는 이와 같은 포도주 틀을 밟는 것을 통해서 하나님의 심판 행위를 표현하고 있습니다. 결국 포도송이들은 하나님의 의를 완강하게 거부함으로써 하나님의 적이 된 모든 자들에 대한 집합적인 표현인 것입니다.[79]

포도주 틀에 사람이 들어가서 맨발로 포도송이들을 밟아 으깨고 즙을 짜내듯이 하나님께서는 장차 복음을 거부한 악인들을 심판하실 것을 강렬한 그림언어로 표현하시는 것입니다. 이러한 표현은 이미 이사야를 통해서도 계시하신 바가 있습니다. "내가 홀로 포도즙틀을 밟았는데 내가 노함으로 말미암아 무리를 밟았고 분함으로 말미암아 짓밟았으므로 그들의 선혈이 내 옷에 튀어 내 의복을 다 더럽혔음이니"(사 63:3). 그리고 오늘 본문이 사용하고 있는 영상들의 배경이 되는 것은 요엘서 3장 12-14절인데, 읽어보시면 오늘 본문의 말씀과 얼마나 유사한지 모릅니다. "민족들은 일어나서 여호사밧 골짜기로 올라올지어다. 내가 거기에 앉아서 사면의 민족들을 다 심판하리로다 너희는 낫을 쓰라 곡식이 익었도다 와서 밟을지어다 포도주 틀이 가득히 차고 포도주 독이 넘치니 그들의 악이 큼이로다. 사람이 많음이여, 심판의 골짜기에 사람이 많음이여, 심판의 골짜기에 여호와의 날이 가까움이로다."

요한계시록 14장 20절로 돌아와서 보면 최종 심판의 철저함과 광대함을 이렇게 묘사하고 있습니다. "성 밖에서 그 틀이 밟히니 틀에서 피가 나서 말 굴레에까지 닿았고 천육백 스다디온에 퍼졌더라." 포도주 틀이 붉은 포도주를 만들어 내듯이 하나님의 심판은 말굴레 즉, 말의 가슴에 찰 정도로 붉은 피를 짜내며, 1,600스다디온 즉, 300km까지 퍼질 정도로 광범위하게 골고루 적실 것입니다. 당시 팔레스타인의 땅 길이가(두로에서 엘아리쉬 변방에 이르기까지) 300km정도 였는데, 그 만큼 길이에다가 피가 말의 가슴에 찰 정도로 넘친다고 하니 하나님의 심판의 결과가 얼마만큼 대단한가를 보여주는 것입니다.[80]

이 모든 말씀이 의미하는 바가 무엇입니까?

오늘 우리들은 두 종류의 종말적인 추수에 대해서 살펴보았습니다. 세상은 영원히 존재하고 수레바퀴 돌 듯이 반복에 반복을 거듭할 것 같지만, 역사는 시작과 끝이 있습니다. 하나님께서 역사의 시계를 스톱 stop!하고 눌러버리시는 때가 되면 이 세상의 파란만장한 역사는 그 끝을 보게 될 것입니다. 그리고 그때가 되면 믿음의 백성들은 단 한 사람의 예외도 없이 다 거두어져서 하나님의 영원한 나라에 들여질 것입니다. 그와 같은 마지막 추수를 맡은 분이 바로 우리의 구주 예수 그리스도시라는 것이 믿는 우리로서는 얼마나 마음 든든한 일인지 모르겠습니다. 그리고 그토록 하나님을 대적하며 안하무인으로 살던 악인들은 포도즙 틀에 던져서 으깨어지는 포도송이처럼 하나님의 진노의 포도즙 틀에 던져서 철저한 심판을 당하게 될 것입니다.

이와 같은 말씀은 장래에 대한 소망을 가지고서 이 세상에 사는 동안 더욱더 경성하여 의를 행하고 믿음으로 살아라는 격려의 말씀인 것입니다. 우리가 이 세상에서 주어진 기회를 어떻게 활용하느냐에 대해서는 우리가 심판을 받을 것입니다. 믿음을 바로 하고, 믿음에서 나온 역사와 사랑의 수고를 감당해야 할 것입니다. 사도 바울은 갈라디아서 6장 7절 이하에서 다음과 같이 말씀하고 있습니다. "스스로 속이지 말라. 하나님은 업신여김을 받지 아니하시나니 사람이 무엇으로 심든지 그대로 거두리라. 자기의 육체를 위하여 심는 자는 육체로부터 썩어질 것을 거두고 성령을 위하여 심는 자는 성령으로부터 영생을 거두리라. 우리가 선을 행하되 낙심하지 말지니 포기하지 아니하면 때가 이르매 거두리라."

그리고 초대 교회 성도들처럼 예수 믿는다고 어려움을 당하고 박해를 당할 때 그들은 무력하게 당하고, 대적들은 기세등등할 때에 양자의 궁극적인 운명을 기억하므로서 믿음의 인내를 더욱더 발휘하게 되는 것입니다. 손양원 목사님은 일제 치하에서 신사참배 거부하다가 수년을 옥중에서 지냈는데, 그는 일경 앞에서도 일본은 망하고 천황은 심판을 받을 것이라고 담대하게 선포하고 했습니다. 장래에 대한 소망이 현재에 믿음으로 선전하게 하는 것이어야 하는 것입니다.

42

모세의 노래, 어린 양의 노래

또 하늘에 크고 이상한 다른 이적을 보매 일곱 천사가 일곱 재앙을 가졌으니 곧 마지막 재앙이라 하나님의 진노가 이것으로 마치리로다 또 내가 보니 불이 섞인 유리 바다 같은 것이 있고 짐승과 그의 우상과 그의 이름의 수를 이기고 벗어난 자들이 유리 바다 가에 서서 하나님의 거문고를 가지고 하나님의 종 모세의 노래, 어린 양의 노래를 불러 이르되 주 하나님 곧 전능하신 이시여 하시는 일이 크고 놀라우시도다 만국의 왕이시여 주의 길이 의롭고 참되시도다 주여 누가 주의 이름을 두려워하지 아니하며 영화롭게 하지 아니하오리이까 오직 주만 거룩하시니이다 주의 의로우신 일이 나타났으매 만국이 와서 주께 경배하리이다 하더라(계 15:1-4).

우리나라 국민들은 월드컵 경기에 대단한 관심을 가지고 있고 그 응원 열기도 대단합니다. 귀에 응원하는 소리가 환청처럼 들릴 정도로 대단합니다. 공 하나의 힘이 이렇게도 무서운가 하는 생각이 듭니다. 그리고 누구인지도 서로 알지 못하는 낯선 사람들이 모여서 오로지 한국민이라는 이유 때문에 함께 웃고 목청껏 응원가를 불러 대는 것을 봅니다. 아마도 돈으로 대가를 지불하거나, 다른 것으로 대가를 지불하면서 그렇게 응원하라고 했다면 이렇게 열정적으로 하지는 못할 것입니다. 그런데 사람들이 수년 동안 집단 수용소에 갇혀 있다가 해방되었을 때의 반응은 어떠할까요? 오스트리아 비엔나의 정신과 의사였던 빅터 프랭클 박사(1905-1997)는 유대인이라는 이유로 나치 수용소에 수감

되어서 죽을 고생을 하다가 구사일생으로 살아남은 사람입니다. 그가 자유를 얻은 후에 자신이 겪은 체험담을 쓴 책이 출판되어 전 세계적으로 베스트셀러가 되었습니다. 한국어로『죽음의 수용소에서』*Trotzdem Ja zum Leben Sagen*라는 제목으로 나와 있습니다. 그는 나치 수용소에서 해방된 후에 꽃이 핀 한적한 들길을 가다가 땅에 무릎을 꿇고서 마음에서부터 우러나오는 고백을 합니다. "저는 좁은 감방에서 주님을 불렀습니다. 그리고 주님께서는 이렇듯 자유로운 곳에서 저에게 대답하셨습니다." 그리고 책의 마지막 문장을 다음과 같이 장식하고 있습니다. "집에 돌아온 사람에게 있어서 모든 경험 중 최고의 경험은 모든 고통을 겪은 후에 이제는 하나님 이외에는 더 이상 아무것도 두려워할 필요가 없다는 경이로운 느낌이다."[81]

유럽의 여러 나라 사람들이 독일의 나치즘의 압제에서 해방되던 해에 우리나라도 일제의 통치에서 해방되었습니다. 1945년 8월 15일 우리나라가 해방되었을 때에 온 국민들이 길거리로 쏟아져 나와서 열광하면서 기뻐하고 환호성을 지르던 영상물을 우리는 가끔씩 보게 됩니다. 그런데 조국이 해방됨으로 말미암아 더욱더 감격스러운 사람들은 구사일생으로 목숨을 건진 옥중 성도들일 것입니다. 그들은 신사참배를 반대하다가 평양 감옥을 비롯하여 여러 감옥에 갇혀 있었던 목회자들과 성도들이었습니다. 일본 당국은 그들을 8월 17일엔가 18일에 한꺼번에 처형하기로 결정하고 있었다고 합니다. 그러나 하나님께서는 그와 같은 날이 오기 바로 직전에 일본이 패망하게 하심으로써 그들의 생명을 보호하시고 새로운 사역의 기회를 제공해 주시었던 것입니다. 이와 같이 구사일생으로 옥중에서 살아나온 성도들은 무한한 감격 속에서 하나님께 찬양을 올려 드릴 수밖에 없었습니다.

오늘 우리가 읽은 본문은 불과 넉 절밖에 되지 않는데, 이 세상에서 온갖 환난과 고초를 당하다가 순교한 성도들이 하늘에 있는 유리 바닷가에서 하나님의 금거문고를 가지고서 하나님께 찬양을 올려 드리고 있는 광경을 보여 주고 있습니다. 그들이 부르는 찬양의 제목은 하나님의 종 모세의 노래 혹은 어린 양의 노래라고 칭해지고 있는데, 그 가사는 3, 4절에 기록되어 있습니다. 우리가 살펴보게 되는 것은 바로 이 순교자들이 천상에서 드리고 있는 어린 양의 노래입니다.

마지막 재앙의 서곡(1절)

먼저 1절의 말씀을 다시 한 번 읽어 보겠습니다. "또 하늘에 크고 이상한 다른 이적을 보매 일곱 천사가 일곱 재앙을 가졌으니 곧 마지막 재앙이라. 하나님의 진노가 이것으로 마치리로다." 또 하늘에 크고 이상한 다른 이적을 보았다고 하는 것은 이제부터 새로운 대목이 시작된다는 것을 가리키는 요한계시록적인 표현 방식입니다. 앞서 살펴본 12-14장에 있는 일곱 환상에 대한 부분을 시작할 때에도 요한은 "하늘에 큰 이적이 보이니 해를 옷 입은 한 여자가 있는데 그 발 아래에는 달이 있고 그 머리에는 열두 별의 관을 썼더라."고 기록하고 있습니다 (12:1). 15-16장은 이름하여 일곱 대접Seven Bowels 재앙이라고 하는 것에 대해서 말씀하고 있는데, 15장 1절 말씀은 그 마지막 재앙의 서곡prelude에 해당하는 것입니다.

사도 요한이 본 하늘에 크고 이상한 다른 이적의 내용은 일곱 재앙을 가지고 있는 일곱 천사를 본 것입니다. 요한은 일곱 천사가 가지고 있는 일곱 재앙을 마지막 재앙이요 하나님의 진노의 마지막 표현이라고 밝히고 있습니다. 우리는 이미 앞에서 하나님께서 이 죄악된 세상에 대해 내리시는 일곱 인과 일곱 나팔 재앙에 대해서 살펴보았습니다. 그런데 이제 하나님의 진노를 가득히 담은 일곱 대접 재앙이 이 세상에 쏟아지고 나면 하나님의 진노가 끝이 나게 된다는 것입니다. 일곱 인, 일곱 나팔에 이어서 일곱 대접 재앙은 하나님의 진노의 심판 시리즈를 완성하게 될 것입니다. 우리가 16장에서 마지막 재앙인 일곱 대접이 이 땅 위에 부어질 때에 발생하게 되는 재앙의 구체적인 내용들을 살펴 보겠습니다만, 우선 이 대접 재앙이 의미하는 바는 이 세상 나라에 대한 하나님의 완전한 심판 행위라는 것을 기억하실 필요가 있습니다. 즉, 하나님께서는 남김없이 모든 진노를 복음에 불순종하는 나라와 그 백성들에게 퍼부으신다는 것입니다.

우리는 하나님의 사랑, 긍휼, 은혜에 대해서 말하는 것은 좋아하지만, 하나님의 진노, 심판, 의, 거룩하심 등에 대해서는 언급하기를 좋아하지 않는 시대에 살아가고 있습니다. 이 세상 사람들은 더더구나 진노하시는 하나님에 대한 메시지를 듣고 싶어하지 않을 것입니다. 그러나 우리가 바로 알아야 할 것은 하나님의 진노라는 것은 죄에 대한 하나님의 거룩하시고 의로우신 반응을 가리킨다는 것입니다. 그래서 하나님의 진노에는 인간들의 경우에서 보는 것과 같은 어떠한 변덕스러움과 잘못된 원인에서 유발된 분노라는 뉘앙스가 들어있지 않습니다. 하나님은 당신의 피조물을 지극히 사랑하시는 분이시지만, 사람들의 불신앙과 교만 등과 같은 죄를 사랑하시지는 않습니다. 하나님은 인간의 죄에 대하여 혐오하시고 진노하십니다. '얼마나 죄를 혐오하시느냐' 그의 백성들을 죄로부터 구원해 내시기 위해서 사랑하시는 자기 독자를 속죄제물로 내어 놓을 정도로 싫어하시는 것입니다. 따라서 하나님은 구원의 복음을 받아들이기를 거부할 뿐 더러 하나님의 교회를 박해하는 이 세상의 악한 권력자들과 어두움의 백성들을 그냥 내버려 두시지를 않습니다. 그들에 대해서 진노하시고 그들의 죄에 대하여 화와 재앙으로 갚아주실 것입니다.

모세의 노래, 어린 양의 노래 (2-3절)

사도 요한은 하나님의 진노의 마지막 표현인 일곱 대접 재앙을 구체적으로 소개하기 전에, 하나님의 보좌 앞에 있는 유리 바다를 주목하고, 바닷가에서 거문고를 잡고 찬송을 드리고 있는 승리자의 무리에 주목을 했습니다. 2, 3절을 다시 보시겠습니다. "또 내가 보니 불이 섞인 유리 바다 같은 것이 있고 짐승과 그의 우상과 그의 이름의 수를 이기고 벗어난 자들이 유리 바닷가에 서서 하나님의 거문고를 가지고 하나님의 종 모세의 노래, 어린 양의 노래를 불러 이르되." 하나님의 보좌 앞에 수정과 같은 유리 바다가 있다는 것은 4장 6절에서 한 번 본 적이 있습니다. 그런데 이번에는 그 유리 바다를 수정같이 맑은 유리 바다라고 부르지 않고 불이 섞인 유리 바다a sea of glass mixed with fire라고 부르고 있는 것을 주목하실 필요가 있습니다. 불은 요한계시록에서 하나님의 심판을 항상 연상시킵니다. 수정같이 고요하던 것이 불이 섞인 살벌한 분위기로 바뀌는 것은 하나님의 일곱 대접 심판이 시행되기 직전이기 때문입니다.

우리는 또한 그와 같은 불이 섞인 바다가에서 즉, 하나님의 보좌 앞에서 찬송을 발하고 있는 성도의 무리를 보게 됩니다. 그들은 방금 불이 섞인 바다, 질풍노도가 치는 흉악한 세상이라는 바다에서 벗어나고 구속함을 받은 하나님의 백성들입니다. 승리한 천상의 교회를 가리킵니다. 본문에서는 그들을 일컬어서 "짐승과 그의 우상과 그의 이름의 수를 이기고 벗어난 자들"those who had been victorious over the beast and his image and over the number of his name이라고 밝히고 있습니다. 우리가 이미 살펴 본 것처럼 이들은 예수 그리스도만이 주님이요 구주라고 고백하는 신앙 때문에 불의하고 악한 권세를 잡은 자들에 의해서 죽임 당한 순교자들의 무리를 가리키는 것입니다. 이 세상에서는 로마 황제 숭배를 거부하였다고 재산도 몰수 당하고 온갖 비인간적인 방법으로 고통을 당하고 잔인하게 죽임을 당했지만, 이제 그들은 승리자로서 하나님의 보좌 앞에 서서 찬송을 부르고 있는 것입니다. 최근 특정한 1년 기간에 순교한 사람들을 통계를 본 적이 있는데 무려 17만 5천 명이나 된다고 합니다. 현대에도 이렇게 기독교 신앙 때문에 순교하는 자들이 많은 것입니다. 그리고 이 숫자를 꼭 기억하시기를 바랍니다. 문자적인 144,000명만이 구원받는다는 사람들을 혹시 만나시거든 이 이야기를 전해 주시기를 바랍니다.

그런데 그들이 손에 거문고를 잡고서 힘차게 부르고 있는 노래의 제목이 무엇이라고 하는지를 보시겠습니까? 3절에 보시면 "하나님의 종 모세의 노래, 어린 양의 노래"the song of Moses the servant of God and the song of the Lamb이라고 말씀하고 있습니다. 이들이 부르는 찬송의 제목이 그들이 그토록 사모하던 어린 양 예수 그리스도께 드리는 노래라는 것은 놀랄 것 없이 당연합니다. 그러나 왜 "모세의 노래"라고 별명이 붙은 것일까요? 오늘 우리가 읽은 본문의 내용은 사실 구약성경 출애굽기 14, 15장에 있는 출애굽 기사를 그 배경에 깔고 있습니다. 우리가 다들 기억하시겠지만, 오랫동안 애굽에서 노예살이하던 이스라엘 백성들을 구원하시기 위해서 하나님은 모세를 보내시었습니다. 모세는 아론과 더불어서 바로 왕에게 찾아가서 하나님의 백성을 내놓으라고 요구하였습니다. 하지만 바로가 쉽게 자신의 노예들을 보내줄 리가 없었습니다. 하나님께서는 교만한 바로를 낮추시기 위해서 그 유명한 10가지 재앙을 애굽에 내리시어서 애굽 땅을 거의 초토화시켜 버리고 마침내는 온 애굽 집으로 하여금 장남을 잃은 초상집에 되게 만들어 버리셨습니다.

바로도 자신의 장자를 잃고 나서야 이스라엘 백성들을 "애굽 땅에서 나가 여호와를 섬기라"고 허락해 주었습니다. 그러나 이스라엘 백성들이 유월절을 지키고 급거히 애굽 땅을 떠나는 행진을 시작하자마자 바로의 마음은 다시금 완악해지기 시작했습니다. 그래서 그는 친히 병거를 몰고 병사들과 더불어서 이스라엘 백성들을 추격하기 시작하였습니다. 이처럼 맹렬한 추격전 끝에 마침내 애굽군과 이스라엘 진영 간에는 서로를 바라볼 수 있을 정도로 가까워지게 되었던 것입니다. 추격하는 애굽 군대를 마주치게 된 이스라엘 백성들의 동요는 격심해지게 되었고, 불평과 원망이 일순간 하늘에 사무칠 정도가 되었습니다. 그러나 하나님께서는 모세의 손에 잡은 지팡이를 가지고 홍해를 가리키라고 명령하시었습니다. 모세가 손을 들어 지팡이를 바다쪽으로 향하자 바닷물이 갈라져서 좌우에 벽을 만들고, 백성들은 마른 땅을 걸어가는 것 같이 바다 한 가운데를 통과하게 되었습니다. 너무나도 놀라운 구원의 체험이었습니다. 새벽녘이 되어서 애굽 군대도 바다 한 가운데로 난 길로 추격해 들어갔지만, 하나님의 말씀에 따라서 모세가 다시금 지팡이를 바다편을 가리키자 물벽이 무너져 내리고 애굽 군대는 하나도 남김없이 수장되고 말았습니다.

이처럼 위대한 구원의 은혜를 체험한 모세와 이스라엘 백성들은 큰 감격 속에서 하나님께 찬양을 드렸고, 그 노래가 바로 출애굽기 15장에 기록된 하나님의 종 모세의 노래인 것입니다. 이처럼 모세의 노래라고 하는 것은 구속의 은혜를 입은 하나님의 백성들이 하나님 앞에 올리는 최초의 찬양이자, 모범적 찬양이 되었습니다. 그래서 성경에는 출애굽 모티브가 계속 작용하고 있고, 신약의 구원도 새 출애굽 모티브new exodus motif로 표현되기도 합니다. 모세의 노래에 반응하여 그의 누이 미리암은 이스라엘 여인들과 소고를 치면서 또한 하나님께 찬양을 드렸습니다. 그런데 오늘 본문에서는 이 세상에서 믿음을 지키다가 순교하여 하나님의 보좌 앞에 선 승리자들의 노래를 일컬어서 "모세의 노래"라고 하고, "어린 양의 노래"라고 말하는 것입니다. 그들 역시도 홍해와 같이 넘실되는 죄악의 물결, 세상의 물결을 하나님의 은혜로 무사히 통과하여 구속받은 자들이기 때문인 것입니다. 출애굽하여 홍해를 건넌 이스라엘 백성들이 더 이상 애굽 군대의 위협을 받지 않는 안전한 곳으로 진입하게 된 것처럼 하늘의 유리 바닷가에 있는 승리한 성도들도 더 이상 짐승의 공격이 미치지 않는 안전한 곳에서 참된 기쁨과 평화를 만끽하면서 자신들의 구주를 찬양드리고 있는 것입니다.

찬송의 내용(3절하-4절)

그렇다면 이 세상을 벗어난 승리자들이 부르는 "어린 양의 노래" 가사가 어떻게 되는지 살펴보도록 하십시다. 3절하, 4절을 다시 한 번 읽어 보도록 하시겠습니다.

주 하나님 곧 전능하신 이시여!
하시는 일이 크고 놀라우시도다(시 92:5, 112:2, 98:1, 139:14).
만국의 왕이시여 주의 길이 의롭고 참되시도다(시 145:17).
주여
누가 주의 이름을 두려워하지 아니하며
영화롭게 하지 아니하오리이까?(시 86:9)
오직 주만 거룩하시니이다(삼상 2:2, 시 99:3, 111:9).
주의 의로우신 일이 나타났으매 만국이 와서 주께 경배하리이다(시 98:2, 86:9).

짧은 찬양가사를 음미해 보시니 어떠한 생각이 드시는지요? 어떤 특징들을 가지고 있는 것 같습니까? 구속 받은 하나님의 백성들은 이 노래 속에서 자신들의 고초나 자신들의 삶을 통해서 이룬 업적과 성취에 대해서는 일절 말하지 않고 있습니다. 우리가 얼마나 주님을 위해서 고생했느냐, 순교하느라고 얼마나 수고했는지에 대해서 말하지 않습니다. 성도들에게 수고했다고 말해 주시고 칭찬하시며 상주시는 분은 하나님이시지 우리 자신들이 아닙니다. 우리는 그저 무익한 종입니다라고 고백하는 것이 도리입니다. 그리고 구속받은 성도들이 드릴 수 있는 찬송의 내용은 자신들이 겪은 모든 일들 가운데서 드러난 하나님의 영광을 찬송하고 송축하는 것입니다. 이것이 바로 진정한 찬양의 본질입니다. 찬양은 송영doxology이 되어야 합니다. 하나님을 높이는 것이 찬양입니다. 하나님이 어떤 분이시냐, 하나님이 무엇을 하셨는지에 대해서 송축하는 것입니다.

승리한 성도들은 우선 하나님을 "주 하나님 곧 전능하신 이시여!"라고 호칭합니다. 성도들에게 있어서 경배하고 찬송드려야 할 주님은 천둥번개가 치면 침소 깊은 곳에 숨었던 네로나 자기의 신하에게 암살당할 정도로 무력한 도미티아누스 같이 연약한 인간 황제가 아니라 주 하나님이십니다. 어떤 하나님이신가 하면 전능하신 하나님이십니다. 헬라어로 '판토크라토르'*pantokrator*라고 하고 영어로 Almighty God이라고 하는 호칭은 하나님께서 하고자 하시는 일을 힘이 없어 못하실 일이 없고, 감히 하나님을 대적하여 일을 그르치게 할 세력이 없다는 뜻입니다. 그리고 하나님의 거룩하신 성품에 따라 그 전능은 나타나게 되어 있습니다. "우리 마음대로 해주세요" 할 때에 동원되는 것이 전능이 아닙니다. 하나님 원하시는 대로, 하나님의 성품에 부합하는 대로 일하시는데서 드러나는 속성이 전능성입니다.

이어서 승리한 성도들은 하나님께서 "하시는 일이 크고 놀라우시도다."라고 찬송했습니다. 출애굽을 경험한 이스라엘 백성들이 홍해가에 떠밀려 오는 애굽 병사들의 시체를 보면서 너무나 놀랍고 경이로운 나머지 하나님의 큰 일, 기이한 일을 찬송했던 것과 유사한 내용입니다. 세상의 환난 고초를 벗어나 하나님의 보좌 앞에 이르고 보니 성도들은 "하나님께서 하신 일이 크고 놀랍다"라고 고백을 할 수밖에 없는 것입니다. 우리가 구원 받은 신자들이라고 한다면 우리의 삶 속에서도 이와 같이 "하나님의 하시는 일이 크고 놀랍다"라고 찬송할 수밖에 없어야 합니다.

3절 끝에 보시면 계속되는 찬송 내용은 "만국의 왕이시여 주의 길이 의롭고 참되시도다."라는 것입니다. 하나님은 전능하실 뿐 아니라 만국의 왕이십니다. 만왕의 왕, 만주의 주이십니다. 그러나 만국의 왕으로써 하나님은 로마 황제나 나치스드처럼 통치하시는 분이 아니십니다. 하나님이 행하시는 모든 길은 의롭고 참되십니다. 하나님은 구원을 행하시되 의로운 방식으로 행하십니다. 하나님은 그의 백성들을 다루시되 거짓이나 반쪽 진리가 아니라 참 진리로서 일하십니다. 그렇기 때문에 믿고 신뢰할 수가 있는 것입니다. 구원 받은 하늘의 성도들은 하나님께서 얼마나 의롭고 진실되게 자신들을 이끌어 주셨는가에 대해서 고백을 하게 되는 것입니다.

그와 같은 하나님을 알게 된 자들은 "누가 주의 이름을 두려워하지 아니하며 영화롭게 하지 아니하오리이까"? 라고 하는 경탄에 "아멘"할 것입니다. 하나님의 하시는 일이 크고 놀라우시기에 주의 길이 의롭고 참되시기에 주의 이름을 두려워하고 영광을 돌려 드리지 않을 수가 없습니다. 그리고 이어지는 말씀에 의하면 앞서 찬송드린 모든 내용을 한 마디로 하자면 혹은 앞서 찬양드린 이유를 말하자면 "오직 주만 거룩하시니이다" 라고 할 수 있습니다. 하나님의 모든 성품을 한 마디로 하면 거룩하심 holiness 입니다. 우주에 존재하는 어떤 존재와도 비교불가능한 하나님의 하나님되심을 "거룩하다"라고 표현하는 것입니다. 이는 에드워즈 목사님의 설명대로 하자면 하나님의 탁월하심이요, 하나님의 아름다우심이요, 하나님의 완전하심이라고 말할 수가 있는 것입니다. 하나님의 영광이 온전하게 드러나게 될 때에 주 믿는 백성들 뿐 아니라 모든 만국이 주께 경배할 수밖에 없게 될 것이라고 성도들은 찬송합니다. 이는 예수 그리스도의 재림으로 말미암아 이루어지게 될 하나님의 영광 받으심을 궁극적으로 가리킨다고 할 수가 있습니다. 그때는 참소자 사탄 마귀도 하나님의 거룩하심 앞에 침묵하게 될 것입니다.

이제 이번 강해에서 나눈 말씀을 정리하도록 하겠습니다. 오늘 우리는 마지막 심판인 대접 재앙을 시작하기 전의 하늘 장면을 보았습니다. 이 세상에서의 고난과 고초를 다 이기고 승리한 하나님의 백성들이 손에 금거문고를 잡고 하나님을 찬양하는 모습을 보았습니다. 그들의 찬양은 "모세의 노래," "어린 양의 노래"라고 이름 붙혀졌습니다. 구원 받은 자가 하나님께 전적으로 영광을 돌려 드리는 것을 내용으로 하고 있기 때문입니다. 그들이 부르는 찬양의 내용이 우리의 찬양이기를 원합니다. 천국은 그런 찬양을 영원히 부르는 곳이기 때문입니다. 물론 지루하고 고된 노동으로서의 찬양이 아닙니다. 그렇게 찬양드리는 것이 우리의 영혼을 기쁘게 하고 진정한 만족을 줄 것입니다. 하나님께서는 우리로 하여금 그를 찬양하고 높이도록 창조하셨기 때문에, 우리가 구원의 은혜를 받아 하나님을 제대로 알고 찬양드릴 때에 진정한 만족이 있는 것입니다. 그렇게 되기 위해서는 우리는 본문에 나오는 승리한 자들의 특징처럼 "짐승과 그의 우상과 그의 이름의 수를 이기는 자들"이 되어야 합니다. 즉 세상과 타협하지 아니하고 믿음을 지키는 자들이 되어야 합니다. 말씀에 순종하며 인내하는 자들이 되어야 합니다. 그리고 그러한 믿음의 쟁투를 통하여 전능하신 하나님, 크시고 놀라우시며, 의롭고 참되신 하나님의 행사를 실질적으로 체험을 해야 하는 것입니다. 하나님께서 저와 여러분들을 이와 같은 신앙의 분투노력에 과감하게 참여하며 승리를 체험하게 하시며 크고 놀라운 일을 경험하게 하시기를 바라고 하나님 앞에 전적으로 경배하고 찬송드릴 수밖에 없는 자들이 되게 해 주시기를 바랍니다.

43

일곱 대접
심판의 준비

또 이 일 후에 내가 보니 하늘에 증거 장막의 성전이 열리며 일곱 재앙을 가진 일곱 천사가 성전으로부터 나와 맑고 빛난 세마포 옷을 입고 가슴에 금 띠를 띠고 네 생물 중의 하나가 영원토록 살아계신 하나님의 진노를 가득히 담은 금 대접 일곱을 그 일곱 천사들에게 주니 하나님의 영광과 능력으로 말미암아 성전에 연기가 가득 차매 일곱 천사의 일곱 재앙이 마치기까지는 성전에 능히 들어갈 자가 없더라(계 15:5-8).

우리는 15장을 통하여서 불신 세상에 부으시는 하나님의 마지막 심판 시리즈인 일곱 대접 심판이 준비되고 있는 것을 보게 됩니다. 이 심판은 불신 세상을 향해 하나님이 부으시는 진노의 표현입니다. 일곱 심판의 구체적인 내용은 16장에서 보게 될 것입니다만, 15장에서는 그 심판을 수행하기 위하여 일곱 천사가 준비를 하고 성소에서 나오는 장면을 보여 주고 있습니다. 그와 같은 장면 이전에 2-4절에서는 하늘에 있는 불이 섞인 유리 바닷가에서 하나님을 찬양하고 있는 승리자의 무리들을 우리가 살펴보았습니다. 한 쪽은 죄악의 파도가 흉용한 세상에서 벗어나 구원받고 하나님께 찬양을 드리는 무리들이 있었고, 또 한편에서는 하나님의 백성들을 박해하면서 하나님을 대적하고 있는 세상에 퍼부어질 마지막 재앙이 준비되고 있는 모습을 보여줍니다.

앞 부분에서 살펴보았습니다만, 구속함을 입은 승리자의 무리들은 이 세상에서 죄의 낙을 누리면서 편안하게 살다가 천국에 간 것이 아니고, 신앙을 지키기 위해서 환난 고초 박해를 두루 경험하는 중에도 믿음을 버리지 않은 신실한 성도들을 가리킵니다. 그러나 그들이 부르는 찬송가 가사를 보면 오로지 하나님의 영광을 기리고 칭송하고 있는 것을 보았습니다. 자신들이 이 세상에서 얼마나 고생을 했는지, 또 주님을 위해서 얼마만큼 헌신적으로 살았는지에 대해서는 일언반구도 언급하지 않았습니다. 오로지 하나님의 신실하심과 의로우심에 대해서 노래하고 있을 뿐입니다. 우리도 장차 주님 앞에서 찬송하는 무리의 대열에 동참하게 될 것인데, 우리들 역시도 하나님의 은혜의 영광을 찬송하게 될 것입니다. 어떤 성도님이 기도하시는 것을 들으니 모든 것이 은혜입니다. "99퍼센트가 아니라 100퍼센트가 하나님의 은혜입니다"라고 기도했습니다. 천국에 가면 우리는 다 그렇게 고백할 수밖에 없을 것입니다.

오늘 읽은 본문에서는 일곱 천사가 일곱 대접 재앙을 준비하고 있는 모습을 기록하고 있습니다. 그들은 하늘의 증거 장막의 성전에서 나왔으며, 그들에게 재앙이 담긴 금대접이 주어지는 것은 네 생물 중의 하나를 통해서였습니다 그리고 그들이 하나님의 진노가 가득히 담긴 대접을 받자 성전에는 하나님의 영광과 능력을 인하여 연기가 가득히 차서 일곱 대접 재앙이 끝날 때까지는 아무도 출입할 수가 없게 된다는 것을 말씀하고 있습니다. 이와 같은 말씀들이 뜻하는 바가 무엇인지를 살펴 보기를 원합니다.

하늘의 증거 장막의 성전에서 나온 일곱 천사(5-6절)

사도 요한은 5절에서 "또 이 일 후에 내가 보니"라고 하면서 새로운 장면을 우리에게 소개해 주고 있습니다. 요한은 하늘이 열리고 "하늘의 증거 장막의 성전"in heaven the temple, that is, the tabernacle of the Testimony

이 열리는 것을 보았다고 말합니다. 하늘에 있는 증거 장막이 무엇을 의미하는지를 알기 위해서는 구약으로 되돌아가 보아야 합니다. 왜냐하면 지상성전은 하늘성전의 모형이기 때문에 모형을 잘 연구할 필요가 있습니다. 아무튼 출애굽기 25장 이하에 보시면 하나님은 모세를 통하여서 광야에서 성막을 만들게 하시고 지성소 안에는 법궤(法櫃)만을 두게 하시고, 법궤 안에는 십계명이 새겨진 두 돌비를 넣어 두게 하시었습니다. 법궤를 증거궤(證據櫃)라고도 하기 때문에, 성막을 증거 장막이라고도 불렀습니다. 그런데 법궤가 증거궤라고 불리는 것은 법궤안에 있는 십계명이 새겨진 돌판이 바로 하나님의 거룩하신 뜻을 새긴 증거의 돌판이기 때문입니다. 하나님은 능력의 손으로 구속해 내신 그의 백성들에게 "너희 마음대로 살아라, 너희 하고 싶은 대로 나를 섬겨라"고 말씀하시지 않고 증거의 말씀들을 주시어서 말씀을 따라 순종하는 삶을 요구하시었습니다. 그 말씀의 핵심이 바로 십계명이요, 그 말씀이 새겨진 것이 증거의 돌판인 것입니다.

그런데 그와 같이 영원하시고 불변하시는 하나님의 뜻이 새겨진 돌판이 있는 증거의 장막이 열리고, 그곳에서 일곱 천사가 나온다는 것은 무엇을 의미하는 것일까요? 이 일곱 천사는 우선 하나님의 임재 앞에서 나오기 때문에 하나님의 명령을 받아서 한치라도 오차없이 수행하기 위해서 나오는 것으로 이해할 수가 있습니다. 그리고 그들이 나오는 곳을 증거의 장막이라고 함은 세상에 있는 사람들을 심판하시는 이유가 그들이 하나님의 율법을 어기고 반역했기 때문이라고 하는 사실을 보여줍니다. 로마서 1-3장에 의하면 율법을 받았으나 순종하지 않은 유대인들 뿐 아니라 성문 율법을 알지 못했으나 마음에 새겨진 율법의 행위를 알았던 유대인들을 말씀에 근거해야 다 죄인이라고 선언하는 것을 볼 수 있습니다. 하나님은 언약에 신실하신 분이시기 때문에, 하나님의 백성들을 박해하면서 불신의 길을 고집하고 있는 세상에 대하여 하나님의 진노를 퍼부으실 것입니다. 이 세상은 악한 자들이 마음대로 주장할 수 있는 무주공산처럼 보이지만 실상은 자신의 영원하신 뜻에 따라서 통치하고 계시는 역사의 주관자가 계신 것을 이제 보여 주실 때가 온 것입니다. 이 세상은 권력있는 자들, 지식있는 자들에 의해서 주도되어지는 것이 아닙니다. 하나님께서 자신의 뜻에 따라서 역사의 방향을 이끌어 가고 계신 것입니다.

6절에 보면 사도 요한은 하나님의 증거의 장막인 성전에서 나오는 일곱 천사의 옷차림에 대해서 말해 주고 있습니다. 요즈음은 옷차림의 중요성이 많이 약화되었습니다. 경기장에 수영복차림을 하고 와서 응원하는가 하면, 태극기로 만든 원피스를 입고 응원하다가 옷이 찢어지는 경우들이 있습니다. 예전에 유럽의 대학들은 모든 학생들이 양복을 입고 수업에 참석해야 하는데, 요즘은 교수들 외에는 정장을 하고 다니는 사람이 드물 정도입니다. 이렇게 옷차림이 자유분방해져서 교회당에 예배 드리러 오면서 반바지에 슬리퍼를 끌고 오는 경우들도 있습니다. 하지만 옛날에는 옷차림이 그의 신분과 직무를 나타내 주었습니다. 6절에 기록된 천사들의 경우는 "맑고 빛난 세마포 옷을 입고 가슴에 금띠"를 띠었다고 말씀하는 것을 보게 됩니다. 천사들이 맑고 빛난 세마포를 입고 금띠를 띠었다고 했는데, 이 차림새는 1장 13절에 의하면 부활하신 주님의 옷차림새와 유사한 면이 있습니다. 다시 말하면 하나님의 심판을 수행하는 천사들이 하나님의 거룩과 위엄을 옷 입고 있다는 것을 말해 줍니다. 또는 천사의 순수성과 영광을 가리킨다고 볼 수가 있습니다. 혹은 19장 14절에 보면 그리스도를 따르는 신부의 옷인 것으로 보아서 의와 순결을 상징한다고 할 수 있습니다. 이 천사들 자신도 죄나 허물이 없이 순결한 하나님의 일꾼입니다만, 더욱더 중요한 것은 천사들이 수행하게 될 심판 행위가 거룩하시고 의로우신 하나님의 성품에 근거해서 수행한다는 것입니다. 이 불신 세상은 하나님을 향해 "당신이 뭔데 우리를 심판할 수 있어요? 너무 불공평한 것 아니요?"라고 말할 수 없습니다. 하나님의 심판은 공평히고 의로운 것이기 때문입니다. 그 천사들이 금띠를 띠었다는 것은 그들이 하나님께로부터 부여받은 왕적인 권세를 상징하는 것입니다. 하나님께서 그와 같은 위엄과 권세를 입혀주지 않으면 심판의 도우미 역할을 할 수가 없는 것입니다.

네 생물 중 하나가 재앙이 담긴 금대접들을 건네주다(7절)

7절을 보시면 하나님의 증거 장막인 성전에서 나온 일곱 천사들에게 하나님의 진노를 가득히 담긴 금대접 일곱을 전달하는 역할을 맡은 이는 네 생물 중 하나라고 밝히고 있습니다. 네 생물에 대해서는 우리가 이미 4장에서부터 몇 번 보았습니다만, 하나님의 보좌 제일 가까이에서 하나님을 섬기는 천사들을 가리킵니다. 소위 왕의 가까이에 모셔 왕의 명을 수납하고 전달하는 신하나 비서와 같은 역할을 하는 자들입니다. 그랜트 오스본이 정리해 준 바에 따르면 "이 네 생물은 천상적 예배를 인도하기도 하고(5:6-7), 네 말과 네 말 탄 자들을 심판의 전령으로 보내는 역할을 하기도 하며(6:1-8), 찬양에 동참하기도 하고(7:11, 14:3), 19장 4절에서는 하나님 앞에 엎드려 '아멘 할렐루야'를 외치는" 모습을 보게 됩니다.[82] 오늘 본문에 의하면 네 생물 중의 하나가 하나님의 진노가 가득히 담긴 금대접을 일곱 천사에게 전달하였습니다.

7절에 의하면 금 대접 일곱에는 "영원토록 살아 계신 하나님의 진노를 가득히 담"겨 있다고 합니다. 영원토록 살아 계시는 하나님의 진노가 담겨있으니 그 진노가 얼마나 크고 집요할 것인지를 보여줍니다. 또한 정해진 시간 동안만 권세를 잡고 휘두르는 붉은 용과 바다 짐승 땅 짐승과도 다르고 생명없는 우상과도 달라서 영원히 살아 계시는 분이라는 것을 강조하는 표현입니다. 그리고 우리가 주의해서 보아야 하는 것은 하나님의 진노가 담겨있는 그릇이 금대접이라는 것입니다. 이것이 왜 중요한가하면 5장 8절에 의하면 금대접에는 향이 가득히 담겨 있는데 그 향은 성도의 기도라고 밝히고 있기 때문입니다. 성도의 기도가 가득히 담겨 있었던 금대접이 하나님 앞에 올라가고, 그 금대접이 다시금 되돌아올 때에는 하나님의 진노가 가득히 담겨있다는 것입니다. 우리는 여기서 성도의 기도와 하나님의 심판의 상호 관련성을 발견할 수 있습니다. 사실 성도들이 이 세상에서 고초를 당하면서 늘 탄식하는 것 중의 하나가 하나님 왜 불의한 세상을 그냥 두시고 그 속에 살게 하셔서 이토록 어렵게 하십니까? 언제나 심판하시렵니까? 하는 것일 것입니다. 그러나 많은 경우에 우리의 기도는 묵살되는 것처럼 보입니다. 하지만 오늘 본문 7절이 보여주는 진리가 무엇입니까? 하나님은 성도들의 탄식을 다 들으시고 그 응답으로 진노가 담긴 금대접을 불신 세상에 붓게 하신다는 사실입니다.

인간적으로 느려 보여도 하나님의 심판은 반드시 임하게 됩니다. 초대 교회 성도들을 250여 년이나 박해하던 로마 제국은 주님의 복음 앞에 백기를 들었습니다. 황제가 그리스도인이 되고 말았습니다. 1917년 볼세비키 혁명을 통해서 엄청난 세력을 잡았던 공산주의도 1989년에 이르러 힘없이 무너져 내렸습니다. 소련과 동구권의 변화와 복음화를 위해서 박해를 당하거나 기도드렸던 성도들의 기도에 응답하셨던 것입니다. 북한을 생각합니다. 여러 가지로 어려운 형편 속에서도 굴복하지 아니하고 발악을 하고 있는 공산주의 정권도 하나님께서 심판하실 날이 올 것입니다. 백두산 주변에서 강도 7이 넘는 지진들이 일어나고 있습니다. 백두산이 불원간 폭발하지 않겠느냐는 예측들을 내놓고 있습니다. 만약에 백두산이 폭발하면 아이슬란드 화산 폭발보다 더 큰 재앙이 될 것이라고 합니다. 어떤 형태로든지 하나님은 숱한 성도들의 기도를 들으시고 악한 정권을 심판하실 것이라고 생각합니다. 나아가서는 이슬람이나 유대교 치하에서 고통당하고 있는 수많은 성도들이 있습니다. 하나님께서 그들을 위해서도 의로우신 심판을 시행하시는 날이 오고야 말 것입니다.

우리 주변에도 많은 죄악들이 있습니다. 우리는 이 세상에 살아갈 동안 죄인들이나 불경건한 자들이 회개하고 주님께로 돌아오도록 기도해야 하며 전도해야 합니다. 그러나 이 악한 세상이 영원히 존재할 것이라고 생각하거나 그를 위해서 기도해서는 안 됩니다. 사회적인 불의나 가정 내에서 일어나는 폭력 등이 없어지기를 구해야 합니다. 어떤 교회 고등부 교사가 왕따 당하고 이지메 당하는 여고생을 위해서 간절히 기도를 했습니다. 그 당시 삐삐를 사용하던 시기였는데, 한 번은 여고생의 삐삐에 그렇게 집단적으로 이지메를 가하던 여학생 짱이 "야 재수 없어 너같은 것 다시 괴롭히지 않겠다"라고 음성을 남겼다고 합니다. 기도의 응답으로 여학생이 이지메라는 끔찍스러운 고통에서 놓여나게 된 것입니다. 우리는 탄식하면서 하나님의 의로우신 심판과 새 하늘과 새 땅이 임하기를 간절히 고대하면서 살아야 할 뿐 아니라 이 세상 가운데서 악이 제거되기를 구해야 합니다. 악인이 변화되기를 위해서 구하더라도, "주님의 나라가 임하옵소서"라고 간구해야 하는 것입니다.

성전에 연기가 가득하여 능히 성전에 들어갈 자가 없게 되다(8절)

네 생물 중의 하나가 일곱 재앙을 담은 입곱 대접을 일곱 천사에게 전달하기를 마치자 하나님의 성전에 하나님의 영광과 능력으로 말미암아 연기가 가득 차게 되었으며, 일곱 천사의 일곱 재앙이 마치기까지는 "성전에 능히 들어갈 자가 없더라"라고 8절은 말씀합니다. 하나님의 영광과 능력을 인하여 성전에 연기가 가득히 차게 된 것은 이미 모세가 성막을 완성하였을 때(출 40:34, 35), 솔로몬이 성전을 완공했을 때(왕상 8:10, 11), 그리고 이사야가 성전에 들어갔을 때 환상 중에 일어난 일입니다(사 6:4). 하나님의 성전에 연기가 가득히 찼다는 것은 하나님의 영광이 그곳에 임재했다는 가시적인 표현인 것입니다. 히브리인들은 이 구름을 쉐키나shechina 구름이라고 이름을 붙였습니다. 본문에 의하면 하나님의 영광과 능력으로 인하여 능히 성전에 들어갈 자가 없게 되었습니다. 그러나 그 기간은 한시적인데 "마지막 심판이 완료되기까지"라고 했습니다.

이와 같은 내용이 의미하는 바가 무엇이겠습니까? 성경에 의하면 예수님이 승천하신 때로부터 예수님이 재림하실 때까지는 "은혜의 때요 구원의 날"이라고 부릅니다(고후 6:2하). 온 천하에 복음이 선포되어서 누구든지 회개하고 예수 믿으면 구원을 받게 됩니다. 땅 위의 성도들은 또한 불신자들이 구원의 길에 들어서기를 위하여 기도합니다. 지금은 복음을 땅 끝까지 전해야 하는 시기입니다. 하나님이 문을 닫으시면 전도도 선교도 못합니다. 그리고 이 시기는 우리 신앙의 성숙을 도모해야 할 시기입니다. 천국형의 신자가 되어가도록 연단받고 훈련받아야 할 시기입니다. 교회는 세상의 클럽이나 경노당처럼 놀이 단체가 아닙니다. 교회는 하나님 나라의 일꾼들을 양성하고 키워내는 훈련 장소입니다. 지금 우리가 누리고 있는 인생의 기회는 허비하라고 있는 것이 아닙니다. 천국을 예비하도록 하기 위해서 있는 것입니다.

그러나 그와 같은 은혜의 때가 끝날 때가 온다는 것이 오늘 본문의 내용입니다. 그때가 오면 아무도 중재할 수 있는 자가 없습니다. 오로지 하나님의 심판만이 집행될 것이기 때문입니다. 하나님은 이때가 되면 그 누구의 중보 기도도 듣지 않으실 것입니다. 우리는 이와 같은 예들을 구약에서도 찾아볼 수가 있습니다. 하나님은 이미 버린 바 된 사울을 위해서 기도하지 말라고 사무엘에게 말씀하셨고, 거역하고 불순종하는 유다 백성들을 위해서는 모세와 사무엘이 중재해도 안 되고, 노아, 다니엘, 욥 같은 의인이 있다고 해도 그들은 그들의 의로 자신만 구원받지 유다 백성들에게는 전혀 도움이 안 된다고 선언하신 바가 있습니다(렘 15:1, 14:14, 20). 사울이나 유다 백성들이 하나님을 멸시하고 은혜의 방편을 철저하게 짓밟았기 때문에 하나님께서는 아무라도 그들을 위해서 용서해 달라고 기도하지 못하게 하셨습니다.

이번 강해를 통해서 우리는 하나님의 마지막 심판 시리즈인 일곱 대접 재앙을 준비하고 있는 천상의 장면을 살펴보았습니다. 이 심판은 영원히 살아계시는 하나님의 진노에서 비롯된 것이라고 했습니다. 눈에 보이는 이 세상의 권세자들은 잠시 잠깐 권세를 누릴 뿐입니다. 사람의 인기라는 것도 곧 지나가버리는 허망한 것입니다. 그러나 하나님은 영원하십니다. 하나님께서는 심판을 하심에 있어서 이미 계시된 증거에 기초해서 의롭게 심판하신다고 말씀을 했습니다. 하나님의 진노는 예측불가능하고 변덕스러운 화산 폭발과 같은 것이 아닙니다. 하나님이 이미 주신 양심의 법이든 기록된 성문법이든 "말씀에 따라 살았느냐 아니냐"에 따라서 심판을 하실 것입니다. 그렇기 때문에 심판을 집행하는 천사들의 경우에도 의, 거룩, 위엄, 순결을 요구하시는 것입니다. 또한 하나님께서 최종 심판을 집행하시려고 결정하시면 아무라도 하나님의 영광과 능력 앞에 나가 설 수가 없습니다. 중재도 불가능하고 기도도 불가능해집니다. 하나님의 심판이 성취되기까지 하나님은 누구의 중보기도도 듣지 않으실 것입니다.

이와 같은 하나님의 말씀이 오늘 우리들에게 주는 의미가 무엇일까요? 믿는 우리들은 불신자들처럼 세상이 무주공산이고, 내 인생은 내 마음대로 할 수 있다고 하는 착각에서 하루 속히 깨어나야 합니다. 이 세상은 영원토록 살아 계신 하나님의 창조물이자 하나님께서 통치하시고 섭리하시는 무대입니다. 그리고 저와 여러분들은 하나님의 뜻에 의해서 잠시 이 세상에 와서 살면서 주신 은혜와 분복을 누리는 것 뿐입니다. 우리는 하나님의 뜻에 따라서 순종하는 삶을 살아야 하며, 나중에는 이 몸을 입고 어떻게 살았는가에 대해서 보고를 드려야 하는 때가 온다는 점을 잊지 말아야 합니다. 우리는 일시적인 권력자나 사탄 마귀를 두려워하지 말고 영원하신 하나님을 더욱더 경외해야 합니다.

또한 지금도 곳곳에서 하나님의 심판의 소식들이 들려옵니다만, 최종 심판의 시기가 닥쳐오면 복음을 전할 기회를 허용하시지 않는다는 점을 기억하시면서 기회가 있을 때에 불신 가족들이나 친구들, 이웃들에게 복음을 전해야 할 것입니다. 문이 닫힐 때가 올 것입니다. 그때에는 더 이상의 기회가 없습니다. 우리가 새 하늘과 새 땅에 들어가고 나면 지옥에 간 이들을 위해서 기도하거나 전도할 수 있는 기회는 완전히 없어지게 될 것입니다. 우리가 살고 있는 이 중간시기의 의미와 중요성을 잘 인식하고 깨어 기도하면서 믿음의 싸움을 싸우시고 부지런히 복음을 전하시는 여러분들이 되시기를 축원합니다.

44

일곱 대접
심판의 시작

또 내가 들으니 성전에서 큰 음성이 나서 일곱 천사에게 말하되 너희는 가서 하나님의 진노의 일곱 대접을 땅에 쏟으라 하더라 첫째 천사가 가서 그 대접을 땅에 쏟으매 짐승의 표를 받은 사람들과 그 우상에게 경배하는 자들에게 악하고 독한 종기가 나더라 둘째 천사가 그 대접을 바다에 쏟으매 바다가 곧 죽은 자의 피 같이 되니 바다 가운데 모든 생물이 죽더라 셋째 천사가 그 대접을 강과 물 근원에 쏟으매 피가 되더라 내가 들으니 물을 차지한 천사가 이르되 전에도 계셨고 지금도 계신 거룩하신 이여 이렇게 심판하시니 의로우시도다 그들이 성도들과 선지자들의 피를 흘렸으므로 그들에게 피를 마시게 하신 것이 합당하니이다 하더라 또 내가 들으니 제단이 말하기를 그러하다 주 하나님 곧 전능하신 이시여 심판하시는 것이 참되시고 의로우시도다 하더라 넷째 천사가 그 대접을 해에 쏟으매 해가 권세를 받아 불로 사람들을 태우니 사람들이 크게 태움에 태워진지라 이 재앙들을 행하는 권세를 가지신 하나님의 이름을 비방하며 또 회개하지 아니하고 주께 영광을 돌리지 아니하더라 또 다섯째 천사가 그 대접을 짐승의 왕좌에 쏟으니 그 나라가 곧 어두워지며 사람들이 아파서 자기 혀를 깨물고 아픈 것과 종기로 말미암아 하늘의 하나님을 비방하고 그들의 행위를 회개하지 아니하더라(계 16:1-11).

오늘 우리가 읽은 본문에 보면 하나님의 마지막 재앙을 담은 일곱 대접이 불신 세상에 하나씩 쏟아 부어지는 장면들을 볼 수가 있습니다. 이와 같은 대접 재앙은 이전에 집행되었던 일곱 나팔 재앙(10-11장)과 유사한 면들을 가지고 있지만, 중요한 점에서는 차이가 나는 것을 볼 수 있습니다. 일곱 나팔 재앙은 그 효과가 부분적이어서 땅의 1/3, 바다의 1/3에게 영향을 미치는 정도였습니다. 그러나 일곱 대접 재앙의 경우에는 보편적입니다. 즉, 모든 생물이 죽더라, 각 섬도 없어지고 산도 없어졌다는 식입니다. 나팔 재앙은 일정한 한계까지 회개할 기회를 주시는 의미가 있었지만, 대접 재앙은 하나님의 심판이 온전히 퍼부어지는 것을 의미합니다. 그리고 대접 재앙을 보시면 단순히 자연이나 환경만이 아니라 그 안에서 살고 있는 사람들이 직접적으로 영향을 받는 것을 볼 수 있습니다.

우리가 읽은 본문을 보시면 하나님의 진노에서 비롯된 대접 재앙의 내용이 너무나 강력하고 무시무시한 규모의 것임을 알 수 있습니다. 조금만 주의깊게 읽더라도 본문은 읽는 이로 하여금 공포감에 사로잡히게 만드는 잔인한 내용들입니다. 그런데도 5-7절에서는 천사와 제단이 "하나님의 심판이 참되시고 의로우시다"라고 찬송을 하고 있는 것을 볼 수 있습니다. 그러나 하나님의 심판을 받는 자들, 짐승을 따르고 그 우상에게 경배하는 불신앙자들의 반응은 어떠합니까? 큰 환난과 재난을 경험하게 되면 2001년 9.11테러 사건을 겪은 미국 사람들처럼 마음이 상하고 부드러워져서 교회도 많이 모이고 하나님을 의지하는 자들이 많아지는 것이 인지상정이 아닐까요? 그러나 오늘 성경 말씀을 보시면 그들은 그토록 큰 심판을 받으면서도 전혀 회개하지 아니할 뿐더러 하나님을 비방하고 하나님께 영광을 돌려 드리지 않는다고 말씀하고 있습니다.

우리가 함께 읽은 본문을 세 부분으로 나누어서 설명을 드리고자 합니다. 우선은 일곱 대접 재앙을 시행하라는 큰 음성에 대해서 기록하고 있는 1절을 다시 보도록 하겠습니다. "또 내가 들으니 성전에서 큰 음성이 나서 일곱 천사에게 말하되 너희는 가서 하나님의 진노의 일곱 대접을 땅에 쏟으라 하더라." 하나님의 진노의 일곱 대접을 땅에 쏟아 부으라고 명령하는 큰 음성은 성전에서 쩌렁쩌렁 울려 나오는 것이었습니다. 이 음성의 주인공이 누구인지 우리는 어렵지 않게 짐작할 수 있습니다. 15장 8절에 보았듯이 하나님의 영광과 능력을 인하여 성전에 연기가 차게 되었으며, 일곱 천사의 일곱 대접 재앙이 마치기까지는 성전에 능히 들어갈 자가 없다고 말씀하셨으니, 결국 성전에서 심판을 시행하라고 명령을 내리시는 큰 목소리는 심판장이신 하나님의 목소리인 것입니다. 이사야 66장 6절에 보시면 이와 동일한 내용이 있는데 "떠드는 소리가 성읍에서부터 들려 오며 목소리가 성전에서부터 들리니 이는 여호와께서 그의 원수에게 보응하시는 목소리로다."라고 말씀하고 있습니다. 우리가 읽은 요한계시록 16장에 기록되어 있는 큰 재앙, 큰 재난들은 하나님께서 그의 천사들에게 시행하라고 명령하신 것들이라는 우리는 먼저 기억을 해야 합니다.

첫 다섯 진노의 대접들

하나님의 명령을 받은 일곱 천사는 차례대로 이 불신 세상에 대한 하나님의 진노의 대접을 쏟아 부었습니다. 오늘 우리가 읽은 것은 일곱 대접 재앙 중 다섯 대접 재앙에 해당합니다. 그 내용을 먼저 간추려 말씀드려 보겠습니다.

첫째는 땅에 쏟아 부었는데 악하고 독한 종기가 짐승의 표를 받은 사람들과 그 우상에게 경배하는 자들에게 나더라고 했습니다(2절). 우리는 이 재앙이 애굽에 내려졌던 독종 재앙과 유사하다는 점을 알 수 있습니다(출 9:9-11). 본문이 말하고 있는 악하고 독한 종기란 악성 종양이라고 표현할 수가 있습니다. 신명기 28장 35절에 의하면 언약의 저주로서 임하는 고치지 못할 심한 종기에 대한 경고가 있습니다.

둘째 재앙의 내용은 바다에 쏟아 부으매 바다가 곧 죽은 자의 피같이 되니 바다 가운데 있는 모든 생물이 죽더라고 했습니다(3절). 바다가 죽은 사람의 피, 곧 응고되고 썩은 피처럼 된다는 것은 바다의 생물들에게 생명을 공급해 주는 역할을 더 이상 수행하지 못하게 되는 엄청난 재앙을 가리킵니다. 우리는 이미 바다의 오염이나 적조현상 등으로 인하여 바다의 생물들이 고통을 당하고 죽어가고 있다는 소식을 왕왕 듣고 있습니다. 때로는 대형 선박들의 충돌로 인하여 엄청난 양의 기름이 유출되어 바다에 큰 피해를 입히는 사건 사고들도 접하고 있습니다.

셋째 천사는 그 대접을 강과 물 근원에 쏟아 부었는데 강과 물 근원이 피가 되었다고 말씀하고 있습니다(4절). 셋째 재앙은 강과 물 근원에 쏟아졌다고 했습니다. 출애굽 전에 나일 강물이 피로 변했던 것처럼 강과 물근원이 재앙으로 피가 된다는 것은 생명체가 살아가는데 절대적으로 필요한 조건이 공격을 받는다는 것을 의미합니다. 오늘날 수질오염과 물 부족에 대한 이야기를 많이 듣고 있습니다.

넷째 천사는 그 대접을 "하늘에 있는 해에 쏟았다"라고 8절에 말씀합니다. 그러자 "해가 권세를 받아 불로 사람들을 태우니 사람들이 크게 태움에 태워진지라"라고 9절에 말씀하고 있습니다. 이는 선탠을 하는 정도가 아니라 화상을 입을 정도라는 의미입니다. 우리는 이미 무분별한 자연 착취와 기술 과학의 발전의 대가로 지구를 둘러싸서 보호하고 있는 오존층의 파괴와 그로 인한 지구의 온난화와 피부암 유발 등에 대해서 심심찮게 경고를 받고 있습니다. 2009년에 개봉된 니콜라스 케이지 주연의 〈노잉〉이라는 영화가 있습니다. 태양이 일으키는 열 폭풍에 의해서 이 지구가 완전히 다 불타 없어진다는 영화입니다. 외계인에 의해서 다른 행성으로 옮겨진 두 아이에 의해서 인류의 역사가 다시 시작된다는 내용으로 끝이 납니다. 황당한 영화이지만 이 지구가 이대로 가다가는 얼마든지 대재난을 당할 수 있다는 것을 부인하기 어렵습니다. 그러나 중요한 것은 오늘 본문에 의하면 하나님께서는 해에게 권세를 주시어서 하나님을 대적하는 무리들을 그 열기로 고통받고 태워지게 하신다라고 말씀하신다는 점입니다. 반면에 7장 16절에 의하면 하나님의 백성들이 누리게 되는 복은 "그들이 다시는 주리지도 아니하며 목마르지도 아니하고 해나 아무 뜨거운 기운에 상하지도 아니하리니."라고 말씀합니다.

다섯째 천사는 그 대접을 짐승의 왕좌에 쏟아 부었는데, 그 나라가 어두워지고 사람들이 아파서 자기 혀를 깨물고 아픈 것과 종기로 말미암아 하늘의 하나님을 비방하고 자기 행위를 회개하지 아니하더라고 10, 11절에 말씀하고 있습니다. 짐승의 왕좌란 하나님을 대적하기 위하여 제도화된 악한 권력의 중심을 가리킵니다. 고대에는 앗수르, 애굽, 바벨론, 그리고 헬라와 로마 제국 등을 들 수 있을 것입니다. 현대에는 공산주의나 테크노크라시technocracy 등을 가리킵니다. 한때는 이와 같은 나라들이 백성들에게 엄청난 혜택을 주고 자긍심을 심어 주었지만, 하나님의 심판으로 인하여 그 나라가 어두워지게 되면 사람들은 크게 고통을 당할 수밖에 없습니다. 아돌프 히틀러가 독일의 총통Fuhrer이 되었을 초기에는 독일 국민들이 얼마나 열광했는지 모릅니다. 당시 독일은 1차 대전 후에 경제적으로 너무나 힘든 시절을 보내고 있었기 때문에 히틀러의 달콤한 선전선동에 속아 넘어간 것입니다. 수전노와 같은 유대인들을 박해하고, 장애인들을 살 가치가 없다고 집단 학살을 할 때에도 독일 국민들은 절대적인 지지를 보내었습니다. 그러나 광적인 히틀러를 따르는 국민들은 2차 대전이라고 하는 전쟁을 통해서 많은 고통을 당했으며, 많은 이들이 전쟁의 희생물이 되었으며, 전후에도 600만 명의 유대인 학살극으로 오명을 남겼습니다. 하나님은 그와 마찬가지로 하나님을 대적하는 일에 앞장 서며 사람들로 하여금 하나님을 거역하도록 주도하는 세상 권력, 악의 세력을 영원토록 방치하시는 것이 아니라 때가 되면 심판하시고야 마는 것을 성경은 말씀해 줍니다. 그때에 그들을 따르던 이들은 너무나 큰 고통과 고초를 당할 것인데, 얼마나 힘들면 혀를 깨물만큼 아파하고 고통하게 될 것이며 입에서 나오는 대로 거역하는 말들을 뱉게 될 것입니다. 마태복음 8장 12절에는 바깥 어두운데서 쫓겨나서 울며 이를 갊이 있을 것이라고 말씀하는데,

이런 표현이나 혀를 깨문다는 표현은 강렬한 고통에 대한 고뇌를 표현한 것입니다.

이와 같이 첫 다섯 대접 재앙에 대해서 간략하게 정리를 해 드렸습니다만, 우리는 이런 재앙들 하나하나가 언제 구체적으로 성취되느냐하는 식으로 짜맞추려고 할 필요가 없습니다. 중요한 것은 하나님을 대적하고 예수 그리스도를 믿는 자들을 박해하는 세상의 세력들과 그를 따르는 불신앙의 무리들은 역사적으로 로마가 되었든지 히틀러가 되었든지 아니면 공산주의가 되었든지간에 하나님께서 다 심판하시고야 만다는 것을 기억하시면 될 것입니다.

하나님의 심판을 찬송하는 이들(5-7절)

우리는 이상의 심판 기사를 읽으시면서 하나님의 심판이 너무나 혹독하고 무자비하다는 느낌을 받았을지 모르겠습니다. 그러나 5-7절에 보시면 하나님의 심판이 전적으로 "참되시고 의로우시도다."라고 찬양을 드리고 있는 이들을 보게 됩니다. 찬양의 주체는 물을 맡은 천사the angel in charge of waters와 제단the altar입니다. 유대인들은 생각하기에 자연의 각 요소들을 맡은 각각의 천사들이 있다고 보았습니다. 우리는 이미 7장 1절에서 땅의 네 바람을 막고 있는 천사들과 14장 18절에서 불을 다스리는 천사에 대해서 살펴본 적이 있습니다. 16장 5-6절에 보시면 물을 맡은 천사는 하나님께서 바다와 강과 물근원에 심판을 내리시는 것을 보고서 다음과 같이 찬양을 드리는 것을 보게 됩니다. "전에도 계셨고 지금도 계신 거룩하신 이여! 이렇게 심판하시니 의로우시도다. 그들이 성도들과 선지자들의 피를 흘렸으므로 그들에게 피를 마시게 하신 것이 합당하니이다."

이어지는 7절에 보시면 제단도 비슷한 내용의 찬양으로 화답을 하는 것을 봅니다. 그런데 제단 혹은 번제단이 찬송을 한다는 것이 이상하지 않습니까? 그러나 이것은 의인화입니다. 번제단은 구약 시대 성도들이 제물을 가져다가 불살라 제사드리는 곳을 말합니다. 동물이 대신 죽고 희생당함으로 인하여 구약의 백성들은 용서와 화해를 체험하곤 했습니다. 결국 화해의 장소인 번제단이 희생 제물의 편에서 보면 또한 심판의 자리이기도 했습니다. 심판과 관련이 있는 제단이 하나님의 일곱 대접 재앙이 집행되는 것을 보고서 화답송을 한 것입니다. 7절을 봅니다. "그러하다. 주 하나님 곧 전능하신 이시여! 심판하시는 것이 참되시고 의로우시도다."

그렇다면 물을 맡은 천사와 제단이 하나님께 드리는 찬송의 내용이 무엇인지에 주목을 해보십시다. 하나님의 심판 행위는 복수심에 불타서 무분별하고 변덕스럽게 시행되는 것이 아니고, 절대로 공정하고 의로우신 하나님의 성품의 표현이라고 하는 점을 찬송하고 있습니다. 하나님의 심판 행위는 진리와 일치하기 때문에 참되시다고 하고, 또한 절대적으로 공의롭고 정당한 것이라고 고백되고 있습니다. 하나님은 거룩하시고 의로우신 분이시기 때문에 근본적으로 죄와 악을 미워하시고 대적하시며 심판하시는 분이신 것입니다. 이 세상에 살고 있는 악한 사람들이 성도들과 선지자들의 피를 흘렸으므로 그 죄를 심판하시는 것입니다. 그런 점에서 합당하다고 말씀하고 있습니다. 그리고 7절에서는 하나님이 전능하시다고 고백하는데, 이는 하나님은 힘이 없어서 죄와 불의를 심판하지 못하시는 일이 없으시고, 오히려 그의 심판은 절대적인 효력을 가지고 있음을 고백하는 것입니다.

대접 재앙을 당하는 자들의 반응(8-11절)

하나님의 천사와 제단이 하나님의 심판에 대해서 "참되시고 의로우시다"라고 찬송을 드리는데 반해, 정작 그 심판을 당하고 있는 사람들의 반응은 어떠하였는지에 대해서 살펴보도록 하십시다. 재난이나 심판을 당하고 나면 뒤늦게라도 회개하고 자복하면서 하나님의 은혜와 긍휼을 구하게 되는 것이 인지상정이 아닐까요? 죽을 병이 걸렸다가 살아남게 되어도 개과천선하고 선한 일을 하는 사람들이 생깁니다. 잠시였겠지만 9.11테러 사건을 겪은 미국에는 국론이 하나되고, 애국심이 커지고, 신앙이 회복되었다는 말이 있습니다. 그러나 본문 8절이하를 보시면 대접 재앙을 당하는 사람들의 반응이 그렇지 않았다는 것을 알 수 있습니다. 9절에 보시면 "이 재앙들을 행하는 권세를 가지신 하나님의 이름을 비방하며 또 회개하지 아니하고 주께 영광을 돌리지 아니하더라."고 했고, 11절에 보면 "하늘의 하나님을 비방하고 그들의 행위를 회개하지 아니하더라"고 말씀하고 있습니다.

땅 위에 거하는 자들은 이 모든 재앙이 하나님의 손에서 나온 것이라는 사실을 알면서도 하나님께 돌아오지 아니하였습니다. 그들은 그들의 죄악된 삶의 길을 고집하면서 뻣뻣한 목을 내밀고 금강석 같은 얼굴을 하고 회개할 줄 몰랐던 것입니다. 뿐만 아니라 주권을 가지신 하늘의 하나님의 이름을 비방하고 저주하면서 하나님께 마땅히 돌려 드려야 할 영광을 돌려드리지 않았습니다. 우리는 앞에서 하나님께서 죄악된 세상에 내리시는 대접 재앙의 내용에 놀라기도 했습니다만, 이번에는 그러한 엄청난 재앙을 받고서도 바로 왕처럼 마음이 강퍅해져서 회개할 줄 모르는 사람들의 반응을 보고서 놀라야 마땅합니다. 이들은 하나님과 그의 성도들을 비방하는 것을 업으로 삼는 악한 영으로 충만한 자들입니다. 도무지 그들 속에는 하나님을 두려워하거나 하나님을 경외하는 마음이 없습니다. 이것은 보통 사람의 마음이 아니고, 고의적으로 빛을 차단하고 어두움으로 가득 채운 우상숭배자들의 결국인 것입니다. 〈노잉〉, 〈2012〉, 〈해운대〉 등 재난 영화들을 보더라도 하나님을 인정하고 죄를 회개할 필요성에 대해서 전혀 말해주지 않습니다. 우리는 대접 재앙이라는 엄청난 심판도 짐승과 그 우상을 따르는 무리들의 마음을 변화시키지 못하는 것을 보면서, 사람이 당하는 재난이나 환난 그 자체가 하나님 앞으로 돌아오게 하지 못한다는 사실을 분명하게 알게 됩니다. 이 점에 있어서 초대 교부 아우구스티누스의 말을 귀담아 들어볼 필요가 있습니다.

> 금을 빛나게 만드는 그 동일한 불은 왕겨가 연기를 내도록 만들기도 한다. 하나의 도리깨가 쭉정이를 떨어져 나가게 만드는 동시에 알곡을 걸러 내기도 한다. 같은 압착기에서 눌린다고 해서 기름이 찌꺼기와 혼동되어서는 안 된다. 마찬가지로 선인들을 검증하고 정결케 하고 순수하게 하기 위하여 엄습하는 난폭한 일이 악인들을 저주하고 파멸시키고 근절시키도록 작용하기도 한다. 그러므로 똑같은 고난을 당할 때에 선인들은 기도하고 찬양하는 반면에, 악인들은 하나님을 증오하며 모독한다. 이로 보아 우리는 고난당하는 자의 본성이 중요하지, 고난의 본성이 문제되는 것이 아님을 알 수 있다. 구정물통을 흔들어 보아라. 그러면 더러운 악취가 풍길 것이다. 이제 향료를 흔들어 보아라. 똑같은 동작이지만, 이때에는 향기로운 내음이 솟아오를 것이다.[83]

우리는 단지 말씀만으로도 길을 제대로 걸어가는 사람들이 가장 복이 있는 사람이라는 것을 알아야 합니다. 그러나 보통 사람들은 알면서도 죄를 짓고 몰라서 죄를 짓다가 매를 맞아가면서 돌이키고 변화되어 갑니다. 말씀으로 안 되면 상황이라는 해머와 끌을 통해서 고통스럽게 다듬어져 가는 것입니다. 그리고 신자라고 하더라도 어떤 사람들은 죄의 길을 고집하다가 엄청난 징계와 심판을 받고서야 간신히 돌이키는 자들도 있습니다. 그러나 오늘 본문에 나오는 사람들이나 바로 왕과 같은 사람들은 하나님께 죽어라고 맞으면서도 뉘우치기는커녕 하나님을 비방하는 자들입니다. 이들은 성경에서 말씀하신바 대로 하나님께 버림 받은 자들입니다. 로마서 1장 18절 이하에 보시면 하나님의 진노 아래 있는 자들의 실상에 대해서 잘 묘사해 주고 있는데, 특히 24, 26,

28절에 보시면 하나님께서 심판하시는 방식 중에 하나는 저들의 마음의 정욕대로, 부끄러운 욕심대로 더러움에 내어버려 두사 자기 마음대로 살며 서로의 몸을 욕되게 하는 삶을 살도록 내버려 두시는 것이라고 말씀하고 있습니다. 오늘날 불신앙과 불순종을 고집하는 사람들의 삶에 대한 정확한 묘사라고 생각합니다.

이제 나는 말씀을 정리하도록 하겠습니다. 오늘 우리는 하나님의 마지막 재앙 시리즈인 일곱 대접 심판 중 첫 번째 대접 재앙에서부터 다섯 번째 대접 재앙까지 살펴보았습니다. 요즘같이 온 세상이 너도나도 종말을 이야기하고 있는 시점에서 본문에서 묘사하고 있는 내용이 너무나 합치되는 것 같아서 두려운 마음이 듭니다. 그러나 오늘 말씀을 잘 정리하고 마쳐야겠습니다. 첫째는 이 모든 심판은 일단 하나님을 대적하는 불신자들에 대한 것이라는 점입니다. 하나님께서는 신자들이 이러한 심판에 동참하게 될 것이라고 말씀하시지를 않습니다. 오히려 하나님을 대적하고 하나님의 백성들을 괴롭히는 세상에 대하여 하나님은 참되고 공의로운 심판을 내리신다고 말씀하고 있습니다. 우리는 심판장이 하나님이신 것을 기억할 때에 이런 본문을 읽으면서 공포에 빠지지 않을 수가 있습니다.

둘째, 하나님의 심판이 이렇게도 두려운 것이기에 우리는 타산지석(他山之石)을 삼아야 합니다. "그저 예수 믿고 천국 가면 되었지 뭐 그리 경건에 힘쓰냐"고 조롱하는 사람들이 있습니다. 하지만 우리는 이 몸으로 행한 것을 가지고 나중에 심판대 앞에 서게 된다는 것을 기억해야 합니다. 세상 사람들처럼 정죄에 떨어지지는 않겠지만 상급의 차등이 있을 것입니다. 늘 말씀드리지만 상급의 내용이 무엇인지 우리는 잘 모릅니다만, 알고 나면 크게 후회할 일이라는 것을 알게 될 것입니다.[84] 월드컵 16강에 올라가는 것도 온 나라가 들썩이게 한다면 하나님께서 예비하신 상급이 그만두 못하겠습니까! 깊이 생각해야 할 문제입니다. 우리는 세상과 타협하고 죄의 길을 가지 말아야 합니다. 그것은 심판받을 길일 뿐입니다. 그리고 죄를 지으면 즉각즉각 뉘우치고 회개하는 것이 좋습니다. 그리스도의 보혈에 두루마기를 빠는 자가 복이 있다고 성경은 말씀하고 있습니다.

45

아마겟돈 전쟁

또 여섯째 천사가 그 대접을 큰 강 유브라데에 쏟으매 강물이 말라서 동방에서 오는 왕들의 길이 예비되었더라 또 내가 보매 개구리 같은 세 더러운 영이 용의 입과 짐승의 입과 거짓 선지자의 입에서 나오니 그들은 귀신의 영이라 이적을 행하여 온 천하 왕들에게 가서 하나님 곧 전능하신 이의 큰 날에 있을 전쟁을 위하여 그들을 모으더라 보라 내가 도둑 같이 오리니 누구든지 깨어 자기 옷을 지켜 벌거벗고 다니지 아니하며 자기의 부끄러움을 보이지 아니하는 자는 복이 있도다 세 영이 히브리어로 아마겟돈이라 하는 곳으로 왕들을 모으더라(계 16:12-16).

요한계시록 가운데 아마도 가장 유명한 것 중 하나가 본문에 기록된 아마겟돈 전쟁일 것입니다. 1998년에 유명한 할리우드 스타 브루스 윌리스가 주연한 〈아마겟돈〉이라는 영화를 통해서도 이 전쟁 이름은 유명해졌습니다. 글로벌 킬러 Global Killer라고 불리우는 텍사스 크기의 행성이 시속 35,200km의 속도로 지구를 향해 돌진해오는데 유일한 해결책으로 찾은 것이 사람을 직접 소행성에 보내어 소행성을 폭파시키는 것이었습니다. 소행성의 중심부까지 구멍을 뚫어 핵폭탄을 직접 장착 하기 위해서 우주선에 전문가들을 태워 보냅니다. 마지막으로 주인공 브루스 윌리스가 홀로 남아서 소행성을 폭파시키고 지구는 위기를 모면한다는 내용입니다. 결국 한 인간이 구세주처럼 되고, 지구는 인류 스스로 지켜 낸다는 휴머니즘을 담은 영화입니다. 성경적인 언어를 사용했지만 전혀 성경적이지 않은 영화 중 하나입니다.

세대주의자들은 본문을 문자적으로 해석을 해서 아마겟돈 전쟁을 칠년 대환난 후에 역사적으로 일어나게 될 인류의 마지막 전쟁이라고 말합니다. 실제로 이라크에 있는 유브라데 강물이 마르고 동방의 왕들인 소련이나 중국 혹은 이슬람 세력 등이 이스라엘을 침략하는 전쟁이 일어날 것이라고 합니다. 그래서 어떤 사람들은 이 전쟁이 제3차 세계 대전을 예언한 것이 아니겠느냐고 생각을 합니다. 중동은 옛날부터 세계의 화약고였는데, 역사의 마지막에도 큰 전쟁터가 될 것이라는 식으로 말합니다. 그래서 중동이나 이스라엘에서 일어나는 일들을 주목해야 한다라고 경고하기도 합니다. 요즘이야 전쟁을 덜하지만 예전에 이스라엘과 중동 이슬람 국가 간에 전쟁들을 할 때는 진짜 이러다가 아마겟돈 전쟁이 일어나는 것이 아니겠느냐고 긴장을 하기도 했습니다.

그러나 본문에 대한 우리 개혁주의적인 해석은 문자적인 전쟁을 지지하지 않습니다. 요한계시록을 잘 해석하는 일이 결코 쉬운 일이 아니라는 것은 오늘 본문에 대한 해석을 두고 보면 더욱더 실감을 하게 됩니다. 재미있는 소설이나 만화가 아니라 본문이 정말 전하고자 하는 메시지를 잘 찾아서 교훈과 도전을 받아들이는 것이 필요할 것입니다.

유브라데 강이 마르고 아마겟돈에서 전쟁이 발발하다

우선 우리는 아마겟돈 전쟁이 여섯 번째 대접 재앙이라는 점을 기억해야 합니다. 대접 재앙이 무엇입니까? 불신 세상을 향한 하나님의 진노의 대접을 쏟아 붓는 것 아니었습니까? 특히 10-11절에 기록된 다섯 번째 대접 재앙에 의하면 하나님의 진노의 대접이 짐승의 왕좌에 쏟아 부어졌다고 했습니다. 짐승의 왕좌란 사탄의 조정을 받는 이 세상의 악한 권력을 가리킵니다. 역사적으로 앗수르, 바벨론, 이집트, 헬라, 로마일수도 있고 현대적으로 보면 공산주의 정권이나 독재 정권 등을 의미할 수 있습니다. 특히 말세지말에 나타나게 될 엄청난 권력을 가진 적그리스도 세력에서 완전히 성취될 것입니다. 그런 짐승의 왕좌에 하나님의 진노의 대접이 쏟아 부어졌으나 그들은 회개하지 아니하였고 오히려 오늘 본문에 보면 아마겟돈 전쟁을 예비하는 것을 보게 됩니다.

12절에 보시면 "또 여섯째 천사가 그 대접을 큰 강 유브라데에 쏟으매 강물이 말라서 동방에서 오는 왕들의 길이 예비되었더라."고 말씀합니다. 큰 강 유브라데는 현재도 이라크를 흐르고 있는 강입니다. 요한이 계시록을 기록하고 있던 주후 1세기 말에 유브라데 강은 로마의 동쪽 국경선 역할을 하고 있었습니다. 그 동쪽은 로마제국 영역 밖입니다. 당시에 파르티아 왕국이나 인도가 있었습니다. 그 유명한 알렉산더 대왕이 10여 년 동안 많은 지역을 정복했으나 인도에서 회군할 수밖에 없을 정도였고, 파르티아인들은 기마병으로 유명했는데 이들은 말을 거꾸로 타고 가면서 활을 정확하게 쏘아대는 정예군대로 유명했습니다. 68년에 자살한 네로 황제가 죽지 않고 파르티아 국으로 피신했으며 그 기병대를 이끌고 다시 로마를 침공해 올 것이라고 하는 루머가 로마 사람들을 두렵게 만들기도 했습니다. 로마인들이 볼 때에 유브라데 강 너머 있는 땅에는 흑암과 공포의 세력들이 존재하고 있어서 언제라도 제국에 위협을 가할 수 있다라고 하는 생각들을 하고 있었습니다.

그런데 오늘 본문 12절에 보면 큰 강 유브라데에 여섯 번째 대접을 쏟으니 강물이 말라버려 동방에서 오는 왕들이 메마른 땅을 걸어가듯이 편하게 전쟁할 수 있는 길이 마련되게 되었다고 말씀합니다. 이 말씀을 생각해 보면 마치 이스라엘 백성들이 홍해가 갈라지고 메마른 땅을 걸어가듯이 홍해 바닥을 건너간 것과 유사한 내용입니다. 중요한 것은 동방에서 오는 왕들의 출정 길이 예비되었다 즉, 허락되었다고 하는 것입니다. 하나님께서 허락하셨던 평화가 깨어지고 전쟁이 발발하게 된다는 의미입니다. 여섯 번째 대접 재앙이라고 했으니 인위적인 재앙도 아니고 사탄 마귀가 마음대로 일으키는 전쟁도 아닙니다. 하나님의 허락하심 하에 일어나는 일이라는 점을 기억해야 합니다.

이제 이 전쟁에 참여하게 되는 왕들이 누구인가를 생각해 보아야 합니다. 12절에 의하면 "동방의 왕들"이라고 했으니, 당시로 보면 파르티아나 인도나 혹은 중국을 생각할 수 있었습니다. 현재로 보면 동쪽의 이란, 이라크, 중국 등등을 생각해 볼 수 있습니다. 그러나 이러한 식의 해석이 문제가 되는 것은 14절에 가면 "온 천하 왕들"이 전쟁에 참여한다고 말씀하기 때문입니다. 이 전쟁에는 온 세상의 왕들이 다 참여하게 되므로 범 세계적인 전쟁이 될 것을 말씀하고 있습니다. 그러니까 걸프전이나 아프가니스탄 전쟁과 같이 어느 지역에 제한된 전쟁이 아니라는 것을 알 수 있습니다. 온 천하의 왕들, 즉 주 예수 그리스도를 따르지 아니하는 적그리스도의 세력들이 다 이 전쟁에 동참하게 될 것입니다.

그렇다면 16절의 말씀을 어떻게 이해해야 하면 좋을까요? "세 영이 히브리어로 아마겟돈이라 하는 곳으로 왕들을 모으더라." 본문은 온 천하의 왕들이 집결하여 전쟁을 일으키는 장소를 히브리어로 아마겟돈이라고 말씀하고 있습니다. 아마겟돈은 정확하게 발음하면 "하르마겟돈"Har-Magedon입니다. 뜻을 풀면 하르는 언덕이나 산을 말하고 마겟돈은 그 유명한 므깃도를 의미합니다. 그러니까 아마겟돈의 뜻은 므깃도의 산이라는 뜻이 됩니다. 므깃도는 이스르엘 평원에 있으며 30킬로미터×20킬로미터 정도되는 평평한 언덕을 가리킵니다. 지금도 가면 볼 수 있는 평원입니다. 구약성경에 보면 전쟁이 많이 일어나곤 했던 장소입니다. 드보라와 바락이 전쟁을 했던 곳이요, 요시야 왕이 전사했던 곳입니다. 1917년에 영국이 터키 군대를 패배시킨 곳도 므깃도 평원입니다. 남쪽 이집트에서 올라오고 북쪽 메소포타미아에서 내려온 군사들이 대진하여 자주 전쟁을 했던 장소입니다. 그래서 "므깃도를 점령하면 일천 개의 도시를 점령하는 것보다 낫다"는 말이 있을 정도입니다.[85] 바로 이 므깃도 평원에서, 본문의 용어로 하면 아마겟돈에서 온 천하의 왕들이 전쟁을 하게 될 것이라고 본문은 말씀하고 있습니다. 그런데 우리가 주의해야 할 것은 앞서 므깃도 평원의 크기를 말씀드렸지만 아무리 큰 평원이라고 해도 온 천하의 왕들이 실제로 전쟁을 할 수 있는 공간은 되지 않는다는 것을 아셔야 합니다. 우리가 9장 13절 이하에 기록되어 있는 여섯 번째 나팔 재앙에서도 보았지만 이억 명의 군대가 모여서 싸울 수 있는 공간은 이 지구상에 존재하지 않습니다.

그리스도를 대적한 적그리스도 세력의 마지막 발악

그러면 결국 오늘 본문에서 말하고 있는 아마겟돈 전쟁이란 적그리스도의 세력이 전 세계적으로 그리스도와 그리스도인들을 향해 일으키는 영적인 전쟁이라고 보아야 할 것입니다. 물론 그 내용 속에는 물리적인 전쟁도 포함되어 있습니다. 하지만 중요한 것은 이 전쟁은 어느 한 지역에서 일어나는 전쟁이 아니라 온 지구상에서 일어나는 전쟁이라는 것입니다. 그리고 싸움의 주체와 목적이 분명히 영적입니다. 사탄 마귀의 주도 하에 있는 적그리스도의 세력이 예수 그리스도와 그의 교회를 대적하여 일으키는 전쟁인 것입니다.

본문 13, 14절에 보시면 이 싸움이 일어나도록 부채질하는 세력들의 정체에 대해 어떻게 서술하고 있는지를 보시기 바랍니다. "또 내가 보매 개구리 같은 세 더러운 영이 용의 입과 짐승의 입과 거짓 선지자의 입에서 나오니 그들은 귀신의 영이라." 사도 요한이 환상 중에 보니 개구리 같은 세 더러운 영이 사탄을 상징하는 용의 입과 그의 영향 아래에 있는 악한 권력을 의미하는 짐승의 입과 그리고 선전선동을 맡은 거짓 선지자의 입에서 나오는 것을 보았습니다. 악의 삼위일체라고 할 수 있는 악의 트리오입니다. 그리고 그들의 입에서 나오는 영을 귀신의 영이라고 했습니다. 악한 목적을 이루기 위하여 하나로 묶어주는 영인 것입니다. 그리고 이 영들을 개구리 같은 세 더러운 영이라고 표현하는 것을 주의해서 생각해야 합니다. 이집트 사람들은 개구리를 신으로 숭상했지만 성경적으로 개구리는 소란스럽고 무질서함을 상징합니다. 더욱이 본문에서는 더러운 영이라는 표현을 사용했습니다. 성령은 거룩하고 정결한 영인데 반하여 악의 삼위일체에게서 나오는 영은 불결한 영입니다. 영적으로 도덕적으로 추하고 더러운 존재라는 뜻입니다.

바로 이 세 영이 아마겟돈 전쟁을 일어나게 만드는 장본인들입니다. 16절에 의하면 "세 영이 히브리어로 아마겟돈이라 하는 곳으로 왕들을 모으더라."고 말씀하기 때문입니다. 그리고 14절에 보면 "그들은 귀신의 영이라. 이적을 행하여 온 천하 왕들에게 가서 하나님 곧 전능하신 이의 큰 날에 있을 전쟁을 위하여 그들을 모으더라."고 말씀하고 있습니다. 악하고 더러운 세 영은 천하 왕들을 전쟁하도록 충동질하기 위해서 이적을 행하기까지 할 것이라고 말씀하고 있습니다. 이와 같은 전쟁에 참여하면 국력이 신장된다거나 큰 이득이 있다고 하는 식으로 매력을 느끼게 하면서 이 전쟁에 참여하게 할 것입니다. 이적을 행한다고 해서 단순히 마술과 같은 것만 생각하면 안 될 것입니다. 악한 세력들로 하여금 유혹하기 위하여 동원되는 모든 수단 방법들을 포함한 것입니다. 히틀러도 아리안 민족의 우월성을 내세워 많은 독일 국민들을 선동해서 2차 대전을 일으켰습니다. 북한도 1950년에 남한 인민들의 해방을 기치로 해서 전쟁을 일으켰습니다. 멀쩡한 정신을 가진 사람들이 보기에는 이해가 되지 않는 것이 그런 명분들이지만, 사탄은 얼마든지 사람들의 눈을 가리워서 미혹케 할 수가 있는 것입니다. 역사적으로 일어난 종교 박해를 우리는 생각해 볼 수 있습니다. 그냥 각자의 믿음의 길을 인정해 주고 서로 토론과 대화나 포교는 할지언정 물리적으로 박해할 필요가 뭐있냐 싶지만, 이상하게도 세상 사람들은 그리스도인들을 좋아하지 않습니다. 로마 시대의 박해나 현재 공산주의와 이슬람권, 유대교를 믿는 사람들 가운데 일어나는 박해는 영적으로 보지 않는다면 이해가 되지를 않습니다. 악하고 더러운 세 영이 부추기기 때문에 이러한 박해도 일어나는 것입니다.

성경에 의하면 예수 그리스도의 재림 직전에 이와 같은 적그리스도의 세력들이 마지막 발악을 할 것이라는 점을 예고해 주고 있습니다. 에스겔 38-39장, 그리고 요한계시록 20장에 보면 곡과 마곡의 전쟁이라고 해서 이 마지막 전쟁에 대해서 말씀하고 있습니다. 오늘 본문 14절에도 보시면 "하나님 곧 전능하신 이의 큰 날에 있을 전쟁"이라고 말씀하는 대로, 이는 하나님을 대적한 사탄의 마지막 전쟁을 가리킵니다. 그리고 이 전쟁은 전능하신 하나님의 큰 날에 종지부를 찍게 되는 전쟁입니다. 이는 곧 예수 그리스도의 재림과 마지막 심판의 날을 가리킵니다. 17장 14절에 보시면 "그들이 어린 양과 더불어 싸우려니와 어린 양은 만주의 주요 만왕의 왕이시므로 그들을 이기실 터이요. 또 그와 함께 있는 자들 곧 부르심을 받고 택하심을 받은 진실한 자들도 이기리로다."라고 말씀하는 대로, 이 아마겟돈 전쟁은 주 예수 그리스도의 승리로 끝이나게 될 것입니다. 특히 요한계시록 20장 7절 이하를 보시면 이 전쟁과 그 결과에 대해서 이렇게 말씀하고 있습니다.

> 천 년이 차매 사탄이 그 옥에서 놓여 나와서 땅의 사방 백성 곧 곡과 마곡을 미혹하고 모아 싸움을 붙이니 그 수가 바다의 모래 같으리라. 그들이 지면에 널리 퍼져 성도들의 진과 사랑하시는 성을 두르매 하늘에서 불이 내려와 그들을 태워 버리고 또 그들을 미혹하는 마귀가 불과 유황 못에 던져지니 거기는 그 짐승과 거짓 선지자도 있어 세세토록 괴로움을 받으리라(계 20:7-10).

우리가 이런 본문들을 주의해서 읽어보면 아마겟돈 전쟁이라는 것은 신자들로 하여금 두려움과 공포에 잠기게 하는 것이 아니라 오히려 위로의 메시지가 됩니다. 왜냐하면 사탄 마귀가 온 세상으로 하여금 그리스도를 대적하도록 세력을 규합하여 전쟁을 일으키지만 하늘에서 불이 내려와 그들을 태워 버리시므로 너무나도 쉽게 제압을 하실 것이라고 말씀하고 있기 때문입니다. 주님의 재림과 최후 심판으로 이 아마겟돈 전쟁은 쉽사리 끝이 난다는 것입니다.

결국 정리를 해 보면 이 아마겟돈 전쟁은 반지의 제왕의 최후 장면처럼 판타스틱하게 표현하고 있지만, 일개 지역에서 일어나는 물리적인 전쟁을 가리키지 않고, 전 세계적이고 영적인 전쟁을 가리킨다는 것을 알 수가 있습니다. 온 천하의 왕들이 참여하는 전쟁이고, 사탄에게 속한 세 더러운 용이 부추겨서 일으키는 전쟁이며, 하나님을 대적하여 일으키는 전쟁입니다. 역사적으로도 어느 정도 확인할 수 있는 전쟁이고, 마지막 재림 직전에 특히 온전하게 성취될 내용입니다. 악한 세력들이 최후 발악을 하도록 허용하신 후에 순식간에 그들을 다 심판해 버리시고 선악의 대결을 종지부 찍으시는 것으로 끝이 나는 것이 바로 아마겟돈 전쟁의 본질적 의미인 것입니다.

복이 있는 사람

이러한 영적인 해석이 맞다고 할 수 있는 이유는 본문 15절을 통해서도 분명해집니다. 다시 한 번 같이 읽어볼까요? "보라 내가 도적같이 오리니 누구든지 깨어 자기 옷을 지켜 벌거벗고 다니지 아니하며 자기의 부끄러움을 보이지 아니하는 자는 복이 있도다." 예수님께서 도적같이 재림하신다는 것은 재림의 시기를 정확하게 우리가 예측하지 못한다는 것입니다. 도적은 사전 통보를 하고 오는 법이 없습니다. 갑작스럽게 들이닥치는 법입니다. 예수님의 재림도 이와 마찬가지로 잘 준비하지 아니하고 있으면 재난의 날이 될 것이라는 것입니다.

그러면 영적인 준비를 어떻게 해야 할까요? 본문은 깨어 있어야 한다고 말씀하고 있습니다. 깨어 있어야 자기 옷을 지킬 수 있기 때문입니다. 깨어있는 자는 벌거벗고 다니는 것이 아니라 항상 자기 옷을 입고 지내기 때문에 수치를 면할 수가 있는 것입니다. 물론 우리가 육신적으로는 잠을 잘 때에 편한 복장을 하고 자거나 어떤 사람은 벌거벗고 자기도 합니다. 그러나 만약에 벌거벗고 자다가 도적이 들이닥치면 수치를 면하기 어렵습니다. 물론 본문이 말씀하는 것은 영적으로 해석을 해야 합니다. 깨어 있어 옷을 지키라는 것은 성도의 신분을 잘 지키라는 의미입니다. 반면에 벌거벗고 있다가 수치를 당한다는 것은 신자가 신자답지 못하게 사는 것입니다. 세상과 타협하고 짐승의 우상에 경배하는 것입니다. 그러다가는 심판의 날에 벌거벗은 수치를 면하기 어렵게 되는 것입니다.

사실 아마겟돈 전쟁이 어디서 언제 일어나느냐는 그런 관심을 버리시는 것이 좋습니다. 사탄은 위협이나 유혹의 형태로 하나님의 백성들을 잠들게 만들고 의의 옷을 더럽히려고 하고 성도다운 삶을 살지 못하도록 공격을 하여 왔고, 특히 말세지말에 이런 일들이 극심해질 것이기 때문입니다. 눈에 보이지 않는 영적인 전쟁이 더욱더 무서운 시대에 우리가 살고 있습니다. 쾌락주의, 감각주의, 외모지상주의, 스포츠 열광 등 세속주의가 판을 치고 있습니다. 또한 죄와 사탄과 사망으로부터 해방되어 하나님의 자녀가 되는 복음을 대체하여 가난이나 질병으로부터의 자유만을 추구하는 기복신앙이 유행하고 있습니다. 그리고 온갖 형태의 열광주의, 엔터테인먼트에 물든 종교가 교회를 홍수처럼 잠식하고 있습니다. 그리고 이단 사이비가 또한 얼마나 교묘하게 기승을 부리고 있습니까? 이것이 바로 말세지말을 살아가면서 눈을 크게 떠서 분별해야 하는 우리의 영적인 조건인 것입니다.

이러한 때에 우리들은 어떻게 해야 할까요? 주님은 우리 신자들에게 의의 옷을 입혀 주셨습니다. 그리고 우리들로 하여금 이 세상을 본받지 아니하고 단정한 삶을 살아갈 수 있도록 말씀과 성령으로 인도하고 계십니다. 우리는 영적으로 늘 깨어 있어야 합니다. 그리고 우리에게 허락되어 있는 의의 옷을 더럽히지 않도록 날마다 그리스도의 보혈에 빨아서 정결한 상태로 유지해야 합니다. 뿐만 아니라 이 세상을 본받아 타협하거나 죄악에 빠져 사는 것이 아니라 거룩한 성도의 삶을 살아갈 수 있도록 힘쓰고 애써야 합니다. 우리는 말씀을 통하여 영적인 분별력을 키워 나가야 합니다. 그리고 우리의 가슴 속에 신령한 열정이 있으며 우리의 삶이 성령 충만한 삶이 될 수 있도록 기도로 깨어 있어야 할 것입니다.

46

일곱 번째
대접 재앙

일곱째 천사가 그 대접을 공중에 쏟으매 큰 음성이 성전에서 보좌로부터 나서 이르되 되었다 하시니 번개와 음성들과 우렛소리가 있고 또 큰 지진이 있어 얼마나 큰지 사람이 땅에 있어 온 이래로 이같이 큰 지진이 없었더라 큰 성이 세 갈래로 갈라지고 만국의 성들도 무너지니 큰 성 바벨론이 하나님 앞에 기억하신 바 되어 그의 맹렬한 진노의 포도주 잔을 받으매 각 섬도 없어지고 산악도 간 데 없더라 또 무게가 한 달란트나 되는 큰 우박이 하늘로부터 사람들에게 내리매 사람들이 그 우박의 재앙 때문에 하나님을 비방하니 그 재앙이 심히 크더라(계 16:17-21).

2010년 1월 12일에 7.0강도의 대지진이 일어나서 엄청난 인명피해와 재산피해를 입은 아이티는 카리브해에 위치하고 있는 나라입니다. 아이티에서 동남쪽으로 400킬로미터쯤 떨어진 곳에 자메이카라는 섬나라가 있고, 자메이카에는 포트 로얄이라고 하는 유명한 명소가 있습니다. 삼면이 바다로 통하는 작은 마을인데, 17세기에 있어서 해적들의 천국이라고 불리우던 곳입니다. 디즈니사가 만든 〈캐러비언의 해적 1편〉의 주무대가 바로 "포트 로얄"Port Royal입니다. 원래는 원주민들이 살고 있던 곳을 스페인이 점령해서 거주했으나, 1655년에 영국이 침략하여 주인이 되었습니다. 영국의 합법적인 나포 면허장을 지닌 사략선들이 이 마을을 중심으로 해서 활동하게 되면서 해적들, 살인자들, 창녀들이 대거 몰려들게 됩니다. 1692년 기준으로 볼 때 거주자가

6,500명, 주택이 2,000채인데, 술집은 열명 당 한 곳이라고 할 정도로 술집이 많았습니다. 너무나 사치스럽고 음탕한 마을이 되어서 "신세계의 소돔"이라고 불리울 정도였습니다.

바로 이 포트 로얄에 1692년 6월 7일에 강한 지진이 북쪽으로부터 덮쳐서 주거지들의 2/3가 바닷속으로 사라졌으며 3천 명의 주민들이 죽게 되었습니다. 또한 이어진 열병 등에 의해서 2천 명의 주민들이 더 죽게 됩니다. 바다에 잠긴 유적지에서 발견된 손목시계는 지진이 일어난 시간이 오전 11시 43분임을 알려 줍니다. 포트 로얄은 그 이후에도 여러 차례 지진, 화재, 역병 등으로 인해서 사람 살 곳이 못 된다는 인식만 가중시켰습니다. 그래서 현재 인근에는 자메이카 공항이 있긴 하지만 하찮은 촌락으로 전락해 있습니다. 고고학적인 발굴 작업이나 해적을 주제로 한 소설이나 영화의 무대 정도로 유명할 뿐입니다. 그런데 앞서 말씀드린 1692년의 대지진 이후에 살아남은 자들 가운데는 자신들이 당했던 대지진이 그렇게 악하고 음란했던 포트 로얄 사람들에 대한 하나님의 심판이거나 아니면 더 큰 심판의 사인들이라고 인식하는 이들이 있었습니다. 심지어 당시 미국 대륙에서 사역하고 있던 유명한 청교도 목사인 카튼 매더는 대지진은 영국령 미국 식민지에 사는 모든 사람들에게 뭔가 말해주는 사건이라고 기록하기도 했습니다. 아무튼 하나님의 진노를 의식한 남은 자들은 종교집회소를 세우고 남은 주민들의 회개를 요청했습니다. 하지만 그 큰 재난을 당한 주민들 대부분은 여전히 세상적인 욕심을 버리지 아니하고 회개하기를 거부했습니다. 그렇게 큰 재난을 당했지만 쾌락과 물질주의에 깊이 인박힌 심령들은 뉘우칠 줄 몰랐던 것입니다. 그들은 계속해서 도시의 재건을 시도했으나 지금까지도 포트 로얄은 옛 영광을 회복하지 못하고 있습니다.

누군가 조사해 놓은 자료를 보니까 21세기 들어서 세계적으로 대지진이 더 자주 발생하고 있습니다. 이러한 자연 재앙들의 소식을 단순히 자연적이다, 지구가 노쇠해서 그렇다 혹은 사람들이 무차별적으로 자연을 착취해서 그렇다고만 말해서는 안 될 것입니다. 예수님께서는 마태복음 24장 7-8절에서 분명히 종말의 징조라고 말씀하셨습니다. "민족이 민족을, 나라가 나라를 대적하여 일어나겠고 곳곳에 기근과 지진이 있으리라. 이 모든 것은 재난의 시작이니라." 오늘 우리가 읽은 본문에도 보시면 하나님의 진노를 담은 일곱 대접 재앙 중 제일 마지막 재앙이 대지진이라고 말씀하고 있는 것을 보게 됩니다.

이루었다(17절)

17절을 보시면 일곱 대접을 지닌 천사들 가운데 마지막 천사인 "일곱째 천사가 그 대접을 공중에 쏟으매 큰 음성이 성전에서 보좌로부터 나서 이르되 되었다 하시니"라고 말씀하고 있습니다. 우선 천사가 대접을 공중에 쏟았다고 하는 점을 주목해 보기 바랍니다. 왜 공중에 쏟은 것일까요. 공중은 무엇을 의미하는 것일까요? 어떤 사람은 본문에 기록된 우박재앙이 출애굽기 9장 22-34절에 기록되어 있는 일곱 번째 재앙과 유사하다고 생각하여 공중을 하늘이라고 이해하는 사람이 있습니다. 둘째로, 공중이란 단순히 땅 지표면의 바로 위에 있는 대기를 가리키기 보다는 좀 더 악의 세력과 치열한 영적인 다툼을 벌이고 있는 영역으로 이해하는 사람이 있습니다(14:6). 에베소서 2장 2절에 보면 사탄을 "공중 권세 잡은 자"라고 묘사하고 있는 점을 기억한다면, 공중을 사탄 사역의 영역으로 이해할 수 있습니다.

그리고 일곱째 천사가 그 대접을 공중에 쏟을 때에 들려진 큰 음성에 대해 언급하고 있는 것을 보십시다. 17절 하반절이지요. "큰 음성이 성전에서 보좌로부터 나서." 큰 음성의 주인공은 물론 하나님이십니다. 그 하나님의 큰 음성은 온 우주에 들려질 만큼 우렁차고 위엄 있는 음성인데, 음성이 들려오는 음원은 하늘에 있는 성전 안에서요, 그리고 성전 안에 있는 보좌로부터라고 말씀하고 있습니다. 그러면 하늘의 성전에 있는 보좌에서 들려오는 하나님의 큰 음성의 내용이 무엇이었는지를 주목해 봅시다. 너무나 짧지요. "이루었다"*gegonen*라는 한 문장으로 된 말씀이었습니다. 이 말은 "끝이 났다" 혹은 "완성되었다"는 뜻입니다. 우리는 요한복음 19장 30절에서도 유사한 말씀을 예수님의 입술에서 듣습니다. 십자가에 못박히신 예수님이 운명하시기 직전에 하신 가상칠언 중 하나이지요. "다 이루었다"*tetelestai*는 말이었습니다. 예수님은 자신이 수행해야 하는 속죄 사역을 다 이루셨다는 의미에서 그런 고백을 하신 것입니다.

그러면 오늘 본문에서 하나님께서 이루었다고 말씀하실 때에는 무엇을 다 이루었다는 의미일까요? 이는 세상에 대한 하나님의 진노를 담은 마지막 심판 시리즈인 대접 재앙이 다 끝이 났다는 말입니다. 즉, 하나님의 공의로운 심판의 완성인 것입니다. 반면에 21장 6절에 가보시면 하나님은 다시 한 번 더 "이루었도다"*gegonan*는 말씀을 하게 되는데, 그때는 구원의 완성을 가리킵니다. 16장 17절 하반절의 경우는 하나님의 심판의 완성으로 이해하는 것이 옳습니다. 이는 15장 1절에서 일곱 대접 재앙을 소개하면서 "곧 마지막 재앙이라. 하나님의 진노가 이것으로 마치리로다."라고 말씀하고 있기 때문입니다. 오랫동안 참고 기다려오셨던 최후 심판을 가리키는 것입니다. 물론 구체적인 내용은 17-20장까지 다양한 각도에서 말해질 것이지만, 사탄을 주체로 한 모든 악한 세력과 악한 나라, 불신자들을 완전히 심판하실 것을 가리킵니다. 결국 하나님은 무력해 보이시는 것 같으나 결과적으로 최후 승리자이신 것입니다.

일곱째 대접 심판의 구체적인 현상들

일곱째 대접 심판이 집행될 때에 일어나게 되는 구체적인 현상들을 살펴 보십시다. 먼저 18절에 보시면 "번개와 음성들과 우렛소리가 있고"라고 시작하고 있습니다. 소위 하나님의 위엄과 능력을 느끼게 해주는 음향적인 효과입니다. 우리가 영화나 드라마를 보더라도 배경 음악이 없다면 상당히 무미건조해질 수 있습니다. 하나님의 심판도 그 오디오 효과가 굉장합니다. 번개, 음성들, 우렛 소리가 동원됩니다. 이 자체가 큰 재난의 요인이 되기도 합니다. 그러나 마지막 재앙에 있어서 가장 큰 요소는 바로 지진earthquake입니다. 18절 하반절을 보시기 바랍니다. "또 큰 지진이 있어 얼마나 큰지 사람이 땅에 있어 온 이래로 이같이 큰 지진이 없었더라." 역사상 많은 지진이 일어났지만 21세기 들어와서 지난 10여 년 동안 더욱더 많은 강한 지진이 발생했다고 합니다. 인터넷에 있는 자료를 근거로 대표적인 것들만 들어도 다음과 같습니다.

2001년: 구자랏-인도, 7.9 진도, 2만 사망.
2003년: 밤-이란, 6.9 진도, 4만 사망.
2004년: 수마트라-안다만-인도네시아, 9.1 &9.3 진도, 23만 사망.
2005년: 카쉬미르-파키스탄, 일명 파키스탄 대지진, 7.6 진도, 79,000이상 사망 추정.
2008년: 쳉두-쓰촨-중국 대지진, 65-80,000 이상 사망 추정.
2010년: 아이티, 23만 사망

우리나라도 예외가 아니라고 합니다. 백두산 근처에서는 아이티 지진 만큼의 강도로 지진이 수년 전에 일어나기도 했습니다. 또한 2016년에는 경주에서, 2017년에는 포항에서 큰 지진이 일어나 남한 전체가 지각할 수 있을 정도였습니다. 그럼에도 불구하고 이 정도에 그치지 아니하고 더 큰 지진이 있을 것을 지질학자들은 예고하고 있습니다. 〈2012〉 영화 같은 것을 보면 태평양 지역을 다 붕괴시켜 버릴 수 있는 대지진을 그리고 있습니다. 그러나 오늘 본문 18절 하반절에 보시면 인류 최후에 있을 마지막 대지진에 대해서 이렇게 묘사하고 있습니다. "또 큰 지진이 있어 얼마나 큰지 사람이 땅에 있어 온 이래로 이같이 큰 지진이 없었더라." 마지막 최후 대지진이 있을 것을 예고하고 있습니다. 그리고 19절에 보면 "큰 성이 세 갈래로 갈라지고 만국의 성들도 무너지니"라고 말씀하고 있습니다. 큰 성이 세 갈래로 갈라진다는 것은 철저하게 붕괴되는 것을 의미합니다. 그리고 큰 성의 이름은 이어지는 하반절에 보시면 큰 성 바벨론이라고 밝히고 있습니다. 18장에 가시면 바벨론 성의 멸망에 대한 구체적인 기사를 읽게 될 것입니다. 그러나 바벨론이라고 해서 역사적인 바벨론 하나를 생각하시면 곤란합니다. 베드로도 바벨론이라는 단어를 당시 로마에 대한 암호로 사용한 적이 있습니다만(벧전 5:13), 큰 성 바벨론은 하나님을 적대하는 이 세상의 악한 세력과 그 통치 아래에 있는 세상을 가리킵니다.

그리고 또한 기억해야 하는 것은 큰 성 바벨론에 지진이 일어나서 세 갈래로 무너진다고 할 때 단순히 자연 재앙으로 망했다고 보면 안 된다는 것입니다. 앞서 포트 로얄에 일어났던 대지진의 참사를 두고도 그냥 끔찍스러운 자연재앙이겠거니 하고 지나쳤던 많은 사람들이 있었습니다만, 본문에 기록된 인류 역사 가운데 최대의 대지진의 경우도 그렇게 지나가기 쉽상입니다. 하지만 본문 19절 하반절에 보시면 이 재앙의 원인이 무엇인지, 그 재앙이 어디로부터 온것인지에 대한 분명한 해명이 주어지고 있습니다. "큰 성 바벨론이 하나님 앞에 기억하신 바 되어 그의 맹렬한 진노의 포도주 잔을 받으매." 큰 성 바벨론이 하나님 앞에 기억하신 바 되었다는 것은 바벨론의 죄악들을 하나님께서 기억하셨다고 하는 유대적인 표현 방법이라고 합니다. 사도행전 10장 4절에 보면 백부장 고넬료에게 나타난 천사가 말하는 가운데도 "네 기도와 구제가 하나님 앞에 상달되어 기억하신 바가 되었으니"라는 말씀이 있습니다. 이때에 하나님이 기억하신다는 것은 하나님께서 흠향하시고 상주신다는 의미입니다. 그러나 요한계시록 16장 19절처럼 하나님이 기억하신다는 것은 바벨론이 저지른 큰 죄들을 다 기억하셔서 심판하신다는 의미를 가지고 있습니다. 19절 끝 부분에 보면 그 결과 하나님의 맹렬한 진노의 포도주 잔을 받는다고 말씀하고 있습니다. 맹렬한 진노라고 표현하고 있어서 그 심판의 극렬함의 느낌을 더해줍니다.

그렇다면 큰 성 바벨론으로 표현되어지는 하나님의 적대세력이 저지른 죄가 무엇일까요? 하나님은 어떤 죄를 기억하시고 그렇게도 맹렬한 진노의 포도주 잔을 마시게 하는 것일까요? 이는 요한이 계시록을 기록하고 있던 시절의 로마 제국처럼 하나님을 대적하고 하나님을 믿는 백성들을 못살게 괴롭히는 죄일 것입니다. 17장 6절에서는 성도들의 피와 증인들의 피를 흘려서 그 피에 취했다고 고소하고 있고, 18장 24절에서는 "선지자들과 성도들과 땅 위에서 죽임을 당한 모든 자의 피가 그 성중에서 발견되었느니라 하더라"고 말씀하고 있습니다. 어느 시대 어느 나라에서나 이런 죄를 저지르는 자들은 다 바벨론에 속한 것입니다. 이 세상 나라는 하나님을 결코 좋아하지 않으며 주 믿는 백성들이 평안하게 믿음생활하도록 내버려 두지를 않습니다. 우리나라의 경우도 상당히 반기독교적인 국가입니다. 물론 본문에 나오는 큰 성 바벨론의 죄악에 비할바는 아닐지도 모릅니다. 믿는 자들이 힘써 싸워야 할 영적인 싸움거리들이 많습니다.

20절에 보면 "각 섬도 없어지고 산악도 간 데 없더라."고 말씀하고 있습니다. 구약이나 묵시 문헌들 속에서 섬들이나 산들 그리고 하늘의 사라짐은 주의 날 즉, 예수 그리스도의 재림의 날과 관련하여 나타날 현상입니다. 시편 97편 5절에 보시면 "산들이 여호와의 앞 곧 온 땅의 주 앞에서 밀랍같이 녹았도다."라는 말씀이 있습니다. 역사상 유례가 없는 큰 지진으로 말미암아 각 섬도, 그리고 산들도 사라져 버리게 할 수 있는 심판주 하나님의 능력을 표현하고 있습니다.

우박재앙 그러나 사람들은 회개하지 아니하다

마지막 대접 심판은 큰 지진으로 끝이 나는 것이 아니고 우박재앙으로 끝이 난다는 것을 21절에서 말씀하고 있습니다. 지진도 무서워라 하거든 우박재앙까지 내린다고 합니다. "또 무게가 한 달란트나 되는 큰 우박이 하늘로부터 사람들에게 내리매 사람들이 그 우박의 재앙 때문에 하나님을 비방하니 그 재앙이 심히 큼이러라." 성경에는 애굽에 내린 일곱 번째 재앙을 비롯하여 우박을 하나님의 재앙으로 표현한 구절들이 많이 있습니다(욥 38:22-23; 사 28:2, 17; 겔 13:11-13; 38:22-3). 수 년 전에 조그만 우박들이 내려서 차의 앞 유리가 뻥뻥 뚫린 사진을 본 적이 있습니다. 애굽에 내린 우박 재앙의 결과에 대해서 출애굽기 9장 24-25절에 이렇게 말씀하고 있습니다.

> 우박이 내림과 불덩이가 우박에 섞여 내림이 심히 맹렬하니 나라가 생긴 그때로부터 애굽 온 땅에는 그와 같은 일이 없었더라. 우박이 애굽 온 땅에서 사람과 짐승을 막론하고 밭에 있는 모든 것을 쳤으며 우박이 또 밭의 모든 채소를 치고 들의 모든 나무를 꺾었으되.

이것은 대단한 재앙이라고 하지 않을 수가 없습니다. 하지만 오늘 본문에서 말씀하는 우박은 그 정도가 아닙니다. 무게가 무려 한 달란트라고 말씀하고 있지 않습니까? 달란트 혹은 탈란트는 영어로 탤런트라고 합니다. 달란트는 화폐 단위로 치면 6천 데나리온을 가리킵니다만, 무게 단위로 사용하면 최소 30킬로그램에서 최대 60킬로그램을 가리킵니다. 상상을 해 보시기를 바랍니다. 30킬로그램의 우박이 하늘에서 떨어진다고 말입니다. 그 정도 무게의 우박을 맞는다면 사람이나 짐승은 살아남을 가능성이 없습니다. 차 유리가 뚫리는 정도가 아니라 차가 부서질지도 모릅니다. 굉장한 우박재앙입니다. 아직 역사적으로 이만큼 무시무시한 우박에 대한 기록은 읽어본 적이 없습니다.

우리는 이러한 무시무시한 재앙을 내리시는 하나님의 심판에 두려움을 느낍니다. 그러나 왜 하나님께서는 세상을 심판하시는 데 있어서 이렇게 큰 지진과 우박재앙을 사용하시는지를 묻게 됩니다. 물론 그들의 죄 때문입니다. 하지만 다른 방식으로 심판하실 수도 있는데 구태여 왜 이런 방식으로 심판하시느냐를 물어봅니다. 인간들이 너무나 교만하기 때문에, 하나님은 소위 그들의 코를 납작코로 만드시기 위해서 이렇게 거대한 자연 재앙을 통해서 치시는 것입니다. 그리고 잘난 줄로 알지만 너희들은 별것이 아니라는 것을 보여주시기 위해서도 그렇게 심판하시는 것입니다. 하나님은 우리들을 인격적으로 대우하시기 때문에 말씀만으로 조용 조용 말씀하지만, 이렇게 깨닫지 못하고 악을 행하는 악의 세력들을 향해서는 무지막지하게 심판을 하시는 것입니다.

오늘 심판을 당한 결과 살아남은 자들의 반응을 주목해 보신다면 이들이 얼마나 짐승만도 못한가하는 것을 알 수 있습니다. 니느웨성 사람들은 요나의 경고를 듣고 바로 회개해서 목숨을 건졌지만, 큰 성 바벨론에 속한 마지막 악의 세력들은 큰 지진과 우박 재앙을 당하고서도 회개하기는커녕 하나님을 비방했다고 했습니다. 오늘 현대인들의 모습도 다르지 않습니다. 조그마한 재난을 당해도 회개하고 근신하는 사람들도 있겠지만, 대체로 회개는커녕 하나님을 인정하지도 않습니다. 수많은 재난 블록버스터들이 있지만 하나님께 회개하자고 제안하는 영화는 단 하나도 없습니다. 사람이 고난을 당한다고 해서 변화하지 않는다고 하는 사실은 여기서도 분명히 증거됩니다. 심지어는 지옥에 가게 된다도 해도 그 고통 중에서라도 하나님께 회개하는 사람은 없습니다. 단지 고통스러워하고 아무런 도움이 되지 않는 후회만 하고 있을 뿐인 것입니다.

이제 나눈 말씀을 정리하겠습니다. 우리는 일곱 번째 대접 심판에 대해서 살펴보았습니다. 이로써 하나님의 심판이 완성되어질 것입니다.

그런 점에서 "이루었다"라고 말씀하시는 것을 보았습니다. 그리고 마지막 심판의 구체적인 내용들을 살펴보았습니다. 큰 지진이 일어나서 화려하고 큰 성인 바벨론이 무너졌습니다. 이 눈에 보이는 모든 세상도 하나님의 심판에 의해서 불타 없어지고 새 하늘과 새 땅이 도래하게 될 것입니다. 그리고 큰 우박재앙으로 말미암아 더 큰 고통을 당하게 될 것을 보았습니다. 그럼에도 불구하고 회개할 줄 모르는 이 세상의 불신자들을 보았습니다.

현상적으로 보자면 참으로 두려운 내용들이었습니다. 그러나 우리가 이 본문을 읽으면서 하나님은 반드시 이기신다고 하는 점을 확인하게 됩니다. 많은 경우에 악이 횡행하는데도 하나님은 그냥 계신 것처럼 보입니다. 하지만 때가 되면 하나님은 하나님을 적대하고 주님의 교회를 박해하는 이 악한 세상을 심판하실 것입니다. 불의한 세력들을 크게 심판하실 것입니다. 그렇기 때문에 이 세상이 화려하고 멋있어 보인다고 죄악과 타협을 하면 안 됩니다. 믿는 신자들이 멸망하기야 하겠습니까마는, 하나님의 심판하실 때에 손을 다 비워야 할 때가 올 것입니다. 악한 성공을 부러워하지 마십시다. 이 시대는 어떻게 얻었느냐를 묻지 아니하고 비까뻔쩍 멋지게 하고 살면 성공자라고 합니다. 그러나 성경은 그렇게 말씀하시지 않습니다. 하나님께서 반드시 보고 있고, 기억하고 있다고 심판하시겠다라고 말씀하시는 것입니다.

마지막으로 이 본문을 살펴보면서 무슨 마음이 드십니까? 이런 심판에 동참하지 않는 자가 복이 있다고 하는 사실입니다. 마지막에 기록된 재난 후의 사람들의 반응을 보노라면 "아 잘 회개하는 것도 복이구나" 하는 생각이 드실 것입니다. 그렇습니다. 빨리 빨리 회개할 줄 알고 자기 두루마기를 그리스도의 보혈에 빠는 자가 복이 있습니다. 그리고 다시 한 번 더 15절에 있는 말씀을 기억하도록 하십시다. "보라 내가 도둑같이 오리니 누구든지 깨어 자기 옷을 지켜 벌거벗고 다니지 아니하며 자기의 부끄러움을 보이지 아니하는 자는 복이 있도다." 주님은 불시에 오실 것입니다. 기도함으로 깨어있는 자가 복이 있는 자입니다. 그리고 예수 그리스도께서 우리에게 값없이 주신 의의 옷을 지켜야 합니다. 그리고 그 옷이 더럽혀지지 않도록 늘 말씀과 기도로 깨어 있어야 합니다. 휘황찬란하게 살지 못해도 믿음으로 바로 사는 것이 중요합니다. 어떤 여자분이 회개하고 성도가 되었습니다. 그런 후 믿지 않는 친구가 말하기를 "나는 네가 그렇게 변하는 것을 이해할 수 없다."라고 했습니다. 그러자 이 여성도는 대답했습니다. "너와 나 사이에는 알파벳 하나밖에 차이가 없다. 너는 세상world을 사랑하지만 나는 말씀Word을 사랑한다." 그렇습니다. 우리는 더 이상 육신의 정욕, 안목의 정욕, 이 세상의 자랑으로 이루어진 세상을 사랑하는 것이 아니라 주님의 말씀을 사랑하는 자입니다. 바로 그런 이들에게 대접 재앙은 아무런 관련이 없다는 것입니다. 오히려 이런 재앙에 대해 읽는 신자들에게는 위로의 말씀이 되는 것입니다. 앞으로 이어질 남은 본문들의 경우에도 다 그렇습니다. 세상이 아니라 하나님이 이기신다. 믿음으로 사는 자도 이긴다, 위로와 위로가 이어지는 말씀인 것입니다.

47

붉은 짐승을 타고 있는 음녀

또 일곱 대접을 가진 일곱 천사 중 하나가 와서 내게 말하여 이르되 이리로 오라 많은 물 위에 앉은 큰 음녀가 받을 심판을 네게 보이리라 땅의 임금들도 그와 더불어 음행하였고 땅에 사는 자들도 그 음행의 포도주에 취하였다 하고 곧 성령으로 나를 데리고 광야로 가니라 내가 보니 여자가 붉은 빛 짐승을 탔는데 그 짐승의 몸에 하나님을 모독하는 이름들이 가득하고 일곱 머리와 열 뿔이 있으며 그 여자는 자주 빛과 붉은 빛 옷을 입고 금과 보석과 진주로 꾸미고 손에 금 잔을 가졌는데 가증한 물건과 그의 음행의 더러운 것들이 가득하더라 그의 이마에 이름이 기록되었으니 비밀이라, 큰 바벨론이라, 땅의 음녀들과 가증한 것들의 어미라 하였더라 또 내가 보매 이 여자가 성도들의 피와 예수의 증인들의 피에 취한지라 내가 그 여자를 보고 놀랍게 여기고 크게 놀랍게 여기니(계 17:1-6).

    이제 요한계시록의 마지막 부분을 우리는 상고하게 됩니다. 남은 17-22장은 악한 세력에 대한 하나님의 심판과 하나님의 구원의 완성과 신천신지를 소개하는 것으로 구성되어집니다. 3절에 보시면 "곧 성령으로"라는 구절이 나오는데, 다르게 번역하면 "성령 안에서"라는 구절이고, 1장 10절, 4장 1절, 그리고 17장 3절과 21장 10절 등 총 네 번 등장하는 문구입니다. 이 구문을 통해서 계시록의 서론, 본론, 그리고 결론 부분을 표시해 줍니다. 17장이하는 이제 결론 부분에 해당이 됩니다.

    요한계시록의 결론 부분에 이르게 되었지만 사실 정글을 지나온 것처럼 뒤를 돌아보아도 불투명한 것 투성이일 것입니다. 종교개혁자 마르틴 루터와 존 칼뱅은 요한계시록 주석이나 설교집을 남겨주지 않았습니다. 어쩌면 그만큼 해석이 어려울지 모르겠습니다. 하지만 500년 전 그들보다 우리들은 훨씬 더 요한계시록을 이해하기 쉬운 조건 속에 살고 있는지 모르겠습니다. 일단 자연 재앙을 우리는 심하게 경험하고 있고, 지식의 팽창을 경험하고 있기 때문입니다. 요한계시록을 해석할 때에는 과거에 이미 다 성취된 것으로 해석하는 것도 극단이고, 현재와는 관계없고 주님의 재림 직전에 일어날 일들을 가리킨다고 하는 미래주의적인 해석도 문제입니다. 만약에 이 책의 내용이 말세지말에 살아갈 성도들과만 관계있다면 요한 당시의 초대 교회 성도들에게는 불필요한 책일 것입니다. 하지만 요한계시록의 일차적인 용도는 당시 로마 제국의 박해하에 고생하고 있던 성도들을 위로하려고 하는데 있었다는 점을 잊지 말아야 합니다.

요한계시록을 해석하면서 오늘 본문의 경우에도 그렇지만 참 어려운 것은 상징적인 용어로 기록되어 있다는 것입니다. 특히 오늘 본문 같은 경우에는 상징을 제대로 그림 그려 보는 것도 쉽지가 않으며, 해석하기는 더 어렵습니다. 정말 지혜가 필요한 대목입니다. 마치 한 여름에 꿈을 꾸고 나서 꿈의 내용을 제대로 정리하기 어려운 경우와 유사하다고 할 것입니다. 그러나 주의깊게 읽어본다면 어느 정도 본문의 내용을 이해하고 교훈을 얻는 일이 가능할 것입니다.

큰 음녀는 누구를 가리키는가?

먼저 1절의 말씀을 다시 읽어보겠습니다. "또 일곱 대접을 가진 일곱 천사 중 하나가 와서 내게 말하여 이르되 '이리로 오라. 많은 물 위에 앉은 큰 음녀가 받을 심판을 네게 보이리라.'" 먼저 일곱 대접을 가진 일곱 천사 중 하나가 요한에게 말하고 있다는 점을 주목해 보아야 합니다. 왜 이 천사가 요한을 인도하고 있는 것일까요? 우리는 앞서 16장

17절 이하에서 큰 성 바벨론에 대한 심판이 시행되는 것을 본 적이 있는데, 17장에 소개되는 음녀의 심판이나 18장에 소개된 바벨론의 멸망과 연관이 되어 있기 때문입니다. 결국 17, 18장의 내용은 일곱 번째 대접 재앙을 소상하게 설명해 주는 것이라고 보시면 될 것입니다.

그러면 천사가 요한에게 무슨 말을 했는지를 1절 하반절에서 찾아보십시다. 천사는 요한에게 "이리로 오라. 많은 물 위에 앉은 큰 음녀가 받을 심판을 네게 보이리라."고 말씀하지요. 물론 천사가 마음대로 보여주는 것은 아닙니다. 3절에 이어지는 대로 요한은 성령 안에서 하나님의 계시를 받습니다. 천사는 히브리서 1장 14절에서 말씀하는 대로 구원받는 성도들을 섬기라고 보냄을 받은 자들일 뿐입니다. 그러면 천사가 말하는 큰 음녀란 무엇을 가리키는지 생각을 해 보십시다. 헬라어에는 음녀에 해당하는 두 단어가 있습니다. 하나는 결혼 관계를 파괴하면서 다른 남자와 부적절한 관계를 맺는 여자를 가리킬 때에 사용하는 단어입니다. 이것은 결혼 관계의 파괴자를 의미합니다. 우리가 호세아서에서 보는 고멜과 같은 여자를 말하고, 요한이 살았던 시대의 로마 황제 중 하나였던 클라우디우스의 아내로서 공창(公娼)에서 신분을 밝히지 않고 매음 행위를 한 메살리나 같은 여자를 두고 하는 말입니다. 반면에 정상적인 결혼 관계는 없이 직업적으로 몸을 파는 음녀를 가리키는 포르네*porne*라는 단어가 있습니다. 오늘 본문에도 후자의 단어가 사용되고 있습니다.

본문 1절에 보시면 큰 음녀*be porne be megale*라고 주인공을 소개하고 있습니다. 그리고 큰 음녀라고 하면서 이 음녀가 "많은 물 위에 앉아있다"는 점을 밝힘으로 어떤 의미에서 큰 음녀라고 하는지를 알게 해줍니다. 여기서 많은 물은 15절에 해석을 하고 있는 대로 "백성과 무리와 열국과 방언들"을 의미합니다. 이 음녀가 얼마나 영향력을 가지고 있는가 하면 국제적인 영향력을 가지고 있다는 의미입니다. 그녀의 영향력은 많은 나라, 많은 백성들에게 미치고 있다는 말입니다. 심지어는 언어가 다르다는 것도 그녀가 영향력을 미치는 데는 아무런 장애가 되지 않음을 말씀하고 있습니다.

본문에 나오는 음녀는 국제적인 영향력을 가지고 있는 악한 여자입니다. 2절에도 보시면 그 영향력의 광대함에 대해서 이렇게 말씀하고 있습니다. "땅의 임금들도 그와 더불어 음행하였고 땅에 사는 자들도 그 음행의 포도주에 취하였다." 땅의 임금들이 큰 음녀와 부적절한 관계를 맺었으며, 이 땅 위에 사는 자들이 그 음행의 포도주를 받아 마시고 다 취하였다고 말씀합니다. 이것은 어디까지나 비유적인 표현들입니다. 성경에서 음행은 우상숭배 등 하나님을 배반하는 행동을 가리킬 때 주로 쓰여졌습니다. 혹은 권력과 사치 등을 위하여 옳고 고상한 것을 모두 팔아버리는 퇴폐적인 삶을 가리키기도 했습니다.

오늘 본문에서 심판이 선언되고 있는 이 큰 음녀의 정체가 무엇일까요? 18절에 보시면 정확한 해석이 나오지요. "또 네가 본 그 여자는 땅의 왕들을 다스리는 큰 성이라 하더라." 큰 음녀는 큰 성을 뜻합니다. 그리고 5절에도 보시면 이 음녀의 이름을 "큰 바벨론이라. 땅의 음녀들과 가증한 것들의 어미라"고 말씀하고 있지요. 큰 음녀는 아주 유명한 일개인을 말하는 것이 아니고, 온 세상에 영향을 미치는 큰 도성을 가리키는 것입니다. 전 세계를 지배하며 막강한 영향력을 행사하면서 하나님의 백성들을 박해했던 역사적인 바벨론이나 요한 당시의 로마를 상징한 것입니다. 바벨론과 로마는 세계적인 영향력을 행사했고, 하나님의 백성들을 박해했다는 점에서 유사한 성격을 가지고 있을 뿐만 아니라, 예루살렘에 두 번 성전이 세워져 있던 것을 파괴한 장본인들이기도 합니다.

본문에서 "큰 물에 앉아있는 음녀"라고 하는 표현은 역사적으로 보면 바벨론 수도가 유프라테스 강가에 세워져 있으며 관계시설이 바벨론 전역에 연결되어 있음으로써 운행이나 운송에 용이했던 점을 일차적으로 가리킵니다. 그리고 로마 역시도 마찬가지입니다. 바벨론과는 비교도 되지 않는 대제국을 건설한 로마 제국은 군단병들이 곳곳마다 길을 닦아서 모든 길이 로마로 통하게 만들었습니다. 그로 인해서 로마 제국의 행정적인 용이함뿐 아니라 로마 제국의 종교적인 음행과 사치가 전 세계에 영향을 끼치는데 용이하게 만들었습니다. 로마시에서 유행하던 생각들, 주거문화, 목욕문화, 패션 등이 제국 내에 있는 다른 도시에도 삽시간에 유행이 되곤했습니다. 빌립보 같은 콜로니아*colonia*에서는 로마에서 멀리 떨어져 있지만 로마식으로 옷을 입고, 행동하는 것을 자랑스럽게 여길 정도였습니다. 오늘날도 마찬가지입니다. 전 세계는 지구촌이라고 불리울 정도로 가까워져 있고, 인터넷과 같은 것을 통해서 정보의 공유가 초스피드로 이루어지고 있습니다. 게다가 파리나 뉴욕의 문화가 세계 곳곳에 순식간에 전달되고 있습니다. 패션도 마찬가지입니다. 그리스도인에게 적당한지 아닌지를 깊이 생각할 것 없이 영향을 받고 있습니다. 그렇게 하지 않으면 현대인이 아닌 것처럼 두려워하면서 말입니다.

다시 정리를 해 봅니다. 본문에서 말해지는 큰 음녀는 역사적으로 보면 바벨론, 로마 같이 전 세계에 악영향을 미쳤던 도시 혹은 문화 혹은 정신을 가리킵니다. 마운스에 의하면 "사치로 치장을 하고 또 성도들의 피로 취한 그 음녀는 핍박받는 소수의 의로운 요구를 묵살한 채 개인의 이익을 위하여 유혹하는 일에 기초를 둔 힘있는 세계의 조직"을 가리킵니다.[86] 물론 우리는 역사적인 로마에 멈추면 안 되고, 현대의 세속도시에 이르기까지 동일한 성격을 가진 세상을 의미하며, 주님 오시기 전에 더욱더 불경건한 영향력을 미치게 될 적그리스도 세력을 가리킨다고 보시면 됩니다.

음녀에 대한 묘사

이제 3절로 넘어가서 보시면 요한은 성령에 이끌리어 광야로 나아가는 것을 봅니다. 광야라는 것은 하나님의 백성들의 연단의 장소를 의미하기도 하지만, 여기서는 사탄의 활동 장소를 가리키는 것입니다. 하나님께서는 큰 음녀가 받을 심판을 보여 주시기 전에 먼저 이 음녀의 특징과 활동상에 대해서 먼저 보여주시었습니다. 성령의 감동으로 음녀의 특징들을 알게 된 요한은 6절 하반절에 보면 "놀랍게 여기고 크게 놀라게 여"겼다고 말씀하고 있습니다. 우리가 이 악한 세상의 실체를 제대로 알게 되면 당혹스럽고 그리고 크게 놀랄 수밖에 없는 것입니다.

그러면 큰 음녀의 특징이 무엇인지, 그 묘사된 바를 상세하게 살펴보도록 하십시다. 3절 하반절입니다. "내가 보니 여자가 붉은 빛 짐승을 탔는데 그 짐승의 몸에 하나님을 모독하는 이름들이 가득하고 일곱 머리와 열 뿔이 있으며"라고 말씀합니다. 1절에서는 음녀가 많은 물 위에 앉아있었다고 했는데, 3절 하반절에서는 음녀가 붉은 빛 짐승을 타고 있다고 하니 종을 잡을 수 없다는 생각이 들지 모르겠습니다. 하지만 이것이 바로 묵시의 특징이고, 자유로움이라고 할 수 있습니다. 어차피 상징적인 것이기 때문에 의미를 잘 찾으면 될 것입니다. 음녀가 붉은 빛 짐승을 타고 있다고 했는데, 이 짐승은 13장 1절 이하에서 본 적이 있는 바다에서 나온 짐승을 가리킵니다. 짐승이란 큰 권력을 가지고서 하나님의 교회를 박해하는 세상 정부나 적그리스도 세력을 의미한다고 했습니다. 3절에 의하면 "그 짐승의 몸에 하나님을 모독하는 이름들이 가득하고"라고 말씀하는 것을 보아서 우리는 이 짐승이 결코 하나님 편에 서 있는 존재가 아니라는 것을 알 수 있습니다. 이 짐승의 몸에 하나님을 모독하는 이름들이 가득하다는 것은 직접적으로 하나님을 모독하는 말을 한다는 뜻도 되겠지만 바벨론이나 이집트의 왕들이 자칭 신이라고 부른다든지, 로마황제가 신이라, 구세주라, 주라고 자칭하는 것을 가리킵니다. 초대교회 성도들은 로마황제를 나의 주님, 나의 하나님이라고 호칭하기를 거부했기 때문에 큰 박해를 받았습니다.

이러한 붉은 빛 짐승을 음녀가 타고 있다는 것이 무슨 뜻이 되겠습니까? 음녀는 큰 성을 가리키고, 짐승은 적그리스도의 세력을 가리킨다고 했으니, 큰 음녀의 활동이 거대한 세상 권력, 적그리스도의 세력을 힘입고 있다, 지원을 받고 있다는 의미가 됩니다. 큰 음녀가 미치는 악한 영향력을 권력이 잘 지원해 준다는 의미입니다. 도시문화 혹은 세속문화를 통해서 퍼져 나가는 음행의 정신은 유혹적인 힘과 권력적인 힘을 통해서 역사한다는 것이 무서운 것입니다. 공산주의든 신사참배이든지 참여하면 혜택이 주어집니다. 실리적인 유익이 주어집니다. 반면에 거부하면 어떻게 합니까? 그냥 두지 아니하고 박해하거나 죽이기까지 합니다. 이것이 바로 음녀가 짐승을 타고 있다는 말입니다.

4절에 보시면 이 음녀가 가지고 있는 화려함과 매력적인 특징을 잘 묘사해 주고 있습니다. "그 여자는 자주 빛과 붉은 빛 옷을 입고 금과 보석과 진주로 꾸미고 손에 금 잔을 가졌는데 가증한 물건과 그의 음행의 더러운 것들로 가득하더라." 자주 빛과 붉은 빛은 고대에 있어서 서민들은 마음대로 누릴 수가 없었고, 오로지 왕후장상들이나 부자들이 누릴 수 있는 색깔이었습니다. 비싼 염료로 만들어야 하기 때문입니다. 음녀는 화려함으로 옷입고 있다는 말입니다. 그리고 금, 보석과 진주로 꾸미고 있다고 하는 것 역시도 외양에 있어서 화려함과 사치함을 의미합니다. 더욱이 손에는 금 잔을 들고 있습니다. 금 잔을 들고 있으니 그 안에는 아주 귀한 포도주나 음료수가 들어 있을 것이라고 기대할 수 있겠지요? 하지만 이 음녀는 비싼 옷을 걸치고, 사치스럽게 단장을 하고, 귀한 금 잔을 들고 있다고 했지만 그것은 다 외적인 치장에 불과했습니다. 그 속은 어떠합니까? 4절 하반절에서 말씀하는 대로 그 금잔 안에는 "가증한 물건과 그의 음행의 더러운 것들이 가득하더라."고 말씀합니다. 음녀의 화려한 겉모습과는 달리 그 속에는 이렇게 더럽고 추하고 구역질 나는 우상숭배나 부도덕으로 가득하다는 것입니다.

우리는 이 4절 말씀을 오늘 우리 현실에 잘 적용할 필요가 있습니다. 오늘 이 시대의 문화 예술이든 예능이든 아니면 일반적인 삶이든 간에 사치함과 화려함의 외관을 가지고 있습니다. 사람의 얼굴도 몸매도 멋지게 만들어가고 있습니다. 온 세상이 마치 유토피아라도 된 것처럼 꾸미고, 금 잔에는 행복이라는 것이 가득히 담겨있는 것처럼 보입니다. 하지만 이 시대의 세속도시 문화는 우상숭배적이고 외설적입니다. 요즘 대부분의 TV 드라마들은 말도 안 되는 관계의 얽히고 얽힘을 주제로 하고 있습니다. 참된 성도들로 하여금 하나님을 생각하지 아니하고 떠나가게 만드는 외설적인 문학, 스포츠, 사치, 명예와 권세 등이 가득히 담긴 잔을 행복의 잔이라고 하면서 유혹하고 있습니다. 이 시대 정신과 문화는 편리, 출세, 성공, 번영, 자기 만족, 자아 실현 등 다양한 이름으로 세상 사람들을 호리고 있고, 믿는 자들 조차도 미혹하고 있습니다. 우리는 속지 말아야 합니다.

 요한일서 2장 15-17절에서 말씀하는 대로 "이 세상이나 세상에 있는 것들을 사랑하지 말라. 누구든지 세상을 사랑하면 아버지의 사랑이 그안에 있지 아니하니 이는 세상에 있는 모든 것이 육신의 정욕과 안목의 정욕과 이 생의 자랑이니 다 아버지께로부터 온 것이 아니요 세상으로부터 온 것이라. 이 세상도, 그 정욕도 지나가되 오직 하나님의 뜻을 행하는 자는 영원히 거하느니라."인 것입니다.

음녀의 악행

 5절에 넘어가서 보면 음녀의 이마에 이름이 기록되어 있다고 말합니다. 이름은 그 이름이 가리키는 대상의 본질을 알려주기 때문에 대단히 중요합니다. 5절을 다시 보시면 "그의 이마에 이름이 기록되었으니 비밀이라. 큰 바벨론이라, 땅의 음녀들과 가증한 것들의 어미라 하더라."고 말씀합니다. 비밀이라고 했는데, 이름에 속하는지, 아니면 이름을 문자적으로 해석하지 말고 상징적인 의미로 이해해야 한다는 말인지 해석이 갈라집니다. 우리는 음녀의 이름이 비밀이다는 뜻보다는 음녀의 상징적인 성격을 이해하라는 의미로 이 단어를 이해합니다. 그렇게 되면 음녀는 큰 성 바벨론, 땅의 음녀들과 가증한 것들의 어미로써 단순히 어떤 한 나라를 말하는 것이 아니라 동일한 특징을 가진 모든 악의 문화, 세력들을 가리킨다고 해석할 수가 있습니다. 큰 성 바벨론은 인간들로 하여금 하나님을 경배하는 대신에 우상이나 쾌락이나 권력을 숭배하게 만드는 악의 세력들 전부를 가리킵니다. 요한 당시에는 로마 제국이 큰 성 바벨론이었습니다. 성전파괴, 우상숭배, 사치, 비도덕성의 주체이며, 막강한 권력으로 성도를 박해하였다는 점에서 그렇습니다. 당시의 로마 문헌을 읽어보더라도 로마를 "더러운 하수구, 음녀의 어미"라고 불렀습니다. 하지만 큰 성 바벨론, 혹은 큰 음녀의 세력은 시대 마다 여러 가지 모양으로 나타났고 마지막에는 최종적으로 드러나게 될 것입니다.

　우리가 6절 상반절에 보면 이 음녀의 악행이 하나님의 백성들을 박해하는 것에 있음을 알 수 있습니다. "또 내가 보매 이 여자가 성도들의 피와 예수의 증인들의 피에 취한지라." 다시 말하자면 화려하고 사치한 모습으로 자신을 꾸미지만 음녀가 하는 일이 무엇인가 하면 성도들의 피와 예수의 증인들의 피를 술 마시듯이 하는데 있었습니다. 성도들과 예수의 증인들은 동격의 표현입니다. 성도들은 곧 예수님을 증거하는 자들이기 때문입니다. 그리고 증인에 해당하는 헬라어 단어 "말투스"*martus*는 곧 순교자라는 의미로 전의되게 됩니다. 본문에서도 음녀는 성도들의 피를 흘리는 것을 술 마시듯이 하고 즐기는 것을 보게 됩니다. 사도 요한 당시의 로마 제국은 도미티아누스 황제 치세 때인데 예수 그리스도를 믿는다고 그리스도인들을 크게 박해할 때였습니다. 그 앞전 시대에는 네로 황제가 로마에 화재를 내고는 그리스도인들을 희생양으로 삼고 크게 박해한 사건이 있었습니다. 〈쿠오바디스〉*Quo Vadis*라는 영화를 통해서 네로 시대의 박해상을 다소 알 수가 있습니다만, 타키투스라고 하는 로마 역사가의 기록에 보면 더욱더 분명하게 실상을 전해 주고 있습니다.

많은 사람들이 방화 및 사람들에 대한 증오의 죄목으로 유죄를 선고 받았다. 그들은 단순히 죽임을 당하였을 뿐만 아니라 수치스럽게 죽임을 당하기까지 했다. 즉, 그들은 짐승의 가죽을 둘러쓰고, 개에게 물려 죽거나 십자가 형틀에 달려 죽거나 화형을 당해 죽었던 것이다. 그리고 낮의 해가 떨어지고 밤이 오면 그들의 불타오르는 시체는 그 밤을 밝혀 주었다.[87]

도대체 그리스도인들이 무엇을 잘못하기 때문에 음녀라고 일컬어지는 악의 세력은 이렇게까지 악랄하게 교회를 박해하고 예수 믿는 자들의 피를 흘리는 것일까요? 음녀라고 상징되는 이 세상의 특징이 바로 하나님을 적대하는 세력이기 때문입니다. 그들이 만들어내는 문화나 정신은 음행이라고 불리우고 있는데, 이는 "거룩하지 못한 교만과 인간의 이기적인 욕망, 증오와 폭력, 악과 부도덕, 그리고 그것이 우상을 경배하는 것이든 돈이나 세상 권력을 경배하는 것이든 창조주보다 피조물을 경배하는 모든 유형의 우상숭배로 표현된 하나님께 대한 불신실함을 의미"하기 때문입니다.[88]

수년 전에 읽은 뉴스 기사입니다. 평안남도 평성시 구월동에서 비밀 지하교회를 운영하던 북한주민 23명이 북한보위부에 적발, 체포됐었고, 조사과정에서 주동자로 판명된 3명은 사형에 처해지고 나머지 20명은 요덕정치범 수용소로 보내졌다는 것입니다. 지금도 이렇게 악한 권세에 의한 박해가 자행되고 있습니다. 그러나 오늘날 더욱더 우리가 경성해야 하는 것은 바로 우리가 몸담고 살고 있는 자유민주주의 사회를 지배하고 있는 세속주의입니다. 이 세속주의는 본문에 나오는 음녀적 성격을 가지고 있습니다. 쾌락, 돈, 권력이 한데 뭉쳐서 돌아가는 세속주의가 지배하면 거룩하고 경건한 삶을 사는 성도들은 혐오 대상이 됩니다. 심지어는 해코지의 대상이 되고 박해의 대상이 됩니다. 오늘날도 예수 그리스도를 믿고 어린 양의 신부가 되기를 사모하는 자들이 되려고 하면 이 세상은 결코 우리들의 신앙생활을 도와주지를 않습니다. 유혹하거나 박해를 하게 될 것입니다.

존 번연의 『천로역정』 The Pilgrim's Progress 제1부에 나오는 허영의 시장을 통과하는 그리스도인과 신실이라는 이름을 가진 순례자의 이야기를 생각해 봅니다. 허영의 시장이란 온갖 세상의 영광이 판매되고 있는 시장입니다. 상품 이름을 열거해 볼까요. 가옥, 토지, 직위, 명예, 진급, 귀족 칭호, 국가, 왕국, 치정, 향락, 영혼, 은 금, 진주, 보석, 오락물 등 등…믿는 자도 지나가야 하는 곳입니다. 그런데 이 순례자들을 시장 사람들이 보니까 자기들과 달랐습니다. 그들의 입은 옷이 달랐습니다. 그들의 말이 달랐습니다. 가나안의 언어를 시장 사람이 알아 들을 수 없었습니다. 외국인끼리 대화가 통하지 않듯이 그러했습니다. 허영의 시장에서 파는 상품을 경시하여 눈여겨 보지도 않으므로 화나게 했습니다. 뭐라도 사라고 권할라치면 하늘을 바라보며 "내 눈을 돌이켜 허망한 것을 보지 않게 하옵소서"라고 기도하는 것이었습니다.

우리는 존 번연의 베스트셀러로부터 교훈을 얻습니다. 그리스도인은 옷 입은 것에 있어서 조심해야 합니다. 세상 사람들처럼 과도하게 노출되어 손가락질 당할 옷을 입지 말고 우아하고 단정하게 입어야 합니다. 그리고 그리스도인은 언어 사용에 있어서도 세상 사람들과도 달라야 합니다. 셋째로 허영의 시장에서 팔리고 있는 수많은 상품들에 대해 관심을 가지지 아니하고, 하늘의 보화에 더 관심을 가지고 살아야 합니다. 누가복음 21장 34절 이하에 있는 주님의 경고의 말씀을 읽어드리고 마치겠습니다.

너희는 스스로 조심하라. 그렇지 않으면 방탕함과 술취함과 생활의 염려로 마음이 둔하여지고 뜻밖에 그날이 덫과 같이 너희에게 임하리라. 이날은 온 지구상에 거하는 모든 사람에게 임하리라. 이러므로 너희는 장차 올 이 모든 일을 능히 피하고 인자 앞에 서도록 항상 기도하며 깨어 있으라 하시니라(34-36절).

48

음녀의 최후

천사가 이르되 왜 놀랍게 여기느냐 내가 여자와 그가 탄 일곱 머리와 열 뿔 가진 짐승의 비밀을 네게 이르리라 네가 본 짐승은 전에 있었다가 지금은 없으나 장차 무저갱으로부터 올라와 멸망으로 들어갈 자니 땅에 사는 자들로서 창세 이후로 그 이름이 생명책에 기록되지 못한 자들이 이전에 있었다가 지금은 없으나 장차 나올 짐승을 보고 놀랍게 여기리라 지혜 있는 뜻이 여기 있으니 그 일곱 머리는 여자가 앉은 일곱 산이요 또 일곱 왕이라 다섯은 망하였고 하나는 있고 다른 하나는 아직 이르지 아니하였으나 이르면 반드시 잠시 동안 머무르리라 전에 있었다가 지금 없어진 짐승은 여덟째 왕이니 일곱 중에 속한 자라 그가 멸망으로 들어가리라 네가 보던 열 뿔은 열 왕이니 아직 나라를 얻지 못하였으나 다만 짐승과 더불어 임금처럼 한동안 권세를 받으리라 그들이 한 뜻을 가지고 자기의 능력과 권세를 짐승에게 주더라 그들이 어린 양과 더불어 싸우려니와 어린 양은 만주의 주시오 만왕의 왕이시므로 그들을 이기실 터이요 또 그와 함께 있는 자들 곧 부르심을 받고 택하심을 받은 진실한 자들도 이기리로다 또 천사가 내게 말하되 네가 본 바 음녀가 앉아 있는 물은 백성과 무리와 열국과 방언들이니라 네가 본 바 이 열 뿔과 짐승은 음녀를 미워하여 망하게 하고 벌거벗게 하고 그의 살을 먹고 불로 아주 사르리라 이는 하나님이 자기 뜻대로 할 마음을 그들에게 주사 한 뜻을 이루게 하시고 그들의 나라를 그 짐승에게 주게 하시되 하나님의 말씀이 응하기까지 하심이라 또 네가 본 그 여자는 땅의 왕들을 다스리는 큰 성이라 하더라(계 17:7-18).

19세기 교회사가인 필립 샤프에 의하면 기독교가 산출한 3대 대작이 있습니다. 아우구스티누스의 『하나님의 도성』 혹은 『신국론』 *De Civitate*

*Dei*이 그 중의 한 권입니다. 한글로도 1,100페이지가 넘는 대작입니다.[89] 413-26년 어간에 쓰여진 이 책은 원래 알라릭이 이끄는 고트족이 3일 동안 로마시를 점령하고 유린한 사건을 동기로 해서 쓰여진 책입니다. 이런 일이 있고나자 로마의 지성인들 가운데는 1200여 년 동안 이런 일이 없었는데, 어째서 로마시가 적의 수중에 들어가는 일이 있을 수 있는가 의문을 제기하다가 결국 기독교로 종교를 바꾸었기 때문에 그러하다라고 하는 어처구니없는 결론을 도출해 내었습니다. 이에 대해 아우구스티누스가 기독교적으로 답변한 것이 바로 『하나님의 도성』인 것입니다.

우리는 요한계시록 17-18장을 통해서 큰 성 바벨론의 멸망에 대해서 살펴보고 있습니다. 큰 성 바벨론은 역사적인 바벨론도 포함하지만, 요한 당시에는 바로 로마를 의미했습니다. 17장에서는 큰 음녀라고 지칭했지만, 18절에 의하면 음녀의 정체는 "땅의 왕들을 다스리는 큰 성"이라고 밝히고 있습니다. 이처럼 도시를 음녀 혹은 기생이라고 비유하는 것은 사도 요한만의 독특한 언어가 아닙니다. 구약성경에서도 하나님께 거역하고 불순종하며 부도덕한 이방 도성들을 음녀라고 표현하는 예들이 있기 때문입니다. 예를 들면, 나훔은 앗수르의 수도 니느웨 성을 많은 음행을 일삼는 미모의 음녀, 아리따운 기생이라고 말하고 있고(나 3:4), 이사야 선지자는 페니키아의 주요 항구 도시인 두로를 가리켜 기생에 비유하고 있습니다. 더욱이 예루살렘성 조차도 하나님을 떠나서 우상숭배를 일삼을 때에 창기로 비유하기도 했습니다(사 1:21, 겔 16:15).

그러면 하나님께서는 왜 로마시를 일컬어 큰 음녀라고 말씀하시는 것일까요? 프리마시우스에 의하면 로마가 자기 창조주 하나님을 버리고 마귀에게 몸을 팔았기 때문이라고 합니다. 피조물이 창조주를 무시하고 불순종하며 하나님 이외의 다른 것에 최고의 지위를 부여할 때 그것은 곧 영적인 음행이기 때문입니다. 또한 음녀는 자신만이 범죄하는 것이 아니라 의도적으로 다른 사람들을 범죄하도록 유혹하고 유인하며 설득하여 범죄하게 만드는 악한 여자를 의미합니다. 그처럼 로마는 자신의 영향권 아래 있는 열국(15절)을 유혹해서 우상숭배와 부도덕한 삶을 살도록 전염시킨 장본인이기 때문에 많은 물 위에 앉은-즉 백성과 무리와 열국과 방언-음녀라고 하는 것입니다.

음녀의 정체

사도 요한은 큰 음녀가 붉은 빛 짐승, 그것도 일곱 머리와 열 뿔을 가진 짐승 위에 앉아 있는 기이한 환상을 보고서 놀랍게 여기고 크게 놀랍게 여겼다라고 6절에 말씀하고 있습니다. 그리고 7절에 보니까 천사가 요한에게 이르되 "왜 놀랍게 여기느냐? 내가 여자와 그가 탄 일곱 머리와 열 뿔 가진 짐승의 비밀"을 가르쳐 주겠다라고 말하는 것을 봅니다. 큰 음녀는 앞서도 말씀드렸듯이 세상 열국을 통치하는 중심적인 도시인 로마시를 가리킵니다. 그리고 음녀가 타고 있는 기괴하게 생긴 짐승은 로마 제국을 가리킵니다. 사실 로마 제국의 시작은 지극히 미약한 것이었습니다. 로마는 이탈리아 반도를 통일하고, 지중해권을 석권하여 대제국을 세웠지만, 그 시작은 9절에 보시면 여자가 앉은 일곱 산이라는 표현이 있듯이 일곱 언덕을 중심으로 하는 로마시가 전부였습니다. 그와 같은 로마시가 오랜 기간에 걸쳐서 우수한 군사력과 정의로운 법과 관용적인 포용력을 발휘해서 지중해 전역을 지배하는 대제국을 건설하게 된 것입니다. 이렇게 로마시가 지중해 전역을 통치하는 제국의 중심지가 되자, 자연스럽게 제국민들은 그 관심사가 로마의 정신, 로마시의 문화와 교양에 크게 관심을 기울이지 않을 수가 없게 된 것입니다. 조그만 성읍으로 있을 때에는 그리스나 이집트, 카르타고 등에게 무시당할 수밖에 없었지만, 대제국을 통치하는 제국의 도시가 되고 나니까 자연스러이 모든 세상의 중심이 되었던 것입니다. 파리, 베를린,

런던, 워싱턴, 뉴욕 어느 도시 할 것 없이 존재하지도 않던 도시들이었으나 지금은 엄청난 영향을 미치고 있는 것을 생각해 보신다면 이해가 되실 것입니다.

요한 당시의 지중해 권에 살고 있는 사람들은 마치 오늘날 전 세계가 미국 문화에 의해서 휘둘리듯이 로마시의 문화를 모방하기에 열을 내었습니다. 그들은 역사상 유례가 없는 대제국을 건설한 로마인들의 언어와 정신을 배우고 그들의 문화를 수용하는 것을 영광으로 여겼습니다. 제국의 어느 곳을 가든지 로마식 가도가 깔려있고, 로마 행정권과 사법권 그리고 치안을 담당하는 군사력이 힘을 발휘하고 있었습니다. 그리고 어느 곳을 가든지 로마를 모방하여 만든 공공시설들인 연극장, 목욕탕, 수도시설 등을 볼 수 있었습니다. 로마의 언어는 그리스어와 더불어 어느 곳에서나 공용어로 통했고, 로마의 화폐 역시 어느 곳에서나 유통되고 있었습니다. 이렇게 광범위하게 제국이 로마화 됨에 따라서 잘 정비된 사회 간접 자본infra을 통해서 효과적으로 그리고 강력하게 영향력을 미치는 것이 무엇인가 하면 로마의 퇴폐한 정신과 삶 그리고 종교였습니다. 로마는 제국 내에 있는 열국 백성들에게 윤택한 삶의 조건들만 제공한 것이 아니었습니다. 전 세계에 펼쳐져 있는 도로를 통하여서 로마시의 부도덕한 삶과 퇴폐한 문화도 제국 구석구석까지 전달되었습니다. 그 중에 가장 무서운 것은 로마 정신을 신격화하여 여신 로마를 숭상하고, 로마 황제를 신성시하여 신격, 주, 구주라고 호칭하며 숭배하는 것이었습니다.

사실 로마 사람들이 정말 황제를 신이라고 믿었느냐 안 믿었느냐 하는 것을 별로 중요한 것이 아니었습니다. 초대 황제였던 아우구스투스는 후계자인 티베리우스와 함께 원로원 회의에 함께 참석한 적이 있었는데, 황제가 말하는데도 불구하고 원로원 의원들이 마치 오늘날 정치인들이 그렇게 하듯이 온갖 야유를 퍼부었습니다. 아우구스투스는 그런 와중에서도 제국의 제일인자 노릇을 한다는 것이 쉽지 않은 일이라고 후계자에게 말했습니다. 요점은 무엇이냐 하면 황제들이 정말 신이라고 믿었느냐는 질문보다는 황제를 신이라고 생각하고 숭배하는 의식을 통해서 온 제국민이 하나가 될 수 있다고 하는 실용적인 의미가 더 중요했습니다. 드넓은 제국을 효과적으로 잘 통치하려고 하면 당연히 사상이나 이념 혹은 통일원리가 필요했던 것입니다. 일본이 우리나라를 지배할 때에도 내선일체니 황국신민화니 하면서 기치를 내걸었던 것과 같습니다.

성경은 거대한 제국 위에 군림하면서 전 세계를 타락시키고 오염시키는 로마시를 음녀라고 표현하고 있습니다. 이 음녀는 정신적으로는 로마의 타락한 사상 혹은 정신을 의미하고, 구체적으로는 로마의 타락한 도시 생활을 의미하는 것입니다. 결국 로마라는 도시의 그 화려하고도 사치스럽고 방탕한 문화가 제국이라는 큰 힘을 업고 온 세상에 그 문화를 전파시키고 있는 것입니다. 오늘날 로마와 가장 비슷한 것이 있다면 바로 도시생활일 것입니다. 도시의 특징이 무엇입니까? 도시에는 많은 사람들이 몰려 있습니다. 그러나 사람만 많은 것이 아닙니다. 일자리도 도시에 다 있고 필요한 물건, 재화도 몰려있습니다. 시골에 살면 모든 것을 손수해야 합니다. 그러나 도시는 워낙에 사람들이 많기 때문에 모든 것이 분화되어 있고 무엇이든지 돈만 있으면 다 구할 수도 있고 원하는 대로 할 수가 있습니다. 사람들도, 타락한 물건도, 타락한 사상이나 죄도 모두 다 모인 곳이 오늘날의 도시문명입니다. 이런 도시 생활에 한 번 길들여진 사람은 도시를 떠나서는 살 수가 없습니다. 도시에 살던 처녀들은 농어촌에 시집을 가려고 하지를 않습니다. 이 편리한 삶을 포기할 수 없기 때문입니다.

도시에는 부자부터 가난한 자들까지 다 살고 있습니다. 능력이 있으면 얼마든지 잘 살 수가 있고 능력이 없으면 최하위의 생활을 할 수밖에 없습니다. 그러니까 철저하게 인본주의 사회가 되고 마는 것입니다. 처음부터 끝까지 인간 중심입니다. 모든 것은 다 인간이 만든 것이고 철저하게 인간이 위대하게 여겨집니다. 그래서 도시는 사람들에게 일종의 최면을 겁니다. 그것은 인간이 모든 것이라는 것입니다. 인간의 위대함에 취하게 만듭니다. 지금같이 인터넷을 비롯하여 하이테크의 시대에는 더더욱 사람들을 기대하게 하기도 하고 두렵게 만들기도 합니다. 우리 살아 생전에 얼마만큼 세상이 돌변할지 예측을 할 수가 없기 때문입니다. 하지만 도시 문명은 그 대신에 사람들로 하여금 하나님께 대해서 불감증에 걸리게 만듭니다. 농사를 짓는 사람들은 연강수량이 적절하게 유지되는 것이 필요하니 하늘이나 하나님을 두려워해야 할 이유가 있습니다만, 도시생활을 하는 이들은 비가 오지 않는 것을 별로 두려워하지 않습니다. 생활 중에 하나님께 의지해야 할 부분이 별로 없어 보이는 것이 도시인들입니다. 모든 것을 사람이 책임지고 알아서 다하는 것입니다. 그래서 사람들은 이 거대한 도시 문명을 동경하고 인간이 만든 거대한 나라, 제국을 찬양하게 되는 것입니다.

 물론 성경은 그리스도인들이 도시에서 떠나 산중으로 들어가서 살거나 시골에서만 살아야 된다고 말씀하시지는 않습니다. 바울은 로마시에 살고 있던 그리스도인들에게 편지를 보내면서 로마가 타락했으니 로마시를 떠나야 한다라고 권하지 않았습니다. 그리스도인들도 대도시에 살면서 대도시가 제공해주는 편리한 삶을 살 수 있습니다. 그러나 도시 문화가 가지고 있는 죄성과 독소를 마시지는 말아야 합니다. 도시 사회를 움직이고 있는 영적인 정신과 악한 원리가 있습니다. 그 정신과 원리를 빨리 깨닫고 철저하게 순종하는 자만이 성공하고 번성할 수가 있습니다. 그러나 그 정신과 원리는 지극히 인간 중심적이고 차세주의적이기 때문에, 성도들이 깊이 흡입하면 흡입할수록 신앙이 병들게 되고 마침내는 죽을 수밖에 없습니다. 도시는 사람들에게 삶의 재미도 안겨 주고, 삶의 편리도 제공해 줍니다만, 그와 더불어서 타락한 정신과 삶의 방식을 따르도록 유혹하고 있습니다. 따라서 성경은 그리스도인으로 하여금 이 세상 안에서 살기는 살되, 세상에는 속하지 않는 자가 될 것을 권하며, 세상을 사랑하면 하나님과 원수가 된다라고 경고하고 있기도 한 것입니다.

우리는 이 세상에 살면서 항상 비판적인 자세로 깨어 있어야 합니다. 이 세상을 따라가는 삶이 아니라, 이 세상 속의 소금과 빛으로 살아가야 합니다. 그리고 우리는 이 도시가 완전한 사회도 아니고, 영구불변의 거주지도 아니라는 사실을 알아야 합니다. 잠시 잠깐 살다가 주님이 부르시면 우리는 영원한 하늘의 도성으로 옮겨갈 자들입니다. 그렇기 때문에 우리는 이 세상에 살면서 이 세상에다가 우리의 가장 귀중한 영혼을 함몰시키고 살 수는 없는 것입니다. 우리는 우리의 삶을 성실하게 살면서도 고개를 들어 하늘의 도성을 사모하면서 전진하는 나그네의 삶을 사는 것이 옳습니다. 교회를 통하여 우리는 서로를 격려하고, 천국의 영광을 맛보아야 합니다. 이것이 바로 본문에서 말해지는 음녀의 권세를 이기는 길입니다.

일곱 머리와 열 뿔을 가진 짐승의 정체

앞서 음녀가 타고 있는 짐승은 로마 제국이라고 말씀을 드렸습니다. 그런데 그 짐승은 일곱 머리와 열 뿔을 가지고 있는 무시무시한 형상을 하고 있었습니다. 그러나 그 짐승에게 할당된 권세는 영구불변한 것이 아니고 한시적인 것이라는 것을 주목해야 합니다. 8절에 보시면 "네가 본 짐승은 전에 있었다가 지금은 없으나 장차 무저갱으로부터 올라와 멸망으로 들어갈 자"라고 말씀하고 있습니다. 로마 제국은 인류 역사상 가장 최장수를 누린 제국이었습니다. 서로마제국을 기준으로 하면 1200년이 넘고, 동로마제국을 기준으로 하면 2200년이나 됩니다. 우리나라 역대 왕조들 가운데 이만큼 길게 권세를 누린 왕조는 없습니다. 그러니 로마인들은 영원한 제국을 꿈꿀 수 있었습니다. 그러나 로마 제국 역시도 비극적인 종말을 맞이하고 맙니다. 그처럼 오늘날 바벨론이나 로마제국의 속성을 지니고 있는 세상 나라는 한시적인 권세만 누릴 수 있을 뿐입니다. 특히 공산주의가 지배하는 나라를 비롯하여 하나님을 거역하고 하나님의 백성들을 박해하는 일체의 모든 권세나 나라가 정해진 때까지만 권세를 누릴 수 있다는 점은 성경의 일관된 가르침입니다. 따라서 우리가 애국애족하는 시민이 되어야 한다고 하더라도 '아 대한민국이여 영원하라'는 식으로 노래하면 안 됩니다. 이 세상 나라는 어느 나라가 되었든지간에 하나님께서 정하신 기간만 존재하는 것입니다. 이 세상 어떤 나라도 영원하지 않습니다. 하나님의 나라만이 영원합니다.

본문의 10-11절을 보시면 짐승이 가진 일곱 머리에 대해서 천사가 부연설명을 해주는 것을 볼 수 있습니다. "또 일곱 왕이라 다섯은 망하였고 하나는 있고 다른 하나는 아직 이르지 아니하였으나 이르면 반드시 잠시 동안 머무르리라. 전에 있었다가 지금 없어진 짐승은 여덟째 왕이니 일곱 중에 속한 자라. 그가 멸망으로 들어가리라." 일곱 머리는 로마 제국의 일곱 황제를 가리킨다고 해석들을 하지만, 정확하게 어떤 황제들을 말하는지를 정하기는 어렵습니다. 이미 망했다고 하는 다섯 황제로는 아우구스투스, 티베리우스, 칼리굴라, 클라우디우스, 네로라고 보고, 현재있는 황제는 베스파시아누스, 그리고 장차 권세를 잡을 이는 티투스 황제라고 해석하는 설이 있습니다. 여덟 번째 왕에 대해서 묘사하기를 전에 있었다가 시방 없어진 짐승이라고 했고 일곱 중에 속한 자라고 했는데, 이 사람은 네로 황제처럼 잔인무도하게 그리스도인을 박해한 도미티아누스 황제라고 해석을 합니다.

그러면서 이 짐승은 열 뿔도 가지고 있다고 말해지는데, 12-13절에 의하면 "네가 보던 열 뿔은 열 왕이니 아직 나라를 얻지 못하였으나 다만 짐승과 더불어 임금처럼 한동안 권세를 받으리라. 그들이 한 뜻을 가지고 자기의 능력과 권세를 짐승에게 주더라."고 말씀하고 있습니다. 성경에서 뿔이란 권세를 상징합니다. 그렇기 때문에 천사도 요한에게 열 뿔은 열 왕을 가리킨다고 해석을 해 주었습니다. 한 때 세대주의가 기승을 부리던 시절에 이 열 뿔은 유럽 연합(EU)을 구성하는 10개국을 가리킨다고 보았습니다. 그러면서 바코드가 666이다라고 해석을 하기도 했습니다. 그런데 문제는 EU 회원국은 현재 27개나 되고, 후보국가 4개, 후보가 될 가능성이 있는 나라가 5개나 더 있다는 것입니다. 그러니 열 뿔을 문자적으로 유럽연합 10개국이라고 말할 수는 없는 것입니다. 그러나 현대의 유럽도 그 뿌리를 추적해 들어가 보면 로마제국이라는 뿌리와 줄기에서 자라난 작은 가지들이라고 할 수가 있습니다. 이탈리아의 독재자 무솔리니도 자신의 꿈은 로마 제국의 부활이라고 말한 적이 있고, 히틀러가 제3제국을 자칭할 때에도 로마제국, 신성로마제국을 계승하겠다는 의도에서 그렇게 했던 것입니다. 그러나 성경에서 10이라는 숫자는 완전수를 의미하기 때문에 열 뿔을 단지 유럽의 나라들만을 가리킨다고 해석하면 안 됩니다. 오히려 말세에 나타나서 잠시동안 권세를 누리면서 하나님을 대적할 세상 나라들을 총체적으로 가리킨다고 보면 틀리지 않을 것입니다. 그런 세력들은 로마의 대의명분인 하나님을 대적하고 악을 행하도록 미혹하는 음녀적 속성을 전 세계적으로 보급하는 일에 한 뜻 한 마음이 될 것이라는 것입니다. 하지만 그런 세력들은 결코 오래가지는 못할 것이라는 것이 오늘 본문이 가르쳐 주는 진실입니다.

세상과 그리스도와의 싸움

그러면 일곱 머리와 열 뿔을 가진 짐승, 즉 로마 제국이나 그처럼 불신 세상 권력이 힘쓰는 일이 무엇입니까? 14절 말씀을 다시 한 번 더 같이 읽어볼까요? 요한계시록의 요절이라고 불리우는 구절이고, 왜 사도 요한이 이 요한계시록을 기록했는가를 확인해 볼 수 있는 구절이기도 합니다. "그들이 어린 양과 더불어 싸우려니와 어린 양은 만주의 주시요 만왕의 왕이시므로 그들을 이기실 터이요. 또 그와 함께 있는 자들 곧 부르심을 받고 택하심을 받은 진실한 자들도 이기리로다." 용과 짐승과 거짓 선지자에게서 나온 마귀적인 영들에 의하여 이끌림을 받는 하나님을 대적하는 세상 세력의 지도자들인 열 왕들이 어린 양으로 더불어 싸움을 싸우려고 하고, 어린 양에게 속한 백성들을 압제와 폭력으로 고난을 가하고, 뿐만 아니라 거짓과 적의의 내용을 유포함으로써 더욱더 해를 가하려고 할 것을 본문을 말씀해 줍니다. 그래서 그들은 어린 양까지도 멸하기 위해서 그와 더불어 싸움을 싸우는 것입니다. 즉, 그들은 잘못된 교리를 가지고 어린 양의 영원한 아들되심, 그의 성육신과 죄 없으신 생애, 그의 속죄의 죽으심과 부활, 그의 승천과 영화, 그리고 그의 인류의 구원자로서의 유일성을 공격하려고 합니다. 일신론을 믿는 유대교와 이슬람에 의한 무시무시한 박해를 생각할 수 있습니다. 혹은 모든 종교가 구원의 길이다, 하나님은 많은 이름을 가지고 있다고 하면서 유혹하는 종교다원주의가 있습니다. 혹은 음녀처럼 세속주의, 황금만능사상을 통해서 사람들을 유혹하여 이 세상에 갇혀서 천국을 조금도 사모하지 않게 만드는 악한 정신도 있습니다.

그러나 그와 같은 도전과 영적인 싸움은 어린 양과 어린 양을 따르는 성도들을 이기지를 못할 것이라는 것이 요한계시록의 주요 메시지입니다. 그리고 우리 신자들에게 위로가 되는 말씀입니다. 본문에 의하면 어린 양이 만주의 주요, 만왕의 왕이시기 때문에 그들을 이기실 것이라고 말씀하고 있습니다. "만주의 주, 만왕의 왕"이시라는 표현은 신명기 10장 17절에 의하면 여호와 하나님에게 돌려지는 호칭입니다. 어린 양 되신 예수 그리스도 역시도 성부하나님과 동일하게 절대적인 주권을 가지고 계신다는 뜻입니다. 그렇기 때문에 악한 세력이 어떻게 하든지 간에 결국은 어린 양이 이기신다는 것입니다. 우리들도 지금 눈 앞에 벌어지고 있는 현실을 보더라도 진리가 이길까, 하나님이 이기실까하는 의구심이 들 때가 많지 않습니까? 하지만 우리는 성경 속에 들어가서 이런 말씀을 자주 읽고 묵상해야 합니다. 어린 양이 이기신다, 칼뱅은 어렵고 힘든 제네바 사역 기간 동안에 God must win! (하나님께서 이기신다)는 신념을 가지고 끝까지 영적인 싸움을 싸웠습니다.

뿐만 아니라 14절에 의하면 어린 양뿐 아니라 어린 양을 따르는 무리들, 즉 성도들도 반드시 이길 것을 말씀해 주고 있습니다. 우리는 어린 양의 신부이기 때문에 어린 양의 승리에 동참하게 될 것입니다. 14절 하반절에 보시면 성도를 이렇게 정의내리고 있습니다. "그와 함께 있는 자들 곧 부르심을 받고 택하심을 받은 진실한 자들"이라고 말입니다. 성도가 누구입니까? 어린 양과 함께 있는 자들입니다. 14장 4절에 의하면 어린 양이 어디로 이끌든지 따라가는 자들입니다. 자행자지하는 자들이 아니라 어린 양을 따라가는 자들, 동행하는 자들, 동고동락하는 자들이 성도입니다. 그리고 부르심을 받았다는 것은 어린 양에 의하여 효과적인 부르심을 받은 자들을 말합니다. 그리고 택하심을 받았다는 것은 은혜에 근거한 영원한 선택을 받은 자들이라는 말입니다. 부르심을 받은 자들은 이미 영원 전에 하나님의 자녀로 선택된 자들뿐입니다. 그리고 마지막 특징은 진실한 자들이라고 말씀합니다. 악한 세력의 특징이 거짓이요, 음모술수요, 사기인데, 이런 세상을 이기는 성도의 특징은 진실함인 것입니다. 그래서 우리 믿음의 선조들은 목숨걸고 정직하라고 유언하기도 한 것입니다.

16절 이하에 보시면 온 세상을 음행으로 취하게 만들었던 음녀, 큰 도시, 이 세상의 종말이 어떻게 될 것인지를 선언하고 있습니다. "네가 본 바 이 열 뿔과 짐승은 음녀를 미워하여 망하게 하고 벌거벗게 하고 그의 살을 먹고 불로 아주 사르리라. 이는 하나님이 자기 뜻대로 할 마음을 그들에게 주사 한 뜻을 이루게 하시고 그들의 나라를 그 짐승에게 주게 하시되 하나님의 말씀이 응하기까지 하심이라." 상징적인 표현들입니다. 음녀의 최후는 비참할 것인데, 그녀의 가증하고 부정한 잔을 게걸스럽게 마시던 바로 세상 열왕들에 의해서 미움을 받고, 벌거벗기어 수치를 입게 되고, 그의 살을 먹게 되며 불로 완전히 살라져서 존재 자체가 완전히 없어져 버리게 될 것을 말씀하고 있습니다. 이는 그 자체 안에 내포된 악의 자기 파괴적인 능력 때문에, 악의 세력은 그들 상호간의 미움 때문에 궁극적으로 상호 멸망하는 결과를 가져오게 된다는 것을 보여줍니다. 그리고 그렇게 되는 것이 바로 하나님의 뜻을 이루는 것이라고 성경은 말씀하고 있습니다.

오늘 나눈 말씀을 정리해 봅니다. 우리는 요한계시록 17장을 통해서 큰 음녀라고 비유된 큰 도성 바벨론의 행각과 최후를 살펴보았습니다. 큰 음녀는 온 세상에 영향을 미치고 있던 로마시를 일단 상징적으로 의미했습니다만, 결국 이 세상이 존재하는 동안 로마적 속성, 바벨론적 속성을 가진 대도시나 세속주의 정신을 다 상징한다고 보면 될 것입니다. 우리가 몸 담고 살고 있는 이 세속도시 역시도 음녀적 성격이 대단히 강합니다. 큰 음녀는 일곱 머리와 열 뿔을 가진 큰 짐승의 지원을 받는다고 했는데, 이는 하나님을 대적하는 세상 권력이나 나라들이 음녀의 정신을 전 세계에 보급하는 일에 크게 기여한다는 의미를 가지고 있습니다. 황제숭배나 신사참배와 같은 우상숭배를 국가적으로 장려하게 되면 대부분의 사람들은 그런 우상숭배에 무릎을 꿇고 말게 됩니다. 짐승이나 음녀는 하나님을 대적하고 어린 양과 싸우려고 하고 성도들을 박해하는 일에 마음을 같이 하는 속성을 가지고 있습니다. 물론 그들의 전략은 단지 물리적인 박해만 있는 것이 아닙니다. 음녀라고 비유했듯이 편리함이나 쾌락을 빌미로 해서 유혹하는 경우들도 있습니다.

비록 상징적으로 표현되었지만 우리가 살고 있는 이 거대한 세상의 실상을 본문은 잘 보여주고 있습니다. 우리가 휘황찬란함이나 편리함만 주목한다고 하면 영적인 분별을 할 수가 없습니다. 그러나 어떻든 이 세상이 하나님과 예수 그리스도를 높이는가, 예수님을 잘 믿도록 도와주는가 하는 관점에서 보신다면 실체가 파악될 것입니다. 우리는 신앙적으로 깨어있어야 합니다. 세계적으로나 국내적으로 많은 자연재앙들이 일어나는 것도 허투루 보시면 안 됩니다. 주님의 재림의 때가 가깝습니다. 주님의 재림의 때는 이 악한 세상과 그 이면에 있는 사탄에 대한 심판의 날이 될 것이고, 주님을 위하여 참고 선한 싸움을 싸운 성도들에게는 상급을 받는 날이 될 것입니다. 비록 세상이 너무나 세 보여도 어린 양께서 반드시 이기신다라고 하는 점을 늘 기억하시고 세상과 타협하지 않도록 힘써야 합니다. 그리고 우리의 영혼이 깨어 있기 위해서는 늘 기도에 힘써야 하고, 하나님의 말씀을 읽거나 듣는 일에 힘을 써야 합니다. 믿음의 공동체를 귀하게 여겨야 합니다. 주님이 이기셨으니, 주님을 따르는 교회와 성도들도 반드시 이기게 될 것입니다. 우리 주님 안에서 필승하십시다.

49

큰 성 바벨론의
멸망

이 일 후에 다른 천사가 하늘에서 내려 오는 것을 보니 큰 권세를 가졌는데 그의 영광으로 땅이 환하여지더라 힘찬 음성으로 외쳐 이르되 무너졌도다 무너졌도다 큰 성 바벨론이여 귀신의 처소와 각종 더러운 영이 모이는 곳과 각종 더럽고 가증한 새들이 모이는 곳이 되었도다 그 음행의 진노의 포도주로 말미암아 만국이 무너졌으며 또 땅의 왕들이 그와 더불어 음행하였으며 땅의 상인들도 그 사치의 세력으로 치부하였도다 하더라 또 내가 들으니 하늘로부터 다른 음성이 나서 이르되 내 백성아, 거기서 나와 그의 죄에 참여하지 말고 그가 받을 재앙들을 받지 말라 그의 죄는 하늘에 사무쳤으며 하나님은 그의 불의한 일을 기억하신지라 그가 준 그대로 그에게 주고 그의 행위대로 갑절을 갚아 주고 그가 섞은 잔에도 갑절이나 섞어 그에게 주라 그가 얼마나 자기를 영화롭게 하였으며 사치하였든지 그만큼 고통과 애통함으로 갚아 주라 그가 마음에 말하기를 나는 여왕으로 앉은 자요 과부가 아니라 결단코 애통함을 당하지 아니하리라 하니 그러므로 하루 동안에 그 재앙들이 이르리니 곧 사망과 애통함과 흉년이라 그가 또한 불에 살라지리니 그를 심판하시는 주 하나님은 강하신 자이심이라(계 18:1–8).

일본제국주의에 의해서 우리나라가 일본과 합방되는 치욕을 경험한 것이 벌써 100년이 넘었습니다. 이는 소위 경술국치라고 불리우기도 하는 사건입니다. 이완용을 비롯한 을사오적이 앞장서서 조선을 일본에 팔아 먹은 날입니다. 왜 한 나라가 남의 나라에 합병되느냐, 다르게 이야기하면 500여 년이나 지속된 조선이 왜 일본에게 망했느냐 그 이유를 심각하게 고민을 해봐야 합니다. 감정적으로만 울분을 토해 봐야 별 도움이 되지 않습니다. 500년 만에 조선이 망한 4가지 이유로는 사색당쟁, 대원군의 쇄국정책, 성리학의 공리공론, 반상제도 등을 생각할 수 있습니다. 한 나라가 망하더라도 반드시 그 이유가 있기 마련입니다. 그 이유를 잘 확인하고 다시는 그런 오류를 범치 않도록 해야 합니다.

우리가 요한계시록 18장에서 큰 성 바벨론의 멸망에 대한 말씀을 읽기 시작했습니다. 큰 성 바벨론이란 하나님을 대적하고 그리스도의 일을 반대하는 이교도의 아성인 로마를 의미합니다. 17장에서는 붉은 짐승을 타고 있는 큰 음녀로 묘사하면서 큰 음녀의 최후에 대해서 말씀하는 것을 보았습니다. 오늘 읽은 18장에서는 로마를 큰 성 바벨론이라고 부르고 있는 것을 봅니다. 사실상 바벨론Babylon이란 요한의 시대보다 600여 년 전에 메소포타미아에 존재했던 신바빌로니아 제국의 수도를 가리킵니다. 바벨론은 특히 느부갓네살 2세에 의해서 큰 영광과 명성을 누리게 되었습니다. 주변의 나라들을 정복하여 다른 나라가 가지고 있던 값비싼 재화들과 보물들을 강제로 빼앗아 와서 바벨론을 장식했습니다. 그리고 동방의 현자들을 잡아와서 바벨론의 문명을 더욱더 발달시켰습니다. 다니엘과 그 세친구 이야기를 기억하시면 무슨 말인지 이해가 되실 것입니다. 느부갓네살 왕이 메디아 출신의 왕비를 위해서 만들었었다고 하는 공중정원은 세계 7대불가사의 중 하나로 꼽히웁니다. 그러나 바벨론의 사치와 부요 그리고 영광은 피흘림으로 이룩되고 유지되는 것이었기 때문에, 바벨론은 악한 도시 문화의 대명사처럼 사용되어집니다. 요한 시대에도 그러했지만 오늘날까지라도 영어사전을 찾아보면 바벨론은 〈비유적으로〉 화려한 악의 도시를 의미합니다.

우리가 구약 선지서들을 읽어보면 하나님께서는 말로 해도 듣지 않고 배역하기에 급급했던 구약 백성들을 징계하시기 위해서 앗수르나 바벨론 제국을 몽둥이로 사용하신 것을 볼 수가 있습니다. 하지만 그런 나라들이 저지르는 죄악이 도가 지나쳤을 때에는 하나님께서는 반드시 심판하시기도 하시는 것도 보게 됩니다. 바벨론의 경우에는 유다 백성들이 바벨론 포로가 되기 전에 활동한 이사야, 예레미야, 하박국 선지서를 통해서 심판을 선언하셨습니다. 이사야 21장 9절 같은데 보시면 "함락되었도다 함락되었도다 바벨론이여 그들이 조각한 신상들이 다 부서져 땅에 떨어졌도다."라고 예언하시고 있습니다. 일어나지도 않은 일을 마치 일어난 것처럼 선언하시는 방식을 예언자적 과거형이라고 표현합니다. 미래에 확실하게 일어날 일을 선포할 때 사용하던 예언 방식입니다. 바벨론은 당시 건재하고 있었지만 하나님의 계획 속에서는 이미 멸망이 계획 되어 있기 때문에 반드시 망하고 만다는 말씀인 것입니다. 하나님이 그렇게 하시겠다는데 이미 일어난 일이나 마찬가지인 것입니다.

오늘 우리가 읽은 본문 속에서는 로마가 옛 바벨론으로 표현되고 있습니다. 이는 상징적인 표현입니다. 베드로 사도도 베드로전서 5장에서 로마를 바벨론이라고 비유적으로 말하고 있습니다. 요한 당시의 모든 그리스도인들은 바벨론을 바벨론적 속성을 가지고 하나님을 대적하고 하나님의 백성들을 못살게 구는 로마를 가리킨다는 점을 다들 알고 있었습니다. 그것은 일종의 그리스도인들 간에 통하는 암호였습니다. 오늘날도 마찬가지입니다. 비단 로마뿐 아니라 동일한 속성을 가진 이 세상 나라들, 즉 사탄의 지배를 받는 악한 정권이나 세속주의 도시는 다 바벨론이라고 말할 수 있습니다. 그런데 우리가 기억해야 할 것이 무엇입니까? 이러한 바벨론적인 나라, 오늘 본문에서는 큰 성 바벨론이라고 불리우고 있는 적그리스도 세력은 반드시 멸망한다는 사실입니다. 가까운 역사를 살펴 보면 72년간 세계 역사를 두렵게 만들었던 소련 공산주의가 무너져 내렸고, 그 영향을 받은 동구 공산주의가 무너져 내렸습니다. 북한 공산주의도 언젠가 무너져 내릴 것입니다. 그리고 한창 기세를 뽐내고 있고 유토피아를 가져올 것처럼 말하는 이 기술과학적 허세도 언젠가 무너져 내릴 것입니다.

다른 천사가 선언하는 바벨론 멸망 소식

오늘 읽은 본문 1-3절에 보면 큰 성 바벨론이라고 상징적으로 표현된 로마의 멸망을 선포하기 위해서 다른 천사가 하늘에서 내려오며 그가 큰 권세를 가지고 힘찬 음성으로 로마의 멸망을 선포하는 것을 보여주고 있습니다. "이 일 후에 다른 천사가 하늘에서 내려 오는 것을 보니 큰 권세를 가졌는데 그의 영광으로 땅이 환하여지더라." 이 일 후에는 17장에 기록된 큰 음녀의 심판을 보여준 후에라는 뜻입니다. 그리고 다른 천사 역시도 17장에서 요한을 지도했던 그 천사와는 다른 천사를 가리킵니다. 18장에 소개되는 천사는 하늘에서 내려왔다고 했습니다. 이는 하나님의 임재 앞에서 바로 나온 상태임을 보여줍니다. 그에게는 큰 권세가 주어져 있습니다. 그가 받은 권세는 로마의 완전한 멸망을 선포하기에 필요한 능력을 가졌다는 것을 의미합니다. 그리고 그 천사는 그가 입은 영광으로 인하여 땅이 환하게 만들었습니다. 이는 천상의 영광의 빛을 비추므로 로마의 인위적인 영광이 아주 무색하게 되는 것을 보여 줍니다. 마치 촛불이 전기불 앞에서 힘을 잃고, 전깃불마저도 태양빛 앞에서 아무런 힘이 없듯이, 이 세상의 영광은 천국의 영광의 빛 앞에 설 때에 아무것도 아니라는 것이 드러나게 되는 것입니다.

그러면 천사가 온 땅에 힘찬 음성으로 선포하는 내용이 무엇인지 2절 상반절을 보십시다. "힘찬 음성으로 외쳐 이르되 무너졌도다 무너졌도다 큰 성 바벨론이여" 이것은 구약적인 선포 방식입니다. 그렇게 인간적으로 탁월한 업적이었으며 세계의 영광이었던 로마도 멸망하게 됨으로 "귀신의 처소와 각종 더러운 영이 모이는 곳과 각종 더럽고 가증한 새들이 모이는 곳이 되었도다"(2절하)라고 선포하고 있습니다. 이런 표현 역시 이사야 13장 20-22절에서 가져온 것입니다. 실제 역사적인 바벨론이 무너지게 되면 거기에는 야생 동물과 으르렁거리는 짐승들 외에는 살지 않을 것이라는 것입니다. 요한은 인간의 자랑스러운 업적인 로마 역시도 더럽고 무서운 짐승들의 마귀적 처소가 될 것이라고 말씀하고 있는 것입니다.

왜 바벨론은 망하는가?

그렇다면 큰 성 바벨론, 즉 로마가 멸망할 수밖에 없는 이유가 무엇이라고 밝히고 있는지 3절을 보십시다. "그 음행의 진노의 포도주로 말미암아 만국이 무너졌으며 또 땅의 왕들이 그와 더불어 음행하였으며 땅의 상인들도 그 사치의 세력으로 치부하였도다 하더라." 로마는 제국 내에 부속된 열국으로 하여금 음행의 진노의 포도주를 마시게 했습니다. NIV에 의하면 음행으로 미치게 하는 포도주로 만국을 취하게 만들었습니다. 그렇게 함으로써 만국으로 하여금 무너지게 만들었습니다. 외적인 멸망 이전에 도덕적이고 영적인 붕괴가 먼저 선행하는 것입니다. 또한 로마의 속국을 다스리는 헤롯과 같은 땅의 여러 왕들은 로마 제국과 연합하여 음행을 저질렀습니다. 이는 로마 제국을 숭상하고 로마 제국이 하는 대로 꼭 같이 악행을 저질렀다는 것입니다. 또한 땅의 상인들은 로마와 경제적인 동맹 관계를 맺음으로써 도에 지나친 사치의 세력을 통하여 치부하게 했습니다. 사치의 세력이란 벡위트에 의하면 "지나친 사치와 방종, 오만과 힘의 방탕한 사용이 뒤따르는 방종"을 의미합니다.[90] 로마는 로마가 제공하는 온갖 인프라와 윤택한 삶의 조건들, 치안 유지력을 힘입게 하는 동시에 하나님을 배역하는 일에 동참하도록 만들었기 때문에 로마가 온 세상에 음행의 포도주를 마시게 했다라고 표현하는 것입니다.

그리고 큰 성 바벨론 혹은 로마가 저지른 죄가 얼마나 심각하고 관영했는지에 대해서 5절은 이렇게 말씀하고 있습니다. "그의 죄는 하늘에 사무쳤으며 하나님은 그의 불의한 일을 기억하신지라." 사무쳤다는 단어 *kollaoo*는 이 문맥에서 그들이 저지른 죄 하나 하나가 쌓이고 합쳐져서 마침내는 그 죄의 더미가 하늘에까지 미쳤다는 것을 의미합니다. 마치 소돔과 고모라의 죄로 인한 원성이 하늘에까지 사무쳤고, 노아 홍수 때에 살던 사람들의 포악함과 불경건함 역시 하늘에까지 닿았던 것처럼 로마의 죄는 하나님의 면전에까지 이르게 되었다는 것입니다. 그래서 하나님께서는 그의 불의한 일을 기억하셨다고 말씀하고 있는데, 이 말은 결국 하나님께서 심판하실 수밖에 없게 되었다는 말씀입니다. 이전에 살펴 본 16장 19절에 이미 바벨론에 대한 심판을 예고하는 것을 보았습니다. "큰 성이 세 갈래로 갈라지고 만국의 성들도 무너지니 큰 성 바벨론이 하나님 앞에 기억하신 바 되어 그의 맹렬한 진노의 포도주 잔을 마시매." 18장 7절에 의하면 로마는 하나님 대신에 자기를 영화롭게 하였으며 영원한 천국을 추구하기보다는 사치스러운 삶을 살면서 얼마나 교만과 자만으로 가득 찼는지를 이렇게 말씀해줍니다. "그가 얼마나 자기를 영화롭게 하였으며 사치하였든지 그만큼 고통과 애통함으로 갚아 주라. 그가 마음에 말하기를 나는 여왕으로 앉은 자요 과부가 아니라 결단코 애통함을 당하지 아니하리라 하니" 로마는 자기 영광과 사치스러운 생활 양식을 만끽했습니다. 여기서 자기를 영화롭게 한다 *bybrizo*라는 단어는 다른 사람들을 모욕하며 학대하는 오만한 자기 주장을 가리킵니다. 남을 무시하고 자신을 한껏 높이는 오만함을 가리킵니다. 하나님 없는 세상 권력은 이처럼 자신을 신격화합니다. 그래서 스스로 마음에 교만이 가득해서 자신을 여왕이라, 과부가 아니다, 그러므로 애통하거나 슬퍼할 일이 없다, 내가 부족한 것이 무엇이 있냐고 허세를 부리게 만든다는 것입니다. 이와 유사한 표현이 이사야 47장 7-8절에 보면 역사적인 바벨론에 대해서 말해집니다. "말하기를 내가 영영히 여주인이 되리라 하고 이 일을 네 마음에 두지도 아니하며 그들의 종말도 생각하지 아니하였도다. 그러므로 사치하고 평안히 지내며 마음에 이르기를 나뿐이라 나 외에 다른 이가 없도다 나는 과부로 지내지도 아니하며 자녀를 잃어버리는 일도 모르리라 하는 자여 너는 이제 들을지어다." 로마가 과부가 아니라고 하는 말은 로마가 아직도 쇠약하게 하는 전쟁의 결과와 인생의 상실을 경험해 본적이 없다는 의미입니다. 요한 당시의 로마 군대는 가는 곳마다 승승장구했기 때문에 로마에는 개선행진을 하는 일은 많이 있었지만, 대패의 소식이나 많은 전몰자로 인한 슬픔을 겪을 일이 없었습니다. 그들은 로마가 역사상 처음으로 영원한 제국으로 남을 것이라고 하는 확신을 가지고 있었습니다.

그러나 하나님의 생각은 전혀 달랐습니다. 이와 같이 로마가 최절정기에 있던 시기에 하나님의 심판을 선언하셨습니다. 7절 상반절에 다시 보시면 "그가 얼마나 자기를 영화롭게 하였으며 사치하였든지 그만큼 고통과 애통함으로 갚아 주라."고 말씀하고 있습니다. 그들이 오만하고 사치한 만큼 그 만큼 고통과 애통함으로 되갚아 주시겠다는 것입니다. 그리고 6절에 보시면 하나님이 어느 정도나 심판하실는지 그 기준을 이렇게 밝히시고 있습니다. "그가 준 그대로 그에게 주고 그의 행위대로 갑절을 갚아 주고 그가 섞은 잔에도 갑절이나 섞어 그에게 주라." 하나님께서 거룩하시고 공의로운 심판자이시기 때문에, 그가 준 그대로 그에게 갚아주시고, 그의 행위대로 갚아주시는 분이십니다. 갑절을 갚아준다는 것은 완전한 보수에 대한 전통적인 표현 방식입니다 (렘 16:18, 17:18). 로마는 하나님을 대적하고 하나님의 백성들의 피를 많이 흘렸기 때문에, 그들에게 그대로 완전한 보수를 하겠다는 것입니다. 그리고 그가 열방으로 하여금 취하게 하는 음행의 술을 마시게 한 바로 그 잔으로 이제 자신이 하나님의 진노의 잔을 받아 마시게 될 것이라고 말씀합니다.

그리고 8절에 의하면 자기 오만의 결과로 로마는 갑작스러이 재앙을 당할 것인데 사망, 애통, 흉년을 당하며, 성은 불길에 휩싸이며 황폐함에 이르게 될 것이라고 선언하고 있습니다. "그러므로 하루 동안에 그 재앙들이 이르리니 곧 사망과 애통함과 흉년이라 그가 또한 불에 살라 지리니." "하루 동안에"라는 말은 문자적인 하루를 가리키는 것이 아니고 갑작스러움에 대한 상징적인 표현입니다. 로마에 재앙들이 갑자기 임할 것을 가리킵니다. 그리고 로마는 불에 의한 심판을 받게 될 것을 말하는데, 고대에는 불타는 성의 연기는 그 성의 파멸을 의미했습니다. 일단 불이 붙으면 그 성이 잿더미가 될 때까지의 굶주린 화염의 확대는 어떤 것으로도 막을 수가 없습니다. 주님께서 재림하실 때에 이 세상도 불의 심판을 통과해야 한다고 성경은 말씀합니다. 하나님 나라에 포함될 수 없는 것들은 다 제거될 것입니다.

본문 8절 하반절을 주목해서 보시면 이 모든 심판을 수행하시는 분을 소개하기를 "그를 심판하시는 주 하나님은 강하신 자이심이라"라고 말씀하고 있습니다. 이 악의 세상을 심판하실 분은 강하신 하나님이십니다. 이 더 넓은 세상, 복잡다난한 세상을 제대로 심판하려면 보통 능력을 가지고 할 수가 없습니다. 하나님은 죄를 낱낱이 밝히시고 적절하게 심판하실 수 있는 지혜와 능력을 가지고 계신 분입니다. 이 세상 역사 가운데 숨겨진 모든 것들도 다 드러내시고 심판하실 것입니다. 선악 간에 은밀한 일을 심판하실 것입니다. 이 세상에 살았던 모든 악한 사람들은 하나님 앞에서 직고해야 할 것입니다. 조금의 착오도 없을 것이며, 불공평함도 없을 것입니다. 그렇게도 흠잡기 좋아하는 예리한 검사 같은 사탄도 하나님의 심판대 앞에서는 침묵할 수밖에 없게 될 것입니다. 그리고 언제까지 이 세상을 그냥 두시어 우리를 신원하지 않으십니까라고 탄식했던 순교자들의 영혼에 심판으로 응답해 주시는 것입니다. 그렇게 하심으로 그들의 억울함을 신원설치해 주시는 것입니다. 우리들 역시도 우리가 믿는 하나님이 전능하사 천지를 만드신 분이시고, 장차 온 세상을 심판하실 수 있는 심판주이시라는 사실을 알지 못한다면 우리는 이 어두운 세상에서 인내하거나 그리스도인의 삶을 살아갈 수 있는 동기를 얻지 못할 것입니다.

하나님의 백성들에 대한 권면

그러면 큰 성 바벨론 즉, 로마가 멸망하기 전에 이미 심판을 선언하시는 이유가 무엇일까요? 눈 앞에 보이는 로마는 너무나 잘 나가고 있고, 하나님의 백성들을 박해하고 있는데 장차 로마가 확실히 망한다라고 하는 사실을 미리 안다는 것이 무슨 의미가 있습니까? 오늘날도 마찬가지입니다. 큰 성 바벨론은 요한 시대에는 로마이지만, 오늘 우리들에게는 이 불경건한 세상을 가리킵니다. 하나님을 공개적으로 대적하고 하나님의 백성들을 박해하는 나라는 그 나라 자체가 큰 성 바벨론의 역할을 하고 있습니다. 그러나 자본주의에 자유민주주의를 구가하고 있는 나라들 가운데도 불경건한 세속주의가 크게 영향력을 미치고 있습니다. 이런 세상에 대해서 영원할 것이라고 성경은 말씀하시지 아니하고 불타 없어질 것이라고 말씀하고 있습니다. 그렇다면 세상 속에 살아가고 있는 우리들에게 과연 이런 바벨론의 멸망 소식을 미리 알려주시는 것이 어떤 의미가 있을까요?

초대 교회 신자들에게 이러한 말씀을 미리 주신 이유는 4절에서 찾아볼 수가 있습니다. 같이 읽어보시겠습니다. "또 내가 들으니 하늘로부터 다른 음성이 나서 이르되 내 백성아, 거기서 나와 그의 죄에 참여하지 말고 그가 받을 재앙들을 받지 말라." 하나님은 자기 백성들에게 멸망당할 성 로마에서 나오라고 말씀하고 있습니다. 이 말씀을 문자적으로 순종해야 할 때가 있었습니다. 유대 전쟁 전에 초대 예루살렘 신자들이 펠라로 피신한 경우나 폼페이 화산 폭발 전에 피난한 것처럼 장소 이동이 필요한 때가 있었습니다. 예레미야 51장 6절에 보면 실제로 역사적인 바벨론에서 살고 있던 유대인들에게 유사한 경고의 말씀이 발해진 적이 있습니다. "바벨론 가운데서 도망하여 나와서 각기 생명을 구원하고 그의 죄악으로 말미암아 끊어짐을 보지 말지어다. 이는 여호와의 보복의 때니 그에게 보복하시리라." 적군이 쳐들어 와서 성을 함락시키고 거주민들을 다 죽게 만들 것이라는 것을 안다면 빨리 도망쳐 나오는 것이 살아남는 길입니다.

그러나 예레미야 역시도 단순히 바벨론 도시에서 몸만 빠져나오라고 말씀하는 것이 아니라는 것을 주목해야 합니다. 바벨론이 저지르는 죄에 동참하지를 말아야 한다는 것입니다. 오늘 본문에서도 도망치라는 것은 단순히 몸만 로마에서 빠져나오라는 것이 아닙니다. 그것은 로마식의 사치스러운 삶과 영적인 음행인 황제숭배에 빠져들지 말라는 경고의 말씀입니다. 소위 허영의 시장에서 영적으로 물러나라는 권면입니다. 세상 속에 살지만 세상에 속하지 않은 자로 살아야 한다는 말씀입니다. 예수님도 우리들을 이 악한 세상에서 데려가기를 구하신 것이 아니라 이 세상의 악에 빠지지 않게 해달라고 기도해 주셨습니다(요 17:15). 만약에 로마가 주는 음행에 깊이 빠져들면 로마가 심판받을 때에 역시 참여해야 하기 때문입니다. 좋을 때도 함께 했지만 재앙의 때에도 함께 할 수밖에 없는 것입니다.

오늘 우리가 살아가는 이 시대도 마찬가지입니다. 어쩌면 우리 세대는 총칼의 위협이 문제가 아닐지 모릅니다. 다만 세속주의가 문제입니다. 물질주의, 유물론이 문제입니다. 이 세상이 전부이니까 이 세상에서 승부를 보자, 수단 방법 가리지 말고 많이 벌고 보자, 그리고 인생을 신나게 즐겨보자라고 음행의 포도주로 유혹하고 있는 세속주의라고 하는 죄에 깊이 빠져들면 이 세상이 불의 심판을 받을 때에 그 심판을 면할 수가 없습니다. 이 세상이 주는 쾌락과 편리를 다 누리려고 하면 우리의 믿음은 쇠약해질 수밖에 없고 천국에 대한 소망이나 신천신지에서의 복된 삶에 대한 기대는 메말라 버리고 말게 됩니다. 그리스도인이 이 세상에서 누릴 수 있는 큰 영광은 천국을 현재적으로 맛보고 사는 것입니다. 신령한 기쁨과 평안, 그리고 만족감입니다. 하지만 이 시대 가치관에 깊이 물들면 우리는 우리의 신령한 축복을 놓치고 살게 됩니다. 우리는 예수 그리스도의 보혈로 씻어주신 의의 세마포 옷을 더럽히는 삶을 살아서는 안 됩니다. 세상의 사치나 허영에 물이 들면 안 됩니다. 외모지상주의에 치중하면 안 됩니다. 돈이 다라고 말해서는 안 됩니다. 우리가 가진 것이 적더라도 주신 믿음을 보물로 여기는 삶을 살아야 합니다. 가졌다고 하더라도 내 마음대로 다 써버리려고 하면 안 되고 하나님 기뻐하시는 일에 쓰는 삶을 살아야 합니다. 말씀과 기도로 깨어있는 삶을 살아야 합니다.

50

바벨론을 위한 애가

그와 함께 음행하고 사치하던 땅의 왕들이 그가 불타는 연기를 보고 위하여 울고 가슴을 치며 그의 고통을 무서워하여 멀리 서서 이르되 화 있도다 화 있도다 큰 성, 견고한 성 바벨론이여 한 시간에 네 심판이 이르렀다 하리로다 땅의 상인들이 그를 위하여 울고 애통하는 것은 다시 그들의 상품을 사는 자가 없음이라 그 상품은 금과 은과 보석과 진주와 세마포와 자주 옷감과 비단과 붉은 옷감이요 각종 향목과 각종 상아 그릇이요 값진 나무와 구리와 철과 대리석으로 만든 각종 그릇이요 계피와 향료와 향과 향유와 유향과 포도주와 감람유와 고운 밀가루와 밀이요 소와 양과 말과 수레와 종들과 사람의 영혼들이라 바벨론아 네 영혼이 탐하던 과일이 네게서 떠났으며 맛있는 것들과 빛난 것들이 다 없어졌으니 사람들이 결코 이것들을 다시 보지 못하리로다 바벨론으로 말미암아 치부한 이 상품의 상인들이 그의 고통을 무서워하여 멀리 서서 울고 애통하여 이르되 화 있도다 화 있도다 큰 성이여 세마포 옷과 자주 옷과 붉은 옷을 입고 금과 보석과 진주로 꾸민 것인데 그러한 부가 한 시간에 망하였도다 모든 선장과 각처를 다니는 선객들과 선원들과 바다에서 일하는 자들이 멀리 서서 그가 불타는 연기를 보고 외쳐 이르되 이 큰 성과 같은 성이 어디 있느냐 하며 티끌을 자기 머리에 뿌리고 울며 애통하여 외쳐 이르되 화 있도다 화 있도다 이 큰 성이여 바다에서 배 부리는 모든 자들이 너의 보배로운 상품으로 치부하였더니 한 시간에 망하였도다(계 18:9-19).

포은 정몽주, 이색 등과 더불어 고려 삼절이라고 불리우는 길재 선생의 시조가 있습니다. 고려가 조선에 의해서 망하고 나서 고려의 수도였던 개경(개성)을 돌아보고 회한을 고백한 시입니다.

오백 년 도읍지를 필마로 도라드니,
산천은 의구하되 인걸은 간 듸 업다.
어즈버 태평연월(太平烟月)이 꿈이런가 하노라.

동일하게 고려의 수도였던 개성을 노래한 한국 최초의 가요곡이 있습니다. 참 유명한 것이어서 독자들도 다 아는 노래입니다. 1932년 최초의 취입레코드 라벨에 인쇄되었던 곡명은 〈황성의 적(跡)〉이었습니다. 왕평(王平)이 작사하고 전수린(全壽麟)이 작곡했으며 이애리수(李愛利秀)가 노래한 것입니다. 전수린이 1928년 고향 송도(松都)에서 고려의 옛 궁터를 보고 역사의 무상함을 느껴 즉흥적으로 작곡하였습니다.

황성옛터에 밤이되니 월색만 고요해
폐허에 서린 회포를 말하여 주노라
아~ 외로운 저 나그네 홀로 잠 못 이뤄
구슬픈 벌레소리에 말없이 눈물져요
성은 허물어져 빈터인데 방초만 푸르러
세상이 허무한 것을 말하여 주노라
아~ 가엾다 이 내 몸은 그 무엇 찾으려고
끝없는 꿈의 거리를 헤매여 있노라
나는 가리라 끝이없이 내 발길 닿는곳
산을 넘고 물을 건너 정처가 없이
아 한없는 이 심사를 가슴속깊이 품은
이몸은 흘러서 가노니 옛터야 잘있거라.

망국의 슬픔과 인생사의 허망함을 잘 노래한 가요입니다. 일제강점기 때 나라 잃은 조선 백성들의 설움을 이 노래는 잘 대변하였습니다. 오늘 우리는 큰 성 바벨론이 멸망하게 되자 그 성의 멸망을 애곡하는 자들이 있음을 보게 됩니다. 9-10절에 보면 바벨론과 함께 음행하고 사치하던 땅의 왕들이 울며 가슴을 치는 것을 봅니다. 11-17절 상반절에는 땅의 상인들의 울고 애통하는 것을 봅니다. 그리고 17절 하반절-19절에 보시면 모든 선장과 선객들, 선원들이 멀찍이 서서 티끌을 뿌리고 애통해 하는 모습을 보게 됩니다. 요한 당시로 말하자면 로마를 상징하는 큰 성 바벨론과 더불어 잘 지내면서 크게 유익을 얻었던 세 부류의 사람들의 애가라고 할 수 있습니다. 특히 땅의 상인들의 애가가 길게 소개되고 있습니다. 차례대로 이들이 바벨론의 멸망을 어떻게 애도하고 있는지, 그리고 그 내용이 무엇인지를 상고해 보겠습니다. 큰 성 바벨론이란 당시에는 로마를 의미하지만, 하나님 없는 이 세상을 다 포함하는 것입니다.

땅의 왕들의 애가(9-10절)

첫째는 땅의 왕들이 부르는 애가입니다. 이들은 정치적으로 바벨론과 잘 지냈던 이들입니다. 9절을 봅니다. "그와 함께 음행하고 사치하던 땅의 왕들이"라고 시작합니다. "땅의 왕들"이라는 표현은 17장 2절에서 큰 음녀와 음행한 대상으로 기록되어 있습니다. "땅의"라는 말은 하나님을 대적하며 사탄에게 속한 자들이라는 뜻입니다. 따라서 땅의 왕들이란 이 땅 위에 존재하는 정치 지도자 모두를 말하는 것이 아닙니다. 하나님을 경외하는 왕들이나 정치 지도자들도 많이 존재했고, 지금도 존재합니다. 다만 본문에서 말해지는 큰 성 바벨론의 멸망을 애도하고 있는 땅의 왕들이란 바벨론의 죄에 동참한 자들을 가리킵니다. 그들은 바벨론과 더불어서 권력을 우상으로 삼고 자행자지하는 의미에서 음행을 했을 뿐만 아니라 바벨론의 멸망 사유 중의 하나인 사치에도 동참했다고 말해집니다.

그러면 이들이 바벨론의 멸망에 대해서 어떠한 방식으로 반응하는지 9절 이어서 보시겠습니다. "그가 불타는 연기를 보고 위하여 울고 가슴을 치며"라고 했지요. 이들은 바벨론의 불타는 연기를 보면서 진정으로 슬퍼했습니다. 가식으로 운 것이 아니라 진정으로 슬퍼하였기에 울고 가슴을 쳤다라고 했습니다. 왕들이 이 정도로 슬퍼한다면 정말 멸망을 애도하는 것이라고 할 수 있겠지요. 그러면 이들은 왜 바벨론의 멸망을 그렇게도 슬퍼하는 것일까요? 바벨론은 그들에게 음행이라고 말해진 세상적인 낙과 사치라고 표현한 대로 넘치는 세상의 부를 누리도록 보장해 주었기 때문입니다. 그러나 이제는 그 바벨론이 멸망한 이상 그들에게는 음행의 가능성도 없어지고, 물질적 자원도 끊어지게 된 것입니다.

그리고 10절 상반절에 보시면 땅의 왕들은 또한 "그의 고통을 무서워하여 멀리 서서" 있다고 말씀하고 있습니다. 그들은 바벨론이 당하고 있는 고통을 무서워하고 있습니다. 왜냐하면 자신들에게도 동일한 고통과 환난이 임할 것을 염려하고 두려워하기 때문입니다. 그래서 그들은 멀찍이 서서 바벨론의 멸망을 애도한 것입니다. 바벨론의 멸망은 땅의 임금들이 보기에 남일이 아니라 자신의 운명을 보여줍니다. 그래서 그들은 10절 하반절에서 바벨론에 대해 애가를 부르면서 슬퍼했습니다. 내용을 한 번 보실까요? "이르되 화 있도다 화 있도다 큰 성, 견고한 성 바벨론이여 한 시간에 네 심판이 이르렀다 하리로다." 화는 심판을 가리킵니다. 그리고 바벨론을 크고 견고한 성이라고 부른 것은 바벨론이 난공불락의 요새여서, 너무나 견고해서 결코 망하지 않을 것이라고 생각했었다는 그들의 신념을 드러내 줍니다. 하지만 그 성에 하나님의 심판이 한 시간에 임하였다라고 그들은 고백합니다. "한 시간"에라는 말이 본문에 자주 등장하는데 이는 정말 문자적으로 한 시간이라는 의미가 아닙니다. 이는 "심판의 즉각성과 완전성을 강조해서 하나님의 완전한 능력을 드러내" 주는 표현이라고 이해하시면 좋겠습니다.[91] 그리고 그렇게 크고 견고한 성이 순식간에 멸망하게 되는 것은 하나님의 강한 심판인 것이라는 점을 우리는 주목해야 합니다.

땅의 상인들의 애가(11-17절상)

이제 두 번째로 11절 이하에 기록되어 있는 땅의 상인들이 바벨론의 멸망에 대해서 보인 반응을 살펴보도록 하겠습니다. 땅의 상인들이라고 했으니 단지 장사하거나 사업하는 모든 사람들을 의미하는 것이 아닙니다. 오로지 물건을 사고파는 일에만 몰입해 있는 이 세상 장사꾼들을 말하는 것입니다. 오로지 돈 버는 것밖에 모르는 불신자들을 가리키는 것입니다. 11절에 보시면 그들이 왜 슬퍼하고 애통해 하는지를 이렇게 말씀하고 있습니다. "땅의 상인들이 그를 위하여 울고 애통하는 것은 다시 그들의 상품을 사는 자가 없음이라." 땅의 상인들이 바벨론의 멸망을 슬퍼하고 애통해 하는 이유는 그들의 상품들을 사 줄 수 있는 거대 시장이 망해 버렸기 때문입니다. 제가 사역했던 대구시 같은 경우에 시 경제가 다 망한 것은 아니라고 하더라도 시의 경제의 큰 부분을 차지했던 섬유산업이 무너져 버리니까 하청을 받아 일하던 다양한 산업들도 무너져 버리는 것을 보았습니다. 요한 당시에 로마제국은 거대한 경제적 네트워크가 형성이 되어 있었습니다. 그러나 거대 도시가 멸망하고 나면 그러한 경제 네트워크에 의존해 이익을 보던 상인들 역시도 망할 수밖에 없는 것입니다. 오늘날의 자본주의 경제 체제도 뿌리째 흔들리고 있습니다. 세속주의, 황금만능사상, 쾌락주의를 조장하고 있는 경제 체제에 대한 하나님의 심판의 징조가 느껴집니다.

12절과 13절에 보시면 상인들이 바벨론 성에서 팔았던 상품 목록을 제시하고 있습니다. 이런 식의 목록은 에스겔 27장 12-16절에 보시면 지중해 무역을 석권했던 페니키아의 두로가 주변국들과 거래한 상품 목록과 유사합니다. 우리가 본문에 기록되어 있는 물품 목록표를 보면 무엇보다도 값비싼 것들이라는 점입니다. 그리고 마치 오늘날의 대형 백화점을 연상케 하는 구조로 되어 있습니다. 김철손 교수는 상품 리스트를 7가지 종류로 구분해 줍니다.

첫째는 귀금속입니다. 금과 은과 보석과 진주
둘째는 의류입니다. 세마포와 자주 옷감과 비단과 붉은 옷감이요
셋째는 가구와 주방용품 혹은 실내장식품입니다. 각종 향목과 각종 상아 그릇이요 값진 나무와 구리와 철과 대리석으로 만든 각종 그릇이요
넷째는 향품 종류입니다. 계피와 향료와 향과 향유와 유향
다섯째는 식료품입니다. 포도주와 감람유와 고운 밀가루와 밀
여섯째는 가축인 소와 양과 말 그리고 수레(네 바퀴 달린 자가용)
일곱째는 종들과 사람의 영혼들이라고 했습니다.92

일일이 설명을 드릴 시간이 없습니다만, 모두가 다 고가의 상품들이라는 것을 알 수 있습니다. 대부분이 수입품들이라고 할 수 있겠습니다. 우리가 익숙한 현대적인 용어로 하자면 수입 명품들이라고 할 수 있습니다. 윌리엄 바클레이의 『계시록』 주석에 보면 이 물품들에 대해서 상세하게 잘 설명해 주고 있습니다.93 단적으로 한 예를 들자면 자주 옷감의 경우입니다. 페니키아에서 수입한 고가의 옷감으로써 왕과 부자만 입었습니다. 자주 물감이 한 종류의 조개에서 추출되는데, 조개 하나에 겨우 한 두 방울밖에 나오지 않는다고 합니다. 플리니에 의하면 당시 로마는 자주를 가지기 위한 미친 듯한 욕망을 가지고 있었다고 합니다. 그리고 우리에게 충격을 주는 것은 마지막에 언급된 품목인 "종들과 사람의 영혼들"이라고 하는 것입니다. 바벨론의 시장에는 종들과 사람의 영혼들도 팔리고 있었다는 말입니다. 당시는 노예 제도가 존재하고 있었기 때문에 이런 이야기를 하는 것입니다. 로마의 경우는 6천만 명의 노예들이 존재했다고 합니다. 그런 노예들 역시도 영혼을 가진 사람일진대, 이러한 매매는 비인간적인 잔인함과 인간 생명 경시 위에

로마제국의 풍요와 사치가 이루어지고 있었다는 것을 고발해 주는 것입니다. 당시에는 400명 이상의 노예를 거느린 사람들도 많았다고 합니다. 노예들이 수행하는 역할은 참으로 다양해서, 심지어는 손님들이 더러워진 손을 노예의 머리털에다 닦기도 했다고 합니다.

이처럼 땅의 상인들이 큰 성 바벨론에서 거래했던 물목들을 열거하고 난 후에 14절에 보면 상인들이 바벨론의 멸망을 위해서 왜 애곡하는지 그 이유를 설명해 주고 있습니다. "바벨론아 네 영혼이 탐하던 과일이 네게서 떠났으며 맛있는 것들과 빛난 것들이 다 없어졌으니 사람들이 결코 이것들을 다시 보지 못하리로다." 상인들이 애곡하는 첫 번째 이유는 바벨론에 살아가는 이들의 영혼이 탐하던 과일이 그들에게서 떠났기 때문입니다. 과일이란 앞서 언급한 그런 좋은 상품들, 사치스러운 물건들을 가리킵니다. 그런 것들을 단지 필요해서 가지는 것이 아니라 탐심을 부리는 대상으로 삼았었는데 이제 누릴 수 없게 되었다는 것입니다. 그런 외적인 것들을 마구 사들이고 누림으로써 여왕의 지위를 뽐내려고 했는데 이제는 다 빼앗기게 된 것입니다. 둘째로 애곡하는 이유는 14절 하반절에 보시면 맛있는 것들과 빛난 것들이 다 없어졌기 때문이라고 합니다. 맛있는 것 *ta lipara*은 값비싸고 진귀한 음식들을 가리킵니다. 로마시대는 극히 호식하는 시대여서 잔칫상에는 공작의 뇌와 꾀꼬리의 혈로 만든 요리들, 꼬치어의 간, 혹학의 혀, 칠성장어의 젓 등 다양한 것들이 나오기도 했다고 합니다. 멧돼지를 잡아놓고 뿔마다 한 양동이 씩의 과자를 담아놓기도 했다고 말합니다. 그런 것들이 다 없어지게 될것이라고 말씀합니다. 또한 빛난 것 *ta lampra* 역시 값비싸고 화려한 것을 의미합니다. 이런 것들은 결국 바벨론이 탐했던 과일과 다르지 않습니다. 이런 것들을 누릴 수 없게 되었다는 점을 강조한 것입니다. 세 번째로 바벨론의 사람들은 이런 사치스러운 물품들을 "결코 다시 보지 못할" 것이기 때문에 상인들은 애곡하는 것입니다.

15절-17절 상반절에는 땅의 상인들이 바벨론의 멸망에 대해 애통해한 근원적인 내용을 소개해 줍니다. 15절에 보시면 "바벨론으로 말미암아 치부한 이 상품의 상인들이 그의 고통을 무서워하여 멀리 서서 울고 애통하여"라고 말씀합니다. 땅의 상인들은 바벨론에서 상행위를 하여 막대한 이득을 거두어 들인 자들이기 때문에 거대 시장의 멸망을 슬퍼하고 애통해 한다는 것입니다. 그러나 그들 역시도 바벨론의 멸망 현장에서 슬퍼하는 것이 아니라 멀찍이 서서 애통해 한다고 했습니다. 이는 바벨론이 받은 고통을 무서워하기 때문입니다. 땅의 왕들처럼 땅의 상인들 역시 바벨론과 동일한 고통을 받을 것을 두려워하기 때문입니다.

그리고 16-17절에 보시면 상인들이 애통해 하면서 부르는 애가가 소개되어 있습니다. "이르되 화 있도다 화 있도다. 큰 성이여 세마포 옷과 자주 옷과 붉은 옷을 입고 금과 보석과 진주로 꾸민 것인데 그러한 부가 한 시간에 망하였도다." 땅의 상인들 역시도 바벨론의 멸망을 "화 있도다"라고 말합니다. 그 이유는 땅의 임금들하고 다르게 표현했습니다. 각자가 자신들의 관심에 따라 달리 표현하는 것입니다. 상인들이 보기에 로마는 좋은 옷을 입고 귀한 보배들로 단장하고 있던 사치스러운 도시였습니다. 그러다가 한 시간에, 순식간에, 갑작스럽게 망해 버리게 되고 그 때문에 자신들의 이익의 근원이 다 끊어져 버렸으니 상인들은 애통해 할 수밖에 없는 것입니다.

선장, 선객, 선원들의 애가 (17절하-19절)

바벨론의 멸망을 슬퍼하고 애도하는 세 번째 그룹의 사람들을 17절 하반절에서 볼 수 있습니다. "모든 선장과 각처를 다니는 선객들과 선원들과 바다에서 일하는 자들"이라고 소개하고 있지요. 이들은 땅의 상인들이 거래하는 사치품들을 배로 실어 나르면서 생계를 유지하던 사람들을 가리킵니다. 소위 요즘말로 하자면 물류 유통업에 종사하는 사람들인데, 바다를 무대로 하여 활동하던 사람들입니다. 요한이 계시록을 기록했던 당시 로마는 해변에 위치하고 있지 않았지만 오스티아 항을 통해 전 세계의 상품들을 실어 날랐습니다. 바클레이에 의하면 향과 보석과 향료 등은 인도로부터 왔고, 비단은 중국으로부터, 호박은 발틱해로부터, 은과 철은 스페인으로부터 진주는 영국으로부터, 그리고 계피는 아프리카로부터 왔습니다.[94] 이 모두가 로마의 사치와 향락을 위해서 수입된 것들입니다. 이런 물품들을 실어 나르면서 이익을 얻었던 바닷사람들 역시 바벨론이 멸망하고 땅의 상인들의 상업 활동이 끊어지게 되면 같이 재앙을 받게 되는 사람들입니다. 그들도 역시 살 길이 없어지는 것입니다.

바다에서 일하는 이들은 바벨론의 멸망을 멀리 서서 그 불타는 연기를 속수무책으로 관망하면서 애통해 합니다. 18절에 보시면 "그가 불타는 연기를 보고 외쳐 이르되 이 큰 성과 같은 성이 어디 있느냐 하며"라고 했지요. 이 큰 성과 같은 성이 어디 있느냐는 그들의 부르짖음 속에는 바벨론이 가지고 있던 강력한 부와 국력을 시사해 줍니다. 그렇게 부하고 강한 성이 망한다는 것은 바다에서 일하는 자들 역시도 상상도 못했기 때문에 어떻게 이런 일이 일어날 수 있는지에 대한 놀라움과 경이감을 표현하고 있습니다. 그래서 그들은 19절 상반절에 말씀하는 대로 "티끌을 자기 머리에 뿌리고 울며 애통"하였습니다. 이렇게 사람이 티끌을 뿌리는 것은 지극한 슬픔과 애통의 표현입니다. 이러한 모습들은 2500년 전에 경제대국이었던 두로의 멸망을 바라보는 바닷사람들의 반응과 유사합니다. 에스겔 27장 29-30절에 보면 "노를 잡은 모든 자와 사공과 바다의 선장들이 다 배에서 내려 언덕에 서서 너를 위하여 크게 소리 질러 통곡하고 티끌을 머리에 덮어쓰며 재 가운데에 뒹굴며"라고 말씀하고 있습니다.

그리고 이어지는 19절 하반절에 보시면 바다에서 일하는 자들이 바벨론에 대해서 어떤 내용으로 애가를 불렀는지를 소개해 줍니다. "외쳐 이르되 화 있도다 화 있도다. 이 큰 성이여. 바다에서 배 부리는 모든 자들이 너의 보배로운 상품으로 치부하였더니 한 시간에 망하였도다." 바닷사람들이 바벨론의 멸망을 "화 있도다"라고 연거푸 소리지르면서 애도하는 이유는 그들 역시 바벨론에서 거래되던 보배롭고 사치스러운 상품들 때문에 치부했기 때문입니다. 결국 이들이 애도하는 이유는 진정으로 바벨론의 멸망을 슬퍼한다기보다는 자기들의 이익의 근원이 끊어져버렸기 때문이라는 것을 우리는 잘 알 수가 있습니다. 그리고 바벨론의 멸망이 얼마나 순간적이고 갑작스러운지 "한 시간에 망하였도다."라고 바닷사람들도 반복하고 있음을 보게 됩니다. 결국 그렇게 크고 강한 성이던 바벨론이 그렇게도 갑작스럽게 순식간에 망한 것은 8절에 있는 대로 "그를 심판하시는 주 하나님은 강하신 자"이시기 때문이라는 것을 분명하게 보여주는 것입니다.

이제 나는 말씀을 정리하겠습니다. 큰 성 바벨론은 요한 당시의 로마를 가리킵니다. 막강한 군사력을 바탕으로 해서 지중해권의 모든 나라들을 정복한 결과 로마는 역사상 유례가 없는 부를 누렸고, 그 부를 가지고 상상을 초월하는 사치와 부도덕한 삶을 추구했던 것이 로마 황제들, 정치가들, 부자들이었습니다. 그러한 로마의 멸망을 요한은 선언하고 있습니다. 그러나 이 말씀은 단지 역사적인 로마에만 해당하는 것이 아니고 고대 바벨론, 소돔 고모라, 니느웨, 두로 등 로마적 속성을 지니고 로마적인 사치와 음행에 빠져서 하나님을 대적하는 모든 세상 나라에 대해서 공통적으로 적용되어집니다. 특히 현재 이 불신 세계, 화려하고 사치스러운 세상의 멸망을 가리킵니다.

늘 잊지 말아야 합니다. 우리는 이 헛된 세상 허영에 속으면 안 됩니다. 이 땅 위에서 오만가지 좋은 것들을 먹고 상상을 초월하는 사치를 누리는 것이 인생 목적이 되면 안 됩니다. 물론 우리들도 건전한 경제 활동을 해야 하지만, 그러나 탐심을 부리면 안 됩니다. 그리고 내가 정당하게 번 것이라고 하더라도 하나님께서 주신 선물이요 은사인 이상은 함부로 쓰면 안 됩니다. 하나님이 기뻐하시는 일에 써야 합니다. 우리가 누리더라도 하나님 앞에서 양심에 어긋나지 않게 절제하면서 써야 합니다.

오늘 우리는 이 본문을 읽으면서 이 화려한 세상의 종말이 어떻게 될 것인지, 그리고 그러한 세상 허영에 빠져들어서 허우적거리는 사람들이 얼마나 애통하게 될 것인지를 눈여겨보셔야 합니다. 찬송가 269장에 보면 존 웨슬리의 동생이었던 찰스 웨슬리(1707-88)가 이 세상의 허영과 최후에 대해서 잘 노래하고 있습니다.

> 웬일인가 내 형제여 주 아니 믿다가 죄값으로 지옥형벌 너도 받겠구나
> 웬일인가 내 형제여 마귀만 좇다가 저 마귀들 지옥갈 때에 너도 가겠구나
> 웬일인가 내 형제여 재물만 취하다 세상물건 불탈때에 너도 타겠구나
> 웬일인가 내 형제여 죄악에 매여서 한없이 고생하는 것 참 못보겠구나
> 여보시오 내 동포여 주께로 오시오. 십자가에 못박힌 주 너를 사랑하네.

51

우리를 위하여 심판하시는 하나님

하늘과 성도들과 사도들과 선지자들아, 그로 말미암아 즐거워하라 하나님이 너희를 위하여 그에게 심판을 행하셨음이라 하더라 이에 한 힘 센 천사가 큰 맷돌 같은 돌을 들어 바다에 던져 이르되 큰 성 바벨론이 이같이 비참하게 던져져 결코 다시 보이지 아니하리로다 또 거문고 타는 자와 풍류하는 자와 퉁소 부는 자와 나팔 부는 자들의 소리가 결코 다시 네 안에서 들리지 아니하고 어떠한 세공업자든지 결코 다시 네 안에서 보이지 아니하고 또 맷돌 소리가 결코 다시 네 안에서 들리지 아니하고 등불 빛이 결코 다시 네 안에서 비치지 아니하고 신랑과 신부의 음성이 결코 다시 네 안에서 들리지 아니하리로다 너의 상인들은 땅의 왕족들이라 네 복술로 말미암아 만국이 미혹되었도다 선지자들과 성도들과 및 땅 위에서 죽임을 당한 모든 자의 피가 그 성 중에서 발견되었느니라 하더라(계 18:20-24).

리처드 범브란트 목사님 이야기로 시작하려고 합니다. 1909년 루마니아에서 태어나 2001년 미국 캘리포니아주 토랜스에서 소천한 20세기의 산 순교자입니다. 루터교 목사님이신데, 루마니아가 공산치하에 있을 때, 그리고 그 유명한 독재자 차우세스쿠가 통치하던 초기 시절까지 총 14년간을 감옥 생활을 하면서 말로 다할 수 없는 고초를 겪었습니다. 그의 일대기를 담은 『하나님의 지하운동』(종로서적)이라는 책은 우리들에게 많은 감동을 주는 체험수기입니다. 목사님은 14년간을 감옥 생활을 하면서 고초를 겪다가 그는 1965년에 노르웨이 루터교 선교회가 1만불의 보석금을 내줌으로 자유의 몸이 되었습니다. 부인과 함께 노르웨이로 온 범브란트 목사님은 언어 문제 때문에 노르웨이 교회가 아니라 미국인 루터교 교회에 참석을 했습니다. 주로 부유한 외교관들이 나가는 교회였습니다. 목사님 부부는 사람들이 박해의 두려움 없이 자유로이 예배드리는 모습을 목격하자 그만 주체할 수 없는 울음을 터뜨리고 말았습니다. 낸시 피어시라는 여자분이 쓴 책에 보니까, 범브란트 목사님은 주일학교를 방문해서 어린아이들이 공공연하게 하나님의 말씀을 배우는 것을 보고 눈물을 흘렸다고 합니다. 1989년에 루마니아 공산주의도 무너지고 차우세스쿠는 처형당하게 되지만, 말씀드리는 때는 1965년입니다. 루마니아에서는 공공연히 예배를 드릴 수 없었고, 많은 신자들이 어린 세대에게 몰래 기독교를 가르치다가 잡혀서 감옥에 갇혀있던 시절입니다.

범브란트 목사님은 자신이 14년 동안 루마니아 공산당국에 의해서 어떻게 끔찍스러운 고문을 당했는지를 간증했습니다. 후에는 미국 의회 앞에서도 증거했습니다. 낸시 피어시 여사가 전하는 바를 그대로 읽어드리겠습니다.

당시 나는 열세 살에 불과했으나 범브란트가 들려준 끔찍한 이야기를 도저히 잊을 수 없다. 죄수들을 시뻘겋게 단 다리미로 지지거나, 거꾸로 매달아 놓고 피멍이 들도록 다리를 때리거나, 벽에 쇠못을 박아 놓은 좁은 감방에 가두는 것과 같은 온갖 잔혹한 행위를 겪었다. 종교인 수감자에게는 특별한 고문이 가해졌다. 예를 들어, 목사들은 오줌과 똥으로 성만찬을 집행하도록 강요당했다. 범브란트 자신이 겪은 최악의 시련은, 지하 9미터에 위치한 감방에서 홀로 삼 년을 보내야 했던 것이다.[95]

그런 환경 속에서도 공산주의에 의해서 세뇌당하지 아니하고 믿음을 지켜 냈으니 아무런 박해 없이 자유로이 공식적으로 예배를 드리고 있는 서구 교회를 보면서 주체할 수 없는 울음을 터뜨린 것입니다. 그리고 더욱더 놀라운 것은 범브란트 목사님은 자신을 박해하거나 고문한 공산당원들을 증오하지 아니하고 불쌍히 여겼다는 사실입니다. 그의 고백을 소개해 드립니다. "나는 고문을 당하면서 예수 그리스도를 위하여 고난당했기에 기뻐했고, 나를 고문하는 공산당원들은 나에게 고통을 주면서 기뻐하여 우리는 다 같이 기뻐했다." 여러분 뭘 믿어도 이렇게 지독스럽게 믿나 그런 생각이 들지 않습니까? 하지만 분명한 사실은 앞서간 수많은 믿음의 선조들이 이렇게 믿었고, 순교하기도 했다는 것입니다. 토마스 모어는 자신을 화형시키는 형리에게 그렇게 말했다고 하지요? "나와 당신의 관계가 스데반과 바울의 관계가 되기를 바란다고." 비록 알지 못해서 자신을 화형시키는 일을 하고 있지만 나중에는 당신도 바울처럼 되라고 말입니다.

우리는 요한계시록 17-18장에서 하나님을 대적하고 하나님 믿는 백성들을 박해하고 죽이기까지 하는 큰 성 바벨론의 멸망에 대해서 살펴보고 있습니다. 바벨론이라는 표현은 당시로 보면 네로나 도미티아누스 같이 잔인한 황제가 통치했던 로마 제국을 가리킵니다. 하지만 로마뿐 아니라 역사적인 바벨론처럼 불경건하고, 불의하며, 음란하고 사치를 일삼던 모든 세상적인 나라를 다 가리키는 상징어라고 보시면 됩니다. 우리가 몸담고 살고 있는 이 어둠의 세상의 결국이 어떻게 될 것인가를 궁극적으로 예언하고 있음을 기억하고 17, 18장의 말씀을 읽으셔야 합니다. 이 세상은 17장에서 큰 음녀라고 비유한 것처럼 만국 백성들을 호리고 유혹하는 매력을 가지고 있고 미혹을 하는가 하면 바벨론처럼 거대한 조직체로서 세력을 가지고 있고, 부유하고 사치한 삶을 약속하는 경제체제가 있으며, 그리고 체제에 반대하는 자들에게 생명의 위협을 가하는 권세를 가지고 있음을 상징적으로 말씀하고 있습니다. 우리는 지난 시간에는 바벨론의 멸망 때문에 애곡하는 세 종류의 사람들을 보았습니다.

바벨론의 멸망을 즐거워하는 사람들

그런데 오늘 읽으신 20절을 보시면 큰 성 바벨론의 멸망을 좋아할 수밖에 없는 사람들을 소개하고 있습니다. "하늘과 성도들과 사도들과 선지자들아, 그로 말미암아 즐거워하라. 하나님이 너희를 위하여 그에게 심판을 행하셨음이라 하더라." 이는 하늘에서 들려오는 음성입니다. 하늘은 하나님의 보좌가 있는 곳이자, 순교하거나 앞서간 믿음의 성도들이 거하고 있는 곳입니다. 앞서 12장 12절에서 하늘에서 미가엘 천사장에 의해서 붉은 용이 쫓겨나고 난 뒤에 "그러므로 하늘과 그 가운데 거하는 자들은 즐거워하라"고 권하는 말씀을 본적이 있습니다. 오늘 본문에서는 하늘에 거주하는 자들로서 바벨론의 멸망을 기뻐하게 될 거주자들을 구체적으로 밝히기를 성도들, 사도들, 그리고 선지자들이라고 했습니다. 우리가 이해하기에 어려운 단어가 하나도 없습니다. 잘 믿다가 천국에 간 사람들을 세 부류로 말했습니다. 이들은 하늘의 승리한 교회를 구성하는 멤버들입니다.

그런데 주의깊게 보셔야 하는 것은 사도들과 선지자들 앞에 성도들을 앞세우고 있다는 점입니다. "순서가 뭐 그리 중요하냐" 그러시면 안됩니다. 현대적 삶 속에서도 이름 순서 대단히 중요하게 여기지 않습니까? 성경에도 보면 중요성을 강조하기 위해서 순서적으로 언급하는 경우들이 많습니다. 바울이 아굴라와 브리스길라 부부를 처음 만났을 때에는 누가가 남편, 그리고 아내 순으로 기록했다가, 후에 바울을 도와서 고린도 교회를 섬기는 과정에서 아무래도 남편보다는 아내가 일을 더 많이 하게 되니까 누가가 아내, 남편 순으로 이름을 바꾸어서 기록을 해 버립니다. 이런 것은 아주 주의깊게 읽지 않으면 발견하기 어려운 일입니다. 오늘 본문으로 돌아가서 다시 보십시다. 하늘에 거주하는 자들의 명단 순서가 사도, 선지자 그리고 성도들이 아니라, 성도들이 앞서고 사도, 선지자가 뒤따르는 것을 깊이 생각해 보라는 것입니다.

하늘의 교회가 위계질서적인 계급 구조가 아니라는 점을 잘 보여준다고 해석됩니다. 사도나 선지자는 결국 하나님이 사랑하시는 성도들을 위해서 존재하는 것입니다.

그리고 사실 우리가 천국이나 신천신지에 살 때에 이 세상의 직분으로 불리우는 것이 아니라는 점을 기억하셔야 합니다. 이 땅 위에 있는 동안 그런 직분으로 불리울 뿐입니다. 그리고 돌아가실 때에 성도 아무개 하면 최고의 호칭인 줄 아셔야 합니다. 제가 언젠가 인터넷 설교를 들으면서 감동을 받은 적이 있습니다. 미국의 어느 교회에 집회를 갔더니 한국의 아무개 유명한 목사님 이야기를 했습니다. 화제의 주인공이신 목사님이 안식년을 맞아서 미국의 그 교회에 1년간 출석하셨는데, 교회에서는 평신도인줄 알고 집사를 주었고, 후에는 구역 순장을 맡겼는데 아무 말씀도 않으시고 봉사하시더라는 것입니다. 나중에 돌아가실 때에 목사님이라는 것이 밝혀졌습니다. 좀 이해가 안 가는 이야기이실지 모릅니다. 하지만 그 목사님 말씀이 누가 목사냐고 물어보는 사람도 없었고, 교회가 집사를 맡겨주니 내가 언제 집사해보나, 언제 순장 한 번 해보나 그러면서 순종했다는 것입니다. 그 교회 교인들이 감동을 많이 받아서 전설적인 이야기가 되었다는 것입니다. 제게도 충격적인 이야기였습니다. 또는 우리가 헷갈릴 수 있는 이야기입니다. 그러나 중요한 것은 천국에 가면 직분이 없다는 점, 모두가 성도요, 주 안에서 형제요 자매로 불리운다는 점은 기억하셔야 합니다.

아무튼 믿음생활 잘 하다가 이 세상을 떠나 하늘에 거주하고 있는 성도들, 사도들과 선지자들을 향해 하늘에서 들리는 소리는 "그로 말미암아 즐거워하라."고 말씀하고 있습니다. 그러면 왜 즐거워하라고 하시는지 이유를 살펴보십시다. 하반절에 보시면 "하나님이 너희를 위하여 그에게 심판을 행하셨음이라 하더라."고 하면서 즐거워할 이유를 밝히고 있습니다. 앞서 큰 성 바벨론의 멸망을 선언하셨는데, 그러한 바벨론의 멸망은 바로 앞서 언급한 성도들, 사도들과 선지자들을 위하여 행하신 심판이라고 밝히고 있습니다. 이번 강해의 제목처럼 "우리를 위하여 심판하시는 하나님"께서 성도들을 박해하고 죽이기까지 했던 세상 나라를 심판해 주시기 때문에 기뻐해야 하는 것입니다. 그리고 6장 9-11절에서 보신 대로 순교한 성도들이 하늘의 제단 아래에서 "큰 소리로 불러 이르되 거룩하고 참되신 대주재여! 땅에 거하는 자들을 심판하여 우리 피를 갚아 주지 아니하시기를 어느 때까지 하시려 하나이까?"라고 하면서 탄원하고 간청한 것에 대한 응답이 바로 바벨론의 멸망이기 때문에 기뻐할 수밖에 없는 것입니다.

이 정도로 이해하고 지나가도 되겠지만 20절 하반절의 원문 호티 에크리센 호 테오스 토 크리마 휘몬 엑스 아우테스 *hoti ekrisen ho theos to krima hymon eks autes*를 좀 더 문자적으로 이해를 할 필요가 있습니다. 원문을 직역하면 "왜냐하면 하나님께서 그녀로부터 너희들의 심판을 심판하셨기 때문이다"라고 할 수 있습니다.[96] 전자는 바벨론이 성도들에게 내린 심판이고, 후자는 하나님께서 바벨론에 내리시는 심판입니다. 다시 말씀드리면 바벨론에 의해서 성도들에게 내려진 심판은 박해와 순교입니다. 예수님을 믿는다는 이유로 로마나 여러 세상 나라는 하나님의 백성들을 정죄하고 죽이기도 했습니다. 바로 그렇게 했던 심판을 바벨론에게 갚아 주시겠다는 것입니다. 죄인은 성도가 아니라 바벨론이며, 망해야 될 이는 성도가 아니라 바벨론이라는 것을 보여주시겠다는 것입니다. 마치 모르드개를 매달려고 세웠던 장대에 하만이 매달려죽게 되는 것과 같이 역전의 드라마를 마지막 심판 때에 보여주시겠다는 것입니다. 그렇게 하시는 이유는 바로 우리 성도들을 위해서입니다. 주님을 위해 고난받고 억울한 누명을 쓰기까지 한 하나님의 백성들을 신원(伸冤)하시기 위해서 그러한 반전의 은혜를 베푸시는 것입니다. 바벨론이나 이 세상이 행한 대로 그대로 갚아주신다는 것이요, 그들이 하나님의 백성들에게 행하려고 한 대로 그 심판을 수행하시겠다는 것입니다. 이로써 공의로우시고 거룩하신 하나님의 성품이 드러날 뿐 아니라 하나님의 백성들을 위하시는 사랑이 입증되는 것입니다.

바벨론 멸망의 참상

이제 두 번째로 살펴볼 것은 큰 성 바벨론의 멸망의 참상에 대하여 기록한 말씀입니다. 먼저 21절에 보시면 멸망당하는 바벨론을 바다에 떨어진 맷돌에 비유하고 있음을 볼 수 있습니다. "이에 한 힘 센 천사가 큰 맷돌 같은 돌을 들어 바다에 던져 이르되 큰 성 바벨론이 이같이 비참하게 던져져 결코 다시 보이지 아니하리로다." 유사 구절이 역사적인 바벨론의 멸망을 예언하고 있는 예레미야 51장 63-64절에도 나타나고 있습니다. "너는 이 책 읽기를 다한 후에 책에 돌을 매어 유브라데 강 속에 던지며 말하기를 바벨론이 나의 재난 때문에 이같이 몰락하여 다시 일어서지 못하리니 그들이 피폐하리라 하라 하니라 예레미야의 말이 이에 끝나니라." 예레미야는 그냥 돌이라고 했지만 사도 요한은 한 힘 센 천사가 큰 맷돌 같은 돌을 들어 바다에 던지는 환상을 보게 되었습니다. 이 큰 맷돌이란 여인들이 돌리는 작은 맷돌을 가리키는 것이 아니고, 당나귀가 돌리는 큰 맷돌로서 직경 1.5미터, 두께 30센티미터, 무게가 수천 파운드 나가는 진짜 큰 맷돌을 의미합니다. 그런 맷돌을 바다에 던져 넣으면 깊은 물속에 가라앉기 때문에 아무런 표도 나지 않게 됩니다. 하반절에 기록한 대로 결코 다시 보이지 않게 되는 것입니다. 그와 같이 큰 성 바벨론도 비참하게 던져져서 결코 다시 보이지 않을 것이라고 말씀하는 것입니다. "비참하게"라고 번역된 헬라어는 "갑작스럽고 완벽하게"라는 의미를 가지고 있습니다. 그렇게 한 때 세계를 지배하면서 세력을 과시하고 휘황찬란한 문명을 누렸던 바벨론이 흔적도 없이 사라지게 될 것을 인상깊게 표현한 것입니다. 스트라보 Strabo라는 로마시대의 지리가에 의하면 역사적인 바벨론의 유적지를 가보면 후대인들이 흔적도 찾아보기 힘들어서, 어떻게 한 때에 그렇게 거대하고 화려했던 도성이 이렇게 흔적도 없이 사라질 수 있는가 놀랍다고 했습니다. 마찬가지로 이 세상에서 화려하고 많은 세력을 떨쳤던 바벨론적 세력들이나 나라들이 하나님의 심판을 받게 되면 철저하게 완전하게 멸망하게 될 것을 요한은 환상 중에 보게 된 것입니다.

그리고 이어지는 22절과 23절에 보시면 바벨론의 멸망의 확실성과 참상을 보여주고 있는데, 주의해서 보시면 계속 반복되는 구절이 하나 있으니 "결코 다시는 보이지 아니하리라"*ou me eti*는 구절입니다. 이것은 철저한 멸망을 강조하는 문구입니다. 그러면 무엇이 다시는 결코 보이지 않는다고 말씀하는지 차례대로 살펴보도록 하겠습니다. 먼저 22절에 보시면 "또 거문고 타는 자와 풍류하는 자와 퉁소 부는 자와 나팔 부는 자들의 소리가 결코 다시 네 안에서 들리지 아니하고"라고 말씀하고 있습니다. 인생을 아름답게 하고 흥을 돋구는 음악소리가 그치고 성이 적막강산이 된다는 뜻이지요. 특히 피리는 명절과 장례식에 사용되고, 나팔은 경기와 극장에서 사용되어졌습니다. 그러한 악기나 사람의 노래하는 소리가 거치게 하신다는 것은 그 성을 황폐하게 하시겠다는 말씀입니다. 구약의 이사야 24장 8절과 에스겔 26장 13절에도 보면 이런 노랫소리 음악소리가 거치는 것을 심판의 결과로 나타날 참상을 표현하는 데 사용되고 있습니다. 오늘날도 마찬가지입니다. 아름다운 음악소리가 전혀 들리지 않고 그저 들짐승들이나 아니면 까마귀 소리만 들린다면 얼마나 적막하고 황량하게 느껴지겠습니까!

두 번째로 22절 하반절에 보시면 "어떠한 세공업자든지 결코 다시 네 안에서 보이지 아니하고"라고 말씀합니다. 세공업자란 헬라어로 테크니테스*technites*라고 하는데, 이 단어에서 영어 테크니션*technician*이라는 단어가 기원했습니다. 기술자들, 세공업자들의 전혀 보이지 않는다는 말은 결국 바벨론의 경제 전체가 몰락하게 되었다는 의미입니다.

그리고 세 번째로 22절 끝에 가시면 "또 맷돌 소리가 결코 다시 네 안에서 들리지 아니하고"라고 말씀했습니다. 당시는 밀이나 보리를 맷돌에 넣어서 갈아야 식사 재료를 얻을 수 있기 때문에, 식사 때가 되면 가정들마다 맷돌 소리가 들렸습니다. 그런데 그 맷돌 소리가 결코 다시는 들리지 않는다는 것은 식량 자원의 완전한 고갈을 가리킵니다. 먹을 것이 없어지고, 먹기 위해 요리할 일이 없는 것입니다. 사우디아라비아 북부에 소재한 라오즈 산 근처에 수많은 손 맷돌이 그냥 수도없이 버려져있더라고 하는 김승학 집사님의 기행 보고가 생각이 납니다. 그 맷돌을 사용했던 사람들은 광야에서 방황하다가 다 죽고 없기 때문입니다.[97]

네 번째로 23절 상반절에 보시면 "등불 빛이 결코 다시 네 안에서 비치지 아니하고"라고 말씀하지요. 등불 빛이란 밤에 집 안을 밝히거나, 길을 행할 때에 사용하거나, 세공업자들이 늦게 일을 할 때에 사용하였는데, 이러한 등불 빛이 결코 다시는 비추이지 않게 한다는 것은 아무도 그곳에 사는 사람이 없게 하실 것이기 때문입니다. 비록 예상이 어긋났습니다만, 나사 과학자들이 2012년 혹은 2013년에 태양폭풍이 지구에 영향을 미쳐서 인공위성이나 모든 전자장비가 무력화될 것이며 정전 사태가 벌어질 것이라고 예고하는데 얼마나 끔직스러운 재앙이 될지 감을 잡기도 어렵습니다.

마지막 다섯 번째 '결코 다시 아니'는 23절에 있는 대로 "신랑과 신부의 음성이 결코 다시 네 안에서 들리지 아니하리로다."라는 말씀입니다. 신랑과 신부의 음성이란 기쁨에 가득찬 음성입니다. 독일어로 신혼을 호흐차이트Hochzeit라고 합니다. 이는 인생의 최고의 절정기라는 말입니다. 그런데 그렇게 기뻐하는 소리가 성에서 결코 들리지 않는다는 것은 인생의 희락이 끝이 나게 되었다는 것을 의미합니다. 하나님께서는 구약 백성들에게 심판을 선언하실 때에 신랑과 신부의 소리를 끊어버리겠다는 식으로 말씀하셨습니다. 하나님께서 심판하시게 되면 이 땅 위에서 희희낙락하던 소리들이 다 사라져 버리고 애곡이나 탄식의 목소리로 가득차다가 적막해지고 말 것입니다.

이상에서 우리는 큰 성 바벨론이 하나님의 심판을 받게 되면 얼마나 황폐하고 적막하게 될 것인지에 대해서 묘사한 바를 살펴보았습니다. 온갖 사치와 오락으로 넘치던 바벨론, 탐스러운 과일들로 가득하고, 흥청망청대던 이 세상이 하나님의 심판을 받게 되면 그 모든 분복들, 기쁨들, 행복의 껍데기들을 온전히 빼앗기게 될 것을 본문은 말씀하고 있습니다. 사실 이 세상 사람들이 누리고 있는 모든 좋은 것들은 그들의 것이 아닙니다. 하나님께서 일반은총으로 주신 것들입니다. 돈 버는 재미, 자식 키우는 재미, 결혼 생활의 기쁨, 공부하는 재미 등 많은 인생의 희락이 있습니다. 그러나 그 점을 인정하지 아니하고 제 욕심대로, 제 마음대로 사용했습니다. 심판을 받게 될 때에는 그 모든 분복과 일반은총을 빼앗기게 됩니다. 이 세상과 지옥의 차이는 이 세상에서는 그렇게 일반은총을 누렸지만, 그래서 살만한 세상이라고들 이야기했지만, 지옥에 가면 결코 다시는 그런 것들을 하나도 누리지 못하게 될 것이라는 것입니다. 누가복음 16장에 기록된 부자의 고백처럼 혀를 서늘하게 할 물 한 방울 조차도 아쉬운 곳이 지옥이 될 것입니다. 따라서 지옥도 이 세상 같으면 살만하겠다라고 말하는 세상 사람들 소리에 절대로 헷갈리시면 안 됩니다. 지금 이 세상에서는 잠시지만 낙을 누립니다. 복을 누리기도 합니다. 하지만 진짜 심판을 받고 지옥에 가면 일반은총이나 복의 한 방울도 누리지 못하게 됩니다. 오로지 고통과 불행 비참밖에는 없는 곳입니다.

바벨론이 멸망할 수밖에 없는 이유

우리가 마지막으로 살펴볼 것은 바벨론이 그렇게 망할 수밖에 없는 이유가 무엇인가 하는 것입니다. 에드워드 기번Edward Gibbon은 영원한 제국으로 군림할 것 같았던 로마가 왜 멸망했을까하는 것을 밝히기 위해 연구하다보니 방대한 『로마제국쇠망사』를 집대성하게 되었습니다.

큰 성 바벨론은 요한 당시로 보면 바로 이 로마 제국을 가리킨다고 말씀을 드렸습니다. 그러면 왜 큰 성 바벨론이 멸망할 수밖에 없다고 말씀할까요? 다르게 말씀드리면 하나님께서 바벨론을 심판하실 수밖에 없는 이유가 무엇인가 하는 것입니다. 본문 23절 하반절과 24절에서 세 가지의 멸망 이유들을 확인할 수가 있습니다.

첫째 이유는 "너의 상인들은 땅의 왕족들이라."는 말에서 찾을 수 있습니다. 상인들이란 장사하는 사람들을 말합니다. 지난 강해 시간에 말씀드린 것처럼 아주 사치스러운 물품들을 로마에 와서 팔아 치부한 자들입니다. 어마어마한 부자들입니다. 이들을 땅의 왕족들이라고 말하고 있는데, 이 구절은 오히려 '땅의 존귀한 자들'이라고 번역해야 합니다. 우리가 이 구절을 잘 이해할 필요가 있습니다. 땅의 존귀한 자들이란 위대한 자들이라고 번역할 수 있습니다. 이사야 23장 8절에도 보면 페니키아 지방의 두로 상인들에 대해서 "그 상인들은 고관들이요 그 무역상들은 세상에 존귀한 자들"이었다라고 말씀하고 있습니다. 이렇게 존귀한 자들, 혹은 위대한 자들이라고 하는 것은 그들이 스스로 붙힌 명칭입니다. 스스로를 위대한 자들, 존귀한 자들이라고 하면서 영광을 취할 만큼 교만했다는 것입니다. 바벨론이나 이 세상 나라가 멸망할 수밖에 없는 것은 그들이 하나님 앞에서 교만하여 위대한 자라고 말하고 자기 영화를 꾀했기 때문입니다. 이처럼 교만이 패망의 선봉입니다.

둘째 멸망 사유는 23절 끝에 있습니다. "네 복술로 말미암아 만국이 미혹되었도다." 복술이란 마술을 의미하는데, 물론 마술이 당시의 로마에 널리 퍼져 있었으나 상업의 이익을 위하여 실제로 이 마술을 사용했을 것 같지는 않습니다. 그것은 케어드Caird라는 학자가 말한대로 로마가 열방을 유혹하여 거짓된 안정감을 갖게 하였고 또한 로마가 사실상 영원한 안정감을 갖게 하였고 또한 로마가 사실상 영원한 성이라고 믿게 만든 유혹의 기술이라는 의미로 해석해야 합니다. 당시 로마는 각양 우상숭배나 황제숭배를 해야 로마가 베푸는 혜택을 지속적으로 누릴 수 있다라고 믿게 만들었습니다. 각종 상업 단체들은 자신들의 조직을 만들고 특정한 우상을 같이 섬김으로써 회원 상호간에 친목을 도모했습니다. 그리고 그런 일에 동참하지 아니하면 경제적인 불이익을 당하게 만들었습니다. 오늘날도 이 세상은 사람들을 달콤한 유혹으로 미혹하고 있습니다. 세상을 따라가면 행복을 누리고 그렇지 않으면 '루저'가 될 것이라고 위협하고 있습니다. 그러한 세상의 속임수는 과히 마술적이라고 할 만큼 멋있어 보이고 효력이 있어보입니다. 하지만 그러한 마술을 가지고 사람들을 미혹하여 하나님을 믿지 못하게 하고 우상숭배하게 만들기에 바벨론적인 세력은 하나님의 심판을 면치 못하게 되는 것입니다.

마지막 세 번째 멸망 사유는 더욱더 중요한 것입니다. 24절에 보시면 "선지자들과 성도들과 및 땅 위에서 죽임을 당한 모든 자의 피가 그 성 중에서 발견되었느니라 하더라." 이것이 진정 큰 성 바벨론이 하나님의 심판을 받아서 깊은 바다에 맷돌을 집어던지듯이 철저하고 완벽한 심판을 당할 수밖에 없는 근본적인 이유인 것입니다. 이는 바벨론이 그렇게 휘황찬란한 문명을 누리면서 음행과 사치를 할 뿐 아니라 하나님의 말씀을 증거하고 그 말씀 대로 살고자 하므로 바벨론적인 속성에 동참하지 않았던 선지자들, 성도들을 박해하고 죽였기 때문입니다. 우리가 이 바벨론을 단순히 특정한 한 도시 이름으로 이해하지 아니하고 역사적으로 하나님을 대적하고 교만방자하며 성도들을 박해하던 역사적 바벨론과 그 속성을 그대로 계승한 세상 나라들과 예수님의 재림 직전의 이 세상의 세속주의, 이슬람, 유대교 등을 다 포괄해서 해석하는 이유는 24절의 말씀을 유의해서 보셔도 알 수 있습니다. "선지자들과 성도들과 및 땅 위에서 죽임을 당한 모든 자의 피가 그 성 중에서 발견되었느니라 하더라." 한 도시에서 모든 성도의 피가 흘려지는 것은 불가능합니다. 그리고 한 시대에서 모든 성도의 피가 흘려진 것도 아닙니다. 11장 8절에서도 말세의 교회를 상징하는 두 증인이 죽임당한 장소에 대해서 다음과 같이 말씀했습니다. "그들의 시체가 큰 성 길에 있으리니 그 성은 영적으로 하면 소돔이라고도 하고 애굽이라고도 하니 곧 그들의 주께서 십자가에 못 박히신 곳이라." 정리하자면, 이 세상 나라가 멸망할 수밖에 없는 이유는 하나님의 백성들을 박해하고 죽였기 때문이라는 것입니다. 그렇게 하는 것은 바로 그들의 하나님을 박해하는 것이요, 하나님의 영광의 눈을 촉범하는 어리석은 일인 것입니다.

이 시간에 살펴본 말씀을 정리하겠습니다. 우리는 요한계시록 18장을 통해 큰 성 바벨론의 멸망에 대해서 살펴보았습니다. 큰 성 바벨론은 한 시대에 존재했던 한 도시를 가리키지 않습니다. 바벨론적인 속성을 가진 모든 나라, 모든 세력을 가리킵니다. 이 세상 나라가 얼마나 화려하고 매력적인지를 살펴보았습니다. 그리고 이 나라에 대한 하나님의 심판이 확실하게 정해져 있다는 점을 살펴보았습니다. 그들이 멸망하는 이유는 자칭 존귀한 자라, 위대한 자라고 하면서 하나님을 대적하는 교만함 때문이고, 마술에 가까운 속임수로 사람들을 미혹하게 하기 때문이요, 궁극적으로는 하나님을 믿는 백성들을 박해하고 못살게 괴롭혔기 때문입니다. 하나님께서는 이 세상 나라를 맷돌을 들어 바다에 던져 버리듯이 철저하게 심판하실 것을 말씀해 주셨습니다. 이 세상에서 잠깐 누렸던 그 모든 인생의 희락과 분복들은 원래 하나님이 주신 것이었는데, 그들이 오용하였습니다. 이제 심판을 받고 나면 그들에게서 그 좋은 것들을 다시는 허락하시지 않을 것입니다. 오직 불행 비참 고통만을 영원히 누리게 될 것입니다.

성도 여러분! 우리는 이 세상이 허영과 오락으로 유혹하더라도 미혹당하면 안 됩니다. 하나님의 철저한 심판을 받게 될 것을 기억하시고, 믿음을 지켜야 합니다. 우리의 세마포를 더럽히지 않도록 주의해야 합니다. 그들의 죄에 동참하시면 안 됩니다. 오히려 우리는 우리의 믿음을 굳게 지키고 전진해야 합니다.

52

어린 양의
혼인 잔치

이 일 후에 내가 들으니 하늘에 허다한 무리의 큰 음성 같은 것이 있어 이르되 할렐루야 구원과 영광과 능력이 우리 하나님께 있도다 그의 심판은 참되고 의로운지라 음행으로 땅을 더럽게 한 큰 음녀를 심판하사 자기 종들의 피를 그 음녀의 손에 갚으셨도다 하고 두 번째로 할렐루야 하니 그 연기가 세세토록 올라가더라 또 이십사 장로와 네 생물이 엎드려 보좌에 앉으신 하나님께 경배하여 이르되 아멘 할렐루야 하니 보좌에서 음성이 나서 이르시되 하나님의 종들 곧 그를 경외하는 너희들아 작은 자나 큰 자나 다 우리 하나님께 찬송하라 하더라 또 내가 들으니 허다한 무리의 음성과도 같고 많은 물 소리와도 같고 큰 우렛소리와도 같은 소리로 이르되 할렐루야 주 우리 하나님 곧 전능하신 이가 통치하시도다 우리가 즐거워하고 크게 기뻐하며 그에게 영광을 돌리세 어린 양의 혼인 기약이 이르렀고 그의 아내가 자신을 준비하였으므로 그에게 빛나고 깨끗한 세마포 옷을 입도록 허락하셨으니 이 세마포 옷은 성도들의 옳은 행실이로다 하더라 천사가 내게 말하기를 기록하라 어린 양의 혼인 잔치에 청함을 받은 자들은 복이 있도다 하고 또 내게 말하되 이것은 하나님의 참되신 말씀이라 하기로 내가 그 발 앞에 엎드려 경배하려 하니 그가 나에게 말하기를 나는 너와 및 예수의 증언을 받은 네 형제들과 같이 된 종이니 삼가 그리하지 말고 오직 하나님께 경배하라 예수의 증언은 예언의 영이라 하더라(계 19:1-10).

우리가 읽은 요한계시록 19장에 보면 하늘에서 큰 음성으로 찬양드리고 있는 장면이 기록되어 있습니다. 그리고 "할렐루야"라고 하는 히브리어 단어가 네 번이나 등장하고 있는 것을 볼 수 있습니다. 이 단어는 여호와를 찬양하라Praise ye the Lord는 뜻을 가진 히브리어 단어입니다. 이전에 제가 부목사로 섬겼던 교회의 담임목사님이 목회 도중에 태국 선교사로 가서 사역하고 계신데, 설교 중에 우리 그리스도인들의 방언 가운데 가장 아름다운 방언이 할렐루야라고 말씀하시던 것이 기억납니다. 그리고 초대교부 아우구스티누스는 말하기를 "우리 그리스도인의 삶 전부는 할렐루야여야 한다"라고 했습니다. 그래서 가끔 저는 혼자말로 아멘, 혹은 할렐루야라는 단어를 읊조려 봅니다. 오늘 본문을 통해서 왜 할렐루야라고 찬양을 드리고 있는지를 살펴보도록 하십시다. 크게 보면 오늘 찬양은 2악장으로 구성되어 있다고 할 수 있습니다.

1악장-바벨론 멸망에 대한 찬양(1-5절)

첫 번째 단락(1-5절)에서는 바벨론 멸망 소식을 들은 후에 하늘에서 드려진 삼중적인 찬양 혹은 찬양요구에 대해서 기록하고 있습니다. 1절을 보시면 "이 일 후에"라고 시작하고 있는데, 이 일이란 17, 18장에서 본 큰 음녀와 큰 성 바벨론의 멸망을 가리킵니다. 즉, 이 세상 나라의 완전한 멸망 소식을 가리킵니다. 이런 일이 일어나고 나서 세상에 푹 빠져 살던 사람들은 애곡하고 통곡을 하겠지만, 하나님을 믿는 백성들의 반응은 전혀 다를 수밖에 없습니다. 우리가 19장 20절에서 이미 하나님의 백성들이 어떻게 반응해야 하는지에 대해서 보셨습니다. "하늘과 성도들과 사도들과 선지자들아. 그로 말미암아 즐거워하라. 하나님이 너희를 위하여 그에게 심판을 행하셨음이라 하더라." 하늘에 있는 백성들이나 땅에 성도들은 바벨론의 멸망을 즐거워하고 기뻐해야 할 이유가 있으니, 이는 하나님께서 우리 성도들을 위하여 그렇게 세상을 심판하시는 것이기 때문입니다.

19장 1-5절에 보시면 하늘에 거하고 있는 자들의 찬송이 기록되어 있습니다. 먼저는 1절에 보시면 "내가 들으니 하늘에 허다한 무리의 큰 음성 같은 것이 있어"라고 했습니다. 하늘에 거주하고 있는 성도들, 이미 승리한 교회가 큰 음성으로 찬양을 드리고 있습니다. 그 내용은 1절 하반절과 2절에 기록되어 있습니다. 이르되 다음을 같이 읽어보십시오. "할렐루야 구원과 영광과 능력이 우리 하나님께 있도다. 그의 심판은 참되고 의로운지라 음행으로 땅을 더럽게 한 큰 음녀를 심판하사 자기 종들의 피를 그 음녀의 손에 갚으셨도다 하고."

주의해서 다시 보시면 하늘에 있는 허다한 무리가 크게 찬양하고 있는 할렐루야의 내용이 무엇입니까? 하나님의 속성에 대한 찬양을 드리고 있습니다. 구원은 개인적인 차원의 구원을 넘어서 하나님의 전반적인 구속 계획의 완성을 의미하고, 영광과 능력은 장엄한 구원을 이루면서 나타내는 위엄과 힘을 의미합니다. 2절에 의하면 하나님의 구원은 이 세상 나라에 대한 의로운 심판을 통해서 나타났음을 알 수 있습니다. 하나님의 심판이 참되고 의롭다고 하였는데, 참되다는 것은 신실하다는 의미입니다. 하나님이 언약하신 바를 신실하게 지켜 주셨다는 의미입니다. 그리고 그 심판이 의로우시다는 것은 바벨론에 대한 심판이 왜곡된 심판이 아니라 정당한 판단에 근거한 심판이라는 의미입니다. 큰 성 바벨론이 음행하고 사치했기 때문에 하나님께서 정당한 근거 위에서 심판을 했다는 의미입니다.

뿐만 아니라 2절 하반절에 보시면 "음행으로 땅을 더럽게 한 큰 음녀를 심판"하시는 것은 "자기 종들의 피를 그 음녀의 손에 갚으"시는 의미를 가지고 있기 때문에 찬양을 드리는 것입니다. 이 구절은 왜 이 세상 나라가 심판을 받아 멸망할 수밖에 없는가 다른 이유를 밝혀주고 있습니다. 음행으로, 다르게 말해서 하나님을 대적하는 사상과 삶의 방식으로 온 세상을 더럽게 했을 뿐만 아니라 하나님의 종들, 즉 신실한 주의 백성들을 괴롭히고 죽이기까지 했기 때문이라는 것입니다. 따라서 이 세상 나라의 심판은 그들이 하나님의 백성들에게 지지른 잘못을 벌하심으로써 하나님의 신실한 백성들의 억울함을 풀어주시는 신원설치의 의미가 있는 것입니다. 성경에 보면 원수 갚는 것이 내게 있다고 하시면서 개인의 사적인 복수를 금지하신 하나님께서는 정하신 때에 자기 백성들의 원한을 이처럼 확실하게 풀어주시는 것입니다. 그렇기 때문에 하늘에 있는 이미 승리한 성도들이 큰 음성으로 "할렐루야" 하면서 하나님을 찬송하고 있는 것입니다.

그리고 3절에 보시면 그들이 "두 번째로 할렐루야 하니 그 연기가 세세토록 올라가더라."고 말씀하고 있습니다. 하늘에 있는 허다한 무리들이 두 번째로 "할렐루야"라고 찬양할 때에 그 "할렐루야"는 아무런 감정이 없는 상투적인 고백이 아니라는 것을 우리는 알아야 합니다. 교인들 가운데는 상투적으로 "주여," "아멘," "할렐루야" 하는 사람들이 있습니다. 하지만 성경에 기록된 하늘의 성도들의 말 한 마디 한 마디는 분명하게 의미를 깨닫고 고백하는 것이라는 점을 알아야 합니다. 그들은 하나님께서 자신들을 괴롭히고 못살게 굴던 세상 나라를 하나님이 심판하시는 것에 대해서 기쁨을 표현하고 있습니다. "할렐루야. 하나님을 찬송합니다." 그랬더니 어떤 일이 일어났다고 하는지 3절 하반절을 주목해 보아야 합니다. "그 연기가 세세토록 올라가더라."고 말씀하지요. 이 연기는 이 세상 나라가 심판 받아 불이 타니 그 연기가 하늘을 향해 올라가는 모습을 가리키는 것이지만, 그 연기는 결국은 하나님의 진노의 불길에서 나오는 연기라는 점을 기억해야 합니다. 이러한 비유적인 표현을 사용한 것은 세상 나라가 정말 영원토록 불이 타게 될 것이라는 의미가 아닙니다. 하나님의 진노가 그만큼 불의한 세상을 향해서 세세토록 타오를 것을 가리키는 것입니다. 그리고 이 세상 나라의 모습은 더 이상 볼 수 없게 될 것입니다.

이제 4-5절을 보시면 하늘의 성도들의 두 번에 걸친 할렐루야 송에 화답하는 또 다른 이들이 있음을 보게 됩니다. 세 번째 할렐루야입니다. 4절을 봅니다. "또 이십사 장로와 네 생물이 엎드려 보좌에 앉으신 하나님께 경배하여 이르되 아멘 할렐루야 하니"라고 말씀하는 것을 보시기 바랍니다. 이십사 장로와 네 생물은 요한계시록 4장에서 처음 등장해서 요한계시록에 가끔 출현을 했습니다. 이들의 정체에 대해서 해석이 분분하지만 저는 이십사 장로는 신구약 교회의 대표자들로 보았고, 네 생물은 하나님 가장 가까이에 있는 천사들 즉, 비서 노릇하는 천사들이라고 말씀을 드렸습니다. 이들은 하나님 가장 가까이에 있으면서 하나님이 행하시는 일들을 잘 알고 있기에 큰 성 바벨론에 내리신 하나님의 마지막 심판을 누구보다도 잘 알고 있습니다. 그러하기에 이들은 하늘의 성도들에 화답하여 보좌에 앉으신 하나님께 엎드려 경배를 드리면서 찬양을 드리는 것이 당연할 것입니다. 4절 끝 부분을 보시면 이들의 찬양은 지극히 간단하다는 것을 알 수 있습니다. "아멘 할렐루야." 왜 여기에 "아멘"이 있을까요? G. K. 비일에 의하면 "아멘"은 동의에 대한 공식적인 표현이며, 앞의 내용을 더욱 강화시켜 주기 위해 사용되었다고 합니다.[98] 즉, 하늘의 교회가 드린 찬양의 내용에 대해서 전적으로 찬동합니다. "우리들도 하나님께 찬양드립니다"하는 의미라는 것입니다.

   그리고 5절에 보시면 "보좌에서 음성이 나서 이르시되 하나님의 종들 곧 그를 경외하는 너희들아 작은 자나 큰 자나 다 우리 하나님께 찬송하라"고 말한다는 것입니다. 보좌에서 음성이 난다고 했는데 이것이 성부 하나님의 음성이냐 아니면 예수 그리스도의 음성이냐 논란이 있습니다. 앞의 세 번의 할렐루야가 우리 하나님을 향한 것이기에 하나님 아버지의 음성이라고 볼 수도 있고, 아니면 하나님 우편에 앉아계시는 성자 예수 그리스도께서 그렇다, 하나님 아버지께 찬송을 드려라고 하는 권면과 격려의 말씀이라고 볼 수도 있습니다. 5절 자체를 주의깊게 읽어본다면 후자의 해석이 맞을 듯 합니다. 그리고 하나님의 종들 곧 그를 경외하는 너희들은 누구를 가리키는지 복잡하게 생각하실 것 없습니다. 모든 믿는 성도들all believers을 가리킨다고 보면 되겠습니다.

2악장-하나님의 통치와 어린 양의 혼인잔치에 대한 찬양(6-8절)

이제 본문의 두 번째 부분을 살펴보도록 하겠습니다. 소위 하늘에 울려퍼진 찬양의 제2악장이라고 할 수 있습니다. 6-8절입니다. 6절에 보시면 "또 내가 들으니"라고 함으로써 문단을 바꾸고 있습니다. 요한은 이제 새로운 내용을 또 듣게 되었습니다. 이어지는 구절들을 보시면 "허다한 무리의 음성과도 같고 많은 물 소리와도 같고 큰 우렛소리와도 같은 소리로 이르되 할렐루야 주 우리 하나님 곧 전능하신 이가 통치하시도다."라고 기록하고 있습니다. 요한은 큰 음성을 들었는데 상당히 놀라서 그 소리의 정체를 다양하게 표현을 했습니다. 1절에서처럼 허다한 무리의 음성처럼 들리기도 했고, 많은 물소리와 같다고도 했고, 큰 우렛소리와도 같다라고 표현하고 있습니다. 이렇게 삼중적으로 표현한 것은 그 어느 한 부류의 소리라고 말하기는 어렵고, 그 장면의 장황스러움을 강조해 주는 것이라고 볼 수 있습니다.

그러면 그렇게도 크고 위엄있는 소리가 담고 있는 찬양의 내용이 무엇인지를 주목해 보십시다. 6절 하반절에서 8절까지에 이어지는 찬양의 내용을 보면 크게 두 가지 내용을 찬양하고 있다는 점을 알 수 있습니다. 첫째, 6절 하반절을 보시면 하나님의 통치에 대한 찬양을 하는 것을 볼 수 있습니다. "할렐루야 주 우리 하나님 곧 전능하신 이가 통치하시도다." 그렇게 온 우주를 울려 퍼지면서 드려지는 찬양의 내용은 "할렐루야 주 우리 하나님 곧 전능하신 이가 통치하시도다."라는 것이었습니다. 우리는 11장 15절에서도 유사한 찬양을 발견할 수 있습니다. "일곱째 천사가 나팔을 불매 하늘에 큰 음성들이 나서 이르되 세상 나라가 우리 주와 그의 그리스도의 나라가 되어 그가 세세토록 왕 노릇 하시리로다." 물론 지금도 하나님은 이 세상을 통치하고 계십니다. 그러나 많은 경우에 하나님이 안 계신 것처럼 보이고, 혹은 마귀가 세상을 다스리는 것처럼 보일 수 있습니다. 하지만 하나님은 지금도 다스리고 계십니다. 그러나 우리가 17, 18장에서 보셨듯이 하나님께서 이 세상 나라를 완전히 심판해 버리실 때에 하나님이 이 세상의 통치자라고 하시는 사실이 만천하에 공개되어지는 것입니다. 그래서 6절 하반절에 "할렐루야 주 우리 하나님 곧 전능하신 이가 통치하시도다."라고 찬양을 드리는 것입니다. 하나님은 이 세상 나라를 통치하기에 부족함이 없는 분이라는 사실을 "주 우리 하나님 곧 전능하신 이"라고 호칭을 하고 있습니다. 하나님은 전능하십니다. 자신이 원하시는 바 대로 이 세상을 마음대로 다스릴 수 있는 권능을 가지고 계신 분이십니다. 그리고 또한 이 세상 모든 것들이 다 주님의 것이기 때문에 다스릴 수 있는 권세가 오직 하나님 아버지께 있습니다. 그리고 7, 8절에 의하면 하늘에서 큰 음성으로 찬양되어지는 두 번째 내용은 어린 양의 혼인 잔치에 대한 것입니다. 옛날이나 지금도 결혼 잔치하면 이 음악적인 요소를 빠트릴 수가 없을 것입니다. 그리고 어린 양의 혼인 잔치라고 하는 표현을 잠깐 주목해 보신다면 신랑 신부가 각각 누구인지를 쉬 대답을 하실 수 있겠습니까? 우리가 성경에 보면 어린 양 되신 예수 그리스도를 신랑이라고 하고, 우리 믿는 성도들을 신부라고 표현하고 있는 곳들이 적지 않다는 것을 알고 있을 것입니다. 바로 우리 신랑되신 예수 그리스도께서 신부된 교회와 혼인 잔치를 벌이실 때가 임했다라고 하는 것이 하늘에서 드려지는 찬양의 내용 중 하나입니다.

7절을 보실까요? "우리가" 즉, 사도 요한을 포함한 모든 성도들이 "즐거워하고 크게 기뻐하며 그에게 영광을 돌리세."라고 한 후에, '왜 그렇게 해야 하느냐' 그 이유를 밝히시기를 "어린 양의 혼인 기약이 이르렀고 그의 아내가 자신을 준비하였으므로"라고 찬송하고 있습니다. "어린 양의 혼인 기약"이란 "어린 양의 혼인 잔치"라고 번역하는 것이 좋습니다. 어린 양의 혼인 잔칫날이 도래했다는 것은 예수 그리스도와 교회의 완전한 연합의 때가 이르렀다는 의미입니다. 물론 이 세상에 살 동안에도 우리는 교회와 은혜의 방편을 통해서 사랑하는 주님과 교제를 할 수 있습니다. 하지만 그런 교제는 불완전합니다. 비유적으로 말하면 안개낀 날이 많습니다. 우리가 주님을 멀리하기도 합니다. 때로는 우리를 징계하시거나 훈련하시기 위해서 주님이 떠나 계신 것처럼 느껴질 때도 있습니다. 그러나 이제 이 세상 나라를 심판하시고 어린 양의 혼인 잔치를 하게 되면 그리스도와 교회는 더할 나위 없이 밝은 관계를 가지게 됩니다. 순수하게 사랑하고 순수하게 사랑 받는 일이 가능하게 됩니다. 그것이 바로 어린 양의 혼인 잔치인 것입니다.

그런데 오늘 찬양을 주목해 보신다면 어린 양의 혼인 기약이 이르렀을 뿐 아니라 그의 아내가 자신을 준비했다고 하는 표현입니다. 도대체 이것이 무슨 뜻일까요? 이필찬 교수의 해석을 그대로 인용해서 말씀드리려고 합니다.

> 그것은 목숨을 내놓고 짐승과 그 우상에게 절하지 않고 그 짐승의 표를 받지 않는다는 것을 의미한다(20:4). 그것은 11장의 두 증인처럼 죽기까지 증거의 삶을 사는 것을 의미한다. 그리고 그러한 자들은 14장 4-5절에서의 십사만 사천처럼, "이 사람들은 여자와 더불어 더럽히지 아니하고 순결한 자라 어린 양이 어디로 인도하든지 따라가는 자며 사람 가운데에서 속량함을 받아 처음 익은 열매로 하나님과 어린 양에게 속한 자들이니 그 입에 거짓말이 없고 흠이 없는 자들."을 가리킨다. 이처럼 자신을 신부로 준비시킨 자들은 궁극적으로 2-3장의 일곱 교회들이 요구받았던 '이기는 자들'로서 인정받을 수 있다.[99]

우리가 본문 8절을 보신다고 해도 이러한 해석이 얼마나 타당한지를 알 수 있습니다. "그에게 빛나고 깨끗한 세마포 옷을 입도록 허락하셨으니 이 세마포 옷은 성도들의 옳은 행실이로다 하더라." 어린 양의 신부들은 잔치 때에 빛나고 깨끗한 세마포 옷을 입도록 허락된다라고 말씀하고 있습니다. 이는 잔치를 여는 이의 주권성을 말해 줍니다. 하지만 이어지는 구절에 의하면 그 빛나고 깨끗한 세마포 옷은 결국 성도들이 하나님의 은혜로 마련해야 하는 것임을 알려줍니다. "이 세마포 옷은 성도들의 옳은 행실이로다"라고 말씀하는 것을 보니 말입니다. 우리는 이 세마포 옷이 단순히 예수 그리스도의 피로 값없이 주신 의의 옷일 것이라고 쉽게 말하고 지나가서도 안 되겠고, 또는 성도들이 인간적인 힘으로 준비해야 하는 어떤 준비물처럼 취급해서도 안 될 것입니다. 분명히 양면성을 다 가지고 있습니다. 그러나 성도들의 옳은 행실 *ta dikaiomata*이라고 했으니 문자적인 이해를 시도해야 합니다. 옳은 행실에 해당하는 헬라어 단어는 디카이오마타인데 이는 '옳고 바른 것에 대하여 그 기대를 충족시켜 주는 행위'를 의미합니다. 그러니까 어린 양의 신부로 교회 공동체가 하나님의 기대를 충족시켜 줄 수 있는 행위를 한 것으로 인정받는 것입니다. 결국은 7절 하반절에서 본 대로 어린 양의 신부가 자신을 준비한다고 할 때의 그 내용과 다르지를 않습니다. 세상에 살지만 세상에 속한 자가 아니요, 세상에 취한 자가 아니요, 세상의 음행에 참여하는 자가 아니요, 신실하게 믿음을 지키는 것을 말합니다. "작은 예수가 되자"하고 결심하고 말씀에 순종하는 삶을 살려고 분투노력하는 것을 가리킵니다. 춘향전에서 춘향이가 온갖 유혹과 위협을 뿌리쳤기에 이몽룡을 반갑게 재회하듯이, 우리 믿는 신자들도 주님 만날 준비를 잘 하고 살아야 합니다. 그래야 오늘 본문에 나오는 것처럼 어린 양의 혼인 잔치에 기쁨으로 참여할 수 있는 것입니다.

천사와 요한의 대화 (9-10절)

오늘 마지막 대목은 9, 10절인데, 천사와 사도 요한이 대화한 내용을 담고 있습니다. 우선 9절을 다시 읽어보겠습니다. "천사가 내게 말하기를 기록하라 어린 양의 혼인 잔치에 청함을 받은 자들은 복이 있도다. 하고 또 내게 말하되"라고 말씀하지요. 천사가 무슨 말을 했습니까? "어린 양의 혼인 잔치에 청함을 받은 자들이 복이 있도다"라는 것이었습니다. 세상의 부자들이나 유명인사들의 파티에도 초청명단이 있고 초청장이 발송되고 그리고 그 초청장을 가지고 가야 파티에 참여할 수가 있습니다. 어떤 인사가 나를 초대하느냐에 따라서 그 초대는 중요성을 더 가지게 될 것입니다. 이 세상에서 가장 귀한 잔치가 있다고 한다면 각자의 결혼식일 것입니다. 하지만 그보다 모든 신자들에게 있어서 귀한 잔치는 바로 어린 양의 혼인 잔치인 것입니다. 혼인 잔치가 의미하는 바를 매우 친밀한 교제를 누리기 위한 연합이라고 앞서 말씀드렸습니다. 우리 모든 신자들이 이 세상에서 믿음의 선한 싸움을 싸우면서 고대하는 바는 바로 주님과의 친밀한 교제인 것입니다. 다시 본문으로 돌아가서 천사가 한 말 뒷 부분을 봅니다. 9절 하반절입니다. "이것은 하나님의 참되신 말씀이라." 이것은 복수형으로 바꿔야 합니다. "이것들"입니다. "이것들"이란 17장 1절에서 19장 10절까지에 기록된 말씀들을 가리킵니다. 하나님의 참되신 말씀이라고 천사가 말하는 것은 말씀의 진실성을 공식적으로 확증하는 것이라고 볼 수 있습니다.

　이제 마지막으로 살펴보아야 할 것은 10절 말씀입니다. 놀라운 하늘의 찬양 집회를 목도하고, 그리고 천사의 이야기까지 들은 요한의 반응은 무엇이었을까요? "내가 그 발 앞에 엎드려 경배하려 하니" 요한은 너무나 감격스러운 나머지 천사의 발 앞에 엎드려 경배하려고 했습니다. 하지만 이것은 안 될 일입니다. 천사가 즉각적으로 요한을 제지하는 것을 볼 수 있지요? "그가 나에게 말하기를 나는 너와 및 예수의 증언을 받은 네 형제들과 같이 된 종이니 삼가 그리하지 말고 오직 하나님께 경배하라." 그렇습니다. 천사가 아무리 빛나고 멋져 보여도 귀한 일을 하고 있어도 귀한 메시지를 전해 준다고 해도 그들은 우리의 숭배 대상이 아닙니다. 오히려 그들은 우리를 섬기라고 보냄 받은 존재일 뿐입니다. 천사는 오직 하나님께만 경배하라고 말해 주었습니다. 그러면서 끝에 "예수의 증언은 예언의 영이라 하더라."는 말을 했는데,

이렇게 번역된 구절의 원문은 번역하기에 참 어려운 구절입니다. 오래된 영어 성경(AV)이나 신국제역에서는 개역개정에서와 같이 "for the testimony of Jesus is the spirit of prophecy."라고 번역했습니다.

그리고 이 구절은 다양한 번역 가능성을 가지고 있습니다. 1) 예수에 대하여 증거하는 것이 모든 예언의 핵심이다. 2) 예수가 주신 증거는 예언의 핵심이다. 3) 예수께서 주신 증거는 성령으로 말미암아 주어진 예언이다. 4) 예수에 대한 증거는 성령으로 말미암아 주어진 예언이다. 5) 예수에 관한 증거를 받은 자들은 예언의 영을 받은 자로서 선지자이다.[100] 10절을 전체적으로 본다면, 다섯 번째 의미가 타당성을 가지고 있는데, 왜 천사에게 숭배를 하면 안 되느냐 예수의 증언을 받은 사람들은 다 같은 형제들이기 때문입니다. 오로지 그러한 증언을 주신 하나님께만 경배를 드려야 한다는 의미입니다.

이제 함께 나눈 말씀을 정리하겠습니다. 상당히 많은 내용을 말씀드렸기 때문에 잘 정리하기도 어려운 감이 있습니다. 그러나 일단 본문은 이 세상 나라의 멸망 후에 하늘에서 드려지는 찬양 집회에 대해서 말씀하고 있다는 점을 기억하십시다. 큰 성 바벨론을 의롭게 심판하신 하나님에 대해서 하늘의 승리한 교회나 24장로나 네 생물은 찬양을 드렸습니다. 우리 역시도 이 찬양에 동참하게 될 것입니다. 하나님의 신실하시고 의로우신 심판에 대해 감격 속에서 찬양하게 될 것입니다. 우리도 장차 그 자리에서 "할렐루야"를 연발하게 될 것입니다. 또한 하늘의 찬양은 하나님께서 통치하신다는 점을 찬양하고 있음을 기억하십시다. 지금은 하나님의 임재가 잘 느껴지지 않아도, 세상이 사탄의 소유물처럼 여겨질지 모르지만, 결국 하나님이 이기실 것입니다. 모든 것을 바로 잡으시고 신실한 하나님의 백성들의 억울함을 풀어주시고 신원설치해 주실 것입니다. 그 날을 사모하십시다.

또한 우리는 어린 양의 혼인 잔치에 대해 찬송하고 있는 내용을 살펴보았습니다. 이 세상에서 수고진력하는 그리스도인들이 사모하는 최상의 날이 바로 어린 양 예수 그리스도와 그의 신부된 우리들이 혼인 잔치를 하는 그 날일 것입니다. 모든 제한과 한계가 사라지고, 우리를 괴롭히는 사탄이나 옛 사람의 세력에서 완전히 벗어나서 우리의 신랑되신 예수 그리스도와 깊은 교제를 나누게 될 것입니다. 어떤 누구도 우리와 주님의 교제를 방해할 수는 없습니다. 옥한흠 목사님은 병상에서 몇 마디 말씀을 남겼는데 그중의 한 마디가 심금을 울립니다. "내 그리운 예수님 보고 싶다."는 말입니다. 이는 우리 모든 신실한 신자들의 간절한 바람일 것입니다. 우리는 모두 어린 양의 혼인 잔치에 참여할 준비를 하십시다. 신부는 자신을 단장하고 준비해야 하듯이 우리들 역시도 의의 세마포 옷을 입을 수 있도록 준비해야 합니다. 그것은 주의 은혜로 가능한데, 우리가 하나님의 말씀에 합당하게 변화되어 가는 것이요, 삶의 열매를 맺는 것입니다. 우리들 각자가 그 날에 아름다운 신부로서 나타나기를 소망하면서 전진하십시다. 한 사람도 그 잔치 날에 초대 받지 못한 자로 드러나지 않기를 소망합니다. 우리 함께 어린 양의 신부로써 빛나고 깨끗한 세마포 옷을 준비하십시다.

53

최후의 전쟁

또 내가 하늘이 열린 것을 보니 보라 백마와 그것을 탄 자가 있으니 그 이름은 충신과 진실이라 그가 공의로 심판하며 싸우더라 그 눈은 불꽃 같고 그 머리에는 많은 관들이 있고 또 이름 쓴 것 하나가 있으니 자기밖에 아는 자가 없고 또 그가 피 뿌린 옷을 입었는데 그 이름은 하나님의 말씀이라 칭하더라 하늘에 있는 군대들이 희고 깨끗한 세마포 옷을 입고 백마를 타고 그를 따르더라 그의 입에서 예리한 검이 나오니 그것으로 만국을 치겠고 친히 그들을 철장으로 다스리며 또 친히 하나님 곧 전능하신 이의 맹렬한 진노의 포도주 틀을 밟겠고 그 옷과 그 다리에 이름 쓴 것이 있으니 만왕의 왕이요 만주의 주라 하였더라 또 내가 보니 한 천사가 태양 안에 서서 공중에 나는 모든 새를 향하여 큰 음성으로 외쳐 이르되 와서 하나님의 큰 잔치에 모여 왕들의 살과 장군들의 살과 장사들의 살과 말들과 그것을 탄 자들의 살과 자유인들이나 종들이나 작은 자나 큰 자나 모든 자의 살을 먹으라 하더라 또 내가 보매 그 짐승과 땅의 임금들과 그들의 군대들이 모여 그 말 탄 자와 그의 군대와 더불어 전쟁을 일으키다가 짐승이 잡히고 그 앞에서 표적을 행하던 거짓 선지자도 함께 잡혔으니 이는 짐승의 표를 받고 그의 우상에게 경배하던 자들을 표적으로 미혹하던 자라 이 둘이 산 채로 유황불 붙는 못에 던져지고 그 나머지는 말 탄 자의 입으로부터 나오는 검에 죽으매 모든 새가 그들의 살로 배불리더라(계 19:11-21).

우리나라는 반만년의 역사 가운데 총 2천 번의 외침을 당했다고 말해집니다. 그만큼 삼천리 금수강산에 전쟁이 많았다는 이야기입니다. 가까이는 3년간의 6.25전쟁이 있습니다. 임진왜란은 7년을 치렀고, 고

려조의 몽고항쟁은 40여 년 이어졌습니다. 반면에 병자호란은 단 두 달 만에 결단이 났습니다. 우리가 서양사를 읽어보면 길고 지루한 장기 전쟁의 예들이 있습니다. 로마 역사를 읽어보면 유명한 포에니 전쟁Bella Punica이 있습니다. 기원전 264년에서 기원전 146년 사이에 로마와 카르타고가 벌인 세 차례의 전쟁을 말합니다. 특히 2차 전쟁 때는 카르타고의 명장 한니발이 이끄는 군대가 스페인, 프랑스를 거쳐 알프스 산을 넘어 로마성에까지 침공해 온 것으로 유명합니다. 종교개혁 직후에 30년 전쟁Thirty Year's War(1618년-1648년)이 일어났는데, 이는 신성 로마 제국이 있던 독일을 중심으로 로마 가톨릭 교회와 개신교 사이에서 벌어진 종교전쟁으로서 최후의 종교전쟁, 최초의 국제 전쟁이라 불립니다. 잔 다르크로 인해 유명하기도 한 백년전쟁이 있습니다. 1340년에 발발하여 1453년까지 지속되었던 이 전쟁은 영국왕가와 프랑스왕가의 대립을 중심으로 전개된 유럽 여러 세력의 대립 항쟁사였습니다.

그러나 이 모든 전쟁들조차도 비교할 수 없을 만큼 장기전이 있습니다. 인류의 역사 기간 자체와 맞먹는 전쟁입니다. 그것은 바로 성경이 말씀하는 영적 전쟁입니다. 그 전쟁에 대해서는 이미 창세기 3장 15절에서 예언되어왔습니다. 소위 여인의 후손과 뱀의 후손사이에 벌어지는 전쟁입니다. "내가 너로 여자와 원수가 되게 하고 네 후손도 여자의 후손과 원수가 되게 하리니 여자의 후손은 네 머리를 상하게 할 것이요 너는 그의 발꿈치를 상하게 할 것이니라." 인류의 역사의 내막은 결국 이 말씀의 성취를 향해 나아가는 것이었습니다. 말씀의 중요한 성취는 예수 그리스도의 십자가에서 이루어지게 됩니다. 그는 발꿈치를 물림으로써, 즉 상처를 받으심으로써, 원수의 머리를 상하게 만드셨습니다. 그리스도는 희생당하심으로써 승리자가 되셨습니다.

그렇게 시작된 예수 그리스도의 승리의 드라마는 하루 아침에 끝나지 아니하고 신약시대라고 하는 긴 막간극을 통하여 마침내 V-Day에 이르게 된다는 점을 우리는 잘 명심해야 합니다. 우리는 소위 노르망디 상륙작전에 의해서 승리가 시작된 D-Day 이후에 살고 있지만, 아직 독일의 최종 항복과 멸망의 날인 V-Day가 도래하기 전에 살고 있는 병사들과 같다는 점을 기억해야 우리의 영적인 상황을 오해하지 않을 수가 있습니다. 우리의 영적인 원수인 사탄과 그의 졸개들, 그의 세력들, 이 세상 나라는 어떤 의미에서는 너무나 왕성하게 활동하고 있기 때문입니다. 하지만 예수님으로 말미암는 결정적인 승리는 십자가에서 이루어졌습니다. 지금은 잔적 소탕전과 같다고 할 수 있습니다. 원수들의 최후가 어떻게 될 것인가에 대해서는 요한계시록 16장 끝 부분에서 본 아마겟돈 전쟁에서부터 시작하여 20장까지 보면 알 수가 있습니다. 결국 최후의 전쟁에서 승리하시는 이는 사탄이 아니라 예수 그리스도이시다는 사실을 성경은 명백하게 밝혀주고 있습니다.

백마를 탄 예수 그리스도의 강림하심(11-14절)

본문 11절에 보시면 사도 요한은 다시금 하늘이 열린 것을 보게 됩니다. "또 내가 하늘이 열린 것을 보니 보라 백마와 그것을 탄 자가 있으니 그 이름은 충신과 진실이라. 그가 공의로 심판하며 싸우더라." 정확하게 표현을 하자면 사도 요한은 환상 가운데 하늘이 이미 활짝 열려져 있는 것을 보았습니다. 유사한 표현을 4장 1절에서 본 적이 있습니다. "이 일 후에 내가 보니 하늘에 열린 문이 있는데 내가 들은 바 처음에 내게 말하던 나팔 소리 같은 그 음성이 이르되 이리로 올라오라 이후에 마땅히 일어날 일들을 내가 네게 보이리라 하시더라." 그러나 주의해서 보신다면 두 구절은 차이가 있습니다. 4장 1절에는 하늘에 열린 문이 있다고 했고, 19장 11절에서는 하늘이 열려져 있었다고 했습니다. 전자는 하늘에 문이 하나 열려서 하늘에 올라갈 수 있는 가능성이 열린 정도를 의미한다면, 후자는 아예 하늘 자체가 열려져 있다는 것입니다. 전자는 요한에게 말세에 되어질 일을 계시해 주시기 위해서 올라오라고 열어주신 문이라고 한다면, 후자는 하늘의 군대가 총출동할 수 있도록 하늘 자체가 활짝 열린 상태를 말합니다. 물론 하늘 문이 열리든, 하늘이 열리든 결국 그 가능성이 예수 그리스도의 구속의 사역의 결과로 가능해진 점에서는 동일합니다.

자, 그러면 하늘이 열려져 있는 것을 보았다고 했는데 그 다음에 본 것이 무엇인지를 살펴보십시다. 다시 11절을 보시면 "또 내가 하늘이 열린 것을 보니 보라 백마와 그것을 탄 자가 있으니 그 이름은 충신과 진실이라. 그가 공의로 심판하며 싸우더라."라고 말씀하고 있습니다. 요한이 본 것은 백마를 탄 자였습니다. 우리가 6장에서도 네 가지 종류의 말과 그 탄 기수를 보았지만, 여기서 보여지는 백마 탄 자는 여러 가지 설명들을 참고해 볼 때에 천사가 아니라 예수 그리스도를 가리킨다는 것을 알 수가 있습니다. 우선 11절에 있는 그에 대한 묘사를 보시면 "그 이름은 충신과 진실이라"고 밝히고 있습니다. 이는 신실하시고 진실하신faithful and true 분이라는 의미입니다. 예수 그리스도는 거짓과 불신의 아비인 마귀와 정반대로 신실하고 진실무망하신 분이십니다. 그러하기에 그는 이 어둠의 세력을 물리칠 수가 있으신 것입니다. 요한복음 14장 6절에서는 자신을 그 진리라고 밝히기도 하신 분이 바로 예수 그리스도이십니다. 신실하고 진실하신 예수 그리스도는 공의로 심판하시는 분이기도 합니다. 이는 예수님에 의한 심판의 시행은 합리적이고 합법적이라는 것을 말해 줍니다.

그리고 이어지는 12절에 보시면 그분의 눈은 불꽃 같다고 했습니다. 이는 주님의 꿰뚫어 보시는 눈 앞에는 그 무엇도 감추어질 수 없고, 다 드러나게 되어 있다는 것입니다. 사람의 눈은 어둡고 약해서 본질을 잘 보지 못할 때가 많습니다만, 주님의 눈은 불꽃 같은 눈이시기 때문에 모든 만물을 다 보시고, 깊은 바닷속도 세세히 보시며, 그리고 사람의 깊은 속까지도 다 꿰뚫어보시는 것입니다. 그러하기에 공의로운 심판자로서 그 역할을 수행하기에 부족함이 없으신 것입니다. 또한 주 예수 그리스도의 머리에는 많은 관들이 씌워져 있다고 했습니다. 앞서 본 대로 용은 일곱 면류관을 쓰고 있고, 그의 하수인이라고 할 수 있는 짐승은 열 개의 면류관을 쓰고 있다고 했는데(12:3, 13:1), 예수 그리스도는 그렇게 숫자로 헤아릴 수 없는 많은 면류관을 쓰시고 계신다는 것은 왕권의 크기를 상징합니다. 십자가에 못박혀 죽으시고 부활승천하신 예수 그리스도가 얼마나 큰 권세를 가지셨는가에 대해서 16절 하반절에서는 단적으로 "그 옷과 그 다리에 이름을 쓴 것이 있으니 만왕의 왕이요, 만주의 주라 하였더라"고 말씀하고 있습니다. "만왕의 왕, 만주의 주"King of Kings and Lord of Lords라는 칭호는 구약에서 하나님께만 호칭되던 것으로써(단 4:37; 2:37), 예수님께 이런 칭호를 사용한다는 것은 곧 예수 그리스도와 성부 하나님의 상호동등성을 가리킵니다.

12절 하반절을 다시 보시면 예수 그리스도에 대한 소개가 이렇게 이어지는 것을 보게 됩니다. "또 이름 쓴 것 하나가 있으니 자기밖에 아는 자가 없고"라고 했습니다. 이름이란 그 인격을 가리킵니다. 그런 점에서 예수 그리스도의 이름을 자기밖에 아는 자가 없다는 것은 예수 그리스도가 아무리 계시가 된다고 해도 우리 인생들이 다 알지 못하는 그런 측면들이 많이 있다는 것을 의미합니다. 특히 하나님 아버지와 성자 하나님의 영원한 관계를 우리는 측량할 수가 없습니다. 더욱이 이 세상의 현자들이라고 해도 주님의 성육신을 이해하지 못하니 사생자니 그런 말을 하고, 그를 인간으로 낮추어서 존경하려고 하고, 혹은 이 세상에서의 활동상에 대해서 많은 오해들을 하는 것입니다. 그리고 우리 신자들이라고 해도 영원토록 주님을 더 알아갈 수 있을 뿐입니다.

이어지는 13절을 봅니다. 백마를 타고 강림하시는 용사로 소개되는 예수 그리스도는 피뿌린 옷을 입고 있다고 했습니다. "또 그가 피 뿌린 옷을 입었는데 그 이름은 하나님의 말씀이라 칭하더라." 예수 그리스도께서 피 뿌린 옷을 입고 있다고 했는데, 그 옷에 뿌려진 피는 누구의 피를 가리키는 것일까요? 혹자는 예수 그리스도의 보혈을 가리킨다고 하고, 혹자는 그가 맞서 싸우시는 대적의 피라고 하기도 합니다. 일단 본문에서 소개되는 최후 전쟁에 참여하신 예수 그리스도와 하늘 군대는 결코 힘겹고 어려운 싸움을 싸우고 있지 않다는 점을 기억하시는 것이 좋습니다. 이 구절을 이해하기 위해서는 이사야 63장 1-3절을 참조해 보는 것이 좋습니다. 유사한 상황을 묘사하고 있기 때문입니다. 특히 3절에 보시면 "만민 가운데 나와 함께 한 자가 없이 내가 홀로 포도즙 틀을 밟았는데 내가 노함으로 말미암아 무리를 밟았고 분함으로 말미암아 짓밟았으므로 그들의 선혈이 내 옷에 튀어 내 의복을 다 더럽혔음이니"라고 말씀하고 있습니다. 이사야 63장 3절이나 요한계시록 19장 13절에 언급된 피는 다같이 하나님의 원수들의 피를 의미합니다. 예수님의 옷을 흠뻑 적시고 있는 옷은 백마 타고 오시는 예수님에 의해 시행되는 심판으로 대적들이 흘릴 피를 가리키는 것입니다.

이어지는 13절 하반절에 보시면 "그 이름은 하나님의 말씀이라 칭하더라."고 말씀하고 있는데, 여기서 언급되는 하나님의 말씀이란 천지만물을 지으신 창조주의 말씀이라는 차원보다는 심판의 차원이 강조되는 것입니다. 즉, 사탄과 그의 추종자들에 대한 하나님의 결정적인 심판의 말씀을 가리킵니다. "여기에서 하나님의 말씀이란 하나님 자신을 나타내는 계시적 의미라기보다는 전투적이며 법정적 의미를 가지는 것으로 간주할 수 있습니다."[101] 즉, 하나님께서 "죄인이라"고 선포하시면 죄인이고, "망하라"하면 망하게 되는 것이고, "지옥에 가라"하면 지옥에 가게 되는 것입니다. 판관 포청천과 비교가 안될 만큼 공의로우시고 사법적인 힘을 가지신 주님이십니다.

그리고 백마 탄 주님의 강림에는 많은 군대들이 함께 할 것임을 14절에 밝히 말씀하고 있습니다. "하늘에 있는 군대들이 희고 깨끗한 세마포 옷을 입고 백마를 타고 그를 따르더라." 하늘에 있는 군대들이란 주님께서 이 땅 위에 계실 때에 말씀하셨던 바 12군단도 더 되는 천사들을 가리킵니다. 천천만만의 천군천사들을 거느리고 주님은 심판주로 이 세상에 강림하신다는 말씀입니다. 그리고 그들은 모두 백마를 타고 있다는 것은 승리하는 군대의 모습을 보여줍니다. 또한 희고 깨끗한 세마포 옷을 입었다는 것은 이 군대가 단순히 천사들만 아니라 동일한 복장을 하고 있는 하나님의 백성들을 포함하는 것임을 알 수가 있습니다.

만국을 심판하시는 예수 그리스도 (15-16절)

이제 우리가 두 번째로 생각할 것은 백마를 타고 강림하시는 예수 그리스도의 심판 행위에 대한 것입니다. 우선 15절을 보시면 "그의 입에서 예리한 검이 나오니 그것으로 만국을 치겠고, 친히 그들을 철장으로 다스리며, 또 친히 하나님 곧 전능하신 이의 맹렬한 진노의 포도주 틀을 밟겠고"라고 말씀하고 있습니다. 세 가지를 말씀하고 있는데, 첫째는 예수 그리스도의 입에서 예리한 검이 나오고 있고, 그것으로 만국을 친다고 하는 것입니다. 이는 이사야 11장 4절 하반절에 있는 바 "그 입의 막대기로 세상을 치며 그의 입술의 기운으로 악인을 죽일 것이며"라는 유사한 말씀의 반영입니다. "만국을 친다," "세상을 친다"는 것은 세상을 심판한다는 것입니다. 그리고 그 도구는 입에서 나오는 예리한 검 즉, 말씀에 의한 것이라고 합니다. 우리 인간의 말도 사실은 권세가 있지만, 예수 그리스도의 입에서 나오는 말씀의 권세는 만국을 심판하는 권세를 가지고 있습니다. 히브리서 4장 12-13절에도 보시면 하나님의 말씀의 권세를 이렇게 말씀하고 있습니다. "하나님의 말씀은 살아 있고 활력이 있어 좌우에 날선 어떤 검보다도 예리하여 혼과 영과 및 관절과 골수를 찔러 쪼개기까지 하며 또 마음의 생각과 뜻을 판단하나니 지으신 것이 하나도 그 앞에 나타나지 않음이 없고 우리의 결산을 받으실 이의 눈 앞에 만물이 벌거벗은 것 같이 드러나느니라."

15절에 소개된 주님의 심판 행위 두 번째 내용은 "친히 그들을 철장으로 다스리며"라고 말씀하고 있습니다. 이 구절은 시편 2편 9절을 반영한 것입니다. 다윗은 메시아 시편 속에서 메시아를 가리켜서 "네가 철장(鐵杖)으로 그들을 깨뜨림이여 질그릇 같이 부수리라 하시도다."라고 말씀했습니다. 철장으로 만국을 다스린다는 것은 시편 2편식으로 읽으면, 철장으로 만국을 질그릇 깨뜨려 버리듯이 완전히 심판하실 것이라는 말씀입니다. 사탄과 그를 추종하는 이 세상 나라의 권세가 아무리 기세등등해 보여도 우리 주님이 재림하셔서 최후 심판을 하실 때에는 철 지팡이에 의해서 철저하게 부서질 수밖에 없는 질그릇에 불과한 것이라는 것입니다. 주님의 손에 들린 철장 앞에 열국은 조금도 거역하거나 대적할 수 없는 무기력한 존재일 뿐이라는 점이 드러나게 될 것입니다.

15절 하반절에서 소개되어지는 세 번째 심판 행위는 앞의 내용들을 보충해 줍니다. "또 친히 하나님 곧 전능하신 이의 맹렬한 진노의 포도주 틀을 밟겠고." 예수 그리스도께서 친히 무엇을 하신다구요? 전능하신 하나님, 즉 자신의 원하시는 바대로 무엇이든지 하실 수 있는 전권을 가지신 하나님, 그러하기에 심판도 마음대로 쉽게 하실 수 있는 하나님의 맹렬한 진노의 포도주 틀을 주님께서 친히 밟으시겠다는 것입니다. 포도주 틀을 밟는 것에 심판을 비유하고 있는 것은 14장 19-20절에서도 본적이 있습니다. "천사가 낫을 땅에 휘둘러 땅의 포도를 거두어 하나님의 진노의 큰 포도주 틀에 던지매 성 밖에서 그 틀이 밟히니 틀에서 피가 나서 말 굴레에까지 닿았고 천육백 스다디온에 퍼졌더라." 포도주 틀에 포도들을 집어넣고 밟는 것처럼 원수들을 철저하게 짓밟으시고 심판하시는 것을 비유적으로 표현한 것입니다. 그렇게 짓밟히고 심판당하는 자들은 하나님의 맹렬한 진노를 받는 것이라고 했습니다. 이전에 그들이 하나님의 백성들을 마구 짓밟아댄 것에 대한 하나님의 합당한 심판을 시행하시는 것입니다. 바로 그 심판을 주 예수 그리스도께서 대신 수행하시는 것입니다.

이미 우리가 앞서도 미리 당겨서 살펴 보았지만 이어지는 16절에 보면 만국을 심판하시는 주 예수 그리스도가 얼마나 큰 권세를 가지고 계시는지를 다음과 같이 소개하고 있습니다. "그 옷과 그 다리에 이름을 쓴 것이 있으니" 이 구절은 주님의 다리 근처에 있는 옷에 이름이 쓴 것이 있다는 뜻입니다. 그러면 그곳에 쓰여진 주님의 이름이 무엇이라고 계시되어집니까? "만왕의 왕이요 만주의 주"입니다. 원래 성부 하나님께 돌려지는 칭호이지만, 예수 그리스도께도 동일하게 사용되고 있습니다. 이는 성부와 성자의 상호동등성을 보여주는 구절이기도 하고, 예수 그리스도께서 인간의 몸을 입고 이 땅 위에 오셔서 죽기까지 순종하셨기에 아버지께서 주신 상급이기도 합니다. 인자됨을 인하여 심판하는 권세를 주셨습니다.

하나님의 큰 잔치에의 초대 (17-21절)

이제 세 번째로 살펴볼 것은 17절 이하에 있는 말씀입니다. 소위 하나님의 큰 잔치에의 초대라고 이름할 수 있는 대목입니다. 17절을 봅니다. "또 내가 보니 한 천사가 태양 안에 서서 공중에 나는 모든 새를 향하여 큰 음성으로 외쳐 이르되 와서 하나님의 큰 잔치에 모여." 한 천사가 태양 안에 서서 공중에 나는 새들을 하나님의 큰 잔치에 모여라고 초대하는 모습입니다. 하나님의 큰 잔치라고 표현했지만, 19장 1-10절에서 본 어린 양의 혼인잔치와는 성격이 전혀 다른 잔치입니다. 어린 양의 혼인잔치는 예수 그리스도와 신부된 성도들이 참여하는 큰 기쁨의 잔치이지만, 지금 소개되는 잔치는 비극과 불행의 잔치입니다.

왜냐하면 그렇게 공중의 새들을 초대하여 가지고서는 "왕들의 살과 장군들의 살과 장사들의 살과 말들과 그것을 탄 자들의 살과 자유인들이나 종들이나 작은 자나 큰 자나 모든 자의 살을 먹으라"고 18절에 말씀하고 있기 때문입니다. 여기서 열거된 자들은 모두 적그리스도의 추종자들을 의미합니다. 옛날 전쟁터를 생각해 보시면 이 장면이 의미하는 바를 알 수 있습니다. 큰 전쟁을 치루고 나면 전쟁터에는 수많은 시신들이 여기저기 널부러져 있고 쌓이게 됩니다. 그럴 때에는 독수리, 매, 까마귀 등이 몰려와서 죽은 시신들을 뜯어 먹고 배를 불리우게 됩니다. 더욱이 본문에서처럼 이쪽 저쪽의 시신이 아니라 한 편의 시신들로 전쟁터를 가득히 채운다면 그것이야 말로 완전한 패배요 멸망을 의미하는 것입니다. 아주 일방적인 패배라고 할 수 있습니다. 이처럼 주님께서 최후에 사탄을 추종하는 세력들과 싸우시는 싸움은 주님의 일방적인 승리로 끝이 나게 될 것을 인상 깊게 보여주는 것입니다.

이러한 내용은 이미 에스겔 39장 17-20절에서 예언된 바가 있습니다. "주 여호와께서 이같이 말씀하셨느니라, 너 인자야 너는 각종 새와 들의 각종 짐승에게 이르기를 너희는 모여 오라. 내가 너희를 위한 잔치 곧 이스라엘 산 위에 예비한 큰 잔치로 너희는 사방에서 모여 살을 먹으며 피를 마실지어다. 너희가 용사의 살을 먹으며 세상 왕들의 피를 마시기를 바산의 살진 짐승 곧 숫양이나 어린 양이나 염소나 수송아지를 먹듯 할지라. 내가 너희를 위하여 예비한 잔치의 기름을 너희가 배불리 먹으며 그 피를 취하도록 마시되 내 상에서 말과 기병과 용사와 모든 군사를 배부르게 먹일지니라 하라. 주 여호와의 말씀이니라." 소위 곡과 마곡의 전쟁에서 어떤 결과가 일어날지에 대해 말씀하시는 부분입니다. 예수 그리스도의 재림에 의해서 성취될 최후 전쟁의 결과에 대한 예언이기도 합니다. 이처럼 사탄적인 세력들이 완패당하여 그 시신들을 새들이 배불리 먹게 된다는 것은 또한 비참한 종말과 수치스러운 종말을 의미합니다. 너희들이 잘난척하고 설쳐댔지만 새밥에 불과하다는 의미인 것입니다. 21절에서도 동일한 내용을 말씀하고 있습니다. "그 나머지는 말 탄 자의 입으로부터 나오는 검에 죽으매 모든 새가 그들의 살로 배불리더라."

그러나 이제 19-20절을 보시면 사도 요한은 17-18절과 다른 방식으로 악의 세력들, 특히 짐승과 거짓 선지자의 최후를 묘사해 줍니다. 둘은 이미 13장에서 살펴본 대로 사탄이 이 세상에 세운 적그리스도적인 정치 권력과 이를 추종하도록 만드는 거짓 선지자들을 가리킵니다. 온 세상 사람들은 권력으로 사로잡거나 거짓 이념과 사상으로 미혹하던 두 세력을 가리킵니다. 그들의 최후가 어떻게 된다고 말씀하는지를 보시기를 바랍니다. "또 내가 보매 그 짐승과 땅의 임금들과 그들의 군대들이 모여 그 말 탄 자와 그의 군대와 더불어 전쟁을 일으키다가 짐승이 잡히고 그 앞에서 표적을 행하던 거짓 선지자도 함께 잡혔으니 이는 짐승의 표를 받고 그의 우상에게 경배하던 자들을 표적으로 미혹하던 자라 이 둘이 산 채로 유황불 붙는 못에 던져지고." 짐승은 바벨론, 로마, 공산주의 등 적그리스도적인 세상 권력을 가리킨다고 누누이 설명했습니다. 그리고 그런 적그리스도적인 세력을 숭배하고 따르도록 거짓 술수와 속임수로 미혹하는 거짓 선지자들이 함께 공모하여 그리스도와 하늘 군대를 대적하는 싸움을 싸우겠지만 그 결과는 철저한 패배로 끝이 나게 될 것을 말씀해 줍니다. 그들은 그리스도와 하늘군대에 의해서 붙잡히게 될 것이고, 산 채로 유황으로 타는 불못에 던져지게 될 것입니다. 이들이 들어갈 불못에 장차는 마귀도 음부도, 모든 악인들도 던져지게 될 것이며, 영원히 고통을 당하게 될 것입니다. 20장 10절에 보시면 "또 그들을 미혹하는 마귀가 불과 유황 못에 던져지니 거기는 그 짐승과 거짓 선지자도 있어 세세토록 밤낮 괴로움을 받으리라."고 했고, 14절에서는 "사망과 음부도 불못에 던져지니 이것은 둘째 사망 곧 불못이라."고 말씀하고 있습니다.

이제 함께 나눈 말씀을 정리해보도록 하겠습니다. 오늘 우리는 복잡한 말씀을 들은 것 같아도 내용을 간추려 보면 간단하고 분명합니다. 인류의 역사 가운데 있을 최후의 전쟁에 대한 말씀이었습니다. 인류의 역사가 어떻게 펼쳐져 가더라도 결국은 어떻게 될 것인가를 분명하게 보여주는 말씀이었습니다. 백마를 탄 예수 그리스도께서 "만왕의 왕 만주의 주"이시기에 사탄과 그 악한 추종자들을 확실하게 이기시고, 철저하게 심판하실 것을 말씀해 주고 있습니다. 신실하시고 진실하시기에 공의로 심판하시는 주님이심을 보았습니다. 이 세상의 악한 권세를 상징하는 짐승이나 그 짐승을 숭배하도록 미혹하는 거짓 선지자들과 추종자들이 다 비극적이고 수치스러운 패배를 당할 것이며 영원히 끓는 유황 불못에 들어가서 고통을 당하게 될 것임을 보았습니다. 이러한 메시지는 로마 제국에 의해서 환난과 박해를 경험하고 있던 초대 교회 성도들에게 많은 위로가 되었을 것입니다. 타협하여 잠시 잠깐의 낙을 누리고자 하는 유혹을 물리치고, 다윗처럼 골리앗같은 세상에 맞서서 담대하게 살아갈 수 있었을 것입니다. 하나님이 반드시 이기신다고 하는 굳센 믿음을 가지고 말입니다.

사랑하는 여러분! 그럼 우리는 어떠합니까? 우리는 어느 편에 서 있습니까? 우리의 사랑하는 주님이 만왕의 왕이요 만주의 주이심을 아십니까? 이 세상을 심판하실 전능하신 하나님이신 줄 믿으십니까? 우리를 구속하신 주님이 그와 같은 심판주요, 승리자라는 것을 제대로 인식한다면 우리는 최후의 심판을 두려워하지 않을 것입니다. 뿐만 아니라 주님이 반드시 이기실 것을 안다면 우리는 현재의 힘겨운 삶 속에서 시험이나 미혹에 굴하지 아니하고 주님 편에 서서 거룩한 싸움을 잘 싸울 수 있을 것입니다. 결국 이기실 분은 주님이신데 우리가 무엇을 두려워하겠습니까? 사람은 큰 사랑에 빠지면 나머지 것들에 신경쓰지 않게 됩니다. 정말 두려워해야 할 자를 안다면 작은 것들로 인해 두려워하지 않을 수 있습니다. 우리 마음 가운데 우리의 주 예수 그리스도가 어떤 분인지를 분명하게 아시기를 바랍니다. 주님만을 사랑하시게 되시기를 바랍니다. 이 세상의 악한 세력을 두려워하지 않게 되시기를 바랍니다. 새의 밥이나 되고 말 이 세상의 왕들과 장군들이나 사람들, 그리고 영원한 불못에 들어가서 고통당할 이 악한 세력들을 겁내지 마시기를 바랍니다. 우리는 만왕의 왕, 만주의 주되신 예수 그리스도를 따르는 희고 깨끗한 세마포 옷을 입은 거룩한 용사들이 되시기를 바랍니다. 다시

한 번 요한계시록의 요절인 17장 14절을 명심하십시다. "그들이 어린 양과 더불어 싸우려니와 어린 양은 만주의 주시요 만왕의 왕이시므로 그들을 이기실 터이요 또 그와 함께 있는 자들 곧 부르심을 받고 택하심을 받은 진실한 자들도 이기리로다."

54

천년 왕국

또 내가 보매 천사가 무저갱의 열쇠와 큰 쇠사슬을 그의 손에 가지고 하늘로부터 내려와서 용을 잡으니 곧 옛 뱀이요 마귀요 사탄이라 잡아서 천년 동안 결박하여 무저갱에 던져 넣어 잠그고 그 위에 인봉하여 천년이 차도록 다시는 만국을 미혹하지 못하게 하였는데 그 후에는 반드시 잠깐 놓이리라 또 내가 보좌들을 보니 거기에 앉은 자들이 있어 심판하는 권세를 받았더라 또 내가 보니 예수를 증언함과 하나님의 말씀 때문에 목 베임을 당한 자들의 영혼들과 또 짐승과 그의 우상에게 경배하지 아니하고 그들의 이마와 손에 그의 표를 받지 아니한 자들이 살아서 그리스도와 더불어 천년 동안 왕 노릇 하니 (그 나머지 죽은 자들은 그 천년이 차기까지 살지 못하더라) 이는 첫째 부활이라 이 첫째 부활에 참여하는 자들은 복이 있고 거룩하도다 둘째 사망이 그들을 다스리는 권세가 없고 도리어 그들이 하나님과 그리스도의 제사장이 되어 천년 동안 그리스도와 더불어 왕 노릇 하리라(계 20:1-6).

이제 우리는 요한계시록의 마지막 부분에 이르렀습니다. 요한계시록은 난해하고 어려운 책입니다만, 그럼에도 불구하고 많이 알려진 내용들이 있는데 특이한 숫자와 관계된 것이 대부분입니다. 예를 들면 7장에 있는 144,000이라는 숫자, 13장에 기록된 666이라는 숫자, 그리고 오늘 우리가 읽은 20장에 나오는 천년 동안 왕 노릇 한다는 것인데 줄여서 한 단어로 무엇이라고 하는가 하면 천년왕국the Millenium이라고 합니다. 그러나 천년왕국에 참여하는 자들이 누구이며, 언제 천년왕국이 세워지며, 천년왕국 동안에 참여하는 자들은 무엇을 하며, 참여하지 않는 자들은 무엇을 하는가 등이 심각한 논쟁의 대상이 되어 왔습니다. 사실 요한계시록의 해석사를 읽어보면 천년왕국이 언제 임하느냐 그 시기를 두고서 여러 가지의 이론들이 제기되어 왔다는 것을 알게 됩니다. 같은 교단 안에 속한 목회자들을 만나서 대화를 하거나 설교를 들어보면 각기 다른 종류의 견해를 가지고 있다는 것을 알게 됩니다. 왜 제가 이런 말을 드리느냐 하면, 그만큼 이 문제가 쉽게 해결할 수 있는 문제가 아니기 때문입니다.[102]

천년왕국에 대한 네 가지 견해들

이렇게 같은 교단의 목사들이나 신자들 가운데서 조차도 다양한 천년왕국론이 존재한다는 것은 천년왕국에 대한 견해가 다르다고 해서 쉽게 남을 이단이라고 정죄해서는 안 된다는 것을 의미합니다. 이 시간에 제가 자세하게 말씀을 드릴 수는 없으나 본문을 살펴보기 전에 먼저 천년왕국에 대한 네 가지 서로 다른 견해를 쉽고 간결하게 정리해서 말씀드리겠습니다.

첫째, 역사적 전천년설Historical Premillennialism입니다.
이 해석에 의하면 요한계시록 20장을 문자적으로 해석하는 입장을 취합니다. 이 해석에 의하면 이미 19장에서 예수 그리스도께서 재림하신 것으로 되어 있으니까, 천년왕국은 예수님이 재림하시고 나서 모든 악의 세력을 심판하시고 나서 시작된다고 주장합니다. 그래서 전천년이라는 표현은 천년왕국 전에 예수님이 재림하신다는 뜻입니다. 그들이 말하는 종말 프로그램의 순서를 말씀드리자면, 재림-악과의 전쟁 그리고 심판-천년왕국-곡과 마곡의 전쟁-크고 흰 보좌의 심판-신천신지 순서로 이루어진다고 합니다. 박형룡, 박윤선, 박아론, 이광복, 이한수, 김상훈, 이동원, 조지 래드, 정성욱 등이 주장하는 입장입니다. 그런데 이러한 해석의 난점이 무엇인가 하면 예수님이 재림하시어 천년 왕국을 개시하시기 전에 모든 악의 세력을 심판하신다고 했는데, 20장 7절 이하에 보면 다시금 사탄의 세력이 하나님을 대적하여 봉기한다는 점입니다.

둘째, 후천년설Postmillennialism입니다.

후천년설에 의하면 복음이 증거된 후에 이 세상의 악은 점점 소멸되게 된다는 것입니다. 즉, 여러 가지 사회 사업 제도나 교육 제도의 발전 등으로 이 세상은 점점 문명화되고 기독교화되어서 결국 복음이 온 세상을 덮게 되는데 바로 이것이 천년왕국이고 그 후에 예수님이 재림하신다는 것입니다. 이런 입장은 인류 역사에 대한 낙관론적인 견해로서 수많은 영국의 청교도들과 조나단 에드워즈가 그렇게 믿었고, 19세기의 구 프린스턴 신학자들인 찰스 핫지, A. A. 핫지, 그리고 B. B. 워필드 등이 주장한 입장입니다. 이들의 해석에 따르면 예수님께서는 천년왕국이 끝날 무렵에 재림하시는 것이 됩니다. 예수님께서 지상에 세워지는 천년왕국 후에 재림하신다 해서 후천년설이라고 합니다. 그러나 우리가 지난 세기의 1, 2차 세계 대전을 통해서 분명하게 확인하게 되었습니다만, 인류 역사와 문명은 더욱 진보하고 발전한다기보다는 영적으로나 도덕적으로 더욱 퇴보하고 있습니다.

셋째, 세대주의 전천년설Dispensational Premillennialism입니다.

네 개의 천년왕국설 중에 가장 대중화되어 있으며 성도님들의 귀에도 익숙한 내용이지만, 성경적으로는 잘못된 것이 많은 것이 바로 이 세대주의적 전천년설입니다. 이 입장에 의하면 예수님의 재림은 두 번 있습니다. 공중에 비밀리에 재림하시는 것과 두 번째로 가시적으로 지상에 재림하시는 것입니다. 첫째 공중재림 때에는 그리스도인들 가운데 잘 믿는 자들을 공중에 휴거시켜서 어린 양의 혼인잔치를 하게하고,

지상에는 7년 대환란이 일어나게 된다는 것입니다. 그 7년 대환란 동안 유대인들의 민족적인 회심 사건이 일어나게 된다고 합니다. 그리고 나서 주님이 다시 눈에 보이게 본격적인 재림을 하심으로, 천년왕국이 시작되어진다는 것입니다. 존 넬슨 다비에 의해서 19세기에 시작된 이 견해는 나이아가라 수련회의 주요 종말론으로 전수되어졌으며, 이 수련회의 영향을 받은 많은 선교사들이 한국에 들어와서 전파를 하는 바람에 초대교회 종말론은 다 세대주의에 물들었습니다. 길선주, 손양원, 이성봉, 조용기 목사님에 이르기까지 다 세대주의 종말론자들입니다. 그러나 우리 개혁주의에서는 수용할 수 없는 입장입니다. 물론 최근에 세대주의안에서 점진적 세대주의Progressive Dispensationalism가 등장해서 언약신학을 수용하고 있다는 점도 주의해 볼 필요가 있습니다.

넷째, 무천년설Amillennialism입니다.

이 견해는 천년왕국을 문자적인 천년이 아니라 복음시대에 대한 상징으로 보는 것입니다. 즉, 예수님이 승천하시고 오순절 성령 강림으로 말미암아 출발한 초대교회로부터 예수 그리스도께서 재림하시어 최종심판을 시행하시는 때까지의 교회시대를 일컬어서 천년왕국 시기라고 해석하는 것입니다. 교회사를 통하여 보면 아우구스티누스나 칼뱅을 필두로 많은 개혁주의 신학자들(카이퍼, 바빙크, 베르까우어, 루이스 벌코프, 안토니 후크마 등)이 견지해 온 입장입니다. 마틴 로이드 존스, 김서택 등이 취하는 입장입니다. 저도 무천년설적 입장이 가장 성경을 바르게 해석한다고 생각을 합니다.

다시 간략하게 정리를 해보면 천년왕국이 예수님의 재림하신 후에 이루어진다고 믿으면 역사적인 전천년설이 되고, 예수님이 재림하시기 전에 이루어진다고 믿으면 후천년설, 그리고 복음시대 또는 교회시대가 천년왕국 시대라고 믿으면 무천년설이라고 하는 것입니다. 세대주의 전천년설에 의하면 천년왕국이 세워지기 전에 예수님은 공중에 한 번, 지상에 한 번 재림하신다라고 주장합니다. 그런데 중요한 것은 과연 이 네 가지 견해 가운데 어느 것이 성경적이냐 하는 것입니다. 천년 동안 다스린다는 표현은 성경 가운데 요한계시록 20장에만 나오는 표현입니다. 그러나 종말에 되어질 일들의 순서에 대해서는 요한계시록 뿐만 아니라 복음서에도 그리고 바울서신에도 분명하게 설명되어져 있습니다. 따라서 우리는 복음서나 바울서신을 근거로 해서 이 난해한 문제를 해결하는 것이 온당한 길이라고 생각합니다.

우리는 마태복음 24, 25장에 기록되어 있는 예수님의 감람산 설교를 주목해 볼 필요가 있습니다. 이 설교는 고난 주간에 그의 제자들에게 가르쳐 주신 종말론 설교입니다. 예수님은 자신이 재림하시기 전에 일어날 여러 가지 일들에 대해서 미리 경고해 주시었습니다. 예수님은 복음이 온 천하에 전파될 것이며, 세상은 항상 있던 대로 혼란스럽고 복잡하며 자연재해는 계속될 것이라고 말씀하셨습니다. 재림의 징조가 무엇이냐고 묻는 자들에게 특별한 재림의 징조는 따로이 없으며, 그 날과 그 시는 자신도 모른다고 딱 잘라 말씀하셨습니다. 결국 항상 깨어 준비하고 있으라는 말씀입니다. 그리고 예수님이 천사장의 나팔소리와 함께 재림하시면 사탄과 악한 자들에 대한 심판이 이루어지고 곧 바로 성도들은 변화하여 신천신지에 참여하게 될 것이라는 것이 예수님이 가르쳐주신 종말론의 요점입니다. 예수님의 가르침 가운데는 예수님이 재림하신 후에 천년왕국이 있고, 그리고 그 이후에 영원한 신천신지가 있을 것이라는 말씀이 없습니다. 소묵시록이라고 불리우는 데살로니가후서 2장의 경우에도 마찬가지입니다.

신약성경이 줄기차게 말씀하시는 증거에 따르면 예수님 재림하실 때에 성도들의 부활과 죄인들의 심판 등이 있고, 그리고 하나님께서는 온 우주를 새롭게 하시어 신천신지의 복에 우리 성도들을 동참하게 하실 것이라는 것입니다. 그래서 우리는 그 날을 소망하면서 믿음을 잘 준비하는 것이 급선무이고 중차대한 과제인 것입니다. 사실 우리 주변에는 천년왕국에 대한 불건전한 사색과 상상에 빠져서 시간을 허비하는 이들이 많이 있습니다. 그러나 우리들은 분명한 진리들을 굳세게 붙잡고, 신앙생활에 힘쓰는 것이 바람직합니다.

사탄의 결박(1-3절)

이제 우리가 읽은 본문으로 돌아가서 살펴보도록 하십시다. 우리가 읽은 본문은 자연스럽게 두 부분으로 나누어집니다. 첫 본문은 1-3절입니다. 다시 한 번 본문을 보도록 하겠습니다. "또 내가 보매 천사가 무저갱의 열쇠와 큰 쇠사슬을 그의 손에 가지고 하늘로부터 내려와서 용을 잡으니 곧 옛 뱀이요 마귀요 사탄이라 잡아서 천년 동안 결박하여 무저갱에 던져 넣어 잠그고 그 위에 인봉하여 천년이 차도록 다시는 만국을 미혹하지 못하게 하였는데 그 후에는 반드시 잠깐 놓이리라." 힘센 천사가 하늘에서 내려와서 용, 혹은 옛 뱀, 마귀 등의 이름으로 다양하게 불리우는 사탄을 큰 쇠사슬로 결박하고 무저갱에 가둡니다. 이 무저갱이라는 단어는 "아비소스," 영어로 "어비스"abyss를 번역한 말인데 밑이 없는 깊은 구덩이라는 말입니다. 사탄을 그런 구덩이에 가둔다는 것인데, 그 기간은 천년이며, 천년이 차고 나면 반드시 잠시 놓여나게 되는 때가 옵니다.

마귀를 옛 뱀이라고 하는데, 이는 첫 인류를 타락시킨 장본인이라는 뜻입니다. 그리고 마귀라는 말은 참소자라는 뜻이요, 사탄은 히브리어로 대적자라는 뜻입니다. 이러한 이름들은 그의 실체와 그가 즐겨하는 일들이 무엇인지를 보여줍니다. 사탄의 다양한 이름들은 그의 정체를 탄로시켜 주는 것입니다. 사탄이 하는 주된 일은 하나님의 백성들의 잘못을 찾아내어서 고자질하는 것과, 하나님의 백성들과 하나님을 대적하는 것입니다. 요즘말로 하자면 사탄은 검색의 대가요, 아플 다는 데 선수라고 할 수 있을 것입니다. 사탄이 하는 일에 대해서 본문 3절에 보면 만국을 미혹하는 것이라고 밝히고 있는데, 이는 사탄이 끊임없이 세상 사람들을 거짓말로 속이고 하나님을 믿지 못하도록 막는 자라는 뜻입니다.

그러나 그렇게 만국을 미혹하던 자가 하나님의 천사에 의해서 결박당하고 무저갱에 천년 동안이나 갇히게 된다고 본문은 말씀하는데, 과연 이것이 무슨 의미일까요? 쉽게 설명드리면 구약 시대와 신약 시대의 차이를 잘 보여주는 말씀입니다. 지나간 2천 년의 교회사는 타락과 배교의 역사라고 볼 수 있지만, 다른 관점에서 보면 위대한 하나님의 선교 역사라고 볼 수 있습니다. 아직도 복음을 듣지 못한 미전도 종족이 많이 남아있고, 성경이 번역되지 않은 언어와 방언들도 있으나, 그럼에도 불구하고 지난 2천 년 동안 예루살렘에서 시작된 복음전파의 역사는 전 세계 구석구석까지 미치고 있습니다. 그러나 구약 시대는 어떠했습니까? 하나님의 말씀을 들은 민족은 유대 민족 뿐이었습니다. 만국은 사탄의 암흑 통치 아래에 영적인 죽음이 온 세상에 편만하게 지배하고 있었습니다. 이러한 두 시대 간의 대조를 이해하시겠습니까? 오늘 우리가 사는 시대에도 온갖 사회 악이 난무하고 범죄자들이 득실거리고 있습니다. 그럼에도 불구하고 하나님의 복음 또한 강력하게 증거되고 있는 현실입니다.

그러면 구약시대와 신약시대가 이렇게 다른 이유가 무엇일까요? 양 시대에 살고 있는 사람들이 다르기 때문은 아닙니다. 과학 기술문명이나 학문과 교양이 발달하거나 물질문명이 럭셔리해졌기 때문도 아닙니다. 하나님의 구원사에 있어서 중대한 일들이 일어났기 때문입니다. 예수님은 공생애 기간 동안 제자들을 전도하러 보내시었습니다. 그리고 그들의 전도 사역으로 인하여 사탄이 번개 같이 하늘에서 땅으로 떨어지는 것을 보았다고 말씀하시었습니다. 그리고 자신이 이 세상에 온 것은 사탄이라는 강한 자에게 노예살이하고 있는 불쌍한 인류를 구출해 내시기 위해서 사탄보다 더 강한 자로 오셨다고 말씀하시었습니다.

예수님은 자신의 사역을 마치 포로되어 있는 자기 백성을 구출하기 위해서 파견된 특공대에 비유하신 것입니다. 예수님의 공생애 기간 동안에도 사탄의 권세가 꺾여지고 하나님의 나라가 왕성해지는 여러 증거들을 보여 주시었습니다. 귀신을 쫓아내시고, 병자들을 고치시며, 죽은 영혼들을 말씀으로 살려내시는 일을 하심으로 하나님의 나라를 시위demonstrate하셨습니다.

그러나 예수 그리스도께서 결정적으로 사탄을 포박하고 그 힘을 쇠약하게 하시어서 만국을 미혹하지 못하도록 만드신 것은 바로 십자가에 못박혀 죽으심으로써였습니다. 예수님은 십자가를 통해서 사탄이 이 세상을 지배할 수 있는 모든 근거를 법적으로 박탈하셨습니다. 그래서 그 이후에 복음이 전파되는 곳마다 죽은 영혼들이 살아나고, 사람들이 변화되어 참 자유와 행복을 누리며, 악한 사회 구조도 개선되는 것들을 볼 수가 있습니다. 오늘날도 우리가 가정이나 이 사회에 복음을 전해야 합니다. 진리를 더욱 밝혀야 합니다. 하나님의 영광을 아는 지식이 충만해 질 때에 이 세상에서 사탄이 부리는 흑암의 세력은 힘을 잃게 되는 것입니다.

천년 동안 그리스도와 함께 왕노릇하는 자들(4-6절)

두 번째 부분인 4-6절에서는 만왕의 왕, 만주의 주이신 예수 그리스도와 더불어서 천년 동안 왕노릇하고 있는 성도들과 순교자들을 소개하고 있습니다. 예수님은 구속 사역을 완수하시고 승천하신 후에 하늘과 땅에 있는 모든 자를 다스리시는 왕의 권세를 부여 받으셨습니다. 따라서 지금도 예수 그리스도는 온 우주의 왕으로서, 교회의 머리로서 통치하고 계시는 분입니다. 그런데 바로 그와 같은 그리스도의 왕권에 동참하는 자들이 있습니다. 예수님의 그 권세에 동참시켜 주시는 자들이 있습니다. 4절에 보면 "또 내가 보좌들을 보니 거기에 앉은 자들이 있어 심판하는 권세를 받았더라. 또 내가 보니 예수를 증언함과 하나님의 말씀 때문에 목 베임을 당한 자들의 영혼들과 또 짐승과 그의 우상에게 경배하지 아니하고 그들의 이마와 손에 그의 표를 받지 아니한 자들이 살아서 그리스도와 더불어 천년 동안 왕 노릇 하니"라고 말씀했습니다. 그리스도와 더불어서 왕노릇하는 자들은 예수님의 증거와 하나님의 말씀을 인하여 목베임을 받은 순교자의 무리입니다. 그리고 하나님을 대적하는 이 세상과 가치관에 동조하지 아니하고 예수님을 믿는 믿음을 신실하게 지켰던 성도들의 무리입니다. 죽기까지 믿음을 지켰던 성도들을 가리킵니다. 이 세상과 타협한 사람들은 왕노릇할 수가 없습니다. 경제적인 고난이나 박해가 두려워서 황제의 상에 분향하고 표를 받은 사람들은 영원한 생명에 들어올 수가 없습니다. 결국 이 세상을 심판하게 되는 이들이 누구입니까? 그들은 죽음을 두려워하지 아니하고 신앙 양심을 지킨 자들입니다. 결국 천년왕국에 참여하는 자들은 예수님의 초림과 재림 사이의 교회 시대 동안 죽어서 천국에 간 하나님의 자녀들을 가리키는 것입니다. 어떤 분들은 성도가 죽으면 의식도 없고 잠만 잔다고 믿는 이들이 있습니다. 그러나 성경은 분명하게 우리에게 말씀하시기를 천국에 간 성도들이 분명한 의식을 가지고 하나님을 섬기고 있으며, 그리고 그리스도의 왕노릇하심에 동참하고 있다는 것입니다. 예수님을 잘 믿다가 간 성도들이나 가족들을 위해서 지나치게 슬퍼하지 말아야 할 이유입니다. 그들은 지금 주님의 보좌 옆에 같이 앉아있으면서 주님의 세상 통치에 참여하고 있기 때문입니다.

그리고 5절에 보시면 지금 죽은 성도들은 이미 첫째 부활에 참여한 자들이라고 밝히고 있습니다. "(그 나머지 죽은 자들은 그 천년이 차기까지 살지 못하더라) 이는 첫째 부활이라." 그리고 6절에 보시면 "이 첫째 부활에 참여하는 자들은 복이 있고 거룩하도다. 둘째 사망이 그들을 다스리는 권세가 없고 도리어 그들이 하나님과 그리스도의 제사장이 되어 천년 동안 그리스도와 더불어 왕 노릇 하리라."고 말씀하고 있습니다. 요한은 첫째 부활에 참여하는 자들은 복이 있고 거룩하다고 선언하고 있는데, 이는 둘째 사망의 해를 받지 않을 것이기 때문이라고 말씀합니다. 이 첫째 부활에 참여한다는 것은 무엇이며, 또한 둘째 사망이라고 하는 것은 무엇을 가리키는 것일까요?

우선 첫째 부활the first resurrection에 대해 살펴 보십시다. 첫째 부활은 첫 번째 죽음에서 부활한 자라는 뜻인데, 아담의 자손들이 영적으로 다 죽은 자들이었다는 사실을 전제로 해서 생각하시면 이해가 쉬우실 것입니다. 죄와 허물로 죽었던 우리들이 하나님의 은혜로 되살아나고, 새로운 생명, 영원한 생명, 예수님의 생명을 받게 된 것을 첫째 부활이라고 요한은 말하는 것입니다. 요한복음 5장 25절에 보면 예수님께서는 "진실로 진실로 너희에게 이르노니 죽은 자들이 하나님의 아들의 음성을 들을 때가 오나니 곧 이때라 듣는 자는 살아나리라."고 말씀하시는데, 바로 이것이 첫째 부활입니다. 그리고 요한일서 5장 12-13절에 보면 사도 요한은 "아들이 있는 자에게는 생명이 있고 하나님의 아들이 없는 자에게는 생명이 없느니라. 내가 하나님의 아들의 이름을 믿는 너희에게 이것을 쓰는 것은 너희로 하여금 너희에게 영생이 있음을 알게 하려 함이라."고 말씀하고 있습니다.

이러한 말씀들에 의하면 그리스도인들은 이미 영생의 생명을 누리고 있는 자들입니다. 믿는 자 가운데 예수님의 생명이 있기 때문에 우리는 영원히 멸망하지 않을 것입니다. 그러나 믿지 않고 죽는 자들은 어떻게 되겠습니까? 사탄과 그의 무리들을 위해서 준비된 불못에 들어가게 됩니다. 이 세상에 살 때에야 복음을 듣고 믿을 기회가 있었지만, 그곳에 가면 영원토록 하나님 없이 살아야 할 것입니다. 이것이 바로 6절에서 말씀하고 있는 둘째 사망second death인 것입니다. 이미 거듭나서 천국에 간 성도들은 이러한 둘째 사망의 해를 당하지 않을 것이라는 것입니다. 오늘 예수님을 믿고 있는 우리들도 마찬가지입니다. 우리는 사탄이 결박되어 있는 시대를 살아가고 있습니다. 우리는 이미 예수 그리스도의 구속의 은혜로 건짐을 받고 왕같은 제사장들의 신분을 얻었습니다. 온 우주에 그 누구도 우리를 망하게 할 자는 없습니다. 심지어 악한 자가 우리를 만지지도 못하게 그의 천사들이 지키고 있습니다. 이와 같은 시절에 우리는 무엇보다도 복음을 전하고 복음에 합당하게 사는 삶에 헌신해야 합니다.

55

곡과 마곡의 전쟁

> 천 년이 차매 사탄이 그 옥에서 놓여 나와서 땅의 사방 백성 곧 곡과 마곡을 미혹하고 모아 싸움을 붙이리니 그 수가 바다의 모래 같으리라 그들이 지면에 널리 퍼져 성도들의 진과 사랑하시는 성을 두르매 하늘에서 불이 내려와 그들을 태워버리고 또 그들을 미혹하는 마귀가 불과 유황 못에 던져지니 거기는 그 짐승과 거짓 선지자도 있어 세세토록 밤낮 괴로움을 받으리라(계 20:7-10).

번 포이쓰레스Vern Pouthress 교수가 말한 대로 요한계시록은 판타지 문학을 즐겨 읽거나 영화로 보는 젊은이들이나 어린이들이 훨씬 더 잘 이해할 가능성이 있습니다. 왜냐하면 요한계시록은 환상과 상징으로 가득한 책이기 때문에, 문자적으로 읽거나 역사적으로 읽는다면 이해하기가 어렵기 때문입니다. 차라리 『반지의 제왕』이나 『나니아 연대기』 등과 같이 상징적으로 읽어야 하는 책입니다. 기독교적 상징문학의 대표적인 책이 있다면 존 번연이 쓴 『천로역정』The Pilgrim's Progress일 것입니다. 이 작품은 1678년에 출판된 이래 전 세계적으로 유명한 베스트셀러입니다. 이 작품도 상징과 비유로 가득하기 때문에 해설이 필요합니다. 예전에 우리나라 이성봉 목사님은 천로역정을 가지고 부흥회를 하시기도 했습니다.

『천로역정』의 초반부에 보면 천성을 향해 길을 가는 크리스천이 아름다움이라는 궁전 입구에 도착하게 되지만, 문지기가 사는 오두막을 통과하려고 할 때에 길 양편에 사자 두 마리가 서 있는 것을 보고 혼비백산해 꽁무니를 빼고 달아나려고 하는 장면이 나옵니다. 그때에 문지기가 뭐라고 소리치는가 하면 "그렇게도 용기가 없습니까? 사자들은 사슬에 매여 있어요. 그러니 하나도 무서워할 것 없습니다. 그 사자들은 믿음이 있는지 없는지 시험해보기 위해 거기에 매어둔 겁니다. 길 한 가운데로 지나와 보세요. 그럼 사자들이 물지 못하죠. 안전할 것입니다." 이에 기독도가 무서워 덜덜 떨면서도 문지기가 일러준대로 길 한 가운데로 조심조심 나아갔더니 정말 사자는 으르렁대기만 할 뿐 그를 해치지는 못하는 것을 경험하게 됩니다.[103] 우리가 아이들과 동물원에 가게 되면 우리에 갇혀있는 사자, 호랑이, 곰 등을 두려움 없이 구경할 수가 있습니다. 맹수들의 위협으로부터 막아주는 울타리가 있기 때문입니다. 분명 맹수의 잔인함이나 힘은 변함없지만, 그것들을 안전하게 묶어놓거나 울타리 안에 가두어 두면 사람을 해할 수는 없는 것입니다. 하지만 때때로 동물원의 짐승들이 울타리를 뛰쳐 나와서 길거리를 어슬렁거리고 다닌다든지 혹은 멧돼지나 곰이 시내를 활보하고 다니는 경우가 있는데, 이를 마주치게 되면 사람들은 혼비백산하지 않을 수가 없습니다.

우리는 요한계시록 20장에서 천년왕국에 대해서 살펴보았습니다. 예수 그리스도께서 천년 동안 왕노릇 하시는 동안에 순교자들의 영혼과 신실하게 믿었던 사람들이 그 왕권에 동참한다는 것을 살펴보았습니다. 그런데 바로 그 천년 동안 성도들의 대적인 원수 마귀는 어떤 상태에 놓이게 되는가 하는 점도 주목해 보았습니다. 1-3절에 의하면 사탄은 쇠사슬에 묶이어서 무저갱에 던져 넣어져서 천년 동안 만국을 미혹하지 못하게 될 것이라고 말씀하고 있습니다. 이 사탄의 결박과 무저갱 감금에 대해서 해설하기를 구약시대와 달리 신약시대에는 만국을 더 이상 미혹할 수 없게 된 영적인 제약상태를 의미한다라고 말씀드렸습니다. 지금 신약시대는 예수 그리스도의 복음이 온 세상과 땅 끝까지 전파되고 있는 시대라는 점은 사탄의 입장에서 보자면 쇠사슬에 묶이고 속박당하고 있는 사자의 모습과 다를 바가 없는 것입니다. 그러나 이제 본문 7절 이하에 보면 감금당했던 사탄의 속박이 풀어지고 최후 발악을 하게 될 것에 대해서 말씀을 하고 있습니다. 마치 묶어 두었거나 가두어 두었던 사자나 야수들이 자유로이 활보하게 되는 경우와 같이 성도들에게는 두려운 마음이 들게 합니다.

무저갱에서 풀려나온 사탄

먼저 7절과 8절 초반부를 보시기를 바랍니다. "천 년이 차매 사탄이 그 옥에서 놓여 나와서"라고 말씀하지요. 천년이 차니 사탄이 옥에서 놓여 나온다는 것은 하나님의 정하신 때가 되어서 이런 일이 일어난다는 것입니다. 말하자면 사탄이 힘쓰고 애써 탈옥을 했다는 것이 아니라는 말입니다. 모든 구속의 역사에는 하나님의 정하신 때가 있는데, 사탄의 무저갱 감금과 방면 시기도 하나님이 정하신 대로 되어진다는 것입니다. 우리는 이렇게 하나님의 장중에서 역사가 통제되고 있다는 점을 알 때에 담대함을 얻을 수가 있습니다. 그리고 3절 하반절에도 보시면 "그 후에는 반드시 잠깐 놓이리라."는 말씀이 있습니다. 이 말씀도 하나님께서 천사를 통해서 우리들에게 하시는 말씀입니다. 그리고 우리가 주목해야 할 것은 사탄이 놓여난다고 해도 "잠깐" 동안이라고 하는 것입니다. 매우 제한된 기간 동안만 사탄이 활동할 것이라는 것입니다.

그러면 무저갱에서 풀려난 사탄이 무엇을 하려고 하는가를 살펴보십시다. 8절입니다. "나와서 땅의 사방 백성 곧 곡과 마곡을 미혹하고 모아 싸움을 붙이리니 그 수가 바다의 모래 같으리라." 사탄은 천년을 갇혀있었다가 풀려났지만 조금도 본성의 변화가 없다는 점을 알게 해 줍니다. 사탄은 천년 전이나 천년 후나 여전히 미혹하는 자라는 본성을 가지고 있을 뿐입니다. 사탄은 거짓의 아비이기 때문에 거짓과 술수로 사람들을 미혹하고 유혹하는 일을 전문적으로 한다는 것을 우리는 늘 잊으면 안됩니다. 심지어는 아무 문제도 없던 에덴 동산에 나타나 아담과 하와를 미혹하여 타락하게 만들었던 자입니다. 그리고 다윗 같은 경건한 왕도 음란과 살인의 죄에 빠지게 만들었고, 가룟 유다를 돈에 눈이 멀어 스승을 팔아 먹게 했습니다. 그리고 심지어는 예수 그리스도를 유혹하여 넘어뜨리려고 싸움을 걸기도 한 자입니다. 바울은 그를 광명의 천사처럼 둔갑하고 변장할 수 있는 자라는 점을 말해 주기도 합니다.

사탄은 언제나 그 본성이 거짓으로 충만하고 미혹하는 일에 전문가이라는 점을 우리는 본문 8절에서 다시금 확인하게 됩니다. 그러면 다시 8절을 주목해 보십시다. 사탄은 누구를 미혹하는지를 보시기를 바랍니다. "땅의 사방 백성 곧 곡과 마곡"을 미혹한다고 말씀하고 있습니다. 곡과 마곡에 대해서는 에스겔 38, 39장에 보면 이스라엘에 침략할 마지막 원수들로 예언되고 있습니다. 38장 2절에 보면 "마곡 땅에 있는 로스와 메섹과 두발 왕 곧 곡"을 하나님의 원수들로 언급하고 있습니다. 오늘 본문에 의하면 사탄은 곡과 마곡을 미혹하여 최후 전쟁을 일으킨다라고 말씀하고 있는 것입니다. 이름하여 곡과 마곡의 전쟁이라고 하는 전쟁이지요. 세대주의자들은 곡과 마곡을 구소련으로 해석을 했습니다. 이스라엘과의 중동전쟁이 일어날 것이라는 식으로 해석을 많이 했습니다.

그러나 역사적으로 곡과 마곡은 구소련 땅과는 아무런 관련성이 없습니다. 그리고 본문 8절에 다시 보시면 사탄이 미혹하게 되는 곡과 마곡은 다르게 말해서 "땅의 사방 백성"이라고 말씀하고 있다는 점을 주의해야 합니다. 3절 하에서 사용한 만국이라는 말과 동일한 헬라어를 번역한 것입니다. 그리고 "땅의"라고 하는 것은 사탄에게 속하였다는 의미입니다. 따라서 사탄은 단지 어떤 한 나라나 몇 나라를 미혹해서 전쟁을 일으키는 것이 아니라 이 지구상의 여러 나라에 살아가고 있는 사람들을 미혹할 것이라는 의미로 읽어야 합니다. 8절 하에 보면 그 숫자가 얼마나 많은 지 "바다의 모래 같으리라"고 말씀하고 있습니다. 바다의 모래 같다는 표현은 원래 아브라함의 자손들에게 약속하실 때 쓰신 표현인데(창 32:12), 여기서는 사탄에게 미혹을 받아 하나님을 대적할 사방 백성들에 대해서 사용하고 있습니다. 그만큼 사탄의 미혹은 전 세계적이고 보편적이며, 이루 헤아릴 수 없는 이들이 그 미혹에 빠져들게 될 것이라는 뜻입니다.

최후의 전쟁

사탄이 이처럼 만국 백성들을 미혹하여 하고자 하는 바가 무엇입니까? 8절에 의하면 "싸움을 붙이리니"라고 했고, 9절에서는 그렇게 선동된 자들이 "지면에 널리 퍼져 성도들의 진과 사랑하시는 성을 두르매"라고 말씀하고 있습니다. 그들이 "지면에 널리 퍼져"라는 것은 땅의 넓은 지형에 드러내 놓고 작전을 시작했다는 의미입니다. 그리고 성도들의 진이란 구약 광야시대에 이스라엘 백성들이 성막을 중심으로 진을 치고 생활했던 데서 유래한 표현입니다. 그리고 사랑하시는 성이라는 표현 역시도 교회 공동체를 의미하는 것입니다. 정리를 해 보자면 사탄의 군대가 싸워서 이기고자 하는 대상은 누구를 가리키는가 하면 예수 그리스도의 교회 공동체인 것입니다.

어떤 이들은 중동을 중심으로 일어나게 되는 3차 세계 대전을 의미한다고 해석하면서 영화같은 시나리오를 쓰기도 합니다. 그러나 지금 본문이 묘사하고 있는 전쟁은 그렇게 지역적인 전투를 가리키지 않습니다. 오히려 지구상 어느 곳에나 벌어질 전 세계적인 전쟁을 가리킵니다. "지면에 널리 퍼져"라는 표현도 그러하지만, 성도들의 진과 사랑하시는 성이 교회 공동체를 의미한다면 이것은 지역적인 전쟁을 의미할 수는 없는 것입니다. 그리고 이러한 전쟁은 물리적인 전쟁을 의미할 수가 없습니다. 지금 한국의 경우에도 신자와 불신자가 섞여 살고 있고,

심지어는 한 가정 안에도 불신자, 신자가 같이 살고 있는데, 어떻게 문자적으로 불신자들이 연합하여 신자들을 대상으로 물리적인 전쟁을 할 수 있겠습니까?

본문에서 말씀하고 있는 전쟁은 영적인 전쟁을 의미합니다. 16장의 아마겟돈 전쟁이나 19장 1절 이하에 언급된 최후 전쟁도 동일한 전쟁을 다른 각도에서 묘사한 것입니다. 우리가 기억해야 할 것은 사탄이 일으키는 이 전쟁은 하나님을 믿는 백성들을 대상으로 한다는 것입니다.

물론 사탄은 전쟁과 같은 물리적인 형태로 하나님의 교회를 박해하기도 합니다. 난리와 난리의 소문이 계속 있을 것입니다. 그러나 사탄이 전 세계적으로 교회 공동체에 대항하여 싸워 이기기 위해서 사용하는 것은 단순히 물리적인 전쟁이나 환난만이 아닙니다. 오늘날 사탄이 효과적으로 전 세계 사람들을 미혹하여 제 사람을 만들고 심지어는 교회조차도 혼미하게 하는 방식은 교묘하고 화려한 유혹의 방법이라고 할 것입니다. 예수님께서는 감람산 강화에서 "거짓 선지자가 많이 일어나 많은 사람을 미혹하겠으며 불법이 성하므로 많은 사람의 사랑이 식어지리라 … 거짓 그리스도들과 거짓 선지자들이 일어나 큰 표적과 기사를 보여 할 수만 있으면 택하신 자들도 미혹하리라."(마 24:11, 12, 24)고 경고하신 바가 있습니다.

21세기에 살아가고 있는 우리 그리스도인들에게 있어서 더욱더 무서운 사탄의 전술 전략은 바로 이와 같은 세속주의에 물들게 하는 것입니다. 황금만능사상, 외모지상주의, 쾌락주의에 물들게 하는 것입니다. 마치 플라스크에 개구리를 집어놓고 0.5도씩 가열하면 조금씩 따뜻해지니까 웅크리고 있다가 결국 삼켜 죽는 식으로, 혹은 꿀 냄새에 매혹되어 꿀단지를 빙빙돌다가 꿀단지에 빠져 죽게 되는 파리처럼 세속주의의 유혹은 너무나 매혹적이고 제대로 효과를 발휘하고 있습니다. 누가복음 18장에 보면 예수님께서는 "하물며 하나님께서 그 밤낮 부르짖는 택하신 자들의 원한을 풀어 주지 아니하시겠느냐 그들에게 오래 참으시겠느냐? 내가 너희에게 이르노니 속히 그 원한을 풀어 주시리라 그러나 인자가 올 때에 세상에서 믿음을 보겠느냐 하시니라."고 위로 및 경고를 발하셨습니다. 그리고 21장 34-35절에 보면 "너희는 스스로 조심하라. 그렇지 않으면 방탕함과 술취함과 생활의 염려로 마음이 둔하여지고 뜻밖에 그 날이 덫과 같이 너희에게 임하리라. 이 날은 온 지구상에 거하는 모든 사람에게 임하리라."고 경고하셨고, 또한 이어지는 36절에서 "이러므로 너희는 장차 올 이 모든 일을 능히 피하고 인자 앞에 서도록 항상 기도하며 깨어 있으라 하시니라"고 권면하고 있습니다.

정리를 해 봅니다. 우리는 사탄이 마지막 때에 일으킬 전쟁의 성격이 전 세계적인 것이라는 점과 영적인 성격이 강하다는 점을 기억해야 합니다. 장소에 따라서는 실제로 무서운 종교박해나 물리적인 전쟁이나 경제적인 고난으로 나타나기도 하겠습니다라고 앞서 설명드린 대로 많은 경우는 유혹과 미혹으로 다가올 것입니다. 물질주의와 세속주의의 유혹이나 아니면 거짓 종교나 사이비 복음에 의해서 예수 그리스도의 순수한 복음을 버리도록 시도할 것입니다. 양쪽 모두 참 신자에게는 견디기가 어려운 시련의 때가 될 것입니다. 물리적으로 압박당하고 전쟁에 휘말리는 것도 힘들지만, 고도의 물질문명과 쾌락주의의 유혹 앞에 참 신앙을 지켜 나간다는 것, 그것도 한 순간에 끝나는 것이 아니라 긴 시간을 보내야 한다면 큰 고난이 아닐 수가 없을 것입니다. 그러나 우리가 이 전쟁을 두고서 또 기억해야 하는 중요한 특징이 하나 더 있는데, 그것은 그 기간이 지극히 짧다고 하는 것입니다. 3절 하반절에서 보셨지요. "그 후에는 반드시 잠깐 놓이리라."고 말씀하고 있습니다. 우리가 한도 끝도 없는 긴 시간 동안 사탄의 공격이나 유혹을 받아야 한다면 견딜 수가 없을 것입니다. 하지만 그 기간이 짧다고 한다면 우리는 견뎌낼 수가 있습니다. 2장 10절에 보면 서머나 교회에 대해서 십 일 동안 환난을 당할 것이지만, 죽을 각오를 하고 견디면 생명의 면류관을 주시리라고 약속해 주셨습니다. 우리가 주기철 목사님의 "일사각오"

설교를 보면 임박한 고난의 길이에 비해서 영원히 누릴 영광은 영원하다는 것에 의해서 순교자의 결의를 다지신 것을 볼 수 있습니다.

그러므로 처음에는 우리가 십자가를 지지만 나중에는 주님의 십자가가 우리를 지어줍니다. 십자가, 십자가 내 주의 십자가만 바라보고 나아갑시다. 나의 사랑하는 교우 여러분! "현재의 고난은 장차 나타날 영광과 족히 비교할 수 없도다."(롬 8:18) 이제 받는 고난, 길어야 7년이요, 장차 받을 영광은 천년 만 년 영원무궁합니다. 지금 받는 고난은 어차피 한 번 죽어 썩을 몸이 죽는 것 뿐이요, 장차 받을 영광은 예수의 부활하신 몸과 같이 영생불사의 몸이며 영원 영화의 몸입니다. 야고보서 5장 7절에도 "그러므로 형제들아, 주의 강림하시기까지 길이 참으라"고 하셨습니다. 주님 재림하시는 그 날 우리 모두는 부활할 것이며, 우리 앞에는 천국 가는 밝은 길이 펼쳐질 것입니다. 주님을 위하여 오는 고난을 내가 이제 피하였다가 이 다음 내 무슨 낯으로 주님을 대하겠습니까? 주님을 위하여 이제 당하는 수욕(羞辱)을 내가 피하였다가 이 다음 주님이 "너는 내 이름과 평안과 즐거움을 다 받아 누리고, 고난의 잔은 어찌하고 왔느냐?"고 물으시면 나는 대답할 말이 없습니다.

정말 주목사님이 예측한대로 일제를 통한 극렬한 고난은 6-7년에 그치고 말았습니다. 우리가 당하고 있는 여러 가지 종류의 사탄의 공격도 잠시 잠깐 가해질 뿐이라는 사실을 기억하는 것은 우리가 인내하고 믿음으로 승리할 수 있는 중요한 기초가 됩니다.

사탄의 패배와 영벌

그리고 더욱더 중요한 것은 사탄이 그렇게 만국 백성들을 미혹하여 전 세계적으로 싸움을 일으킨다고 해도 사탄과 그 무리들은 패배할 수밖에 없다고 하는 것입니다. 그 규모나 그 기세가 대단한 것에 비해서 막상 싸움을 싸웠을 때에 결과는 너무 싱겁게도 끝이 날 것이라는 점을 본문에서는 말씀해 줍니다. 우선 9절에 보십시오. "그들이 지면에 널리 퍼져 성도들의 진과 사랑하시는 성을 두르매 하늘에서 불이 내려와 그들을 태워버리고"라고 말씀합니다. 바다의 모래 같이 많은 적대 세력들 위에 하나님께서는 불로 심판해 버리실 것이라고 말씀하고 있습니다. 이는 이스라엘을 집어 삼키기 위해서 구름떼 같이 몰려오는 곡과 마곡의 군대에 대해서 하나님께서 심판하시는 방식과 동일합니다. 에스겔 38장 22절에 보면 "내가 또 전염병과 피로 그를 심판하며 쏟아지는 폭우와 큰 우박덩이와 불과 유황으로 그와 그 모든 무리와 그와 함께 있는 많은 백성에게 비를 내리듯 하리라"고 했고, 39장 6절에도 보면 "내가 또 불을 마곡과 및 섬에 평안히 거주하는 자에게 내리리니 내가 여호와인 줄을 그들이 알리라"라고 말씀하고 있습니다.

제1차 걸프 전쟁이 기억납니다. CNN에서 사담 후세인의 사막 군대가 뭐 대단하다고 떠들어 댔고, 공포심도 조장했습니다. 하지만 실제로 미군이 들어가서 전투를 치루어 보니까 별 힘이 없이 무너져 버리고 말았습니다. 우리 인간적인 눈으로 보기에는 사탄과 그의 세력들도 규모나 위세가 대단해 보여서 온 세상을 삼키고 하나님의 교회를 다 진멸해 버릴 것처럼 보였지만, 전능하신 하나님의 개입으로 순식간에 소멸당하고 말 것이라고 성경은 일관되게 말씀하고 있습니다. 데살로니가후서 2장 8절에 보면 바울은 "그 때에 불법한 자가 나타나리니 주 예수께서 그 입의 기운으로 그를 죽이시고 강림하여 나타나심으로 폐하시리라."고 말씀하고 있습니다. 결국 오늘 본문의 승리 역시도 주 예수 그리스도께서 재림하심으로 사탄과 그의 무리들이 다 심판받게 될 것을 가리킵니다.

그리고 이어지는 요한계시록 20장 10절 본문에 보면 그렇게도 오랫동안 하나님의 일을 훼방하고 하나님의 백성들을 못잡아 먹어 안달이던 사탄의 최후가 어떻게 될 것인지를 분명하게 말씀해 주고 있습니다. "또 그들을 미혹하는 마귀가 불과 유황 못에 던져지니 거기는 그 짐승과 거짓 선지자도 있어 세세토록 밤낮 괴로움을 받으리라." 우리는 이미 19장 20절에서 짐승과 거짓 선지자가 산채로 유황불 붙는 못에 던져지는 장면을 본 적이 있습니다. 둘은 이미 13장에서 살펴본 대로 사탄이 이 세상에 세운 적그리스도적인 정치 권력과 이를 추종하도록 만드는 거짓 선지자들을 가리킵니다. 온 세상 사람들을 권력으로 사로잡거나 거짓 이념과 사상으로 미혹하던 두 세력을 가리킵니다. 그들의 최후가 어떻게 된다고 말씀하는지를 보십시다. "짐승이 잡히고 그 앞에서 표적을 행하던 거짓 선지자도 함께 잡혔으니 이는 짐승의 표를 받고 그의 우상에게 경배하던 자들을 표적으로 미혹하던 자라. 이 둘이 산 채로 유황불 붙는 못에 던져지고." 짐승은 바벨론, 로마, 공산주의 등 적그리스도적인 세상 권력을 가리킨다고 누누이 설명했습니다. 그리고 그런 적그리스도적인 세력을 숭배하고 따르도록 거짓 술수와 속임수로 미혹하는 거짓 선지자들이 함께 공모하여 그리스도와 하늘 군대를 대적하는 싸움을 싸우겠지만 그 결과는 철저한 패배로 끝이 나게 될 것을 말씀해 줍니다. 그들은 그리스도와 하늘군대에 의해서 붙잡히게 될 것이고, 산 채로 유황으로 타는 불못에 던져지게 될 것입니다. 이들이 들어간 불못에 그들의 우두머리인 사탄도 던져지게 될 것을 20장 10절에 말씀하는 것입니다. "또 그들을 미혹하는 마귀가 불과 유황 못에 던져지니 거기는 그 짐승과 거짓 선지자도 있어 세세토록 밤낮 괴로움을 받으리라." 그리고 14절에 보면 "사망과 음부도 불못에 던져지니 이것은 둘째 사망 곧 불못이라."고 말씀하고 있습니다.

지옥 불못에는 이처럼 하나님의 구원 역사 드라마에 등장했던 모든 악한 세력들과 악한 것들이 던져지게 될 것입니다. 그 모든 악한 것들의 수뇌부요, 리더들인 사탄과 짐승 그리고 거짓 선지자 3총사가 한곳에 모여 영원히 고통을 당하게 될 것입니다. 세세토록 밤낮 괴로움을 당하게 될 것입니다. 존 스토트라는 학자는 하나님이 자비로우시기 때문에 악한 자들이 영원히 고통당하는 벌을 받는다고 말하는 것은 잔인한 교리라고 하면서 악인의 멸절설을 주장했습니다. 스토트 박사는 다른 점에서는 너무나 훌륭한 지도자, 목회자, 신학자이지만, 이점에서는 성경을 잘못 다루고 있습니다. 그리고 교회사를 보면 초대 교부 오리게네스나 20세기 프랑스의 기독교 사상가인 쟈크 엘륄 같은 이들은 보편구원론을 주장해서 모든 사람들, 악한 사람들이 구원받을 것이며, 심지어 오리게네스는 사탄 마귀도 구원을 받을 것이라고 주장했습니다. 오늘날 같이 종교다원주의가 편만한 시대에는 이렇게 보편구원론을 주장하면 대단히 인기가 있습니다. 하지만 성경은 그렇게 말씀하지 않습니다. 악에 대한 선의 승리를 약속하셨고, 성도들로 하여금 "환난을 받게 하는 자들에게는 환난으로 갚으시고 환난을 받는 너희에게는 우리와 함께 안식으로 갚으시는 것이 하나님의 공의시니 주 예수께서 자기의 능력의 천사들과 함께 하늘로부터 불꽃 가운데에 나타나실 때에 하나님을 모르는 자들과 우리 주 예수의 복음에 복종하지 않는 자들에게 형벌을 내리시리니 이런 자들은 주의 얼굴과 그의 힘의 영광을 떠나 영원한 멸망의 형벌을 받으리로다."(살후 1:6-9)라고 말씀하고 있다는 것을 잊으시면 안 됩니다. 오늘 말씀에 의하면 사탄과 그의 졸개들이 들어가서 살게 될 지옥 불못은 영원히 꺼지지 않는 곳이기에 세세토록 그리고 밤낮없이 괴로움을 당하게 될 것이라고 말씀하고 있습니다. 긴 세월동안 하나님과 그의 백성들을 못 살게 군 대가를 영원히 지불하게 만드시는 것입니다.

　오늘 우리는 곡과 마곡의 전쟁이라고 불리우는 중요한 본문을 살펴보았습니다. 곡과 마곡이라는 이름은 에스겔 38, 39장에서 빌려온 것입니다. 천년 동안 결박되어 있어서 만국을 마음대로 미혹하지 못했던 사탄이 잠시 놓여나게 되자 곡과 마곡을 미혹하게 되는데, 바로 설명하기를 땅의 사방 백성, 즉 믿지 않는 모든 사람들을 의미합니다. 사탄은 불신 세력을 미혹하여 하나님의 백성들을 공격하게 될 것입니다. 물론 이런 전쟁의 성격은 물리적이기보다는 영적이라고 말씀을 드렸습니다. 전 세계적으로 임하는 사탄의 공격은 물리적인 위협, 전쟁, 환난 등과 같은 전술로도 나타나지만, 온갖 형태의 미혹과 유혹의 전술로 임합니다. 그래서 영적으로 깨어있지 않으면 마귀의 전술인줄도 모르고 다 넘어가서 영적으로 무너지게 되어 있습니다. 하지만 이와 같은 전쟁은 또한 잠깐 동안 치루어진다는 점도 기억하는 것이 좋습니다. 위협이든 시험이든 감내해야 하는 기간이 길다면 견뎌낼 자가 없습니다. 잠시 잠깐 고난을 겪게 된다는 사실을 아는 것이 신자들에게는 큰 위로가 됩니다.

그리고 이 전쟁의 결과 누가 이기는지를 우리는 기억해야 합니다. 하나님께서 너무나 쉽게 사탄의 무리들을 불로 심판해 버리실 것이라고 했습니다. 그리고 사탄을 짐승과 거짓 선지자들과 더불어 지옥 불못에 던져 버리시어 영원토록 밤낮으로 고난을 받게 하실 것이라고 말씀하고 있습니다. 이처럼 인류로 하여금 죄에 빠지게 만들고, 온갖 불행과 비참을 이 땅에 초래하게 만든 악의 근원인 사탄 마귀를 철저하게 심판하신다는 것이 그리스도인들에게는 위로가 됩니다. 하나님께서는 악을 근원적으로 차단해 주셔서, 더 이상 하나님의 백성들에게 영향을 미치거나 괴롭히지 못하도록 만들어 주실 것입니다. 그 날이 오면 우리는 더 이상 마귀의 유혹으로 인하여 고통당하거나, 죄지을 생각으로 고민하지 않게 될 것입니다. 이와 같이 죄의 세력, 영향, 오염, 그리고 죄책에서 온전히 자유하게 되는 날은 곧 사탄이 심판받고 지옥 불못에 던져지는 때에 완전히 경험하게 되어질 것입니다.

우리는 이와 같은 영적인 실상을 잘 인식하고 깨어 기도해야 합니다. 온갖 마귀의 시련과 유혹을 분별하고 잘 대처하기 위해서는 영적으로 깨어있는 수밖에 없습니다. 우리는 진리의 말씀으로 무장을 해야 합니다. 그리고 주님이 경고하신 대로 마지막 때에는 진정한 믿음을 찾아보기 힘들다는 점을 기억하시고 믿음을 지키기 위한 선한 싸움을 싸워야 합니다. 그 믿음은 주님을 신뢰하여 일시적인 고통이나 손해를 감수하는 종류의 신앙이어야 합니다. 그 믿음은 또한 영광스러운 장래를 바라보고 참고 견디는 인내로 특징지워지는 신앙인 것입니다. 세상을 이기고, 죄를 이기고, 마귀를 이길 수 있는 것은 예수 그리스도를 믿는 참된 믿음밖에 없다는 점을 기억하십시다.

56

백보좌
심판

또 내가 크고 흰 보좌와 그 위에 앉으신 이를 보니 땅과 하늘이 그 앞에서 피하여 간 데 없더라 또 내가 보니 죽은 자들이 큰 자나 작은 자나 그 보좌 앞에 서 있는데 책들이 펴 있고 또 다른 책이 펴 졌으니 곧 생명책이라 죽은 자들이 자기 행위를 따라 책들에 기록된 대로 심판을 받으니 바다가 그 가운데에서 죽은 자들을 내주고 또 사망과 음부도 그 가운데에서 죽은 자들을 내주매 각 사람이 자기의 행위대로 심판을 받고 사망과 음부도 불못에 던져지니 이것은 둘째 사망 곧 불못이라 누구든지 생명책에 기록되지 못한 자는 불못에 던져지더라(계 20:11-15).

인류의 최대 최악의 원수는 사탄 마귀입니다. 사탄은 하나님의 일을 훼방하고 망치기 위해서 전심전력해온 영적 존재입니다. 사탄은 할 수만 있다면 하나님께 택함 받은 백성들이라도 미혹하여 넘어뜨리고자 애쓰곤 합니다. 그렇게 하기 위해서 사탄은 온갖 궤계와 전술을 동원합니다. 때로는 물리적인 위협이나 박해를 통해서 사자처럼 엄습해 오고, 때로는 세상의 허영과 쾌락을 가지고 여우처럼 유혹하기도 합니다. 그러나 사탄은 100퍼센트 거짓말쟁이로서, 거짓말만 하는 자라는 사실을 우리가 잊어버리면 안 됩니다. 일본의 막부의 수장 중 하나였던 도쿠가와 이에야스 집안의 가훈은 "거짓말 같은 참 말을 하지 말고, 참 말 같은 거짓말을 하자."였습니다. 아주 사탄적인 가훈입니다. 사탄은 거짓말을 해도 휘황찬란하게 참 말같이 하는 자입니다. 그러기 때문에 많은 사람들이 사탄의 미혹에 꼴까닥하고 넘어가서 휘둘리며 살다가 지옥 백성이 되어 왔고, 믿는 자들 가운데도 그의 미혹의 마수에 걸려서 넘어지기도 하는 것입니다.

그런데 사탄이 인류 가운데 뿌려놓은 수많은 거짓말 가운데 무서운 것이 무엇인가 하면, 이 세상 밖에는 다른 세상이 없다, 사람이 한 번 죽으면 그만이다, 그러니 죽은 사자보다는 살아있는 강아지가 차라리 낫다, 개똥밭에 굴러도 이승이 좋다는 식의 차세주의(此世主義) 사상입니다. 이 얼마나 위력을 떨치고 있는 생각입니까? 만약 이 세상뿐이라면 잠시 살다가 그만인 세상이라면 모두가 좀 더 신나고 재미있게 살아보자는 쾌락주의자가 되고 싶지 않겠습니까? 이래 살든 저래 살든 한 세상 끝나고 나면 영원히 사는 것도 없고, 심판의 날도 없다고 생각한다면 이 세상에서 겁날 것이 무엇이 있겠습니까? 뜻밖에도 이러한 사탄의 거짓말을 진심으로 믿고 있는 신자들도 적지 않은 것 같습니다. 그런 사람들이 교회 다니는 이유는 그저 사람들과 교제하기 위해서나 아니면 명산대찰을 찾아 마음 수양하는 불자들처럼 마음의 수양하듯 하는 것과 다를 바가 없습니다. 절보다는 교회가 체질적으로 편하니 교회를 다니는 것입니다.

그러나 하나님의 말씀은 무엇이라고 우리에게 말씀하고 있습니까? 히브리서 9장 27절에 보면 "한번 죽는 것은 사람에게 정해진 것이요 그 후에는 심판이 있으리니"라고 말씀합니다. 인생은 유한하고 유일회적인 것이지만, 이 한 번뿐인 인생이 끝이 나고 나면 하나님의 공의로운 심판 날이 있으며, 우리 모두가 그 심판대 앞에 서야 한다는 것을 말씀하고 있습니다. 이런 진리를 바로 깨달은 사람이라면 짧은 인생살이에 대해서 진지하고 존절한 자세를 취할 수밖에 없을 것입니다. 내일 죽을 터이니 오늘 실컷 먹고 마시자는 식의 쾌락주의자로 머물 수는 없습니다. 오히려 순간순간을 믿음으로 전력투구하며 살 수밖에 없는 것입니다. 우리는 오늘 본문을 통해서 우리 모든 인류가 반드시 직면하게 될 마지막 하나님의 심판에 대해서 살펴보려고 합니다.

최후 심판대 앞에 우리 모두가 서야 합니다

예수 그리스도께서 재림하시고 나면 최후 심판정이 베풀어질 것입니다. 11절에 보면 그 심판대의 모습을 이렇게 묘사하고 있습니다. "또 내가 크고 흰 보좌와 그 위에 앉으신 이를 보니 땅과 하늘이 그 앞에서 피하여 간 데 없더라." 요한은 최후 심판정에 크고 흰 보좌가 있으며, 그 보좌에 심판자 되시는 분이 앉아계신다라고 말씀합니다. 다니엘 선지자 역시도 이와 비슷한 장면을 환상 중에 본적이 있습니다. 다니엘 7장 9-10절 읽어드리겠습니다. "내가 보니 왕좌가 놓이고 옛적부터 항상 계신 이가 좌정하셨는데 그의 옷은 희기가 눈 같고 그의 머리털은 깨끗한 양의 털 같고 그의 보좌는 불꽃이요 그의 바퀴는 타오르는 불이며 불이 강처럼 흘러 그의 앞에서 나오며 그를 섬기는 자는 천천이요. 그 앞에서 모셔 선 자는 만만이며 심판을 베푸는데 책들이 펴 놓였더라."

크고 흰 보좌라고 하는 것은 하나님의 심판정이 위엄이 넘치고, 거룩하고 공의로운 심판정이라는 것입니다. 우리는 역사적으로 유명한 재판정들을 생각해 볼 수 있습니다. 600만 명의 유대인들을 학살했던 히틀러는 자살을 했지만, 그의 일당들 즉, 나치스트들은 2차 대전 후에 뉘른베르크 전범 재판을 통하여 그들이 저지른 끔찍스러운 악행에 대해서 심판을 받았습니다. 우리나라의 가까운 역사 가운데도 유명한 재판 사건이 있습니다. 그러나 이 세상의 법정이 아무리 공의롭다고 해도 교묘하게 빠져나가는 죄인들이 있고, 정의가 집행되지 않는 경우들이 있습니다. 그러나 하나님의 최후 심판정은 전혀 다릅니다. 아무것도 숨길 수 없고, 그 누구도 피할 수가 없습니다. 이 세상에 살았던 모든 인류가 거룩하고 공의로운 재판정에 서게 될 것입니다. 이 하나님의 최후 심판정에는 "죽은 자들이 큰 자나 작은 자나" 서게 될 것이라고 12절 상반절에 말씀합니다. 남녀노소유불학식 물론하고 이 땅에 살았던 모든 사람들은 하나님의 최후 심판대 앞에 서게 될 것입니다. 이 심판의 자리를 면할 수 있는 VIP나 VVIP도 없고, 또 심판이 불필요할 정도로 중요하지 않은 사람도 없습니다. 이 지구상에서 태어나서 한 생을 살았던 사람들은 너나 할 것이 모두 하나님의 심판대 앞에 서야만 하는 것입니다. 어떤 학자들은 신자들은 본문에서 말씀하는 심판대 앞에 서지 않는다고 해석을 합니다만, 그렇지가 않습니다. 오늘 본문에 보신대로 "죽은 자들이 큰 자나 작은 자나 그 보좌 앞에" 서 있다고 했습니다. 그리고 사도 바울은 로마서 14장 10절에서 "네가 어찌하여 네 형제를 비판하느냐 어찌하여 네 형제를 업신여기느냐 우리가 다 하나님의 심판대 앞에 서리라."고 말씀하고 있고, 고린도후서 5장 10절에서는 "이는 우리가 다 반드시 그리스도의 심판대 앞에 나타나게 되어 각각 선악간에 그 몸으로 행한 것을 따라 받으려 함이라."고 말씀하고 있습니다. 사탄과 불신자들만 하나님의 심판대 앞에 서는 것이 아닙니다. 모든 그리스도인들도 예외 없이 하나님의 최후 심판대 앞에 서야 합니다.

13절에 보시면 그 심판 날에는 심지어 "바다가 그 가운데에서 죽은 자들을 내주고 또 사망과 음부도 그 가운데에서 죽은 자들을 내주"게 될 것이라고 했습니다. 쉽게 말해서 죽은 자들이 어떻게 죽었든지 간에, 사고사든지, 자연사든지, 매장되었든지, 화장되었든지, 물에 빠져 죽어서 시체를 수습하지 못하고 물고기 밥이 되었다고 하더라도, 모두가 다 다시 몸을 입고 살아나서 심판대 앞에 서게 될 것입니다. 현재 우리나라도 매장보다 화장률이 앞서가고 있다고 합니다. 화장률이 약 60퍼센트라고 합니다. 화장 문화는 성경에서 왔다기보다는 고대 로마 문화이고, 불교적 문화에서 온 것입니다. 그러나 매장이든, 화장이든, 수목장이든, 주님의 재림의 때에 모두가 다 다시 살아나게 되고 몸을 입게 될 것입니다. 그리고 하나님의 심판대 앞에 서게 될 것입니다. 단 한 사람의 예외도 없이 심판대 앞에 서게 될 것입니다. 그 날에는 음부와 사망도 불 못에 던지우게 되고, 옛 하늘과 옛 땅도 다 불 못에 던지우게 될 것이기 때문에 온 우주 어느 한 곳에도 거룩하신 하나님을 피하여 숨을 곳이란 없어질 것입니다.

최후 심판의 기준

그렇다면 하나님께서 사람들을 최종 평가하시고 심판하시는 기준이 무엇인지 살펴보십시다. 우리 신자들은 그저 "예수 믿었느냐 안 믿었느냐" 물으시고, "예수 천당, 불신 지옥 이렇게 간단하게 심판이 진행되면 좋겠다, 아니 그럴 것이다"라고 믿고 생각하는 분들이 있을 것입니다. 그러나 본문 12절을 보시면 우리가 기대하는 것과는 전혀 다른 기준에 의해서 심판이 진행될 것을 말씀해 줍니다. "또 내가 보니 죽은 자들이 큰 자나 작은 자나 그 보좌 앞에 서 있는데 책들이 펴 있고 또 다른 책이 펴졌으니 곧 생명책이라. 죽은 자들이 자기 행위를 따라 책들에 기록된 대로 심판을 받으니." 하나님의 심판 보좌 앞에는 여러 종류의 책들이 놓여있다고 말씀합니다. 생명책이 있고, 또 다른 책들이 있습니다. 생명책에 관해서는 이미 모세도 알고 있었습니다. 그러나 오늘 말씀에 보니 생명책 외에도 하나님께서 기준을 삼으시는 다른 책이 있다고 말씀하고 있습니다. 그것은 바로 우리 각 사람의 한 평생의 행적을 기록한 책들이라는 것입니다. 우리는 카메라, CCTV, 휴대전화 카메라 등에 의해서 우리의 행적이 우리도 모르는 사이 녹화되는 시대에 살고 있습니다. 심지어는 차량에도 블랙박스를 설치해서 녹화를 하고 있는 시대입니다. 텔레비전에 보면 몰카를 찍어서 공개하면서 희희낙락하는 모습들을 볼 수 있습니다. 그러나 우리 각 사람이 한 평생을 어떻게 살았는지를 비디오 카메라에 다 담지 않아도 하나님의 심판대 앞에서는 다 파노라마처럼 상연될 것이고 공개되어질 것입니다. 하나님이 보여주시는 우리의 일생은 단지 겉모습만 아니라 우리의 동기와 의도까지 밝히 드러내줄 것입니다. 상상만 해도 끔찍스러운 일이 아닐 수가 없습니다.

이쯤 되면 여러분의 마음 가운데 이런 반응이 느껴지리라는 생각이 듭니다. "나는 예수 믿으면 죄 용서 받고 천당 간다고 믿는데, 그러면 하나님께서는 최후 심판 때에는 행위로 심판하신다고 말씀하시니 이 어찌된 영문입니까? 서로 모순되지 않습니까"하고 말입니다. 그러한 의문이 드시는 것은 당연지사입니다. 우선은 하나님께서 인류를 심판하실 때에 그 기준이 "각 사람의 행한 대로 갚아준다"는 것임을 본문이 밝히고 있는데, 이러한 기준천명은 비단 오늘 본문에서만 강조하는 것이 아니라 성경 곳곳에서 찾아볼 수 있습니다. 제가 몇 구절을 찾아서 읽어드리도록 하겠습니다.

시편 62:12-"주여 인자함은 주께 속하오니 주께서 각 사람이 행한 대로 갚으심이니이다."

전도서 12:14-"하나님은 모든 행위와 모든 은밀한 일을 선악 간에 심판하시리라."

예레미야 17:10-"나 여호와는 심장을 살피며 폐부를 시험하고 각각 그의 행위와 그의 행실대로 보응하나니"

마태복음 12:36-37-"내가 너희에게 이르노니 사람이 무슨 무익한 말을 하든지 심판 날에 이에 대하여 심문을 받으리니 네 말로 의롭다 함을 받고 네 말로 정죄함을 받으리라."

로마서 2:6-8-"하나님께서 각 사람에게 그 행한 대로 보응하시되 참고 선을 행하여 영광과 존귀와 썩지 아니함을 구하는 자에게는 영생으로 하시고 오직 당을 지어 진리를 따르지 아니하고 불의를 따르는 자에게는 진노와 분노로 하시리라."

고린도전서 3:13-"각 사람의 공적이 나타날 터인데 그 날이 공적을 밝히리니 이는 불로 나타내고 그 불이 각 사람의 공적이 어떠한 것을 시험할 것임이라."

고린도전서 4:5-"그러므로 때가 이르기 전 곧 주께서 오시기까지 아무 것도 판단하지 말라 그가 어둠에 감추인 것들을 드러내고 마음의 뜻을 나타내시리니 그때에 각 사람에게 하나님으로부터 칭찬이 있으리라."

이외에도 갈라디아 6장 7-9절, 골로새서 3장 23-25절, 베드로전서 1장 17절 등의 구절들이 있습니다. 이와 같이 사람이 이 세상에서 각각 행한 대로 심판을 받는다고 하는 것은 신구약성경이 일관되게 가르치고 있는 최후 심판의 기준이라는 것을 확인했습니다. 그러나 행위를 기준으로 해서 사람을 심판한다고 하면 도대체 누가 하나님의 기준에 합격할 수 있을까요? 복음진리가 무엇입니까? 모든 사람이 죄인이로되, 예수 믿는 자는 구원받고 하나님의 자녀가 되며 천국에 간다는 것 아닙니까? 그렇다면 복음진리와 심판의 기준인 행위 강조 이 양자가 어떻게 양립할 수 있다는 말입니까? 실로 곤혹스러운 질문이 아닐 수가 없습니다.

그러나 우리는 하나님의 심판정에는 행위를 기록한 책들만 있는 것이 아니고 어린 양의 생명책이 함께 놓였다는 것도 주목해야 합니다. 15절에는 "누구든지 생명책에 기록되지 못한 자는 불 못에 던져지더라."는 말씀이 있습니다. 생명책에 기록되지 않은 자는 예수 그리스도를 믿기를 거부한 자들입니다. 그들은 하나님의 구원 방식을 받아들이지 아니하고 자신의 마음과 육신의 원하는 대로 한 평생을 소비한 사람들입니다. 하나님이 주신 인생이라는 사실을 알지 못하고 그 좋은 기회에 하나님 없이 죄만 짓다가 생을 끝맺은 사람들인 것입니다. 그와 같은 사람들은 사탄과 거짓 선지자와 짐승이 가는 불 못에 던져지게 되는 것입니다 그런 사람들의 인생은 하나님의 심판의 저울에 달아 봐야 도무지 선이라고는 찾아볼 수가 없는 것입니다.

그러나 생명책에 기록된 자들은 구원 받을 것입니다. 하나님의 심판대 앞에서 합격 판정을 공식적으로 받게 될 것입니다. 이 세상 살 동안에 예수 믿는다고 박해받고 고생하고 멸시당했던 이들이 하나님의 엄위로운 심판대 앞에서 거룩한 하나님의 백성이요 존귀한 그의 자녀들이라는 공개적인 선언을 듣게 될 것입니다. 그들은 단순히 예수 믿고 천당갈 티켓 따놨으니 남은 세월 동안 "노세 노세"한 사람들이 아닙니다. 그들은 믿음으로 전심전력하고 전력투구하여 하나님께 영광 돌려드리는 삶을 추구한 사람들인 것입니다. 사도 바울이 강조하는 바가 무엇입니까? 하나님께서는 우리를 죄와 사망의 권세에서 건져내신 이유가 있는데, 사랑 안에서 거룩하고 흠이 없는 자녀가 되게 하시며, 티나 주름 잡힌 것이 없는 흠없는 자녀로 만드시는 것입니다. 맥스 루케이도의 말처럼 "하나님은 당신을 있는 모습 그대로 사랑하신다. 그러나 하나님은 그대로 두시지는 않는다. 하나님은 당신이 예수님처럼 just like Jesus 되기를 원하신다."는 것입니다.[104] 하나님은 구제불능의 인생들을 구원하기 위하여 가장 비싼 대가를 지불하셨습니다. 자신의 독생자의 보배로운 피를 우리의 죄 때문에 흘리게 하셨습니다. 그렇게 무한한 은혜를 베푸신 까닭이 무엇이라구요? '하나님의 성품에 참여하는 자,' '예수님을 닮아가는 자' 만드시는 것입니다. 예수님을 닮은 자들로 천국에 가득차게 하려는 것이 하나님의 구원 목표인 것입니다.

이러한 하나님의 뜻을 알고 하나님의 뜨거운 열정을 알았기에 성도들에게 옛 사람을 벗어버리고 새 사람을 입어라, 땅에 속한 지체를 죽여라, 영으로서 몸의 행실을 죽이라, 두렵고 떨림으로 너희 구원을 이루라, 하나님이 기뻐하시는 산 제사를 드리자고 줄기차게 권면했던 것입니다. 사랑으로 역사하는 믿음, 믿음에서 비롯되는 수고가 가능한 것입니다. 따라서 성령으로 거듭난 하나님의 자녀들은 하나님을 기쁘시게 하는 선한 일의 열매가 가득하도록 믿음의 선한 싸움을 싸우고 우리의 온 맘, 온 힘을 다해서 분투노력해야 하는 것입니다. R. H. 마우스는 말하기를 "인간은 믿음으로 구원을 받는다. 그러나 믿음은 필연적으로 그 믿음이 생산하는 행위에 의하여 나타난다."라고 했습니다.[105] 루터나 에드워즈는 우리의 선행이 구원의 근거가 아니라 구원의 결과임을 강조했습니다. 그리고 유럽의 개혁교회가 중요하게 생각하는 표준문서인 『하이델베르크 요리문답』 제91문에 보면 "그런데 무엇이 선한 행위입니까?"라고 묻고, 그 답으로 "그것은 오직 참된 신앙으로부터, 하나님의 율법에 따라, 하나님의 영광을 위해 행해지는 것이며, 우리 자신의 생각이나 인간의 법령에 따라 이루어지는 것이 아닙니다."라고 가르쳐 주고 있습니다.[106] 하나님께서 원하시는 선행이 기준이 무엇인지를 잘 밝혀주는 문답입니다.

악인들의 최종 상태

그러면 하나님의 최후 심판을 통하여서 죄인으로 판정받은 자들의 최후는 어떻게 될까요? 본문 14-15절에 보시면 "사망과 음부도 불 못에 던져지니 이것은 둘째 사망 곧 불 못이라. 누구든지 생명책에 기록되지 못한 자는 불 못에 던져지더라."라고 말씀하고 있습니다. 하나님께서 죄인이라고 판정하신 사람들은 영원히 꺼지지 않는 불 못에 들어가게 될 것입니다. 그곳에는 사탄을 비롯하여 거짓 선지자들과 짐승도 들어갈 뿐 아니라, 심지어는 사망과 음부조차도 던져지게 될 것입니다. 인류의 역사에 등장해서 죄와 고통, 병고를 가져온 모든 악한 원수들이 지옥 불 못에 던져지게 될 것입니다.

우리는 이 지상 위에 살아가면서 천국이 얼마나 좋은지 그 영광에 대해 잘 알지를 못합니다. 뿐만 아니라 지옥에 대해서도 잘 알지를 못합니다. 다만 그곳에는 하나님의 은혜가 조금도 허락되지 않는 곳이기 때문에 영원토록 고통과 고초만 당하게 될 것입니다. 그곳은 하나님의 영광의 임재가 전혀 없으시기에 바깥 어두운 데로 묘사되어집니다. 그리고 사람들은 그곳에서 영원히 고통당하고 살면서 "왜 그랬을까? 진작에 예수 믿을걸" 하면서 끝도 없이 후회하며 살 것입니다. 그래도 이 땅 위에 살아가는 동안에는 하나님의 일반은총의 부스러기라도 먹고 살았기에 살만 했는데, 지옥 불 못에서는 단 한 방울의 은총의 물방울도 누릴 수가 없고 고통의 엑기스를 마시게 될 것이기 때문에, 그 고통과 고초가 너무나 클 것입니다. 우리는 지옥이란 곳은 이 세상과 다르다는 점을 잊지 말아야 합니다. 고통 그 자체인 곳입니다. 우리는 "이 세상도 살만 하던데, 지옥이라고 뭐 다를 것 있어?" 그렇게 생각하면 안 됩니다. 이곳에는 하나님의 일반은총이 있고, 그곳에는 조금도 없습니다. 영원히 꺼지지 않는 지옥 불 못이라고 표현했습니다.

이제 이 시간에 나눈 말씀을 정리하도록 하겠습니다. 오늘 우리는 하나님의 최후 심판에 대해서 살펴보았습니다. 크고 흰 보좌에 앉으신 하나님께서는 이 세상에 살았던 모든 인류를 한 사람도 남김없이 다 심판하실 것입니다. 거룩하고 공정하게 심판하실 것입니다. 누구도 불의하다라고 항의할 수 없고, 심지어는 사탄 마귀도 침묵할 수밖에 없는 유일 무일한 심판정입니다. 하나님께서는 인류를 심판하시되 기준을 가지고 계십니다. 각 사람이 행한 대로 갚아주신다는 것입니다. 하나님의 생명책에 기록되어 있어서 예수 그리스도를 믿고 하나님의 말씀 대로 살고자 분투노력한 성도들은 이 심판대 앞에 서더라도 의인이라고 판정받게 될 것입니다. 그러나 하나님을 믿지 아니하고 예수 그리스도를 구주로 영접하지 않은 사람들은 모두가 다 그 행위에 의해서 공의롭게 죄인이라고 선고될 것입니다. 그리고 그들이 가야 하는 곳은 지옥 불 못이 될 것입니다.

사랑하는 여러분! 우리가 이러한 진리들을 알기에 어떻게 살아야 할까요? 우선 우리는 신앙생활하기 힘들고 어려운 이 세상 속에 살면서, 악인들은 제멋대로 행동하면서 형통함을 누리는 이 현실 속에서 주님의 심판의 날을 바라보면서 인내할 수 있어야 하겠습니다. "주님이 보고 계신다, 주님이 공의롭게 심판해 주실 것이다"라고 하는 믿음으로 견뎌내야 합니다. 주님의 재림과 심판의 날을 학수고대하면서 현재의 어려움들을 오래참고 견뎌내야 합니다.

그리고 또한 이러한 소망을 가진 우리들은 하나님 앞에 경건하고 존절하게 살기를 힘써야 합니다. 바울의 말처럼 우리들은 두렵고 떨림으로 구원에 이르도록 힘쓰고 애써야 합니다. 이리저리 방황하고 허비할 틈이 사실 우리에게는 없습니다. 영원히 남을 것을 얻기 위해서 영원하지 않는 것들을 투자하고 사셔야 합니다. 부족하지만 하나님의 말씀에 순종하여 선한 열매들을 맺는 삶을 살아야 합니다. 작은 것이라도 깨달아지는 대로 순종하기를 힘써야 합니다.

그리고 우리의 불신 가족들이나 이웃들이 궁극적으로 지옥불 못에 들어가서 영원히 고통당할 것을 안다면 그들에게 복음을 전하는 일에 힘쓰지 않을 수가 없을 것입니다. 찰스 웨슬리가 지은 찬송가 269장의 가사처럼 "웬일인가 내 형제여 마귀만 따르다 저 마귀 지옥갈 때에 너도 가겠구나… 여보시오 내 동포여 주께로 오시오. 십자가에 못박힌 주 너를 사랑하네."를 때로 눈물로 부를 수밖에 없을 것입니다.

57

새 하늘과
새 땅[107]

또 내가 새 하늘과 새 땅을 보니 처음 하늘과 처음 땅이 없어졌고 바다도 다시 있지 않더라 또 내가 보매 거룩한 성 새 예루살렘이 하나님께로부터 하늘에서 내려오니 그 준비한 것이 신부가 남편을 위하여 단장한 것 같더라 내가 들으니 보좌에서 큰 음성이 나서 이르되 보라 하나님의 장막이 사람들과 함께 있으매 하나님이 그들과 함께 계시리니 그들은 하나님의 백성이 되고 하나님은 친히 그들과 함께 계셔서 모든 눈물을 그 눈에서 닦아 주시니 다시는 사망이 없고 애통하는 것이나 곡하는 것이나 아픈 것이 다시 있지 아니하리니 처음 것들이 다 지나갔음이러라(계 21:1-4).

길을 가는 나그네의 마음은 자신의 집과 가정에 대한 사모함으로 그 발걸음을 재촉하게 됩니다. 아무리 좋은 여행을 하고 다녀도 집에 돌아와서 가족들을 만나고 제 방에 드러누우면 역시 내 집이 최고야라고 말을 하게 됩니다. 그러나 우리의 영원한 본향은 여기 이 땅이 아닙니다. 우리가 영원히 안거할 곳은 죽어서 묻히는 땅도 아닙니다. 세상 사람들은 사람이 흙으로 돌아가면 본향으로 가는 것이라고 체념적으로 말하곤 합니다. 그러나 하나님께서는 영원한 본향이 이곳에 없다고 말씀하십니다. 우리 그리스도인들은 하늘에 있는 영원한 본향, 하나님께서 예비하고 계시는 본향 집을 향해 나그네 길을 가는 순례자의 무리입니다. 옛적에 아브라함을 부르시어 약속의 땅 가나안으로 향하게 하셨지만 정작 가나안에 이르렀을 때에는 그 땅을 기업으로 주시지 않고 이곳저

곳 옮겨 다니면서 장막 생활을 하게 하셨습니다. 하나님께서 주시고자 하시는 약속의 땅의 궁극적인 성취를 보게 하시지 아니하셨습니다. 그래서 히브리서 기자는 아브라함, 이삭, 야곱에 대하여 다음과 같이 평가를 하고 있습니다.

> 이 사람들은 다 믿음을 따라 죽었으며 약속을 받지 못하였으되 그것들을 멀리서 보고 환영하며 또 땅에서는 외국인과 나그네임을 증언하였으니 그들이 이같이 말하는 것은 자기들이 본향 찾는 자임을 나타냄이라. 그들이 나온바 본향을 생각하였더라면 돌아갈 기회가 있었으려니와 그들이 이제는 더 나은 본향을 사모하니 곧 하늘에 있는 것이라. 이러므로 하나님이 그들의 하나님이라 일컬음 받으심을 부끄러워하지 아니하시고 그들을 위하여 한 성을 예비하셨느니라(히 11:13-16).

오늘 우리가 읽은 본문에는 바로 믿음의 조상들이 그렇게도 사모했으며, 우리들도 간절히 소망하고 있는바 우리의 영원한 본향에 대해서 분명하게 묘사하고 있습니다. 우리가 영원히 살게 될 천국이란 영혼들이 거주하는바 천당이 아니라, 새 하늘과 새 땅이라고 하는 점을 오늘 분명하게 말씀하고 있습니다. 천당에서도 살지만, 궁극적으로는 신천신지에서 영원히 살게 된다는 말입니다.

새 하늘과 새 땅 New heaven and New earth

사도 요한은 악인들의 최후 심판과 최종 상태에 대하여 환상을 본 후에 이번에는 하나님의 백성들이 누리게 될 새 하늘과 새 땅에 대한 비전을 보게 됩니다. 1절을 다시 읽겠습니다. "또 내가 새 하늘과 새 땅을 보니 처음 하늘과 처음 땅이 없어졌고 바다도 다시 있지 않더라." 요한은 천당이 아니라 새 하늘과 새 땅을 보았다라고 말합니다. 사실 우리

신자들이 살게 될 영원한 본향, 거주지가 지금 우리가 살고 있는 물질 세계와는 전혀 관계가 없느냐 있느냐에 대해서 같은 개신교 안에서도 의견을 달리하고 있습니다. 다시 말해서 예수 그리스도가 재림하시고 난 후에 우리 신자들은 구원 받지만 우리가 살고 있던 이 우주 삼라만상은 어떻게 되느냐 하는 문제 말입니다. 루터교에서는 첫 세계가 파괴된다고 주장하고, 개혁주의에서는 이 세계의 갱신을 믿어왔습니다.

여러분들은 어떻게 생각하십니까? 흔히들 우리는 불 타 없어질 이 세상이라고 하지 않습니까? 1절에 말씀하기를 "처음 하늘과 처음 땅이 없어졌고"라고 말씀하는 것을 보더라도 세계멸절설이 더 맞지 않을까요? 베드로후서 3장 10-13절의 말씀을 참고해서 보겠습니다. "그러나 주의 날이 도둑 같이 오리니 그 날에는 하늘이 큰 소리로 떠나가고 물질이 뜨거운 불에 풀어지고 땅과 그 중에 있는 모든 일이 드러나리로다. 이 모든 것이 이렇게 풀어지리니 너희가 어떠한 사람이 되어야 마땅하냐? 거룩한 행실과 경건함으로 하나님의 날이 임하기를 바라보고 간절히 사모하라. 그 날에 하늘이 불에 타서 풀어지고 물질이 뜨거운 불에 녹아지려니와 우리는 그의 약속 대로 의가 있는 곳인 새 하늘과 새 땅을 바라보도다." 베드로는 말하기를 주님이 재림하실 때에 하늘이 큰 소리로 떠나가고 물질(개역-체질)이 뜨거운 불에 풀어지고 녹아진다고 하였습니다. 물질은 예전에 체질이라고 번역했던 단어인데, 헬라어 "스토이케이아"*stoicheia*는 우주, 혹은 물질세계를 구성하고 있는 기본적인 요소들을 가리킵니다. 우리들이 알고 있는 원소나 원자들을 가리킵니다. 주님이 재림하시는 날에 온 우주만물을 구성하고 있는 기본 요소들이 뜨거운 불에 풀어지고 녹아진다고 했으니, 온 세상이 불타 없어져 버리는 것이 아니냐고 생각하기가 쉬운 것입니다.

그러나 뜨거운 풀무불에 들어가서 풀어지고 녹아지면 다 닳아서 없어질 것도 있지만, 불순물이 제거되고 순수한 재료로 복귀하여 다시금 새로운 물건을 만들어 내는 것을 우리는 알고 있습니다. 예컨대 고철

덩어리들을 모아서 용광로 속에 넣은 후에 녹여서 쇳물을 만들고 틀에 붓고 식혀서 새로운 철제품을 만들어 내는 것을 생각해 보시면 좋겠습니다. 이와 같이 하나님께서는 처음 창조하신 물질세계를 불에 태워 소멸시키거나 멸절시키는 것이 아니라 불로 정화하시고 녹여서 영광스러운 우주로 다시 만들어 내실 것입니다. 요즘 쓰는 말로 하자면 하나님은 재활용의 대가이신 분이십니다. 우리 인생들도 그렇지 않습니까? 하나님은 그의 백성들을 만드시기 위해서 새로운 인류를 만들지 않고, 타락한 아담의 자손들을 중생시키시고 재창조하시어 새 사람을 만드시지 않으셨습니까? 그처럼 하나님께서는 그가 지으신 옛 창조물을 우리가 상상할 수도 없는 방식으로 재창조해 내실 것입니다. 우리 개인들을 새롭게 하시듯이 하나님은 만물을 새롭게 하실 것입니다.

그래서 사도 바울은 피조물도 구속의 날을 기다리고 있다고 표현을 했습니다. 로마서 8장 19-23절의 말씀을 읽어드립니다. "피조물이 고대하는 바는 하나님의 아들들이 나타나는 것이니 피조물이 허무한 데 굴복하는 것은 자기 뜻이 아니요 오직 굴복하게 하시는 이로 말미암음이라. 그 바라는 것은 피조물도 썩어짐의 종노릇 한 데서 해방되어 하나님의 자녀들의 영광의 자유에 이르는 것이니라. 피조물이 다 이제까지 함께 탄식하며 함께 고통을 겪고 있는 것을 우리가 아느니라. 그뿐 아니라 또한 우리 곧 성령의 처음 익은 열매를 받은 우리까지도 속으로 탄식하여 양자 될 것 곧 우리 몸의 속량을 기다리느니라." 피조물이 고대하는 바 자유와 해방은 새 하늘과 새 땅의 도래로 완성되고 성취되어질 것입니다. 이처럼 옛 창조 세계를 무화시키거나 멸절시키지 아니하고 구속하시고 새롭게 하시는 것은 하나님이 실패하셨다고 사탄이 참소하지 못하게 하시기 위해서이기도 합니다.

그런데 오늘 본문 1절 끝부분에 보니 새 하늘과 새 땅에는 "바다도 다시 있지 않더라."and there was no longer any sea라는 말씀이 있습니다. 이 구절을 읽으면 우리나라 동해나 저 남반부의 오세아니아의 푸르고 깊은 바다를 좋아하는 이들에게는 여간 섭섭한 일이 아닐 것입니다. 그러나 이 구절은 상징적으로 이해하는 것이 좋겠습니다. 요한계시록에서 바다는 이 세상을 상징합니다. 짐승들이 모두 바다에서 올라온다고 말씀하고 있습니다. 바다는 이 세상을 가리킵니다. 이 세상에 있는 모든 강물들이 흘러가 바다로 모이듯이, 사람들의 생각과 가치관이 모이고 또 모이면 거대한 세상의 가치관이 생겨나게 되는 것입니다. 현대인들은 엄청난 정보의 바다라고 일컬어지는 인터넷 세상을 생각해 보셔도 좋겠습니다. 인터넷은 정보의 바다이기도 하지만 스팸의 바다이기도 합니다. 새 하늘과 새 땅에 없다고 일컬어지는 바다는 인간의 부패한 본성이 모인 거대한 사회라고 보아야 합니다. 따라서 바다가 다시 있지 않다는 말은 다시 말해서 이 세상의 부패한 모든 것들이 영원히 없어진다는 뜻입니다. 세상의 부자들, 정치권력을 둘러싼 암투들, 그리고 강한 자가 약한 자들을 괴롭히고 이용하는 그 모든 일들이 영원히 존재하지 않게 됩니다. 그 이유는 이제 그 모든 것들이 끝나버렸기 때문입니다.

새 예루살렘 New Jerusalem

새 하늘과 새 땅을 본 사도 요한은 다시금 새로운 환상을 보게 됩니다. 2절 말씀을 다시 보실까요? "또 내가 보매 거룩한 성 새 예루살렘이 하나님께로부터 하늘에서 내려오니 그 준비한 것이 신부가 남편을 위하여 단장한 것 같더라." 사도 요한은 하늘로부터 내려오는 새 예루살렘 성을 보았다고 말합니다. 그리고 얼마나 아름다운지 신부가 남편을 위하여 단장한 것 같다고 표현하고 있습니다. 아마도 보통 여자분들이 한 평생을 통하여 가장 아름답게 꾸미고 단장하는 날은 결혼식 당일일 것입니다. 한 평생 중에 가장 아름답게 화장을 한 신부를 보고 당연한 일인데도 불구하고 사람들은 아름답다고 하면서 감탄해 마지를 않습니다. 그처럼 새 예루살렘 성이 하늘에서 내려오는데 신부가 남편을 위하여 단장한 것 같이 아름다운 성이라고 묘사하고 있습니다. 예루살렘 성에 대한 구체적인 묘사는 20장 후반부에 기록되어 있으니 나중에 살펴보도록 하겠습니다.

사도 요한이 요한계시록을 쓰고 있었을 때인 주후 95, 96년경 지상의 예루살렘은 로마 군병들에 의해서 이미 완전히 초토화되고 난지 30여 년이 다 되어가던 시점이었습니다. 그런데 땅의 성은 멸망하고 쑥대밭이 되었지만 하나님이 예비하시는 예루살렘 성은 건재하다는 것을 본문은 말씀해 줍니다. 그러나 하늘에서 내려오는 새 예루살렘 성을 단순히 신자들이 거하게 될 성읍이나 도시로만 이해하는 것은 곤란한 것입니다. 왜냐하면 20장 9절에 보시면 하늘에서 내려오는 새 예루살렘 성을 어린 양의 신부 혹은 아내라고 표현하고 있기 때문입니다. 결국 새 예루살렘은 그리스도의 교회를 가리킵니다. 그리스도의 교회란 어린 양의 피로 구속받은 하나님의 백성들 전체를 가리키는 것입니다. 하나님은 그리스도의 공동체인 교회를 아름다운 성에 비유하고 있습니다. 이는 우리의 구원이 개별적으로 이루어지는 것이기도 하지만 결국에는 공동체적인 완성이 목표라는 것을 말씀하시는 것입니다. 하나님이 베푸시는 은혜와 구원의 영광은 너무나 풍성하고 웅장한 것이어서 한 사람이 다 구현할 수가 없습니다. 그래서 하나님께서는 교회라는 공동체를 통해서 하나님의 각종 지혜와 은혜의 영광을 디스플레이하시는 것입니다.

사도 바울은 이러한 점들을 에베소서에서 잘 설명해 주고 있습니다. 교회를 건물에 비유하는 바울은 2장 20-22절에서 "너희는 사도들과 선지자들의 터 위에 세우심을 입은 자라 그리스도 예수께서 친히 모퉁잇돌이 되셨느니라. 그의 안에서 건물마다 서로 연결하여 주 안에서 성전이 되어 가고 너희도 성령 안에서 하나님이 거하실 처소가 되기 위하여 그리스도 예수 안에서 함께 지어져 가느니라."고 말씀하고 있고, 3장

10절에서는 "이는 이제 교회로 말미암아 하늘에 있는 통치자들과 권세들에게 하나님의 각종 지혜를 알게 하려 하심이니"라고 말씀하고 있습니다. 교회는 단순히 건물을 말하지 아니하고 이처럼 하나님께서 사랑하시어 구속하신 공동체를 가리킵니다. 마찬가지로 요한계시록에서 묘사되어지고 있는 새 예루살렘 역시 물리적인 성을 말하는 것이 아니라 예수 그리스도의 신부인 교회 공동체를 가리킵니다.

2절을 다시 보시면 사도 요한은 어린 양의 신부인 새 예루살렘 성이 "하나님께로부터 하늘에서 내려오니"라고 말씀하고 있습니다. 이는 교회가 땅에 속하기는 했지만 그 모든 재료는 하늘에서부터 내려온 것이요, 하나님이 손수 지으신 작품이라는 뜻입니다. 교회와 신자들은 하나님이 주시는 생명과 능력으로 자라가고 양육 받으며 준비되어집니다. 그리고 아름다운 신부와 같이 단장하였다고 했는데, 이는 하나님의 백성들이 마침내 눈부시게 아름다운 자태를 드러내게 되는 날이 온다는 것입니다. 이 세상에서 살아가는 동안에는 신자들의 영광이 별로 드러나지 않습니다. 늘 고난이나 환난 핍박을 받으며 무시당하고 살기 십상입니다. 진흙 속에 감추어져서 그 빛을 발하지 못하는 보석과 같은 존재일 수 있습니다. 그래서 오히려 이 세상의 영광이 더 휘황찬란해 보입니다. 그러나 주님께서 재림하시어 교회에서 베푸시는 영광이 드러나게 될 때에 이 세상의 모든 헛된 영광들은 그 빛을 잃게 될 것입니다. 신자들의 아름다움은 겉 사람의 아름다움에 있지 않고 내면의 아름다움에 있습니다. 베드로 사도는 그리스도인 부인들에게 권면하기를 "너희의 단장은 머리를 꾸미고 금을 차고 아름다운 옷을 입는 외모로 하지 말고 오직 마음에 숨은 사람을 온유하고 안정한 심령의 썩지 아니할 것으로 하라 이는 하나님 앞에 값진 것이니라."라고 했는데, 이것은 곧 모든 하나님의 백성들에게 해당하는 것입니다. 아름다운 그리스도인, 아름다운 그리스도의 교회, 흠이나 주름 잡힌 것이 없이 영광스러운 교회(엡 5:26, 27)가 되게 하시는 것이 주님의 구속의 목적이기도 합니다.

창조와 구속의 목적이 이루어지는 곳

이제 마지막으로 새 하늘과 새 땅은 궁극적으로 어떤 곳인지에 대해서 주목을 해 보십시다. 그곳에서 하나님의 백성들은 무엇을 할 것입니까? 사도 요한이 새 하늘과 새 땅, 그리고 새 예루살렘에 대해서 목도하자 하나님의 보좌에서 들려오는 큰 음성을 듣게 됩니다. 3절을 다시 봅니다. "내가 들으니 보좌에서 큰 음성이 나서 이르되 보라 하나님의 장막이 사람들과 함께 있으매 하나님이 그들과 함께 계시리니 그들은 하나님의 백성이 되고 하나님은 친히 그들과 함께 계셔서." 새 하늘과 새 땅에서 하나님은 그의 장막을 사람들과 함께 하겠다고 말씀하십니다. 다시 말해서 하나님께서 그의 백성들과 함께 하겠다는 말씀입니다. 사실 이 세상에서는 우리가 하나님과 동행하고 하나님과 거주한다고 하지만 자주 자주 하나님에 대한 영적인 지각을 잃어버리고 생각조차 하지 아니하고 살기도 합니다. 때로 가까이 계시는 분 같다가도 많은 경우에는 멀리 떨어져 계신 분처럼 여겨지기도 합니다. 그렇지만 새 하늘과 새 땅에서는 더 이상 하나님과 그의 백성이 이별하는 일은 없을 것입니다. 영원히 하나님께서 그의 백성들과 함께 거하실 것입니다. 하나님과 그의 백성들 사이에 친밀한 사귐이 있을 것입니다. 예수님은 천국을 내 아버지의 집이라고 묘사했습니다. 그렇습니다. 천국이든 신천신지이든 간에 하나님 아버지의 집입니다. 그리고 그 아버지의 집에는 거할 곳이 많습니다(요 14:2).

하나님께서 그의 백성들과 함께 거하시는 그 날이 오면 "그들은 하나님의 백성이 되고 하나님은 친히 그들과 함께 계"시게 될 것입니다. 이는 창조와 구속의 목적이 완성된다는 말입니다. 우리는 하나님의 백성 노릇하고 하나님께서는 우리들에 대하여 하나님 노릇해 주시겠다는 것은 구약 전편에 흐르고 있는 하나님의 소망이자, 계획된 목표입니다. 하나님께서는 이스라엘 백성들을 출애굽 시킨 이후에도 "내가 내

성막을 너희 중에 세우리니 내 마음이 너희를 싫어하지 아니할 것이며 나는 너희 중에 행하여 너희의 하나님이 되고 너희는 내 백성이 될 것이니라."(레 26:11, 12)고 말씀하셨고, 예레미야 선지자를 통해서 주신 새 언약의 말씀도 "나는 그들의 하나님이 되고 그들은 내 백성이 될 것이라."(렘 31:33)이었습니다. 바벨론 포로기에 활동했던 선지자 에스겔을 통해서 하나님께서 주신 약속의 말씀도 "내가 너희 조상들에게 준 땅에서 너희가 거주하면서 내 백성이 되고 나는 너희 하나님이 되리라."(겔 36:28)는 것이었습니다. 바로 이러한 하나님의 간절한 소망이 이루어지게 하기 위하여 예수 그리스도는 십자가에서 못 박혀 죽으셨으며, 그와 같은 십자가의 복음으로 하나님의 백성을 불러 모으시고 계신 것입니다. 그리고 오늘 본문 2절 끝부분에 있는 대로 마침내 새 하늘과 새 땅이 임하게 되면 정말 우리 모두가 하나님의 백성답게 살고, 하나님은 우리의 하나님 역할을 확실하게 하시게 될 것입니다.

그리고 이제 4절을 주목해 보시면 하나님과 그의 백성들이 새 하늘과 새 땅에 거하면서 영원한 삶을 가지게 될 때에 더 이상 하나님의 백성들을 괴롭히게 될 것들이 전혀 없을 것이라는 점을 말씀하시는 것을 볼 수 있습니다. 하나님이 만드신 새 하늘과 새 땅에는 없는 것들이 많습니다. 하나님께서 왕노릇하시기 때문에 그의 백성들에게는 없는 것들이 있습니다. 4절을 같이 읽겠습니다. "모든 눈물을 그 눈에서 닦아 주시니 다시는 사망이 없고 애통하는 것이나 곡하는 것이나 아픈 것이 다시 있지 아니하리니 처음 것들이 다 지나갔음 이러라." 우리가 이 세상을 살아가면서 얼마나 많은 눈물을 흘립니까? 또는 사랑하는 이들과 사별하여서 애통하고 곡하는 일들이 얼마나 많습니까? 또한 아무리 현대 의학이 발달했다고 하지만 각종 불치의 병들, 각종 암들은 왜 그리도 많습니까? 현대에 들어와서 왜 그리 정신병은 많아진 것입니까? 이 세상이 아무리 발전하고 사람들이 아무리 똑똑해신다고 해도 인간이 다스리고 인간이 만들어가는 이 세상에서는 눈물, 사망, 애통, 곡하는 것, 각종 종류의 아픔들이 있을 것입니다. 이 모든 것들은 처음 것들이요, 죄와 타락의 결과로 이 세상에 들어오게 된 재난들인 것입니다.

그러나 하나님께서 창조하시는 새 하늘과 새 땅에는 더 이상 이런 것들이 존재하지 않게 될 것입니다. 옛날 선지자들이 꿈꾸어 왔던 것들이 그곳에서 다 성취되게 될 것입니다. 이사야 35장 10절, "여호와의 속량함을 받은 자들이 돌아오되 노래하며 시온에 이르러 그들의 머리 위에 영영한 희락을 띠고 기쁨과 즐거움을 얻으리니 슬픔과 탄식이 사라지리로다." 이사야 65장 19절, "내가 예루살렘을 즐거워하며 나의 백성을 기뻐하리니 우는 소리와 부르짖는 소리가 그 가운데에서 다시는 들리지 아니할 것이며," 이사야 25장 8절, "사망을 영원히 멸하실 것이라 주 여호와께서 모든 얼굴에서 눈물을 씻기시며 자기 백성의 수치를 온 천하에서 제하시리라 여호와께서 이같이 말씀하셨느니라."고 말씀하고 있습니다. 사망도, 우리의 원수인 사탄도 다 영원히 꺼지지 않는 유황 불 못에 들어갔기 때문에 새 하늘과 새 땅에서는 더 이상 악이나 유혹도 찾아볼 수 없게 될 것입니다. 타락의 결과로 죄 있는 육신, 허약하고 병들기 쉽고 결국에는 썩어 부패할 육신을 가졌던 우리들의 몸이 그 날에는 새롭게 변모할 것입니다. 몸의 구속, 온전한 구속이 이루어질 것입니다(롬 8:23, 빌 3:20, 21). 영광스러운 부활체로 변화된 몸을 입고 우리는 영원토록 자유롭게 하나님을 섬기게 될 것입니다. 이 세상에서 우리를 가로 막고 넘어뜨렸던 모든 것들이 제거된 자유와 영광의 나라에서 하나님을 찬양하며 살게 될 것입니다. 전능하신 하나님께서 모든 악의 가능성을 방지하시고 든든히 새 하늘과 새 땅을 다스리실 것이기 때문에 다시는 부정적인 것들이 끼어들어올 수가 없게 될 것입니다. 우리 자신들도 더 이상 죄를 지을 수 없는 불멸의 존재로 만들어 주실 것입니다.

사랑하는 여러분! 이와 같이 부활의 소망을 가지고 있고, 우리의 영원한 본향인 새 하늘과 새 땅이 어떤 곳인지를 안다면 이 세상에서 어떻게 살아야 할까요? 우리는 천국과 새 하늘과 새 땅에 대해서 성경적으로 묵상하는 시간을 가져야 합니다. 우리 가슴에 불을 붙여야 합니다. 소위 향수병이 들어야 합니다. 리처드 백스터라는 청교도는 병약한 몸을 가졌지만 하루에 30분씩 천국에 대해서 성도의 영원한 안식에 대해서 묵상하는 습관을 들인 결과 청교도들 중에 독특하게도 대학 교육을 받지 못했어도 주옥같은 작품들을 남겼습니다. 우리들도 천국에 대하여, 새 하늘과 새 땅에 대하여 묵상을 해야 합니다.

그리고 또한 우리는 영원한 본향에 적합한 사람이 되어가도록 전력투구해야 합니다. 천국 체질의 사람으로 변해가야 합니다. 세상이 좋고, 죄짓는 것이 즐겁다면 새 하늘과 새 땅에 거주하기는 어렵습니다. 그곳에 들어오라고 해도 못 들어갈 것입니다. 우리는 예수 그리스도의 제자가 되어서 하나님을 닮는 자가 되는 일에 전력투구해야 합니다. 은혜의 방편들을 소홀히 하시면 안 됩니다. 영으로써 육체의 행실을 죽이는 일을 힘써야 합니다.

또한 한 번뿐인 인생 속히 지나가게 될 터인데, 이 육신으로 사는 동안에 주님이 기뻐하시는 일에 우리의 남은 생을 사용해야 합니다. 영원히 남을 방식으로 살아야 합니다. 봉사하고 헌신해야 합니다. 부활장인 고린도전서 15장에서 바울이 결론적으로 권면하는 구절 대로 사십시다. "그러므로 내 사랑하는 형제들아 견실하며 흔들리지 말고 항상 주의 일에 더욱 힘쓰는 자들이 되라 이는 너희 수고가 주 안에서 헛되지 않은 줄 앎이라."(58절).

마지막으로 이렇게 좋은 천국이라면, 새 하늘과 새 땅이라면 우리끼리 갈 수가 없습니다. 사랑하는 가족들, 친지들, 친구들, 이웃들이 다 회개하고 주님께로 돌아와서 신천신지의 축복에 동참할 수 있도록 기도하고 전도하도록 하십시다.

58

보좌에 앉으신 이의 선언

보좌에 앉으신 이가 이르시되 보라 내가 만물을 새롭게 하노라 하시고 또 이르시되 이 말은 신실하고 참되니 기록하라 하시고 또 내게 말씀하시되 이루었도다 나는 알파와 오메가요 처음과 마지막이라 내가 생명수 샘물을 목마른 자에게 값없이 주리니 이기는 자는 이것들을 상속으로 받으리라 나는 그의 하나님이 되고 그는 내 아들이 되리라 그러나 두려워하는 자들과 믿지 아니하는 자들과 흉악한 자들과 살인자들과 음행하는 자들과 점술가들과 우상숭배자들과 거짓말하는 모든 자들은 불과 유황으로 타는 못에 던져지리니 이것이 둘째 사망이라(계 21:5–8).

수년 전에 서른 두 살의 무명의 영화작가인 최○○씨가 지병과 굶주림으로 요절해서 많은 이들에게 안타까운 마음을 가지게 했습니다. 전기도 끊어진 차가운 방에 있으면서 먹을 것이 없어서 굶어죽은 것으로 보인다고 합니다. 그녀가 이웃에게 남긴 마지막 말은 "창피하지만 며칠째 아무것도 못 먹어서 남는 밥이랑 김치가 있으면 저희 집 문 좀 두들겨주세요"라는 메모였다고 합니다. 고인의 비극적인 요절 소식을 듣고 어떤 배우는 "나보다 어린 여자가, 동료 작가가 차가운 방에서 굶어죽었다. 펄쩍펄쩍 뛰어도 계속 눈물이 난다. 어떻게 그런 일이 생길 수 있는지 정말 모르겠다. 누구 아는 사람 없나요"라는 글을 쓰기도 했습니다. 소위 이 나라에 힘들게 살아가는 사람들의 한 면모를 여실히 보여주는 뉴스였습니다.

반면에 당시에 소위 우리나라의 극소수에 속하는 부유층의 사치스러운 삶의 모습들을 찬란하게 보여주는 드라마가 있었습니다. 집 전체가 화려하게 장식되어 있는 모습, 방 하나가 헬스장인 모습, 승마나 스키를 취미생활로 하는 모습, 백화점에 가서 옷을 사는데 전표를 그냥 보여주고, 심지어 개 생일을 맞아 온 가족이 둘러앉아서 고깔모자 쓰고 축하해 주는 모습 등. 왜 이런 드라마를 사람들은 좋아할까요? 분명 대부분의 서민들은 오르지도 못할 나무와 같은데 말입니다. 자신의 현실은 그렇지 않지만 그런 모습들을 보면서 대리만족을 하는 것일까요? 아니면 나도 열심히 돈 벌어서 저렇게 살아봐야지하는 목표의식을 가지게 할까요? 그러나 아무리 좋게 보더라도 사람의 마음을 허황되게 만든다고 생각합니다. 대부분의 사람들은 그렇게 벼락부자가 되어 화려하게 살 수가 없습니다. 뿐만 아니라 설령 어떻게 해서 그런 삶의 환경을 누릴 수 있게 되었다고 해도 드라마에서도 확인 되었듯이 진정한 행복은 보장되지 않습니다.

우리 그리스도인들은 이런 드라마나 영화를 볼 때에 신앙적인 안목을 가지고 보셔야 합니다. '인생모경가'가 우리에게 진실을 잘 보여줍니다. 우리는 잠시 휘황찬란하게 있다가 사라져 버릴 이 세상 영광이 아니라 영원한 것을 사모해야 합니다. 요한일서 2장 15-17절의 말씀을 염두에 두고 살아가십시다. "이 세상이나 세상에 있는 것들을 사랑하지 말라. 누구든지 세상을 사랑하면 아버지의 사랑이 그 안에 있지 아니하니 이는 세상에 있는 모든 것이 육신의 정욕과 안목의 정욕과 이생의 자랑이니 다 아버지께로부터 온 것이 아니요 세상으로부터 온 것이라. 이 세상도, 그 정욕도 지나가되 오직 하나님의 뜻을 행하는 자는 영원히 거하느니라." 하나님의 뜻대로 살아가는 자들이 누리게 되는 영원한 것에 대해서 요한계시록 21장과 22장에서 분명하게 확인할 수가 있습니다. 그것은 바로 새 하늘과 새 땅, 그리고 새 예루살렘에 대한 약속입니다. 하나님의 약속은 반드시 이루어지게 되어 있기 때문에 이런 말씀들을 주의해서 잘 공부하시고 수시로 묵상해 보아야 합니다.

만물을 새롭게 하시는 하나님

먼저 5절 말씀을 보겠습니다. "보좌에 앉으신 이가 이르시되 보라 내가 만물을 새롭게 하노라 하시고 또 이르시되 이 말은 신실하고 참되니 기록하라 하시고." 보좌에 앉아 계시는 이는 하나님이십니다. 온 우주 만물을 창조하시고 심판하시는 하나님이십니다. 19장과 20장에서 보았듯이 하나님을 대적하던 모든 원수들, 즉 사탄과 짐승들, 그리고 따르는 무리들 심지어는 죽음까지도 다 지옥 불못에 던져 넣으실 정도로 전능하신 심판자이십니다. 이제 보좌에 앉으신 그 하나님께서 "보라 내가 만물을 새롭게 하노라"라고 선언하시면서 "이 말은 신실하고 참되니 기록하라"고 말씀하셨습니다. 유진 피터슨의 메시지 성경에 의하면 "보아라! 내가 모든 것을 새롭게 한다. 이 모두를 받아 적어라. 한 마디 한 마디가 다 믿을 수 있는 확실한 말씀이다."라고 이 구절을 번역했습니다. 신실하시고 전능하신 하나님께서 반드시 성취하시고야 말 내용들을 "적어라"라고 하나님은 말씀하셨습니다. 이는 당시 고난 속에 있던 초대 교인들과 후대의 성도들에게 위로를 주시기 위해서 하신 말씀인 것입니다. 세상이 어떻게 돌아가든지 결국은 하나님의 뜻대로 이루어지고 말 것이니까 헷갈리거나 방황하지 말고 계속해서 신앙의 싸움을 싸우라는 격려의 뜻으로 이렇게 확언을 해 주신 것입니다.

그렇다면 하나님께서 하신 선언 "보라 내가 만물을 새롭게 하노라"는 말씀이 무슨 의미인지를 생각해 보십시다. 이 구절은 1절에서 살펴본 "새 하늘과 새 땅"에 대한 말씀과 관련이 있습니다. 하나님께서 새롭게 하시는 만물이란 하늘과 땅 그리고 그 가운데 있는 만물을 의미합니다. 우리가 앞서도 살펴 보았지만 지금 우리가 몸 담고 살고 있는 이 천지만물 우주 삼라만상의 결국이 어떻게 될까, 이것과 신천신지의 관계가 무엇일까에 대해서는 많은 논란이 있어 왔습니다. 루터파의 입장은 대체로 이 현존하는 천지만물은 완전히 없어지고 전혀 새로운 신천신지를 만들어 주실 것이라고 믿습니다. 하지만 우리 개혁주의에서는 지금 존재하는 천지만물과 신천신지는 불연속성도 있지만 연속성도 있다고 해석을 합니다. 우리는 지금 존재하는 이 창조물들이 완전히 불타 없어져 버린다고 믿지 않습니다. 이 세계도 하나님이 창조하신 것이기 때문에 하나님께서는 이 재료들을 활용해서 전적으로 새로운 하늘과 땅을 만들어 내실 것이라고 믿습니다.

왜 이러한 해석이 옳은가 몇 가지 이유를 설명해 드립니다.[108] 우선 "새 하늘," "새 땅" 할 때에 새로운 new에 해당하는 헬라어 형용사는 시간과 기원에 있어서 전혀 "새 것"이라는 의미인 "네오스"neos를 쓰지 않고, 본성이나 질에 있어서 새롭다는 뜻의 "카이노스"를 사용했습니다. "네오스"를 쓰는 경우는 새로운 부대에 새로운 포도주를 담는다 할 때입니다. 전혀 다른 부대에 전혀 다른 포도주를 담는다는 의미이지요. 하지만 "새 하늘," "새 땅" 할 때에는 현재와 우주와 동질이되 영화롭게 갱신된 창조를 가리키는 의미에서 "카이노스"kainos를 썼습니다.

두 번째로 로마서 8장 20-21절에 의하면 현 창조세계는 하나님의 아들들의 자유의 영광에 이르는 것을 고대하고 있습니다. 현재는 강제로 썩어짐에 종노릇하고 있지만, 하나님의 자녀들이 구속의 영광에 이르게 되면 자신들도 해방되어 하나님의 자유의 영광에 참여하게 되기 때문이라는 것입니다. 즉, 지금은 썩고 부패하고 무질서하고 혼돈스러운 세상이지만, 주님이 재림하시고 하나님의 자녀들이 몸과 영혼의 완전한 구속에 이르는 날에 이 천지만물과 새로운 질서와 조화 그리고 생명력과 아름다움을 회복하게 될 것이기 때문입니다.

세 번째로 우리가 입게 될 부활체와 신천신지는 유사성이 있습니다. 장차 우리는 분명 부활의 몸을 입게 됩니다. 부활하신 예수님의 몸에서 볼 수 있듯이 분명 이 세상에서 입고 있던 몸과 유사성이 있습니다. 하지만 전적으로 새롭게 된 몸이기도 할 것입니다. 마찬가지로 지금의 만물들도 재림의 때에 전혀 다른 어떤 것으로 대체되는 것이 아니라 놀랍게도 새롭게 변화함을 입게 될 것입니다. 우리의 영혼의 변화와도 유사성이 있습니다. 우리는 거듭날 때에 정체성은 동일한 사람으로 남아있습니다. 마찬가지로 이 만물도 전적으로 변화를 입겠지만 동일한 실체를 유지하게 될 것입니다.

네 번째로 천지만물의 소멸이론보다 갱신이론을 믿는 이유는 하나님의 정당성 때문이기도 합니다. 즉, 하나님이 지으신 만물을 그냥 없애 버린다면 사탄이 실패하신 하나님이라고 비난할 수밖에 없습니다. 죄 짓고 타락한 인류를 없애버리지 않고 구속의 역사를 통해서 구원하시고 새 사람을 만드시듯이 이 세상만물도 비록 인간의 죄의 영향을 받아서 썩고 부패하며 혼란스러운 상태에 빠졌지만, 하나님께서 역사하시어 새로운 하늘과 새로운 땅으로 만들어 내실 것입니다.

오늘 우리가 읽은 본문 5절 말씀도 이러한 만물 갱신론이 옳다는 것을 입증해주는 구절입니다. 왜냐하면 하나님께서는 "보라, 내가 만물을 새롭게 하노라"라고 선포하시기 때문입니다. 이것은 이미 존재하는 만물을 새롭게 하시고 완전하게 만드신다는 의미의 말씀이기 때문입니다. 그러나 그 새로움이 얼마나 완전한지 처음 하늘과 처음 땅, 그리고 처음 것들은 다 없어져 버렸다고 말할 정도라는 것입니다. 하나님께서는 완전히 새로운 사람으로 만드시듯이, 이 만물도 완전히 다른 것으로 철저히 변화를 시키실 것입니다.

보좌에 앉으신 하나님께서는 "보라 내가 만물을 새롭게 하노라"고 선언하실 뿐 아니라 6절에 보면 "이루었도다."라고 선언하시는 것을 봅니다. "이루었도다"gegonan는 말씀은 16장 7절에서도 본 적이 있습니다. 그리고 '다 이루었다' 그러니 무슨 상황이 생각나십니까? 예수님의 가상칠언 중 한 말씀이지요. 요한복음 19장 30절에 보면 "예수께서 신 포도주를 받으신 후에 이르시되 다 이루었다 하시고 머리를 숙이니 영혼이 떠나가시니라."고 말씀하고 있습니다. 그렇다면 예수님이 십자가 상에서 다 이루었다고 말씀하신 내용과 오늘 본문에 나오는 '이루었도다'라는 하나님의 말씀과 어떤 관계가 있을까요? 같은 내용일까요 아니면 어떤 차이가 있을까요? 일단 예수님께서 사용하신 단어는 테텔레스싸이*telesthai*라는 헬라어 단어입니다. 즉, 이 말은 "값을 내가 다 치루었다"는 의미입니다. 예수님께서 십자가를 지셔야만 했던 이유가 인류의 대속의 값을 치루시기 위해서였는데, 그 일을 성취하게 되었다는 의미입니다. 그러나 오늘 본문에 나오는 "이루었도다"라는 말씀은 하나님께서 영원 전부터 계획하셨고 수행해 오셨던 구원 계획이 완성되었다는 의미입니다. 새 하늘과 새 땅에 구속하신 백성들을 살게 하시고 사탄과 악의 세력들은 다 유황 불못에 던져 넣으심으로써 구원의 계획이 완성되었다는 의미인 것입니다.

    그러면서 이어지는 말씀에 보면 이렇게 만물을 새롭게 하시고 모든 구원 계획을 이루시는 하나님에 대한 자기 소개가 나옵니다. "또 내게 말씀하시되 이루었도다." 그 다음에 "나는 알파와 오메가요 처음과 마지막이라."는 말씀입니다. 알파는 헬라어 알파벳의 첫 단어입니다. 그리고 오메가는 마지막 글자입니다. 영어로 하면 A와 Z이고, 한글로 하면 기역과 히읗을 말합니다. 그리고 처음과 마지막이라는 표현은 헬라어에서는 "아르케"*arche*와 "텔로스"*telos*라는 단어를 썼습니다. "아르케"는 시작이라는 의미도 있지만 근원 혹은 원리라는 의미를 가진 단어이고, "텔로스"라는 단어는 끝이라는 의미도 있지만 목적을 의미합니다. 결국 하나님의 자기 소개가 의미하는 바는 하나님께서 만물의 근원이시자, 마지막 심판자이시라는 것이요, 역사의 주관자로서 그것을 시작하시고 또한 완성하여 마무리하시는 분이시라는 의미입니다. 하나님께서 이런 분이시기에 하나님은 창조도 하시고, 구원도 하시며, 그리고 심판도 하실 수 있는 것입니다. 그리하기에 하나님의 말씀대로 되어진다, 하나님의 말씀에 순종하는 길이 살 길이다라고 강조하는 것입니다.

이기는 자에게 주시는 신천신지

　오늘 두 번째로 살펴보려고 하는 것은 하나님께서는 누구를 위하여 이러한 신천신지를 만들어 주시는가 하는 것입니다. 본문 6절 하반절에 보시면 목마른 자들이고, 7절에 의하면 이기는 자들입니다. 먼저 6절 하반절을 보실까요? "내가 생명수 샘물을 목마른 자에게 값없이 주리니"라고 말씀하는데, 신천신지를 이야기하다가 왜 이런 말씀을 하시는가 그런 의구심이 들 수가 있습니다. 그러나 생명수 샘물을 마시는 것과 신천신지는 밀접한 관계가 있습니다. 신천신지에서 누리게 되는 지복을 생명수 샘물을 마시는 것으로 비유하고 있습니다. '생명수 샘물'은 더 정확하게 번역하면 '생명의 물의 샘물'이라고 해야 합니다. 그리고 생명의 물의 샘물로부터 물을 주신다고 하는 것은 끊임없이 흘러넘치는 생명의 공급을 의미합니다. 조금도 끊어지거나 핍절함이 없이 계속해서 넘치도록 생명을 공급해 주시겠다는 약속입니다.

　그리고 중요한 것은 그러한 생명의 물을 주시되 값없이 주시겠다고 하는 것입니다. 즉, 누가 이런 신천신지에서 영생의 복락을 누릴 수 있는가 하면 은혜로 값없이 구원 받은 자들이 누릴 수가 있는 것입니다. 값이 없다고 해서 진짜 값이 없는 것이 아니라 우리들에게 값을 요구하지 않으셨을 뿐이고, 값을 요구하셨다해도 우리는 그 값을 지불할 수 없었기에 하나님이 친히 그 값을 지불하셨다는 의미에서 "값없이"입니다. 하지만 하나님께서는 값없이 주신다고 해서 아무런 조건없이 주시지도 않습니다. 본문 6절에 의하면 생명의 물의 샘물로부터 계속해서 샘물을 공급받을 수 있는 자가 누구입니까? 바로 "목마른 자들"입니다. 22장 17절에도 보시면 "성령과 신부가 말씀하시기를 오라 하시는도다 듣는 자도 오라 할 것이요 목마른 자도 올 것이요 또 원하는 자는 값없이 생명수를 받으라 하시더라." 누구든지 허락되어 있지만 목마른 자 원하는 자가 값없이 생명수를 누릴 수가 있습니다. 이는 하나님의 은혜를 사모하고 구원을 갈망하는 자들을 가리킵니다.

7절에 가시면 목마른 자가 누구냐를 다르게 표현했습니다. 그들은 바로 "이기는 자"입니다. 즉, 승리자를 말합니다. "이기는 자는 이것들을 상속으로 받으리라. 나는 그의 하나님이 되고 그는 내 아들이 되리라." 이기는 자가 생명수 샘물을 자유로이 마실 수가 있습니다. 신천신지를 상속받을 수 있는 합법적인 하나님의 자녀가 될 수 있습니다. "나는 그의 하나님이 되고 그는 내 아들이 되리라"는 말씀은 구약 전편에 흐르고 있는 언약의 공식입니다. 그리고 하나님의 자녀가 된 자만이 하나님이 아브라함에게 허락하신 기업(땅)의 상속자가 될 수가 있습니다. "그러므로 믿음으로 말미암은 자는 믿음이 있는 아브라함과 함께 복을 받느니라."(갈 3:9). 그런데 요한은 단순히 "믿는 자"라고 하지 아니하고 "이기는 자"라고 표현하고 있음에 우리는 주의를 해야 합니다. "이기는 자"라는 표현은 요한계시록에 여러 번 등장했던 표현입니다. 특히 2장과 3장에 기록된 일곱 교회에 보낸 편지글에 꼭 빠지지 않고 나왔습니다. "이기는 자"란 이 세상의 여러 가지 시험과 유혹에도 굴하지 아니하고 믿음을 지키는 자들이요, 그리스도께 대한 정절을 지키는 자요, 이단과 싸우는 자요, 세속주의의 유혹을 물리치는 자요, 뜨뜨미지근한 신앙이 아니라 열정적인 신앙을 가진 자들입니다. 황제 숭배를 하면 세상 살기가 편할 터인데, "나는 예수 그리스도만을 주님으로 믿습니다" 하고 목숨 걸고 믿는 자들을 가리킵니다. 이런 이들이 "이기는 자들"입니다. 바로 이런 이들이 신천신지를 기업으로 상속하게 된다는 말입니다.

사랑하는 여러분! 여러분은 어떻습니까? 무엇에 대하여 갈급함이 있습니까? 무엇에 목이 마르십니까? 돈, 지식, 권력, 관계의 성공, 출세에 갈급하십니까? 아니면 하나님과 하나님의 나라 그리고 의에 갈급하십니까? 천국을 사모하십니까? 우리는 속지 말아야 합니다. 하나님은 하나님의 일에 목마른 자들에게 생명수 샘물을 약속하셨습니다. 그리고 또한 여러분은 이 세상과의 관계에서 승리자이십니까? 타협하고 살고 있습니까? 물처럼 흘러가는 대로 잘 흘러가는 것을 이상으로 삼고 있습니까? 아니면 시대를 거슬러서 말씀에 순종하는 삶을 살고 있습니까? 때로 믿음의 싸움이 힘들어서 한숨을 내쉬고 있습니까? 아니면 세상과 타협하고 살기에 신바람이 나십니까? 우리는 속지 말아야 합니다. 하나님은 신천신지의 상속자를 "이기는 자"라고 말씀하고 있습니다.

불과 유황으로 타는 못에 들어갈 자들

그러면 신천신지를 상속할 수 없는 자들은 어떤 부류의 사람들인지를 살펴보십시다. 이들은 이 세상에 목말라하는 자들이자, 세상의 대세를 따라 살아가는 자들입니다. 8절을 봅니다. "그러나 두려워하는 자들과 믿지 아니하는 자들과 흉악한 자들과 살인자들과 음행하는 자들과 점술가들과 우상숭배자들과 거짓말하는 모든 자들은 불과 유황으로 타는 못에 던져지리니 이것이 둘째 사망이라." 요한은 신천신지를 상속받지 못하는 자들은 불과 유황으로 타는 못, 지옥 불못에 들어가게 된다고 말씀합니다. 우리말에는 타는 못에 던져지리니 그랬지만 원문에는 그들이 차지하게 될 못 혹은 장소*meros*라는 표현을 사용하고 있습니다. 그들이 차지하게 될 못은 다름 아니라 사탄 마귀와 그 졸개들이 들어가는 불못이 될 것입니다. 요한은 어정쩡하게 제3의 장소가 있다고 말하거나 아니면 고통당하지도 않도록 영원히 멸절할 것이라고 말하지를 않습니다. 신천신지에 영원토록 사느냐 아니면 불과 유황으로 타는 못에 영원히 사느냐 두 가지가 있을 뿐이라고 분명하게 밝히고 있습니다. 우리들에게나 세상 사람들에게나 다른 장소는 없습니다. 이곳 아니면 저곳이 있을 뿐입니다.

하나님께서는 불과 유황으로 타는 못을 영구적인 처소로 삼게 될 자들의 특징을 8가지로 나열하고 있습니다. 첫째는 두려워하는 자들입니다. 이들은 겁을 내는 자들입니다. 초대 교회 때도 그렇지만 오늘날도 교회를 다니다가 중도에 포기하는 이들 중에는 겁을 먹어서 혹은 비겁해서 그런 이들이 있습니다. 즉, 교회 다니다가 가족관계가 잘못된다든지, 경제적인 이익을 잃을까 두려워하는 이들 말입니다. 환난의 시기에는 예수 믿다가 괜히 고문당하거나 죽을까 두려워서 포기하는 이들이 있습니다. 어떤 상황이 되었든지 간에 하나님을 경외하지 아니하고 이 세상을 두려워하여 믿지 않거나 중도에 탈락하는 이들은 신천신지를 상속받을 수가 없는 것입니다. 두 번째로, 믿지 아니하는 자들이란 환난과 박해아래서 신앙을 부인한 자들을 가리킵니다. 혹은 신실하지 못한 자들입니다. 겉으로는 한 때 믿음이 있었던 것 같으나 오래가지 않아 그 믿음이 없음이 드러나고 마는 사람들을 가리킵니다.

세 번째로 흉악한 자들이라고 번역된 "에브델뤼그메노이스"*ebdelygmenois*라는 말은 혐오스럽고 가증한 자들이라는 말입니다. 우상숭배나 음란한 생활이나 잔인무도한 삶을 살다보니 사람 자체가 그런 존재로 굳어진 사람을 말합니다. 그리고 네 번째로 살인자들이란 세상에서 살면서 어떤 이기적인 목적을 위해서 타인을 죽이는 사람들을 가리킵니다. 특히 환난의 시대에 하나님의 신실한 백성들을 죽인 그런 살인자들을 가리킵니다. 그리고 다섯 번째 음행하는 자들이란 성적으로 부도덕하게 살아가는 이들을 말하지만, 특히 이교 제의는 전부 음행과 관련이 있었다는 점도 염두에 두셔야 합니다. 여섯 번째 점술가들은 마술에 휘말린 자들을 가리킵니다. 신령한 지식을 얻기 위해서 마귀의 수단을 사용하는 자들을 의미합니다. 그리고 일곱 번째 우상숭배자들은 하나님 이외에 다른 것들을 하나님 처럼 섬기고 떠받드는 사람을 가리킵니다. 결국 눈에 보이는 우상뿐 아니라 보이지 않는 이데올로기나 세상적인 가치관들, 그리고 사람들을 신처럼 떠받드는 모든 것이 우상입니다. 이런 점에서 우리는 과도한 자식 사랑이나 부부사랑, 돈 사랑을 경계해야 합니다.

그리고 여덟 번째이자 마지막은 거짓말하는 자들이라고 말씀하고 있습니다. 요한문헌을 읽어보면 진리와 거짓을 빛과 흑암과 같이 선명하게 대조시키고 있음을 봅니다. 예수 그리스도는 그 진리이시고, 마귀는 거짓의 아비라고 합니다. 그러니 믿는 자는 진리에 속하고, 불신자들은 마귀에 속하여 거짓말을 하고 거짓말을 믿기를 일삼는 것입니다. 제사도 조상숭배다라며 거짓말을 합니다. 거짓말인줄도 모르고 합니다. "이 세상이 다다, 돈 있으면 못할 것이 없고 안 되는 것이 없다, 생명도, 사랑도, 영혼도 산다"라고 착각하고 삽니다. 그러나 이것은 다 거짓말입니다. 이렇게 거짓말을 일삼는 자들이 가게 될 곳은 불과 유황으로 타오르는 불못일 수밖에 없습니다.

오늘 나눈 말씀을 정리합니다. 요한계시록 21장 5-8절을 통하여 우리는 만물을 새롭게 하시며, 구속 계획을 완성하시는 하나님에 대해서 살펴보았습니다. 하나님께서는 기존한 첫 창조세계를 없애버리시는 것이 아니라 전적으로 갱신하고 변화시키실 것이라고 하는 점을 보았습니다. 또한 하나님은 알파와 오메가, 시작과 끝이 되시는 분이시기에 반드시 하나님의 목적하시는 대로 역사를 마무리하실 것을 우리에게 확인시켜 주었습니다. 그리고 하나님께서는 이러한 신천신지의 복을 상속할 자는 세상을 따라가지 아니하고 믿음으로 살며 승리하는 자들이라는 점을 보았습니다. 신천신지가 아니라 불과 유황으로 타는 못에 들어갈 자들에 대해서도 살펴보았습니다.

우리는 신천신지가 아니면 불과 유황으로 타는 불못 둘 중 한 곳에 가서 영원히 살게 될 것입니다. 그리고 이 세상에 살아가는 동안에 우리가 하나님의 은혜, 구원에 목마른 자로 살아가느냐, 혹은 믿음으로 승리하면서 살아가느냐 아니면 이 세상에 목말라하며 오직 세상만을 추구하면서 살아가느냐에 따라서 우리의 영원한 거주지가 달라질 것임을 기억해야 합니다. 생명 샘물을 영원히 마시고 살 것입니까, 아니면 영원히 꺼지지 않는 지옥 불에서 고통과 고초를 겪으면서 살아갈 것입니까? 장차 영광을 누리려고 한다면 지금 우리가 신앙생활하는 수고를 치루어야 합니다. 주와 함께 고난을 받기를 선택해야 합니다. 이 시대의 가치관을 따라가지 아니하고 믿음으로 승리하는 삶을 사시기를 바랍니다. 초두에 말씀드렸지만, 믿는다면 우리는 그렇게 어려움을 당하고 있는 이웃들을 외면해서는 안 될 것입니다. 우리가 살고 있는 주변에서 그러한 일이 일어난다고 하면 우리들의 수치라고 하는 것을 아셔야 합니다.

59

새 예루살렘 – 어린 양의 신부

일곱 대접을 가지고 마지막 일곱 재앙을 담은 일곱 천사 중 하나가 나아와서 내게 말하여 이르되 이리 오라 내가 신부 곧 어린 양의 아내를 네게 보이리라 하고 성령으로 나를 데리고 크고 높은 산으로 올라가 하나님께로부터 하늘에서 내려오는 거룩한 성 예루살렘을 보이니 하나님의 영광이 있어 그 성의 빛이 지극히 귀한 보석 같고 벽옥과 수정 같이 맑더라 크고 높은 성곽이 있고 열두 문이 있는데 문에 열두 천사가 있고 그 문들 위에 이름을 썼으니 이스라엘 자손 열두 지파의 이름들이라 동쪽에 세 문, 북쪽에 세 문, 남쪽에 세 문, 서쪽에 세 문이니 그 성의 성곽에는 열두 기초석이 있고 그 위에는 어린 양의 열두 사도의 열두 이름이 있더라 내게 말하는 자가 그 성과 그 문들과 성곽을 측량하려고 금 갈대 자를 가졌더라 그 성은 네모가 반듯하여 길이와 너비가 같은지라 그 갈대 자로 그 성을 측량하니 만 이천 스다디온이요 길이와 너비와 높이가 같더라 그 성곽을 측량하매 백사십사 규빗이니 사람의 측량 곧 천사의 측량이라 그 성곽은 벽옥으로 쌓였고 그 성은 정금인데 맑은 유리 같더라 그 성의 성곽의 기초석은 각색 보석으로 꾸몄는데 첫째 기초석은 벽옥이요 둘째는 남보석이요 셋째는 옥수요 넷째는 녹보석이요 다섯째는 홍마노요 여섯째는 홍보석이요 일곱째는 황옥이요 여덟째는 녹옥이요 아홉째는 담황옥이요 열째는 비취옥이요 열한째는 청옥이요 열두째는 자수정이라 그 열두 문은 열두 진주니 각 문마다 한 개의 진주로 되어 있고 성의 길은 맑은 유리 같은 정금이더라(계 21:9–21).

베를린 장벽과 결혼했다는 여자에 대한 뉴스를 보신 적이 있습니까? 그녀의 이름은 에이자 리타Eija-Riitta이고 성은 베를린 장벽Berliner-Mauer입니다. 1954년 스웨덴에서 태어났습니다. 그녀의 홈페이지에 보면 남편을 소개하기를 1961년 8월 13일에 출생했으며, 남편이 하는 일은 동베를린과 서베를린을 나누는 것이라고 합니다. 그녀는 베를린 장벽과 1979년 6월 17일에 결혼을 했으며, 1989년 11월 9일 성난 군중에 의해서 남편이 공격당했으며 강제로 은퇴당할 수밖에 없었다고 말합니다. 그녀는 베를린 장벽을 왜 사랑하여 결혼하기까지 했다고 하는지 "나는 내 삶속에 강력한 지지물이 필요했고 나는 당신을 발견했다. 나의 사랑스러운 베를린 장벽이여!"이라고 밝혔습니다. 어떻습니까? 이야기를 들어보시니까 이 여자분의 사고는 정상적이지 않은 사고라고 느끼실 것입니다. 이런 사람들을 물건에게 사랑을 느끼는 사물애호증objectumsexuality을 가졌다고 합니다. 아마도 실제 인간과의 소통에 대한 두려움 때문에 인간의 대체물에 애착을 느끼는게 아닌가하는 생각이 듭니다.

오늘 우리는 새 하늘과 새 땅에 대한 말씀에 이어서 새 예루살렘에 대한 말씀을 살펴보려고 합니다. 21장 9절에서 22장 5절까지 새 예루살렘에 대해서 말씀하고 있습니다. 그런데 우리가 오늘 읽은 본문만 주의해서 읽었다고 하더라도 조금 난처함을 느낄 것입니다. 새 예루살렘은 문자적으로 새로운 예루살렘 성을 말하는 것인가, 아니면 어린 양의 신부인가하고 말입니다. 9절을 보시기를 바랍니다. "일곱 대접을 가지고 마지막 일곱 재앙을 담은 일곱 천사 중 하나가 나아와서 내게 말하여 이르되 이리 오라 내가 신부 곧 어린 양의 아내를 네게 보이리라 하고." 그리고 나서 요한은 하늘에서 내려오는 새 예루살렘 성을 보게 되는데, 문제는 그 새 예루살렘을 어린 양의 아내 혹은 신부라고 지칭하고 있다는 점입니다.

새 예루살렘의 정체

따라서 우리는 먼저 새 예루살렘New Jerusalem이 무엇을 의미하는지를 살펴보도록 하십시다. 어떤 면에서는 거룩한 성 새 예루살렘은 구속받은 백성들의 처소를 상징합니다. 그곳이 거룩한 이유는 죄로부터 안전히 분리된 하나님의 백성들의 거처이기 때문입니다. 성이라고 부르는 이유는 많은 무리가 안전하게 함께 살며 서로 친교를 나누는 아름다운 곳이기 때문입니다. 성경은 하늘 예루살렘을 하나님의 거처로 말하기도 하고, 성도들의 본향으로도 소개하며, 완전하게 된 의인들의 영이 거하는 곳으로도 말하고 있기도 합니다(히 12:22-24. "그러나 너희가 이른 곳은 시온 산과 살아 계신 하나님의 도성인 하늘의 예루살렘과 천만 천사와 하늘에 기록된 장자들의 모임과 교회와 만민의 심판자이신 하나님과 및 온전하게 된 의인의 영들과 새 언약의 중보자이신 예수와및 아벨의 피보다 더 나은 것을 말하는 뿌린 피니라").

그러나 아무리 아름답고 영광스럽게 장식되었다고 하더라도 교회당 건물을 교회라고 하지 않고, 더욱이 어린 양의 신부라고 하지는 않습니다. 어린 양되신 예수 그리스도의 아내 혹은 신부라고 하려면 교회 공동체를 가리킵니다. 즉, 예수 그리스도를 믿는 하나님의 자녀들 총수를 가리키는 것입니다. 믿는 저와 여러분이 포함되어 있습니다. 아무리 예루살렘 성이 중요하고 영광스럽게 된다고 하더라도 그 성 자체를 가리켜서 어린 양의 신부 혹은 아내라고 말하지는 않는다는 것입니다. 그렇다면 우리는 본문에서 묘사되는 새 예루살렘을 장소적인 측면보다는 예수 그리스도의 신부된 교회의 영광을 묘사하고 있다는 것을 기억하는 것이 중요합니다.

우리가 아가서 6장 4절에 보면 솔로몬은 신부의 아름다움을 성에 비유하는 것을 볼 수 있습니다. "내 사랑아! 너는 디르사 같이 어여쁘고, 예루살렘 같이 곱고, 깃발을 세운 군대 같이 당당하구나"라고 하였습니다. 디르사나 예루살렘은 유명한 지명입니다. 디르사는 북부 지역에 있는 도성 이름입니다. 솔로몬 사후에 남과 북이 갈라지면서 북쪽 이스라엘의 수도로 정해졌습니다. 고고학자들의 발굴 결과에 의하면 디르사는 감람나무가 무성했던 고지대의 아름다운 지역이었다고 합니다. 그리고 디르사Tirzah라는 이름의 뜻이 '즐거움'입니다. 예루살렘은 너무나 유명한 도성이지요. 하나님을 예배하기 위한 성전이 있던 도성이요, 다윗 이래 왕궁이 있던 곳입니다. 그런데 솔로몬은 신부의 어여쁨을 디르사에 비하고, 고움을 예루살렘에 비유를 했습니다. 요즘 우리들에게는 익숙한 표현은 아니겠으나 당시에는 사람의 아름다움을 도성에 비유하기도 했는가 봅니다. 따라서 구속받은 하나님의 백성들의 아름다움과 영광을 새 예루살렘으로 형상화한다고 해서 이해하지 못할 일도 아닐 것입니다.

그리고 바울 역시도 성도들을 건물에 비유를 하는 경우가 많이 있습니다. 에베소서 2장 20-22절에 보시면 "너희는 사도들과 선지자들의 터 위에 세우심을 입은 자라 그리스도 예수께서 친히 모퉁잇돌이 되셨느니라. 그의 안에서 건물마다 서로 연결하여 주 안에서 성전이 되어가고 너희도 성령 안에서 하나님이 거하실 처소가 되기 위하여 그리스도 예수 안에서 함께 지어져 가느니라."고 말씀합니다. 그리고 베드로 역시도 예수님을 "사람에게는 버린 바가 되었으나 하나님께는 택하심을 입은 보배로운 산 돌"이시라고 소개했고, 신자들 역시도 "산돌 같이 신령한 집으로 세워지고 예수 그리스도로 말미암아 하나님이 기쁘게 받으실 신령한 제사를 드릴 거룩한 제사장이 될지니라."(벧전 2:5, 6)라고 말씀하고 있습니다.

이제 정리를 해 보십시다. 하나님께서 사도 요한에게 새 예루살렘 성을 보여 주시면서 어린 양의 아내 혹은 신부라고 표현하시는 이유는 단순히 영광스럽고 아름다운 성이 관심사가 아니라 영광스럽게 완성되어질 예수 그리스도의 교회 공동체를 성에다가 빗대어 설명하려는 것입니다. 그리고 그 교회란 일개인에 초점이 맞추어져 있기보다는 공동체로서, 그리스도의 몸으로서의 교회에 강조점이 있음을 인식해야 합니다. 오늘날 교회는 세상에서 푸내접 받고 있고, 싯밟히고 있기도 하지만, 그러나 장차 교회의 영광이 드러나게 될 때에 하늘의 천사도 놀라고 이 세상 모든 박해자들도 기염을 토하면서 놀라게 될 것입니다. 교회가 저렇게 아름답고 영광스러웠는가 하고 말입니다. 그러나 우리가 또한 기억해야 할 것이 있습니다. 이 성의 아름다움과 영광은 스스로 만들어낸 것이 아니라 하나님의 영광이라는 것입니다. 10절에 보시면 "성령으로 나를 데리고 크고 높은 산으로 올라가 하나님께로부터 하늘에서 내려오는 거룩한 성 예루살렘을 보이니"라고 했는데, 하나님께로부터 하늘에서 내려온다는 것은 새 예루살렘의 영광이 지상의 허영이 아니라 하늘의 영광을 입고 있다는 것과 그러한 영광을 하나님께서 부여해 주신 것이라는 점을 강조하는 것입니다. 이어지는 11절을 보시면 더욱더 분명하게 말씀하고 있습니다. "하나님의 영광이 있어 그 성의 빛이 지극히 귀한 보석 같고 벽옥과 수정 같이 맑더라." 그 성이 영광스러운 것은 하나님의 영광 즉, 하나님의 임재가 함께 하기 때문입니다. 얼마나 아름답고 섞인 것 하나 없이 맑고 귀한지 지극히 귀한 보석같고 벽옥과 수정같다라고 묘사를 하고 있습니다. 이렇게 총체적으로 묘사한 후에 요한은 그 성의 문과 기초에 대해서, 성의 규모에 대해서 그리고 성의 건축재료에 대해서 묘사해 주고 있습니다.

새 예루살렘 성의 문과 기초

먼저 12-14절을 통해 새 예루살렘 성의 문과 기초에 대해서 뭐라고 설명하고 있는지를 살펴보도록 하시겠습니다. 12절에 보시면 "크고 높은 성곽이 있고 열두 문이 있는데 문에 열두 천사가 있고 그 문들 위에 이름을 썼으니 이스라엘 자손 열두 지파의 이름들이라."고 말씀합니다. 성이 크고 높다라고 말한 후에 그 성이 열두 대문을 가지고 있음을 말해 줍니다. 그리고 그 대문마다 열두 명의 천사가 지키고 서 있기에 아무나 함부로 들어갈 수 없음을 보여줍니다. 그리고 각 대문 위에는 이스라엘 열두 지파의 이름들이 기록되어 있더라고 했습니다. 그리고 13절에 의하면 "동쪽에 세 문, 북쪽에 세 문, 남쪽에 세 문, 서쪽에 세 문"이 각각 있다라고 말해 줍니다. 이는 에스겔 48장에 기록된 내용과 동일합니다. 에스겔 선지자 역시도 장차 메시아 시대에 허락하실 새로운 기업과 새로운 성전에 대한 환상을 보면서, 새 예루살렘이 12대문을 가지고 있으며 동서남북 각각 세 문씩 가지고 있는 것을 보았습니다 (겔 48:30-35).

또한 이어지는 14절에 보면 요한은 성의 기초에 대해서 묘사해 줍니다. "그 성의 성곽에는 열두 기초석이 있고 그 위에는 어린 양의 열두 사도의 열두 이름이 있더라." 성곽에 12기초석이 있으며 기초석 위에는 어린 양의 12사도의 이름이 각각 기록이 되어 있다고 말씀하고 있지요. 12-14절을 다시 정리를 해본다면 새 예루살렘은 12개의 대문과 12개의 기초석을 가지고 있다는 것과 12개의 대문 위에는 이스라엘의 12지파 이름이 각각 기록되어 있고 12기초석에는 12사도들의 이름이 기록되어 있다고 하는 점입니다. 12라는 숫자가 반복되고 있습니다. 그리고 12지파의 이름은 구약의 교회 공동체를 가리킨다면, 12사도의 이름은 에베소서 2장 20절에서 바울이 말한대로 사도적 가르침의 터전 위에 서 있는 신약 교회 공동체를 가리킵니다. 따라서 12지파와 12사도의 이름이 새 예루살렘 성에 각각 새겨져 있다고 하는 것은 예수 그리스도의 교회 공동체가 구약과 신약의 백성들로 구성되어져 있다는 것을 잘 보여주는 상징적 표현입니다.

새 예루살렘을 구속받은 그리스도의 교회를 가리킨다고 말해왔는데, 그러면 그 교회가 12개의 문을 가지되 동, 서, 남, 북에 각 3개씩 가지고 있다는 것이 의미하는 바가 무엇일까요? 이는 교회의 보편성을 가리킵니다. 동서남북에서 모여든 하나님의 자녀들로 구성되는 보편적 공동체라는 점을 보여줍니다. 어떤 인간적이고 세상적인 차별이 없습니다. 요한계시록 7장 9절에서 말하는 대로 교회는 "각 나라와 족속과 백성과 방언에서 아무도 능히 셀 수 없는 큰 무리"로 구성되어집니다. 그리고 또한 동서남북에 세 문씩 있다고 하는 이 말씀에 대해서 윌리엄 바클레이는 상당히 흥미있는 해석을 해주고 있어서 소개를 드립니다.[109]

요한의 마음 속에 있었을 것 같지는 않으나 상징적인 해석 하나가 있는데 그것은 아주 아름답고 위로가 되는 해석이다. 동쪽에 세 대문이 있다. 동쪽은 새벽과 뜨는 해와 하루의 시작의 장소이다. 이 대문들은 그리스도를 그들의 날의 즐거운 아침에 찾는 사람과 어려서부터 예수를 그들의 친구로, 젊었을 때 그들의 본으로 그들의 영웅으로 그리고 그들의 주로 모시는 사람들이 거룩한 성으로 돌아가는 길을 의미한다.

북쪽에 대문이 셋이 있다. 북쪽은 약간 냉기가 있는 추운 땅이다. 이 대문들은 사색하고, 이론적, 이성적으로 검토하고 신앙으로 하는 사람들, 마음 보다는 머리를 통하여 신앙을 발견한 사람들이 거룩한 성으로 들어가는 길을 뜻한다.

남쪽에 세 개의 대문이 있다. 남쪽은 따뜻한 땅이요 바람이 강하게 불지 않고 기후가 온화한 땅이다. 이 대문들은 그리스도에게 그들의 감정을 통해 온 사람들, 이성보다는 마음대로 그리스도를 받은 사람들, 십자가의 모습을 보자마자 그에 대한 사랑이 동해 버린 사람들이 거룩한 도시로 들어가는 문을 뜻한다.

서쪽에도 세 대문이 있다. 서쪽은 저무는 날과 저녁과 지는 해의 땅이다. 이 대문들은 늘그막에, 인생의 황혼 길에, 그리스도에로 온 사람들이 거룩한 도시로 들어가는 대문을 뜻한다.

이러한 것들이 요한의 생각에 있었던 것 같지는 않지만 아무도 우리가 여기에서 이런 의미를 찾아보지 말라고 할 수도 없을 것이다. 그리고 우리는 거룩한 도시와 하나님의 존전으로 들어갈 수 있는 시기와 인생에 있어서 "여러 번"과 "여러 길"이 있다고 하는 사실에 위로와 희망을 갖는다.

이와 같은 바클레이의 해석은 상당히 흥미로운 해석이 아닐 수가 없습니다. 아무튼 새 예루살렘으로 상징되는 예수 그리스도의 교회는 보편적인 공동체이자, 그 기초를 사도적인 가르침에 두고 있습니다. 아무 것이나 믿어도 들어갈 수 있는 공동체가 아닙니다. 오직 바울과 베드로 같은 12사도가 전수해준 십자가의 복음을 믿는 자가 그 영광에 동참할 수가 있습니다.

성의 규모

다음으로 살펴보려고 하는 것은 15-17절을 통해서 새 예루살렘의 규모가 얼마나 큰가 하는 것입니다. 우선 15절에 보면 "내게 말하는 자가 그 성과 그 문들과 성곽을 측량하려고 금 갈대 자를 가졌더라."고 말씀하면서, 측량의 준비 상황을 말씀해 줍니다. 내게 말하는 자 즉, 요한에게 말하는 자는 9절에서 본 대로 천사 중 하나입니다. 천사가 성과 대문들과 성곽을 측량하려고 금으로 된 갈대 자를 가지고 있다고 밝힙니다. 11장에서도 성전을 측량하는 것을 보았는데, 그때의 측량은 하나님의 백성들을 정확하게 계수하시고, 그들을 보호해 주신다는 의미를 가집니다. 그러나 또한 마운스가 해석한 대로 "신실한 자들의 영원한 거처의 거대한 크기와 완전한 균형을 묘사하기 위한 것"이라고 할 수 있습니다.[110] 단 교회 공동체의 규모와 완전한 균형이라고도 이해한다면 말입니다.

그러면 이제 16-17절을 같이 읽으시면서 그 성의 규모가 얼마나 되는지 한 번 짐작을 해 보시기를 바랍니다. "그 성은 네모가 반듯하여 길이와 너비가 같은지라 그 갈대 자로 그 성을 측량하니 만 이천 스다디온이요 길이와 너비와 높이가 같더라. 그 성곽을 측량하매 백사십사 규빗이니 사람의 측량 곧 천사의 측량이라." 먼저 질문을 드립니다. 성의 형태가 어떠하다고 했지요? 예, 네모반듯합니다. 그것도 길이, 너비, 높이 조차 꼭 같은 정입방체라고 합니다. 사실 바벨론이나 니느웨 같은 고대 도시도 정사각형으로 건설되었다고 하는데, 새 예루살렘의 경우는 아예 높이도 같습니다. 고대인들 조차도 정입방체는 완전한 형태로 생각하였습니다. 선한 사람을 네모라고 불렀다고 플라톤과 아리스토텔레스는 전해 줍니다. 새 예루살렘은 그야말로 완벽한 형태인 것입니다.

그러면 성의 규모를 알려주는 치수를 확인해볼까요? 길이, 너비 그리고 높이가 각각 일만 이천 스다디온이라고 했는데, 스다디온은 로마식 거리 측정 기준입니다. 우리가 아는 킬로미터로 하면 일만 이천 스다디온은 약 2,200킬로미터입니다(NIV marg.). 단면적으로 치면 미국이라는 나라의 절반 정도의 규모가 됩니다. 하지만 새 예루살렘이 영화롭게 된 교회 공동체를 상징한다고 했기에 "실제의 성의 크기를 말한다, 크다, 적다" 그렇게 말할 것이 못 됩니다. 오히려 계속해서 계시록에는 숫자 상징주의가 사용되어지고 있음을 알아야 합니다. 즉 일만 이천 스다디온도 보시면 12곱하기 10의 세제곱으로 되어 있다는 것을 알 수 있습니다. 레온 모리스Leon Morris는 말하기를 "10의 세제곱에 12를 곱하면 하나님의 백성의 완전한 총계가 된다"라고 했습니다.[111] 12는 교회의 상징수라면, 10은 완전수이고, 그것도 세 번이나 제곱을 했으니 광대함과 완전을 상징하는 숫자인 것입니다. 이는 7장에서 보았던 144,000이라는 숫자도 마찬가지였습니다. 문자적으로 그 숫자 만큼만 구원받는다는 의미가 아니라고 했습니다. 오늘 본문 17절에도 성곽을 측량하매 144규빗이라고 했는데 144는 12곱하기 12하면 144가 되고, 10의 세제곱인 천을 곱하면 144,000이라는 숫자가 나오는 것입니다. 결국 새 예루살렘이 길이 너비 그리고 높이가 12,000스다디온이라고 하는 것이나 인맞은 자가 144,000이라고 하는 표현은 다 하나님의 구원받은 백성들의 숫자가 인간이 상상할 수 없을 만큼 많다고 하는 것을 보여주는 것입니다. 누구든지 믿기만 하면 구원받고 이 공동체에 가입할 수 있습니다. 오늘날 복음이 전파되는 것도 바로 그런 이유에서입니다.

성곽을 측량하니 144규빗이라고 했는데, 환산하면 약 65미터(NIV

marg.)가 됩니다. 이는 아마도 성의 두께를 의미하는 것 같습니다. 144라는 숫자 역시도 앞서 말씀드린 대로 12곱하기 12라고 하는 상징성을 가지고 있다는 점을 기억하는 것이 좋습니다. 그리고 이렇게 새 예루살렘이 정입방체라고 묘사하고 있는 것은 옛적 솔로몬이 처음으로 지었던 성전의 지성소를 기억나게 한다는 것입니다. 열왕기상 6장 20절에 보면 지성소는 길이 너비 그리고 높이가 각각 20규빗이었습니다. 정입방체였습니다. 새 예루살렘이 정입방체라고 하는 것은 지성소의 기능이 있음을 보여줍니다. 즉, 하나님의 임재로 충만한 교회 공동체임을 상징해 준다는 것입니다.

성의 건축재료

이제 마지막으로 살펴보려고 하는 것은 새 예루살렘 성의 건축 재료에 대해서입니다. 18-20절에 보시면 그 성은 이 세상에서 가장 아름답고 귀한 보석들로 만들어졌음을 알려주고 있습니다. 18절에 의하면 "그 성곽은 벽옥으로 쌓였고 그 성은 정금인데 맑은 유리 같더라."고 말씀합니다. 벽옥은 12기초석 중 하나이기도 합니다. 성이 정금으로 되어있되 맑은 유리와 같다는 것은 조금의 불순물도 섞이지 아니하였을 뿐 아니라 그 성이 방해를 받지 않는 형태로 하나님의 영광을 드러내는 것을 가리킵니다.

그리고 특히 요한이 자세하게 묘사해 주는 바가 무엇인가 하면 성의 12기초석에 대한 말씀입니다. 19-20절 상반절에 보시면 "그 성의 성곽의 기초석은 각색 보석으로 꾸몄는데 첫째 기초석은 벽옥이요 둘째는 남보석이요 셋째는 옥수요 넷째는 녹보석이요 다섯째는 홍마노요 여섯째는 홍보석이요 일곱째는 황옥이요 여덟째는 녹옥이요 아홉째는 담황옥이요 열째는 비취옥이요 열한째는 청옥이요 열두째는 자수정이라."고 말씀합니다. 성의 기초석마다 이 세상에서 가장 진귀하고 비싼 보석

들로 꾸며져 있다는 것입니다. 사실 우리는 본문에서 말하는 보석들을 정확하게 확인하지 못합니다.[112]

첫 번째 벽옥jasper은 갈색, 회색을 띤 청색, 적색, 황색과 녹색 그리고 이들의 혼합된 것입니다.

둘째는 남보석- 빛나는 황철광이 포함된 짙은 청색돌을 말합니다. 플리니는 이것을 황금 반점이 박힌 하늘색으로 표현했습니다.

셋째는 옥수chalcedony는 캘서도니라고 하는데 이는 소아시아의 칼케돈 근처서 발견된 구리로 된 초록색 규산염으로 인정되기 때문입니다. 이것은 하늘색의 유리석lapis lazuli과 가장 비슷하다고 합니다.

네 번째 녹보석emerald은 에메랄드를 말하는데, 모든 녹색 보석 중에 가장 초록이라고 할 수 있습니다.

다섯 번째 홍마노sardonyx는 붉은색과 흰색의 줄무늬가 있는 돌입니다. 특히 세공하는데 사용되었다고 합니다.

여섯 번째 홍보석sardius, carnelia은 사데에서 나는 것으로 피갈색의 돌이며 흔히 조각에 사용됩니다.

일곱 번째 황옥은 황색의 황옥 또는 금빛의 벽옥입니다. 감람석이라고도 번역되고, 황색 녹주석이나 황금색 벽옥일 수 있겠다라고 추측합니다.

여덟째 녹옥은 초록색 돌입니다. 가장 귀한 것은 해청색이거나 해녹색입니다.

아홉 번째 담황옥topaz은 초록색을 띤 금색 또는 황색의 투명한 돌을 가리킵니다. 욥은 구스(이디오피아)의 황옥에 대해서 언급을 한 적이 있습니다(욥 28:19).

열 번째 비취옥chrysoprase 혹은 녹옥수라고 불리웁니다.

열한 번째 청옥은 푸른색을 띤 자주색으로 현대의 남보석과 유사, 오늘날의 사파이어가 아닐까 추측됩니다.

열두 번째 자수정은 자주색 수정을 가리킵니다.

출애굽기 28장 17-20절에 보면 대제사장의 가슴에 착용했던 판결흉패에도 12보석이 있고 그곳에 12지파의 이름이 도장 새기듯이 새겨져 있었다는 것을 참조할 수 있습니다. 보석들의 이름을 비교해 보면 최소한 8개가 일치합니다. 하지만 우리는 이러한 보석의 정확한 의미가 무엇인지를 잘 알지를 못합니다. 다만 완성되고 영화롭게 된 교회의 영광을 묘사하고 있음을 기억하십시다. 미국 개혁신학자였던 H. 훅스마가 말하는 대로, 새 예루살렘으로 묘사된 교회의 "영광, 순수성, 아름다움, 그리고 고귀함"등을 잘 표현해 주고 있다는 사실을 말입니다.

그리고 베드로 사도가 말하는 대로 우리는 다 산 돌입니다. 하나님의 신령한 집을 구성하는데 빠트려질 수 없는 돌과 같은 존재들입니다. 오늘 본문에 의하면 하나님의 교회를 구성하는 개개인 그리스도인들은 보석과 같은 존재입니다. 보석이라도 한 가지가 아니라 다양성을 가지고 있습니다. 모두 다 소중하고 아름다운데 붉은 빛을 내는 것도 있고 푸른 빛을 내는 것도 있고, 흰 빛을 내는 보석도 있듯이, 우리 한 사람 한 사람은 하나님 앞에서 다 존귀한 자들입니다. 또한 그런 보석같은 아름다움을 이루어가야 할 책임과 사명이 우리에게 있기도 합니다. 모두가 같은 보석은 아닙니다. 다양한 보석과 같습니다. 어떤 이는 보석이긴 한데 불같이 타오르는 사람이 있습니다. 거기에 비해 또 어떤 사람은 아주 조용하게 말없이 섬기는 자도 있습니다. 어떤 이는 지혜로운 보석도 있습니다. 그러나 이렇게 서로 다르니 더욱더 아름답고 충만한 것이 교회의 영광입니다. 교회는 한 마디로 이처럼 보석상자라고 할 수가 있습니다.[113]

마지막으로 21절을 보면 새 예루살렘의 문이 무슨 소재로 되어 있는지, 그 길이 무엇으로 되어 있는지에 대해서 말씀해 줍니다. 우선 상반절을 보시면 "그 열두 문은 열두 진주니 각 문마다 한 개의 진주로 되어 있고"라고 말씀하고 있습니다. 열 두 대문은 각각 대형 진주 하나로 되어 있다는 말씀은 그리스도의 교회 공동체에 들어가는 것이 대형진

주보다 더 귀하다는 것을 보여줍니다. 구원의 문에 들어선다고 하는 것은 이 세상의 어떤 보석으로도 바꿀 수 없는 특권이자 영광입니다. 온 천하보다 한 생명이 이 문을 통과하는 것이 더 중요하기 때문입니다. 어떤 분은 그 문이 진주 대문이라고 하는 점을 두고 진주가 조개의 고통을 통해서 만들어지듯이 그 문을 통과하는 것이 고난의 눈물을 통해야 한다는 점을 보여준다고 해석합니다. 일리가 있다고 생각합니다. 주님의 고난을 통해서 만드신 문이고, 누군가는 우리의 구원을 위해서 노력했고 심지어는 눈물 뿌려 기도했습니다. 그리고 우리들 조차도 이 문에 들어가기 위해서 세상의 유혹을 물리치고 나그네 길을 걸어가야 하는 것입니다.

그리고 21절 하반절에 의하면 새 예루살렘 성의 길은 맑은 유리 같은 정금이라고 했습니다. 단순히 비싼 금으로 되어 있다는 것을 강조하는 것이 아니라 유리 같이 투명하다고 하는 것을 강조하는 것입니다. 하나님의 백성들이 천국에서 누리게 되는 신령한 교제에는 조금도 감추어지거나 외식하거나 위선하는 면이 없이 투명하게 서로의 속을 드러내고 살 것을 말해 줍니다. 서로 상처줄 일도 없고, 서로 오해할 일도 없고, 피해의식에 젖어서 무엇인가를 감추어야 할 이유도 없는 완전한 곳이기 때문이고, 에드워즈가 잘 설명해준 대로 천국은 사랑의 나라 Heaven is World of Love이기 때문입니다.[114]

이제 말씀을 정리하겠습니다. 우리는 하늘로부터 내려오는 새 예루살렘의 영광스러운 모습을 살펴보았습니다. 아직 남은 부분들은 다음 시간에 살펴보겠습니다. 이 성은 문자적으로 구원받은 하나님의 백성들이 장차 살게 될 신천신지의 거처를 묘사해 주기도 하지만, 그러나 어린 양의 아내 혹은 신부라고 했으니 주님의 재림 후에 완성되고 영화롭게 될 교회의 영광을 가리킨다고 보는 것이 더 정확합니다. 둘 다 맞으나 후자를 강조하고 있다고 보시면 됩니다. 이러한 교회의 영광스러운 모습은 오늘같이 교회의 위상이 말이 아닌 때에 더욱더 묵상해 보아야 할 영광스러운 말씀입니다.

　다시 상기해 보시니 교회의 영광이 어떻게 묘사되었습니까? 교회는 하나님의 영광의 임재가 충만한 곳입니다. 벽옥 같고 수정 같이 맑다고 표현했습니다. 그리고 12개의 대문과 12개의 기초석과 그 위에 각각 새겨져 있는 12지파의 이름과 12사도의 이름은 신구약 교회 공동체가 분리되지 아니하고 한 공동체로 연합하게 될 것을 잘 보여줍니다. 사도와 선지자들과 어우러져서 우리는 영원히 주님을 섬기게 될 것입니다. 그리고 12개의 대문은 교회의 보편성을 말해 주고, 12기초석은 우리가 사도들의 가르침에 기초한 공동체라는 점을 확인했습니다. 뿐만 아니라 교회가 길이, 너비, 높이가 각각 12,000스다디온이나 되는 정입방체라고 하는 묘사조차도 하나님의 교회가 얼마나 광대하고 완벽할지를 잘 보여준다고 말씀드렸습니다. 그리고 하나님의 교회를 구성하는 성도들의 숫자는 인간적인 잣대로 가히 측량할 수 없음을 보여줍니다. 그리고 18절 이하에서 본 대로 교회 공동체의 영광을 12개의 보석으로 묘사를 했습니다. 세상에서 찾아볼 수 없을 만큼 찬란한 영광을 입되, 다양한 영광과 아름다움을 교회에 입혀 주실 것을 말해 줍니다. 그 12대문도 너무나 아름다운 진주로 묘사를 했고, 그 길은 투명한 유리 같은 정금 길이라고 묘사해 주었습니다. 우리가 영광스러운 교회 공동체에 들어가게 된 것이 얼마나 큰 특권인지, 그리고 우리가 장차 누리게 될 성도의 교제가 얼마나 투명하고 진솔하게 될는지를 이보다 더 아름답고 선명하게 묘사해 줄 수가 없습니다.

60

새 예루살렘의 영광

성 안에서 내가 성전을 보지 못하였으니 이는 주 하나님 곧 전능하신 이와 및 어린 양이 그 성전이심이라 그 성은 해나 달의 비침이 쓸 데 없으니 이는 하나님의 영광이 비치고 어린 양이 그 등불이 되심이라 만국이 그 빛 가운데로 다니고 땅의 왕들이 자기 영광을 가지고 그리로 들어가리라 낮에 성문들을 도무지 닫지 아니하리니 거기에는 밤이 없음이라 사람들이 만국의 영광과 존귀를 가지고 그리로 들어가겠고 무엇이든지 속된 것이나 가증한 일 또는 거짓말하는 자는 결코 그리로 들어가지 못하되 오직 어린 양의 생명책에 기록된 자들만 들어가리라(계 21:22-27).

『아버지 옥한흠』에 보면 이십 수년 전 사랑의교회를 쓰나미처럼 강타했던 책 이야기를 하고 있습니다. 그 책은 펄시 콜레라는 사람이 쓴 『내가 본 천국』이라는 책이었습니다. 정체불명의 외국인이 천국을 보여 달라고 7년을 기도한 끝에 우주 어딘가에 있는 천국별을 갔다 와서 그 책을 썼다고 합니다. 옥목사님의 추천 덕분에 많은 교인들이 이 책을 읽고 많은 감동을 받았다고 합니다. 사실 후기의 옥목사님 같으면 그런 황당한 이야기를 담은 책을 추천하셨을리 없지만, 그때는 그렇게 추천했다고 합니다. 왜냐하면 저자가 천국을 사모해서 7년이나 기도한 사람이었기 때문이라는 것입니다.[115]

사랑하는 여러분! 사실 우리는 천국에 대해서 잘 알지를 못합니다. 신천신지의 삶에 대해서도 잘 알지를 못하기는 마찬가지입니다. 어찌면 이 땅 위에서 접하는 삶도 겪어보지 않으면 뭐라고 설명하기도 이해하기도 어려운 감이 있습니다. 낮은 산도 안 올라가는 사람이 왜 목숨 걸고 에베레스트 산을 오르려고 하는지 이해하기 어렵습니다. 혹은 결혼을 하지 않은 사람에게 결혼 생활이 얼마나 좋은지 설명해줘도 상상하기가 어려울 것입니다. 손자 손녀를 사랑하는 마음조차도 손자 손녀가 없는 이들에게 설명이 어렵습니다. 이 세상에는 이렇게 설명하기 어렵고 이해하기 어려운 일들이 참 많이 있습니다. 하물며 우리가 한 번도 가보지 않은 천국, 아직 가볼 수 없는 신천신지에 대해서 어떻게 알 수가 있겠습니까? 사실 천국을 갔다 온 바울조차도 인간의 언어로 설명 불가능하다고 하면서 말하기를 멈추었던 것을 기억하실 것입니다.

그래서 우리는 다만 하나님이 계시로 주신 말씀들을 주의 깊게 살펴보면서 우리의 마음이 천국에 대해서나 궁극적인 본향이 될 신천신지에 대해서 사모하고 그리워할 수 있을 뿐입니다. 사실 이것이 육의 몸을 입고 있는 우리 인간들이 취할 수 있는 가장 안전한 길입니다. 그래서 저는 요한계시록 21, 22장 강해를 조금 속도를 늦추어서 천천히 진행하고 있습니다. 우리는 21장에서 새 하늘과 새 땅에 대해서, 그리고 그 중심이 될 새 예루살렘의 영광에 대해서 살펴보고 있습니다. 우리는 지난 시간에 예루살렘의 규모, 건축 재료 등이 얼마나 어마어마한지를 보았습니다. 그러나 우리가 주의를 해야 한다고 했지요. 새 예루살렘은 실제적인 성을 가리킨다기보다는 영화롭게 될 그리스도의 교회를 가리킨다는 점을 기억해야 합니다. 왜냐하면 9절 하반절에서 새 예루살렘을 "신부 곧 어린 양의 아내"라고 분명히 밝히고 있기 때문입니다. 우리가 신약성경에서 어린 양되신 예수 그리스도의 신부 혹은 아내라고 불리울 수 있는 것은 오직 그의 피로 구속받은 하나님의 백성들, 교회밖에 없다는 점을 우리가 알기 때문입니다. 지난 시간에 이어서 오늘도 새 예루살렘의 영광스러운 특징들에 대해서 살펴보도록 하겠습니다.

성전도 태양과 달이 필요 없는 곳

　새 예루살렘의 내적인 특징이 무엇입니까? 22절에 보시면 성전이 없다는 것이 또 하나의 특징이라고 말씀해줍니다. "성 안에서 내가 성전을 보지 못하였으니 이는 주 하나님 곧 전능하신 이와 및 어린 양이 그 성전이심이라." 우리가 구약에서나 복음서에서 발견하는 예루살렘의 영광이 무엇인가 하면 바로 성전이 그 가운데 있다는 것이었습니다. 성전은 하나님의 백성들이 하나님께 예배하고, 하나님의 은혜를 받을 수 있는 거룩한 곳이었습니다. 특히 지성소는 하나님의 임재의 상징이었고, 이 지상에 있는 하나님의 발등상이자, 보좌였습니다. 그러하였기에 다니엘 같은 사람은 포로지에서도 예루살렘 성전을 향하여 문을 열어 놓고 기도를 하곤 했습니다. 하지만 새 예루살렘에는 더 이상 성전이 없다는 것을 요한이 말하고 있습니다. 사실 요한이 요한계시록을 기록한 시기는 주후 95, 96년경이라고 하는데, 당시에는 실제로 예루살렘에는 성전이 없었습니다. 주후 70년에 로마군단병들에 의해서 철저하게 훼파당해 버렸기 때문입니다. 하지만 유대인들 가운데는 성전의 회복을 꿈꾸면서 사모하는 이들이 많이 있었습니다. 그런데 사도 요한의 환상에 의하면 새 예루살렘에는 더 이상 성전이 없다고 하니 그 얼마나 분통이 터지게 만들었겠습니까?

　하지만 우리는 새 예루살렘에 성전을 보지 못하였다고 하면서 바로 이어서 그 이유를 설명하기를 "주 하나님 곧 전능하신 이와 및 어린 양이 그 성전이심이라."고 밝히고 있는 것을 주목해야 합니다. 전능하신 하나님과 어린 양이 친히 성전이 되어주시기 때문에, 금과 대리석으로 만든 그런 성전은 더 이상 필요 없다는 말입니다. 요한복음 2장 19-21절에 보면 예수님께서는 유대인들에게 자기 육체를 가리켜서 성전이라고 표현하신 적이 있으신데, 오늘 말씀에는 전능하신 하나님과 어린 양이 친히 성전이 되신다고 말씀하고 있습니다. 성전은 앞서도 말씀드렸지만 하나님의 백성들이 하나님을 만나서 교제하는 장소입니다. 하나님과의 사이를 가리우는 죄문제를 해결하기 위하여 제사를 드리는 곳이기도 했지만, 사실 신천신지에서는 더 이상 속죄제나 속건제를 드려야 할 이유가 없기 때문에 물리적 성전이 필요가 없습니다. 그리고 하나님께서 구속받은 백성들 가운데 장막을 치고 사시기 때문에 하나님을 만나는 일에 그런 제한된 장소가 더 이상 필요가 없는 것입니다. 성전이든 교회든 더 이상의 별도로 구별된 공간이 필요하지 않다는 말입니다. 윌리엄 바클레이는 "여기에 모든 사람이 보기에 분명한 상징이 있다"라고 하면서 좋은 해설을 해주고 있습니다.

> 하나님이 계신 곳에는 교회가 있고, 그리스도가 계신 곳에는 교회가 있다. 옛날 라틴어 속담에 의하면 그리스도 계신 곳에 교회가 있다 *Ubi Christus, ibi ecclesia*. 건물이 교회는 아니다. 예배 의식이 교회가 아니다. 교회의 운영, 목사의 임명이 교회를 만드는 것은 아니다. 교회를 만드는 단 한 가지는 하나님과 예수 그리스도의 임재이다. 그것이 없이는 교회와 같은 것이 있을 수 없다.[116]

이미 이 지상 교회에서도 우리는 건물을 성전이라고 하는 표현을 사용하지 않는 것이 옳습니다. 그것은 예배당이고, 교회당입니다. 바울은 우리 구속받은 하나님의 백성들이 하나님께서 거하시는 성령의 전이라고 강조하고 있습니다. 저와 여러분 구원받은 신자들이 교회입니다. 우리 가운데 하나님이 거하시는 것입니다. 더 이상 장소적인 제한이 없습니다. 신천신지에서는 하나님과 예수 그리스도께서 교회공동체 가운데 영원히 충만하게 거하시기 때문에 별도의 성전도 교회당도 필요가 없습니다. 직접적이고 친밀한 교제가 영원히 이어질 것입니다.

그리고 이어지는 23절에 의하면 새 예루살렘에 또 없는 것이 있습니다. "그 성은 해나 달의 비침이 쓸 데 없으니 이는 하나님의 영광이 비치고 어린 양이 그 등불이 되심이라." 신천신지에 무엇이 없다고 말하는 것이 많았지요? 그곳에는 바다가 없고 사탄이나 악한 자도 없고 악도 없습니다. 눈물, 슬픔, 고통 이런 것도 없습니다. 그리고 또 한 가지 해와 달과 같은 피조된 발광체들이 없습니다. 그러면 캄캄해서 어떻게 사나 그런 마음이 들지만 요한은 바로 이어서 새 예루살렘을 영원히 비추어줄 빛이 있다고 말씀합니다. 그것은 바로 하나님의 영광입니다. 그리고 어린 양이 그 등불이 되신다라고 말씀하고 있습니다. 사실 우리의 사고에도 인공적인 조명기구들보다는 태양광선이 얼마나 밝고 아름다우며 그리고 심지어 생명을 주기까지 하는지를 잘 알고 있습니다. 따라서 "태양과 달이 없이 어떻게 우리가 살수 있다는 말인가" 그런 생각이 들 수 있습니다. 하지만 우리가 창세기 1장을 잘 기억해 보시기를 바랍니다. 태양이나 달 그리고 별들 같은 매개체들이 지어진 것은 넷째 날이지만, 이미 첫째 날에 빛을 창조하셨습니다. 이는 근원적인 빛입니다. 태양과 달 별들은 빛을 전달하는 매개체에 불과합니다. 하물며 하나님의 영광은 이 세상에 존재하는 어떤 빛과도 비교가 안 되는 찬란한 빛을 발하십니다. 그렇기 때문에 새 예루살렘에는 태양과 달빛이 필요 없다고 하는 것입니다. 이사야 60장 1, 3, 5, 19, 20절 그리고 스가랴 14장 7절에서 예언된 바입니다.

그리고 우리는 어린 양 예수 그리스도를 그 등불이 되신다고 하는 말씀을 주목해야 합니다. 새 예루살렘에서 빛을 비추이는 등불은 예수 그리스도이십니다. 요한복음 8장 12절에 보면 예수님은 이 세상에 계실 때에도 "나는 세상의 빛이니 나를 따르는 자는 어둠에 다니지 아니하고 생명의 빛을 얻으리라."고 말씀하셨습니다. 예수 그리스도께서 등불이 되신다고 하는 것은 단순히 태양과 달빛을 대신하는 물리적 빛을 비추어 주신다는 의미 정도가 아닙니다. 그래서 "우리 더 이상 전기세 들지 않겠네" 그런 의미가 아니라는 말입니다. 윌리엄 헨드릭슨에 의하면 "등불이 어린 양인 것은 그가 우리에게 참된 하나님의 구원의 진리와 영적 기쁨 속에 살면서 거룩한 상태에 합당한 의를 주기 때문이다. 참 빛이신 그리스도는 무지와 비참함과 죄악과 도덕적 퇴폐를 없이 한다. 그리스도와 그의 사역 안에서 그리고 이를 통하여 하나님의 영광은 교회에서 표현된다."라고 했습니다.[117]

만국의 영광으로 장식되는 곳

새 예루살렘의 또 다른 특징이 무엇입니까? 24-26절에 보면 새 예루살렘에는 만국의 영광이 다 모이는 곳이요, 만국의 영광으로 치장되어지는 곳이라는 점을 밝히 말씀하고 있습니다. 우선 25절을 주목해 보십시다. "낮에 성문들을 도무지 닫지 아니하리니 거기에는 밤이 없음이라." 새 예루살렘의 그 큰 12대문들을 전혀 닫지 않는다고 말씀하지요. 물론 이 성문은 문자적인 성문이 아니라고 했습니다. 상징적으로 말해 왔으니 상징적으로 이해를 해야겠지요. 성문을 닫지 않는다는 것은 적으로부터의 침략을 두려워할 일이 없이 안전과 자유를 누리고 있다는 의미입니다. 문을 닫지 않는 이유로 거기에는 밤이 없음이라고 표현하고 있는 점도 주목하시면 될 것입니다. 이 땅 위에 살아가고 있는 우리들에게는 밤이 좋은 점이 있습니다. 쉼의 시간입니다. 가족들과 안식하는 시간이고 교제하는 시간입니다. 홀로 하나님을 가까이 할 수 있는 좋은 시간입니다. 하지만 밤이 상징하는 것은 쉼을 필요로 만드는 피곤, 고통, 슬픔, 그리고 악 등을 가리킵니다. 그러니 새 예루살렘에 밤이 없다고 하는 것은 그곳에는 피곤하여 탈진하거나 쉬어야 할 필요가 없다는 것이요, 어떤 고통이나 슬퍼할 일이 없다는 의미입니다. 혹은 구속받은 하나님의 백성들을 괴롭게 하거나 그들이 누리고 있는 평화를 깨트릴 수 있는 악의 세력이 전혀 범접할 수 없다는 의미입니다.

대신에 그렇게 성문이 활짝 열려있기에 누가 그곳으로 자유로이 들어갈 수 있습니까? 이 부분을 우리가 주의해서 읽으셔야 합니다. 24절을 봅니다. "만국이 그 빛 가운데로 다니고 땅의 왕들이 자기 영광을 가지고 그리로 들어가리라." 우선 만국이 그 빛 가운데로 다닌다고 했습니다. 빛이란 23절에서 본 대로 새 예루살렘을 영원히 비추이고 있는 하나님의 영광이요, 어린 양의 빛을 말합니다. 그 빛 가운데로 자유자재로 다니는 자들이 누구인가 하면 만국이라고 밝히고 있습니다. 이 만국이란 7장 9, 10절에서 길게 표현한 대로 하면 "각 나라와 족속과 백성과 방언에서 아무도 능히 셀 수 없는 큰 무리가 나와 흰 옷을 입고 손에 종려 가지를 들고 보좌 앞과 어린 양 앞에 서서 큰 소리로 외쳐 이르되 구원하심이 보좌에 앉으신 우리 하나님과 어린 양에게 있도다."라고 외치는 이들입니다. 동서고금을 물론하고 하나님의 은혜로 구원받은 만국 백성들이 새 예루살렘에 자유로이 들어갈 수 있다는 의미입니다.

그러면 24절 하반절에 있는바 "땅의 왕들이 자기 영광을 가지고 그리로 들어가리라."는 말씀은 어떻게 이해해야 할까요? 이 말씀은 26절에 있는 말씀 "사람들이 만국의 영광과 존귀를 가지고 그리로 들어가겠고"라는 말씀과 같이 이해하는 것이 좋습니다. 새 예루살렘에 들어가는 자들 가운데는 땅의 왕들이 있으며, 그들은 자기 영광 즉 만국의 영광과 존귀를 가지고 그리로 들어가겠다는 말씀입니다. 이렇게 만국이 새 예루살렘으로 순례하러 오되 만국의 보화를 가지고 올 것이라고 하는 것은 이사야 60장에서 특별히 예언된 내용입니다.

> 나라들은 네 빛으로, 왕들은 비치는 네 광명으로 나아오리라. 네 눈을 들어 사방을 보라 무리가 다 모여 네게로 오느니라. 네 아들들은 먼 곳에서 오겠고 네 딸들은 안기어 올 것이라. 그때에 네가 보고 기쁜 빛을 내며 네 마음이 놀라고 또 화창하리니 이는 바다의 부가 네게로 돌아오며 이방 나라들의 재물이 네게로 옴이라. 허다한 낙타, 미디안과 에바의 어린 낙타가 네 가운데에 가득할 것이며 스바 사람들은 다 금과 유향을 가지고 와서 여호와의 찬송을 전파할 것이며 게달의 양 무리는 다 네게로 모일 것

이요 느바욧의 숫양은 네게 공급되고 내 제단에 올라 기꺼이 받음이 되리니 내가 내 영광의 집을 영화롭게 하리라. 저 구름 같이, 비둘기들이 그 보금자리로 날아가는 것 같이 날아오는 자들이 누구냐? 곧 섬들이 나를 앙망하고 다시스의 배들이 먼저 이르되 먼 곳에서 네 자손과 그들의 은금을 아울러 싣고 와서 네 하나님 여호와의 이름에 드리려 하며 이스라엘의 거룩한 이에게 드리려 하는 자들이라. 이는 내가 너를 영화롭게 하였음이라(3-9절).

이렇게 이 세상의 가장 아름답고 풍부한 재화들이 예루살렘을 단장하기 위하여 열방의 왕들에 의해서 드려질 것이라고 하는 점은 구약 시대 언어로 표현된 교회의 영광스러운 미래에 대해 말하는 것입니다. 윌리엄 바클레이가 해석한 대로 헬라인들은 신학과 기독교 신앙의 지적 표현을 제공해 주었고, 법률과 정치의 탁월한 전문가들이었던 로마인들은 교회를 조직하고 다스리는 법을 교회에 가르쳐 주었다고 했습니다. 그러면서 하는 말이 "사람이 교회에 들어오면 누구나 자기 선물을 가져 와야 하는 것이다. 작가는 그의 언어와 능력을 가져 오고, 예술가는 그 색채의 능력을, 조각가는 그 선과 형태 등의 완숙함을, 음악가는 그 음악을, 손재주가 있는 사람은 그의 재주를 각각 가져 와야 한다. 그리스도께서 못 쓰실 선물은 하나도 없고 그의 교회로 사람들은 자기들의 모든 선물을 가져와야 하며 교회는 무엇보다도 이 선물들을 환영하고 사용하기를 배워야 한다."고 했습니다.[118]

사도 요한은 24절과 26절에서 그 궁극적인 성취를 말해 줍니다. "땅의 왕들이 자기 영광을 가지고 그리로 들어가리라…사람들이 만국의 영광과 존귀를 가지고 그리로 들어가겠고." 새 예루살렘에는 이 지상에서 탁월했던 이들도 포함될 것입니다. 왕들이라고 불리울 수 있는 사람들도 들어가게 될 것입니다. 그리고 이 지상에서 각 민족과 나라들이 이룬 공헌들, 이 땅 위에서 생산했던 문화와 예술들 중 가장 가치 있고 고상한 것들이 무로 돌아가지 아니하고 새 예루살렘을 치장하는데 쓰이며 하나님의 백성들이 누리게 될 것이라는 의미로 개혁주의자들은 본문을 이해합니다. 아브라함 카이퍼는 말하기를 "보이는 세계와 물질의 본성들은 정복하기 위해 우리 인간들이 무한한 인간 지식과 능력의 영역을 넓혀온 것이 사실이라면, 또한 자연세계를 향한 우리 인간의 지배와 통치가 영원세계에서 완성될 것이 사실이라면 당연히 우리가 지금까지 자연세계를 정복, 지배하고자 개발하고 지녀왔던 모든 지식과 정복은 앞으로 펼쳐질 영광의 왕국에서도 계속적인 중요성을 지니게 될 것이다."[119] 아무튼 우리는 이 세상에서 인간이 성취한 모든 예술, 문화 등 고상한 것들이 하나님이 허락하신 가능성을 개발해 낸 것이라는 사실을 인정하고, 그런 것들이 신천신지에서도 어떤 형태로든지 남게 될 것이라는 점을 생각해 볼 수도 있습니다.

들어갈 수 있는 자들과 들어갈 수 없는 자들

새 예루살렘의 특징은 이렇게 아름답고 영광스럽다는 것입니다만, 마지막 27절에 의하면 그 성에 들어갈 수 있는 자와 들어갈 수 없는 자들을 분명히 구별하고 있습니다. 우리가 24, 26절을 보편구원론으로 이해하거나 아니면 세상의 힘있는 자들은 그곳에도 무사통과될 것이라고 절대로 해석할 수 없는 이유가 27절에 있습니다. 같이 읽어보겠습니다. "무엇이든지 속된 것이나 가증한 일 또는 거짓말하는 자는 결코 그리로 들어가지 못하되 오직 어린 양의 생명책에 기록된 자들만 들어가리라." 상반절에 보시면 그 성에 들어갈 수 없는 자들이 있습니다. 무엇이든지 속된 것이나 했는데 이는 물질적인 의미에서 속된 것을 말합니다. 옛 성전에서도 속되고 부정한 것들이 들어갈 수가 없었습니다. 마찬가지로 새 예루살렘에도 어떤 흠이나 티나 주름 잡힌 것도 없는 공동체이기에 속된 것이 들어갈 수가 없습니다. 그리고 이어서 가증한 일을 행하거나 거짓말하는 자들 역시도 그 성에 들어갈 수가 없다고 말씀하고 있습니다. 그런 이들은 20장 10, 15절에서 이미 본 대로 불과 유황 못에 던져져 버렸기 때문에 새 예루살렘에 속할 수가 없습니다. 문이 활짝 열려져있고 닫히지 않지만 그런 이들은 들어가지 못합니다. 이 지상 교회도 마찬가지입니다. 이런 사람들은 교회당 뜰만 밟을 뿐입니다. 교회의 영광, 시온의 복을 누리지를 못합니다.

사랑하는 여러분! 우리는 하나님보다 더 자비로워지려고 해서는 안 됩니다. 하나님께서는 새 예루살렘 성에 아무나 속할 수 있다고 말씀하지 아니하시고 분명한 자격요건을 규명하고 계십니다. 그곳에는 "오직 어린 양의 생명책에 기록된 자들만 들어"갈 수 있습니다. 이들은 단지 세상에서 무엇인가 많이 가졌던 이들이 아닙니다. 이들은 단지 이 세상에서 착하고 선하게 살았던 사람들이 아닙니다. 어린 양의 생명책에 기록이 된 자요, 어린 양의 보혈로 구원을 받은 성도들입니다. 우리가 새 예루살렘 성민이 될 수 있는 어떤 다른 자격요건도 없습니다. 오직 예수 그리스도의 피로 구속받고 성령으로 거듭난 자인가 하는 것이 중요합니다. 하나님은 그리스도의 의의 옷을 입고 있는 우리들을 무사통과 시켜 주시는 것입니다. 우리가 자유로이 당당하게 들어갈 수가 있는 것입니다.

사랑하는 성도 여러분! 이제 말씀을 정리하도록 하겠습니다. 새 예루살렘은 구속받고 완성된 그리스도의 교회를 말한다고 했습니다. 오늘 말씀에 의하면 하나님과 어린 양이 친히 우리들의 성전이 되어주신다고 했습니다. 성부와 성자께서는 우리 가운데 계시면서 영원히 떠나시지 않습니다. 다시는 이별의 아픔이나 오해나 갈등이 없이 친밀하고 직접적인 관계를 누리게 될 것입니다. 그리고 새 예루살렘에는 또한 태양이나 달이 필요가 없습니다. 하나님의 영광이 영원히 비추이고, 어린 양되신 예수 그리스도께서 영원한 등불이 되어주시기 때문입니다. 따라서 새 예루살렘에는 영원히 어둠이나 밤이 없을 것입니다. 이는 이 세상에 존재했던 모든 악한 자들과 악한 것들, 즉 고난, 고통, 수고와 탈진 등이 없을 것이라는 말입니다. 오로지 예수 그리스도께서 빛이 되어 주셔서 진리와 생명을 영원토록 무한히 공급해 주시고 기쁨과 평안이 넘치게 하실 것입니다. 뿐만 아니라 새 예루살렘에는 어린 양의 생명책에 기록된 만국 백성들과 왕들이 들어가되 만국의 영광과 존귀를 가지고 들어가서 장식하게 될 것이고, 그 성민들이 다 누리게 될 것입니다.

한 이야기로 마칩니다. "쥐가 희망이 없으면 항아리 물에도 3분 만에 죽는다고 한다. 그러나 쥐에게 희망의 빛을 던져 주면 36시간을 헤엄친다고 한다. 희망이 없는 사람은 3분 만에 항아리 물에 빠져 죽는 쥐와 같다. 희망이 있으면 36시간이 아니라, 일생을 주님 의지하면서 헤엄칠 수 있다. 고난 많은 이 세파를 헤쳐 나갈 수 있는 것이다. 우리의 삶에 희망이 있기 때문에 삶의 가치가 있는 것이다. 이것이야말로 내가 목을 걸고라도 증거할 수 있는 말씀이다. 보지는 않았으나 믿음으로 너무나 확실하게 아는 말씀이다."[120] 어떻습니까? 오늘 우리가 나눈 새 예루살렘의 영광스러운 특징들이 장차 우리가 누리게 될 교회의 영광이라는 생각을 하신다면 우리에게 소망이 될까요, 아니면 그저 그런 것일까요? 영원한 영광을 사모하는 자가 된다면 이 세상에 탐닉하고 빠져서 살 수가 없습니다. 그렇다고 도피적으로 살 수도 없습니다. C. S. 루이스가 말한 대로 천국이나 신천신지의 영광을 사모하는 자들은 이 세상에서 적극적으로 살면서 이 세상을 변화시키는 일에 매진하는 자들이 될 것입니다.

61

수정 같이 맑은 생명수의 강

또 그가 수정 같이 맑은 생명수의 강을 내게 보이니 하나님과 및 어린 양의 보좌로부터 나와서 길 가운데로 흐르더라 강 좌우에 생명나무가 있어 열두 가지 열매를 맺되 달마다 그 열매를 맺고 그 나무 잎사귀들은 만국을 치료하기 위하여 있더라(계 22:1–2).

사람이 살아가는 데 있어서 강이 대단히 중요하다는 것은 누구나 아는 사실입니다. 우리가 아는 고대문명들이 모두 다 큰 강을 중심으로 해서 이루어졌었다는 사실을 보아도 알 수 있습니다. 이집트는 나일강, 고대 메소포타미아는 티그리스와 유프라테스강, 인도는 갠지스강과 인더스강, 중국은 황하와 양자강을 중심으로 해서 발달했습니다. 이렇게 강을 중심으로 문명이 발달하게 된 이유는 원활한 식수공급뿐 아니라 사람이나 물류의 신속하고 편리한 이동 수단이 되어주기 때문입니다. 그래서 오늘날의 대도시들 역시도 반드시 강을 중심으로 해서 발전하고 있음을 우리는 잘 알고 있습니다. 서울에는 한강이 흐르고 있듯이, 뉴욕에는 허드슨강이, 로마에는 티베르강, 영국에는 테임즈강, 파리에는 센강이 흐르고 있습니다. 하지만 문제는 산업문명의 발달과 그 부산물인 오염물질로 인하여 썩고 부패하지 않은 강을 찾아보기가 힘들다는 것입니다. 대도시를 흐르는 강가운데서 그냥 떠서 먹을 수 있는 강이 없는 것으로 압니다. 오염물질과 생활하수 등으로 인하여 강은 오염되어 있고, 그 색깔마저 탁하기도 합니다. 물론 오염이 되지 않았다고 해도 자연환경 그 자체로 많은 위협을 주는 강들도 있습니다. 이집트의 나일강에는 악어떼가 살고 있고, 브라질에 흐르고 있는 아마존강에는 식인 물고기 피라냐와 거대한 뱀 아나콘다 외에도 그 몸 길이가 3-15센티미터에 불과하지만 비뇨기를 통해 사람 속에 파고 들어가서 피를 빨아먹는 칸디루라는 무서운 소형 물고기도 있습니다.

이러저러한 상황을 생각해 보면 사람들이 살아가는데 젖줄기, 혹은 생명수다라고 말하기 어려운 강들이 오늘날 존재합니다. 마음 놓고 마실 수 있는 강물도 찾기 어렵고, 위험 요소가 없는 강들을 찾기도 어렵습니다. 그러나 오늘 본문 말씀에 보면 하나님께서는 사도 요한에게 조금의 오염이나 위험요소가 없는 한 강을 보여 주셨습니다. 이 강의 이름은 생명수의 강입니다. 강이 얼마나 맑고 푸른지 수정 같이 맑은 강이라고 소개하고 있습니다. 또한 강 좌우에는 생명나무가 있어 열두 가지 열매를 맺고 있고 달마다 그 열매를 맺고 있으며 심지어는 그 나무 잎사귀들 조차도 만국을 치료하는 데 쓰인다고 했습니다. 도대체 이 강의 정체는 무엇일까요, 어디에 이런 강이 있을 수 있습니까? 이것은 하나의 상징입니까, 아니면 실재입니까? 오늘 말씀을 통해서 이러한 생명수의 강이 우리의 것으로 확인되고 누려지기를 축원합니다.

구약적인 배경

구약성경을 어느 정도 읽은 성도들이라면 요한계시록 22장 1-2절에서 묘사되고 있는 생명수의 강과 생명나무에 대한 말씀이 이미 구약성경 곳곳에 계시되어 있다는 것을 기억하게 됩니다. 먼저 창세기 2장 8-10절에 기록된 에덴 동산에 대한 묘사를 살펴봅시다. "여호와 하나님이 동방의 에덴에 동산을 창설하시고 그 지으신 사람을 거기 두시니라. 여호와 하나님이 그 땅에서 보기에 아름답고 먹기에 좋은 나무가 나게 하시니 동산 가운데에는 생명 나무와 선악을 알게 하는 나무도 있더라. 강이 에덴에서 흘러 나와 동산을 적시고 거기서부터 갈라져 네 근원이 되었으니" 하나님이 지으시고 아담과 하와로 거주하게 하신 에덴 동산에도 물근원이 있어서 네 개의 강이 기원하게 하셨다고 했습니다. 그리고 보기에 아름답고 먹기에 좋은 나무들이 있었고, 생명나무도 있었음을 알 수 있습니다. 따라서 우리는 요한계시록 22장에서 묘사되고 있는 바가 죄로 인해 잃어버리게 되었던 에덴 동산의 회복이라는 점을 확인할 수가 있습니다.

그리고 바벨론 포로기에 기록된 에스겔 47장 1절 이하에 보면 상당히 풍성하게 강과 나무에 대해서 예언하고 있음을 볼 수가 있습니다.

그가 나를 데리고 성전 문에 이르시니 성전의 앞면이 동쪽을 향하였는데 그 문지방 밑에서 물이 나와 동쪽으로 흐르다가 성전 오른쪽 제단 남쪽으로 흘러 내리더라. 그가 또 나를 데리고 북문으로 나가서 바깥 길로 꺾여 동쪽을 향한 바깥 문에 이르시기로 본즉 물이 그 오른쪽에서 스며 나오더라. 그 사람이 손에 줄을 잡고 동쪽으로 나아가며 천 척을 측량한 후에 내게 그 물을 건너게 하시니 물이 발목에 오르더니 다시 천 척을 측량하고 내게 물을 건너게 하시니 물이 무릎에 오르고 다시 천 척을 측량하고 내게 물을 건너게 하시니 물이 허리에 오르고 다시 천 척을 측량하시니 물이 내가 건너지 못할 강이 된지라. 그 물이 가득하여 헤엄칠 만한 물이요 사람이 능히 건너지 못할 강이더라. 그가 내게 이르시되 인자야 네가 이것을 보았느냐 하시고 나를 인도하여 강 가로 돌아가게 하시기로 내가 돌아가니 강 좌우편에 나무가 심히 많더라. 그가 내게 이르시되 이 물이 동쪽으로 향하여 흘러 아라바로 내려가서 바다에 이르리니 이 흘러 내리는 물로 그 바다의 물이 되살아나리라. 이 강물이 이르는 곳마다 번성하는 모든 생물이 살고 또 고기가 심히 많으리니 이 물이 흘러 들어가므로 바닷물이 되살아나겠고 이 강이 이르는 각처에 모든 것이 살 것이며 또 이 강 가에 어부가 설 것이니 엔게디에서부터 에네글라임까지 그물 치는 곳이 될 것이라. 그 고기가 각기 종류를 따라 큰 바다의 고기 같이 심히 많으려니와 그 진펄과 개펄은 되살아나지 못하고 소금 땅이 될 것이며 강 좌우 가에는 각종 먹을 과실나무가 자라서 그 잎이 시들지 아니하며 열매가 끊이지 아니하고 달마다 새 열매를 맺으리니 그 물이 성소를 통하여 나옴이라. 그 열매는 먹을 만하고 그 잎사귀는 약 재료가 되리라.

에스겔 47장의 내용과 요한계시록 22장을 비교해서 읽어보면 양 본문은 대단히 유사하다는 것을 알 수 있습니다. 차이가 있다면 에스겔은 예언이고, 요한계시록은 그 예언의 성취를 기록한 것이라는 점입니다. 이외에도 구약 요엘 3장 18절, 스가랴 14장 8절에 보면 생명수의 강에 대한 예언들이 나옵니다. 일단 오늘 본문은 구약적인 배경을 가지고 있으며, 그 배경의 빛에서 읽을 필요가 있다는 점을 지적하고 지나가겠습니다.

수정 같이 맑은 생명수의 강

이제 본문으로 들어가 보십시다. 먼저 1절 상반절을 읽습니다. "또 그가 수정 같이 맑은 생명수의 강을 내게 보이니" 여기서 "그가"는 21장 9절에서 등장해서 요한으로 하여금 새 예루살렘성의 영광을 보게 해 준 천사를 가리킵니다. 그가 이번에는 무엇을 보여주는가 하면 "수정 같이 맑은 생명수의 강"을 보여 주었습니다. 그 강을 묘사하면서 수정같이 맑다고 한 것은 맑고 투명하고 오염이 되거나 썩고 부패한 요소가 전혀 없다는 것을 의미합니다. 말 그대로 맑고 투명하고 깨끗한 강물이라는 것입니다. 이 강은 수량이 풍성함과 거룩한 속성을 가지고 있습니다. 그러면 생명수의 강이 의미하는 바가 무엇일까요? 단지 우리가 살게 될 새 하늘과 새 땅에 있을 맑고 깨끗한 강을 의미하는 것일까요?

즉, 물리적으로 이해해야 하는 것일까요? 이 지구상에 존재하는 어떤 강과 비교도 되지 않을 만큼 맑고 깨끗한 강이라고 이해하고 말아야 할까요?

우리는 계속해서 상징의 언어로 제시되는 세계에 있음을 기억해야 합니다. 저는 "신천신지에 강이 있고 생명나무가 가시적으로 있을 것이다"를 부정하는 것이 아니고, 계속된 상징적 의미를 잘 찾아야 한다는 것을 말하고 싶습니다. 새 예루살렘의 영광에 대해서 설명하면서 장소적인 의미보다는 그리스도의 신부된 교회의 영광을 상징적으로 묘사하고 있다는 점을 강조해 왔습니다. 21장 9-10절에서 분명히 새 예루살렘을 "신부 곧 어린 양의 아내"라고 말씀해 주기 때문에 대부분의 개혁주의자들과 복음주의자들은 그렇게 이해를 합니다. 그렇다면 생명수의 강이 의미하는 바가 무엇일까요? 윌리엄 헨드릭슨이라는 학자는 "이 강은 영생, 온전하고 자유한 구원 그리고 하나님의 주권적 은혜의 선물을 상징한 생명의 강이다. 하나님과 교제하는 것 말고 무엇을 생명이라 할 수 있겠는가?"라고 해석했습니다.[121] 그리고 스웨트라는 학자는 "이 생명수의 강은 성령의 주심을 의미한다"라고 해석했습니다.[122] 그러나 이 두 가지는 결코 분리되는 것이 아니라는 점을 성경을 통해서 확인해 볼 수가 있습니다.

요한복음 4장 13-14절에 보면 예수님께서는 사마리아 여자에게 말씀하시면서 "예수께서 대답하여 이르시되 이 물을 마시는 자마다 다시 목마르려니와 내가 주는 물을 마시는 자는 영원히 목마르지 아니하리니 내가 주는 물은 그 속에서 영생하도록 솟아나는 샘물이 되리라."고 말씀하셨고, 초막절 끝날에 예루살렘에서는 생명수의 강을 언급하면서 다음과 같이 선포하셨습니다. 요한복음 7장 37-38절 말씀입니다. "명절 끝날 곧 큰 날에 예수께서 서서 외쳐 이르시되 누구든지 목마르거든 내게로 와서 마시라. 나를 믿는 자는 성경에 이름과 같이 그 배에서 생수의 강이 흘러나오리라." 그리고 이어지는 39절에 보면 예수님이 "주시겠다"라고 하는 생명수의 강의 정체가 무엇이냐를 밝혀주셨습니다. "이는 그를 믿는 자들이 받을 성령을 가리켜 말씀하신 것이라 (예수께서 아직 영광을 받지 않으셨으므로 성령이 아직 그들에게 계시지 아니하시더라)." 예수님께서 약속하셨고, 신천신지에서 완성될 생명수의 강이 의미하는 바는 이처럼 예수 그리스도 안에서 우리에게 주시는 풍성한 생명, 영생을 가리키고, 그 생명은 곧 성령에 의해서 우리에게 흘러온다는 점을 알 수가 있습니다. "이러한 성령을 통한 회복에 의한 생명의 충만함은 종말에 교회 공동체에게 완벽하게 이루어질 것을 요한계시록 22장 1절은 보여 준다"고 말할 수 있습니다.[123]

그리고 본문 1절 하반절에 보시면 그 생명수의 근원이 무엇인지를 밝히 말씀하고 있습니다. "하나님과 및 어린 양의 보좌로부터 나와서" 에스겔 47장 1절에서는 그 생명수의 강이 성전의 "문지방 밑에서 물이 나와 동쪽으로 흐르다가 성전 오른쪽 제단 남쪽으로 흘러 내리더라."고 말씀하고 있는데, 요한은 하나님과 어린 양의 보좌가 생명수의 강의 근원임을 밝히 말씀해 주신 것입니다. 이는 계시의 점진성을 보여줍니다. 그리고 하나님과 어린 양의 한 보좌를 언급하고 있습니다. 성부 하나님과 성자 하나님이 신성과 능력과 영원성이 동등하심을 보여주고, 삼위일체 하나님이 생명의 근원이심을 분명히 보여줍니다. 헨드릭슨이 말한 대로 "은혜와 생명 샘이 하나님과 어린 양의 보좌로부터 나와서 흐르고 있다고 할 때에만 우리의 구원은 하나님의 권능의 의지에 기인한 것이며 그리스도의 구속의 피로 말미암아 우리에게 주어진 것이라는 사실이 강조되는 것이[며] 모든 영광은 하나님께만 돌"리게 될 것입니다.[124]

생명나무, 열매와 잎사귀

이제 우리가 주목할 것은 2절 말씀입니다. 2절을 같이 읽어보십시다. "길 가운데로 흐르더라. 강 좌우에 생명나무가 있어 열두 가지 열매를 맺되 달마다 그 열매를 맺고 그 나무 잎사귀들은 만국을 치료하기 위하여 있더라." 우선 2절 상반절은 생명수의 강이 흐르는 장소를 지적하는 말씀입니다. 길 가운데라고 할 때의 "길"plateia이라는 것은 예루살렘이나 중동에 있는 복잡하고 좁은 골목길을 말하는 것이 아니고 대로, 주요 거리를 가리킬 때 쓰는 단어입니다. 그런데 문제는 그 생명수의 강이 새 예루살렘성의 메인 스트리트와 나란히 흐르고 있다는 말인지 아니면 길 자체가 없고 생명수의 강이 메인 스트리트를 대체한다는 말인지를 분명히 알기가 어렵습니다. 전자로 읽는다면 우리는 2절 말씀을 큰 강이 거리의 중앙으로 흐르고 있고, 강과 나란히 길이 나란히 뻗어 있으며, 그 강과 길 사이에 생명나무가 서 있다고 이해되어집니다. 그러나 마운스라는 학자가 잘 지적했듯이, "상세한 지세"(地勢)는 이 구절의 상징을 이해하는 데 그다지 중요한 것이 아닌 것입니다.[125]

그런데 우리가 주의해서 보아야 할 것이 "강 좌우에 생명나무가 있어"라고 하는 구절입니다. 이 구절이 왜 어려운가 하면 분명히 강 좌우에 생명나무가 있다면 복수형을 사용해야 맞지만 단수형을 사용하고 있기 때문입니다. 에스겔 47장에서는 "강 좌우편에 나무가 심히 많더라."고 했는데, 요한에 의하면 강 좌우에 생명나무가 있어라고 말씀하고 있습니다. NIV 성경을 보면 "On each side of the river stood the tree of life"라고 번역했습니다. 우리가 요한이 본 환상을 상상력에 따라 재구성해 본다면 분명 생명수의 강이 흐르고 있고 강 좌우에는 나무들이 많이 서 있는 그런 장면이 연상되어지는데, 요한은 그냥 그 생명나무가 있더라는 식으로 말하고 있으니 이해가 어려운 것입니다. 어떤 학자들은 생명나무라고 했으나 이는 집합적인 표현이라고 합니다 (Hendriksen, Aune). 그러나 이 역시도 상징적인 성격을 가지고 있음을 고려할 때 이해가 가능할 것입니다. 여러분 우리가 "생명나무" 하면 무엇이 생각나십니까? 예, 창세기 2장 9절과 3장 22절에서 언급하고 있는 에덴 동산 중앙에 있던 그 한 그루 생명나무일 것입니다. 분명 창세기에 의하면 생명나무는 동산 중앙에 한 그루만 있었던 것입니다.

그러나 아담과 하와가 범죄한 후에 하나님께서는 "보라 이 사람이 선악을 아는 일에 우리 중 하나 같이 되었으니 그가 그의 손을 들어 생명 나무 열매도 따먹고 영생할까 하노라."고 하시면서 "그들을 에덴 동산에서 추방해 버리셨다"라고 창세기 3장 22절에서는 말씀하고 있습니다. 죄를 지은 채로 생명 나무 열매를 먹으면 영원히 산다 즉, 존재가 멸절되지 아니하고 무한히 존재하기는 하겠지만, 다시는 회개할 수 없는 사탄 마귀와 같은 상태에 빠지게 되기 때문에 하나님께서는 그들을 생명나무 열매를 먹지 못하도록 에덴 동산에서 추방해 버리셨다는 뜻으로 이해를 하려는 이들도 있지만 개혁주의자들은 그런 해석을 거부합니다. 그런데 이제 요한계시록 22장 2절에 의하면 그리스도의 피로 구속받은 성도들이 생명나무에 접근할 수 있고 그 풍성한 과실을 먹을 수 있게 되었다고 하는 말씀입니다. 요한계시록 2장 7절에 보면 에베소 교회에게 승리하면 "이기는 그에게는 내가 하나님의 낙원에 있는 생명나무의 열매를 주어 먹게 하리라."고 약속하신 바가 있습니다. 이는 아담의 범죄로 인하여 잃어버린 낙원에 들어가며, 생명 나무의 과실을 자유로이 먹게 해 주시겠다는 약속입니다.

본문으로 돌아가서 생명나무가 산출하는 열매와 그 잎사귀에 대한 묘사를 살펴보도록 하겠습니다. 생명나무는 "열두 가지 열매를 맺되 달마다 그 열매를 맺"는다고 말씀하고 있습니다. 세상에 있는 나무들은 각기 한 가지의 열매를 맺을 수 있는데, 생명 나무는 얼마나 풍성한지 열두 가지 열매를 한 나무에서 맺는다고 말씀하고 있습니다. 그리고 일반적으로 이 지상의 과목은 한 해에 한 번씩 열매를 거둘 수 있습니다. 벼농사도 기껏해야 이모작 정도할 수가 있을 뿐입니다. 그런데 생명나무의 열매는 달마다 그 열매를 맺는다고 말씀하고 있습니다. 이것이 상징하는 바는 하나님이 주시는 생명의 지극히 풍성한 성격을 상징합니다. 하나님의 공급은 언제나 새로우며 언제나 풍성하다는 것을 보여줌니다. 단조로운 것이 아니라 다양한 내용을 가지고 있습니다. 그리고 항상 끊어지지 않고 공급되는 풍성함이 있다는 말입니다. 우리가 누리는 신천신지에서의 삶은 결코 단조롭거나 뻔한 삶이 아닙니다. 그리고 공급의 제한을 받는 결핍과 부족의 삶도 아닙니다. 언제나 흘러넘치는 충만하고 풍성한 삶인 것입니다.

그리고 그 생명나무의 잎사귀에 대한 묘사를 살펴 보면 "그 잎사귀들은 만국을 치료하기 위하여 있더라"고 말씀하고 있습니다. 일단 생명나무에 접근할 수 있는 사람들은 인간적인 조건에 의해서 보자면 어떤 제한도 없이 만국에게 보편적으로 허용되었다는 점을 눈여겨 보아야 합니다.[126] 물론 인간적인 조건에 있어서 제한은 없으나 믿음의 조건이 요구되어집니다. 그리고 생명나무의 잎사귀들 조차도 만국을 치료하는 효력을 가지고 있다고 하는 이 말씀을 깊이 생각해 보면 의문점이 생깁니다. "왜 영원한 신천신지에 치료라는 것이 필요할까" 하고 말입니다. 마운스Robert Mounce는 다음과 같이 설명하고 있습니다. 유익한 해설이라고 봅니다:

비록 요한이 만국의 소성에 대하여 언급하고는 있지만, 우리는 새 예루살렘 밖에 만국이 계속 존재할 것으로 추리해서는 안 된다. 21:24이하에서처럼, 현세의 상황에서 빌어 온 비유적 표현은 영원한 상태에 대한 묘사로 이전된다. 앞으로 있을 시대의 영광은 현세에 속한 비유적 표현으로 묘사될 수밖에 다른 도리가 없다. 치료하는 잎사귀는 육신적, 영적 결핍이 전혀 있을 수 없다는 사실을 가리킨다.[127]

울산교회 정근두목사님은 요한계시록 강해 제6권에서 이렇게 설명해 줍니다.

그렇다고 하여 새 하늘과 새 땅에서도 치료받아야 할 고통이나 질병이 있다고 유추하는 것은 옳지 않습니다. 요한은 지금 현세의 유일한 언어로서, 내세의 무한한 영광을 그리려고 노력할 뿐입니다. 고통과 죽음이 자리한 현세와 대조하여 다가올 세대의 영광을 말하려고 노력할 뿐 입니다. 내세의 영광에 참여하는 모든 사람들은 죄의 결과로부터 온 모든 고통에서부터 완벽히 벗어날 것입니다.[128]

이제 상징의 중심을 차지하고 있는 생명나무의 정체가 무엇이냐 하는 점을 말씀드리고자 합니다. 생명나무tree는 wood(목재)입니다. 이 용어는 그리스도의 십자가를 가리킬 때 사용하던 단어입니다. 갈라디아서 3장 13절에 보면 "그리스도께서 우리를 위하여 저주를 받은 바 되사 율법의 저주에서 우리를 속량하셨으니 기록된 바 나무에 달린 자마다 저주 아래에 있는 자라 하였음이라."라고 말씀할 때에 나무를 의미합니다. 예수 그리스도께서 수치의 십자가를 지신 결과 우리를 위하여 영생을 주시며 새 예루살렘에서 충만한 삶을 누릴 수 있게 해 주시었습니다. 그런 점에서 우리는 생명나무가 누구냐, 그 실체는 우리 주 예수 그리스도라고 말할 수 있는 것입니다.

그리고 오늘 말씀을 정리하면서 우리가 반드시 기억해야 하는 것은 새 생명과 영생의 생명은 이미 예수 그리스도를 믿는 자가 누리도록 허락되어 있다는 것입니다. 거듭나는 순간에 우리는 새로운 피조물이 되었습니다. 예수 그리스도가 이 땅에 오신 목적은 "양으로 생명을 얻게 하고 더 풍성히 얻게 하려는 것이라"(요 10:11하)고 말씀했습니다. 우리가 하나님을 온 맘으로 사랑하고, 옆에 있는 성도들을 진실로 사랑할 때에 그것은 이미 하늘 생명을 누리고 있는 것입니다. "영생은 곧 유일하신 참 하나님과 그의 보내신 자 예수 그리스도를 아는 것이니이다"(요 17:3). 물론 새 하늘과 새 땅에서 우리는 충만하고 풍성한 삶을 영원히 만끽하게 될 것입니다. 그러나 이미 우리는 그 하늘의 생명을 이 땅 위에서 누리기 시작했습니다.

말씀을 정리하면서 유혜옥 전도사라는 여성 사역자가 SNS에 올린 아름다운 시를 소개하려고 합니다. 어느날 기도회에 참석하여 은혜를 받아 많은 눈물을 흘리고 나서 쓴 시라고 합니다. 오늘 본문의 적용이라고 봐도 손색이 없습니다. 우리가 신천신지에서 누리게 될 풍성한 삶에 대한 고대와 더불어서 이미 예수 그리스도 안에서 시작된 생명수의 강의 누림이 의미하는 바가 잘 전달되어지기를 바랍니다.

내 마음엔 아무도 모르는 강물이 흐릅니다.
깊고 맑은, 넓고 풍성한 강물이 흐릅니다.
처음에 그 강물이 제 마음에 밀고 들어올 때,
그것이 저는 눈물인 줄, 제 마음의 아픔인 줄 알았어요.
강물은 점점 더 내 마음에 차 들어와, 넘실 넘실 흘러 넘쳤습니다.
내 마음의 더러움을 씻어내고, 교만하게 튀어나온 돌들을 옮겨가고, 상처로 움푹 파인 자리를 메워 주며, 풍성한 산소와 물고기들로 가득찬 바다를 만들어 주었어요. 강물은 점점 더 높이 차올라, 제 안에 연약한, 육신적인 마음과 악함을 다 덮어 버렸죠.
지금 강물은 흘러 차고 넘쳐, 나를 통하여 다른 이에게 흘러 갑니다.
신선하고 깨끗한 심장 박동과, 상큼하고 달콤한 향기, 풍성한 물고기들과 산소들을 싣고, 많은 이들의 상함을 치유하고 있죠. 예, 물론. 강물의 흐름에 저항하는 쓴 뿌리들도 있어요. 강물의 흐름에 저항하고 저항하다, 그들은 먹지 못할 쓴 나물. 돌 덩어리가 되어 버렸죠.
제 마음에는 강물이 흐릅니다.
제 마음을 통하여 흐르는 강물은,
풍성하고 깨끗한, 깊고 넓은, 영원히 넘실대는 평안의 강물입니다.
강물의 이름은, ^^ 내 사랑 성령님.
사랑하는 이여, 당신의 마음에도 강물이 흐르나요?

62

세세토록
왕 노릇하리로다

다시 저주가 없으며 하나님과 그 어린 양의 보좌가 그 가운데에 있으리니 그의 종들이 그를 섬기며 그의 얼굴을 볼 터이요 그의 이름도 그들의 이마에 있으리라 다시 밤이 없겠고 등불과 햇빛이 쓸 데 없으니 이는 주 하나님이 그들에게 비치심이라 그들이 세세토록 왕 노릇 하리로다(계 22:3-5).

여러분은 천국을 소망하고 고대하십니까? 천국에 대해서 관심을 가집니까? 수년 전 생명의말씀사 홈피에 들어가서 천국이라는 단어를 넣어 검색해 본적이 있는데 187권이 떴습니다. 그 수많은 책들 중에는 우리가 천국에 대해서 바로 아는 데 도움이 되는 책들도 있지만 전혀 도움이 안 되는 책들도 있을 것입니다. 우리는 요한계시록을 통해서 이 세상 역사 현실이 어떠한 영적인 배경에서 움직이는지도 보았지만, 천국과 신천신지에서의 삶에 대해서도 잘 배워 왔습니다. 이제 오늘 본문으로써 신천신지와 새 예루살렘에 대한 부분을 마무리하게 됩니다. 오늘 본문 속에서도 우리는 장차 우리가 누리게 될 천국과 신천신지의 영광이 무엇인지를 잘 배울 수가 있습니다.

다시는 저주가 없는 삶

그러면 신천신지 새 예루살렘에서 누리게 되는 성도의 삶의 특징이 무엇입니까? 첫 번째 특징은 3절 초두에 있는 대로 "다시 저주가 없다"는 것입니다. NIV에서는 "No longer will there be any curse."라고 분명하게 번역을 했습니다. 그곳에는 더 이상 어떠한 저주도 없을 것이라는 의미입니다. 새 예루살렘에는 더 이상 어떤 저주도 존재하지 않을 것이라는 말씀은 구약 스가랴 14장 11절에서도 예언되고 있는 내용입니다. "사람이 그 가운데에 살며 다시는 저주가 있지 아니하리니 예루살렘이 평안히 서리로다." 스가랴는 예루살렘이라고만 했지만 예언의 내용은 요한계시록 22장 3절의 새 예루살렘에서 성취되어질 것입니다. 저주에 해당하는 히브리어 단어는 "헤렘"*berem*인데, 이 단어는 죄 때문에 가나안 원주민들을 "전멸시키라"할 때나 범죄한 이스라엘과 유다 백성들을 심판하실 때에 쓰여진 무시무시한 단어입니다.[129] 특히 유다는 죄 때문에 느부갓네살에 의해서, 그리고 로마 군병들에 의해서 두 번이나 큰 환난을 겪어야 했고, 도성 예루살렘은 무너지고 황폐하게 되었습니다. 그것이 바로 저주의 의미인 것입니다. 그런데 이제 하나님께서 약속하시는 것이 무엇입니까? 새 예루살렘에는 더 이상 그렇게 외부의 적들에 의해서 멸망당할 일이 없이 평안히 살게 해 주시겠다는 뜻입니다.

그러나 보다 더 깊은 의미는 하나님의 백성들로 하여금 저주 아래 놓이게 만든 죄 문제를 근본적으로 해결해 주시겠다는 의미입니다. 우리는 다시는 저주가 없을 것이라고 하는 말씀이 창세기 3장과 관련이 있다는 점을 기억해야 합니다. 하나님의 말씀을 어기고 선악과를 따먹고 범죄한 아담과 하와에게 하나님께서는 심판을 선언하셨습니다. 땅이 저주를 받아 가시와 엉겅퀴를 내게 될 것이므로 사람이 땀 흘리며 수고로이 일해야 먹고 살게 될 것이라는 것과 여인에게는 해산의 고통을 더하여 수고로이 자녀를 낳게 될 것을 예고하셨습니다. 그리고 당장에 죽지는 않지만 육신은 병약하고 쇠약하다가 때가 되면 죽어 흙으로 돌아가게 될 것이고, 그 영혼은 하나님과의 관계에 있어서 단절되는 것도 또한 죄 때문에 받게 되는 저주였다고 할 수가 있습니다. 그런데 이제 신천신지에서는 어떤 저주도 존재하지 않게 된다고 하는 것은 더 이상 그런 생로병사가 없게 될 것이고, 눈물, 애통, 이별, 싸움, 수고로이 일하거나 출산하는 일이 없어지게 될 것이라는 것입니다.

새 예루살렘은 외적의 침입을 받을 일이 없을 것이고 안전하고 평화로운 거처(공동체)가 될 것입니다. 그리고 그곳에 사는 거주민들은 모두가 다 죄의 세력과 오염에서 자유하게 되었기 때문에 더 이상 죄의 결과로 당하게 되는 어떤 고통이나 저주도 겪을 필요가 없습니다. 대신에 그들은 하나님의 복을 충만히 누리게 될 것입니다. 바울이 에베소서 1장 3절에서 말한 대로 "하늘에 속한 모든 신령한 복들"을 무한히 만끽하게 될 것입니다. 믿는 성도들로 하여금 더 이상 저주 아래 있는 삶이 아니라 하나님의 은혜 아래 있는 삶을 살게 하시며, 새 예루살렘에서 그 모든 저주에서 해방된 삶을 누리게 하시기 위해서 예수 그리스도는 십자가의 고난을 자취하셨던 것입니다. 갈라디아서 3장 13절은 이 점을 잘 말씀해 줍니다. "그리스도께서 우리를 위하여 저주를 받은바 되사 율법의 저주에서 우리를 속량하셨으니 기록된바 나무에 달린 자마다 저주 아래에 있는 자라 하였음이라." 뇌성마비장애를 가진 송명희씨의 찬송시에는 이렇게 표현하고 있습니다.

> 너의 쓴 잔을 내가 마시었고 나는 너에게 단 잔을 주었노라…
> 너의 근심을 내가 당하였고 나는 너에게 평안을 끼치노라…
> 너의 근심을 내가 당하였고 나는 너에게 평안을 끼치노라…
> 너의 죽음을 내가 맛보았고 나는 너에게 생명을 베푸노라…

신천신지에서는 우리가 더 이상 어떠한 저주도 맛보지 않게 될 것입니다. 하나님께서 우리들로 하여금 그 저주의 원인인 죄를 더 이상 지을 수 없는 존재로 만들어 주실 것이기 때문입니다. 교부 아우구스티누스는 우리가 신천신지에서 누리게 될 영광은 심지어는 타락 이전의 아담이 누렸던 영광의 자유보다 탁월하다는 점을 잘 밝혔습니다.

> 어떤 관점에서든 우리가 부지런하고 주의 깊게 숙고해야만 하는 두 가지 사실들- 죄를 짓지 않을 수 있음*posse non peccare*과 지을 수 없음*non posse peccare*; 죽지 않을 수 있음과 죽을 수 없음; 선을 버리지 않을 수 있음과 선을 버릴 수 없음-이 서로 구별된다. 왜냐하면 첫 사람은 죄를 짓지 않을 수 있었으며*posse non peccare*, 죽지 않을 수 있었고, 선을 버리지 않을 수 있었다…그러므로 처음의 의지의 자유는 죄를 짓지 않을 수 있었음이었고, 죄 지을 수 없음이라는 나중의 자유가 더욱더 컸다. 그리고 죽지 않을 수 있음이 처음의 불멸성이라면 죽을 수 없음이라는 마지막의 것이 더욱더 크다. 또한 처음의 견인의 힘이 선을 버리지 않을 수 있음이라면, 마지막의 견인의 지복*felicitas*은 선을 버릴 수 없음이었다.[130]

이것이 새 예루살렘에서 우리가 누리게 되는 영광인 것입니다. 이러한 영광을 우리가 영원히 누릴수 있을 것이라고 확신할 수 있는 이유는 새 예루살렘에 "하나님과 그 어린 양의 보좌가 그 가운데에 있"을 것이기 때문입니다. 전능하신 하나님과 우리의 대속의 주님 예수 그리스도의 통치의 보좌가 그곳에 영원히 있을 것이기 때문에 우리는 더 이상 죄를 짓거나 저주를 경험하게 될 가능성 없이 생명수의 강을 영원히 마시고 살 수가 있는 것입니다.

하나님을 가까이하여 섬기는 삶

신천신지에서 우리 성도들이 누리게 되는 축복된 삶의 특징은 단지 더 이상 저주가 없다는 부정적인 언사만으로 다 표현될 수가 없습니다. 두 번째 특징으로 요한은 영원히 하나님을 섬기고 살 것이라고 말씀해 줍니다. 3절 끄트머리에 보시면 "그의 종들이 그를 섬기며"라는 말씀이 있지요? 그의 종들이란 저와 여러분 같이 주 예수 그리스도를 믿는 신자들을 가리킵니다. 사도 바울만 신자들을 그리스도의 종 혹은 노예라고 표현하는 것이 아닙니다. 요한도 우리를 일컬어서 하나님의 종들이라고 했습니다. 사실은 구약에서는 모세나 엘리야 같은 사람들에게만 하나님의 종이라는 표현을 썼기에, 이런 표현이 우리들에게 적용된다고 기분 나빠할 일이 아닙니다. 그리고 "그의 종들이 그를 섬기며"라고 할 때 섬긴다는 말은 헬라어 "라트류오"*latreuo*라는 단어를 번역한 것입니다. 이는 "예배하다"와 "봉사하다"to worship, to serve는 의미를 가지고 있습니다. 우리는 복락원에서 영원토록 하나님을 섬기고 하나님을 예배하면서 살 것입니다. 천군천사들과 함께 강건하고 우렁찬 목소리로 하나님을 찬송하게 될 것입니다.

신명기 10장 12절에 보시면 "이스라엘아 네 하나님 여호와께서 네게 요구하시는 것이 무엇이냐? 곧 네 하나님 여호와를 경외하여 그의 모든 도를 행하고 그를 사랑하며 마음을 다하고 뜻을 다하여 네 하나님 여호와를 섬기고"라고 말씀하셨고, 로마서 12장 1절에서는 "그러므로 형제들아 내가 하나님의 모든 자비하심으로 너희를 권하노니 너희 몸을 하나님이 기뻐하시는 거룩한 산 제물로 드리라 이는 너희가 드릴 영적 예배니라."고 말씀하고 있는데, 우리가 이 땅 위에서도 이미 이런 예배를 시작했지만 신천신지에서 이러한 의미에서 충만한 예배와 섬김을 하나님께 드릴 수 있게 될 것입니다. 어떤 저주도 없는 곳이기에 몸의 제약이나 목소리의 문제도 없어질 것입니다. 모두가 다 꾀꼬리보다 더 아름다운 목소리로 지치지 아니하고 샘 솟듯하는 찬송을 하나님께 우렁차게 드리게 될 것입니다.

그리고 4절에 보시면 우리는 신천신지에서 하나님의 얼굴을 보게 될 것입니다. "그의 얼굴을 볼 터이요." 소위 지복직관이라는 복을 누리게 된다는 말입니다. 옥한흠 목사님이 마지막 병상에서 몇 마디 하신 말

중에 "내 사모하는 주님을 뵙고 싶다"고 표현했던 바로 그 축복입니다. 아담과 하와가 타락하기 전에는 하나님께서 에덴동산을 거니시면서 인간들과 교제하셨습니다. 하지만 죄를 짓고 나서는 하나님의 면전에서 쫓겨나게 됩니다. 하나님과의 관계 단절이지요. 구약 성도들은 하나님을 만나면 죽는다고 생각하면서 하나님의 존전 앞에 선다는 것을 너무나 두려워했습니다. 그러다가 예수 그리스도 안에서 나타나는 하나님의 얼굴을 보게 되어졌습니다. 이는 육신을 통해 표현되는 영광이셨습니다. 즉, 그 영광이 질그릇 속에 감추어져서 나타난 것입니다. 우리는 말씀과 성령을 통해서 하나님을 만나고 하나님의 음성을 듣고 교제할 수 있습니다. 이것이 분명 축복임에도 불구하고 그러나 신천신지에서 누리게 될 지복직관의 영광에 비하자면 덜 충분한 것입니다. 우리가 지금 누리고 있는 영광과 장차 누리게 될 지복직관의 영광의 차이에 대해서, 사도 바울은 고린도전서 13장 12절에서 "우리가 지금은 거울로 보는 것 같이 희미하나 그때에는 얼굴과 얼굴을 대하여 볼 것이요 지금은 내가 부분적으로 아나 그때에는 주께서 나를 아신 것 같이 내가 온전히 알리라."고 잘 말했습니다. 오늘 요한을 통해서 하신 말씀대로 우리는 영광스러운 몸과 영혼을 다시 입게 되는 재림의 날 신천신지에서 하나님의 얼굴을 뵙게 될 것입니다. 아주 직접적이고 친밀한 사귐이 시작될 것입니다.

그리고 이어지는 본문에 보시면 신천신지에서 성도들이 누리게 되는 또 다른 영광이 무엇이냐 하면 "그의 이름도 그들의 이마에 있으리라."고 말씀하고 있습니다. 이러한 복은 이미 빌라델비아의 승리한 자들에게 상급으로 약속하신 내용이기도 합니다. "이기는 자는 내 하나님 성전에 기둥이 되게 하리니 그가 결코 다시 나가지 아니하리라 내가 하나님의 이름과 하나님의 성 곧 하늘에서 내 하나님께로부터 내려오는 새 예루살렘의 이름과 나의 새 이름을 그이 위에 기록하리라."(3:12). 그리고 7장에서 본 대로 하나님께서는 택자들의 무리인 144,000명의 이마에 하나님의 인을 치셨다고 했고, 14장 1절에 의하면 "또 내가 보니 보라 어린 양이 시온 산에 섰고 그와 함께 십사만 사천이 서 있는데 그들의 이마에는 어린 양의 이름과 그 아버지의 이름을 쓴 것이 있더라."고 말씀하고 있습니다. 이름을 이마에 쓴다고 하는 것은 하나님의 소유권을 의미합니다. 우리가 하나님께 속한 보배로운 백성들임을 인치신다는 의미입니다. 그리고 이마에 짐승의 이름을 가진 자는 짐승을 닮은 자이듯이, 이마에 하나님의 이름이 새겨진 자들은 곧 하나님을 닮은 자들이라는 의미이기도 합니다.

세세토록 왕 노릇하리로다

신천신지에서 누리게 될 성도의 또 다른 영광은 주 하나님 아버지와 주 예수 그리스도의 통치권에 동참하게 된다는 사실입니다. 5절 말씀을 다시 읽어보겠습니다. "다시 밤이 없겠고 등불과 햇빛이 쓸 데 없으니 이는 주 하나님이 그들에게 비치심이라 그들이 세세토록 왕 노릇하리로다." 복락원Paradise Regained에는 다시 밤이 없다는 말씀을 21장 25절에도 본적이 있습니다. 밤이 없다는 것은 문자적으로 어둠이 없다는 말이기도 하지만, 역사의 어두운 밤이라고 표현하듯이 어떠한 악의 세력도 악의 흔적도 그곳에는 없다는 것입니다. 어두움을 밝히던 인위적인 도구인 등불도 필요 없을 것이고, 그리고 하나님이 지으신 햇빛조차도 필요가 없게 될 것입니다.

등불이나 햇빛보다도 더 밝은 빛이 복락원에 존재하고 있기 때문입니다. 이는 바로 주 하나님이십니다. "주 하나님이 그들에게 비치심이라." 하나님은 근원적인 빛이십니다. 예수님도 세상의 빛이십니다. 빛은 밝음도 주지만 생명의 풍성함을 줍니다. 모든 생명, 흘러넘치는 축복의 의미입니다. "하나님의 얼굴 빛이 비치인다"고 하는 것은 하나님의 호의를 누리되 영원히 누린다는 뜻입니다. 구약 민수기 6장 24-

26절에 기록된 제사장의 축복문구에 보면 "여호와는 네게 복을 주시고 너를 지키시기를 원하며 여호와는 그의 얼굴을 네게 비추사 은혜 베푸시기를 원하며 여호와는 그 얼굴을 네게로 향하여 드사 평강 주시기를 원하노라."고 말한 대로 하나님의 얼굴 빛은 하나님의 은혜와 평강을 가져다 줍니다. 이러한 빛을 우리는 이곳에서 조금씩 맛볼 수 있을 뿐이지만, 복락원인 신천신지에서는 간단없이 영원히 누리게 될 것입니다. 그 빛 가운데 우리는 영원히 살게 될 것입니다.

그리고 더욱더 놀라운 영광과 특권은 신천신지의 왕이신 하나님과 예수 그리스도의 통치에 동참하게 된다는 것입니다. 5절 끄트머리에서 말씀하는 대로 우리는 "세세토록 왕 노릇"하게 될 것입니다. "세세토록"이라는 말은 한시적이지 않고 "영원무궁토록"이라는 의미입니다. 20장 4, 6절에서 본 "그들이 하나님과 그리스도의 제사장이 되어 천년 동안 그리스도와 더불어 왕 노릇 하리라."고 한 통치와 기간에 있어서 다른 것입니다. 천년 동안 성도가 왕 노릇하는 것은 교회시대를 의미하지만, 세세토록 왕 노릇하는 것은 신천신지에서 우리가 영원토록 누리게 될 영광을 가리키는 것입니다. 이는 다니엘 7장에서 예언된바의 성취이기도 합니다. "지극히 높으신 이의 성도들이 나라를 얻으리니 그 누림이 영원하고 영원하고 영원하리라…나라와 권세와 온 천하 나라들의 위세가 지극히 높으신 이의 거룩한 백성에게 붙인바 되리니 그의 나라는 영원한 나라이라. 모든 권세 있는 자들이 다 그를 섬기며 복종하리라."(18, 27절). 사도 바울은 우리가 신천신지에서 누리게 될 이 통치권에 대해 고린도전서 6장 2-3절에서 이렇게 책망조로 말씀하기도 했습니다. "성도가 세상을 판단할 것을 너희가 알지 못하느냐? 세상도 너희에게 판단을 받겠거든 지극히 작은 일 판단하기를 감당하지 못하겠느냐? 우리가 천사를 판단할 것을 너희가 알지 못하느냐? 그러하거든 하물며 세상 일이랴!"

우리에게 주어지는 왕 노릇함의 권세는 원래 하나님 아버지와 예수 그리스도께서만 전유하시던 권세였습니다. 그러나 예수 그리스도께서 우리를 위하여 피를 흘려주시고 우리를 구속해 주시면서 우리를 나라와 제사장으로 삼아 주셨던 것입니다(1:6, 5:10). 베드로는 우리가 누리는 이 특권을 "왕 같은 제사장"이라고 잘 표현했습니다. 혹은 마태복음 19장 28절에 보면 "예수께서 이르시되 내가 진실로 너희에게 이르노니 세상이 새롭게 되어 인자가 자기 영광의 보좌에 앉을 때에 나를 따르는 너희도 열두 보좌에 앉아 이스라엘 열두 지파를 심판하리라"고 말씀하신 약속을 누리는 것입니다. 그러나 이러한 왕노릇함은 우리 마음대로 행사하는 독재 권력이 아닙니다. 앞서도 보았지만 우리는 신천신지에서도 하나님의 종이지, 하나님처럼 되는 것도, 하나님 위에 있는 것도 결코 아니라는 것을 분명히 알아야 합니다. 그렇게 되면 또 다시 지옥이 되고 말 것입니다. 우리가 하나님의 뜻에 순종하여 하나님을 섬기면서 새 하늘과 새 땅을 다스리고 관리하게 된다는 말씀입니다. 창세기 2장 15절에 보면 원래 인간들에게 주셨던 만물의 영장권("그것을 경작하며 지키게 하시고") 을 다시 회복시켜 주신다는 의미인 것입니다.

사랑하는 여러분! 어떻습니까? 믿는 자들이 장차 누리게 될 신천신지 복락원의 영광을 희미하게라도 아시게 되었습니까? 아, 그런 곳에 가서 영원히 나도 살고 싶다는 젠주흐트Sehnsucht(향수)가 생깁니까? 저는 이런 말씀들이 그냥 듣기에 좋은 소리가 아니라 저와 여러분의 영혼을 강하게 사로잡는 권세 있는 말씀이 되기를 원합니다. 성도들이 장차 누리게 되는 복락원의 삶은 영원히 지루하게 계속되거나 아니면 무미건조하고 유약하게 시간만 보내는 허무한 삶이 아닙니다. 우리가 누리게 될 삶은 저주가 도무지 없는 삶이라고 했습니다. 그리고 하나님을 가까이하여 온 몸과 마음을 다해서 예배하고 섬기는 삶이 될 것입니다. 또한 복락원에서의 우리의 삶에는 어떠한 어둠이나 악의 요소도 없을 것이고 오로지 주 하나님과 어린 양 예수 그리스도의 찬란한 생명의 빛을 받으면서 영원히 살게 될 것입니다. 더욱이 우리는 하나님과 예수 그리스도의 왕노릇 하심에 동참하게 될 것입니다. 영원히 세세무궁토록 왕노릇하는 삶을 살게 될 것입니다. 이것이 바로 아우구스티누스와 칼뱅이 표현한대로 "하나님의 독생자가 인간의 아들이 되신 것은 우리들을 하나님의 아들들이 되게 하시기 위해서입니다"The only son of God became the son of man, that he might make us sons of God라고 하는 의미인 것입니다. 이러한 영광과 특권을 우리에게 주시기 위해서 예수 그리스도는 인간의 몸을 입고 이 땅에 오셨고 십자가에서 우리의 죄값을 치루셨으며 저주를 다 당하셨던 것입니다. 우리는 복락원에서 영원히 그 은혜를 찬송하며 우리에게 허락된 섬김과 다스림의 권세를 누리게 될 것입니다.

우리가 살고 있는 이 지상 생활에는 여전히 밤이 있고, 눈물 흘릴 일이 있습니다. 가슴 아파할 일들도 많이 남아있습니다. 그러나 우리의 눈을 들어서 복락원의 영광을 묵상합시다. 그리고 그곳에 가서 살 영적인 준비를 해 나갑시다. 연약한 조건 속에서 이지만 더욱 주님을 사랑하고 섬기는 삶을 살아가십시다.

63

이 두루마리의
예언의 말씀

또 그가 내게 말하기를 이 말은 신실하고 참된지라 주 곧 선지자들의 영의 하나님이 그의 종들에게 반드시 속히 되어질 일을 보이시려고 그의 천사를 보내셨도다 보라 내가 속히 오리니 이 두루마리의 예언의 말씀을 지키는 자는 복이 있으리라 하더라 이것들을 보고 들은 자는 나 요한이니 내가 듣고 볼 때에 이 일을 내게 보이던 천사의 발 앞에 경배하려고 엎드렸더니 그가 내게 말하기를 나는 너와 네 형제 선지자들과 또 이 두루마리의 말을 지키는 자들과 함께 된 종이니 그리하지 말고 하나님께 경배하라 하더라(계 22:6-9).

    이제 우리는 요한계시록 본론 부분을 살펴보는 일을 다 마치었습니다. 22장 6-21절까지는 결론 부분입니다. 에필로그epilogue라고 하는 부분입니다. 열여섯 절을 찬찬히 읽어보시면 이 부분은 아무렇게나 되는 대로 쓴 것 같은 인상을 받게 됩니다. 질서정연하지가 못하고, 앞 뒤 나오는 말들 사이의 긴밀한 연결이 없어 보이기도 하고 말하는 사람이 누구인지 정체를 파악하기도 쉽지가 않습니다. 하지만 이 부분은 되는 대로 아무렇게 급히 써서 그런 것이 아니라 요한이 영광스러운 계시를 받고 감정이 격한 상태에서 쓴 것이기에 그러합니다. 우리도 감정이 격한 상태에서 말을 하거나 글을 쓰다 보면 두서가 없어지기 마련입니다. 요한은 자신이 받은 계시를 적는 일을 마무리하는 시점에서 몇 가지 중요한 교훈을 우리에게 남겨 주었습니다. 오늘 읽은 6-9절은 주로 자신이 기록하여 만대 교회를 위해서 남기는 요한계시록 메시지의 성격에 대한 말씀이 주를 이루고 있습니다.

신실하고 참된 말씀

먼저 6절 상반절 말씀을 보시면 요한은 자신이 기록한 말씀의 성격에 대해서 신실하고 참되다는 말을 하고 있습니다. "또 그가 내게 말하기를 이 말은 신실하고 참된지라." 그란, 요한에게 새 예루살렘에 대한 비전을 보도록 안내한 천사를 가리킵니다. 그리고 이 말이 바로 앞에서 살펴본 새 예루살렘에 대한 말씀만 가리키느냐 아니면 요한계시록 전체를 말하느냐에 대해서는 논란이 있습니다. 하지만 두 가지 다를 가리킨다고 보아도 문제될 것이 없습니다. 요한이 직접 보고 기록한 모든 내용들이 "신실하고 참되다"라고 천사가 인을 쳐 주는 것입니다. 그렇다면 "신실하고 참되다"는 말이 무슨 의미입니까? "신실하다"는 것은 "신뢰하기에 부족함이 없다"는 뜻이고, "참되다"는 말은 "거짓되지 않고 진실하다"는 의미입니다. 두 단어를 종합해 보면 그 의미는 "거짓되지 않고 진실한 말씀이기에 믿고 신뢰할만하다"는 의미를 가지는 것입니다. 요한계시록에 기록된 말씀이 거짓이 아니라 진리이고 신뢰할만한 것이어야만 그 말씀하신바 대로 믿고 소망하는 자들이 헛수고를 하지 않을 수가 있는 것입니다. 실컷 믿었는데 아니면 어떡하겠습니까? 일시적으로 듣기 좋은 솜사탕 같은 말이었다면 어떻게 되겠습니까? 그러나 요한을 통해 우리에게 주신 말씀들은 다 참되고 진실한 내용이기에 믿고 신뢰할만하며 그 말씀들 위에 의지하고 소망을 걸 수가 있습니다.

이 말씀이 참되고 진실하다는 말씀과 더불어서 6절 하반절에 보시면 또 중요한 보증의 말씀을 해 주시는 것을 볼 수가 있습니다. "주 곧 선지자들의 영의 하나님이 그의 종들에게 반드시 속히 되어질 일을 보이시려고 그의 천사를 보내셨도다." 일단 이 구절은 1장 1절의 말씀과 유사하다는 것을 아셔야 합니다. 요한계시록은 이렇게 시작했습니다. "예수 그리스도의 계시라. 이는 하나님이 그에게 주사 반드시 속히 일어날 일들을 그 종들에게 보이시려고 그의 천사들을 그 종 요한에게 보내어 알게 하신 것이라." 요한계시록에 기록된 내용은 반드시 속히 일어날 일이요 되어질 일들입니다. 그리고 계시의 근원은 누구이시냐 하면 천사나 요한이 아니고, 하나님이시다는 점을 기억해야 합니다. 하나님께서 우리들에게 보여 주시려고 천사들을 요한에게 보내셨는데 그러한 계시의 중보자는 5장에서 보셨듯이 우리의 구속자이신 예수 그리스도 한 분 밖에는 없습니다.

그리고 다시 오늘 본문 6절 하반절을 다시 보시면 계시의 주체이신 하나님을 뭐라고 소개하는지를 주목해 보시기를 바랍니다. 우리의 하나님을 "주 곧 선지자들의 영의 하나님"이라고 소개하고 있습니다. 선지자들의 영의 하나님이란 구약의 선지자들의 영을 감화 감동하시어서 구약성경을 기록하게 하셨던 그 하나님께서 지금 요한에게 말세에 반드시 되어질 일들을 계시해 주셨기 때문에 참되고 신뢰할 만하다는 의미인 것입니다. 사도 베드로는 구약의 예언자들의 영감받음에 대해서 말하기를 "먼저 알 것은 성경의 모든 예언은 사사로이 풀 것이 아니니 예언은 언제든지 사람의 뜻으로 낸 것이 아니요 오직 성령의 감동하심을 받은 사람들이 하나님께 받아 말한 것임이라."고 했습니다. 우리가 자주 읽고 묵상하게 되는 디모데후서 3장 16절에 의하면 "모든 성경은 하나님의 감동으로 된 것으로 교훈과 책망과 바르게 함과 의로 교육하기에 유익하니"라고 말씀하고 있습니다. 사도 요한이 천사를 통해서 받아 기록한 요한계시록의 메시지 역시도 동일하게 선지자의 영의 하나님이 주신 것이기에 믿고 신뢰할 만하다는 말씀인 것입니다. 그러하기에 그것은 구약의 선지서들처럼 동등하게 신령한 하나님의 말씀으로 인정하고 수용되어져야 한다는 의미입니다.

사실 6절의 말씀은 요한뿐 아니라 만대의 성도들을 위해서 주신 보증의 말씀입니다. 우리들이 다 얼마나 연약합니까? 조금만 상식과 이성에 벗어나도 잘 믿지를 못하고 조금만 헌신을 요구해도 몸을 움츠리기가 쉽습니다. 하물며 새 하늘과 새 땅 그리고 새 예루살렘에 대하여 요한을 통해서 받은 그 내용들이 얼마나 영광스러운 것들이요 이 세상에서 본 적이 없는 것들 아닙니까? 그러니까 당연히 믿기 어려울 것입니다. 하나님께서는 그러한 우리들을 위해서 6절과 같은 보증의 말씀을 주셨습니다. 그리고 18, 19절에 보시면 경고의 형태로 말씀하기까지 하셨습니다. "내가 이 두루마리의 예언의 말씀을 듣는 모든 사람에게 증언하노니 만일 누구든지 이것들 외에 더하면 하나님이 이 두루마리에 기록된 재앙들을 그에게 더하실 것이요. 만일 누구든지 이 두루마리의 예언의 말씀에서 제하여 버리면 하나님이 이 두루마리에 기록된 생명나무와 및 거룩한 성에 참여함을 제하여 버리시리라."

두루마리의 예언의 말씀을 지키는 자가 복이 있다

요한계시록에 기록되어진 말씀의 또 다른 특징이 무엇입니까? 7절에 보시면 이렇게 말씀하시지요? "보라 내가 속히 오리니 이 두루마리의 예언의 말씀을 지키는 자는 복이 있으리라 하더라." 요한계시록에는 7개의 축복이 있는데 그 중 여섯 번째 복입니다. 그리고 이 말씀은 첫 번째 복의 내용과 유사한 면이 있습니다. 1장 3절에 있는 말씀을 읽어드립니다. "이 예언의 말씀을 읽는 자와 듣는 자와 그 가운데에 기록한 것을 지키는 자는 복이 있나니 때가 가까움이라." 본문은 1장 3절에 비해서 짧은 형태입니다. 좌우지간 두루마리에 기록된 예언의 말씀과 관련되어 있습니다. 1장 3절에 보면 읽는 자와 듣는 자들이 복이 있다고 말씀합니다. 초대 교회 당시에는 글을 정확하게 잘 읽을 수 있는 자들이 없었습니다. 그리고 오늘날 처럼 인쇄된 책의 형태로 성경이 존재했던 것도 아닙니다. 손으로 직접 필사한 두루마리를 가지고 한 사람이 회중 앞에서 읽어야 했습니다. 그래서 사도 요한은 이 예언의 말씀을 읽는 자들이 아니라 읽는 자라고 단수를 사용해서 복이 있다고 하는 것입니다. 그리고 듣는 자들과 지키는 자들은 복수형으로 사용하고 있습니다. 그러나 오늘날 같이 성경책을 쉽게 구입할 수 있고, 글을 대체로 읽을 수 있는 능력을 갖춘 경우에는 읽는 자들이 복이 있다고 해도 아무런 문제가 없을 줄 압니다. 사도는 요한계시록을 읽는 자가 복이 있다고 했습니다. 그러니 우리는 이 책을 덮어두면 안 되고 부지런히 읽어야 합니다. 혹은 글을 읽을 형편이 안 되는 분들은 듣기만 해도 복이 있습니다. 또는 이렇게 자유로이 설교하고, 설교하는 것을 들을 수 있는 것 자체가 복입니다. 그러나 더 나아가서 들은 말씀을 지키는 자들이 복이 있다고 했습니다. 우리가 하나님의 말씀을 읽거나 듣는 것은 지식을 축적하는 데에 궁극적 목표가 있는 것이 아니고, 그 말씀을 영의 양식으로 삼으로 인생의 길의 빛과 발의 등으로 삼고 실천하기 위해서입니다. 마태복음 7장 23-27절에 기록된 비유를 통해 예수님은 말씀을 듣고 행하지 않는 인생은 모래 위에 집을 짓는 자요, 말씀을 듣고 그대로 실천하는 자는 반석 위에 집을 지은 자라고 말씀하시었습니다.

특히 요한계시록과 관련하여 주의해야 할 것은 요한계시록은 퍼즐북이나 만화책이 아니라는 것입니다. 그냥 흥미를 유발하고 시간을 때우기에 좋은 재난 블록버스터가 아닙니다. 숫자놀음이나 연대계산으로 시간을 때워서는 안됩니다. 요한계시록의 말씀은 환란과 박해를 받고 있던 초대 교회 성도들을 위해서 주어진 위로와 격려의 말씀일 뿐 아니라 또한 잘 하고 있으니 계속해서 믿음을 지키기 위한 선한 싸움을 끝까지 잘 싸우라고 독려하기 위해서 주신 말씀입니다. 다시 말씀드리자면 역사의 마지막이 어떻게 될 것인지를 교회에 알려 주기 위해서만이 아니라 교회가 사탄의 유혹과 박해에 굴하지 않고 그리스도께 끝까지 충성하도록 하기 위해서 이 예언의 말씀을 주신 것입니다. 말세지말에 살아가는 우리들도 마찬가지입니다. 요한계시록을 왜 공부해야 할까요? 물론 말세의 특징들을 우리가 잘 공부하기 위한 면이 있습니다. 하지만 궁극적으로 우리가 소망하는 바는 주님의 재림과 신천신지의 영광이 있으니 남은 세월을 어떻게 거룩하고 존절하게 살아갈 것인가 하는 도전을 받기 위해서입니다. 본문 7절에 말씀하는 대로 말씀대로 순종하고 살기 위해서 요한계시록을 공부해야 한다는 말입니다.

7절 상반절에 보시면 왜 이 두루마리 예언의 말씀을 지키는 자가 복이 있다고 합니까? "보라 내가 속히 오리라"고 주님이 말씀하시고 있기 때문입니다. 우리의 주와 구주가 되시는 예수 그리스도가 하시는 말씀입니다. 우리는 마태복음 24장 36절의 말씀대로 그 날과 그 시는 정확히 언제인지를 모릅니다. 하지만 우리는 "주님이 속히 오신다"라고 하는 이 약속의 말씀을 굳게 믿고 소망해야 합니다. 사랑하는 가족들이 외국에 갔다가 돌아오는 날이 다가오면 가족들은 서로 만나게 될 것을 생각하고 고대하면서 가슴이 설레입니다. 시간이 지루하게 느껴집니다. 하물며 우리가 주님을 사랑한다면 주님의 재림을 고대하고 대망하지 않겠습니까? 언제나 주님 오시렵니까? 그렇게 기도 중에 물어보시면서 살지 않겠습니까? 게으르고 나태한 종, 자기들 마음대로 자행자지 하면서 사는 종들은 출타한 주인이 돌아오는 것을 싫어하고 겁을 냅니다. 하지만 신실한 주님의 신부들은 어린 양의 혼인잔치가 이루어질 그 날을 대망하면서 살게 됩니다.

"보라 내가 속히 오리니"라고 약속하시는 주님의 약속을 철석같이 믿고 소망하는 자들과 신앙공동체는 영적으로 나태하지 않습니다. 영적으로 깨어있습니다. 하나님과의 바른 관계를 유지하기 위하여 최선을 다합니다. 주님을 만날 준비, 심판대 앞에 설 준비를 합니다. 자신의 두루마기 옷을 주님의 보혈에 늘 빨고 정결하게 하면서 정결한 신부가 되어갑니다. 이 세상과 타협하거나 죄의 유혹에 굴복하지 아니하고 믿음의 선한 싸움을 싸우면서 살아가게 되는 것입니다. 그리고 이 세상에 대해서 무관심한 것이 아니라 하나님 나라와 하나님의 의라는 기준에서 이 세상을 변화시키기 위해서 최선을 다합니다. 이 세상이 다라고 믿지 않으니까 미련과 집착을 가지지 아니하고 더욱더 세상을 변화시켜 나가는 일에 매진하게 됩니다. 이런 내용들이 바로 7절 하반절에 말씀하는 대로 이 두루마리에 기록된 예언의 말씀을 지키는 자가 되는 것입니다. 그런 자들이 복이 있습니다.

이 복은 그리스도를 믿는 믿음을 지키며 어떤 대가를 치르더라도 그리스도께 충성하는 자들에게 선포됩니다. 새 하늘과 새 땅은 끝까지 충성하는 자들을 위해서 예비된 곳입니다. 새 예루살렘의 영광은 죽도록 충성하는 자들을 위해서 마련되어 있습니다. 무론대소하고 주의 이름을 경외하는 자들이 받아 누릴 상급이 기다립니다. 어린 양이 어디로 인도하든지 따라가는 자들이 받아 누릴 복입니다. 사람 가운데 구속을 받아 처음 익은 열매로 하나님과 어린 양에게 속한 자들이 받을 유업입니다.[131]

오직 하나님께만 경배하라

이제 마지막 대목인 8-9절의 말씀을 살펴보도록 하십시다. 우선 8절을 다시 봅니다. "이것들을 보고 들은 자는 나 요한이니 내가 듣고 볼 때에 이 일을 내게 보이던 천사의 발 앞에 경배하려고 엎드렸더니." 사도 요한의 말이지요. 요한은 이것들을 보고 들었다고 고백합니다. 새 예루살렘의 영광만 말할 수도 있고, 요한계시록 전체에 기록된 내용들이라고 보아도 관계가 없습니다. 요한은 일곱 교회, 일곱 인, 일곱 나팔, 일곱 대접 재앙에 대한 말씀을 보았고, 또한 그리스도를 적대하는 사탄의 삼총사들과 활동과 그들의 멸망을 보았습니다. 뿐만 아니라 하나님의 백보좌 심판을 보았고, 신천신지와 새 예루살렘의 영광을 보았습니다. 요한은 참으로 너무나 많은 것들을 보았고 들었습니다. 그리고 그 보고 들은 내용들은 인간이 상상하기 어려운 엄청난 것들이었습니다.

사도 요한은 그것들을 보여준 천사의 위엄 앞에 엎드려졌습니다. 심원한 경외심이 그를 사로잡았습니다. 하나님의 구속 계획의 놀라운 성취를 천사를 통해서 이해하게 되자 놀라움과 경외심이 그를 사로잡았습니다. 그래서 자연스럽게 그는 천사의 발 앞에 엎드려져서 예배하려고 하였습니다.

사실 우리라도 그러한 환상을 보았다고 한다면 사도 요한처럼 천사의 발 앞에 엎드려져서 경배하는 자가 되고 말지도 모를 일입니다. 대구 동부교회를 시무하셨던 김덕신 목사님이 살아있으실 때 그런 이야기를 하셨습니다. 어떤 부흥회를 인도하고 숙소에 와서 쉬는데 부인이 찾아와서는 하는 말이 "목사님, 목사님, 너무 신령하십니다. 정말 발을 땅에 딛고 사시기에도 아까운 분입니다." 그리고 묻기를 "그런데 결혼은 하셨습니까?"라고 하기에 "예, 결혼도 했고 자식이 몇 명 됩니다."라고 대답했답니다. 그랬더니 "에이"하면서 실망하고 가더라고 했습니다. 우스운 이야기이지만 우리는 메시지의 주인이 아니라 메신저를 너무 높이기 십상입니다.

천사든 인간 메신저든 숭배는 성경적으로 용납되지 않는 것입니다. 그래서 그 천사는 재빨리 요한을 만류하면서 이렇게 말해 줍니다. "그가 내게 말하기를 나는 너와 네 형제 선지자들과 또 이 두루마리의 말을 지키는 자들과 함께 된 종이니 그리하지 말고 하나님께 경배하라 하더라." 그렇습니다. 천사는 요한처럼, 형제 선지자들처럼, 두루마리의 말씀 즉 요한계시록에 기록된 말씀을 지키는 자들과 동일하게 하나님의 종이기 때문에 피차 경배할 대상이 아니라는 것입니다. 천사의 말을 주의해서 보자면 천사는 요한과 선지자들의 관계를 네 형제라고 해서 동등시하는 것을 볼 수 있습니다. 그리고 또한 요한계시록의 말씀을 읽고 지키는 우리 성도들과도 동등한 자리에 두는 것을 볼 수가 있습니다. 그리고 우리는 성경을 통해서 천사는 구원받는 우리들을 섬기라고 보냄 받은 하나님의 종들이며, 장차 우리가 천사들도 판단하고 심판하게 될 것임을 잘 기억해야 하는 것입니다.

따라서 아무리 천사가 영광스럽게 보여도 우리의 경배의 대상이 될 수는 없습니다. 그리고 인간 메신저들이 아무리 꿀송이 같은 말씀을 전하고, 신기한 역사를 일으킨다고 해도 그들을 경배하면 안 되는 것입니다. 그들을 하나님이 사용하시는 일꾼이라고 존중하고 그들이 전해주는 말씀을 잘 받아들이는 것이 필요합니다. 하지만 천사가 권하는 대로 다만 우리가 경배해야 할 대상이 있다면 하나님 한 분 밖에는 없습니다. "하나님께 경배하라." 하나님이 계시의 근원이시자 주체이시기 때문입니다. 그리고 요한계시록에 기록되어진 그 약속들을 다 성취시킬 수 있는 능력을 가지신 분이시고, 우리의 구원을 완성시켜 주시고, 신천신지와 새 예루살렘의 복을 우리들에게 누리게 하실 분이시기 때문입니다. 마태복음 4장 9-10절에 보시면 "만일 내게 엎드려 경배하면 이 모든 것을 네게 주리라."고 유혹하는 사탄 마귀에게 주님께서는 뭐라고 대답하셨는가하면 "사탄아 물러가라 기록되었으되 주 너의 하나님께 경배하고 다만 그를 섬기라 하였느니라."고 하시면서 물리치셨습니다. 우리들도 마찬가지입니다. 오직 하나님만이 우리의 경배를 받으셔야 합니다. 천사도, 어떤 인간도, 세상의 어떤 우상도 경배의 대상이 되어서는 안 되는 것입니다. 요한계시록을 잘 읽고 은혜를 받으면 받을수록 우리는 인간이 아니라 하나님만이 경배받으실 분이라고 하는 사실을 각성하게 되어야 옳습니다.

오늘 나눈 말씀을 정리하겠습니다. 오늘 우리는 요한계시록의 결론 부분을 읽기 시작했습니다. 요한이 기록한 이 예언의 말씀의 성격과 관련하여 세 가지를 살펴보았습니다. 첫째는 이 예언의 말씀은 참되고 신실한 말씀이어서 믿고 의뢰할 수 있는 말씀이라는 점을 보았습니다. 구약 선지자들을 영감하시어 정확무오한 말씀을 주셨던 모든 선지자들의 하나님께서 사도 요한에게도 감동하시어 요한계시록에 기록되어진 말씀들을 주셨기 때문에 참되고 신실한 말씀인 것입니다. 따라서 우리도 요한계시록을 대할 때에 하나님의 영감된 말씀으로 대하여야 하는 것입니다.

둘째는 이 예언의 말씀을 읽고 듣는 자들도 복이 있지만, 특히 지키는 자들이 복이 있다는 것입니다. 요한계시록은 퍼즐북이나 만화책이 아닙니다. 재난 블록버스터도 아닙니다. 우리가 흥미로 읽거나 시간을 때우기 위해서 읽을 책이 아닙니다. 그것은 하나님의 구속 계획이 어떻게 이루어져 가고 완성되어지느냐 하는 구속의 드라마를 담고 있기 때문에 그 말씀을 진지하게 읽고 연구하고 그 말씀 대로 순종하고 살아야 되는 것입니다. 이 세상의 성격이 그렇게 악한 줄 알게 되었으면 세상과 타협하거나 야합해서 살아서는 안 되는 것입니다. 그리고 세상이 아무리 악하고 거세어 보여도 결국 어린 양되신 주님과 그의 백성들이 이길 것이 확실하기에 우리는 믿음을 지키고 거룩한 신부가 되도록 준비를 해가야 하는 것입니다.

그리고 셋째는 천사가 되었든지 인간 메신저가 되었든지 간에 그 어느 누구라도 우리의 경배와 예배의 대상이 되어서는 안 된다는 것을 보았습니다. 오직 하나님 만을 경배해야 합니다. 설교자는 생수가 강 같이 넘쳐 흐르게 하는 말씀의 사역자로 쓰임 받고자 해야 합니다. 그래서 치유와 회복의 역사가 나타나는 목회 사역이 되기를 바라야 합니다. 하지만 설교자는 사이비 교주가 되려고 해서는 안 됩니다. 오직 말씀을 통해서 하나님만이 높임 받으시고, 여러분의 초점이 성삼위 하나님께만 향하게 되기를 바랍니다. 그 유명했던 설교자 조지 윗필드는 소리쳤습니다. "윗필드의 이름은 소멸되게 하라, 그러나 그리스도는 영화롭게 하라"Let the name of Whitefield perish, but Christ be glorified. 저도 여러분도 그러한 반열에 서서 오직 하나님을 높이게 되기를 원합니다. 이 일을 감당할 수 있도록 여러분의 목회자를 위해서 기도해 주시기를 바랍니다.

64

예언의 말씀을
인봉하지 말라

또 내게 말하되 이 두루마리의 예언의 말씀을 인봉하지 말라 때가 가까우니라 불의를 행하는 자는 그대로 불의를 행하고 더러운 자는 그대로 더럽고 의로운 자는 그대로 의를 행하고 거룩한 자는 그대로 거룩하게 하라 보라 내가 속히 오리니 내가 줄 상이 내게 있어 각 사람에게 그가 행한 대로 갚아 주리라 나는 알파와 오메가요 처음과 마지막이요 시작과 마침이라 자기 두루마기를 빠는 자들은 복이 있으니 이는 그들이 생명나무에 나아가며 문들을 통하여 성에 들어갈 권세를 받으려 함이로다 개들과 점술가들과 음행하는 자들과 살인자들과 우상숭배자들과 및 거짓말을 좋아하며 지어내는 자는 다 성 밖에 있으리라 (계 22:10-15)

사도 요한이 터키에 소재한 밧모섬에서 하나님의 계시를 받아 요한계시록을 기록하던 무렵의 로마 황제는 도미티아누스였습니다. 이 젊은 황제는 살아 생전에 자신을 신격화시켜서 숭배를 요구했기 때문에 초대 교회 성도들이 많은 고초를 겪어야 했습니다. 하지만 이 황제는 96년에 노예에게 암살을 당하게 되고, 그의 폭정 때문에 로마 원로원은 사후에 기록말살형에 처합니다. 기록말살형이란 황제에 대한 기록이나 조각품 등을 전부 다 없애 버려서 후세 사람들이 이름조차도 기억하지 못하게 하는 무서운 형벌이었습니다. 네로, 코모두스 등 여러 황제가 이 형벌에 처해졌습니다. 현대에도 어떤 중요한 기록이나 자료들을 극비리에 보관하는 경우들이 있습니다. 경우에 따라서는 몇 십 년 뒤까지 공개하지 말라고 해서 단서를 다는 경우들도 있습니다. 그런 문서가 빨리 공개되면 사회적으로 많은 파문이 일어나게 되기 때문일 것입니다. 그래서 20세기에 관련된 많은 기록들이 21세기에 들어와서 공개가 되어서 역사를 새롭게 보게 되는 계기를 마련하곤 합니다.

　우리가 성경을 보더라도 하나님께서는 기록하지 말라고 말씀하시는 경우도 있고, 기록했다고 해도 공개하지 말고 봉함하라고 명령하시는 경우들이 있습니다. 다니엘 8장 26절에 보면 "이미 말한바 주야에 대한 환상은 확실하니 너는 그 환상을 간직하라 이는 여러 날 후의 일임이라 하더라."는 말씀이 있습니다. 그리고 12장 4, 9절에도 동일한 명령이 기록되어 있습니다. 하나님께서 다니엘에게 보여주신 환상과 계시는 다니엘 당시대 사람들을 위한 것이 아니고 먼 미래에 이루어질 것들이었기 때문에 그렇게 명령하신 것입니다. 반면에 오늘 본문 10절에는 무엇이라고 말씀하는가를 보십시다. "또 내게 말하되 이 두루마리의 예언의 말씀을 인봉하지 말라. 때가 가까우니라." 이 두루마리의 예언의 말씀이란 사도 요한이 기록한 요한계시록을 말하지요. 요한계시록에 기록된 말씀을 인봉하지 말라는 것은 감추어 두지 말고 모든 성도들에게 알려주라는 것입니다. 읽게 하고, 듣게 하며, 그 의미가 무엇인지를 밝히 설명해 주라는 것입니다. 왜 그렇게 해야 하는가 하면 때가 가깝기 때문이라고 했습니다. 때는 종말의 때를 말합니다. 요한계시록에 기록된 내용들이 이미 성취되기 시작했고, 그 과정 중에 있으며 속히 성취될 것이기 때문에 이 책에 기록된 내용을 덮어 두지 말고 공공연히 읽게 하고 선포해야 하는 것입니다.

두 종류의 반응

　하지만 문제는 무엇입니까? 요한계시록이나 다른 성경에 기록된 말씀을 자유로이 읽을 수 있고 홍수 같이 많은 설교나 강의를 들을 수 있게 된다고 하더라도 듣는 이들 가운데는 두 종류의 반응이 있다고 하는 것입니다. 칼뱅도 예정론을 논하게 된 동기가 뭐냐 하면 왜 그리스도의 복음을 전파하면 어떤 사람은 듣고 구원을 받고, 어떤 사람은 죽기까지 청종하기를 거절하고 마느냐는 것이었습니다. 오늘날도 마찬가지입니다. 설교자이든지 아니면 전도자들은 우리가 전하는 메시지를 모두가 다 예하고 듣는 것이 아니라는 것을 기억하셔야 합니다. 반드시 두 종류의 반응이 있기 마련입니다. 받아들이는 이들이 있는가 하면 거부하고 배척하는 이들이 있기 마련입니다. 예수님이나 사도들에게도 그러하였거든 하물며 저와 여러분들에게 대해서이겠습니까!

본문 11절을 보시면 이러한 두 종류의 반응을 어떻게 표현하고 있는지를 보십시다. "불의를 행하는 자는 그대로 불의를 행하고 더러운 자는 그대로 더럽고 의로운 자는 그대로 의를 행하고 거룩한 자는 그대로 거룩하게 하라." 한편에는 불의를 행하는 자와 더러운 자가 있고, 또 다른 편에는 의로운 자와 거룩한 자가 있다고 합니다. 이러한 양분은 다니엘 12장 10절에서도 나옵니다. "많은 사람이 연단을 받아 스스로 정결하게 하며 희게 할 것이나 악한 사람은 악을 행하리니 악한 자는 아무것도 깨닫지 못하되 오직 지혜 있는 자는 깨달으리라." 오늘 본문과 다니엘 12장 10절은 유사하지만 차이점이 무엇일까요? 다니엘식으로 하면 종말의 때에 선하고 의로운 사람들은 자신을 더욱더 정결하게 하고 희게 할 것이지만 악한 자는 악을 스스로 행한다 즉, 선한 자는 더욱더 선해지고, 악한 자는 더욱더 악해진다고 말을 했습니다. 양쪽 다 스스로 능동적으로 그렇게 한다는 말이지요. 이런 식의 표현방식은 디모데후서 3장 12-13절에도 나옵니다. "무릇 그리스도 예수 안에서 경건하게 살고자 하는 자는 박해를 받으리라. 악한 사람들과 속이는 자들은 더욱 악하여져서 속이기도 하고 속기도 하나니."

반면에 요한계시록 22장 11절의 본문을 다시 한 번 보시기 바랍니다. "불의를 행하는 자는 그대로 불의를 행하고 더러운 자는 그대로 더럽고 의로운 자는 그대로 의를 행하고 거룩한 자는 그대로 거룩하게 하라."제가 지금 주목하자고 하는 것은 동사의 형태입니다. 신 구교 공동번역본에는 "불의를 행하는 자는 불의를 행하도록 내버려두고 더러운 자는 그냥 더러운 채로 내버려두어라. 올바른 사람은 그대로 올바른 일을 하게하고 거룩한 사람은 그대로 거룩한 사람이 되게 하여라."라고 번역했습니다. "내버려두어라"는 표현을 유념해 보셔야 한다는 것입니다. 영어로는 권유, 명령, 가정, 허가 등을 표시하는 3인칭 명령형의 렛Let을 사용합니다. 윌리엄 헨드릭슨의 해설을 소개해 드립니다.

> 모든 애원, 간절한 견책과 훈계, 그리고 권고 등을 무시하여 받아들이지 않고 마음을 강퍅케 하는 자는 그대로 내버려 두라. 그가 불의를 자행하고 그 불의를 계속하는 것을 말리거나 방해하지 말라. 더러운 자는 그 더러운 짓을 해 나가도록 그대로 두라. 이와 마찬가지로 의를 행하고 의롭게 사는 거룩한 성도들도 그 생활을 계속하는 것을 방해하지 말라.[132]

조금 어려운 내용이긴 합니다만, 종말이 있다, 심판이 있다 그런 말씀을 들어도 그 말씀을 귀 기울여 듣고서 더욱더 거룩하고 의로운 삶을 추구하는 신자들도 있겠지만, 들은 척도 하지 않고 배척하면서 도덕적으로 영적으로 더럽고 불의한 삶을 계속해서 살아갈 자들도 있을 것이라는 말씀인 것입니다. 이렇게 살기를 고집하는 자들을 그냥 더러운 욕심대로 내 버려 두사 자행자지하며 살도록 버려두시는 것이 하나님의 현존하는 심판 방식 중의 하나라는 점을 로마서 1장 24, 26, 28절에서 거듭 밝히고 있습니다. 목사의 마음도 그렇습니다. 제 말을 전하는 것이 아니니 설교를 준비하고 전할 때마다 모두가 다 잘 듣고 "아멘"으로 화답하고 은혜를 받고 순종하여 복 받기를 바랍니다. 그러나 실상은 그렇지 못한 사람들도 있다는 것입니다. 안타까운 마음으로 권해도 계속해서 지기의 욕심과 고집대로 자행자지하면서 살아가는 이들이 있을 것이라는 것입니다. 전도하시면서도 그런 마음의 각오를 하셔야 합니다. "내가 전도하면 다 믿어야 한다" 그렇게 생각하지 마시라는 것입니다. 우리는 우리 할 일을 할 뿐이고, 믿고 안 믿고는 하나님의 주권에 속한 일입니다.

심판의 주님과 상급

더욱이 중요한 것은 오늘 저와 여러분들 각자가 이 말씀에 대하여 어떻게 반응을 하고 있느냐가 중요합니다. 죄를 고집하는 자들은 그냥 그렇게 살도록 내버려두사 온갖 불의와 더러운 짓을 하게 방임하십니다. 반면에 이런 세상 사람들 속에 살아가면서 거룩하고 의로운 삶을 추구하는 사람들이 있다는데, 우리는 어느 길을 가고 있습니까? 그리고 어느 쪽을 선택해서 가느냐는 우리의 영원한 상태를 좌우하는 것이기 때문에 보통 심각한 문제가 아닙니다. 12절 말씀을 보시기를 바랍니다. 예수님께서는 이렇게 말씀하시지 않습니까? "보라 내가 속히 오리니 내가 줄 상이 내게 있어 각 사람에게 그가 행한 대로 갚아 주리라."

우선 예수님께서는 자신이 속히 오시겠다고 말씀하셨습니다. 7절, 20절에도 반복된 약속이고, 우리 그리스도인이 대망하고 있는 복된 소망인 예수 그리스도의 재림을 말합니다. 예수님은 속히 오시겠다고 하시면서 "내가 줄 상이 있다"라고도 말씀하셨습니다. 여기 "상"이란 미스토스*misthos*라는 단어를 번역한 것인데, 이사야 40장 10절을 인용하고 있습니다. "보라 주 여호와께서 장차 강한 자로 임하실 것이요 친히 그의 팔로 다스리실 것이라 보라 상급이 그에게 있고 보응이 그의 앞에 있으며" 여러분 성경을 읽어보면 상급에 대한 이야기가 많든가요, 적든가요? 많습니다. 그런데도 어떤 이들은 "천국에 무슨 상급이 있겠느냐, 구원받으면 그만이지" 그러면서 상급을 가벼이 여기고, 성경에서는 "너희 상이 크겠다"라고 하든지, "무슨 면류관을 주시겠다"라고 하시는데도 불구하고 "차등 상급이 없다"라고 부정하는 이들이 있습니다. 권성수 목사님은 미국 웨스트민스터 신학교에서 천국 차등상급론으로 박사학위를 받은 분입니다. 권목사님이 자신의 박사 논문을 쓰면서 조사해 보니까 복음주의 신학자들도 이에 대해 부정적이더라는 것입니다.[133] 그러나 성경에는 명백히 상급에 대한 말씀이 있습니다. 그리고 우리는 그 내용을 잘 모르지만 분명히 영광스럽고 존귀한 것이며 영원히 빛날 것들입니다. 믿음의 성도들이 하나님께 상 받기를 바라서 이 세상에서 참고 견디는 삶을 살았다고 하는 말씀이나 상 받기 위하여 달려갔던 바울을 우습게 여기면 안 된다는 말입니다.

우리는 이미 하나님께서 우리 인류를 심판하는 기준이 신불신 간에 동일하다고 하는 점을 누차 살펴보았습니다. 오늘 본문 12절 끝에도 보니까 예수님께서는 뭐라고 심판 기준을 밝히시는가 하면 "각 사람에게 그가 행한 대로 갚아 주리라."고 말씀하십니다. 우리는 이미 20장 13절에서 최종 심판의 기준이 같은 말로 표현된 것을 살펴본 적이 있습니다. 그리고 구약 시편 62편 12절에는 "주여 인자함은 주께 속하오니 주께서 각 사람이 행한 대로 갚으심이니이다."고 했고, 예레미야 17장 10절에는 "나 여호와는 심장을 살피며 폐부를 시험하고 각각 그의 행위와 그의 행실 대로 보응하나니"라고 말씀하고 있고, 로마서 2장 6-8절에서는 "하나님께서 각 사람에게 그 행한 대로 보응하시되 참고 선을 행하여 영광과 존귀와 썩지 아니함을 구하는 자에게는 영생으로 하시고 오직 당을 지어 진리를 따르지 아니하고 불의를 따르는 자에게는 진노와 분노로 하시리라."고 말씀하고 있다는 것도 살펴보았습니다.

오늘 본문에 의하면 불의를 행하고 더러운 자들과 거룩하고 의로운 삶을 추구하는 자들이 받게 될 상급이 다르다고 하는 말씀을 하고 있습니다. 물론 이러한 기준을 강조한다고 해서 갑자기 행위 구원론을 주장하는 것처럼 착각하면 안 됩니다. 불의를 행하고 더러운 삶을 고집하는 사람들은 예수님을 믿지 않는 사람들입니다. 하지만 예수 그리스도를 주와 구주로 믿고, 성령으로 거듭난 성도들은 이미 의롭다 함을 받았고 결정적인 거룩을 받은 사람입니다. 뿐 만 아니라 계속해서 신분에 걸맞게 거룩한 성도로 변화되어 가고 있습니다. 지금의 모습이야 세상 사람들보다 하찮아 보일지 모르지만 믿는 자들 속에 역사하시는 것은 하나님의 은혜요 하나님의 생명이기 때문에 선한 행위라고 하는 열매를 맺는 대로 나아가게 하십니다. 물론 신자라고 하더라도 이러한 말씀에 귀를 막고 성화를 위해서 간구하고 몸부림치지 않는다면 불의를 행하고 더러운 삶을 살면서 불신자와 방불한 형편에 처해 있을 수도 있습니다. 하지만 그런 식으로 살면 불신자들에 대한 책망과 경고가 불안하게 만들 것입니다. 뿐만 아니라 거룩함을 추구하는 자녀들이 이 땅 위에서 누리고 있는 신령한 기쁨과 평강을 누리지 못할 것입니다. 그러니 요한을 통해서 주시는 이런 말씀들도 신자들로 하여금 더욱 경성하게 하고 더욱 거룩한 삶을 추구하도록 격려가 되는 것입니다.

그리고 이렇게 상급을 가지고 있으며 각 사람의 행한 대로 갚아주시겠다라고 선언하신 예수 그리스도가 자신에 대해서 뭐라고 소개하시는지 13절 말씀을 읽어보겠습니다. "나는 알파와 오메가요 처음과 마지막이요 시작과 마침이라." 알파와 오메가, 처음과 마지막, 시작과 마침 이 세 가지는 동일한 내용을 거듭 다르게 표현한 것입니다. 우리는 1장 8절에서 하나님이 알파와 오메가라고 불리우고, 1장 17절에서는 그리스도께서 처음과 나중이라고 호칭하시며, 21장 6절에서는 하나님께서 자신을 알파와 오메가 시작과 끝이라고 소개하는 것을 본 적이 있는데, 22장 13절에서는 예수 그리스도께서 그 모든 삼중적 호칭을 다 자신에게 적용하고 있습니다. 이는 예수 그리스도께서 성부 하나님과 동등하신 주권자이시라는 것을 보여주는 것입니다. 만물의 존재 근거이시자, 모든 역사의 시작이시며, 또한 모든 만물의 목적이 되시며, 역사의 종결자요 심판자가 되실 분이라고 하는 점을 말씀하시는 것입니다. 그리고 그 심판의 결과는 영원한 결과가 될 것임을 보여줍니다. 이처럼 예수 그리스도께서는 창조주이시자 심판주의 권세를 가지셨기 때문에 자신이 밝히신 기준에 따라서 사람들을 심판하시어 상급을 주시든지 아니면 영벌을 내리시든지 하실 수 있는 분이시라는 것입니다. 그러하기에 우리는 주님이 우리의 삶을 어떻게 평가하실지에 대해서 관심을 기울여야 하는 것입니다.

성에 들어가는 자와 성 밖에 있게 될 자들

그러면 주님께서는 누구에게 상을 주시고 누구에게 영벌을 주시는 것일까요? 이어지는 14절과 15절에 보시면 새 예루살렘성에 들어갈 수 있는 자와 성 밖에 있을 자들로 양분해서 말씀하시는 것을 보게 됩니다. 새 예루살렘이란 이전에 강조한대로 단지 어떤 물리적인 성이나 도시를 말하기보다는 구속받은 하나님의 백성들의 공동체인 교회를 의미한다고 했습니다. 물론 구속받은 하나님의 백성들이 영원히 거주하게 될 새 하늘과 새 땅이 있음도 사실입니다.

그러면 먼저 새 예루살렘성에 들어갈 수 있는 자들은 어떤 자들인지 14절을 살펴봅니다. "자기 두루마기를 빠는 자들은 복이 있으니 이는 그들이 생명나무에 나아가며 문들을 통하여 성에 들어갈 권세를 받으려 함이로다." 생명나무에 나아가며 문들을 통하여 즉, 12대문을 통하여 새 예루살렘에 들어갈 수 있는 권세를 얻게 되는 자들이란 구원을 받고 영생을 누리게 되는 자들이라는 의미입니다. 주님과 함께 영원히 살면서 하나님의 상속자의 영광을 누리게 될 자들이기도 합니다. 그러면 누가 그러한 권세와 영광을 누릴 수 있습니까? "나 예수 믿습니다" 하고 단순히 말하는 자들이 아닙니다. 혹은 의롭고 경건하게 살아서 하나님 기준에 한 번 맞추어 보겠다고 나름대로 수도 고행하는 이들이나 업적을 쌓으려고 몸부림치는 이들이 아닙니다. 오늘 본문에서는 그저 자기 두루마기를 빠는 자들이 그런 복을 누릴 수 있다고 말씀하고 있다는 것을 주목해야 합니다.

그렇다면 "자기의 두루마기를 빤다"는 것이 무슨 말일까요? 일단 두루마기stola란 당시 사람들이 외출할 때 입고 다니던 겉옷robe을 의미합니다. 옷을 왜 빨아 입겠습니까? 옷이 더러워졌거나 냄새가 나기 때문에 깨끗이 빨아서 입는 것입니다. 우리는 요한계시록 7장 9절에서 천국에 들어간 수많은 성도들이 흰 옷을 입고 있는 장면을 보았고, 19장 8절에서는 어린 양의 혼인잔치에 참여할 신부된 성도들이 "빛나고 깨끗한 세마포 옷"을 입도록 허락받게 되는 것을 보았습니다. 그리고 이어서 이 깨끗한 세마포 옷이 의미하는 바는 "성도들의 옳은 행실"이라고 설명해주는 것을 볼 수 있습니다. 다시 본문으로 돌아와서 연결해 생각해 봅니다. 자신의 두루마리 겉옷을 깨끗이 빠는 것은 신자들이 자신의 영혼과 양심 그리고 맺어지는 삶의 열매들을 그리스도의 보혈로 씻음을 받는 것을 가리키는 것입니다. 우리가 천국에 가서야 그리스도의 온전한 의의 옷을 입고 죄짓지 않고 살게 되겠지만, 이 세상에서는 우리의 마음도, 감정도, 영혼도, 삶도 더러워지기 십상입니다. 따라서 새 예루살렘에 들어가며, 생명나무에 접근할 수 있는 복을 누릴 수 있는 자는 오로지 예수 그리스도의 보혈에 자신을 늘 씻는 사람뿐이라는 것을 알 수가 있습니다. 이 세상의 어떤 세제로도 우리의 더러워진 양심이나 우리의 삶을 정결하게 할 수가 없습니다. 오직 어린 양의 보혈로 우리는 씻음 받고 정결하게 될 수가 있습니다. 정결한 마음, 정결한 눈, 정결한 입술, 청결한 양심을 가질 수가 있습니다.

이어지는 15절에 보시면 이와 같은 축복은 아무나 다 누리는 것이 아님을 알 수가 있습니다. 왜냐하면 성문을 통과하지도 못하고 성 밖에 있어야 하는 자들이 있다고 분명하게 말씀하고 있기 때문입니다. 우리는 신천신지의 영광이 모든 인류에게 자동적으로 주어지는 것이 아님을 기억해야 합니다. 보편구원론이나 포용주의는 비성경적입니다. 15절을 보시면 "개들과 점술가들과 음행하는 자들과 살인자들과 우상숭배자들과 및 거짓말을 좋아하며 지어내는 자는 다 성 밖에 있으리라."고 말씀하고 있습니다. 이런 목록은 이미 21장 8, 27절에서 본 것입니다. 이들을 성 밖에 있다고 표현하는 것은 하나님의 백성들의 공동체에 들어가지 못한다는 뜻이고, 앞에서 본 대로 그들의 영원한 거주지는 불과 유황으로 타는 못 혹은 지옥일 수밖에 없습니다.

그러면 다시 한 번 주목해 봅시다. 어떤 부류의 사람들이 새 예루살렘에 들어갈 수 없습니까? 먼저 "개들"이라고 말합니다. "개들"이란 마태복음 7장 6절이나 베드로후서 2장 22절 등에 등장합니다. 이는 도덕적으로 부패하고 사악한 자들 및 종교적으로 하나님을 멀리 떠나 믿지 아니하고 우상숭배하는 자들을 가리킵니다. 11절의 표현대로 하자면 이들은 불의를 행하는 자들이요 더러운 자들인 것입니다. 점술가들은 마술이나 복술을 행하는 자들이고, 음행하는 자들, 살인자들, 우상을 숭배하는 자들, 그리고 마지막에는 거짓말을 좋아하며 지어내는 자들이라고 했습니다. 이들은 다 하나님을 싫어하고 사탄의 사주를 받는 짐승과 음녀를 따르던 이들입니다. 음녀를 닮은 삶을 살던 자들입니다. 거짓말을 사랑하고 거짓말을 지어 낸다는 것 역시도 사탄의 체제에 의해 미혹을 받는 사람들을 말합니다. 온갖 미신, 이단 사이비, 거짓말, 사기 등에 의해서 속고 살고, 속이면서 사는 자들을 말합니다.

이제 말씀을 정리하도록 하겠습니다. 오늘 우리는 요한계시록을 덮어 놓지 말고 열심히 읽고 가르치고 전파하라는 말씀으로 시작했습니다. 이는 주님의 재림의 때가 가깝기 때문이고, 기록된 말씀들이 성취되어가고 있기 때문입니다. 하지만 이런 말씀들을 포함해서 하나님의 모든 말씀들에 대해서 두 가지 반응이 나타날 것이라는 점을 미리 말씀해 주셨습니다. 아무리 말씀을 들어도 불의를 행하고 더러운 자들이 있을 것이고, 한편에는 거룩하고 의로운 삶을 살아가는 자들이 있을 것이라는 것입니다. 이런 현상은 말세로 갈수록 더욱더 심화될 것입니다. 우리는 모두가 다 잘 믿게 될 것이라는 환상을 버려야 합니다. 우리가 복음을 전해도 듣는 자는 듣고 안 듣는 자는 안 듣습니다. 시대가 갈수록 악한 자는 더욱 악해지고, 신자들은 더욱더 거룩한 삶을 추구하는 양극화 현상이 심화될 것입니다. 요즘 같이 대재난이 일어나도 정신 못 차리고 인정적인 이야기만 하는 이들이 있는가 하면, 겸허하게 하나님의 음성을 듣고 자신을 돌아보는 이들이 있습니다.

두 번째로 우리는 주님께서 속히 오셔서 상을 주시되 각 사람의 행한 대로 주신다는 약속의 말씀을 살펴보았습니다. 주님이 주실 상급을 우리는 가히 상상할 수도 없습니다. 함부로 무시하다가는 후에 땅을 치고 후회할 일이 생길 것입니다. 이 세상에서 작은 상을 받아도 그렇게 기뻐들 하는데, 하물며 주님이 주시는 상을 받을 때에 그 얼마나 기쁘고 영광스러운 일이겠습니까? 주님은 자신을 알파와 오메가요, 처음과 마지막이요, 시작과 마침이라고 소개하심으로써 심판자의 자격을 갖추신 분이심을 증거해 주셨습니다. 우리는 주님 앞에 상을 받을 것인지 아니면 심판을 받고 후회하는 삶을 살게 될 것인지 결단을 해야 합니다.

세 번째로 주님께서는 새 예루살렘에 들어갈 수 있는 자와 들어갈 자격을 얻지 못할 자들을 구분해 주셨습니다. 아무나 영생에 들어간다라고 말하면 안 된다는 것을 알 수 있습니다. 새 예루살렘에 들어갈 수 있는 자격을 얻는 자는 자신의 두루마기를 보혈의 샘에 나가서 빠는 자들이라고 했습니다. 세상에는 죄인이 아닌 사람이 없지만, 자신의 죄를 깨닫고 회개하며 주님의 보혈로 정결함을 받느냐 아니면 자신의 죄를 부인하고 계속해서 죄를 고집하는 사람들이냐 두 종류의 죄인이 있습니다. 18세기 부흥의 시대에 윌리엄 카우퍼가 지은 찬송가 190장에 보면 "저 도적 회개하고서 보혈에 씻었네. 저 도적 같은 이 몸도 죄 씻기 원하네. 죄씻기 원하네. 죄씻기 원하네. 저 도적 같은 이 몸도 죄씻기 원하네."라고 찬송한 대로, 보혈의 샘에 즐겨 나아가는 자는 용서를 받을 수 있습니다. 그리고 천국 백성이 될 수가 있습니다. 이 땅 위에 살아가는 동안 정결하고 거룩한 삶을 추구하면서 살아갑시다. 우리의 죄가 깨달아질 때마다 회개하기 잘하는 성도가 되십시다.

65

최고의 초대와 경고

나 예수는 교회들을 위하여 내 사자를 보내어 이것들을 너희에게 증언하게 하였노라 나는 다윗의 뿌리요 자손이니 곧 광명한 새벽 별이라 하시더라 성령과 신부가 말씀하시기를 오라 하시는도다 듣는 자도 오라 할 것이요 목마른 자도 올 것이요 또 원하는 자는 값없이 생명수를 받으라 하시더라 내가 이 두루마리의 예언의 말씀을 듣는 모든 사람에게 증언하노니 만일 누구든지 이것들 외에 더하면 하나님이 이 두루마리에 기록된 재앙들을 그에게 더하실 것이요 만일 누구든지 이 두루마리의 예언의 말씀에서 제하여 버리면 하나님이 이 두루마리에 기록된 생명나무와 및 거룩한 성에 참여함을 제하여 버리시리라(계 22:16-19).

우리가 외국 영화를 보면 거대한 파티가 열리면 아무나 가는 것이 아니라 특별히 초대를 받은 사람이 초대장을 지참하고서 가되 연미복을 입고 참여하는 것을 볼 수가 있습니다. 우리나라 강남에도 일정한 신분과 거액의 재산을 가진 사람들만이 출입하는 엄격한 회원제의 술집이나 여러 편의시설들이 있다고 합니다. 그런 곳에는 자격요건심사를 통과한 사람들에게 주어지는 회원 카드를 지참해야만 출입이 가능한 것입니다. 그리고 옛날 우리나라 인심으로는 결혼 잔치가 열리면 온 마을 사람들이 참여할 수 있었고, 심지어는 지나가던 거지패들도 음식을 얻어 먹을 수 있었습니다만, 오늘날 어떤 유명한 연예인들이나 유력인사들은 결혼식을 하는데 있어서도 아무나 부르지 아니하고 명단을 작성해서 초대한 사람들만 참여하게 하는 경우들이 있습니다. 이렇게 제한된 유명인사의 결혼 잔치에 초대를 받은 사람들은 특권이라는 느낌을 가질 수가 있을 것입니다. 사도 요한이 살았던 2천여 년 전 고대 로마, 헬라 사회에서도 텟사라*tessara*라고 하는 희고 네모난 돌이 있어서 공중 연회장에 자유로이 들어갈 수 있는 출입 티켓 구실을 하였다고 합니다.

사랑하는 성도 여러분! 세상의 어떤 잔치나 결혼식에 초대받지 못해서 기분이 상해 보신 적이 있습니까? 혹은 "아, 저런 곳에 한 번이라도 초대 받아 갔으면 좋을텐데" 하는 그런 곳이 있습니까? 그러나 오늘 우리가 읽은 본문에 보면 이 지상에서 가장 최고의 위대한 초대를 볼 수 있습니다. 결코 일시적이고 하찮은 잔치가 아님에도 불구하고 누구든지, 원하는 자는 오라고 초대를 하고 있는 잔치입니다. 오늘 이 시간 이 위대한 초대의 내용이 무엇인지, 그리고 누가 그런 초대를 하고 있는지를 살펴보도록 하겠습니다.

누가 초대를 하고 있는가?

먼저 우리가 살펴볼 것은 누가 초대의 목소리를 발하고 있는가하는 것입니다. 물론 17절 말씀에 보면 "성령과 신부"가 함께 직접적으로 초대의 목소리를 발하고 있습니다. 하지만 먼저 16절을 살펴봅니다. "나 예수는 교회들을 위하여 내 사자를 보내어 이것들을 너희에게 증언하게 하였노라. 나는 다윗의 뿌리요 자손이니 곧 광명한 새벽 별이라 하시더라." 예수님이 자신에 대해서 소개하고 있는 내용입니다. 예수님이 어떤 분이신지, 교회를 위해서 무엇을 하시는 분인지를 정확하게 아는 것이 중요하기 때문에 자신이 누구이신지를 분명하게 밝히시는 것입니다. 본문을 다시 보시면 "나 예수는"이라고 시작하시고 나서 "교회들을 위하여 내 사자를 보내어 이것들을 너희에게 증언하였노라."고 말씀하십니다. 자신의 피로 값주고 사신 교회, 그의 몸이자, 그의 신부된 교회를 위하여 주님은 자신의 사자들인 천사들을 보내어 이것들 즉, 요한계시록에 기록되어진 모든 내용들을 증언하였다라고 말씀하시는 것입니다. 요한계시록에 의하면 예수님의 관심은 환난과 고난 중에서 영적 전투를 치루면서 최후의 완성을 향해 나아가고 있는 교회에 있습니다. 그리고 천사들은 주님과 교회 사이에 왕래하면서 주님을 섬기고 교회를 섬기는 일꾼입니다. 다시 말씀드리지만 주님의 관심은 자신의 신부된 교회에 있습니다. 요한계시록의 요절key phrase이라고 할 수 있는 17장 14절에도 보면 "그들이 어린 양과 더불어 싸우려니와 어린 양은 만주의 주시요 만왕의 왕이시므로 그들을 이기실 터이요 또 그와 함께 있는 자들 곧 부르심을 받고 택하심을 받은 진실한 자들도 이기리로다." 고 하심으로써, 주님의 승리와 교회의 승리를 함께 약속하고 있습니다. 그러면 이제 예수님께서는 자신을 무엇이라고 소개하는지 16절 하반절을 보십시다. 주님은 "나는 다윗의 뿌리요 자손이니 곧 광명한 새벽 별이라."고 말씀하셨습니다. 주님의 호칭은 세 가지입니다. 다윗의 뿌리이자 다윗의 자손이라, 그리고 새벽 별(= 샛별) 혹은 광명한 새벽 별이라고 소개하셨습니다. 먼저 다윗과 관련하여 소개하신 것을 살펴 보겠습니다. 개역개정에서는 "다윗의 뿌리요 자손"이라고 소개했고, KJV이나 NIV는 대동소이하게 "I am the Root and the Offspring of David, and the bright Morning Star"라고 소개했습니다. 다윗의 자손은 쉽게 이해할 수 있는 메시아 칭호이고, 다윗의 뿌리하면 예수님이 신적으로는 다윗의 후손이 아니라 다윗의 존재 이전에 영존하시는 뿌리가 되신 분이다 그렇게 이해하기가 쉽습니다. 그러나 현대인성경에 보면 단순하게 "나는 다윗의 자손이며"라고 번역했고, 신구교공동번역에는 "나는 다윗의 뿌리에서 돋은 그의 자손이며"라고 번역하고 있습니다. 개역개정의 표현이 그러하더라도 공동번역처럼 이해하는 것이 원문상 맞습니다. 이렇게 되면 이사야 11장 1, 10절에 "이새의 줄기에서 한 싹이 나며 그 뿌리에서 한 가지가 나서 결실할 것이요 … 그 날에 이새의 뿌리에서 한 싹이 나서 만민의 기치로 설 것이요 열방이 그에게로 돌아오리니 그가 거한 곳이 영화로우리라."는 말씀의 성취라고 볼 수 있습니다.

우리는 예수 그리스도께서 자신을 다윗의 뿌리에서 나온 다윗의 자손이라고 소개하는 이 대목에서 잠시 멈추어 생각해 봅니다. 수많은 성경의 인물들이 나오지만 왜 하필이면 다윗의 뿌리요 자손입니까? 구약에는 아브라함이나 모세보다 다윗의 이름이 더 많이 나옵니다. 구약에 약 1,075회 나오고, 신약에는 약 50회 정도 나옵니다. 다윗은 하나님의 마음에 합한 사람이었기 때문입니다. 다윗은 시작은 미천했지만, 하나님을 전심으로 사랑했고, 하나님의 성품인 인자와 진리를 실천한 인물이었습니다. 그리고 제가 언젠가 국제제자훈련원이 간행하고 있는 월간지 〈Disciple〉지에 짧은 글을 하나 쓴 적이 있는데 다윗이 하나님의 마음에 든 한 가지 특징은 회개하기를 잘 했다고 하는 것입니다.

다윗은 육체의 소욕을 따라 본능적으로 행동하다가 충신의 아내를 빼앗고 충신의 목숨까지 빼앗는 중죄를 지었다(삼하 11장). 그러나 그는 나단 선지자를 통해 들려온 책망의 말씀을 듣고 하나님 앞에 엎드려 진심으로 통회 자복한다. 그는 자신의 침상을 눈물로 띄울 정도로 뼈아픈 회개를 했다(시 6:6). 사울은 사무엘을 통해 들려오는 하나님의 음성을 듣기를 거절하고 자신의 위신만 챙기려고 했지만, 다윗은 선지자를 통해서 들려온 하나님의 책망의 음성을 겸손하고 온유한 심령으로 받아들인 것이다. 그리고 그는 하나님의 용서를 받았을 뿐 아니라 이스라엘의 왕으로서의 지위를 잃어버리지 않았고, 심지어는 밧세바와의 사이에서 난 아들 솔로몬이 그의 후계자가 되기에 이른다. 하나님께서는 죄없다고 착각하는 리더나 죄를 짓고도 회개하지 않는 리더를 버리시지만, 다윗처럼 진정으로 뉘우치고 회개하는 지도자들을 용서하시고 새로운 재기의 기회를 주시는 분이시다.[134]

아무튼 하나님께서는 다윗을 무척 마음에 들어하셨기 때문에 메시아가 그의 후손 가운데서 날 것이라고 약속하셨고, 예수님은 성취자가 되셨습니다. 그리고 예수 그리스도께서는 다윗의 뿌리에서 나온 다윗의 자손이라고 하는 명칭을 부활 승천하시고 승귀하시고 난 다음에도 자랑스럽게 사용하시는 것을 볼 수가 있습니다.

그러면 이제 16절에 기록된 예수님의 또 다른 소개말인 "광명한 새벽별"에 대해 살펴보도록 하겠습니다. 새벽별 혹은 샛별은 이미 2장 28절에서 두아디라 성도들에게 이기는 자에게 주시겠다고 하신 상급의 내용이기도 합니다. 왜 예수님께서는 자신을 새벽별이라고 소개하실까요? 오늘 본문에 의하면 예수님이 우리의 광명한 새벽별이십니다. 이 "새벽별"이라는 표현도 구약에 의하면 메시아를 지칭한다고 볼 수가 있습니다. 동방박사들이 메시아의 별을 보고 예루살렘까지 왔다고 했을 때 그 근거구절이 되기도 하는 민수기 24장 17절에 보면 "내가 그를 보아도 이 때의 일이 아니며 내가 그를 바라보아도 가까운 일이 아니로다. 한 별이 야곱에게서 나오며 한 규가 이스라엘에게서 일어나서 모압을 이쪽에서 저쪽까지 쳐서 무찌르고 또 셋의 자식들을 다 멸하리로다."는 예언이 기록되어 있습니다. 메시아적 별에 대한 예언을 한 사람은 그 유명한 발람 선지자였습니다. 본문은 일단 다윗에 대한 예언입니다. 그래서 이스라엘 나라 국기를 보면 6각형의 별이 중심에 그려져 있는데, 그것은 바로 다윗의 별이라고 하는 것입니다. 그러나 본문의 완전한 성취는 예수 그리스도가 하시기 때문에, 예수 그리스도를 광명한 새벽별이라고 할 수가 있는 것입니다. 그러면 왜 주님은 자신을 "광명한 새벽별"이라고 소개하시는지 조금 더 심화해서 생각을 해 보겠습니다. 울산교회의 정근두 목사님의 해석을 참조합니다.

새벽별이 떠오르는 것을 보고 여러분이 알게 되는 것은 무엇입니까? 이제 곧 날이 밝아 올 것을 알게 됩니다. 주님을 광명한 새벽별이라고 하는 데는 무슨 뜻이 있을까요? 이제 긴 밤의 어두움이 곧 지나가고 그림자가 없고 끝이 없는 한 날이 동터 오를 것을 알 수 있습니다. 그리스도의 오심은 여명의 시작입니다. 부활하신 하나님의 아들께서는 자신을 광명한 새벽별로 선언하십니다. 그리하여 자신이 '메시아가 오리라.'는 예언을 성취하신 분이심을 주장하십니다. 그 백성을 구속하시고 그 원수를 심판하심으로써 메시아의 통치를 바라는 백성들의 소망을 성취하십니다. 역사의 유일한 주님은 십자가에 못 박히신 예수님이십니다. 역사의 유일한 주님은 죽음에서 살아나신 우리 구주 예수님이십니다. 그분 안에서 새로운 시대가 동터 올랐습니다. 그의 초림으로 의와 평강의 여명이 밝아왔습니다. 그의 재림으로 이제 온누리가 하나님의 영광이 충만하게 될 것입니다.[135]

이처럼 구약의 예언을 성취하시고, 구속 사역을 완성하신 메시아되신 예수 그리스도께서는 교회의 유익을 위하여 요한계시록에 기록된 말씀들을 친히 증거해 주셨습니다. 뿐만 아니라 마태복음 11장 28절에 의하면 주님은 "수고하고 무거운 짐 진 자들아 다 내게로 오라 내가 너희를 쉬게 하리라."고 하는 위대한 초청의 말씀을 주시기도 하신 분이십니다. 오늘 본문 17절에 의하면 "성령과 신부"가 초청의 말을 하고 있습니다. 신부는 예수 그리스도를 믿는 교회를 의미합니다. 이미 완성된 교회가 아니라 완성되어 가고 있는 지상의 교회를 의미합니다. 그리고 그냥 인간들끼리 모여있는 단체를 말하는 것이 아니라 성령이 내주하시는 살아있는 공동체를 가리킵니다. 따라서 "성령과 신부"란 성령이 그리스도의 신부된 교회 안에서, 교회를 통하여 초대의 말씀을 하시는 것으로 이해할 수도 있고, 교회가 내주하시는 성령의 권능을 받아 이런 초대의 말씀을 하는 것으로 볼 수도 있습니다. 요한복음 15장 26-27절에 의하면 예수 그리스도를 대신하여 증인의 사명을 감당해야 할 이들은 바로 성령과 제자들이라고 했습니다.

위대한 초대의 말씀(17절)

그러면 이제 두 번째로 성령과 신부가 무엇이라고 초대의 말을 하고 있는지를 살펴보도록 하십시다. 17절을 다시 한 번 같이 읽도록 하겠습니다. "성령과 신부가 말씀하시기를 오라 하시는도다. 듣는 자도 오라 할 것이요, 목마른 자도 올 것이요, 또 원하는 자는 값없이 생명수를 받으라 하시더라." 성령과 신부가 누구를 향하여 이런 초대의 말을 하는지 아는 것은 어렵지 않습니다. 바로 이 세상 사람들을 향하여 그러한 초대를 하는 것입니다. 주님이 승천하시고 나서 다시 재림하시기까지 이 세상에 존재하는 교회가 성령의 권능을 힘입어 전도하고 선교하는 일의 본질을 이렇게 표현한 것입니다. 우리의 전도나 선교는 단순히 사람의 마음을 편하게 해 주는 것이나 혹은 외적인 환경을 바꾸어주는 것이 아닙니다. 오히려 전도와 선교의 본질은 생명수를 나누어 주는 것이 되어야 합니다. 세상이 공급하는 오염되고 썩은 사상이나 철학이나 프로그램의 물을 주어서는 안 됩니다. 오직 주님이 공급하시는 생명수를 공급해 주어야 합니다.

생명수 혹은 21장 6절에 의하면 "생명수 샘물"은 예수 그리스도의 구속으로 말미암아 주어지는 영원한 생명을 의미합니다. 주님은 그 생명을 풍성한 생명 full life이라고 표현하셨습니다. 영원히 목마르지 않는 샘물이라고 소개하시기도 하셨습니다. 주 예수 그리스도 안에서만 진정한 만족이 있고, 전인적인 만족이 있고, 그리고 영원한 만족이 있기 때문입니다. 우리는 신천신지에서 생명수 샘에 나아가서 끊임없이 흘러넘치는 생명의 공급을 받을 것입니다. 조금도 끊어지거나 핍절함이 없이 계속해서 넘치도록 생명을 공급해 주실 것입니다. 그리고 중요한 것은 그러한 생명수를 마시러 오라고 온 세상을 향하여 초대하고 있으시다는 것입니다. "듣는 자도 오라 할 것이요, 목마른 자도 올 것이요, 또 원하는 자는 값없이 생명수를 받으라." 구약 이사야 55장 1절 이하에 보면 이사야 선지자는 이렇게 생명수를 마음껏 자유로이 마실 수 있는 메시아 시대의 축복을 다음과 같이 예언하고 있습니다.

> 오호라 너희 모든 목마른 자들아 물로 나아오라 돈 없는 자도 오라 너희는 와서 사 먹되 돈 없이, 값 없이 와서 포도주와 젖을 사라. 너희가 어찌하여 양식이 아닌 것을 위하여 은을 달아 주며 배부르게 하지 못할 것을 위하여 수고하느냐? 내게 듣고 들을지어다. 그리하면 너희 좋은 것을 먹을 것이며 너희 자신들이 기름진 것으로 즐거움을 얻으리라. 너희는 귀를 기울이고 내게로 나아와 들으라. 그리하면 너희의 영혼이 살리라. 내가 너희를 위하여 영원한 언약을 맺으리니 곧 다윗에게 허락한 확실한 은혜이니라. 보라 내가 그를 만민에게 증인으로 세웠고 만민의 인도자와 명령자로 삼았나니 보라 네가 알지 못하는 나라를 네가 부를 것이며 너를 알지 못하는 나라가 네게로 달려올 것은 여호와 네 하나님 곧 이스라엘의 거룩하신 이로 말미암음이니라. 이는 그가 너를 영화롭게 하였느니라.

이사야가 예언했던 이 축복은 물론 우리가 신천신지에서 완벽하게 누리게 되겠지만, 이미 이 지상 교회 가운데서 우리들은 누릴 수가 있습니다. 신랑과 신부가 그러한 축복에 참여하라고 세상을 향해 초대의 말을 외치고 있는 것입니다.

그러면 누가 이 생명수를 마실 수 있습니까? 성령과 신부의 초대의 말을 듣는 자들인데, 성령과 신부는 제한 없이 온 세상을 향하여 초대의 목소리를 발하고 있습니다. 단 초대의 목소리를 듣되 목이 마른 자들을 초대하고 있습니다. 그리고 원하는 자들은 오라고 초대하고 있습니다. 목이 갈한 자들은 생수를 마시기를 갈망하기 마련입니다. 갈급한 자들이라면 누구든지 와서 생명수를 마시라는 것입니다. 아무나 누구나 자동적으로 누린다는 말씀이 아닙니다. 아무것이나 생명수가 아니듯이 아무나 주님이 주시는 생명수를 누릴 수 있는 것이 아닙니다. 목이 마른 자들, 원하는 자들에게 주시겠다는 것입니다. 이는 복음의 초대를 듣고서 믿음으로 받아들이는 자들에게 생명수를 공급해 주시겠다는 말씀인 것입니다. 누구든지 초대의 소리를 들을 수 있지만 목마른 자 원하는 자가 값없이 생명수를 누릴 수가 있습니다. 이는 하나님의 은혜를 사모하고 구원을 갈망하는 자들을 가리킵니다. 그리고 또한 중요한 것은 이 생명수를 주시되 값없이 주시겠다고 말씀하셨습니다. 물론 값이 없다고 해서 진짜 값이 없는 것이 아니라 우리들에게 값을 요구하지 않으셨을 뿐이고, 값을 요구하셨다해도 우리는 그 값을 지불할 수 없었기에 하나님이 친히 그 값을 지불하셨다는 의미에서 "값없이" 입니다.

경고의 말씀(18-19절)

이제 마지막 세 번째 부분을 살펴 보겠습니다. 18, 19절인데 이 부분은 17절의 위대하지만 값없이 주시는 초청의 말씀에 비하자면 엄숙한 경고라고 할 수가 있습니다. 18, 19절 말씀을 일단 읽어보겠습니다.

내가 이 두루마리의 예언의 말씀을 듣는 모든 사람에게 증언하노니 만일 누구든지 이것들 외에 더하면 하나님이 이 두루마리에 기록된 재앙들을 그에게 더하실 것이요. 만일 누구든지 이 두루마리의 예언의 말씀에서 제하여 버리면 하나님이 이 두루마리에 기록된 생명나무와 및 거룩한 성에 참여함을 제하여 버리시리라.

성도 여러분! 금방 읽어드린 이 말씀이 무슨 뜻인지 이해가 되시겠습니까? 이 두루마리의 예언의 말씀이란 요한계시록에 기록된 말씀을 가리킵니다. 이 요한계시록의 말씀을 읽는 자와 그 말씀을 듣는 회중들에게 무엇을 경고하신 것인가 하면, 이미 기록되어 있는 말씀에 더하지도 빼지도 말라는 것입니다. 우리는 성경책에 무엇을 더하거나 무엇을 뺀다는 것은 상상도 할 수 없다라고 쉽게 생각할지 모르겠습니다. 하지만 우리의 주변을 둘러보면 성경의 권위를 파괴하는 이들이 많이 있습니다. 어떤 분이 1950년대에 독일에 유학을 가서 요아킴 예레미아스(1900-75)라고 하는 신약학자를 만나니 가난한 나라에서 나이 많은 사람이 유학와서 고생한다고 400마르크를 손에 쥐어주더라는 것입니다. 그런데 그의 연구실에서 여러 노인들과 함께 앉아서 신약성경을 조각조각 내고 있는 모습을 보았다고 합니다. 요즘 같으면 컴퓨터로 손쉽게 할 수 있는 작업이겠지만, 그렇게 헬라어 신약성경을 조각조각 내어 이것은 예수님의 말씀이고, 저것은 제자들이 후에 기억해내서 한 말이고, 또 어떤 것은 초대교회가 지어낸 말이다고 하는 식으로 분류하기 위해서입니다. 예레미아스 교수님은 불트만이라는 신약학자보다는 그래도 좀 보수적인 편이었습니다. 불트만은 아예 복음서에 예수님의 말씀이 없다고 주장한 사람입니다. 그리고 최근에 미국의 예수 세미나Jesus Seminar라는 것이 있고, 많은 유명한 학자들이 참여합니다. 그들은 모여 앉아서 복음서의 어떤 구절을 읽고 색깔이 있는 구슬들을 사용해서 이것은 주님의 말씀이다라고 생각하면 무슨 색, "아니다"라고 하면 무슨 색, "가능성이 있다"라고 하면 또 다른 색, 그런식으로 투표를 해서 결정을 한다고 합니다. 그들에 의하면 복음서에 기록된 말씀 가운데 80퍼센트가 예수님의 말씀이 아니라는 것입니다. 이 얼마나 무서운 일입니까? 어떤 구절이 마음에 들면 예수님 말씀, 마음에 안 들고 시대에 뒤떨어진다 싶으면 예수님의 말씀이 아니라 제자들이 지어낸 말씀이라고 하면서 무시해도 되니 말입니다.

우리는 이런 시대적 분위기 속에서 길을 잃지 아니하려면 정신을 바짝 차려야 합니다. 오늘 본문 말씀에 보니 가감하지 말라고 했습니다. 이 구절은 구약의 신명기 4장 2절과 12장 32절에서 선례를 발견할 수 있습니다. "내가 너희에게 명령하는 말을 너희는 가감하지 말고 내가 너희에게 내리는 너희 하나님 여호와의 명령을 지키라… 내가 너희에게 명령하는 이 모든 말을 너희는 지켜 행하고 그것에 가감하지 말지니라." 신명기의 경고의 문맥을 살펴 보면 거짓선지자들이 자기들의 유익과 목적을 위하여 그렇게 하나님의 말씀을 왜곡시키거나, 아니면 우상을 숭배하도록 자신의 말을 하나님의 말씀으로 가장하는 그런 경우들을 다루고 있습니다. 요한계시록 22장 18-19절에 있는 강한 경고 역시도 요한계시록의 말씀을 아예 해석하지도 말라는 말씀이 아니라 자신의 욕심을 좇아 마구잡이식으로 왜곡하여 하나님의 교회 공동체를 해롭게 하는 자들에 대한 경고입니다.[136]

앞서 10절에서 본 대로 우리가 사는 시대는 더더욱이나 재림의 때가 가깝기 때문에 요한계시록의 말씀을 닫아놓고 있으면 안 됩니다. 부지런히 읽고 연구하고 그렇게 바른 해석을 추구해야 합니다. 물론 완벽한 해석자도 설교자도 있을 수 없습니다. 그러나 시한부종말론자들처럼 시간 계산이나 하려고 요한계시록을 만화처럼 만들어 버리는 것은 오늘 경고 사항에 걸리는 것입니다. 이는 참 두려운 일입니다. 왜냐하면 요한계시록의 말씀에 인위적으로 더하거나 빼는 자들에 대해서 어떤 벌을 말하고 있는지를 보십시오. "만일 누구든지 이것들 외에 더하면 하나님이 이 두루마리에 기록된 재앙들을 그에게 더하실 것이요. 만일 누구든지 이 두루마리의 예언의 말씀에서 제하여 버리면 하나님이 이 두루마리에 기록된 생명나무와 및 거룩한 성에 참여함을 제하여 버리시리라." 더하거나 빼는 자들에게 주어지는 벌은 매우 엄격하고 무섭습니다. 이는 하나님의 구원의 은총에서부터 멀어지게 될 것을 의미하기 때문입니다. 요한계시록을 자기 욕심이나 취향에 따라서 아무렇게나 해석하다가는 마치 사막 한 가운데서 갈길 모르는 사람처럼 방황할 수밖에 없고, 그런 사람들이 다른 사람들에게 영향력을 미치게 되면 공멸할 수밖에 없는 것입니다.

이제 나눈 말씀을 정리합니다. 오늘 우리는 위대한 초대의 말씀을 상고했습니다. 누가 이 잔치의 초대자이었습니까? 예, 다윗의 뿌리로 오신 다윗의 자손 예수 그리스도요, 성령과 신부라고 보았습니다. 우리는 이 초대의 목소리를 듣고 "아멘"으로 화답하여 주의 백성이 되었습니다. 그리고 지금 우리는 교회 가운데 역사하시는 성령의 권능을 힘입고 온 세상을 향해, 특히 이 지역을 향해 초대자의 역할을 감당하고 있습니다. 성령과 신부, 아름답고 영광스러운 동역자입니다. 그리고 우리는 무엇에로의 초대인지를 주목해 보았습니다. 그것은 바로 생명수를 마시러 오라는 것입니다. 어떤 인간적인 것이나 세상적인 것이 아닙니다. 주님의 생명수에로의 초대입니다. 아무나 오라고 초대하지만, 그렇다고 "아무나"는 아닙니다. 듣고, 원하고, 목이 마른 자는 누구든지 오라는 것입니다. 복음의 초대에 반응을 하는 자들이 구원 받고 그 풍성한 생명, 영원히 부족하지 않는 생명을 누릴 수가 있게 됩니다.

　마지막으로 우리는 요한계시록에 대한 우리의 태도 여부에 따라서는 "큰 코 다칠수도 있다"는 경고를 받았습니다. 아무나 누구에게나 열려있는 생명의 말씀이지만 인간적인 생각으로 성경을 가감하다가는 그 생명에 접근도 하지 못한다는 경고를 받았습니다. 계시록뿐 아니라 성경 전부에 대해서 우리는 우리 마음대로 가감을 하면 안 됩니다. 더해서도 안 되고 빼서도 안 됩니다. 칼뱅과 같은 개혁자들이 가르쳐준 대로 우리는 성경으로뿐 아니라 성경전부를 전해야 하고 배워야 합니다. 그리고 사적으로 성경을 해석하다가 곡해할 수 있기 때문에 우리는 표준문서들의 도움이나 목회자의 도움을 받는 것이 좋습니다.

66

마라나-타
(Marana-tha)

이것들을 증언하신 이가 이르시되 내가 진실로 속히 오리라 하시거늘 아멘 주 예수여 오시옵소서(계 22:20).

"오빠생각"이라는 동요를 아십니까? 이렇게 시작하는 동요입니다.

1. 뜸북뜸북 뜸북새 논에서 울고
뻐꾹뻐꾹 뻐꾹새 숲에서 울 제
우리 오빠 말 타고 서울 가시면
비단구두 사가지고 오신다더니

2. 기럭기럭 기러기 북에서 오고
귀뚤귀뚤 귀뚜라미 슬피 울건만
서울 가신 오빠는 소식도 없고
나뭇잎만 우수수 떨어집니다.

이 구슬픈 동요는 우리나라가 일제 치하에 있던 1925년 11월에 당시에 12살 소녀였던 최순애(1914-1998)씨가 소파 방정환선생이 간행하고 있던 잡지 「어린이」의 동시란에 기고하여 입선한 동시를 바탕으로 박태준씨가 작곡한 것입니다. 원래는 서울에 간 오빠에게 비단구두를 사달라고 부탁했으나 돌아오지 않는 오빠생각을 담은 것이라고 합니다만, 당시의 민족적 정서를 대변하는 동요가 되어져버렸습니다. 나라의 독립을 위해서 만주로 해외로 나간 사랑하는 가족들을 기다렸던 수많은 한국 백성들의 마음을 대변하는 동요가 되고 만 것입니다. 그렇게 고향을 그리다가 다시금 귀향해서 사랑하는 가족들을 만난 이들은 얼마나 기뻤겠습니까마는 반면에 수많은 이들은 먼 타국 땅에서 독립운동을 하다가 편지 한 장 제대로 전해오지 못하고 불귀의 객이 되고 말았습니다. 남은 가족들의 가슴에 깊은 회한을 남기고 만 것입니다. 이루어지지 않고 무참하게 꺾인 꿈과 소망 때문에 말입니다.

그러나 우리 그리스도인들에게는 복스러운 소망blessed hope이 있습니다. 그것은 바로 예수 그리스도의 재림입니다. 오늘 제목을 보시면 마라나-타라고 되어 있습니다. 초대교회 성도들은 성찬식에 참여하면서 마라나타Maranatha를 외쳤다고 합니다. 예수님 당시에 유대인이 사용하던 아람어로 마란-아타Maran-atha하면 주님께서 오셨도다(완료형)가 되고, 마라나-타Marana-tha하면 우리 주님 오시옵소서(명령형)의 의미가 된다고 합니다. 오늘 본문에 보시면 "이것들을 증언하신 이가 이르시되 내가 진실로 속히 오리라."고 약속하고 계시고, 이에 반응하여 교회를 대표하는 요한은 "아멘 주 예수여 오시옵소서."라고 응답을 하고 있는 것을 보게 됩니다. 요한의 반응은 지난 2천 년 동안 주님을 믿어온 그리스도인들의 공통된 반응이기도 합니다. "낮에나 밤에나 눈물 머금고 내 주님 오시기만 고대합니다." 제가 정확히 통계를 내보지는 않았지만 어떤 자료를 보니까 구약성경에는 예수님의 초림에 대한 약속이 456회나 있다고 하는데, 결국 그 약속은 성취되었습니다. 그리고 예수님의 재림에 대한 약속은 신약에만 300회 이상이 있다고 합니다. 그만큼 신약성경의 중요 주제가 바로 예수 그리스도의 재림이라고 할 수가 있습니다.

내가 진실로 속히 오리라

먼저 주님의 약속을 생각해 봅니다. 요한계시록에 기록된 말씀들을 천사들을 통해서 요한에게 알려주신 예수님께서는 속히 오시리라고 약속하셨습니다. 20절뿐 아니라 7절과 12절에서도 동일한 약속의 말씀을 하셨습니다. 우리들을 죄에서 건져내시기 위해서 죽으시고 부활하신 후에 40일만에 승천하신 예수 그리스도께서 어떻게 다시 오신다고 하시는지 재림의 성격 혹은 재림의 양식에 대해서 설명을 드리겠습니다. 박형룡박사의 『내세론』에 보면 잘 요약해 줍니다.[137]

첫째, 자신적, 인격적으로 강림하실 것입니다. 사도행전 1장 11절에 보면 "너희 가운데서 하늘로 올려지신 이 예수는 하늘로 가심을 본 그대로 오시리라."고 하였는데 예수님은 자신으로 가셨으니 돌아오실 때에도 자신으로 오실 것입니다. 즉, 다른 분이 오시는 것이 아니고 같은 분이 오실 것입니다. 또한 그는 "많은 사람의 죄를 담당하시려고 단번에 드리신 바 되"실 때에 인격적으로 자신적으로 행하신 것 같이 "구원에 이르게 하기 위하여 죄와 상관 없이 자기를 바라는 자들에게 두 번째 나타나"실 때에도 인격적 자신적으로 나타나실 것입니다(히 9:28).

둘째, 신체적으로 강림하실 것입니다. "하늘로 가심을 본 그대로 오시리라"고 하였는데 예수님은 신체를 가지고 가셨으니 돌아오실 때에도 신체를 가지고 오실 것입니다. 또 주님이 입고 오시는 신체는 그의 지상 비하 생활 중에 가지셨던 신체 그대로가 아니라 죽은 가운데서 부활하시고 하나님 우편에 승귀하신 그 영광스러운 몸일 것입니다.

셋째, 가견적(可見的)으로 강림하실 것입니다. "하늘로 가심을 본 그대로 오시리라"하였는데 예수님은 여러 사람이 "보는 데서 올리어 가시"(행1:9)었으니 돌아오실 때에도 사람들이 볼 수 있게 오실 것입니다(마 24:30; 계 1:7; 마 26:64; 막 13:26; 눅 21:27; 행 1:11; 골 3:4; 딛 2:13; 히 9:28).

넷째, 돌연히 강림하실 것입니다. "하늘로 가심을 본 그대로 오시리라."하였는데 예수는 제자들에게 교훈을 마치시고 축복하시다가(행 1:9; 눅 24:51) 돌연히 올라가셨으니 돌아오실 때에도 돌연히 오실 것입니다. 성경은 한편에 주의 재림 전에 몇 가지 징조가 있을 것을 가르치나 다른 편에 동등의 강조로써 그 강림이 돌연적이고 기한을 알 수 없을 것을 말하고 있습니다(마 24:37-44; 25:1-12; 막 13:33-37; 살전 5:2, 3; 계 3:3).

다섯째로, 영광스럽고 승리적인 강림이 될 것입니다. "하늘로 가심을 본 그대로 오시리라"하였는데 예수님은 구름이 가리운 중에 백의의 천사들의 시위를 받아 올라 가셨으니 돌아 오실 때에도 영광스럽게 승리자로 강림하실 것입니다. 주님의 재림은 인격적, 형체적, 가견적일지라도 영광과 위엄에서 그의 초림과 크게 다를 것입니다. 그는 그의 비하 때의 신체로 오실 것이 아니라 영화한 신체와 왕자적 위엄으로 오실 것입니다(히 9:28). 무엇보다 그는 "저리로서 산 자와 죽은 자를 심판하려 오시리라"고 사도신경에서 고백하는 대로 이실 것입니다. 총독 빌라도에게 고난을 받으사 십자가에 못 박혀 죽으신 그는 큰 권세와 영광으로 재림하셨다가 만국 만민을 그 앞에 모으고 대 심판을 단행하심으로 승귀의 실상을 나타내실 것입니다.

여섯 번째로, 종말적이고 완성적인 강림이 될 것입니다. 성경은 개인 신자의 역사에 영적 갱신(靈的 更新), 육체적 사망(肉體的 死亡)같은 대사변들과 교회의 역사에 오순절의 성령 강림과 예루살렘 멸망 같은 대사변들을 구출 혹 심판을 위한 그리스도의 강림으로 제시하고 있기도 하지만(마 24:34; 16:28; 요 14:3,18; 계 3:20). 이는 임시적 예표적 강림들이라 칭할 수 있습니다. 동시에 성경은 또한 이 임시적 예표적 강림들은 악자들을 형벌하고 택한 백성의 구원을 완성하기 위한 종말적 완성적 재림으로 귀결되리라는 것을 선언합니다.

다소 말이 이해하기 어려우시겠습니다만 예수 그리스도의 재림의 본질 내지는 성격에 대해서 잘 설명해주기 때문에 길게 인용해 보았습니다. 정리를 해 보면 다시 속히 오시는 주님의 재림의 성격은 이렇습니다. 누구를 대신해서 보내시는 것이 아니고 승천하신 주님 자신이 친히 오실 것이고, 부활의 몸을 입고 오실 것이며, 영적으로가 아니라 눈에 보이게 오실 것이며, 번개처럼 돌연히 갑작스럽게 오실 것이며, 영광스러운 승리자로 오실 것이며, 종말적이고 완성적인 재림이 될 것입니다. 이와 같은 주님의 재림을 우리가 대망해야 하는 것입니다.

아멘 주 예수여 오시옵소서

이제 두 번째로 생각할 것은 속히 오시리라고 하시는 주님의 말씀에 대한 우리 성도들의 응답은 어떠해야 하는가 하는 것입니다. 요한은 만대의 교회를 대표해서 "아멘 주 예수여 오시옵소서."라고 응답했습니다. 이는 마치 사랑하는 가족이나 연인을 속히 보고 싶어 애를 태우는 것처럼 주님의 다시 오심을 대망하고 고대하는 자가 되어야 한다는 것을 요한은 몸소 보여줍니다. 물론 개인적으로 보자면 주님이 오시기 전에 부름을 받아 주님 계신 천국에 가면 이 대망은 일부 성취될 것입니다. 영혼이 죄의 세력과 오염에서 완전히 해방되어 자유로이 주님을 섬기고 살겠지만, 그러나 천상에 사는 완전한 의인들도 "어느 때까지입니까?"How Long?라고 하는 탄식을 하고 있다는 것을 요한계시록 6장에서 본 적이 있습니다. 이 땅 위에서 수고하며 전투 중인 성도들이나 이미 승리하고 천국에 간 성도들도 한 가지 점에서는 동일합니다. 즉, 예수 그리스도의 재림을 대망한다는 것 말입니다. 주님이 재림하시기 전에는 완전한 만족이 있을 수가 없는 것입니다.

사랑하는 여러분! 우리가 왜 주님의 재림을 고대해야 합니까? 주님이 재림하실 때에 성도들은 원수들의 위협과 두려움에서부터 완전히 구원받게 될 것이기 때문입니다. 심판주로 오시는 주님께서는 사탄과 그 추종 세력들을 다 심판하시어 불못에 던져 버리실 것입니다. 심지어는 죽음조차도 불못에 던져지게 될 것이라고 했습니다. 이 세상에서 정의를 둘러싸고 벌어졌던 그 수많은 논쟁을 주님께서 종식시키실 것입니다. 주님의 판결에 따라 의와 불의가 무엇인지, 선과 악이 무엇인지, 그리고 참과 거짓이 무엇인지 결정이 날 것입니다. 그리고 그렇게 말많던 사탄도 세상 사람들도 신자들도 주님의 판결 앞에 다 승복하게 될 것입니다. 모든 억울함은 풀어지고 신원설치(伸冤雪恥)가 이루어질 것입니다.

그리고 천사장에 의해서 마지막 나팔 소리가 울려 퍼지면 죽은 자는 부활하고 산 자는 변화될 것이며, 악인들의 몸은 죽지 않고 영원한 고통을 받기에 합당한 몸으로 바뀌게 될 것이지만 성도들의 몸은 그리스도의 영광스러운 몸과 같이 바뀌게 될 것입니다(고전 15:51-53). 그리스도의 재림과 동시에 성도들이 어떤 영화의 상태에 이르게 되는지 조나단 에드워즈목사의 말을 인용해서 생각해 봅니다.

> 그때 성도들의 몸은 완전히 변화되어 이전에 나타났던 고통, 불안, 침체와 중압감, 그리고 불구와 같은 증상들이 더 이상 그들에게 영원히 일어날 수 없는 상태가 될 것이다. 그들은 힘과 아름다움과 활력과 썩지 않고 영원히 시들지 않는 영광을 소유하게 될 것이다. 그리고 이 영광은 부활한 모든 성도의 몸에 나타날 것이다. 또한 구속 사역은 다른 면에서도 끝나게 될 것이다. 곧 택하심 받은 자들은 모든 영혼과 육체 모두가 실제로 구속을 받게 될 것이다. 이전의 구속 사역은 그 실제적 효력 면에서 볼 때 불충분하고 불완전했다. 왜냐하면 그때는 몇 몇 사례를 제외하고는 영혼만이 실제로 구원받고 영화되었기 때문이다. 그러나 이제는 성도들의 모든 몸이 함께 구원받고 영화되고, 모든 택하심 받은 자들의 전인이 영화되며, 영혼과 육체가 하나로 연합될 것이다.[138]

우리가 이미 앞서 살펴본대로 주님이 재림하시면 우리들만 변화되는 것이 아니라 우리가 살고 있는 이 하늘과 땅도 전적으로 변화하여 새 하늘과 새 땅이 될 것입니다. 그곳에는 저주도 고통도 수고의 땀방울도 눈물 흘릴 일도 없게 될 것입니다. 거칠게 일어나는 흉용한 바다도 없고, 어두움도 없을 것입니다. 성삼위 하나님과 교통하고 예배하는 일만 영원히 지속될 것입니다. 그리고 성문을 활짝 열어놓아도 그 어떤 악한 세력도 다시는 넘볼 수 없는 절대적 안전과 평화를 영원히 누리게 될 것입니다. 아우구스티누스는 『하나님의 도성』이라는 대작을 끝맺으면서 주님의 재림 후에 성도가 누리게 될 영광에 대해서 이렇게 고백했습니다.

> 그때 우리는 쉬면서 보리라. 보면서 사랑하리라. 사랑하면서 찬미하리라. 끝없는 끝에 이루어질 것이 바로 이렇다. 우리의 끝이란 끝이 결코 없는 나 라에 도달하는 것이 아니고 또 무엇이겠는가?[139]

그리고 우리의 모든 불만족과 결핍은 주님의 재림의 날에 완전히 성취되어질 것이며, 우리는 깊은 만족을 얻게 될 것입니다. 우리가 주님 안에서 알게 되고 사모하게 된 모든 선한 소원들이 주님의 재림의 때에 성취될 것입니다. 사지가 거의 없으면서도 신발을 보관하고 있는 닉 부이치치는 그 날에 온전한 사지를 가지고 뛰기도 하고 춤추기도 할 것입니다. 맹인들의 눈은 열려서 보게 될 것이고, 귀머거리의 귀는 열려서 듣게 되고, 벙어리는 말을 하고 찬양을 할 수 있게 될 것입니다. 더 이상 가슴 졸이거나 염려의 짐에 눌려 살지 않게 될 것입니다. 깊은 만족과 평화가 주님 안에서 누려질 것입니다. 미워하거나, 시기 질투할 일도 없어질 것입니다. 이 모든 것이 주님의 재림 후에 주어질 축복 중 일부일 뿐입니다. 우리가 상상할 수 있는 모든 선한 것들이 충만하게 누릴 수 있는 곳이 재림의 주가 다스리시는 새 하늘과 새 땅이기 때문입니다.

사랑하는 여러분! 어떻습니까? 여러분의 마음속에는 이런 주님의 재림에 대한 대망이 있으십니까? 진정으로 "낮에나 밤에나 눈물 머금고 내 주님 오시기만 고대합니다."라고 하는 찬송을 부르십니까? 혹은 현대판 버전으로 "주님 다시 오실 때까지 나는 이 길을 가리라."를 부르고 있습니까? 주님의 재림을 대망하는 자들이 현재적으로 누리는 축복이 있습니다. 무엇보다 주님의 재림을 대망하는 자들은 현재의 역경과 환난을 잘 감수하고 이겨낼 수가 있습니다. 단순히 참아내는 것이 아니라 기쁨 중에 살아갈 수 있습니다. 요한이나 초대 교회 성도들은 마라나-타를 외치면서 그 극한 박해를 견뎌내었습니다. 혹은 우리나라 일제강점기 때에 길선주 목사님, 손양원 목사님, 주기철 목사님과 같은 분들은 임박한 주님의 재림을 고대하면서 말로 형언할 수 없는 그 고문과 환난을 감내해 내었습니다. 취조하는 형사들이나 검사들 앞에서 재림의 주, 심판의 주님을 선포할 수가 있었습니다. 그들은 현재 당하고 있는 고난이 장차 받게 될 영광과 족히 비교할 수 없다는 것을 내다보면서 기뻐하고 고난을 감수할 수가 있었던 것입니다. 심지어는 30대 후반의 싱글이었던 안이숙 여사도 그 끔찍스러운 고통을 견뎌낼 수 있었습니다. 재림의 신앙이 이만큼 중요한 것입니다.

주님의 재림을 대망하는 것이 우리들에게 주는 또 다른 유익이 무엇입니까? 언제나 깨어있도록 만든다는 것입니다. 주님은 속히 오리라고 하셨지만 언제 오신다고 말씀하신 적이 없습니다. 누가복음 12장 35-48절에 보면 "주님이 언제라도 오실 수 있다"라고 생각하고 사는 자와 그렇지 못한 자에 대해서 비유를 들어서 예수님은 설명해주셨습니다.

허리에 띠를 띠고 등불을 켜고 서 있으라. 너희는 마치 그 주인이 혼인 집에서 돌아와 문을 두드리면 곧 열어 주려고 기다리는 사람과 같이 되라. 주인이 와서 깨어 있는 것을 보면 그 종들은 복이 있으리로다. 내가 진실로 너희에게 이르노니 주인이 띠를 띠고 그 종들을 자리에 앉히고 나아와 수종들리라. 주인이 혹 이경에나 혹 삼경에 이르러서도 종들이 그같이 하고 있는 것을 보면 그 종들은 복이 있으리로다. 너희도 아는 바니 집 주인이 만일 도둑이 어느 때에 이를 줄 알았더라면 그 집을 뚫지 못하게 하였으리라. 그러므로 너희도 준비하고 있으라 생각하지 않은 때에 인자가 오리라 하시니라…주께서 이르시되 지혜 있고 진실한 청지기가 되어 주인에게 그 집 종들을 맡아 때를 따라 양식을 나누어 줄 자가 누구냐? 주인이 이를 때에 그 종이 그렇게 하는 것을 보면 그 종은 복이 있으리로다. 내가 참으로 너희에게 이르노니 주인이 그 모든 소유를 그에게 맡기리라. 만일 그 종이 마음에 생각하기를 주인이 더디 오리라 하여 남녀 종들을 때리며 먹고 마시고 취하게 되면 생각하지 않은 날 알지 못하는 시각에 그 종의 주인이 이르러 엄히 때리고 신실하지 아니한 자의 받는 벌에 처하리니 주인의 뜻을 알고도 준비하지 아니하고 그 뜻대로 행하지 아니한 종은 많이 맞을 것이요 알지 못하고 맞을 일을 행한 종은 적게 맞으리라. 무릇 많이 받은 자에게는 많이 요구할 것이요 많이 맡은 자에게는 많이 달라 할 것이니라.

누군가 존 웨슬리 목사님에게 만약 주님이 내일 오신다고 하시면 어떻게 하겠느냐고 질문을 했습니다. 그러자 대답하기를 "내일 해야 할 그 일을 하겠다"라고 했습니다. 별스럽게 요란스럽게 무엇을 하겠다고 말하지를 않습니다. 매일 매일 "주님이 오신다"라고 하는 의식을 가지고 살기에 매일 매일의 삶 자체가 어떻게 하면 주님을 기쁘시게 할 것인가하는 마음으로 살기 때문입니다. 내일 지구의 종말이 온다고 해도 오늘 나는 사과나무를 심겠다고 말한 (스피노자가 아니라) 마르틴 루터의 고백도 동일한 재림신앙을 가진 자의 고백인 것입니다.

예수 그리스도의 임박한 재림을 고대하는 자들만이 누리는 또 하나의 현재적인 축복이 있습니다. 그것은 바로 현실 속에 살되 현실에 얽매이지 아니한 자로 살게 된다는 것입니다. 세상의 형적은 다 지나간다는 사실을 알기에 자유로움이 있습니다. 그렇다고 해서 이 세상을 포기하거나 무관심한 것이 아닙니다. 오히려 C. S. 루이스의 말처럼 천국을 사모하는 자들이 이 세상을 혁신하고 변화를 시킬 수 있습니다. 천국을 사모하기에 이 세상에 목을 매지 아니하고 자유로이 변화시킬 수 있는 주체가 될 수가 있습니다. "이 세상이 다"라고, 눈에 보이는 "이 세상 물질이 다"라고 믿는 이들이라면 이 세상에 집착하고 이것을 지키려고 몸부림을 칠 수밖에 없습니다. 그러나 "이 세상이 다"가 아니라 영원한 천국, 혹은 신천신지가 기다리고 있다는 사실을 아는 자들은 이 세상을 주님의 뜻에 맞게 변화시키기 위해서 몸부림치는 삶을 살게 되는 것입니다. 하나님의 나라가 이 땅 위에 임하시고, 하나님의 뜻이 하늘에서 이루어진 것 같이 이 땅 위에서도 이루어지기를 갈망하면서 살게 되기 때문입니다.

마라나-타라고 외칠 수 있는가?

"내가 진실로 속히 오리라하시거늘 아멘 주 예수여 오시옵소서." 이 구절은 마라나-타의 고백이라고 할 수 있습니다. 그런데 과연 우리에겐 마라나-타의 신앙 고백이 있습니까? 마라나타를 외치지 못하는 여러 종류의 사람들이 있습니다. 어떤 분들은 이 눈에 보이는 세상이 늘 존재할 것이라고 생각하기에 마라나-타를 외치지 못하는 분도 있습니다. 레드북 Redbook 잡지사가 미국의 8개의 유명한 신학대학원 학생들을 대상으로 예수 그리스도의 재림을 믿는 사람을 조사해보니 불과 1퍼센트만이 "믿고 있다"라고 대답했다고 합니다. D. L. 무디는 교회를 다닌지 15년 만에 재림에 대한 첫 설교를 듣고 나서 고백하기를 "나는 왜 마귀가 이 문제에 대해서 설교하는 것을 원하지 않는지를 알게 되었습니다. 예수께서 곧 오신다는 교리만큼 교회를 깨우는 가르침이 없기 때문입니다."라고 했습니다. 예수 그리스도의 재림을 믿지 않는다는 것은 이미 마귀의 마수에 걸려든 것이라고 보면 됩니다.

그리고 어떤 분들은 이 세상의 쾌락과 재미에 취해서 주님이 오시더라도 좀 더 있다가 오시면 좋겠다라고 생각을 합니다. 누가복음 21장 34절에 보면 주님께서는 이런 사람들에 대해서 경고하기를 "너희는 스스로 조심하라 그렇지 않으면 방탕함과 술취함과 생활의 염려로 마음이 둔하여지고 뜻밖에 그 날이 덫과 같이 너희에게 임하리라."고 하셨습니다. 한 30여 년 전에『서울 예수』라는 책이 유명해서 많이 읽힌 적이 있습니다. 예수님이 서울의 한 교회를 찾아왔는데, 담임목사가 아니 왜 오셨냐고, 천국에 계시면 예배도 잘 드리고, 헌금도 많이 해드릴 텐데 왜 벌써 왔느냐고 하면서 예수님을 떠밀어 내는 장면이 나옵니다. 세속화된 교회를 비꼬아 그렇게 표현한 것입니다. 그런 분들은 주님의 재림의 때가 노아의 때와 같을 것임을 기억해야 합니다.

그러나 또 다른 이유 때문에 마라나-타를 말하지 못하는 분들이 있습니다. 언젠가 그런 말을 듣고 제 마음이 짠했습니다. 믿지 않는 부모를 생각하니 마라나-타를 말하기 어렵다고 말입니다. 세속에 물든 삶을 살고 있기에 주님의 오심을 거부하는 것이 아니라, 불신 가족들이 아직 믿지 않기에 마라나-타를 고백하지 못하겠다고 하니 마음이 찡했습니다. 만약에 오늘이라도 주님이 재림하신다고 하면 우리 믿지 않는 가족들은 지옥 백성이 될 수밖에 없지 않느냐고 하는 안타까운 마음 때문인 것입니다. 그러나 이러한 안타까운 마음이 곧 마라나-타 신앙이 없다는 말은 아닙니다. 오히려 베드로후서 3장 8-9절에 보면 주님의 간절한 마음이기도 합니다. "사랑하는 자들아 주께는 하루가 천년 같고 천년이 하루 같다는 이 한 가지를 잊지 말라. 주의 약속은 어떤 이들이 더디다고 생각하는 것 같이 더딘 것이 아니라 오직 주께서는 너희를 대하여 오래 참으사 아무도 멸망하지 아니하고 다 회개하기에 이르기를 원하시느니라." 하나님이 잊어버리셨거나, 약속을 실천할 의지가 없어졌거나, 능력이 없는 것이 아니고, 하나님은 오래 참고 계신다는 것입니다. 또한 하나님은 아무도 멸망하지 아니하고 다 회개하기에 이르기를 원하신다고 하십니다. 요한계시록 6장 11절을 보면 언제나 우리들을 위해서 땅에 심판을 행하시렵니까 부르짖는 천상의 성도들에게 하나님은 "각각 그들에게 흰 두루마기를 주시며 이르시되 아직 잠시 동안 쉬되 그들의 동무 종들과 형제들도 자기처럼 죽임을 당하여 그 수가 차기까지 하라"고 대답하시는 것을 보았습니다.

하나님은 현재도 변덕스럽고 조급한 인생들과는 달리 길이 참으시면서 인생들에게 기회를 주고 계신다는 점을 바로 알아야 합니다. 이것은 하나님의 진심입니다. 에스겔 18장 23, 31-32절에 보시면, "주 여호와의 말씀이니라 내가 어찌 악인이 죽는 것을 조금인들 기뻐하랴 그가 돌이켜 그 길에서 떠나 사는 것을 어찌 기뻐하지 아니하겠느냐 … 너희는 너희가 범한 모든 죄악을 버리고 마음과 영을 새롭게 할지어다 이스라엘 족속아 너희가 어찌하여 죽고자 하느냐? 주 여호와의 말씀이니라 죽을 자가 죽는 것도 내가 기뻐하지 아니하노니 너희는 스스로 돌이키고 살지니라"고 말씀하셨고, 디모데전서 2장 4절에도 "하나님은 모든 사람이 구원을 받으며 진리를 아는 데에 이르기를 원하시느니라."고 말씀하고 있습니다. 하나님은 천국 문을 열어 놓고 집 나간 자신의 자녀들이 모두 다 돌아오기를 고대하고 계신 분이십니다. 그리고 만약에 하나가 돌아오면 누가복음 15장 말씀처럼 천국에 환호성이 터지고 축하의 파티를 하십니다. 아우구스티누스의 표현처럼 마치 한 사람밖에 없다는 듯이 한 영혼을 존귀하게 사랑하시는 분이 우리 하나님이십니다. 여러분 한 번 생각해 보십시다. 이와 같은 하나님의 인내하심과 은혜의 복음을 전하는 시기가 수 년 전, 수십 년 전에 닫혀 버렸다면, 우리 중에 적지 않은 분들은 천국에 들어갈 수 없었을 것입니다. 물론 하나님이 노아의 방주의 문을 닫아버리시고 세상을 심판하신 것처럼, 그의 인내심이 끝날 때가 올 것입니다. 하지만 그때까지 이 세상은 하나님의 오래 참으심과 자비하심의 덕으로 많은 이들이 복음을 듣고 회개하여 구원함에 이르게 될 것입니다. 하나님은 마지막 한 명의 선택된 백성들에게까지 기회를 주십니다. 그것은 주님의 복음을 전하는 것입니다. 우리가 만나는 가족들과 이웃들, 즉 잃어버려진 하나님의 피조물들에게 대한 긍휼을 품어야 합니다. 주님이 참고 계시는 현재는 자신의 정욕대로 자기 마음대로 살 기회가 아닙니다(롬 2:4-5). 오히려 우리는 누가 가서 나를 위해 저 죽어가는 무리들에게 나의 생명의 복음을 전할꼬 하시는 주님의 음성에 귀를 기울여야 합니다. 주님의 마음을 우리의 가슴에 품고 영혼 구원을 위해서 진력해야 합니다.

사랑하는 여러분! 오늘 우리는 마라나-타 신앙을 재점검해 보았습니다. 부활하시고 승천하신 주님은 반드시 속히 재림하실 것입니다. 주님이 정하신 시간이 되면 지체하지 않고 오실 것입니다. 우리가 보기에 느려보여도 하나님이 정하고 그 시간에 오실 것입니다. 우리 신자들은 순간 순간 "마라나-타, 아멘 주 예수여 오시옵소서"를 외쳐야 합니다. 그리고 단순히 현실이 어렵고 힘들어서 도피하는 심정으로 그렇게 하는 것이 아니라, 주님이 재림하심으로 이루어주실 풍성한 구원을 사모하면서, 또한 주와 함께 항상 함께 거할 것을 고대하면서 구주대망의 신앙을 가져야 하겠습니다. 그러하기에 지금 살고 있는 이 세상 가운데서 천국체질이 되어가기를 사모하며 선한 일에 열심하는 하나님의 자녀로 살기를 힘써야 할 것입니다. 주님이 권고하시는 대로 항상 깨어 기도하며, 우리의 입은 두루마기를 잃어버리지 않도록 지키고, 주님의 보혈에 날마다 빨아서 빛나고 깨끗하게 할 수 있어야 하겠습니다. 그리고 천년이 하루같이 하루가 천년 같이 기다리시는 주님의 그 심정처럼 잃어버려진 영혼들이 하루 속히 주님께로 돌아와서 동일한 소망에 동참할 수 있기를 사모해야 하겠습니다. 이러한 마라나-타의 신앙이 더욱더 여러분의 심령에 새로워 지기를 축원합니다.

67

카리스(Charis) – 성경의 마지막 말

주 예수의 은혜가 모든 자들에게 있을지어다 아멘(계 22:21).

성경은 총 66권으로 구성되어 있습니다. 구약 39권과 신약 27권으로 구성되어 있습니다. 그래서 우스개 소리로 천국 전화번호는 66국의 3,927번이라고 말하기도 합니다. 구원에 이르는 길을 가르쳐 주는 성경책이니 그런 조크가 가능할 것입니다. 성경은 총 1,189장으로 구성되어 있고, 컴퓨터로 계산해 보니 성경은 31,102절로 구성되어 있습니다. 31,102절로 된 성경의 제일 첫절은 창세기 1장 1절입니다. "태초에 하나님이 천지를 창조하시니라."이지요. 중간절은 시편 103편 1-2절이고, 오늘 우리가 읽은 요한계시록 22장 21절은 31,102절 가운데 제일 마지막 절입니다.[140] 중고등학교 때 들은 성경퀴즈 문제가 생각이 납니다. 성경의 제일 마지막 구절이 무엇이냐는 질문이었는데, 앞서 본 20절 말씀 "아멘 주 예수여 오시옵소서"라는 말씀을 떠올리기 쉽지만, 성경의 맨 마지막 끝구절은 오늘 읽은 21절 "주 예수의 은혜가 모든 자들에게 있을지어다. 아멘."입니다. 67회에 걸친 요한계시록 강해를 이 마지막 구절에 대한 강해로 마치려고 합니다.

오늘 제목을 보시면 "카리스charis – 성경의 마지막 말"이라고 했습니다. "카리스"는 헬라어로 "은혜"라는 단어입니다. 성경의 마지막 구절이 은혜로 끝이 나기 때문에 제목을 그렇게 붙여 보았습니다. 우리가 조금 주의해서 생각을 해 보신다면 사도 바울은 대부분의 서신을 은혜로 시작해서 은혜라는 말로 끝을 맺고 있는 것을 알 수가 있습니다.[141] 바울은 빌레몬서와 같이 짧은 서신에서도 3절에서 "하나님 우리 아버지와 주 예수 그리스도로부터 은혜와 평강이 너희에게 있을지어다"라고 축복하고, 마치면서도 그리스도의 은혜가 함께 하기를 축원하였습니다. 사도 요한도 요한계시록 1장 5절에서 바울처럼 은혜와 평강을 축원함으로 시작했고, 오늘 마지막 절은 "주 예수의 은혜가 모든 자들에게 있을지어다. 아멘."으로 끝을 맺고 있습니다. 그리스도인의 삶과 누리는 분복에 있어서 시작도 끝도 다 은혜가 아니면 안된다라고 하는 중요한 교훈을 주는 것입니다. 이제 은혜에 대해서 살펴봄으로써 요한계시록 강해를 마무리 지으려고 합니다.

은혜의 중요성과 정의

"은혜가 얼마나 중요하냐" 예를 들어봅니다. 학자들이 모여서 각 종교의 특징을 한 단어로 정리를 해보는 일을 했습니다. 불교는 대자대비이지요. 유교는 윤리도덕으로서 어질 인(仁)을 중요시하지요. 그러면 기독교는 무엇입니까? 사랑이라고 말할 수 있을지 모르지만 결론은 바로 은혜였습니다. 사랑은 보편적인 언어라면 은혜는 기독교적인 언어입니다. 유명한 기독교 작가인 고든 맥도날드의 말을 들어봅니다. "웬만한 일에는 세상도 교회 못지 않거나 교회보다 낫다. 집을 지어주고 가난한 자를 먹여 주고 아픈 사람을 고쳐 주는 일은 굳이 교인이 아니어도 할 수 있다. 그러나 세상이 못하는 일이 하나있다. 세상은 은혜를 베풀 수" 없습니다. 이 세상의 모든 종교들은 다 자기 노력과 수양에 의한 자기 의를 이루어 구원받겠다는 것이기 때문에 요구가 가혹합니다. 불교 같으면 보시(普施)를 넘어서 인신공양도 하지 않습니까? 장좌불와 같은 것도 얼마나 힘이 듭니까? 하지만 교회는 은혜라는 말을 이 세상에 선포합니다.

누군가 표현한 대로 세상은 은혜에 굶주리고 목말라있습니다. 교회가 은혜를 선포해야 하는 중대한 사명을 가지고 있습니다. 목마른 자, 원하는 자 누구든지 와서 값없이 먹고 마시라- 이것이 복음전도의 내용 아니겠습니까? 하지만 문제는 교회 조차도 은혜의 메시지를 잘 전달하지 못하는 감이 있다는 것입니다. 새로운 율법주의 아니면 새로운 방종주의가 교회를 지배하는 경우가 많습니다. 그리고 은혜의 메신저들이 되어야 할 신자들 조차도 은혜라는 말은 물처럼 쓰지만 실제로 은혜의 의미를 잘 모르고, 은혜의 실체를 잘 경험하지 못하고 사는 경우가 허다하다는 말입니다. 감리교의 유명한 상담학자인 데이빗 시맨즈 목사님의 말을 소개합니다.

> 나는 오래전에 복음주의적인 그리스도인들이 겪는 대부분의 정서 문제의 주요 원인은 다음 두 가지라고 결론을 내릴 수밖에 없었다. 하나는 하나님의 무조건적인 은혜와 용서를 깨닫고 받아들이지 못하며 누리지 못하는 것이고, 또 하나는 그 무조건적인 사랑, 용서, 은혜를 다른 사람들에게 베풀지 못하는 것이다… 우리는 훌륭한 은혜의 신학을 읽고 듣고 믿는다. 그러나 그렇게 살지는 않는다. 은혜의 복음이 정서의 차원까지 뚫고 들어가지 못하는 것이다.[142]

은혜가 무엇인지 우리가 다시 한 번 기억해야 합니다. 그리고 우리의 머리뿐 아니라 가슴까지 그 은혜가 스며 들어가도록 은혜를 구하십시다. 우리가 자주 살펴본 적이 있지만 은혜에 대해서 다시 한 번 살펴보도록 하십시다. 그리스도인들이 은혜라는 단어를 물 쓰듯이 많이 사용하고 있긴 합니다만, 은혜가 무엇입니까 물으면 대답하기 쉽지 않습니다. 따라서 다시 한 번 더 깊이 생각을 해 보도록 하십시다. 우선 은혜(恩惠, grace, charis)라는 것은 본질적으로 공로없이 호의를 베푸는 것을 의미합니다. 신약에서 은혜는 본질적으로 선사된 것, 갚을 수 없는 것을 말합니다. 그것은 아래로만 내려가는 내리 사랑이라는 말로 부를 수 있습니다. 신약성경 저자들 가운데 은혜라는 말을 사도 바울 만큼 자주 사용한 사람이 없습니다. 은혜라는 말은 거의 바울의 전용어입니다. 필립 얀시라는 미국의 대중적인 기독교 작가는 『놀라우신 하나님의 은혜』라는 책 속에서 은혜에 대해서 이렇게 설명을 하고 있습니다.

> 은혜는 나타나는 형태가 너무 다양해서 정의를 내리기가 쉽지 않다. 그럼에도 불구하고 하나님의 은혜에 대해 정의 비슷한 것을 시도해 볼까 한다. 은혜란 하나님의 사랑을 더 받기 위해 할 수 있는 일이 아무것도 없다는 뜻이다. 신앙 훈련과 자기 부인에 아무리 힘써도 신학교에서 배운 지식이 아무리 많아도, 의로운 싸움에 아무리 발 벗고 나서도 다 소용없다. 은혜란 또 무엇으로도 하나님의 사랑을 약화시킬 수 없다는 뜻이다. 인종차별, 교만, 포르노, 간음, 심지어 살인죄를 지어도 별 수 없다. 은혜란 무한하신 하나님이 사랑하실 수 있는 최대치만큼 이미 하나님이 우리를 사랑하고 계심을 뜻한다.[143]

그의 말 가운데 두 문장을 다시 읽어드립니다. 마음에 새기시면 좋을 것 같습니다. "은혜란 하나님의 사랑을 더 받기 위해 할 수 있는 일이 아무것도 없다는 뜻이다…은혜란 무한하신 하나님이 사랑하실 수 있는 최대치만큼 이미 하나님이 우리를 사랑하고 계심을 뜻한다." 따라서 은혜는 공로나 율법주의나 업적 성취주의와는 반대됩니다. 믿음의 교부 아우구스티누스는 "만약 은혜가 갚을 수 없는 것이 아니라면, 은혜는 은혜가 아니다." "gratia…nisi gratis est, gratia non est." 라고 말했습니다. 신약은 은혜를 "그리스도 때문에 오직 믿는 자에게만 주어지는 순수한 선물"이라는 사실을 분명하게 선언하고 있기 때문입니다.

시작도 끝도 모든 것이 다 은혜이리니

다들 인정하시고 공감하시겠지만, 우리 그리스도인의 삶의 시작도 끝도 하나님의 은혜입니다. 그리고 그 사이에서 누리게 되는 모든 분복들도 하나님의 은혜입니다. 그래서 모든 것이 하나님의 은혜입니다라고 고백할 수가 있습니다. "시작도 끝도 하나님의 은혜입니다"라고 고백할 수가 있습니다. 우리의 그리스도인 됨의 시작도 은혜로 시작했습니다. 우리가 믿어서 시작한 것이 아닙니다. 만세 전에 선택하신 은혜에서 시작되었고, 2천 년 전 갈보리 언덕 위에서 예수 그리스도께서 우리들을 위하여 죽으시므로 이루신 구속의 은혜로 은혜의 근거가 확립되어졌습니다. 그리고 나서 개별적으로 그리스도인이 되어지는 적용 과정이 따르게 된 것입니다. 믿어지는 것도 은혜입니다. 에베소서 2장 8-9절에 보면 "너희는 그 은혜에 의하여 믿음으로 말미암아 구원을 받았으니 이것은 너희에게서 난 것이 아니요 하나님의 선물이라. 행위에서 난 것이 아니니 이는 누구든지 자랑하지 못하게 함이라."라고 말씀하고 있습니다.

이처럼 우리는 하나님의 은혜로 구원함을 받았을 뿐 아니라, 하나님의 은혜로 신앙의 성장을 이루어가고 있으며, 교회 생활을 하고 있고, 마침내 하나님의 은혜로 구원의 완성에 이르게 될 것입니다. 우리들은 죄가 아니라 은혜가 왕노릇하는 차원에서 살아가고 있습니다. 우리가 구원에 이르도록 자라가는 성화의 과정도 은혜로 이루어져 갑니다. 물론 청교도 신학자 존 오웬의 말처럼 하나님께서 이 일을 하심에 있어서 우리 없이 우리 곁에서 일하시는 것이 아니라 우리 안에서 우리와 함께 일하신다는 점을 잊지 말아야 합니다. 그럼에도 불구하고 그 자체가 하나님의 은혜입니다. 바울의 말처럼 "너희 안에서 행하시는 이는 하나님이시니 자기의 기쁘신 뜻을 위하여 너희에게 소원을 두고 행하게 하시"기 때문입니다(빌 2:13). 이 땅 위에 살아가는 동안 우리가 교회라는 은혜의 선물을 누리고 삽니다. 그리고 그 교회를 통하여 수많은 별의별 은혜를 다 누리게 됩니다. 바울에 의하면 구원의 은혜도 은혜이지만, 사도의 직분을 받은 것도 은혜라고 말합니다. 그리고 고린도후서 8장에서는 성도들을 돕기 위한 헌금을 드리는 것 자체도 은혜라고 말씀하고 있습니다. 구원받은 하나님의 자녀들은 이처럼 다양한 은혜의 선물을 누릴 수가 있습니다.

그리고 은혜로 시작한 구원이니 궁극적으로 천국 문에 들어갈 때까지도 은혜가 우리의 삶을 지배할 것입니다. 은혜가 아니면 어느 누구도 천국문을 통과할 수가 없을 것입니다. 수년 전에 영국 여왕 엘리자베스 2세의 아버지 조지 6세를 다룬 영화가 상연된 적이 있습니다. 제목은 〈킹스 스피치〉입니다. 조지 6세의 아버지인 조지 5세가 숨을 거두자 대주교가 옆에 있다가 "우리의 형제 조지를 주님께 부탁드립니다."라고 기도하는 것을 보았습니다. 데이비드 시맨즈의 『치유하시는 은혜』라는 책 끝부분에 보면 좀 더 감명깊은 역사적 에피소드가 기록되어 있는데, 다시 소개를 드립니다.

1916년 11월에 오스트리아 헝가리 제국을 통치하던 합스부르크 왕가의 황제 프란츠 요셉Franz Josef 1세의 장례식이 장엄하게 거행되었다. 왕족들은 비엔나 카푸친 수도원의 지하에 위치한 가족 묘실에 안치되는 것이 관례였다. 황제의 장례식 날이 되자 온 왕실은 다 흰색 예복을 입고 모였으며 그들의 모자에는 타조의 깃털이 가득 꽂혀 있었다. 군악대는 하이든이 작곡한 오스트리아 국가와 장엄한 장송곡들을 연주했다. 수행원들은 횃불 밝힌 계단을 타고 굽이치듯 나아갔고 그들이 들고 있는 관은 황제를 상징하는 색깔인 황금색과 검정색 천으로 싸여 있었다. 이윽고 관은 묘실의 거대한 철문 앞에 당도하였다. 문 안에는 비엔나의 추기경 겸 대주교가 측근의 교회 고관들과 함께 서 있었다. 장례 행렬을 책임맡은 관리는 궁전 의전관이었다.

그는 아주 오랜 옛날부터 전해져 내려온 의식을 따라 천천히 닫혀있는 문 앞으로 다가가 자기의 의장검으로 문을 세차게 몇 차례 두드렸다. "문을 여시오!" 그가 호령했다. "누가 들어오려 하오?" 안에서 추기경이 억양을 붙여 되물었다. "여기 모셔온 유해의 주인공은 황제 프란츠 요셉 1세 각하로서 그분은 하나님의 은혜를 따라 오스트리아의 황제, 헝가리의 왕이 되었고, 믿음의 사도요 수호자였으며, 보헤미아 모라비아의 군주요, 롬바르디, 베네치아, 스타르기아의 대공이었으며…" 이렇게 계속되는 그의 소갯말은 심지어 37개의 칭호들을 나열하고야 끝이 났다.

그러자 문 저편에서 추기경의 대답이 들려왔다. "우리는 그런 사람을 알지 못하오. 누가 들어오려 하오?". 그러자 긴박한 비상 상황임을 인식한 그 의전관은 이번에는 칭호의 수를 대폭 줄여서 이렇게만 대답했다. "여기 모셔 온 유해의 주인공은 오스트리아의 황제요 헝가리의 왕인 프란츠 요셉 1세 각하입니다."

그러나 추기경의 대답은 아까와 똑같았다. "우리는 그런 사람을 알지 못하오. 누가 들어오려 하오?". "우리의 형제요, 우리와 똑같은 죄인인 프란츠 요셉의 시신이 들어가려 합니다." 그러자 비로소 그 육중한 철문은 천천히 옆으로 열렸으며 프란츠 요셉은 그 안에 안장될 수가 있었다.[144]

이것은 단순히 감동적인 이야기에 그치는 것이 아니라 실제로 그러합니다. 오직 은혜로만 천국에 들어갈 수가 있습니다. 또한 천국에서도 우리 그리스도인들은 영원히 하나님의 은혜와 주 예수 그리스도의 은혜를 찬양하며 살게 될 것입니다. 이 땅 위에서 사는 동안에도 우리가 받은 바 주님의 은혜에 감격하고 감사하여 "몸 밖에 드릴 것 없어 이 몸 바칩니다" 그런 심정으로 봉사하며 사는 것이 우리 신자들의 삶의 본질적 차원인 것입니다. 그리고 바울이 고백한 대로 "그러나 내가 나 된 것은 하나님의 은혜로 된 것이니 내게 주신 그의 은혜가 헛되지 아니하여 내가 모든 사도보다 더 많이 수고하였으나 내가 한 것이 아니요 오직 나와 함께 하신 하나님의 은혜로라."(고전 15:10)고 고백할 수밖에 없는 것이 우리들의 인생인 것입니다.

주 예수의 은혜가 너희 심령에

사도 요한은 이런 점에서 다시 한 번 더 초대 교회 성도들을 위해서 예수 그리스도의 은혜가 함께 하기를 축원하고 있다고 할 수 있습니다. 그러나 우리는 요한이 주 예수 그리스도의 은혜라고 하는 구절을 구태여 사용하면서 그 은혜가 사랑하는 소아시아 일곱 교회 성도들의 심령에 함께 하기를 축원하고 있다는 점을 깊이 생각해 보아야 합니다. 백세 가까이 장수했던 사도 요한이 남긴 마지막 인사말입니다. 그리고 노경의 사도 베드로도 순교하기 직전에 쓴 베드로후서 3장 18절에서 마지막 인사말을 이렇게 적고 있습니다. "오직 우리 주 곧 구주 예수 그리스도의 은혜와 그를 아는 지식에서 자라가라. 영광이 이제와 영원한 날까지 그에게 있을지어다."

그러면 바울, 요한, 베드로 등이 말하는 주 예수 그리스도의 은혜가 무엇을 의미하는 것일까요? 우리는 고린도후서 8장 9절에서 주 예수 그리스도의 은혜가 무엇을 의미하는지를 확인해 볼 수 있습니다.

> 우리 주 예수 그리스도의 은혜를 너희가 알거니와 부요하신 이로서 너희를 위하여 가난하게 되심은 그의 가난함으로 말미암아 너희를 부요하게 하려 하심이라.

바울은 예수 그리스도의 은혜가 무엇인지를 쉽게 설명해 주고 있습니다. 바울은 예수 그리스도를 부요하신 분이라고 말씀합니다. 하늘과 땅의 모든 권세를 가지신 전능하신 창조주 하나님이시니 그의 부요를 측량할 수가 없습니다. 지혜와 지식의 부요함도 측량할 수 없을 정도입니다. 그러나 그렇게 부요하신 주님이 우리를 위하여 가난하게 되셨다라고 말씀하는 데 놀라움이 있습니다. 우리를 위하여 "죄있는 육신의 모양"을 입고(롬 8:3) 이 땅 위에 성육신하신 것과 한평생 고난의 생을 사시고 십자가에 죽기까지 하신 행적을 우리를 위하여 가난하게 되셨다라고 말씀하는 것입니다. 그런데 왜 주님이 그렇게 우리를 위하여 가난하게 되신 것입니까? 바로 우리를 부요하게 하시기 위해서인 것입니다. 그가 인간의 아들이 되심으로 우리 믿는 자들이 하나님의 자녀가 되는 권세를 얻게 하셨고, 그가 음부의 고통을 겪으심으로써 우리를 고통스러운 지옥에 가지 않게 해 주셨습니다. 그가 우리를 대신하여 죄의 값을 지불하심으로 우리로 하여금 의인이 되게 하셨습니다. 스스로 낮아지심으로 우리가 그의 형제 자매가 되도록 하셨습니다. 우리로 하여금 하늘의 천사들도 판단할 수 있는 권세를 주시었습니다. 이러한 열거는 한정이 없이 계속될 수가 있을 것입니다. 그러나 한 가지 더 언급하고 지나가야 하겠습니다. 예수 그리스도가 낮아지심으로 진흙과 같은 우리 인생들이 성령을 받고 하나님의 형상의 회복이라고 하는 창조의 목적 회복이 가능해지게 해 주셨습니다. 결국 주 예수 그리스도의 은혜는 우리에게 모든 것을 주시는 은혜입니다.

 그런데 다른 측면에서 주 예수 그리스도의 은혜에 대해서 설명을 드립니다. 이러한 축원의 말이 어떤 문맥 속에서 나오는가 하는 것도 굉장히 중요하다고 할 수 있습니다. 빌레몬서 1장 25절에 있는 바울의 동일한 표현(주 예수의 은혜)에 대해 허버트 카아슨의 해설한 바를 우선 주목해 봅시다.

> 바울은 많은 것을 요구하였다. 그는 인사로 본 서신을 끝마치려고 하는데, 그 인사말은 곧 기도이다. 빌레몬을 구속해 주시기까지 많은 축복을 허락해 주신 주 예수 그리스도께서는 빌레몬에게 그가 지금까지 바울이 요구한 모든 요청들을 그대로 행할 뿐만 아니라 더 행할 수 있는 은혜를

베풀어 주실 것이다. 그런데 바울은 본 인사말에서 인칭대명사를 다시 복수로 전환시키고 있다(hymon, "너희 심령"). 본 서신은 빌레몬에게만 보내진 것이 아니라 교회에도 보내진 것이다. 주 예수의 은혜는 교회 전체에도 미치게 될 것이며, 그로 말미암아 온 교회가 동일한 사랑을 배우게 되고, 또한 빌레몬과 같은 순종의 정신을 품게 될 것이다.[145]

그렇다면 요한계시록의 경우는 어떠할까요? 요한계시록 전문가인 이필찬 교수는 그의 요한계시록 주석 말미에서 다음과 같이 이 점을 잘 지적해 주고 있습니다.

주 예수의 은혜란 서신에서 의례적으로 사용되는 일반적인 의미의 은혜로 이해할 수도 있지만, 요한계시록의 맥락에서 이해한다면 요한계시록의 메시지를 받는 독자들을 향한 독특한 의미로 사용된다고 볼 수도 있다. 왜냐하면 요한계시록에 기록된바 대로 용과 짐승 바벨론의 집중적인 공격의 대상이 되고 있는 교회 공동체들에게 주 예수님의 은혜는 매우 간절하게 요청되기 때문이다. 그러므로 2-3장의 일곱 교회 독자들은 이러한 마지막 인사말을 남다르게 받아들였을 것이라고 짐작할 수 있다.[146]

환난과 박해 중에 있는 초대 교회 성도들에게 "주 예수의 은혜가 있을지어다"라는 축원은 이렇게 환난과 박해를 감내하면서도 믿음을 잘 지킬 수 있는 도우심이자 능력 공급에 대한 축원이라고 할 수가 있습니다. 성도들 가운데도 지나온 신앙의 생애를 뒤돌아 보면서 그때 어떻게 그렇게 목숨 걸고 믿음을 지켰는지 스스로 놀라는 모습을 가끔 봅니다. 그리고는 고백하게 됩니다. 하나님의 특별하신 은혜였다라고 말입니다. 처녀의 몸으로 신사참배를 반대하다가 6년 동안 평양에서 옥고를 치루었던 안이숙 사모님의 글에 보면 그러한 은혜에 대한 고백이 있습니다.

지금 나의 마음은 햇빛 찬란한 산 꼭대기에 앉아서, 땀을 흘리며 애태워 올라온 길을 내려다 보는 등산가의 심정이다. 그 무섭고 가파른 계곡을 어떻게 넘어 왔는지, 땀이 단번에 말라 버리듯 소름이 끼친다. 숨 막히는 듯한 그 무성한 숲속에서 가시덤불과 찔레와 악충들이 쏘고 찌르던 아픔도 이제는 아득한 먼 과거가 되었다. 그러나 거기에는 무시로 들려 주시는 주님의 음성인 '이제는 올라오라. 행진이다' 하는 권면의 말씀이 나를 이 자리에 우뚝 서게 하셨다.

또 다른 간증을 소개합니다. 동구권 루마니아가 공산주의 치하에 있을 때에 복음을 전한다고 14년 간이나 옥고를 치룬 리처드 범브란트 목사님이 있습니다. 어떻게 그 긴 세월동안 그렇게 큰 고초를 견뎌낼 수 있었느냐고 하는 질문에 대해서 이렇게 비결을 소개합니다.

감옥에서 보낸 햇수가 제게 길게 여겨지지 않았던 것은 홀로 독방에 갇혀 있으면서도 믿음이나 사랑을 넘어선 어떤 기쁨을 하나님 안에서 발견했기 때문입니다. 그 기쁨이란 이 세상 어느 것에도 견줄수 없는 아주 깊고도 특이한 황홀경 같은 것이었습니다. 그래서 제가 감옥에서 나왔을 때는 마치 수십 리에 뻗쳐 있는 평화롭고 아름다운 시골을 내려다 볼 수 있는 산정에 서 갑자기 평지로 내려온 것 같은 느낌을 받았습니다.[147]

그와 같은 은혜가 있었기에 안이숙 여사나 범브란트 목사님은 모진 고난의 세월을 견뎌낼 수 있었던 것입니다. 더욱이 수많은 순교자들이 우리와 똑같은 몸을 입고 있었으면서도 믿음을 저버리지 아니하고 주님을 위해서 목숨까지 바칠 수가 있었던 것입니다. 그들이 묶여있던 화형대에 타오르는 뜨거운 물리적인 불보다는 그들의 마음속에 타오르고 있던 하나님의 은혜와 사랑의 불길이 더 뜨거웠기에 그들은 찬송하면서 생을 마감할 수가 있었던 것입니다. 이러한 은혜가 바로 사도 요한이 초대 교회 성도들에게 축원하는 은혜라는 것을 아셔야 합니다.

　우리는 긴 시간 동안 요한계시록을 상고해 왔습니다. 내용이 복잡해서 다 기억하지를 못합니다. 그리고 해석이 너무 너무 많습니다. 하지만 내용을 줄이면 간단합니다. "어린 양 되신 예수 그리스도와 그를 따르는 성도들이 반드시 이긴다"라고 하는 사실입니다(17:14). "이길 것이니 아무 선한 일도 하지 말고 마음 놓고 놀아라"라는 말이 아닙니다. 휘황찬란한 세상의 영광에 속지 말고, 죄와 타협하지 말고 각자에게 주신 두루마기를 잘 지키며, 그리스도의 보혈의 샘에 부지런히 빨아서 깨끗하고 빛난 세마포가 되도록 하라는 것입니다. 믿음을 잘 지키라는 것이지요. 그러한 말씀대로 순종할 수 있는 힘이 바로 주 예수 그리스도의 은혜입니다. 끝까지 믿음의 경주를 잘 달린 어린 양의 신부들에게 새 하늘과 새 땅 그리고 새 예루살렘의 영광이 약속되어 있습니다. 이러한 말씀들이 머리뿐 아니라 가슴으로 확신되어지시기를 바라고, 이러한 순례자의 삶, 경주자의 삶, 그리고 선한 군사의 삶을 살아가실 수 있게 되시기를 주님의 이름으로 축원합니다.

주(註)

주(註)

1. L. Morris, *The Revelation of St. John*, TNTC (Grand Rapids: Eerdmans, 1980), 45 : "This revelation is the revelation of Jesus Christ which could mean either that the revelation was made by Jesus Christ or that it was made about Him or that it belongs to Him."
2. R. H. 마운스, 『요한계시록』, 홍성철 역 (서울: 생명의말씀사, 1987),
3. 베른 포이쓰레스, 『요한계시록 맥잡기』, 유상섭 역 (서울: 크리스찬출판사, 2002), 3쪽 이하.
4. 마운스, 『요한계시록』, 76.
5. 성 어거스틴, 『고백록』, 김광채 역 (서울: CLC, 2004). 최민순, 성염의 역본과 더불어 이것도 라틴어에서 직역한 것이다.
6. 헤르만 바빙크, 『개혁교의학 2』, 박태현 역 (서울: 부흥과개혁사, 2011), 308-313.
7. C. S. 루이스, 『고통의 문제』(서울: 홍성사, 2002), 39.
8. 데이비드 시맨즈, 『치유하시는 은혜』 (서울: 두란노, 1987), 231-32.
9. 정근두, 『일곱 교회』(서울: 하나, 1996), 97.
10. 백금산 편역, 『조나단 에드워즈처럼 살 수는 없을까』 (서울: 부흥과 개혁사, 2003), 180-81.
11. Richard Bauckham, *The Theology of the Book of Revelation* (Cambridge: Cambridge University Press, 1995), 27.
12. 소아시아 7대 교회의 역사적 배경 설명은 여러 자료들을 참고하여 소개한 것이지만, 특히 김주찬, 『소아시아 7대교회』(서울: 옥합 1998)을 많이 참고했음을 밝힌다.
13. 유세비우스, 『교회사』, IV. 15.
14. 박윤선, 『성경주석 계시록』 (서울: 영음사, 2005), 76, 77.
15. 김주찬, 『소아시아 7대교회』 (서울: 옥합, 1998), 100-101.
16. 바클레이, 『계시록(상)』, 167.
17. 비일은 본문의 맥락에서 흰 옷은 정련하는 불에 의해서 시험을 거친 신자들의 신실성으로부터 결과된 순결함을 의미한다고 해설한다(Beale, *The Book of*

Revelation, 277).
18. 윌리엄 헨드릭슨,『요한계시록』(서울: 아가페, 1975), 90.
19. 바클레이,『계시록(상)』, 216.
20. 필립 E. 휴즈,『요한계시록』, 오광만 역 (서울: 여수룬, 1994)
21. Grant Osborne, *Revelation*, BENTC (Grand Rapdis: Baker, 2002), 228-30.
22. 이필찬,『내가 속히 오리라』(서울: 이레서원, 2006), 249.
23. G. K. Beale, *Revelation* (NIGTC; Grand Rapids: Eerdmans, 1999), 328.
24. 헨드릭슨,『요한계시록』, 103.
25. Gordeon Wenham, *Genesis 1-15*, WBC (Waco: Word Books, 1987), 34.
26. 이 예화는 곽선희목사의 설교를 통해 들었던 것이다.
27. 헨드릭슨,『요한계시록』, 98을 참고하라.
28. 바클레이,『계시록(상)』, 271.
29. 바클레이,『계시록(하)』, 48-49.
30. 헨드릭슨,『요한계시록』, 111.
31. 헨드릭슨,『요한계시록』, 114.
32. 마틴 로이드존스,『하나님은 왜 전쟁을 허용하실까』(서울: 목회자료사, 1991).
33. 터툴리안의 유명한 문장인 "the blood of the martyrs is the seed of the Church"는 그의 저서 *Apologeticus*, 50장에 나타난다(https://en.wikipedia.org/wiki/Apologeticus).
34. Beale, *The Book of Revelation*, 381.
35. 김서택,『요한계시록 강해설교2 - 하나님의 구원 역사』(서울: 성서유니온, 1997), 39이하.
36. 마운스,『요한계시록』, 199.
37. Osborne, *Revelation*, 313.
38. 이필찬,『내가 속히 오리라』, 385.
39. 조나단 에드워즈,『조나단 에드워즈 대표설교 선집』(서울: 부흥과개혁사, 2005), 146-47.
40. 헨드릭슨,『요한계시록』, 133.
41. 최종태,『시편주석 III』(서울: 햇불, 2006), 558-61.
42. 점진적 병행법을 요한계시록의 해석법으로 취하는 학자들은 윌리엄 헨드릭슨과 A. A. 후크마를 비롯하여 F. Sadler, S. L. Morris, S. Greijdanus, H. Bavinck, A. Kuyper, R. C. H. Lenski, B. B. Warfield, 안토니 후크마 등이 있다.
43. 헨드릭슨,『요한계시록』, 139.

44. 헨드릭슨, 『요한계시록』, 139에서 재인용.
45. Edwards, *Some Thoughts*, WJE 4:518 : "God is, if I may so say, at the command of the prayer of faith; and in this respect is, as it were, under the power of his people."
46. 마운스, 『요한계시록』, 219.
47. 이필찬, 『내가 속히 오리라』, 408.
48. 마운스, 『요한계시록』, 228.
49. 마운스, 『요한계시록』, 236.
50. 움베르트 에코, 『장미의 이름(상)(하)』, 이윤기 역 (서울: 열린책들, 2002).
51. 이필찬, 『내가 속히 오리라』, 450.
52. 이필찬, 『내가 속히 오리라』, 452.
53. 마운스, 『요한계시록』, 249.
54. 유진 피터슨, 『이 책을 먹으라』 (서울: IVP, 2006), 292.
55. 마운스, 『요한계시록』, 255.
56. 존 스토트, 『살아있는 교회』 (서울: IVP, 2009), 200-202을 보라.
57. Morris, *The Revelation of St. John*, 150: "The great city is every city and no city. It is civilized man in organized community."
58. 김동건, 『빛, 색깔, 공기- 우리가 죽음을 대할 때』 (서울: 홍성사, 2006).
59. 길선주목사의 생애에 대해서는 길진경, 『영계 길선주』 (서울: 종로서적, 1980)을 참고하고, 길목사의 종말론에 대한 비판적 연구로는 안수강, 『길선주목사의 말세론 연구』 (서울: 예영, 2008)을 보라.
60. Osborne, *Revelation*, 461.
61. Beale, *The Book of Revelation*, 635-36.
62. 표준새번역 - "하나님께서는 우리에게 불리한 조문들이 들어 있는 빚문서를 지워 버리시고, 그것을 십자가에 못 박아, 우리 가운데서 없애 버리셨습니다. 그리고 모든 통치자들과 권력자들의 무장을 해제시키셔서, 그들을 그리스도의 개선 행진에 포로로 내세우심으로써, 사람들의 구경거리로 삼으셨습니다"; NIV- "having canceled the written code, with its regulations, that was against us and that stood opposed to us; he took it away, nailing it to the cross. And having disarmed the powers and authorities, he made a public spectacle of them, triumphing over them by the cross."
63. 이필찬, 『내가 속히 오리라』, 538.
64. C. S. 루이스, 『스크루테이프의 편지』, 김선현 역 (서울: 홍성사, 2000).

65. 세대주의적인 종말론 해석의 역사, 문제점에 대한 비판 등을 보기 위해서는 Anthony A. Hoekema, *The Bible and the Future* (Grand Rapids: Eerdman, 1979/ Exeter: Paternoster, 1979; 이용중 역,『개혁주의 종말론』(서울: 부흥과개혁사, 2012)을 보라.
66. 바클레이,『계시록(하)』, 160.
67. 헨드릭슨,『요한계시록』, 173.
68. 바클레이,『계시록(하)』, 186.
69. 김창일,『김창일목사의 지하 교회 산 증언』(서울: 큰샘출판사, 2005).
70. 유세비우스,『교회사』, IV.15.
71. 마운스,『요한계시록』, 311.
72. 헨드릭슨,『요한계시록』, 184. "여섯은 목표에 미치지 못한다는 즉, 실패한다는 것을 나타낸다… 짐승의 수는 666이니 이 숫자는 실패를, 그리고 실패 위에 실해를 더하는 것을 말한다."
73. 마운스,『요한계시록』, 313.
74. 마운스,『요한계시록』, 304.
75. 이상의 내용은「한국경제신문」2010년 04월 21일(수) 이정환 논설위원의 글에서 요약적으로 취하여 소개한 것이다.
76. 김훈,『밥벌이의 지겨움』(파주: 생각의 나무, 2007), 37.
77. Beale, *The Book of Revelation*, 768.
78. 앤드류 톰슨,『청교도의 황태자 존 오웬』, 엄경희 역 (서울: 지평서원, 2006), 174.
79. 마운스,『요한계시록』, 334.
80. 마운스,『요한계시록』, 335.
81. 빅터 프랭클,『죽음의 수용소에서』(서울: 제일, 1991).
82. 이필찬,『내가 속히 오리라』, 662에서 재인용.
83. 아우구스티누스,『하나님의 도성』, I. 8.
84. 마크 존스,『선행과 상급』, 오현미 역 (서울: 이레서원, 2018)을 참고하라.
85. 마운스,『요한계시록』, 356-357.
86. 마운스,『요한계시록』, 363.
87. Tacitus, *Annals* 15:44.
88. 휴즈,『요한계시록』, 264.
89. 아우구스티누스,『하나님의 도성』, 조호연, 김종흡 역 (서울: 크리스챤다이제스트, 1998);『신국론』전3권, 성염 역 (왜관: 분도서원, 2004).

90. H. B. Beckwith, *The Apocalyse of John* (1919/ Grand Rapids: 1967), 713.
91. 이필찬, 『내가 속히 오리라』, 770.
92. 김철손, 『요한계시록』 (서울: 대한기독교서회, 1993), 329-30.
93. 윌리엄 바클레이, 『계시록(하)』 (서울: 기독교문사, 1993), 275-83.
94. 바클레이, 『계시록(하)』, 283.
95. 낸시 피어시, 『완전한 진리』 (서울: 복있는사람, 2006), 649-50.
96. 이필찬, 『내가 속히 오리라』, 782.
97. 김승학, 『떨기나무』 (서울: 두란노, 2007).
98. Beale, *The Book of Revelation*, 929-930.
99. 이필찬, 『내가 속히 오리라』, 798.
100. 이필찬, 『내가 속히 오리라』, 804.
101. Osborne, *Revelation*, 683.
102. 천년왕국의 여러 입장과 논쟁에 대해서는 로버트 G. 클라우스 편집, 『천년왕국』, 권호덕 역 (서울: 성광문화사, 1980); 킴 리들바거, 『개혁주의 무천년설』, 박승민 역 (서울: 부흥과개혁사, 2013); 케네스 젠트리 주니어 외, 『천년왕국이란 무엇인가』, 박승민 역 (서울: 부흥과개혁사, 2011) 등을 참고하라. 혹은 필자가 취하고 있는 무천년설적 관점에서 천년왕국문제를 다룬 안토니 후크마, 『개혁주의 종말론』, 245-328도 유익한 자료이다. 필자가 몸담고 가르치고 있는 총신교수들의 천년기론에 대해서는 이상웅, "죽산 박형룡과 구레인의 천년기론에 대한 연구,"「개혁논총」38 (2015.12.): 177-207과 "죽산 박형룡 이후 총신 조직신학자들의 천년기론,"「성경과 신학」80 (2016): 103-132 등을 참고하라.
103. 존 버니언, 『천로역정』 (서울: 서해문집, 2006), 80, 81.
104. 맥스 루케이도, 『예수님처럼』 개정판 (서울: 복있는사람, 2006).
105. 마운스, 『요한계시록』, 433.
106. Frage 91. Welches sind aber gute Werke? Antwort-Allein die aus wahren Glauben nach dem Gesetz Gottes ihm zu Ehren geschehen; und nicht, die auf unser Gutdenken oder Menschensatzung gegrundet sind."
107. 57-62강해에 근건하여 "'새 하늘과 새 땅'(계 21:1-22:5)에 대한 개혁주의적 이해와 설교"라는 논문을 2015년 11월 30일 서울교회당에서 개최된 개혁주의설교학회 학술대회에서 발표하였고, 일부는 "새 하늘과 새 땅'(계 21:1-8)에 대한 개혁주의적 이해와 설교,"「한국개혁신학」49 (2016.2.): 8-38로 게재했으며, "'새 예루살렘'(계 21:9-22:5)에 대한 개혁주의 이해와 설교"는「신학

지남」 328 (2016): 11-39으로 게재하였다.

108. 이하의 논의는 후크마, 『개혁주의종말론』, 374-76; 이필찬, 『내가 속히 오리라』, 874-75을 참조했다. 그리고 Berkouwer, *The Return of Christ*, 211-34은 학문적으로 이 논의를 잘 소개하고 있다.
109. 바클레이, 『계시록(하)』, 350.
110. 마운스, 『요한계시록』, 450.
111. Morris, *The Revelation of St. John*,
112. 마운스, 『요한계시록』, 454; Beale, *The Book of Revelation*, 1079-1088 등을 보라.
113. 김서택, 『요한계시록 강해설교3 새 하늘과 새 땅』 (서울: 성서유니온, 1998), 251.
114. 조나단 에드워즈, 『고린도전서 13장 사랑』, 서문강 역 (서울: 청교도신앙사, 2012), 399-455.
115. 옥성호, 『아버지, 옥한흠』 (서울: 국제제자훈련원, 2011), 90-93.
116. 바클레이, 『계시록주석(하)』, 357.
117. 헨드릭슨, 『요한계시록』, 252.
118. 바클레이, 『계시록 주석(하)』, 363.
119. 아브라함 카이퍼, 『일반 은혜 1』(서울: 부흥과개혁사, 2017), 661-690. 카이퍼의 『일반 은혜』는 화란어로 세 권 출간되었고, 2018년 현재 영어나 한글로는 1권만 출간된 상태이다.
120. 권성수, 『요한계시록』 (서울: 선교횃불, 1999), 465.
121. 헨드릭슨, 『요한계시록』, 254-55.
122. H. B. Swete, *The Apocalypse of St. John* (New York: Macmillan, 1922), 298: "The River of Life which 'gladdens the City of God' is the gift of the Spirit which followed the Asension and which, once bestwed, remains with the Church forever(Jo. 14. 16)."
123. 이필찬, 『내가 속히 오리라』, 918.
124. 헨드릭슨, 『요한계시록』, 255.
125. 마운스, 『요한계시록』, 460.
126. 이필찬, 『내가 속히 오리라』, 920: "그런데 여기에서 요한계시록 본문은 '만국의'(*ton ethnon*)라는 소유격을 덧붙이어 그 회복의 대상을 분명히 할 뿐만 아니라 회복의 우주적 성격을 강조한다 곧, 교회 공동체는 만국으로부터 택함 받은 자들로 구성된다."
127. 마운스, 『요한계시록』, 460.

128. 정근두,『새 하늘과 새 땅, 요한계시록 6』(서울: 하나출판사, 1997), 64.
129. Beale, *The Book of Revelation*, 1112.
130. Augustine, *On Rebuke and Grace*, 32-33.
131. 정근두,『새 하늘과 새 땅, 요한계시록 6』, 88.
132. 헨드릭슨,『요한계시록』, 259.
133. 권성수,『천국의 상급』(서울: 선교 횃불, 2001).
134. 국제제자훈련원,「디사이플」, 2011년 5월호.
135. 정근두,『새 하늘과 새 땅』, 106-107.
136. 이필찬,『내가 속히 오리라』, 968.
137. 박형룡,『내세론』(서울: 한국기독교교육연구원, 1981), 214-19. 한국장로교 신학의 정초자인 박형룡의 주저『교의신학』1-7권(1964-1973)은 현대어체로 개정되어 나오기도 했다(『조직신학』1-7권, 김길성 감수 [서울: 개혁주의출판사, 2017]).
138. 조나단 에드워즈,『구속사』, 김귀탁 역 (서울: 부흥과개혁사, 2007), 639.
139. 아우구스티누스,『하나님의 도성』, XXII, 30.
140. http://biblepower.co.kr/board.php?cateid=15&articleid=1292897531 킹 제임스 성경을 기준으로 한 통계이며, 단어수는 총 788,258개라고 한다.
141. 사도 바울의 서신은 로마서를 제외하고는 다 은혜에 대한 축원으로 끝맺음하고 있다(Barth and Blanke, *The Letter to Philemon*, Eerdmans Critical Commentary [Grand Rapids: Eerdmans, 2000], 497).
142. 맥도날드와 시맨즈의 글은 필립 얀시,『놀라운 하나님의 은혜』(서울: IVP, 2000), 16에서 재인용함.
143. 필립 얀시,『놀라운 하나님의 은혜』, 79.
144. 시맨즈,『치유하시는 은혜』, 231-32.
145. 허버트 카아슨,『골로새서・빌레몬서』(서울: CLC, 2008), 151. 빌레몬서 주석가들은 25절의 중요성에 대해서 깊은 논의를 하지 않는데 본인이 보기에는 이해하기 곤란한 현 상이라고 본다. 심지어는 561쪽에 달하는 주석을 쓴 바르트와 블랑케의 경우에도 25절에 대해서는 간단하게만 다룰 뿐이고 카아슨과 같은 강조도 하지 않는다(Barth and Blanke, *The Letter to Philemon*, 497-98을 보라).
146. 이필찬,『내가 속히 오리라』, 971.
147. 옥한흠,『내가 얻은 황홀한 구원-로마서1』(서울: 국제제자훈련원, 2003), 318-319에서 재인용.